충북대학교 인문사회연구총서 2

적대적 M&A의 법리

Law of Hostile M&A

송 종 준

도서출판 개신

머 리 말

1988년 가을, 필자는 『Tender Offer for Corporate Control』 (Edward R. Aranow & Herbert Einhorn, Columbia University Press, 1973)이라는 책 한권을 우연히 얻게 되었다. 이 책은 미국의 공개매수제도의 법률적 쟁점을 연구한 저명한 논저로서 오늘에도 공개매수의 본질을 이해하는 데에 필독서에 해당한다.

이 책을 처음 접했을 때에는 용어도 내용도 모든 것이 생소한 것이었지만, 페이지가 닳도록 내용을 정리하고 쟁점을 추리는 가운데, 이 책은 우리나라의 공개매수제도에 큰 시사를 주는 역저임을 알게 되었다. 필자는 공개매수의 법적 규제 문제를 박사학위논문으로 제출하기로 계획을 세우고, 그 후부터는 미국, 영국, 일본, 프랑스 등으로부터 관련되는 문헌을 무차별적으로 수집하여 연구하였다. 필자의 이러한 도전은 지도교수이시며 지금은 대한민국 학술원 회원이신 정동윤 고려대학교 명예교수님의 학문적 통찰력과 아낌없는 채찍질이 없었다면 무모한 시도로 끝날 뻔 했다. 필자가 지난 1990년에 취득한 박사학위논문은 이러한 과정의 일부이다. 학자로서 의미있는 길을 걷도록 지도해 주신 은사님께 무한한 고마움을 드린다.

벌써 17여년이라는 세월이 흐른 오늘, 공개매수 등 M&A에 관한 법적 연구가 전무했던 그 시절을 돌이켜 보면 참으로 감회가 새롭다. 그 기간 중에 우리나라의 M&A시장은 상전벽해의 모습으로 변했다. '90년대 초 만해도 경영진의 의사에 반해서 경영권을 취득한다는 것은 상상도 할 수 없었던 시절이었다. 그러나 1995년 증권거래법을 전면적으로 개정하여 공개매수제도를 활성화시켰고, 1997년 말 금융위기를 겪고 난 후에는 기업경영권시장이 외국인에게도 전면적으로 개방되었다. 이제는 M&A시장에서 기업경영권취득을 위한 잠재적인 위협은 기업경영의 효율성과 투명성을 확보할 수 있는 유용한 통제수단으로 인식하게 되었다. 뿐만 아니라 요즘 들어 공개매수를 포함한 M&A는 유능한 기업경영자라면 반드시 고려해야 할 효율적인 경영전략의 한 가운데에 자리잡게 되었다.

충북대학교 법과대학에 자리를 잡게 된 1991년부터 필자는 공개매수 등 M&A 전반에 걸친 법적 연구의 큰 틀을 세우고 향후의 체계적인 연구를 위한 중장기 플랜을 짠

바 있다. 그 때부터 지금까지 박사학위논문에서 다루지 못한 쟁점에 대한 연구를 보완하고, 공개매수 이외의 다양한 M&A 분야로 연구범위를 확장하며 이에 대한 연구를 게을리 하지 않았다. 한시도 쉴 틈 없이 새로운 도전이 시도되는 M&A시장에서 누군가가 실무와 법이론적 연구 토대를 만들어 주어야 한다는 막연한 학자적 의무감 때문이었다. 학계에서의 논문발표는 물론이고, 기업계와 법조계에서의 실무적 자문, 나아가는 정부와 국회의 입법추진과정에도 적극적으로 참여하는 등 실로 그 간의 세월은 과분하게 바빴던 것 같다. 최근에 발표된 수많은 연구업적 중 M&A 만큼이나 다양한 논문이 쏟아져 나온 분야도 드물 것이다. 학자와 실무가들의 다양한 연구는 필자가 그동안 고민해왔던 수많은 쟁점에 대한 문제해결에 적지 않은 영향을 미쳤고, 필자의 자성적 성장과 학문적 발전에 크게 이바지 하였다. 특히 M&A를 둘러싼 새로운 법률적 쟁점에 관한 관심은 필자가 2002년 2월부터 2003년 8월까지 Emory Law School에 방문교수로 있는 동안 이 분야의 권위자인 William J. Carney 교수의 학문적 조언으로 더욱 고무된 바 있다. 이 자리를 빌려 모든 분들께 큰 고마움을 전하고자 한다.

이 책은 필자가 20년에 가까운 기간 동안 M&A법 전반에 걸쳐 새롭게 떠오르는 쟁점 중에서 적대적 M&A에 관한 논쟁거리를 집대성한 것이다. 아울러 이 책은 적대적 M&A의 법리를 이해하는 데에 도움이 될 수 있도록 M&A의 기본적인 내용에 관하여도 해설함으로써 저서로서의 서술체계를 갖추었다. 그리고 이 책에 담은 연구내용은 그간의 연구결과를 반영하고 오늘의 변화된 법제에 맞게 업데이트하여 재구성하였다. 이 책에서 필자는 적대적 M&A의 법리 체계를 크게 인수법, 방어법, 적대적 M&A의 남용, 외국인 M&A 등의 분야로 구성하고 이를 모두 7장으로 나누어 서술하였다.

적대적 M&A의 법이론에 관한 전문적인 논저로서 이 책을 발간하게 된 데에는 몇 가지 이유가 있다. 첫째, 필자는 오래 전부터 M&A법에 관한 저술계획을 가지고 있었지만 여러 가지 사정상 실천하지 못하고 있던 터에, 마침 충북대학교가 공모절차를 통하여 학내 교수들의 연구논저발간을 지원해 주었기 때문이다. 둘째, 적대적 M&A의 법리에 관한 난해한 연구결과를 체계적이고 일관된 법논리로 재구성하여 이 분야에 관심을 갖는 학자, 법조인, 실무전략가, 정책가, 그리고 학생과 연구자들에게 이를 보다 효과적으로 전달할 필요가 있기 때문이다. 셋째, M&A법 분야에서 이론과 실무상으로 중요하거나 멀지 않은 장래에 현실적으로 직면하게 될 새로운 이슈들에 대하여 지속적인 논쟁과 대안을 위한 기본적인 체계서가 필요하다고 믿었기 때문이다. 아무쪼록 이 책이 관심 있는 모든 분들에게 유용하게 활용되기를 바라며, 끊임없는 조언과 비판을 기대하는 바이다.

그리고 한 가지 일러둘 것이 있다. 이 책을 집필하는 중에 종전의 증권거래법이 폐지되고 「자본시장 및 금융투자업에 관한 법률」이 새로 제정되었으며, 이 책의 원고가 편집에 넘어간 후에 자본시장통합법 시행령안이 입법 예고되었다. 따라서 이 책에서는 당초 증권거래법을 중심으로 집필한 원고를 버리고 자본시장통합법과 동시행령을 중심으로하여 관련되는 부분을 해설하였다. 또한 아직 국회통과를 남겨두고 있지만 법무부가 성안한 2008년 상법 개정안도 현행 M&A제도에 적지 않은 변화를 시도하고 있으므로 이 책에서는 현행 상법과 관련 개정내용을 함께 다루었다. 최종적으로 확정된 법령 개정사항은 추후 개정판에 모두 담을 것을 약속하고자 한다.

끝으로 어려운 대학재정 속에서도 인문사회연구총서로서 출판하여 준 충북대학교 임동철 총장님과 출판부에 감사드린다. 그리고 이 책이 출판에 넘어가기 까지 교정과 색인 작업을 맡아 준 충북대학교 대학원 법학과 박사과정의 김윤정 양과 석사과정의 양윤석 군에게도 고마움을 전한다.

2008. 5.

충북대학교 법학관 연구실에서

저자 씀

목 차

제1장 총 론

제3장 적대적 M&A 방어의 규제

제4장 방어권의 남용판단과 이사의 책임

제5장 적대적 M&A의 남용과 규제

제6장 적대적 M&A와 폐쇄기업화의 규제

제7장 외국인 M&A의 규제

제1장

총 론

제1장 총 론

제1절 M&A의 의의

Ⅰ. M&A의 정의

1. M&A

M&A라 함은 기업의 지배권 또는 경영권의 이전을 수반하는 모든 형태의 거래를 말한다. 그러므로 개인이나 단체, 또는 기업이 다른 기업의 자산을 소유하거나 경영권을 획득함으로써, 그 기업의 지배권(control)을 직접 또는 간접으로 취득하는 하나 또는 수개의 거래, 또는 일련의 거래의 전부가 M&A의 범위에 든다.[1)]

M&A라는 용어는 Mergers and Acquisitions를 줄인 약자로서 Take-overs and Mergers 또는 Take-Overs와 같은 의미로 쓰인다. 우리말로는 기업인수, 기업매수, 기업취득, 기업매수합병, 기업인수합병 등으로 부르기도 한다. 미국의 학자들 중에는 Corporate Mergers and Acquisitions를 줄여서 Corporate Acquisitions라는 표현을 사용하는 경우도 있다.[2)] 일본에서는 기업매수라는 용어로 거의 통일되어 사용되고 있다. 그런데 M&A의 목적은 지배권의 취득이고 그것은 대부분 일정한 대가를 지급하는 일련의 거래를 통하여 이루어진다는 점에서 M&A를 기업매수라고 부르는 것도 적합할 수 있을

1) M.A. Weinberg & M.V. Blank, Take-overs and Mergers(Sweet & Maxwell, 1992), 1-001~1-006.

2) Ronald J. Gilson & Bernard S. Black, The Law and Finance of Corporate Acquisitions(Foundation Press. 1995), p.253

것이다. 그러나 위임장의 권유에 의한 의결권의 지배를 통하여 경영권을 인수하는 것은 일정한 대가를 지급하는 거래 또는 매수라고 보기는 어려울 것이므로 이를 포함한 모든 M&A를 기업매수라고 표현하는 것은 다소 문제가 있다고 본다.[3] M&A는 지배권의 이전을 통하여 기업 경영권을 인수하는 행위이므로 거래의 대가를 전제로 하지 아니하고 타인이 현 경영권을 이전받는다는 점을 중시하여 이를 기준으로 M&A에 대한 적확한 용어를 선택하는 것이 바람직할 것이다. 그리하여 M&A는 우호적이든 적대적이든 기업의 경영권을 인수하기 위한 법률행위라는 점에서 이를 기업인수라고 부르는 것이 가장 간결하면서도 포괄적이라고 본다.[4] 여기에서는 M&A를 기업인수라고 표기하기도 하지만, 오늘날에는 M&A라는 용어가 널리 사용되고 있는 점을 감안하여 M&A라는 용어도 함께 사용하기로 한다.

M&A의 범주에 들어올 수 있는 상법상의 법적 형식으로는 자산취득, 주식취득, 위임장 권유에 의한 의결권지배, 합병 등이 있다. 그러나 이러한 개개의 법적 형식은 그 법률적 기능과 특성이 상이하므로 M&A의 법적 성질이나 법률관계도 그 형식에 따라 다를 수밖에 없다. 그러므로 M&A에 대한 법률적인 접근도 개개의 거래를 개별적으로 검토하는 방법에 의존할 수밖에 없다. 다만 M&A에 속하는 여러 가지 형태의 거래형식은 각각 그 법적 구조와 특성이 다르더라도 특정 회사의 경영지배권(control of management)을 직접 또는 간접으로 취득하는 거래라는 점에서는 공통적이다.

2. 적대적 M&A

M&A는 그 기능에 따라 다양하게 분류되는데, 대상회사의 대응태도를 기준으로 하는 경우 우호적 M&A(friendly M&A)와 적대적 M&A(hostile M&A)로 구분된다. 여기에서 대상회사의 대응태도란 경영권의 이전에 대한 대상회사의 경영진 또는 이사회의 태도를 의미하므로 적대적 M&A란 대상회사의 경영진 또는 이사회의 의사에 반하여 행하여지는 M&A라고 정의할 수 있다. 적대적 M&A는 경영권의 탈취에 주된 목적을 갖고 있고 대상회사를 인수한 후에는 인수자가 스스로 경영권을 행사하는 경우가 대부분이지만, 경우에 따라서는 경영권의 인수 보다는 보유주식의 처분, 기업결합을 통한 자본이득의

3) 의결권 행사의 대리권을 유상으로 거래하는 것은 의결권을 주주권으로부터 사실상 분리하는 것이므로 우리 법의 해석으로는 허용될 수 없다는 견해도 있다. 이철송, 회사법강의(제14판)(박영사, 2007), 436면.

4) 정동윤, 회사법(법문사, 2001), 855면 이하.

취득에 목적을 두는 경우도 있다. 어느 경우에나 대상회사의 경영진과 협의하지 아니하고 행하여지는 M&A가 적대적 M&A임에는 틀림이 없다.

이와 관련하여 적대적 M&A를 대상회사 지배주주의 의사에 반하는 M&A라고 볼 여지도 있을 것이다. 일반적으로 대상회사의 이사회는 지배주주로부터 영향력을 받는 관계에 있으므로 이사회의 의사는 지배주주의 그것과 동일한 것으로 볼 수 있다. 그렇다고 하여 적대적 M&A를 대상회사의 이사회가 아닌 지배주주의 의사에 반하여 행하는 기업인수라고 일반적으로 정의하는 것은 옳지 않다. 예컨대 30% 정도의 주식을 보유한 지배주주가 지배권의 변동에 동의하여 자신의 보유주식을 양도하였지만 인수자가 소수주주의 반대로 경영권의 인수에 실패하는 경우도 있다. 이 경우 대상회사의 이사회가 찬성하는 수도 있지만, 반대하는 경우도 있다. 어느 경우이든지 간에 지배주주의 의사와는 관계없이 경영진의 반대를 무릅쓰고 행한 M&A는 적대적 M&A이지 우호적 M&A라고 할 수는 없다.

Ⅱ. M&A와 지배권

현대적인 대규모 공개회사는 주식의 소유가 철저히 분산되는 것이 보통이다. 이 경우 회사의 지배는 반드시 회사의 소유와 일치하는 것은 아니므로, 소유 없는 지배도 가능하다. M&A는 기업의 지배권을 취득하는 법률행위이다. 지배권은 소유와 관련하여 다양한 형태로 존재한다.

1. 지배권의 개념

(1) 정 의

회사의 지배권(corporate control)은 회사구조상의 기능으로서 정치분야에 있어서 그것의 대응물인 통치권처럼 파악하기 어려운 개념이다. 회사제도에 있어서 지배라는 현상은 비교적 최근에 나타났을 뿐 아니라 그 개념 자체가 복잡성을 띠고 있다.

먼저 미국 회사법상의 법규정에서 정하고 있는 지배권의 개념을 보면, 1940년 투자회사법(Investment Company Act of 1940)에서는 회사의 경영 또는 정책에 대하여 지배적인 영향력을 행사할 수 있는 힘이라고 규정하고 있다. 그리고 증권거래위원회의 규칙

(SEC Rules)에 의하면 의결권있는 증권의 소유, 계약 기타에 의하여 특정인의 경영 및 정책의 방향을 지시하거나 유도하는 힘이라고 정의하고 있다.

회사지배권에 대한 학자들의 개념정의도 매우 다양하다.[5] 대표적으로 Berle 교수는 회사의 지배를 의결권있는 주식소유의 기능으로 보면서 지배권은 이사를 선임할 수 있는 능력이라고 정의하고 있다. 그러나 넓은 의미로 사용될 때에는 그러한 능력은 반드시 주식에만 속하는 것은 아니라고 한다. Leech 교수는 지배권은 회사의 경영·재무정책을 사실상 결정하는 자 또는 그러한 자들의 집단에게 있다고 한다. Hill 교수는 지배권을 다른 사람들에 의하여 실질적으로 소유되어 있는 기업을 지배하는 확립된 경영권이라고 개념 짓고 있다. 그리고 Bayne 교수는 회사의 정책을 결정하는 계층구조상의 최종적 권능을 지배권이라고 정의하면서 지배의 본질적 요소로서 충실의무와 권위를 들고 있다.

생각건대 이상의 개념정의를 고려할 때, 회사의 지배권은 회사의 소유자인 주주에게 귀속되고 그것은 이사의 선임을 통하여 경영진에 영향력을 행사함으로써 회사의 근본정책을 결정할 수 있는 힘이라고 정의할 수 있을 것이다. 이와 같은 지배권은 자본출자 즉 의결권있는 주식을 소유하는 방법, 주식은 소유하지 않으면서 의결권만을 확보하는 방법, 또는 자산을 취득함에 의하여 하는 방법 등에 의하여 행사하는 것이 보편적이지만, 주식 또는 자산을 취득하지 아니하고 임원을 겸임하거나 경영을 위임하는 방법에 의하여도 그 행사는 가능하게 된다.

(2) 경영권과의 관계

일반적으로 경영학에서 말하는 경영권이란 경영자 고유의 직무수행의 권리로서, 경영자의 역할과 책무를 충실히 실현할 수 있도록 하기 위하여 그에게 부여된 힘이라고 정의할 수 있을 것이다. 법률적인 견지에서의 경영권이란 주식회사의 기관간 권한분배 질서에 있어서 업무집행기관인 이사회와 대표이사에게 주어진 회사법상의 권한을 말한다고 볼 것이다. 이 권한은 최고의사결정기관인 주주총회의 결의를 기초로 한 것이든, 이사회의 결정에 의한 것이든, 대표이사에게 위임되어 결정된 것이든 불문한다고 보아야 할 것이다. 주주총회에 만능의 권한을 주었던 구시대의 회사법 하에서는 이사들의 경영권은 주주총회를 통한 주주들의 지배권행사에 의하여 제한되었던 반면, 오늘날과 같은 이사회중심주의 하에서는 이사들의 경영권의 범위도 포괄적이고 광범위한 것이 특

---

5) 손진화, 회사지배권매매에 관한 연구-미국법상 지배권프리미엄의 규제를 중심으로(고려대 법학석사학위논문, 1984.12), 5~8면 참조.

징이다. 이와 같은 경영권은 누구에 의하여도 침해될 수 없으며 경영자에게 주어진 배타적인 권능이다. 따라서 이사들의 경영권은 기업의 내부생산과정에서 노무를 제공하는 노동자의 노동권으로부터 독립적이다. 이사 등의 경영권은 회사의 관리 또는 통치라는 직무수행의 견지에서 경영진이 갖는 권한이다.

이에 반하여 지배권은 상술한 바와 같이 회사에 대한 경영권을 행사할 주체인 이사의 선임 또는 해임을 통하여 경영진에게 영향력을 행사함으로써 회사의 근본정책을 결정하는 힘이다. 이것은 회사의 소유자로서 경영진에게 영향력을 행사할 수 있는 주주가 갖는 권한이다. 일반적으로 소유와 경영이 일치하는 소유지배구조하에서는 양자를 구분하기가 어렵지만 소유와 경영이 철저히 분리된 소유지배구조에서는 양자는 확연히 구별된다.

2. 지배권의 형태

회사의 지배권은 다음과 같은 다섯 가지의 형태로 존재한다. 완전지배, 절대적 지배, 실질적 지배, 사실상의 지배 그리고 경영자지배가 그것이다.[6]

(1) 완전지배

완전지배(complete ownership)는 회사의 주식을 전부 소유하는 형태를 말한다. 1인회사 또는 소수의 지배주주가 회사의 지배권을 장악하고 있는 경우가 여기에 해당하는데, 이러한 형태의 지배 하에 있는 주식회사는 실제상으로는 개인기업이나 조합기업에 가깝다고 할 수 있다. 따라서 이 형태에서는 소유와 경영의 분리원칙이 지켜지기 어렵고, 철저한 소유자지배 또는 소유자경영의 원칙이 지켜지기 쉽다.

(2) 절대적 지배

절대적 지배(absolute control)는 의결권있는 주식의 과반수를 소유함으로써 갖게 되는 지배(majority control)를 말한다. 회사의 기본적인 중요한 사항에 대한 주주총회의 결의는 의안의 경중에 따라 보통결의 또는 특별결의를 얻어야 한다. 일반적으로 보통결의의 경우에는 총의결권수의 1/4이상, 특별결의의 경우에는 총의결권수의 1/3이상으로 유효한 결의가 성립한다. 그러므로 의결권있는 발행주식총수의 과반수를 소유하고 있는 자는 회사의 중요정책의 결정과 집행을 거의 완전히 지배할 수 있게 된다.

---

6) Weinberg & Blank, Take-overs and Mergers, 1-041.

(3) 실질적 지배

실질적 지배(practical or working control)는 절대적 지배에는 이르지 않으나, 잔여주식이 다중의 주주에게 분산되어 있는 경우 소수주식군을 소유함으로써 행사될 수 있는 지배권의 형태를 말한다. 이러한 지배권을 소수지배권(minority control)이라고도 하는데, 실제의 지배권행사는 소수주식군에 부여된 의결권과 분산된 잔여주식에 대한 위임장권유의 수단의 결합에 의하여 가능하게 된다. 이 경우의 지배권은 일반적인 것은 아니지만, 소수주식의 소유자와 경영진이 협력관계에 있는 경우에는 주주의 지배권과 경영진의 능력이 결합함으로써 존재할 수 있다. 이와 같은 지배형태에 의하여 지배구조가 결정되는 회사는 지배권의 변동이 용이하므로 경영진의 교체를 위한 기업인수의 대상이 되기 쉽다.

(4) 사실상의 지배

사실상의 지배(de facto control)는 경영진의 구성원, 가족 등 특수관계자와 협력하여 행동을 같이 하는 개인 또는 단체에 의하여 회사가 지배되는 형태를 말한다. 이것은 주식의 소유가 널리 분산되어 특정한 지배주주가 없을 경우에 예상할 수 있는데, 여기서는 회사에 대한 지배가 주식의 소유에 기하지 아니하고 회사의 경영의사결정과 업무집행을 사실상 지배하는 자(예컨대 표현이사, 배후이사)가 있을 때에 인정될 수 있다. 그러나 이러한 형태는 흔한 예는 아니나, 경영자가 회사에 대하여 채권자이거나 경영자가 금융기관 또는 특정한 자의 지배를 받는 관계에 있을 때에 나타나기 쉬울 것이다.

(5) 경영자지배

경영자지배(management control)란 회사의 주식소유가 광범위하게 분산되어 있는 경우에, 주식을 전혀 소유하지 않고도 현재의 경영진이 지배권을 유지할 수 있는 힘을 말한다. 이 경우 지배권은 주식의 의결권과 관계없는 요인에 의하여 지배권보유자가 이사회에 대하여 행사하는 영향력에 의존하게 된다. 현대적인 대규모 공개주식회사에 있어서는 대체로 경영자지배주의(managerialism)가 지배하고 있다. 이러한 경영자지배가 유지되는 회사에서는 위임장의 권유(proxy solicitation)에 의하여 경영자가 의결권을 행사하는 것이 일반적으로 이용된다. 또한 주주들이 의결권을 일정한 방향으로 행사하기로 약정하는 의결권 계약(voting agreement), 의결권의 행사를 경영자가 주주로부터 신탁받아서 의결권을 행사하는 의결권 신탁(voting trust), 경영자가 주주로부터 자기의 명의로 의결권을 행사할 수 있는 권한을 양도받을 수 있는 자격양도제도(Legitimationsübertragung) 등이 이용된다.

경영자지배주의 하에서는 소유와 경영의 분리원칙이 존중되어 소유자인 주주는 회사의 업무에는 관심이 없고 자본이익에만 관심을 가지는 비개성적인 투자자로 전락하고, 회사의 경영은 전문화된 인력이 담당하게 된다. 그리하여 오늘날에는 회사정책도 회사경영으로부터 소외된 주주를 보호하기 위한 주주민주주의(shareholder democracy)를 강화하는 방향으로 변화하고 있다. 이 과정에서 보험회사, 연금기금, 투자신탁회사 등과 같은 기관투자자(institutional investor)의 역할이 강조되고 있다. 기관투자자는 원래 회사의 경영에는 관여하지 않는 것이 원칙이지만, 현 경영자가 회사의 자산을 최적적으로 활용하지 못하여 주주의 이익을 극대화시키지 못하는 경우에는 경영진의 교체를 선택하게 되는 경영자감시기능을 수행하고 있고, 그 기능은 더욱 강화되고 있는 것이 최근의 추세이다.

3. 지배권의 행사와 이해충돌

소유와 경영이 일치하는 완전지배의 상태에서는 회사의 지배권자로서의 경영자와 소유자로서의 주주 사이에는 아무런 이해충돌(conflicts of interests)의 문제도 없다. 그러나 완전지배에 이르지 못한 경우에는 주주와 경영자간에 이해가 괴리되는 경향이 있고, 경영자가 소유하는 지분이 감소할수록 주주와의 이해관계의 불일치는 심화하게 된다.

M&A에 있어서 주주는 주당이익(earnings per share)으로 따져서 잠재적 이익의 상승이 있는 경우라면 회사가 다른 회사를 인수하거나 다른 회사와 합병하여야 한다거나, 반대로 주식을 보유하고 있는 것보다 처분대가를 받음으로써 주주의 부가 증대된다면 회사가 다른 회사에 인수되도록 동의해야 한다는 데에 있어서 이해관계를 갖는다. 그러나 경영자는 집단으로서의 주주의 이해관계와는 다른 이유에서 M&A에 임하는 수가 많다. 즉 경영자는 자신의 업적 또는 명성을 증대하고자 하거나, 자신의 보상을 확대하고자 하거나, 또는 회사의 규모를 확대하여 회사가 타인에게 인수되기 어렵게 하거나, 주식교환부 M&A를 시도하여 주주의 지분율을 분산시킴으로써 자신의 지위를 유지 · 강화하고자 한다는 것 등이 그것이다. 그리하여 M&A에 직면한 경영자는 주주에게 이익이 되는 M&A에는 반대함으로써 오히려 자신의 경영자로서의 지위를 유지·강화하고자 하지만, 주주에게 이익이 되지 않는 M&A에 대하여는 이를 권장하거나 최소한 대항하지는 않는 경향을 가진다고 할 수 있다.[7]

이와 같은 주주와 경영자간의 이해충돌을 해소하기 위해서는 경영자의 경영지배권의 남용을 막는 일이 회사법의 중요한 책무가 될 것이다. 영미의 회사법에서는 경영자에게 회사경영에 대한 광범위한 권한을 인정하면서도 이러한 문제를 해결하기 위한 규율은 엄격하다. 경영자와 회사간의 이익충돌을 해소하기 위하여 경영자와 지배주주에게 충실의무(fiduciary duty)를 부과하고 있는 것이 그것이다. 이 충실의무에서는 주주총회에서의 지배주주의 의결권행사는 전체로서의 회사이익을 위하여 성실하게 행사되어야 하고, 지배주주는 소수주주에 대한 사기 또는 권한남용을 하지 아니할 것을 요구하고 있다.[8)]

Ⅲ. 적대적 M&A의 사회경제적 작용

자본주의 경제체제는 국민에게 자율적인 경제적 이익의 추구를 보장함으로써 국가자원의 최적 활용을 그 근본이념으로 하고 있다. M&A는 이러한 이념을 전제로 회사에 내재된 자본자원(capital resources)의 효율적 활용을 위한 시장메카니즘의 하나로서 그 존재가치가 인정된다.[9)] 그러나 M&A가 갖는 사회경제적 기능은 양면성을 갖는다. 일반적으로 M&A는 기업지배권시장(market for corporate control)[10)]을 통하여 비효율적인 경영진을 언제든지 교체하여 경영효율을 높이고 이윤을 극대화함으로써 결과적으로 국가의 부를 증대시킬 수 있는 긍정적인 기능을 갖는다. 반면에 M&A는 부의 집중을 초래하여 경쟁을 제한하거나 생산적 투자를 왜곡하고, 기업의 재무구조를 악화시키는 등의 부정적인 기능도 가지고 있다. 그러나 M&A는 부정적 기능보다는 긍정적 기능이 더 크기 때문에 오늘날 자본주의 경제체제를 취하고 있는 국가에서 M&A를 금지하는 나라는 없다. 다만 M&A의 당사자들간에 우호적인 관계에서 성립하는 M&A보다는 적대적인 관계에서 행하여지는 M&A의 사회경제적 기능은 여전히 논란의 대상이 되고 있다. 적대적 M&A가 국민경제와의 상호관계에서 경제적 부의 향상에 활력적 요소인가 장애적 요소인가에 대한 문제가 그것이다.

이에 대하여는 1980년대 초 미국의 Lipton과 Easterbrook · Fischel 간의 논쟁이 유

---

7) ibid at 1-045~1-047.

8) ibid at 1-052~1-059.

9) ibid at 1-026.

10) 오늘날 기업지배권시장은 경영진의 효율성과 주가간의 강한 플러스의 상관관계에 그 존재기반이 있고, 이 시장에서의 M&A는 주식시장 외에는 경영진의 효율성을 객관적으로 평가할 수 있는 장치가 없다는 점에서 강력한 소수주주보호장치가 된다고 한다. 김화진, 소유와 경영(박영사, 2003), 77~78면

명하다. 변호사인 Lipton에 의하면 적대적 M&A는 국민경제를 위협하는 해악으로 파악하고 있다. 즉 적대적 M&A는 기업의 경영계획을 위태롭게 하고, 투기를 조장할 뿐만 아니라, 기업의 생산적 투자의 회피를 가속화함으로써 궁극적으로는 기업의 발전 및 사회·경제의 발전에 장애가 된다는 것이다.[11] 경제학자인 Shleifer와 Summers도 적대적 공개매수가 대상회사의 주주에게는 이익을 안겨 주지만 사회전체로 볼 때에는 해악적 요소가 될 수 있다고 주장한다. 그것은 대상회사 주주의 이익은 주주 이외의 이해관계 집단, 예컨대 노동자, 공급업자, 지역사회 등에게는 손실을 초래할 수 있기 때문이라고 한다.[12]

반면에 법경제학자인 Easterbrook과 Fischel은 적대적 M&A는 회사 및 국민경제의 장기적 이익을 위해서는 결코 위협적 요소가 아니며, 오히려 주주는 물론 국민경제에 이익을 촉진한다고 주장한다.[13] 왜냐하면 회사가 효율적인 장기경영계획을 개발하면 이는 주가의 상승으로 연결되는데 적대적 M&A는 오히려 이러한 현상을 촉진하고, 적대적인 M&A의 발생은 회사지배권시장의 효율성을 증대하는 것이지 투기를 조장하는 것이 아니며, 그리고 주주에게 지급된 매수대금은 시장메카니즘의 본질상 소비로 끝나는 것이 아니라 새로운 부의 창출을 위해 재투자되어 생산적 투자의 회피를 가져올 수 없기 때문이라고 한다. 그리고 경제학자인 Jensen과 Ruback은 적대적 공개매수는 대상회사의 주주에게는 큰 이익을 주고 매수회사의 주주에게는 낮은 이익을 준다고 보면서도 궁극적으로 부의 창출에 기여해왔다고 결론짓고 있다.[14] 오늘날 회사지배권시장이 활성화되어 있는 미국 등 선진자본주의 국가에서는 전자와 같은 부정적 견해보다는 후자와 같은 긍정적 견해가 일반적으로 지지를 받고 있다.

한편 적대적 M&A가 사회경제적으로 기업의 경쟁력, 고용, 투자 등에 어떠한 영향을 미치고 있는지에 관하여 1980년대 미국의 M&A사례를 실증적으로 분석한 결과에 따르면 위의 긍정적 견해가 뒷받침되고 있다.[15] 먼저 M&A는 기업의 경쟁력을 감소시키고

---

11) Martin Lipton, Takeover Bids in the Target's Boardroom, 35 Bus. Law 101(1979) ; Takeover Bids in the Target's Boardroom : An update after one year, 36 Bus. Law. 1017(1981)

12) Andrei Shleifer & Lawrence Summers, "Breach of Trust in Hostile Takeovers" in Corporate Takeovers : Cause and Consequences, A.J. Auerbach, Ed.(Univ. of Chicago Press, 1988), pp.33~38.

13) Frank H. Easterbrook & Daniel R. Fischel, The Proper Role of a Target's Management in Responding to a Tender Offer, 94 Harv. L. Rev. 1161(1981) ; Takeover Bids, Defensive Tactics and Shareholder's Welfare, 36 Bus. Law. 1733(1981)

14) Michael Jensen & Richard Ruback, The Market for Corporate Control : The Scientific Evidence, 11 J. Fin. Econ. 5(1983).

15) Shleifer & Vishny, "The Takeover Wave of The 1980s", 249 Science 745(Aug. 17, 1990), Dale A. Oesterle, Mergers, Acquisitions, and Reorganization(West Publishing Co, 1991), pp.7~10에서 재인용 ; 영국에서의 분석

소비자가격을 상승케 한다는 우려가 있다. 이 문제에 대하여는 시장지배가 용이한 제한적 시장의 경우(예컨대 국내항공, 가스, 슈퍼마켓 등)가 아닌 한, 적대적 M&A가 아니라 경쟁제한적 M&A를 합리적으로 규제한다면 그러한 부작용은 억제할 수 있다고 한다. 또한 고용문제에 있어서도 적대적 M&A는 노동자의 신뢰를 깨뜨리고 임금의 감소와 고용감축을 통하여 노동자의 부를 주주에게 이전시키는 결과를 가져오지 않겠는가 하는 의문도 있다. 그러나 특별한 경우를 제외하고는 적대적 M&A 이후에 실질적인 임금감소가 있었다는 증거는 나타나지 않았다고 한다. 그리고 고용감축은 통상적으로 적대적 M&A에 의한 기업인수 후에 수반되는 것이 보통이지만, 개별적인 대상회사의 관점에서는 이것이 주목할 만한 것이라도 국민경제 전체의 견지에서 보면 고용감소의 효과는 주주의 부의 증대에 비하면 미미하다는 것이다.

끝으로 적대적 M&A가 기업의 투자를 감소시킬 것이라는 우려가 가장 중요한 사회적 관심사이다. 그러나 분석결과에 의하면 투자감소가 적대적 M&A의 동기라거나 결과인 것은 아니며, 오히려 이 문제는 M&A 자체만의 문제가 아니라 회사경영 및 경제정책의 거시적 차원의 시각에서 검토할 문제라고 한다. 요컨대 적대적 M&A에 대한 이와 같은 우려는 과장된 것이고, 오히려 M&A는 복합기업의 자산을 전문화된 이용자에게 이동시키는 작용을 하며, 이러한 결과는 곧 M&A가 사회경제적으로 유익한 것임을 추정케 한다고 볼 수 있다.

제2절 M&A의 동기

Ⅰ. 대상회사 및 인수회사의 경제적 가치향상

1. 이익상승 효과

일반적으로 두 개의 기업이 유기적으로 결합할 때 그 전체적인 가치가 각 기업체가 가지는 별개로서의 가치를 합친 것보다 커질 경우 이를 이익상승효과 또는 시너지(synergy)효과라고 한다. 이렇게 파악하는 견해를 이익상승효과이론(the synergy

---

에 대하여는 Weinberg & Blank, Take-overs and Mergers, 1-028~1-032 참조.

hypothesis)이라고 한다. 이 효과는 다시 영업상의 이익상승효과(operating synergy)와 재무상의 이익상승효과(financial synergy)로 구분해 볼 수 있다.[16)]

영업상의 이익상승효과는 두 회사의 결합으로 인해 규모의 경제(economy of scale)의 이익으로 인하여 생산비용이 감소되어 얻어지는 수가 많으며, 그 이외에 제조회사가 원재료 생산회사와 결합하든가 또는 제품판매 회사를 매수함으로써 안정적인 원자재 거래처의 확보나 판매처의 확보를 통해 생산비용 또는 판매비용을 절약함으로써 얻어지기도 한다.

재무상의 이익상승효과는 양 회사의 보유 자금을 보다 적절한 목적에 분배함으로써 얻어지기도 하고 기업결합으로 인해 회사의 자산이 증가하고, 자금상태가 양호해짐으로써 외부차입이 보다 쉬워지고 또 그 비용이 감소함으로써 얻어지기도 한다. 이러한 이익상승효과는 대부분 인수회사와 피인수회사의 완전한 결합 즉 합병에 의해서 그 효과가 극대화되지만, 어떤 시너지(예컨대 원자재 생산회사를 매수하여 안정적인 원자재 구매처를 확보함으로써 얻는 이익 등)는 꼭 합병에 의하지 아니하더라도 이와 유사한 효과를 얻을 수 있다. 그러나 이러한 이익상승효과는 M&A 후에 기대하였던 바와 같이 창출되는 경우는 드물다는 실증적 연구도 있다.[17)]

2. 회사보유자산의 유용한 이용

회사보유자산의 보다 효율적인 운영으로 인해 그 가치를 증대할 수 있다. 이는 대체로 현 경영진이 그 회사의 보유자산을 효율적으로 운용하지 못하고 있을 경우 그 경영진을 유능한 경영진으로 교체함으로써 이루어진다. 이러한 기능을 대리비용의 절감(reduction of agency cost)에 의한 자산가치의 향상기능이라고 부르기도 한다. 이러한 견해를 징계이론(the disciplinary hypothesis)이라고 한다.[18)] 이것은 오늘날 M&A의 동기를 설명하는 대표적인 이론으로 인식되고 있다.

다시 말하여 M&A는 비효율적인 경영진의 교체를 통하여 대상회사의 자산을 효율적으로 운영함으로써 대상회사의 자산가치의 증가에 따른 수익창출을 도모하고자 하는 데

16) 대표적으로 Ronald J. Gilson, The Case against Defensive Tactics in Tender Offers, 33 Stan. L. Rev. 819(1981) ; Lucian A. Bebchuk, The Case for Facilitating Competing Tender Offers, 95 Harv. L, Rev. 1028(1982).

17) John C. Coffee, Regulating the Market for Corporate Control : A Critical Assessment of the Tender Offer's Role in Corporate Governance, 84 Colum. L. Rev. 1145, 1166(1984).

18) Easterbrook & Fishel, The Proper Role of a Target's Management in Responding to a Tender Offer, P. 1161.

에 그 동기가 있다는 것이다. 이 이론에서는 대상회사 경영진의 비효율성으로 인하여 얻지 못하였던 가치를 인수회사와 대상회사의 주주들이 분배하여 가지게 된다는 점에서 적대적 M&A는 사회적으로 바람직한 현상이라고 풀이하고 있다.

그러나 현실의 M&A에서는 경영진에 의한 M&A인 MBO(management buy-out)의 경우와 같이 경영진의 교체가 수반되지 아니하는 M&A도 많고, 실증적으로 볼 때에 M&A 후에 경영진의 교체가 항상 발생하는 것도 아니며, 기업인수 후 대상회사의 주가가 오히려 하락하는 경우도 빈번하다는 점에서 이 이론이 모든 M&A의 동기를 정확하게 설명하고 있는 것은 아니다.

Ⅱ. 시장가치와 실제가치간의 차액취득

주식의 시장가치가 그 실제 가치를 반영하지 못하고 있을 때 인수회사는 이러한 저평가주식을 시장가치보다는 높은 가격에, 실제가치 보다는 낮은 가격에 매수함으로써 실제가치와 매수가격의 차액에 해당하는 이익을 볼 수 있게 된다. M&A의 동기를 이와 같이 파악하는 견해를 착취이론(the exploitation hypothesis)이라고 한다. 이 이론에서는 대상회사의 주식가치와 관련하여 실질가치와 현실가치를 정확히 반영하지 못하는 비효율적인 시장이 존재한다는 가정 하에 기업지배권시장(market for corporate control)과 투자이익시장(market for investment profit)이라는 구분된 시장이 존재한다고 본다. 그리하여 적대적 M&A는 이 두 시장에서 형성되는 대상회사의 주식가치의 차이를 착취하고자 하는 데에 그 동기가 있다고 파악한다.[19)]

시장가치와 실제가치간의 불균형은 시장의 불완전성에 기인된 것으로 회사경영진의 비효율성에서 기인되는 이른바 대리비용의 경감목적과는 그 원인이 다르다. 이러한 불균형은 다시 회사의 자산가치가 충분히 반영되지 못한 경우(통상 이러한 주식을 증권시장에서는 자산주라고 부른다)와 회사의 수익가치가 충분히 반영되지 못한 경우로 나누어 볼 수 있다. 이 중 전자의 경우에는 그 주식의 실제가치를 조기에 실현하기 위해서는 인수회사는 피인수회사의 자산을 시장가격으로 처분해야 한다. 따라서 이 경우에는 종업원의 해고 등 사회적인 문제를 야기시킬 우려가 많다.

---

19) William J. Carney, Shareholder Coordination Costs, Shark Repellents and Takeout Mergers : The Case against Fiduciary Duties, Am. B. Found. Res. J., 341, 349(1983)

Ⅲ. 기타의 동기

1. 경영의 다각화

경영의 다각화(diversification)로서 회사의 위험을 분산함과 동시에 새로운 유망산업분야에 진출하기 위해 기업을 인수하는 경우이다. 새로운 산업분야에 진출하는 경우 새로운 회사나 사업부분을 설립하거나 시작하는 방법도 있으나, 이미 해당분야에서 기반을 잡고 있는 기존회사를 인수함으로써 초기 투자의 위험과 비용을 줄일 수 있게 된다. 해당분야의 기술개발에 상당한 투자를 한 회사를 인수하는 것도 이 유형에 속한다고 볼 수 있다. 우리나라의 최근 M&A는 이러한 목적으로 이루어지는 경우가 많다.

2. 시장지배력의 형성

M&A는 특정시장에서 경쟁회사를 매수함으로써 시장지배력을 강화하기 위한 목적으로 행하여지는 수도 있다. 시장지배력의 형성은 주로 수평적 기업결합의 방법으로 이루어지는 것이 보통이지만, 때로는 수직적 결합에 의해 달성되기도 한다. 예컨대 독점적인 원자재 공급업체를 매수하여 경쟁업체에 대한 원자재 공급을 배제함으로써 시장지배력을 강화시킬 수도 있다. 이 경우 해당시장에서의 경쟁이 저해되고, 그 결과 소비자의 이익이 침해되며 따라서 각국에서는 독점규제법에 의하여 이러한 M&A를 규제하고 있다. 우리나라의 경우에도 독점규제 및 공정거래에 관한 법률에 의하여 시장에서의 경쟁을 실질적으로 제한하는 기업결합을 규제하고 있다.

3. 조세상의 이익

조세상의 이익을 위한 기업결합의 경우도 예상할 수 있다. 예컨대 피인수회사의 세법상의 이연손실(net operating loss)을 이용하여 세금을 절약하기 위한 목적에서 합병이 이루어지기도 하고, 기타 세법상의 특혜가 주어지는 회사를 인수하여 그 특혜를 이용하는 방법도 있다. 우리나라의 대규모기업집단에 속하는 계열회사간 합병은 이 조세절감목적에서 이루어지는 경우가 많다.

4. 회사경영진 또는 지배주주의 사업확장의욕

회사경영진 또는 대주주가 사업의 규모를 확장하는 것 자체를 목적으로 기업을 매수하는 경우이다. 이들은 사업규모의 확장으로 여러 가지의 직·간접적인 사회적, 경제적 이익을 향유할 수 있게 된다. M&A의 동기를 이와 같이 파악하는 이론을 기업규모확대이론(the empire building hypothesis)이라고 한다.

이 이론은 M&A는 경영의 효율성을 추구한다기 보다는 인수회사의 주주들로부터 대상회사의 주주들에게로 부의 이전이 이루어지는 수단이라고 파악하고, M&A는 경영진의 보상의 증가, 경영진의 지위 보전, 경영진의 사회적 지위의 상승, 기업의 과점적 지위의 확보 등에 주된 동기가 있다고 풀이한다.[20]

제3절 M&A의 분류

M&A는 몇 가지의 기준에 따라 다음과 같이 분류할 수 있다. 경제적인 기능, 법률의 규정형식, 대상회사의 대응태도, 지급대가의 종류 등에 따른 구분이 그것이다.

Ⅰ. 경제적 기능에 의한 분류

1. 수평적 M&A

수평적 M&A(horizontal M&A)라 함은 동일한 제품이나 용역, 또는 서로 경쟁관계에 있는 제품이나 용역을 생산하거나 공급하는 관계에 있는 회사간에 지배권의 취득을 통하여 결합하게 되는 거래를 말한다. 이러한 M&A는 동종업종의 회사간에 이루어지므로 생산설비의 효율적 활용, 제품생산의 적정화, 중복·노후시설의 폐쇄, 재고량의 감축, 시장판로의 중복회피, 관리회계·조직·인사·교육훈련·연구개발 등에서의 비용절감효과를 통한 규모의 경제를 기할 목적으로 행해지는 것이 보통이다. 그러나 이것은 산업에 있어서 경쟁을 제한하는 결과를 초래할 수 있어 독점규제법의 적용대상이 될 수 있다.

---

20) Harvey Leibenstein, Allocative Efficiency vs. X-Efficiency, 56 Am. Econ. Rev. 392(1966)

2. 수직적 M&A

수직적 M&A(vertical M&A)라 함은 이종업종을 영위하는 복수회사간에 이루어지는 거래를 말하는데, 양 당사회사는 제품이나 용역의 실질적인 또는 잠재적인 공급관계에 있는 것이 보통이다. 일반적으로 수직적 M&A에 있어서 대상회사는 최종제품이나 용역의 원료공급회사인 경우가 보통이라고 한다. 경제적으로 이 M&A는 생산의 흐름을 개선하고 유통경로를 단축하여 재고관리비용을 절감함으로써 경영효율의 증대를 꾀하기 위하여 행하여진다. 그러나 이 M&A도 시장독과점을 야기하는 수가 있으므로 독점규제법의 규제를 받는 수가 있다.

3. 혼합적 M&A

혼합적 M&A(conglomerate M&A)라 함은 이종업종의 관계에 있지만, 그 업종 간에는 수평적으로든 수직적으로든 아무런 관계가 없이 복수의 회사 간에 이루어지는 기업결합을 말한다. 그러나 실제로는 이와 같은 순수한 혼합적 M&A는 드물고 제품이나 용역, 유통이나 기술 등 하나 이상의 요소에서 공통성을 갖는 회사 간에 이루어지는 것이 보통이다. 이 M&A는 기업결합의 방법으로서 최근 들어 점증하고 있다. 그것은 수평적 또는 수직적 M&A가 전통적으로 독점규제법의 규제를 받기 쉬운 반면, 혼합적 M&A는 매수회사가 시장지배력을 남용하는 경우가 아닌 한 독점금지의 문제가 없기 때문이다.

4. 구조재편적 M&A

이것은 위의 세 가지 M&A와는 달리, 기업의 영업활동, 재무구조, 자산구조, 주주구성 등을 변경하고자 하는 경제적 동기에서 이루어지는 M&A를 말한다. 이른바 기업의 구조재편성(restructuring)이 여기에 해당한다. 이것은 '80년대에 들어 미국기업에서 각광을 받기 시작하였으며, 전통적인 M&A가 주로 복수회사간의 결합을 목적으로 하고 있음에 반하여, 이 구조재편성은 현재의 회사구조를 축소하거나 단순화하기 위하여 이용되는 것이 보통이다. 회사 내의 일부 공정의 전부 또는 특정의 사업부문을 매각하는 자산매각(divestiture)을 포함하여, 하나의 회사를 두 개 이상의 회사로 분리하는 현상인 회사분할(예컨대 spin-offs, split-offs, sell-offs, swap, split-ups)이 이에 속한다.[21] 소수

---

21) Martin Lipton & Erica H. Steinberger, Takeovers & Freezeouts, Vol. I (Law Journal Seminars Press, 1990), § 9.03 [5].

주주의 퇴출(freeze-out)을 통한 주주구조의 재편성을 목적으로 하는 2단계 합병, 현금지급합병, 그밖에 주식의 포괄적 교환 또는 이전을 통한 기업결합도 여기에 속한다.

또한 최근에는 기업의 구조재편성의 한 방법으로서 국외의 투자가, 경영진, 또는 종업원 등이 대상회사의 자산을 담보로 타인자본을 조달하여 대상회사의 현재 주주들로부터 주식을 매입한 후, 경영개선을 통하여 기업가치를 향상시키거나 기업자산을 매각처분함으로써 투자수익을 꾀하는 이른바 차입매수 또는 부채에 의한 기업인수(LBO, leveraged buy-out)가 널리 이용되고 있다.[22)]

Ⅱ. 법적 형식에 의한 분류

M&A는 회사법과 증권거래법이 정하고 있는 법적 형식, 즉 회사지배권의 취득 방법에 따라 다음과 같은 몇 가지 유형으로 나누어 볼 수 있다.

1. 자산취득

자산취득이라 함은 대상회사의 자산의 전부 또는 일부를 당사자간의 채권계약에 따라 양도할 것을 합의하고 대상회사의 자산의 전부 또는 일부의 소유권이 매수자에게 이전되는 거래를 말한다. 상법상의 영업양도가 이에 해당한다. 영업양도에 의하여 이전되는 자산의 범위에는 적극재산과 소극재산은 물론, 대상회사의 고객관계, 영업상의 비결, 노우하우 등과 같은 사실관계도 포함되는 것이 원칙이다. 상법상의 영업양도는 영업의 전부양도와 일부양도가 모두 포함되지만, 일부양도에 상법의 규정이 적용되기 위해서는 영업의 동일성이 유지되어야 한다. 따라서 단순히 유휴시설이나 공장과 같은 영업용자산을 양도하는 것은 상법상의 영업양도가 아니다. 그러나 영업용자산의 양도라도 그로 인하여 기존의 영업이 폐지되거나 중단되는 결과로 되는 경우에는 영업의 일부양도가 성립한다.[23)] 매수회사가 자산취득의 대가로 지급하는 방식으로서 현금지급방식을 택하지 아니하고 주식으로 교환하는 방식을 이용하는 경우에 이것은 사실상 합병과 다르지 않다.

---

22) 송종준, PEF와 M&A : LBO의 구조와 법적 문제, 금융법연구 제2권 1호(한국금융법학회, 2005), 61면 이하.
23) 대판 1988.4.12, 87다카1662.

2. 주식취득

주식취득이라 함은 매수회사가 대상회사에 의하여 발행된 주식의 전부 또는 일부를 그 주주로부터 현금 또는 주식 등의 유가증권을 대가로 하여 취득하는 것을 말한다. 주식취득은 M&A의 주종을 이루는 대표적인 수단이다. 여기에는 지배주식의 양도, 시장매수, 공개매수, 신주인수, 주식의 포괄적 이전 및 교환 등의 방법이 있다.

(1) 지배주식의 양도

지배주식의 양도(sale of control)라 함은 지배주주가 그 소유하는 주식을 합의에 의하여 타인에게 양도하는 것을 말한다. 지배주식(controlling shares)이란 회사의 경영을 지배할 만한 정도의 대량의 주식군(large block of stocks)을 말한다. 보통은 의결권의 과반수를 차지하는 주식을 뜻하나, 주식의 소유비율이 분산된 상장회사의 경우에는 그 이하인 경우에도 여기에 해당할 수 있다. 지금까지 우리나라에서는 이 지배주식의 양도가 전형적인 M&A의 방법으로 이용되어왔다고 할 수 있다. 그러나 지배주식의 양도시에는 양도인에게 지배권 프리미엄이 지급되는 것이 보통이다. 이와 같은 지배주식의 양도는 증권시장을 통하지 아니하고 장외에서 교섭에 의하여 이루어지는 것이 보통이다.

(2) 시장매수

시장매수(open market purchase)란 증권거래소가 개설한 거래소에 상장된 회사의 주식이나 코스닥 시장에 상장된 회사의 주식을 매입하는 것과 같이 공개시장에서 주식을 매수하는 것을 말한다. 이 방법은 시장에서 유통하고 있는 주식을 매수의 대상으로 하고 있고, 주가상승으로 인하여 매도물량이 감소하게 됨으로써 단기간내에 지배권취득에 필요한 주식을 전부 매집할 수 있는 가능성은 불투명하다.

(3) 공개매수

공개매수(tender offer, take-over bid)라 함은 거래소 상장회사 또는 코스닥 상장회사의 지배권을 취득 또는 강화할 목적으로, 증권시장 외에서 일정기간 동안에 일정한 가격으로 그 특정회사가 발행한 주식을 매수할 것을 공표하고 주식을 대량으로 취득하는 방법이다. 이 공개매수는 외국의 경우에는 M&A의 주류를 이루고 있다. 이 공개매수는 대상회사의 경영진이 비우호적이거나 적대적인 경우에도 이용될 수 있는 대표적인 방법으로서 미국, 영국, 프랑스 등에서는 이 방법이 최근 들어 크게 증가하고 있다. 우리나라에서도 1994년 공개매수가 처음으로 발생하여 2007년 말 현재 90건에 이르고 있다.

(4) 신주 또는 잠재주식의 제3자배정

신주의 제3자배정은 현재의 주주 이외에 특정의 제3자에게 신주인수권을 부여하는 증자형태를 말한다. M&A에 있어서 신주의 제3자배정은 지배권을 차지하고자 하는 매수회사에게 신주인수권을 부여함으로써 이루어진다. 그리고 전환사채, 신주인수권부사채 등과 같은 잠재적 주식을 제3자에게 배정함으로써 이를 인수하는 방법에 의하여도 회사의 지배권을 취득할 수 있다. 그런데 통상적으로는 신주 또는 잠재주식의 제3자배정은 적대적인 M&A에 대한 방어수단으로서 이용되는 경우가 많다.

(5) 주식의 포괄적 교환 및 이전

주식의 포괄적 교환이란 기존의 회사 사이에서 법정의 절차를 거쳐 완전자회사로 되는 회사의 주식 전부를 완전모회사로 되는 회사에 강제적으로 이전하고, 완전자회사로 되는 회사의 주주에게 완전모회사의 주식을 배정받아 완전모자회사의 관계를 창설하는 기업결합행위를 말한다(상법제360조의2). 주식의 포괄적 교환 방식에서는 합병과 같이 모회사가 이미 존재하므로 간이주식교환과 소규모주식교환의 방식이 허용된다(상법제360조의9, 제360조의10).

주식의 포괄적 이전이란 기존의 회사가 완전 모회사를 새로이 설립하고 기존회사의 주식 전부를 완전모회사에 강제적으로 이전하고 기존 회사의 모든 주주에게 신설되는 완전모회사의 주식을 배정하여 완전모자회사의 관계를 새로이 창설하는 기업결합행위이다(상법제360조의15). 주식의 포괄적 이전 방식에서는 모회사가 존재하지 아니하고 새로이 탄생하므로 간이주식이전이나 소규모주식교환의 방식은 허용되지 않는다.

3. 합 병

합병에는 그 절차와 추진방법에 따라 정식합병, 약식합병, 삼각합병, 이단계합병, 현금지급합병 등이 있다.

(1) 정식합병

정식합병(arm's length merger, long-form merger)은 대등한 당사회사간의 교섭을 통하여 양 당사회사의 이사회와 주주총회의 결의를 거치는 등 정식의 절차에 의한 합병을 말한다. 정식합병에는 둘 이상의 회사가 계약에 의하여 새로운 회사를 설립하는 방법인 신설합병(consolidation)과 그 중의 한 회사가 다른 회사를 흡수하는 방법인 흡수합병(merger)이 있으며, 모두가 복수의 회사가 하나의 회사로 합체되는 회사법상의 제도 또는 행위이다. 이 합병은 회사의 완전지배를 꾀하고자 하는 기업결합의 수단으로서 자산 또는 주식의 매수에 의한 지배권취득의 궁극적인 목표인 것이 보통이다.

(2) 간이합병 · 소규모합병

간이합병(short-form merger)은 합병당사회사가 상호 지배종속관계에 있는 경우, 예컨대 한 회사가 다른 회사의 발행주식총수의 90% 이상을 소유하고 있는 경우에 다른 회사의 이사회 및 주주총회에서의 합병결의가 생략되는 형태를 말하며 간이합병이라고도 한다. 개정상법은 소멸회사의 총주주가 동의하거나, 합병 후 존속회사가 소멸회사의 발행주식총수의 90% 이상을 소유하고 있는 경우에 소멸회사에서의 합병승인을 위한 주주총회의 결의는 소멸회사의 이사회결의로 갈음할 수 있게 하고 있다(상법제527조의2 제1항). 이를 약식합병(simplified merger)이라고도 한다.

소규모합병(small scale merger)이란 소멸회사의 주주에게 교부할 존속회사의 신주가 존속회사의 발행주식총수의 5%를 초과하지 않는 정도의 소규모의 흡수합병인 경우(이 경우 교부금이 존속회사의 순자산액의 2% 이하이고, 존속회사 발행주식총수의 20% 이상을 가진 주주의 반대가 없어야 한다)에 존속회사의 주주총회의 승인결의를 이사회의 승인결의로 갈음할 수 있게 한 것이다(상법제527조의3). 이것은 약식합병의 경우와 마찬가지로 합병절차의 간소화를 꾀한 것이다.

(3) 삼각합병

M&A의 실제에 있어서 가장 많이 이용되고 있는 것은 흡수합병이다. 최근에는 삼각합병이라는 변칙적 합병이 M&A의 수단으로 이용되는 예가 많다. 삼각합병(triangular merger)은 매수회사가 특정회사를 완전지배 할 목적이 있을 때, 그 매수회사가 완전소유의 자회사를 설립하고 그 자회사와 특정회사간에 흡수합병을 실행하는 과정에서 이용된다. 여기서는 합병의 대가로서 자회사의 주식을 그 특정회사의 주주에게 교부하는 것이 아니라 모회사인 매수회사의 주식을 교부해 준다. 이것은 모회사가 특정회사를 사실상 흡수합병한 것과 동일한 효과를 얻는 반면, 정식합병의 경우에 요구되는 모회사의 주주총회의 합병결의절차를 회피하고자 하는 목적에서 이루어지는 변칙적인 합병이다. 현재 상법상으로는 합병당사회사로서 존속회사의 발행주식만을 교부하여야 하므로 삼각합병은 인정되지 않는다.

그러나 2007년 상법 개정안에서는 합병대가가 모회사 주식인 경우에는 존속회사는 모회사 주식을 취득할 수 있다는 특칙을 둠으로써(상법개정안제523조의2), 앞으로는 삼각합병도 허용될 전망이다.

(4) 현금지급합병

현금지급합병(cash-out merger)은 합병 당사회사로서 소멸회사의 주주에게 합병대가를 존속회사의 주식이 아닌 현금 기타 재산으로 지급하는 합병을 말한다. 현금지급합병은 필연적으로 소수주주를 사원관계로부터 퇴출시키는 문제를 안고 있다. 우리 상법상 인정되고 있는 교부금합병은 합병비율의 단수조정을 위해 필요한 최소한의 범위 내에서만 인정되므로 현금지급합병은 허용되지 않는다고 보는 것이 통설이다.

현금지급합병은 소수파주주의 퇴출을 가져오므로 그 법적 정당성이 논의될 수 있는 문제이다. 현금지급합병에 의한 소수파주주의 퇴출은 주주의 기득권(shareholder's vested right)을 침해하기 때문이다. 그러나 미국에서는 기업유연화(corporate flexibility) 개념에 기초하여 주주의 기득권이론은 주식매수청구권과 공정성평가이론 등과 같은 다수파주주와 소수파주주간 이해조정의 법리에 의하여 대체되었다. 이러한 새로운 법리에서는 퇴출되는 소수주주에게 지급할 대가의 공정가치의 산정과 퇴출절차의 공정성 문제에 모든 논의의 초점이 맞추어져 있다.

2007년 상법 개정안에서는 흡수합병의 경우에 소멸회사의 주주에게 존속회사의 신주를 교부하지 아니하고 현금, 사채 등 기타의 재산을 지급할 수 있도록 하여 이른바 현금지급합병을 도입하고 있다(상법개정안제523조제4호).

(5) 2단계합병

M&A의 중요한 수단으로 이용되고 있는 것으로서 2단계합병이 있다. 2단계합병(two-step merger)은 1단계에서는 공개매수에 의하여 대상회사의 주식을 취득하여 지배권을 장악하고, 2단계에서는 흡수합병을 행함으로써 대상회사를 완전지배하고자 하는 방법이다. 2단계합병에서는 합병에 반대하는 소수파주주가 축출당할 위험에 직면하기가 쉽고, 더욱이 합병대가가 1단계의 공개매수가격보다 현저히 낮게 책정되는 경우가 많다. 미국에서는 이를 둘러싼 법률문제들이 최대의 쟁점이 되고 있다. 1단계의 공개매수에 응모하지 아니한 주주들이 2단계의 합병과정에서 합병비율의 산정상 불공정의 소지가 많기 때문이다.[24)]

현제 우리 상법상으로는 현금지급에 의한 합병(cash-out merger)이 인정되지 않으므

---

24) 송종준, 이단계합병과 소수주주의 보호-미국 회사법상의 논의를 중심으로, 법학연구 제2호(충북대 법학연구소, 1995), 157면 이하 참조.

로 미국식의 2단계합병은 허용되지 않으나, 2007년 상법 개정안상의 현금지급합병제도가 시행되면 2단계 합병이 기업구조재편의 수단으로서 각광을 받게 될 전망이다.

4. 위임장의 권유

위임장권유는 주주가 가지는 의결권의 대리행사를 권유하는 방법으로서 주식을 소유하지 아니하고도 의결권을 지배함으로써 회사의 지배권을 취득할 수 있는 제도이다.[25] 실제상으로는 주주들로부터 의결권의 대리행사를 위한 위임장을 획득하기 위한 경쟁, 즉 위임장쟁탈(proxy contest)이 벌어지기도 한다. 이것은 흔히 대상회사의 경영진이 매수자에 대하여 적대적인 관계에 있을 때에 주로 이용하는 방법이다. 미국에서는 '70년대 이전까지만 해도 이 제도가 널리 활용되었는데, 주식의 공개매수가 성행하면서 그 이용이 격감하였다. 우리 상법은 의결권의 대리행사를 강행법으로 보장하고 있는데, 주식의 대중분산이 촉진되고 자본시장의 개방화가 정착되면 이 제도의 이용가능성이 점차 증가할 것으로 보인다.

그러나 이 제도의 실행에는 과다한 비용이 소요되고, 또 지배권취득에 이르기까지 상대적으로 장기간이 소요된다는 점이 주식취득에 의한 M&A에 비해 단점으로 지적되고 있다. 위임장권유에 의한 의결권확보는 공개매수 또는 기타의 주식취득과 함께 병행되는 것이 보통이다. 위임장권유는 이사회를 지배하여 일시적인 경영권 지배의 목적을 달성하기 위하여 이용되는 경우가 많다.

Ⅲ. 대상회사의 대응태도에 따른 분류

M&A는 매수하고자 하는 대상회사 경영진의 대응태도가 우호적인가, 적대적인가, 중립적인가에 따라 다음과 같이 구분할 수 있다.

1. 우호적 M&A

우호적 M&A(friendly M&A)는 대상회사의 경영진이 M&A를 지지하고, 당해 주주들에게 기업인수에 적극적으로 응할 것을 권유하는 관계에 있는 M&A를 말한다. 일반적

25) 김재범, 주주의결권의 간접행사제도, 기업과 법(도암 김교창변호사 화갑기념 논문)(한국사법행정학회, 1997), 350면 이하 참조.

으로 주식회사에 있어서 지배주주는 경영진을 통하여 회사를 지배하는 것이 보통이다. 일반적으로는 지배주주의 동의없는 경영진의 지지는 예상하기가 쉽지 않다. 그러나 주식의 소유가 철저히 분산된 대규모 공개회사의 경우에는 지배주주가 존재하지 않는 경우도 있다.

우호적 M&A에 해당하는 법적 형식으로는 합병과 자산취득이 대표적이며, 주식취득의 방법 중에서도 지배주식의 양도와 신주의 제3자배정, 주식의 포괄적 교환 및 이전은 대상회사의 경영진이나 지배주주가 비우호적인 관계에서는 성립할 수 없다.

2. 적대적 M&A

적대적 M&A(hostile M&A, unfriendly M&A, contested M&A)는 대상회사의 경영진이 기업인수에 반대하고 개별주주에게는 매수에 응하지 않을 것을 권유하는 관계에 있는 경우를 말한다. 이 M&A는 대상회사의 의사에 반하여 행하여지므로 대상회사의 경영진은 이를 저지 또는 지연시키기 위하여 다양한 방어책을 행사하는 것이 보통이다. 이 방어책의 행사에는 권한남용의 문제가 뒤따르고, M&A와 관련된 소송은 주로 여기에 집중되어 있다.

적대적 M&A에 해당하는 법적 형식으로는 위임장권유, 주식의 시장매수, 공개매수, 전환사채 등과 같은 잠재주식의 취득 등이 있다. 이 중에서 공개매수에 의한 M&A가 적대적인 관계에서 행하여지는 빈도가 가장 높다. 법률적 규제의 최대관심은 이 적대적 M&A에 집중되고 있다.

3. 중립적 M&A

중립적 M&A(neutral M&A)라 함은 대상회사의 경영진이 주주에 대하여 기업인수의 승낙여부에 관한 찬성 또는 반대의 조언이나 권유를 하지 않는 경우를 말한다. 이것은 대상회사가 우호적이지 않으면 성립될 수 없는 M&A를 제외한 모든 법적 형식, 즉 시장매수, 공개매수 및 위임장권유의 경우에 성립할 수 있다.

Ⅳ. 지급대가의 종류에 따른 분류

1. 현금지급에 의한 M&A

현금지급에 의한 M&A(M&A for cash)는 M&A의 대가를 현금으로 지급하는 것을 말한다. 이것은 M&A를 신속하게 종결지울 수 있고 절차면에서도 복잡하지 않다는 점이 장점이다. 그러나 이 방법을 채용하면 M&A에 소요되는 막대한 자금이 조달되어야 하므로 매수자에게는 과도한 자금압박을 줄 수 있다. 그러나 대부분의 M&A는 현금지급방식을 이용한다.

2. 유가증권의 교환에 의한 M&A

유가증권의 교환에 의한 M&A(share for share M&A)는 M&A의 대가로서 매수회사가 보유하거나 새로이 발행하는 주식, 전환사채, 신주인수권부사채 등의 유가증권을 교부하고 대상회사의 주식을 취득하는 거래이다. 그러나 유가증권의 발행에 의한 교환방법은 현물출자, 공모규제 등 유가증권 발행상의 번잡성이 있고, 매도주주에게는 교환되는 유가증권의 수익가치의 비교평가에 어려움이 있기 때문에, 현금지급에 의한 방법에 비해 신중한 투자판단이 필요하다. 최근에는 교환공개매수,[26] 주식의 포괄적 교환 등 교환방식에 의한 M&A가 점차 증가하고 있다.

3. 현금 · 교환선택에 의한 M&A

현금 · 교환선택에 의한 M&A(cash option M&A)는 기업인수의 대가로서 현금을 수령하든지, 유가증권을 교환하든지 그 선택권을 대상회사의 주주에게 부여하는 경우이다. 이 방법은 활용도가 낮기는 하지만, 교환에 의한 M&A와 현금에 의한 M&A가 안고 있는 단점을 해소하기 위하여 이용될 수 있다.

제4절 M&A의 최근 동향과 방어사례

Ⅰ. 국내에서의 M&A 동향

26) 이에 관한 밀도있는 연구로는 노혁준, 교환공개매수에 관한 연구, 상사법연구 제23권 제2호(한국상사법학회, 2004), 9면 이하 참조

1. 기업결합

1997년 외환위기 이후 2006년까지 국내에서 발생한 주식취득, 합병 등 M&A에 의한 기업결합건수의 동향을 살펴보면,[27] 1998년 이후 2000년 까지의 기간에는 기업결합건수가 큰 폭으로 증가하다가 2001년부터 감소하였고, 2004년부터는 다시 큰 폭으로 증가하였다. 그러나 전체적으로 보면 1998년 총 486건에서 2006년말 현재 744건으로 153% 증가하였다.

기업결합의 유형별로 보면 위의 기간 동안에 혼합결합은 크게 증가하였고, 수직결합은 크게 감소한 것이 특징이다. 대체로 2000년대 초에는 혼합결합이 크게 증가한 반면, 수직결합은 큰 폭으로 감소하고, 수평결합은 대체로 일정한 비율을 견지하고 있다. 2005년도에는 전체 기업결합건수의 59.7%, 2006년에는 68.3%가 혼합결합이었고, 수평결합은 각각 29.2%, 26.2%이었으며, 수직결합은 각각 11.1%, 5.5%로 나타났다.

수단별 기업결합을 기준으로 할 때에 1998년까지는 합병이 가장 큰 비중을 차지하는 기업결합수단이었지만 1999년부터는 주식취득에 의한 기업결합이 가장 많았고 이러한 현상은 계속되었다. 최근의 기업결합 양상은 주식취득, 임원겸임, 합병, 영업양수, 회사신설 등의 순으로 나타나고 있다. 주식취득에 의한 기업결합이 전체에서 차지하는 비중은 1998년에 18.9%, 1999년에 26.2%, 2000년에 38.1%, 2001년에 36.4%, 2002년에 35.7%, 2003년에 36.5%, 2004년에 35.1%, 2005년에 44.8%, 2006년에 47.7%로 나타났다. 특히 우리나라 기업결합의 현상으로서 놀라운 변화는 1998년 금융위기 당시까지만 해도 신회사의 설립에 의한 기업결합건수가 가장 높은 비중을 보였으나, 그 후부터는 현저히 감소하였다는 점이다. 신회사의 설립에 의한 기업결합비율은 1998년 26.7%에서 2006년 8.1%를 기록하였다.

그리고 전체 기업결합 중에서 계열회사간 기업결합보다는 비계열회사간 기업결합이 압도적으로 높은 비중을 보이고 있다. 2005년과 2006년에 각각의 비율을 보면 계열회사간 기업결합은 각각 27.2%, 18.5% 이었고, 비계열회사간 기업결합은 각각 72.8%, 81.5%로 나타났다. 그리고 기업결합의 수단을 기준으로 할 때에 계열회사간 기업결합은 합병, 영업양수가 전체의 90% 이상을 차지한 반면, 비계열회사간 기업결합은 주식취득이 약 60%를 차지한 것으로 나타났다.

27) 공정거래위원회, 2006년도 통계연보, 2007.3.

2. 공개매수

우리나라에서는 1994년 5월 미국법인인 나이키사가 삼나스포츠(주)에 대하여 행한 공개매수가 최초의 사례이며, 이는 우호적 공개매수에 해당한다. 같은 해 11월에는 한솔제지의 동해종합금융(주)에 대한 공개매수가 발생하였고, 이는 최초의 적대적 공개매수에 해당한다. 그 후에도 공개매수는 꾸준히 발생하였지만 1997년 IMF 금융위기를 계기로 그 발생빈도에는 다소 차이가 있었다.

IMF 금융위기를 기준으로 연도별 발생현황을 보면 다음과 같다. 1995년에 3건, 1996년에 5건, 1997년에 11건으로 총 21건이 발생하였다. 금융위기에 들어간 1998년과 1999년에는 각각 2건이 발생하였고, 2000년에는 단 한건도 발생하지 않았다. 이 기간 중에는 전반적인 기업구조정의 추세에 따라 헐값에 주식이 매각되고 있고 기업의 장래에 대한 불확실성 때문에 굳이 공개매수에 의하여 프리미엄을 제공하고 지배권을 취득할 필요성은 그리 크지 않았다고 본다. 그러다가 금융위기가 점차 해소되는 단계에 들어가서는 공개매수의 발생건수가 점차 크게 증가하는 양상을 보였다. 2001년에는 7건, 2002년에는 1건, 2003년에는 10건, 2004년에는 16건, 2005년에는 8건, 2006년에는 4건, 2007년에는 18건이 발생하여, 공개매수가 처음으로 발생한 1994년 이후 2007년 말까지의 기간동안에 총 90건의 공개매수가 발생하였다.[28)]

그리고 2000년대에 들어와 발생한 공개매수의 특징을 공개매수의 목적별로 분류하면 다음과 같다. 2007년말 현재 총 54건의 공개매수 중 경영권 안정화를 목적으로 한 공개매수는 19건으로 전체의 35% 정도로 나타났다. 이것은 기존의 지배주주가 지배권을 강화하기 위한 수단으로서 공개매수를 이용한 것이라 할 수 있다. 다음으로 공개매수의 특징으로서 놀라운 것은 상장회사의 지배주주가 공개매수에 의하여 소수주주의 보유주식을 사실상 거의 전부 취득한 다음 상장을 폐지하는 현상이 나타나고 있다는 점이다. 이것은 17건으로서 전체의 31% 정도에 이른다. 공개매수에 의한 탈상장은 사실상 소수주주를 퇴출(freeze-out)시키는 효과를 가져오고 있으며 이러한 현상은 거의 모두가 외국계 회사에 의하여 주도되고 있는 점도 특징이다. 그리고 자기주식의 취득에 목적을 둔 공개매수는 4건으로 전체의 9% 정도에 이르고 있다.

그밖에 우리나라에서 발생한 대부분의 공개매수는 현금지급에 의한 공개매수이었으

28) 금융감독원, 2005년도 5%보고 등 경영권관련 공시현황 보도자료(www.fss.or.kr), 5면 ; 금융위원회, 2007년도 공개매수 · 위임장권유 현황분석 보도자료(2008.2.15), 1면 ; 이성환, 공개매수제도의 실무상 쟁점과 운영방향, M&A연구회(한국증권연구원, 2007. 3.21), 세미나발표자료 참조.

나, 최근에는 신주발행에 의한 교환공개매수도 발생하기 시작하였다. 2001.11. 상장법인인 LG CI가 지주회사로의 전환요건을 갖추기 위해 자회사인 LG화학, LG생활건강, LG홈쇼핑의 발행주식을 공개매수하면서 LG CI의 신주를 발행 교환한 것이 최초의 교환공개매수라고 할 수 있다. 그 후에도 2002.8에는 LGEI의 LG전자에 대한 교환공개매수, 2003.10에는 농심홀딩스의 농심에 대한 교환공개매수가 발생하였다.[29] 교환공개매수는 현금공개매수에 비하여 자금부담의 압력이 적어 매우 유용한 M&A수단임에도 그 사례가 적은 것은 상법상 현물출자에 대한 규제, 증권거래법상 유가증권신고 절차 등 매우 엄격한 법적 규제 때문이라고 할 수 있다.

3. 위임장의 권유

적대적 M&A의 또 다른 형태로서 위임장의 권유에 의한 의결권대리행사도 해를 거듭할수록 증가하고 있다. 2002년에는 74건, 2003년에는 121건, 2004년에는 156건, 2005년에는 133건, 2006년에는 144건, 2007년에는 116건이 각각 발생하였다. 의결권대리행사의 권유는 대부분이 주주총회의 정족수를 충족하기 위하여 이용되고 있지만, 의결권경쟁에서의 승리를 위한 목적에서 이용되고 있는 추세에 있다. 전체 위임장권유수 중에서 의결권경쟁에서 승리한 비율은 2002년에 5.45%에서 2003년 13.2%, 2004년 23.8%, 2005년 14.3%, 2006년 14.3%, 2007년 23.5%로 나타나고 있다.[30]

Ⅱ. 국경간 M&A의 동향

1. 외국인에 의한 국내기업 M&A

1991년부터 2003년까지의 기간동안 국경간 M&A(cross-border M&A, inward M&A, out-in M&A)도 크게 증가하였다. 거래금액면에서 볼 때에 외국인에 의한 국내기업 M&A가 국내기업에 의한 외국기업 M&A보다 훨씬 활발한 양상을 보였다. 10% 이상의 지분을 취득한 M&A를 기준으로 할 때에 외국인의 국내기업 M&A(inward M&A, out-in M&A)는 1991년에 6억 7천만 달러, 1995년에 1억 9천만 달러, 1996년에 5억 6천만 달

29) 최근에는 지주회사 요건을 충족시키기 위한 공개매수가 점차 증가하고 있다(2003년 4건, 2005년 2건, 2006년 1건, 2007년 8건). 금융위원회, 상게보도자료, 1면

30) 금융감독원. 상게 보도자료, 6면 ; 금융위원회, 상게보도자료, 3면

러, 1997년에 8억 4천만 달러, 1998년에 40억 달러, 1999년에 101억 달러로 급상승하였고, 2000년에 64억 달러, 2001년에 36억 달러, 2002년과 2003년에 들어와서는 각각 54억 달러, 37억 달러, 2004년과 2005년에는 각각 56억 달러, 65억 달러인 것으로 나타났다.[31]

국내에서의 외국인 M&A는 금융위기를 해소하기 위한 정책이 적극적으로 실현되는 시기이었던 1998년부터 1999년까지의 기간 동안에 기하급수적으로 증가하였으며, 2000년에 들어와서는 금융위기 이전에 비하여 거래금액의 규모는 놀라운 증가추세에 있다고 볼 수 있다. 이러한 현상은 1997년의 금융위기 이후 외국인직접투자를 촉진하는 국내의 규제개혁에 기한 것이었으며, 특히 기업구조개혁(corporate restructuring)과 국영기업의 민영화(privatization)에 의하여 가속화되었다고 할 수 있다.

한편 국내에서는 외국인에 의한 국내기업 M&A로서 공개매수가 점차 증가한 것도 큰 특징이다. 1994년 (주) 삼나스포츠에 대한 미국 나이키사의 공개매수는 최초의 외국인 공개매수이었다. 그 후 1997년 쌍용제지(주)에 대한 미국의 독일 자회사인 프록터 갬블사에 의한 공개매수, 1998년 (주) 캡스에 대한 켄달메디칼사의 공개매수, 1999년 동방전자산업(주)에 대한 타이코 파 이스턴 홀딩스사의 공개매수, 전진산업에 대한 롱프랑아그로의 공개매수, 2001년 (주) 케이디엠에 대한 존슨 콘트롤사의 공개매수, 2003년 리어오토머티브서비스사의 공개매수, (주)케미그라스에 대한 에실로코리아의 공개매수, (주)옥션에 대한 이베이 케이티에사의 공개매수, 2004년 (주) 한미은행에 대한 시티뱅크의 공개매수, 넥상스코리아와 극동전선에 대한 넥상스의 공개매수 등은 외국기업에 의한 국내기업 M&A의 대표적인 예이다.

2. 국내기업에 의한 외국기업 M&A

국내기업에 의한 외국기업 M&A(outward M&A, in-out M&A)는 외국인에 의한 국내기업 M&A에 비하여 그 실적이 현저히 낮은 수준에 머무르고 있다. 국내기업에 의한 외국기업M&A의 실적은 1991년에 1억 9천만 달러, 1995년에 14억 달러, 1996년에 17억 달러, 1997년에 24억 달러, 1998년에 1억 9천만 달러, 1999년에 11억 달러, 2000년에는 17억 달러, 2001년에는 1억 8천만 달러, 2002년에는 9천 8백만 달러, 그리고 2003년에는 6억 6천만 달러, 2004년에 4억 9백만 달러, 2005년에 4억 5천만 달러에 그치고 있

31) UNCTAD, World Investment Report 2006, Annex table B.4.

는 것이 이러한 현상을 잘 보여주고 있다.[32]

3. 범세계적인 국경간 M&A

1990년부터 2003년까지 10여년간 10% 이상의 지분을 취득한 범세계적인 국경간 M&A는 1990년에 1,500억 달러, 1995년에 1,870억 달러, 1997년에 3,048억 달러, 1998년에 5,316억 달러, 1999년에 7,660억 달러, 2000년에 1조 1,440억 달러, 2001년에는 5,940억 달러, 2002년에는 3,700억 달러 그리고 2003년에는 2,970억 달러, 2004년에는 3,806억 달러, 2005년에는 7,170억 달러인 것으로 나타났다.[33] 이 기간 중 범세계적인 외국인 M&A의 절대다수는 OECD 회원국가의 기업간에 이루었으며, 이러한 국경간 M&A는 대부분의 OECD회원국가에 외국인 직접투자의 투입을 촉진하는 가장 중요한 요소이었다.

세계적으로 M&A가 폭발한 데에는 기업의 국제화의 잇점, 경영상의 시너지, 전략적 가치 등과 같은 전통적인 원동력 이외에도, 각국이 기업인수, 특히 적대적 기업인수에 대한 태도변화로 인하여 외국인 M&A에 대한 장벽을 완화시킨 것이 가장 중요한 요인이었다고 할 수 있다. 그리고 자본시장의 개혁과 탈규제도 국제적 M&A를 증가시킨 요인이라고 할 수 있다. 유럽의 경우 유로(EURO)통화의 도입으로 M&A의 거래비용과 유로지역 내에서의 M&A거래의 통화위험이 완화된 것이 M&A의 증가요인으로 작용하였다. 또한 거래비용의 감소는 M&A거래에 중소기업의 참여를 증대시켰으며, 아울러 기업들의 영업전략적 요인도 국제적 M&A활동을 촉진시키는 데에 크게 기여하였다. 그리고 기술의 진보는 국경간 공급체인과 집중적 구매관리를 가능하게 하였는데, 이로 인하여 월마트 등 소매업분야에서의 국경간 M&A가 증가하였다. 그밖에 제약업, 화학업종에 있어서 국경간 M&A도 연구개발투자의 유입동기에 따라 크게 증가하였다.

국제적 M&A시장에서 업종별로 본 거래실적은 주로 금융업, 통신·운송업, 전기·가스업, 비즈니스 서비스업 등의 분야에서 가장 활발하였다.[34] 1999년에는 통신업이 세계전체 거래의 20%를 차지하였고, 2위는 화학업, 3위는 석유업 및 가스탐사업의 순으로 나타났다. 그밖에 가장 활발한 분야는 은행업 등 금융업, 전력생산공급업, 가스 및 기타 에너지산업 등 이었다. 2000년에는 들어와서는 통신·운송업, 금융업, 전력·가스업 등의

32) ibid

33) ibid at Annex table B.6.

34) UNCTAD, World Investment Report 2004, Annex table B.10.

순이었고, 2001년에는 금융업, 통신·운송업, 비즈니스 서비스업, 2002년에는 금융업, 전력·가스업, 통신·운송업, 2003년에는 금융업, 식음료·담배업, 통신·운송업 등의 순으로 나타났고, 2004년에는 금융업, 비즈니스 서비스업, 화학업종, 2005년에는 운송·창고·통신업, 금융업, 비즈니스 서비스업 등의 순으로 나타났다. 요컨대 2000년대에 들어 발생한 국경간 M&A의 주된 대상업종은 금융업, 통신·운송업, 전력·가스업 등과 같이 공공성이 높은 산업 또는 국가의 전략적 기간산업에 집중되었으며 2003년부터는 전기·가스업에 대한 국경간 M&A가 주춤해지고 있음을 알 수 있다.

Ⅲ. 적대적 M&A 및 방어의 사례

1. 적대적 M&A의 사례

우리나라에서 발생한 적대적 M&A는 주로 대상회사의 주식에 대한 공개매수와 시장매집 등의 방법에 의하여 시도되었다. 1994년 한솔그룹이 동해투자금융(주)의 주식에 대하여 시장매입과 공개매수의 방법에 의하여 경영권을 인수한 것이 최초의 적대적 M&A라고 할 수 있다. 그 후 1995년에는 동부그룹이 2대주주간의 협력과 시장매집 방법을 이용하여 한국농약의 경영권을 인수하였고, (주)원진이 경남에너지(주)에 대하여 공개매수하였으나 실패하였고, 쌍용그룹이 인천투자금융(주)을 대상으로 공개매수하여 경영권 인수에 성공하였다.

1996년에는 신원그룹이 2대주주와의 협력관계에서 시장매입을 통하여 제일물산(주)의 경영권을 인수하였으며, 지방소주3사가 OB맥주(주)에 대하여 그리고 2대주주인 박의송 등이 한화종금에 대하여 시장매입의 방법으로 경영권인수를 시도하였으며, (주)효진이 항도종금(주)에 대하여, 큐닉스컴퓨터가 범한정기에 대하여 그리고 효성그룹이 한국카프로락담에 대하여 공개매수에 의한 경영권 인수를 시도한 바 있다. 1997년에 들어와서는 태일정밀과 대구종금, 신동방과 미도파, 사보이호텔과 신성무역, 제일금고와 신한종금, 중원과 레이디가구 사이에 공개매수 또는 시장매입의 방법으로 경영권 쟁탈전이 벌어졌다. 1998년에는 공개매수나 주식의 시장매집과 같은 방법에 의하지 아니하고 의결권을 규합하거나 의결권대리행사를 위한 위임장대결에 의한 적대적 M&A가 시도된 점이 특징이다. 노수덕의 (주)금양, 동서위생의 고니정밀(주), 백광훈의 대림통상(주)에 대한 적대적 M&A가 그 대표적인 사례이다. 그 후 거래소 상장기업 또는 코스닥 상장기업에 대한 공개매수는 대주주와의 협의 하에 우호적으로 이루어진 공개매수가 주종을 이루었다.

그러나 2000년대에 들어와서는 코스닥 상장기업을 중심으로 적대적인 M&A가 각광을 받았다. 2002년에는 대표적으로 국영지엔앰과 새롬기술에서 경영권분쟁이 발생하였으며, 2003년에는 김홍준의 나모인터렉디브(주)에 대한 공개매수, 2004년에는 동성화학의 에스텍에 대한 공개매수 그것이다. 특히 2003년에는 외국인에 의한 적대적 M&A가 시도된 것이 특징이다. 대표적으로 2003년 4월에는 투기성 펀드로 의심받고 있는 영국계 투자회사인 크레스트증권의 모펀드인 소버린자산운용이 SK텔레콤, SKC, SK글로벌 등의 모회사인 SK(주)의 지분 14.99%를 취득하여 우리나라의 대표적인 기업집단에 대한 영향력을 행사하고 경영권의 탈취를 시도하다가 실패하였다.[35)]

이와 함께 2003년 8월에는 외국계 펀드들이 현대그룹의 사실상 지주회사 역할을 해온 현대엘리베이터(주)의 지분 11% 이상을 취득하여 경영권에 위협을 가하자 현대엘리베이터가 보유한 자기주식 7.6%를 제3의 우호주주에게 매각하는 방법으로 방어에 나서 경영권탈취에 실패하였다. 그 후에도 현대엘리베이터는 대주주(금강고려화학(주)과 현정은)간의 경영권다툼으로 번졌지만, 금융위원회가 금강고려화학에 대하여 내린 위법하게 취득한 주식의 처분명령과 법원에 의한 취득주식의 의결권제한 결정[36)]에 의하여 경영권은 유지되었다.

2000년부터 2006년 말까지의 기간 중에 발생한 공개매수 중 현 지배주주가 아닌 제3자에 의하여 실행된 공개매수는 11건으로 전체의 24% 정도에 이르고 있으며, 이 중 우호적 공개매수는 7건으로 전체의 15%, 적대적 공개매수는 4건으로 전체의 9% 정도인 것으로 나타났다.

2. 방어책의 이용사례

지금까지 우리나라에서 발생한 적대적 M&A에 의한 경영권분쟁에서 대상회사가 이용한 방어수단은 외국에 비하여 다양하지는 못하지만 여러 가지 형태를 이용한 것으로 나타나고 있다. 방어소송, 백기사, 자기주식취득, 역공개매수, 사모전환사채의 발행, 자산매각, 대주주의 반대, 지역여론에의 호소, 경제단체를 통한 여론압력, 우리사주제도의 이용 등이 주로 이용되었다. 방어소송전략은 한솔그룹 대 동해투금 사건(1994년), 동부

35) 서울경제신문 2004.4.12.
36) 서울중앙지법 제50부 민사부결정(2004카합809, 의결권행사금지가처분, 2004.3.26).

그룹 대 한국농약 사건(1995년), 지방소주3사 대 OB맥주 사건(1996년), 사보이호텔 대 신성무역 사건(1997년) 등에서 이용되었다.

백기사전략은 원진 대 경남에너지(1995년), 외국펀드 대 현대엘리베이터(2003년) 사건에서 활용되었으며, 자기주식취득전략은 큐닉스컴퓨터 대 범한정기(1996년)에서, 우리사주제도전략은 제일금고 대 신한종금(1997년) 사건에서 이용되었다. 역공개매수는 효진 대 항도종금(1996년) 사건, 사모전환사채의 발행전략은 박의송 대 한화종금(1996년) 사건, 자산매각전략은 신원그룹 대 제일물산(1995년) 사건에서 각각 이용되었다. 그리고 지역여론에의 호소전략은 태일정밀 대 대구종금(1997년) 사건, 대주주의 반대전략은 효성그룹 대 한국카프로락담(1996년) 사건, 경제단체를 통한 여론압력전략은 신동방 대 미도파(1997년) 사건에서 각각 활용되었다.

그리고 SK사건(2003년)에서는 보유중인 자사주를 처분하는 방법이 이용되었고, 현대엘리베이터의 경영권분쟁(2003)에서는 신주의 일반공모의 방법으로 방어를 시도하였다. 또한 유비케어사건(2003년)에서는 우호적인 제3자에게 대량의 신주를 발행하는 방법이 활용되었다.

3. 주요 방어책의 실증적 효과

적대적 M&A에 대한 방어가 법률적으로 정당한가 또는 적법한가에 관하여는 해석론상의 다툼이 있지만[37], 경제적인 관점에서는 어느 견해이든 방어책의 행사 또는 불행사가 대상회사의 주주이익을 증대시킬 수 있는지의 문제가 공통적인 주된 관심사라고 할 수 있다. 미국의 많은 법경제학자들이 실증적으로 연구한 결과를 종합하여 보면, 개별적인 방어책마다 대상회사의 주주들에게 주는 효과에는 광범위한 차이가 있고, 계약이든 법규이든 방어책의 행사를 금지하는 어떠한 규범도 주주들에게는 비용을 수반하기 쉽다는 결론에 이르고 있다.[38]

대표적으로 특별다수결 조항(super majority provision), 이사의 시차임기제 조항(staggered board provision), 공정가격조항(fair price provision) 등과 같은 상어퇴치식 정관변경(shark repellent amendments)에 의한 방어책을 채택하더라도 이것이 대상회사 주주에게 주는 경제적인 영향과는 아무런 상관관계도 없는 것으로 나타났다.[39] 그리고

37) 송종준, M&A에 대한 주요 방어대책, 상사법연구 제14집 제1호(한국상사법학회, 1995.8), 203면 이하 참조.

38) William J. Carney, Controlling Management Opportunism in the Market for Corporate Control : An Agency Cost Model, Wisconsin L. Rev.385, 392-393(No. 3, 1988).

39) Linn & McConelle, An Empirical Investigation of the Impact of "Anti-takeover" Amendments on Common

적대적인 M&A가 발생할 경우에 특정의 우호적인 잠재적인 매수자에게 주식이나 자산에 대한 유리한 선택권을 부여하기로 하는 로크업 옵션(lock-up option)은 대상회사의 매각을 위한 경쟁을 유인하여 매수가격을 인상할 수 없는 경우에는 오히려 주주에게 손해가 되는데 일반적으로는 적대적 M&A의 다원적 성질 때문에 이러한 방어책과 주주의 이익 간에 일정한 상관관계를 설정할 수도 없다고 한다.[40] 또한 독소적 증권이라 불리는 포이슨 필 계획(poison pill plan)을 공표한 회사의 과반수에서 주가반응이 부정적인 것으로 나타나 주주가 손해를 겪었고, 또한 그러한 방어책으로 인하여 적대적 M&A를 배격한 비율도 46% 정도라는 연구결과도 있다.[41]

반면에 자기공개매수(self-tender offers)에 의한 방어책은 대체로 주주에게 상당한 이득을 주고 있는 것으로 나타났다.[42] 그밖에 대상회사의 방어소송(target litigation)에 의한 방어책으로 회사의 매각이 중단되는 경우에는 대상회사 주주들은 손해를 겪고, 대상회사에 대한 경쟁매각을 촉진하는 경우에는 주주에게 유익한 것으로 나타났다.[43] 차등의결권주식(dual class stock)계획은 대상회사의 주주이익과 아무런 관련이 없는 것으로 나타났다.[44]

이상의 실증적 연구결과가 시사하는 것은 적대적 M&A에 대한 방어책을 법률이나 계약에 의하여 금지 또는 제한하는 것이 주주에게 반드시 유익하다고 볼 수도 없고, 모든 방어책을 허용하는 것이 반드시 주주에게 유익하다고 볼 수도 없다는 점이다. 다시 말하면 적대적 M&A의 국면에서 어떠한 방어책을 행사할 것인지의 문제는 선택의 문제이고, 그 선택은 주주와 경영진에게 맡겨지는 것이 바람직하다는 것을 시사한다고 본다.

우리나라에서는 적대적 M&A에 대한 방어수단으로서 활용되는 대표적인 방어책은 제3자에 대한 신주발행과 자기주식의 취득과 처분이 대표적이라 할 수 있다. 그런데 이

Stock Prices, 11 Journal of Financial Economics, 361(1983) ; DeAngelo & Rice, Anti-takeover Charter Amendments and Stockholder Wealth, 11 Journal of Financial Economics, 329(1983).

40) Carney, Controlling Management Opportunism in the Market for Corporate Control, p.396.

41) Jarrell & Ryngaert, Office of the Chief Economist, Securities and Exchange Commission, The Effects of Poison Pills on the Wealth of Target Shareholders(1986).

42) Vermaelen, Common Stock Repurchases and Market Signalling, 9 Journal of Financial Economics,139(1981) ; Dann, Common Stock Repurchases : An Analysis of Returns to Bondholders and Stockholders, 9 Journal of Financial Economics, 113, 121-122(1981).

43) Jarrell, The Wealth Effects of Litigation by Targets : Do Interests Diverge in a Merge?, Journal of Law and Economics, 151, 169, 171(1985).

44) Ronal J. Gilson, Evaluating Dual Class Common Stock : The Relevance of Substitutes, 73 Va. L. Rev. 807, 822(1987).

들과 같은 방어수단을 이용한 것이 당해 회사의 주주에게 경제적인 이득을 주었는지, 방어효과는 효과적이었는지에 대한 실증적인 연구결과는 나타나고 있지 않다.

제5절 M&A법의 영역과 특성

Ⅰ. M&A법의 의의

M&A법은 회사의 경영권 또는 지배권의 이전 또는 강화 등을 목적으로 한다. 따라서 회사기업이 아닌 자연인의 재산에 대한 소유권 또는 지배권을 이전받을 목적의 거래는 이 법의 영역에 속하지 않는다. 또한 회사기업의 재산이나 주식 등을 매매하더라도 지배권의 이전이나 강화에 해당하지 않는 거래는 여기에 속하지 않는다.

M&A법은 지배권거래에 관련된 사법이다. M&A법의 영역 중에는 행정법적인 규정, 형법적 규정 또는 소송법적인 규정이 있지만 그 중심이 되는 것은 사법규정이다. M&A법은 거래당사자의 이해관계를 합리적으로 조정하고, 거래시장에 참여하는 투자자들을 실질적으로 보호하는 데에 근본적인 목적이 있다. M&A법의 존재형태는 다양하지만 원칙적으로 경영권의 이전을 통한 지배권의 변경을 허용하면서도 일정한 공공적 요청에 따른 제한을 가함으로써 궁극적으로는 국민경제의 발전을 도모하고자 하는 데에 공통적인 목적을 갖고 있다.

Ⅱ. M&A법의 영역과 법원

1. M&A법의 영역

M&A법은 크게 세 가지의 영역으로 구성되어 있다. 첫째는 M&A와 관련하여 지배권거래의 실체관계와 법적 효력을 규율하는 영역이다. 여기에 해당하는 법역은 상법과 자본시장통합법[45]이고 이는 거래법과 조직법적 요소로 구성되어 있다. 둘째는 지배권시장

45) 증권거래법은 2007.8.3. 제정된「자본시장과 금융투자업에 관한 법률」(이하에서는 "자본시장통합법"이라고 약칭함)로 통합되었고, 2008년 7월 29일 동법의 시행령이 제정되었다. 이 법은 2009년 2월 4일부터 시행되고 있다.

에서 M&A에 참여하는 주체들의 공정한 거래질서의 유지를 규율하는 영역이다. 여기에 해당하는 법역은 자본시장통합법이 대표적이고, 이는 증권거래를 통한 지배권시장의 질서를 유지하기 위한 시장법으로서의 성질을 띤다. 그리고 셋째는 사회경제적인 관점에서 M&A로 인한 지배권거래로부터 공공성을 확보하기 위해 규율하는 영역이다. 여기에 속하는 법역은 공정거래법, 금융관계법, 그 밖의 특정산업법이 있는데 이들은 사회경제적인 공공적 목적을 보호하기 위하여 작용하는 규제시장법으로서의 성질을 갖는다. 요컨대 M&A법은 이들 각 영역을 모두 포괄하는 법영역이지만, 각 영역의 목적 또는 취지는 각각의 규율영역마다 다르고 또 여기서 규율하여야 할 대상도 광범위한 것이 특징이다.

2. M&A법의 법원

M&A법의 각 영역에 속하는 법원은 다양하지만 상호 밀접한 관련을 가진다. 각 영역에 적용될 법원은 제정법이 대부분이다. 그밖에 관습법, 회사의 정관 등 자치법규, 감독기관의 각종 규정도 그 법원에 속한다. M&A법의 영역별 법원을 제정법을 중심으로 분류하면 다음과 같다.

(1) M&A의 요건과 절차 및 효력에 관한 기본적인 규범을 정하고 있는 영역에서는 상법 총칙과 회사법이 가장 중요한 법원이다. 여기서는 영업양도, 합병, 주식양도의 기본적인 법률관계를 규율하고 있다. 그밖에 금융기관구조개선법도 금융기관간의 합병을 규율하는 법원이며, 은행의 경우에는 은행법도 여기에 속한다.

(2) M&A의 시장질서를 유지하기 위한 영역에서는 자본시장통합법 중 증권거래에 관련된 법규가 대표적인 법원이다. 여기서는 공개매수의 요건과 절차, 위임장권유의 형식과 방법, 합병·영업양도에 있어서 정보공시, 그리고 대량주식취득보유사실의 공시 등에 의하여 시장질서를 규율하고 있다. 또한 자본시장통합법은 금융위원회가 제정하는 수많은 규정에 의하여 시행되고 있으므로 M&A에 관하여 제정된 규칙들도 중요한 법원이 된다. 그러나 금융위원회의 각종 규정은 자본시장통합법에 근거하여 위임입법으로 제정되는 것이므로 자본시장통합법과 동 시행령이 정하는 범위를 벗어나서는 아니 된다.

(3) M&A의 공공적 목적을 확보하기 위한 영역에서는 독점규제 및 공정거래에 관한

이 책에서는 "자본시장통합법"과 "동법시행령"에 따라 서술하고 법조문을 인용할 때에는 편의상 "자통법" 또는 "자통법시행령"이라고 표기한다.

법률, 외국인투자촉진법, 그밖에 특정산업규제법들이 대표적인 법원이다. 독점규제 및 공정거래법은 M&A로 인한 기업결합으로부터 실질적 경쟁제한을 초래할 우려가 있는 M&A를 제한하여 국내시장에서의 경쟁촉진을 도모하고 있다. 외국인투자촉진법은 외국인에 의한 국내기업의 지배권취득을 규제하고 있다. 이 법은 외국인에 대하여는 우호적인 M&A만을 허용하다가, 1998년에는 외국인에 대한 지배권거래에 대한 제한을 폐지하였다. 동법은 국가안보, 공공성 등을 침해할 소지가 있는 외국인 M&A로부터 국내기업의 경영권을 방위할 수 있는 규정을 두고 있다. 그밖에 특정산업규제법은 사회경제적인 공공성의 확보가 필요한 산업에 대한 M&A를 규제하기 위한 법역이다. 여기에는 대표적으로 은행, 금융투자, 보험, 방위산업, 통신, 해상운송, 항공, 원자력, 해운, 광업, 어업, 농업, 방송, 출판, 환경 등에 관한 특별법규가 있다.

Ⅲ. M&A법의 특성

M&A법은 회사의 자산 또는 주식을 직접 또는 간접으로 취득하여 지배권을 인수하는 거래에 적용되는 법영역으로서 각각의 거래에 적용되는 법규범은 다음과 같은 특성을 갖는다고 볼 수 있다.

1. 거래법 및 조직법

M&A는 우호적이든 적대적이든 불문하고 거래의 성립과 내용, 그리고 효과는 지배권거래의 당사자간의 의사에 따라 결정되는데, 여기에 적용되는 법규정은 거래법으로서의 성질을 갖는다. 대표적으로 자산취득, 지배주식의 취득을 위한 거래 등에 적용되는 법규는 여기에 해당한다.

반면에 M&A는 회사의 행위이거나 회사의 자산 또는 주식을 취득하는 법률행위로써 그 거래를 성립시키기 위한 절차와 요건은 회사법의 규정에 따라야 하고, 그 효과도 회사법에 의하여 결정된다. 이는 곧 회사와 그 구성원의 관계, 그리고 회사와 그 기관과의 관계에 관련된 것이므로 이러한 면에서 조직법 또는 단체법으로서의 성질을 갖는다. 합병, 자산취득, 그리고 신주인수와 같은 주식취득 등에 적용되는 법규정은 여기에 해당한다.

2. 시장질서법

M&A거래는 이른바 회사지배권시장에서 이루어지므로 시장참여 주체들의 거래가 공정해야 한다. 거래의 공정성을 확보하기 위하여 자본시장통합법은 증권거래질서의 확립을 위한 규정들을 두고 있다. 공개매수가 성립하기 위한 거래조건과 절차, 그리고 거래질서를 위반한 경우에 가할 수 있는 벌칙규정은 지배권시장의 질서를 유지하기 위한 것이다. 그리고 위임장권유에 관련된 요건과 절차에 대하여도 마찬가지이다.

특히 자본시장통합법은 거래의 공정성과 투명성을 확보하기 위하여 정보공시의 규율을 강화하고 있다. 합병, 영업양도와 같은 우호적인 M&A에 있어서도 일정한 요건에 해당하는 때에는 투자판단에 필요한 중요한 정보를 금융위원회에 신고하도록 규제하고 있다. 뿐만 아니라 공개매수 등 주식취득에 의한 적대적 M&A의 가능성이 큰 경우에는 정보공시의 규제를 특히 강화하고 있다. 그리고 5% 이상의 대량주식을 취득한 경우에는 그 취득사실을 보고하도록 의무화하고 있으며, 위임장의 권유 시에도 마찬가지이다.

그 밖에도 상장회사의 지배권거래와 관련하여 나타날 수 있는 불공정한 행위로서 내부자거래, 시세조종행위, 기타 사기적 행위들을 금지하는 규정을 두고 있고, 불공정한 행위에 대하여는 엄격한 민사책임과 함께 형사책임도 부과하고 있다.

3. 공공목적법

M&A법은 M&A로부터 사회경제적인 공공성을 확보하거나 유지하기 위하여 규정된 특정산업에 대한 규제도 포함하고 있다. 이 특정산업법은 이른바 규제시장에 속하는 산업에 대한 M&A를 규제하기 위한 법역이다. 자본시장통합법상 공공적 법인의 경영권에 대한 적대적 M&A를 제한하는 경우, 금융기관에 대한 M&A로부터 공공성을 지킬 수 있도록 지배권이전에 금융위원회의 허가를 요건으로 하는 경우가 이에 해당한다.

이것은 사회적 공공성이 가장 크게 요청되는 은행에 대한 M&A에서 볼 수 있다. 은행법과 금융산업구조개선법 등 금융관계법에 의하여 금융기관의 합병 등 구조조정을 규제하고 있다. 또한 외국인으로부터 국내기업의 경영권을 지키기 위하여 일정한 제한적 규제를 가하고 있는 것도 여기에 해당한다. 그밖에도 대표적인 규제시장영역이라 할 수 있는 식품·보건위생산업, 방위산업, 통신, 항공, 해운, 어업, 환경에 관련된 특정산업법에서도 외국인에 의한 적대적 M&A를 규제하고 있는 것이 일반적이다.

제2장

적대적 M&A의 규제

제2장 적대적 M&A의 규제

제1절 총 설

주식소유가 분산되면 기업지배권시장의 발전과 더불어 적대적 M&A가 점증할 것으로 예상된다. 특히 소유와 경영이 분리되면 재무관리의 효율성이라는 측면에서도 경영권의 교체현상은 주식취득에 의하여든 위임장권유에 의하여든 적극적으로 활성화될 필요성도 있다. 자본시장의 개방과 증권거래법상 대량주식취득 제한제도의 폐지는 경영권거래의 활성화를 위한 경제적, 법률적 환경을 조성하는 데에 기여한 셈이다. 이와 같은 환경변화에서 가장 큰 관심을 유발시키는 것은 대상회사의 의사에 반하여 이루어지는 적대적 M&A가 될 것이다. 특히 인수자가 외국회사이거나 외국자본인 경우에는 이에 대한 경계심은 개별기업의 차원이든, 경제전체의 차원이든 더욱 커진다고 할 수 있다.

전통적인 회사지배이론하에서 주식회사의 지배권은 원칙적으로 주주에게 귀속되는 것이고, 경영자의 경영권도 주주의 지배권행사에 의한 이사의 선임에 의하여 결정된다. 소유와 경영이 일치된 지배구조하에서는 지배권과 경영권은 일치하고, 소유와 경영이 분리된 지배구조하에서는 지배권과 경영권이 분리되는 것이다. 주식회사에 있어서 소유와 경영의 분리원칙은 현대 회사법의 기본방향이다. 따라서 소유와 경영이 분산된 회사의 경우에는 지배권 또는 경영권질서에 변화가 나타나게 될 가능성이 커지게 된다. 경영권질서의 변화는 기업지배권시장의 메카니즘에 의하여 자율적으로 형성되는 것이 바람직하다. 그런데 경영권질서는 회사의 경영성과와 직결되므로 경영자가 회사의 최대이익을 방위하기 위한 재량적인 권한을 행사함으로써 경영권을 안정적으로 유지할 수 있도록 뒷받침되어야 할 필요도 있다.

원래 주식회사에서는 주식양도자유의 원칙이 지배하고 있으므로 경영권은 그 교체가 언제든지 가능한 것이 원칙이다. 그러나 상법은 정관이 정하는 바에 따라 주식의 양도에 이사회의 승인을 거칠 수 있게 하여(상법제335조제1항), 경영권질서의 안정을 꾀할 수 있도록 하였다. 그런데 이 규정은 소유자에 의한 경영지배구조를 띠고 있는 폐쇄적인 주식회사를 예정하고 둔 것이다. 소유와 경영이 분리된 공개회사 또는 상장회사에서는 실제상으로는 경영권질서의 안정화의 요청은 크지만, 사실상 이 규정은 적용될 수 없기 때문에 경영권질서의 안정화를 위한 특별한 고려가 필요하다. 그러나 경영권은 과도하게 보호되는 경우에 그 남용으로부터 주주, 특히 소수주주의 이익침해라는 부작용이 초래될 수 있으므로 경영권의 보호정도는 최소한도로 제한되어야 할 것이다.

여기서 중요한 것은 경영권의 안정이라는 요청은 경제적인 측면에서 단순히 창업주주 또는 기존 지배주주의 지배권을 보호해야 할 필요성과는 일치하지 않는다는 점이다. 이 문제는 회사법상의 지배논리에 기반을 두고 조화롭게 추구되는 것이 합리적일 것이다. 환언하면 적대적 M&A로부터 대상회사의 이사에게 어느 정도의 범위에서 합리적으로 대응할 수 있는 권한을 인정하고 나아가서는 적대적 M&A를 어느 정도의 합리적인 범위에서 입법적으로 규제할 수 있는지를 검토함으로써만 이 문제의 해결이 가능하다고 본다. 요컨대 경영권질서의 유지는 좁은 의미에서는 주식회사 내부에 있어서 주주간 합리적인 이해조정을 기하고, 넓은 의미에서는 주식회사제도가 국민경제상 차지하는 기대에 부합하는 면을 종합적으로 고려하여 결정되어야 할 것으로 본다.

그러나 우리나라의 상법은 적대적인 M&A로부터 기업의 경영권을 안정적으로 유지할 수 있도록 정관에 의한 사적 자치를 인정하지만, 회사법의 조직과 기관질서에 관한 규정의 대부분이 강행법규로 되어 있으므로 그와 같은 자치기능은 매우 제한적이다. 또한 이사회가 적대적 M&A에 적극적으로 대항하는 것도 전통적인 회사지배이론상으로는 허용되지 않는 것이 원칙이다. 특히 주식의 취득이나 위임장의 권유에 관한 자본시장통합법상의 규제도 적대적 기업인수자의 경영권탈취를 억제하는 데에는 완전하지 못하다.

상법과 자본시장통합법 등 현행법은 적대적 M&A로부터 경영권을 안정적으로 보호하기 위해 자기주식을 취득할 수 있도록 한다거나 종업원지주제도를 확대 시행하는 등의 부분적인 입법이 허용된 바 있다. 2007년 상법 개정안에서는 다양한 종류주식을 도입함으로써 이를 대상회사의 방어책으로 사용할 수 있게 한 바 있다. 그렇지만 이 같은 입법적 개혁에도 불구하고 현행 M&A법제는 사실상 우리나라 기업의 경영권질서의 안정화를 꾀하는 데에는 용이하지 않는 구조로 짜여져 있다.

반면에 기업인수거래가 활발한 미국의 경우에는 지난 1980년대부터 적대적인 M&A로부터 기업의 경영권을 보호하기 위하여 직접적인 규제입법을 제정하여 시행하고 있다.[1] 2000년대 들어와서는 입법적 규제의 방식은 다르지만, 독일 등 유럽연합 회원국과 일본 등에서도 회사지배권의 이전에 대한 전통적인 회사지배이론의 한계를 해소하기 위하여 나름대로의 합리적인 입법적인 제한을 인정하여 적대적 M&A에 의한 지배권이전을 규제하고 있다.

이하에서는 적대적 M&A에 있어서 기업인수의 규제방식에 대한 외국의 입법동향과 적대적 M&A의 대표적인 수단으로서 주식의 대량매집, 공개매수 그리고 위임장의 권유에 대한 법적 규제의 현상을 살펴보고 적대적인 지배권인수에 대한 입법적 규제가능성을 고찰하기로 한다. 이 편에서는 2007년 8월 제정된 자본시장과 금융투자업에 관한 법률(이하 '자본시장통합법' 이라 한다)과 2008년 7월 제정된 동법시행령을 중심으로 서술하기로 한다.

제2절 적대적 M&A의 규제방식

M&A는 인수와 방어의 양면에서 규제가 가해 질 수 있다. 인수영역의 규제를 통칭하여 매수법이라 하고 방어영역의 규제를 방어법이라고 한다. 매수법제에 있어서 기업인수거래에 대한 규제방식은 대표적으로 미국형과 유럽형 그리고 일본형 등 세 가지 유형으로 분류할 수 있다.

Ⅰ. 미국의 규제방식

1. 연방법과 주회사법의 2중 구조

1) 미국에서는 기업인수전쟁은 끝났고, 그 전쟁에서 경영자가 승리했다고 결론을 내리는 자도 있다. 기술적으로는 적대적 공개매수가 가능하더라도 주법에 의한 적대적 매수의 억제와 정치적 또는 재무적 금융장벽은 불과 2-3년 전보다 훨씬 높아졌기 때문에, 기업인수전쟁에서 적대적 인수가 위력을 발휘하는 것은 어렵게 되었다고 보기도 한다. 그 결과 미국기업은 자본시장의 변화에 무신경한 이사가 지배하게 되었고, 주주는 자본시장을 통한 회사경영통제를 더 이상 기대할 수 없게 되었다고 혹평하는 자도 있다. Grundfest, Just Vote No : A Minimalist Strategy for Dealing with Barbarians Inside the Gates, 45 Stan. L. Rev. 857, 858~864(1993).

(1) 연방법

미국에서 기업인수는 연방법과 주회사법의 두 가지 시스템에 의하여 규제되고 있다. 연방법은 일반적으로 기업인수를 통한 지배권의 취득을 직접적으로 억제하거나 규제하지 않는 중립적인 태도를 취하고 있다. 1933년 증권법과 1934년 증권거래법은 대표적인 연방 M&A법이다.

이들 연방법은 일반적인 주식취득에 대하여는 5%룰을 적용하고 있고, 대표적인 적대적 M&A의 수단으로서 공개매수와 위임장권유에 대하여 상세한 규제를 가하고 있다. 5%룰은 발행주식총수의 5% 이상을 대량취득하고자 할 경우에 취득자의 신원, 배경, 취득목적, 매수자금의 출처, 매수후의 향후 계획 등을 취득 후 10일내에 보고할 것을 의무화한 것이다. 공개매수의 규제는 공개매수자에 대하여는 5%룰에서와 같은 공시규제와 함께 대상회사에 대하여 의견표시의무를 부과하고, 투자자를 보호하기 위하여 공개매수의 실체적인 규제를 가하고 있다. 위임장 권유에 있어서도 권유자에게 일정한 사항을 사전 신고케 하여 공시규제에 집중하고 있다.

연방법은 주식취득행위, 공개매수 또는 위임장 권유의 거래 자체를 직접 규제하는 것이 아니라, 이들 거래로부터 투자자를 보호하고 지배권시장에서의 공정한 거래질서를 형성하기 위한 공시규제가 대부분이다. 연방법은 기업인수행위 자체를 규제한다기 보다는 거래의 투명성을 확보하기 위한 공정한 게임의 룰을 제공하는 시장법으로서의 지위에 있다고 볼 수 있다. 그러나 연방법은 안보, 공익 등의 보호를 위하여 미국기업을 외국인이 인수하는 행위에 대하여는 직접적이고도 광범위한 규제를 가하고 있다.

(2) 주회사법

주회사법은 연방법과는 달리 기업인수를 직접적으로 억제 또는 규제하거나, 적대적 M&A에 대한 방어를 허용하는 명시적인 법규정을 담고 있는 것이 대부분이다. 이러한 주회사법을 반기업인수법(anti-takeover statutes)이라고 통칭한다. 반기업인수법은 1968년부터 연방증권거래법상 공개매수법(Williams법)이 시행됨에 따라, 공개매수에 의한 각 주 소재 회사의 지배권 또는 경영권을 적대적인 방법으로 취득하는 것을 규제하기 위하여 나타난 것이다. 일반적으로 1968년부터 1982년까지의 반기업인수법을 제1세대주법(The First Generation Anti-takeover statute), 그 후 오늘에 이르기까지의 반기업인수법을 제2세대주법(The Second Generation Anti-takeover statute)으로 구분하는 이분법이 일반적이다. 그러나 제2세대주법을 세분하여 1982년 MITE판결까지의 주법을 제2세대주법, 1987년 CTS판결 이후의 기업결합제한법을 제3세대주법(The Third Generation Anti-takeover statute)으로 나누고,[2] 대상회사의 방어를 위해 이사회의 재량권확대를 규정하는 입법을 제4세대주법(The Fourth Generation Anti-takeover statute)으로 구분하는 경우도 있다.[3] 각 세대별 반기업인수법의 변천과 특징은 다음과 같다.

※ 반기업인수법의 변천과 특징 ※

① 제1세대 반기업인수법

제1세대주법은 주의 증권법을 통하여 공개매수를 규제하고자 한 것이다. 제1세대주법(약 37개 주에서 채택)은 연방법인 윌리암스법상의 규제보다 강화된 정보공시의무를 부과하거나, 주의 행정기관에 의한 심사 및 주주에 의한 청문절차를 두어 공개매수를 지연 또는 금지케 하거나, 공개매수의 실체적 규제를 가혹하게 규정함으로써, 사실상 공개매수에 의한 경영권취득을 억제하거나 주에 소재한 대상회사의 경영진에게 공개매수를 방어할 수 있는 시간을 부여하고 주내회사의 경영권을 강력히 보호하는 것을 공통적인 내용으로 하고 있다.[4] 그런데 이와 같은 주법은 명백히 연방법인 윌리암스법에 저촉되는 것으로써, 미국 헌법상 최고법규성 조항 및 통상조항(supremacy and commerce clauses)에 비추어 그 유효성이 문제되었다. 이러한 과정에서 1982년 Edgar v. MITE Corp.판결[5]에서 일리노이주 기업인수규제법이 위헌으로 선언되어 오늘날에는 주의 증권법으로 공개매수를 규제하는 주는 없다.

② 제2세대 반기업인수법

Edgar v. MITE Corp.판결에서 대표적인 제1세대주법인 일리노이주 기업인수규제법이 위헌으로 선언되자, 그 후부터 각 주는 새로운 기업인수규제법을 제정하기 시작하였다. 그 이후의 주 제정법을 제2세대주법이라고 부른다. 제2세대주법은 주의 회사법을 통하여 공개매

2) Lewis D. Solomon & Alan R. Palmiter, Corporations(2nd ed)(Little, Brown & Company, 1994), § 40.4.1.

3) Ronald J. Gilson & Bernard S. Black, The Law and Finance of Corporate Acquisitions(2nd ed)(Foundation Press, 1995), pp.1359~1397.

4) Ralph C. Ferrara, Meredith M. Brown & John H. Hall, Takeovers-Attack and Survival-A Strategist's Manual(Butterworth, 1987)), pp.500~506.

5) 457 U.S. 624(1982)

수를 규제하고 있는 것이 특징이다. 제2세대주법은 주회사법을 개정하여 공개매수에 대한 방어수단을 주회사법 차원에서 규정한 것이고, 그 이전까지는 개별회사의 정관자치기능에 의하여 이용되어 왔던 방어책들을 제정법화한 것이다. 제2세대주법은 2단계공개매수나 부분공개매수가 갖는 위압적 성격(coercion)으로부터 회사 및 주주를 보호하는 것을 주된 목적으로 하고 있다. 이 법은 전통적인 회사의 지배구조(corporate governance), 기업결합, 그리고 주주의결권을 규제하는 데에 촛점을 두고 있다.[6)]

③ 제3세대 반기업인수법

제3세대주법은 위의 제2세대주법 중 지배주식취득 이후 일정기간 동안 기업결합을 제한하는 입법으로서 모라토리움법을 가리킨다. 이것은 1987년에 인디애나 지배주식취득법이 위헌이 아니라는 판결(CTS사건)이 내려진 이후에 제정된 델라웨어주법과 위스콘신주법이 대표적으로 이에 속한다.[7)]

④ 제4세대 반기업인수법

1990년 이전까지 주의 모든 기업인수규제법은 적대적 기업인수의 위험으로부터 주주를 보호하기 위한 수단으로서 정당화되고, 회사의 경영에 있어서 주주이익의 우선성을 확보하는 충실의무이론을 깨지 않는다는 두 가지의 의미에서 주주이익보호에 촛점이 맞추어졌다. 그러나 '90년대에 들어와서는 주주의 이익을 희생하면서 까지 대상회사의 이사회에 적대적 기업인수를 저지할 수 있는 권한을 부여함으로써, 위와 같은 제한으로부터 자유롭게 벗어날 수 있게 하는 새로운 세대의 기업인수규제법이 등장하기 시작했다. 대상회사의 이사회에 주주승인없이 포이슨 필(right, options, warrants 등)을 발행할 수 있는 폭넓은 재량권을 부여하기 위한 새로운 규정을 두는 것이다. 이것

---

6) Roberta Romano, The future of hostile takeovers: Legislation and public opinion, Symposium: Regulating Corporate Takeovers, 57 U. Cin. Rev. 457, 459(1988). Romano는 이 논문에서 과거 25년간 미의회에 제출된 기업인수규제법을 실증적으로 분석한 결과, 앞으로 연방법도 주법과 같이 기업인수를 엄격히 제한하는 쪽으로 갈 것이라고 예측하고 있다. 기업인수에 대해 일반 공중은 부정적인 태도를 취하거나 무지하기 때문에 연방법의 입법태도를 지지하는 자들은 기업인수의 유익한 효과와 경쟁적인 지배권시장에 대해 일반대중에게 인식을 제고시켜야 할 필요성이 있다고 주장한다. Ibid at 503~504.

7) 델라웨어주법은 1985년에 제정된 뉴욕주법을 모델로 하였으나, 뉴욕주법은 지배주식취득 후 5년을 기업결합을 위한 유예기간으로 정한 것으로서 이것은 제2세대주법의 부류에 속한다.

을 제4세대주법이라고 분류하는 학자도 있다.[8)]

이와 더불어 주회사법에서는 이사회에 회사의 장기이익 뿐만 아니라, 기업인수가 주주 이외의 비구성원(non-constituencies)에 대하여 미치는 영향 또는 효과를 고려하는 것도 허용하는 규정을 두는 예가 많다. 이와 같은 규정을 구성원 확장조항(expended constituencies provisions)이라 한다. 이와 같은 입법은 인디애나주법이 개척자적 지위에 있다고 할 수 있다.[9)] 인디애나주법과 유사한 입법은 미국의 대부분의 주에서 채택되었다. 제4세대주법상 비구성원이익법은 크게 두 가지의 유형으로 나눌 수 있다. 하나는 인디애나주법과 그 후에 제정된 펜실베이니아주법[10)]과 같이 주주의 이익을 희생하고 다른 비구성원에게 이익이 되도록 결정하는 것을 명백히 허용하는 유형이고, 다른 하나는 이사에게 단지 다른 비구성원의 이익을 고려할 수 있도록 허용하는 유형이다. 대부분의 주법은 후자의 예를 따르고 있다.[11)]

2. 반기업인수법상의 규제방식

반기업인수법상의 기업인수의 규제방식은 매우 다양하지만 중요한 것으로서 지배주식의 취득을 제한하는 유형, 의결권행사를 제한하는 유형, 그리고 기업결합을 제한하는 유형 등 크게 세 가지로 유형화할 수 있다.

(1) 지배주식취득의 제한

이 유형에 속하는 주법에서는 공개회사의 지배주식 취득시 주주총회의 승인을 얻도록 하고 있는 것이 특징이다. 오하이오 주법, 하와이 주회사법 등이 대표적이며 가장 보편적인 기업인수규제법이다.

대표적으로 오하이오주의 지배주식취득법(1982년 제정, Control Share Acquisition Statutes)에서는 공개매수, 공개시장매수, 사적교섭매수 등을 통해 지배주식을 취득하기 위하여는 일정한 지분율을 넘을 때마다 대상회사의 주주총회의 승인을 얻도록 규정하고

---

8) Gilson & Black, The Law and Finance of Corporate Acquisitions, pp.1389~1396.

9) Indiana Senate Bill No. 255. Sec. 2. IC 23-1-35-1.

10) 15 Pa. Const. Stat.§ 1721(e)(1990)

11) 미국변호사협회(ABA)의 회사법위원회에서도 개정모범회사법(RMBCA)의 심의과정에서 후자의 입장을 취했으며(Committee on Corporate Laws, Other Constituencies Statutes: Potential for Confusion, 45 Bus. Law. 2253, 2268-9(1990)), 미국법조협회(ALI)의 회사지배프로젝트(corporate governance project)에서도 후자와 같은 해석을 지지했다(American Law Institute, Principles of Corporate Governance : Analysis and Recommendations, Commentary to § 6.02(1994)).

있다. 즉 발행주식총수의 1/5 이상 1/3 미만, 1/3 이상 1/2 미만, 1/2 이상의 3단계로 지배권영역을 나누어 각 단계를 넘어 주식을 취득할 때마다 사전에 대상회사의 주주총회의 승인을 얻어야 한다.[12] 여기서 주주총회결의요건은 사외유통주식총수의 과반수 및 총회결의에 이해관계가 없는 주주(disinterested shareholders)가 소유한 주식의 과반수에 의한 승인이다.[13] 그리고 지배주식을 취득하고자 하는 자는 자산의 재무상황에 관한 정보와 계획한 매수의 조건과 내용을 기재한 취득자설명서를 대상회사에 제출하여야 한다.[14] 대상회사는 이 설명서를 각 주주에게 송부하여야 하며, 그 설명서를 수령한 후 50일 이내에 임시주주총회를 소집하여야 한다.[15][16] 회사는 정관규정에 의하여 이 법의 적용을 배제할 수 있다.

한편 미국연방차원에서도 이와 같은 입법을 시도한 바가 있다. 1985년에 의회에 상정된 주주민주주의법안(Shareholder Democracy Act)에서는 공개매수자 및 대상회사의 의결권있는 주식총수의 과반수의 동의없이는 공개매수를 행할 수 없도록 하였고,[17] 1985년에 상정된 기업생산성법안(Corporate Productivity Act)에서는 대상회사의 사외이사 또는 의결권있는 주식의 2/3 이상이 공개매수를 승인하지 않는 한, 특정회사의 의결권있는 주식총수의 15% 이상을 취득하는 것을 금지하고자 한 바 있다.[18][19] 그러나 이러한 시도는 입법으로 연결되지 못하였다.

(2) 의결권행사의 제한

이 유형의 주법에서는 지배주식의 취득에 주주총회의 승인을 요구하는 것은 아니지만, 그 취득자는 주주총회의 승인을 얻지 못하면 의결권을 행사할 수 없게 하고 있는 것이 특징이다. 대표적으로 인디애나주의 지배주식취득법(1986년 제정)에서 지배주식의 개념은 오하이오주의 경우와 동일하다. 따라서 누구든지 대상회사의 발행주식총수의 1/5 이상 1/3 미만, 1/3 이상 1/2 미만, 1/2 이상의 단계별 지배권영역에 해당되는 주

---

12) Ohio Gen. Corp. Law § 1701.01(z)(1)
13) 같은 법 § 1701. 831(E)(1)
14) 같은 법 § 1701.831(B)(6)
15) 같은 법 § 1701.831(C)-(D)
16) 이 지배주식취득법은 처음부터 과반수의 주식을 취득하고자 하는 경우에는 방어효과가 크지 않다고 한다. 유영일, 미국 주회사법상의 공개매수규제에 관한 연구, 현대상법의 과제와 전망(양승규 교수 화갑기념, 1994), 92면.
17) H.R.1480, 99th. CONG. Ist Sess. § 1,131 CONG. REC. E 857(1985)
18) S. 706, 99th. CONG. Ist Sess. § 1,131 CONG. REC. S. 3243(1985)
19) 미국에서 M&A에 대한 주법 또는 연방법안상의 규제는 주주의 의결권은 확장하였지만, 주주의 재산권은 손상시키는 결과를 가져온다고 주장하는 견해도 있다. Jefferry A. Johnson, Anti-Takeover Legislation: Not Necessary, Not Wise, 35 Clev. St. L. Rev., 303, 333-343(1986/1987).

식을 취득하고 의결권을 행사하기 위하여는 각 단계 마다 대상회사의 주주총회에서 총회결의에 이해관계없는 주주가 소유한 주식(취득자, 대상회사의 임원 또는 이사의 주식을 제외한 주식)의 과반수에 의한 승인을 얻어야 한다.[20] 이 법에서도 오하이오 주법과 마찬가지로 취득자는 대상회사에 매수자 설명서를 제출하여야 하고, 취득자는 대상회사에 대하여 그 설명서를 제출한 날로부터 50일 내에 임시주주총회의 소집을 요구할 수 있다.[21] 그런데 주주총회에서 의결권부여가 거절된 경우에는 회사는 취득자로부터 지배주식을 공정한 가격(fair value)으로 상환할 수 있다.[22] 그리고 취득자의 의결권이 승인되고 취득자가 의결권총수의 50% 이상을 지배하게 되면 취득자 이외의 모든 주주는 공정가격에 의한 주식매수청구권을 갖는다. 여기서 공정가격이란 지배주식취득시 지급된 최고가격 보다 작지 않은 가격을 말한다. 그리고 회사는 정관규정에 의하여 이 법의 적용을 배제할 수 있다.[23]

(3) 기업결합의 제한

이 입법형태에서는 지배주식의 취득이나 취득한 지배주식의 의결권을 제한하지 아니하고, 다만 지배주식취득후 기업결합에 의하여 소수파주주가 부당하게 축출되는 것을 방지하기 위하여 기업결합에 관련하여 일정한 제한을 가하는 것이 특징이다. 그러한 제한의 형식으로는 지배주식취득후 기업결합시 공정가격을 지급하거나 기업결합결의요건을 가중하는 경우(메릴랜드, 캘리포니아, 미시간주 등), 지배주식취득 후 일정기간 기업결합을 제한하는 경우(뉴욕주, 델라웨어주 등) 등이 있다.

(가) 공정가격지급법(Fair Price Statute)

이 법은 1단계의 공개매수에 의하여 회사의 지배권을 취득한 자가 2단계에서 기업결합(합병, 주요자산의 매각, 청산, 자본구조의 재편 등)을 실행하는 경우에 적용된다. 일반적으로 2단계의 합병대가는 1단계의 공개매수가격에 비해 현저히 낮기 때문에 이로부터 축출된 위험에 직면하고 있는 소수파주주를 보호하기 위해 기업결합시 초특별다수결(super majority)에 의한 승인으로 주주총회결의요건을 가중하거나, 기업결합시 지급

---

20) Ind. Bus. Corp. Law § 23-1-42-1, § 23-1-42-9(a)(b)
21) 같은 법 § 23-1-42-7,6
22) 같은 법 § 23-1-42-10(b)
23) 인디애나주 지배주식취득법은 CTS Corp. v. Dynamics Corp. of Americs 사건의 판결(481 U.S.69, 107 S.Ct.1637, 95 L.Ed.2d 67(1987))에서 헌법상의 최고법규성과 통상조항에 저촉되지 않는다고 판시됨으로써, 플로리다, 미시간, 메사츄세츠, 미네소타, 미주리, 루이지애나, 캔사스, 네브라스카, 네바다, 오클라호마, 아리조나, 아이다호, 노스 캐롤라이나주 등 많은 주법의 제정 또는 개정에 모델이 되었다. Martin Lipton & Erica H. Steinberger, Takeovers & Freezeouts, Vol.1(Law Journal Seminars Press, 1990), § 5.03[1]

하는 대가도 최소한 공개매수가격과 동일하게 할 것을 요구하는 입법이다. 대표적으로 매릴랜드 주법(1983년 제정)에서는 공개매수 후 이해관계주주가 대상회사와 기업결합을 하기 위해서는 사외유통주식 총수의 80% 이상 및 이해관계없는 주식의 2/3 이상의 초특별다수결에 의한 승인을 얻도록 하고 있다.[24] 그리고 공정가격은 1단계의 공개매수에서 지급한 최고가격 이상의 가격을 의미하는데, 그 최고가격의 산정기준도 구체적으로 명시되고 있다.[25][26] 대체로 이 법을 채택하고 있는 주들에서는 이해관계주주(취득자)가 최근 2년 내에 회사가 발행한 주식에 대하여 지급한 최고가격보다 낮지 않도록 하고 있는 것이 보편적이다. 요컨대 2단계의 기업결합을 실행하기 위해서는 공정가격요건이 충족되거나, 그렇지 않으면 사외유통주식총수의 80% 이상 및 비이해관계주주가 소유한 주식의 66 2/3 %이상이 승인하여야 한다.

(나) 기업결합유예법(Business Combination(Moratorium) Statutes)

이 법은 지배주식을 취득한 이후 일정기간 동안에는 기업결합을 금지하는 주법을 말한다. 이 법은 산업계에 일정한 폐해(대상회사의 해체, 청산)를 가져오는 지배권거래(LBO, Bust-up tender offer)를 제한하기 위한 것이다. 뉴욕주법(1985년 제정)과 델라웨어주법(1988년 제정)이 대표적이다. 뉴욕주법에서는 회사의 의결권주식 총수의 20% 이상을 취득한 자(이해관계주주)는 그 후 5년간 기업결합을 금지하는 것이 원칙이다. 그리고 5년이 경과한 후 기업결합을 하는 경우에는 잔여주주에게 공정가격을 지급하여야 한다. 그러나 이와 같은 금지에는 일정한 예외가 허용되고 있다. 즉 이사회의 승인이 있는 경우 또는 이해관계주주가 단일거래에서 90% 이상의 의결권있는 주식을 취득한 경우가 그것이다.[27]

한편 델라웨어주법도 뉴욕주법과 기본적인 흐름은 같다. 그러나 이해관계주주를 사외유통주식총수의 15%로 하고 있는 점, 기업결합금지기간을 3년으로 하고 있는 점, 3년 후에 기업결합시 공정가격지급규정이 없다는 점, 예외의 인정범위가 크게 확장되어 있다는 점 등에서 뉴욕주법과는 다르다.[28]

---

24) Md.Corps. & Ass'ns Code, Ann.§ 3-202~205, 3-601~604.

25) 위의 법 § 3-603(b)

26) 공정가격지급법은 지배주식을 취득하는 데에 그치고 취득자가 합병 등 기업결합을 하지 않는 경우에는 효과가 없다.

27) N. Y. Bus. Corp. Law § 912.

28) Del. Gen. Corp. Law § 203.

Ⅱ. 유럽연합의 규제방식

1. 유럽연합 제13차 공개매수지침

영국, 독일, 프랑스 등 유럽연합의 회원국에서는 상장회사에 있어서 지배권(control)을 인정할 수 있는 정도로 일정비율 이상의 주식을 취득할 경우에는 대상회사의 발행주식 전부를 공개매수에 의하여 취득할 것을 강제하고 있다. 이와 같은 매수방식을 의무공개매수(mandatory bids)라고 한다. 유럽연합 회원국은 2004년 유럽의회에서 채택된 제13차공개매수지침(Directive 2004/25/EC of the European Parliament and of the Council of 21 April 2004 on Takeover on Takeover Bids)에 따라 국내법을 개정하여 의무공개매수제도를 명시하고 있다. 여기서 의무공개매수가 적용되는 일정비율에 대하여 이 지침은 명시하고 있지는 않지만 회원국 국내법에서는 일반적으로 발행주식총수의 30%를 명시하고 있다.

그리하여 유럽은 대상회사의 발행주식총수의 30%를 초과하지 않는 경우에는 원칙적으로 부분매수(partial bids)에 의하여 주식을 취득할 수 있다. 이 주식취득에는 회원국의 국내 법률이 달리 정하지 않는 한 원칙적으로 주식의 자유양도원칙이 적용된다. 그리하여 이 비율 이내에서는 상장회사의 주식을 당사자간의 협상을 통하여 취득하거나 증권시장을 통하여 취득할 수 있고, 증권시장 외에서 공개매수에 의하여 필요한 수량의 주식을 단기간 내에 취득할 수도 있다. 다만 공개매수에 의한 취득의 경우에는 주주평등의 원칙, 공시의무, 절차와 내용의 규제, 대상회사의 의견표시의무와 중립의무 등 일정한 규제가 적용된다. 이러한 지침의 내용은 영국의 씨티 코드상 의무공개매수제도가 모델이 된 것이다.

그 밖에 유럽연합의 지침에서는 대량주식취득의 공시와 위임장 권유의 규제에 대하여는 달리 규정하고 있지 아니하다.

2. 영국의 기업인수합병에 관한 씨티 코드

영국의 기업인수합병에 관한 씨티 코드(City Code on Takeovers and Mergers, 이하 'City Code' 또는 '시티 코드'라 함)는 공개회사의 발행주식총수의 30% 이상을 취득하고자 하는 경우, 또는 30% 이상 50% 미만의 지분을 보유한 자가 12개월 내에 1% 이상의 주식을 추가로 취득하고자 하는 경우에는 잔여주식 전부에 대하여 공개매수청약을 하여야 한다.[29] 시티 코드에서는 공개회사의 지배권 취득의 기준을 발행주식총수의 30%로 보고 있는데, 이 30%의 지분율은 본인 및 공동보유자(persons acting in concert)의 지분을 합산한 개념이다.

그리고 주식의 취득은 사적교섭에 의한 지배주식취득이든 증권시장에서의 취득이든 불문한다. 다만 이와 같은 의무공개매수의 청약은 그 청약 이전 또는 청약기간 내에 이미 취득했거나 취득하기로 합의된 본인 및 공동보유자의 주식수를 모두 합하여 의결권 있는 주식총수의 50% 이상이 승낙(acceptance)하였을 것을 조건으로 하여야 한다.[30] 이 조건이 대상회사의 주주들에게 공개매수설명서가 발송된 후 60일 이내에 충족되지 않으면 그 공개매수청약은 효력을 상실하게 된다.[31] 그리고 의무공개매수는 원칙적으로 공개매수 전 12개월 내에 본인 또는 공동보유자가 같은 종류의 대상회사 주식에 대하여 지급한 최고가격 이상으로 매수가격을 정하여야 하고, 매수의 대가는 현금 또는 현금대용물로 제한된다.[32] 그러나 회사의 주식을 이미 50% 이상 보유하고 있는 경우에는 공개매수가 의무화되지 않는다.[33]

3. 독일의 기업인수법

독일의 2002년 증권취득 및 기업인수법(Wertpapererwerbs und Ubernahmegesetz, 이하 '기업인수법'이라 함)은 지배권의 취득과 무관한 공개매수, 지배권취득 목적의 공개매수, 그리고 지배권을 취득한 자의 대상회사 잔여주식에 대한 의무공개매수로 나누어 규제하고 있다. 지배권의 취득과 무관한 공개매수에 대하여는 부분매수의 원칙이 적용되지만, 지배권의 취득을 목적으로 대상회사의 의결권있는 주식의 30% 이상을 취득

29) City Code, Rule 9.1. 공개매수의 대상인 잔여주식에는 의결권있는 주식은 물론이고 의결권없는 주식, 전환사채(convertible securities), 주식매수권(warrants), 옵션(options) 등과 같은 의결권부 주식연계증권(voting non-equity share capital) 등 대상회사가 발행한 모든 종류의 주식이 포함된다.

30) City Code, Rule 9.3(a). 따라서 이미 보유하고 있는 지분과 공개매수기간 중 응모한 지분의 합이 의결권있는 주식수의 50% 이상이 되는 경우에는 공개매수 패널(Panel)의 별도 동의가 필요 없이 확정되고, 50%에 미달하게 될 경우에는 공개매수가 성립하지 않으므로 새로운 공개매수를 해야 할지 또는 공개매수자의 지분을 감소해야 할지 등에 관한 적정조치에 대하여 패널과 협의하여야 한다(Note on Rule 9.3, 2).

31) City Code Rule 31.6.

32) City Code, Rule 9.5.

33) 기타 의무공개매수의 적용이 면제되는 경우로는 주주가 신주를 취득한 결과 발행주식의 30% 이상을 취득하게 되거나, 이미 30% 이상 50% 미만을 보유하고 있는 지분이 12개월 내에 1% 이상 증가하게 되는 경우(주주총회의 승인 및 패널의 승인을 조건으로 한다), 회사가 재정난을 타개하기 위하여 타회사에 기업을 인수시키고자 하는 경우에 타 회사가 30% 이상 또는 30% 이상 50% 미만의 주식을 1% 이상 증가하게 되는 경우, 부주의로 주식을 취득하였으나 공개매수가 강제되는 비율 이하로 지분율을 낮추는 경우, 무의결권주식의 의결권이 부활하여 30% 이상의 의결권을 취득하게 되는 경우, 담보권실행에 의한 주식취득의 경우 등이다. 상세한 설명은 유영일, 의무공개매수에 관한 연구, 71면 참조.

하거나 이미 30% 이상의 지배권을 취득한 자가 추가로 주식을 취득하고자 할 경우에는 잔여주식 전부에 대하여 공개매수에 의하여 매수하여야 한다(기업인수법제32조, 제39조).[34] 따라서 30% 이상을 취득하고자 하는 경우에는 사적 협상매수와 증권시장매수는 허용되지 아니하고 오로지 공개매수에 의하여야 한다.

기업인수법상 대상회사 주식의 30% 이상을 매수하여 직접 또는 간접으로 지배권을 취득하는 자는 7일 이내에 의결권 비율을 표시하여 그 사실을 즉시 공시하여야 하며, 대상회사의 지배권을 취득한 사실을 공시한 후 4주 이내에 청약서류(offer document)를 연방감독청에 제출하여야 한다(동법제35조제1항,제2항). 연방감독청은 청약서류가 법률 규정에 위반하는 지를 심사하여 허용한 이후에는 신속하게 그 청약을 공개하며, 매수청약자는 그 청약서류를 제출한 후 10 영업일 이내에 매수청약을 하여야 한다(동법제35조제2항,제14조제2항). 다만 이미 공개매수청약(take-over bid)에 의하여 대상회사의 지배권이 취득되고 있는 경우에는 이러한 절차가 따로 적용되지 아니한다(동법제35조제3항).

Ⅲ. 일본의 규제방식

일본의 기업인수에 대한 규제는 대체로 미국의 규제방식과 유사하지만 일부 유럽형을 가미하고 있고 일본 고유의 규제방식도 포함하고 있다. 그러나 규제의 큰 틀로 보면 미국형 규제방식에 가깝다고 할 수 있다.

먼저 기업인수의 규제방식은 미국형과 유사한 구조로 구성되어 있다. 일본의 증권거래법[35]상 상장회사의 지배권을 취득함에 있어서는 부분매수가 원칙이고 유럽연합에서와 같은 전부의무공개매수제도는 도입되어 있지 않다. 적대적 M&A에 대한 대표적인 규제수단인 대량주식취득의 공시제도(5%룰), 공개매수의 규제 그리고 위임장 권유의 규제 등은 미국의 제도와 거의 유사하다.

---

34) 다만 유럽연합 이외의 국가에 있는 자가 국경간 공개매수청약(cross-border offer)을 하고자 하는 경우에는 당해 국가의 규제를 받기 때문에 모든 주주에 대하여 청약을 할 수 없게 되는 경우에는, 신청이 있는 경우 연방 감독원(Federal Supervisory Authority)은 당해 국가에 주소, 등록사무소 또는 거소를 둔 주식소유자에 대하여 청약하는 것을 배제시킬 수 있다(기업인수법제24조).

35) 일본의 증권거래법은 2006년 6월 7일 제정된 금융상품거래법에 통합되었다. 금융상품거래법은 종전의 증권거래법을 전면적으로 개정하면서 금융선물거래법, 투자고문업법, 외국증권업자에 관한 법률, 투자신탁과 투자법인법의 일부를 통합한 것이다. 금융상품거래법에서는 종전의 증권거래법상 공개매수에 관한 조문을 그대로 유지하고 있다.

대표적으로 공개매수의 경우 일본 증권거래법상 상장회사의 발행주식총수의 5% 이상을 60일 간에 10인 이상의 자로부터 취득하고자 할 경우에는 증권시장 밖에서 공개매수에 의한 방법으로 주식을 취득하여야 한다. 이 제도를 5% 강제공개매수라고 한다. 이것은 미국의 제도와 완전히 동일한 것은 아니지만 실제상으로 유사한 제도이다. 그리고 2005년 제정된 신회사법에서는 주주총회 특별결의요건의 가중을 입법으로 허용하였다. 이에 따라 미국의 반기업인수법 중 공정가격지급조항, 기업결합제한조항, 지배주식취득제한조항 등을 규정하는 것과 같은 방법으로 정관 자치에 의하여 적대적 기업인수를 제한하는 효과를 거둘 수 있다. 이러한 입법은 미국의 제2세대 주회사법과 같은 기업인수규제방식을 감안하되 회사의 사적 자치정신을 가미한 것이다.

한편 일본에는 유럽의 제도를 변형 또는 가미한 제도가 있다. 2006년 6월 제정된 금융상품거래법에서는 공개매수 후에 주권등의 소유비율이 정령에서 정하는 비율을 하회하지 않은 경우에는 공개매수자에 대하여 응모주권 등의 전부를 매수하도록 의무화하고 있다[36]. 이 제도는 영국의 시티 코드와 유럽연합의 제13차 공개매수지침상 공개매수자의 강제매수권제도(제15조)와 유사한 것이다. 종전에는 응모주권의 합계가 매수예정주수를 초과하는 경우에는 안분비례의 원칙에 의하여 매수할 수 있으므로 공개매수자는 그 초과분의 전부 또는 일부를 매수하지 않는 것이 인정되었다. 그렇다 보니 공개매수자가 공개매수 후 대상회사를 상장폐지하고자 하는 경우 공개매수자가 매수하지 않은 응모주권을 가진 주주에게 불리한 문제가 야기될 수 있어 그로부터 잔여주주를 보호하기 위한 것이다. 이러한 전부매수의무는 공개매수에 의하여 상장폐지에 이를 정도의 주식소유비율을 초과하는 경우에는 일률적으로 응모주권의 전부를 매수케 하고자 한 것이다.[37] 즉 공개매수 후에 공개매수자의 주권소유비율이 발행주식총수의 2/3를 초과하는 경우에는 회사법상 주주총회에서의 특별결의요건이 적용되더라도 공개매수자 이외의 주주가 거부권을 행사하는 것이 의미가 없고 오히려 공개매수자에게 전부매수의무를 부과하는 것이 적당하다는 견지에서 도입한 것이다.[38]

반면에 일본의 금융상품거래법은 미국과 유럽형 규제방식과는 전혀 다른 독특한 규제방식을 갖고 있기도 하다. 이른바 1/3의무공개매수제도가 그것이다. 이 제도는 본인과 특별관계자의 보유지분을 합하여 발행주식총수의 1/3 이상을 취득하고자 하는 경우

---

36) 일본 금융상품거래법 제27조의13 제4항.

37) 안수현, 일본의 금융상품거래법 제정배경과 주요 내용, BFL 제17호(서울대학교 금융법센터, 2006.5), 124면.

38) 金融審議會金融分課 第1部會, 公開買付制度等ワーキング·グループ報告-公開買付制度等のあり方についでー(2005.12.21), 9面.

에는 반드시 공개매수에 의하여 취득하도록 하는 것이다. 일본 증권거래법상 60일 간에 10인 이상을 초과하는 자로부터 상장회사의 발행주식총수의 5% 이상을 취득하기 위해서는 공개매수가 강제되는 반면, 이 1/3의무공개매수제도는 60일 내에 10인 미만의 자로부터 1/3 이상의 주식을 취득하고자 하는 경우에만 적용되는 것이다.[39] 원래 공개매수라는 제도가 지배권의 매매수단으로서 대상회사의 지배권 프리미엄(control premium)을 주주에게 분배하기 위한 제도이지만, 10인 이하의 소수의 자로부터 사적 협상매수에 의하여 지배권을 양도하는 경우에는 그 프리미엄을 분배할 수 없는 문제를 감안한 것이다.

따라서 이 제도 하에서는 사적협상매수에 의한 지배권의 양수도에 있어서도 지배권 프리미엄을 대상회사의 모든 주주에게 분배할 수 있는 기회를 제공하는 효과가 있게 된다. 다만 1/3의무공개매수제도가 적용되는 경우에도 이미 발행주식총수의 50%를 초과하여 주식을 보유한 자가 10인 이하의 주주로부터 추가로 주식을 취득하고자 하는 경우에는 이미 절대적인 지배권을 확보하여 지배권의 이전이라는 개념이 성립될 수 없으므로 공개매수가 강제되지 아니한다.

Ⅳ. 한국의 규제방식

대량주식취득의 공시, 공개매수의 규제, 위임장 권유의 규제 등 기업인수에 대한 우리나라의 규제방식은 일본법과 거의 동일하다. 다만 우리나라의 자본시장통합법은 일본의 금융상품거래법에서 규정하고 있는 1/3의무공개매수제도를 채택하고 있지 않고, 영국의 시티 코드에서와 같은 공개매수자의 강제매수권제도도 규정하고 있지 아니하다. 그리고 상법은 지배주식을 취득함에 있어서 주주의 승인을 얻게 하거나, 의결권을 제한하거나 기업결합 등을 제한하거나 기업결합의 실행에 있어서 필요한 주주총회의 특별결의요건을 가중할 수 있게 하는 등 주주에 의한 자치적 규율을 허용하는 명문의 규정을 두고 있지 않다.

요컨대 우리나라의 규제방식은 유럽형과는 전혀 다른 태도를 취하고 있음은 명확하다. 그리고 법률에 의하든 정관자치에 의하든 지배주식취득을 제한할 수 없고, 기업결합을 제한할 수 없다는 점에서는 미국형과 일본형의 규제방식과도 다르다고 할 수 있다.

---

39) 일본 금융상품거래법 제27조의2 제1항(거래소 시간외거래 포함).

제3절 대량주식보유보고의 규제

Ⅰ. 서 설

특정회사의 지배권을 확보할 수 있는 대량 주식을 취득하는 방법에는 증권시장을 통한 공개시장매수, 증권시장 외에서 계약을 통한 사적교섭매수, 그리고 장외에서 주식을 공개적으로 취득하는 공개매수제도 등이 있다. 이와 같은 방법에 의한 주식의 대량매집은 대상회사의 의사에 반하여도 행하여 질 수 있으므로 적대적 M&A의 수단으로서 이용되고 있다. 그러나 대량주식매집은 그 자체로서는 법적 규제의 대상이 되지 아니하지만, 그 결과는 회사 지배권의 변동을 가져올 수 있으므로, 경영권의 불공정한 침탈을 방지하기 위하여 투명하고 공정하게 주식취득이 이루어져야 할 필요가 있다.

회사의 지배권은 지배주식을 취득한 자에게 이전되고 이에 따라 지배자의 변동을 가져온다. 그런데 지배자의 변동은 회사는 물론 주주, 나아가서는 회사채권자와 일반투자자 등에게 회사의 경영정책 내지는 관리체제의 변경 등에 중대한 영향을 준다. 또한 대량주식의 취득에 의한 회사지배권의 변동과정에서는 수인이 공동으로 주식을 취득함으로써 주식의 시세조종을 기도할 가능성도 있다.[40] 그러므로 회사 지배권의 변동이 발생하는 경우에는 이해관계인의 이익이 충분히 고려되고, 또한 시세조종 등 불공정거래의 발생을 방지해야 할 필요가 있다. 이를 위한 가장 효과적인 방법은 지배주식의 취득에 관련된 중요한 정보를 적시에 공시하도록 하는 것이다. 공시제도는 시장의 투명성을 높일 수 있기 때문이다.

증권거래법은 1991년 12월, 미국, 영국, 일본 등의 법제에서 이미 시행하고 있었던 주식대량보유보고제도를 도입하였다(구증권거래법제200조의2, 자통법제147조). 이 제도를 5%룰(5% rule)이라고 한다. 이 제도가 도입되기 전에는 상장회사의 임원과 주요주주의 소유주식보고제도가 있었지만, 주로 내부자거래 등 불공정거래의 감시를 목적으로 한 것이었다. 반면에 5% 룰은 주로 주식의 대량취득으로 인한 지배권변동의 신호기능을 발휘한다고 할 수 있다.[41] 증권거래법은 1997년 10%초과주식 소유제한제도(구증권거래법제200조)를 폐지함에 따라 오늘날에는 5% 룰이 적대적 M&A를 목적으로 하는

40) 森田 章, 投資者保護の法理(日本評論社, 1990), 268面.

41) 김화진, M&A와 경영권(박영사, 1997), 79~74면.

음성적 주식매집을 방지하는 공시장치로서 그 중요성이 높아지게 되었다.[42] 이 5% 룰은 주식을 보유하고 난 이후에 이행하여야 할 사후적 공시의무이다. 이 5% 룰은 2007년 8월 제정된 자본시장통합법에도 그대로 승계되고 있다.

Ⅱ. 적용범위

1. 대상회사

대량주식보유 보고의무제도가 적용되는 대상회사는 주권상장법인 또는 코스닥 상장법인 등 상장회사로 제한된다(자통법제147조제1항). 그러므로 상장회사가 아닌 공개회사가 발행한 주식 등을 대량으로 취득하는 자는 이와 같은 보고의무를 부담하지 않는다. 우리나라의 경우 공개회사는 상장법인에 비하여 주식의 소유·집중현상이 심하여 타인에 의한 지배권취득의 우려가 적기 때문이다. 그러나 비상장법인의 경우에도 상장되기 전에 공모에 의하여 직접 자본을 조달할 수 있고, 경영권 분쟁이 실제로 발생하거나 발생할 우려도 있다는 점에서 이 보고의무를 상장법인에 국한시킬 이유는 점감하고 있다고 본다. 미국 증권거래법은 그 적용대상을 상장회사에 한정하지 아니하고 널리 공개회사로 확대하고 있고, 영국 회사법도 마찬가지이다.[43]

2. 대상증권

보고의무가 적용되는 대상증권은 상장법인이 발행한 의결권있는 주식에 관계되는 주권, 신주인수권을 표시하는 증서, 전환사채권, 신주인수권부사채권, 교환사채권이다. 여기서 주권은 의결권이 있는 주식으로 제한되므로 의결권없는 주식은 보고의 대상이 아니다. 그러나 의결권없는 주식의 의결권이 부활된 때에는 보고의 대상이 된다. 그리고 의결권있는 주권은 명의개서를 한 것에 한하지 않는다고 본다. 그것은 의결권있는 주식이 명의개서를 한 것에만 한한다고 하면 명의개서를 하지 아니하고 지배권을 행사하는 상태에서는 어떤 것도 공시할 필요가 없는 상황이 발생할 수 있고, 보고의무규제를 면탈할 우려가 있기 때문이다.[44]

42) 임재연, 증권거래법(전정판)(박영사, 2007), 948면.

43) 영국 회사법에서도 대량주식취득자의 정보공시의무를 종전에는 상장회사가 발행하는 주식만을 대상으로 하였지만, 1981년 개정 회사법부터는 공개주식회사가 발행하는 주식전체로 그 의무의 적용범위를 확대하였다(제63조).

3. 대상거래

주식대량취득 보유보고의무가 적용되는 주식의 취득방법에는 아무런 제한이 없다. 주식의 취득방법에는 발행회사의 지배주주로부터 지배주식을 직접 양수하는 방법, 증권시장에서 취득하는 방법, 증권시장 외에서 주식을 은밀히 취득하는 방법, 증권시장 외에서 공개매수에 의하여 주식을 취득하는 방법 등 여러 가지가 있다. 이상의 어느 방법에 의하여 보유하든 이 보고의무가 적용된다. 이런 의미에서 이 보고의무를 통합공시의무(integrated disclosure requirement)라고도 한다. 그러나 위임장의 권유에 의하여 의결권을 대리하는 것은 이 의무의 적용 대상이 아니다.

Ⅲ. 보고의무의 요건과 내용

1. 5% 이상의 보유

이 보고의무가 발생하기 위해서는 상장법인의 발행주식총수 중 5% 이상에 해당하는 의결권있는 주식 등을 보유하여야 한다(자통법제147조제1항).[45] 그 보유주식비율이 당해 상장법인의 발행주식총수의 1%의 비율 이상 변동된 경우에도 보고의무가 생긴다. 전자는 보유보고의무이고, 후자는 변동보고의무이다.

(1) 보유의 의미

보고의무가 발생하기 위한 요건으로서 주식 등의 보유의 개념에는 공개매수에 적용되는 자본시장통합법 제133조 제3항의 보유의 개념이 준용된다.[46] 여기서 보유라 함은 소유 기타 이에 준하는 경우로서 대통령령이 정하는 경우를 포함한다. 이것은 미국 증권거래법상 실질적 소유기준(beneficial ownership)의 개념을 반영한 것이다. 「소유에 준하는 보유」에 해당하는 구체적인 사항은 제한적으로 열거되어 있다(자통법제133조제3항, 동법시행령제142조). 소유에 준하는 보유에 해당하는 경우는 다음과 같다.

---

44) 前田 重行, 株主の企業支配と監督, 企業運營, 現代企業法講座 第3卷(東京大出版會, 1985), 223面.

45) 영국 회사법에서는 보유비율을 3%로 제한하고 있다(1985년 회사법 제198조).

46) 최근 파생상품의 기법발달, 헤지펀드의 공격적인 투자전략의 행사 등으로 주식의 의결권과 수익권이 분리되어 서로 다른 주체에 귀속하는 현상이 빈번함에 비하여, 현행 5%보고제도는 의결권에 중점을 둔 규제로 머물러 있어서 의결권과 수익권이 분리되는 현상을 제대로 규율할 수 없다고 비판하는 견해가 있다. 최민용, 주식의 대량보유등의 보고의무에 대한 재검토-의결권과 수익권의 분리현상을 중심으로, 상사법연구 제26권 2호(한국상사법학회, 2007.8), 457면 이하 참조

① 누구의 명의로든지 자기의 계산으로 주식 등을 소유하는 경우, ② 법률의 규정 또는 매매 기타 계약에 의하여 주식 등의 인도청구권을 갖는 경우, ③ 법률의 규정 또는 금전의 신탁계약·담보계약·투자일임계약, 기타 계약에 의하여 당해 주식 등의 취득 또는 처분권한[47]이나 의결권(의결권의 행사를 지시할 수 있는 권한을 포함[48])을 갖는 경우,[49] ④ 주식 등의 매매의 일방예약을 하고 당해 매매를 완결할 권리를 취득하는 경우로서 당해 권리행사에 의하여 매수인으로서의 지위를 갖는 경우, ⑤ 주식등을 기초자산으로 하는 자본시장통합법 제5조제1항제2호의 계약상의 권리를 갖는 경우로서 그 권리의 행사에 의하여 매수인으로서의 지위를 갖는 경우(그 권리의 행사에 의하여 매수인으로서의 지위를 갖는 것에 한한다), ⑥ 주식매수선택권을 부여받은 경우(그 권리의 행사에 의하여 매수인으로서의 지위를 갖는 주식매수선택권에 한한다) 등이다.

(2) 보유비율의 산정

5%의 비율은 본인과 특별관계자가 보유한 주식 등의 수의 합계가 당해 주식 등의 총수의 100분의 5 이상인 것을 말한다. 특별관계자는 특수관계인과 공동보유자를 말한다(자통법제147조제1항, 동법시행령제141조). 특수관계인과 공동보유자의 범위는 명시되어 있다. 이에 대하여는 보고의무자에서 설명한다.

(가) 주식 등의 수의 산정방법

주식등의 수 및 주식등의 총수는 총리령으로 정하는 방법에 따라 산정한 수로 한다(자통법제147조제2항, 동시행규칙제17조제1항제2항). 5%를 산정함에 있어서 주식등의 수는 대상증권이 주권인 경우에는 주식의 수를, 신주인수권이 표시된 것인 경우에는 목적주식의 수를, 전환사채권의 경우에는 권면액을 전환가액으로 나눈 주식수를 기준으로 계산한다(이 경우 1주미만의 단수는 이를 계산하지 아니한다). 신주인수권부사채권은 신주인수권의 목적주식수를, 교환사채권의 경우에는 교환대상 유가증권별로 해당 주식수를 계산하여야 한다. 파생결합증권인 경우에는 기초자산이 되는 증권별로, 증권예탁증권인 경우에는 그 기초가 되는 증권별로 각각 주식수를 계산한다. 그리고 주식매수선

47) 투자일임계약에 따라 투자권한을 보유하고 있는 투자자문업자, 신탁계약에 의해 운용지시권을 보유하고 있는 특정금전신탁의 위탁자, 재산관리권을 내용으로 투자권을 보유하고 있는 친권자 등이 이에 해당한다고 볼 수 있을 것이다.

48) 금융기관의 투자신탁계정(fund trust)에서는 통상 신탁계약상 신탁재산에 편입된 주식의 의결권은 위탁자의 지시로 수탁자가 행사하게 되어 있다. 이 경우 위탁자는 원칙적으로 투자권한을 보유하고 있지 않는 것이 일반적이다.

49) 이 경우에 의결권을 행사할 권한 또는 의결권행사의 지시권한을 보유하는 자가 당해 회사의 사업활동을 지배할 목적이 있을 필요는 없다.

택권을 부여받은 경우에는 주식매수선택권의 행사에 의하여 매입할 의결권있는 주식(자기주식 포함)을 가산한다.

한편 주식 등의 수를 산정함에 있어서 기준이 되는 것은 의결권인데, 여기서는 의결권의 제한 또는 부활을 고려하여야 할 것이다. 예컨대 본래 의결권이 있는 주식도 특정인에 속하면 의결권이 없는 경우(예컨대 상호보유주식, 법령위반으로 의결권이 제한되는 주식, 법령에 의한 의결권제한 주식 등)와 처음에는 의결권이 없는 주식도 일정한 요건이 갖추어지면 의결권이 있는 경우(예컨대 의결권이 부활한 의결권없는 우선주) 등이 그것이다.[50)]

(나) 비율산정방법

5%의 비율산정은 분모에 해당하는 주식 등의 총수는 의결권있는 발행주식총수에 당해 매수 등을 한 후에 매수자가 보유하게 되는 주식 등의 수(주식, 매수자가 기보유한 잠재주식의 목적주식수, 당해 매수에서 매수한 잠재주식의 목적주식수의 합계)를 합산한 수로 하며, 발행주식총수에 이미 계상되어 있는 주권, 교환사채의 교환대상 주권, 파생결합증권의 기초자산이 되는 주권 및 증권예탁증권의 기초가 되는 주권은 제외한다(자통법시행규칙제17조제2항). 다만 주식매수선택권의 행사에 의하여 매수할 의결권있는 주식(자기주식을 포함)을 가산한다(동조제3항). 이것은 의결권있는 발행주식총수에 매수자가 기보유한 잠재주식과 새로 매수한 잠재주식을 합산한 것으로서, 결과적으로 매수자마다 당해 주식 등의 총수가 달라진다는 의미가 된다고 할 수 있다.[51)]

2. 보고의무의 내용

(1) 보고의무자

5% 이상의 주식을 단독으로 보유하고 있는 경우에는 본인 스스로 이 보고의무를 부담한다. 그러나 본인 이외에도 특별관계자가 있는 경우에는 그 특별관계자도 함께 보고할 의무가 있다. 특별관계자와 함께 보고하는 경우에는 소유주식수가 가장 많은 자를 대표자로 선정하여 연명으로 보고할 수 있다(자통법시행령제153조제4항). 특별관계자에는 특수관계인과 공동보유자가 있다.

(가) 특수관계인

특수관계인은 본인과 일정한 친족 또는 출자관계에 있는 1,000주 이상을 보유하는

---

50) 증권감독원, 증권거래법 개정내용 해설(1997. 5), 67면.
51) 증권감독원, 상게해설, 66면.

개인 또는 법인을 말한다. 일정한 친족 또는 출자관계에 있는 자를 특수관계인에 포함시킨 입법태도는 일본의 증권거래법과 같지만, 일본의 경우에는 친족의 범위가 공개매수자의 친족(배우자 및 1촌 내의 혈족과 인척)으로 제한되어 있어서 그 범위가 우리의 경우보다 좁고, 출자관계에 의한 특수관계인의 범위(20%)는 넓다. 특수관계인의 범위는 국세기본법상의 특수관계인의 규정을 상당부분 전용한 것이다(국세기본법시행령제20조).

이 특수관계인의 범위는 다음과 같다. 즉 본인이 개인인 경우에는 (가) 6촌이내의 부계혈족 및 4촌 이내의 부계혈족의 처, (나) 3촌 이내의 부계혈족의 남편 및 자녀, (다) 3촌 이내의 모계혈족과 그 배우자 및 자녀, (라) 처의 2촌 이내의 부계혈족 및 그 배우자, (마) 배우자(사실상의 혼인관계에 있는 자를 포함), (바) 입양자의 생가의 직계존속, (사) 출양자 및 그 배우자와 출양자 양가의 직계비속, (아) 혼인 외의 출생자의 생모, (자) 본인의 금전 기타 재산에 의하여 생계를 유지하는 자 및 생계를 함께하는 자, 본인이 단독으로 또는 위 (가) 내지 (자)의 관계에 있는 자와 합하여 100분의 30 이상을 출자하거나 기타 임원의 임면 등 법인 기타 단체의 주요 경영사항에 대하여 사실상 영향력을 행사하고 있는 경우 당해 법인, 기타 단체와 그 임원 등이다.

다만 소유주식 등의 수가 1,000주 미만인 개인은 특수관계인으로 보지 않는다. 그리고 특수관계인에 속하더라도 공동보유관계에 있지 아니함을 소명한 경우에는 특수관계인으로 보지 아니한다. 따라서 특수관계인은 다음에 보는 공동보유자로 추정하는 효과만을 발생시킨다.[52] 그러나 1,000주 미만의 주식 등을 소유하고 있는 자라도 공동보유자인 경우에는 공동보유에 따른 합산원칙이 적용됨은 물론이다.

또한 본인이 법인 기타 단체인 경우에는 (가) 자본시장통합법 제173조 제1항의 규정에 의한 주요주주 및 임원, (나) 계열회사 및 그 임원, (다) 위의 (가) 또는 (나)에 해당하지 않더라도 본인이 단독으로 또는 위의 (가) 또는 (나)의 관계에 있는 자와 합하여 본인에게 100분의 30 이상을 출자하거나, 기타 임원의 임면 등 단체의 주요경영사항에 대하여 사실상 영향력을 행사하고 있는 경우 당해 단체 및 그 임원 등이다.

(나) 공동보유자

공동보유자란 본인과 합의, 계약 등에 의하여 공동으로 주권 등을 취득 또는 처분하거나, 의결권 또는 의결권의 행사를 지시할 수 있는 권한을 공동으로 행사할 것을 합의

52) 그러나 공동의 목적이 없음을 소명하는 것이 사실상 어렵다는 점에서 공동보유자로 간주하는 것과 큰 차이가 없다고 한다. 이문성, 개정 증권거래법 아래서의 의무공개매수제도와 소액주주의 보호, 상장협 춘계호(한국상장회사협의회, 1997.5), 51면.

한 자 등을 말한다. 주권 등의 공동보유관계가 성립하는 것은 본인과 합의 또는 계약 등에 의하여 ① 공동으로 주권 등을 취득하거나 처분하는 경우, ② 주권 등을 공동 또는 단독으로 취득한 후, 그 취득한 주식을 상호 양도 또는 양수하는 경우, ③ 의결권 또는 의결권의 행사를 지시할 수 있는 권한을 공동으로 행사하기로 합의한 경우이다.

①의 경우에는 주권 등의 취득 또는 처분에 공동목적만 있으면 족하고 의결권의 행사 또는 의결권의 지시관계에 대한 공동목적은 필요하지 않다고 보아야 할 것이다. 그러므로 이 경우에는 공동으로 주권 등을 취득하더라도 의결권의 행사방향이 같은가 또는 다른가는 문제되지 아니한다. 이것은 공동보유의 관계에 있더라도 의결권의 행사방향이 같은가, 다른가에 따른 예외가 없기 때문이다.

②의 경우에는 주식파킹(stock parking)에 의하여 주식을 매수하는 것도 공동보유관계에 포함시키기 위한 것이다. 이것은 주식을 취득하는 단계에서는 본인과의 합의 또는 계약관계가 없더라도, 그 후 취득주식을 상호 양도 또는 양수하여 「공동보유관계」를 벗어나려는 시도를 방지하고자 함에 목적이 있다.

③의 경우에는 본인과 주권 등을 공동으로 취득 또는 처분하는 관계는 아니더라도 의결권 또는 의결권행사의 지시권을 공동으로 행사할 목적이 있으면 족하다. 따라서 이 경우에는 같은 방향의 의결권행사 또는 의결권행사의 지시권의 경우에만 적용된다고 풀이하여야 할 것이다. 이것은 주권의 소유 이외에도 의결권의 행사 여부가 중요하기 때문이다. 여기서 공동행위의 성립에는 그 형식은 묻지 아니하고 주식의 취득시점에서든, 의결권의 행사시점에서든 의결권의 행사를 「함께」 한다는 의사의 합치가 있어야 하므로, 우연히 의결권의 행사방향이 동일하다고 하여 공동행위가 성립한다고 볼 수는 없을 것이다[53] 그리고 공동보유목적은 추정되는 것이 아니므로 이를 다투는 자가 그 증명책임을 부담하여야 할 것이다.[54]

(2) 보고의 시기

본인과 특별관계자는 보유보고의무에 있어서는 5% 이상을 보유하게 된 날로부터, 변동보고의무에 있어서는 변동이 있은 날로부터 5일 이내에 금융위원회와 거래소에 보유보고 또는 변동보고를 하여야 한다. 그리고 이미 보고한 자가 그 보유목적의 변경이 있는

---

53) 한화종금사건에서 서울민사지방법원도 '한화종금주식을 소유한 한화계열사 직원들이 임시주총과 정기주총에서 한화종금의 입장을 지지하였다고 하여 이들 간에 주식공동보유에 대한 합의가 있었다고 볼 수 없다' 고 판단하였다. 서울민사지방법원결정 1997. 2. 6. 97카합118.

54) 이준섭, 공개매수법에 관한 고찰, 339면.

경우에도 5일 이내에 보고하여야 한다(자통법제147조제1항). 여기서 5일의 기간산정에 있어서는 공휴일, 근로자의 날 및 토요일은 산입하지 아니한다(자통법시행령제153조제1항).

보고의 기준일은 주권비상장법인이 발행한 주권이 증권시장에 상장된 경우에는 그 상장일, 흡수합병의 경우에는 합병을 한 날(신설합병의 경우에는 그 상장일), 증권시장에서 주식등을 매매한 경우에는 그 계약체결일, 증권시장 외에서 취득한 경우에는 그 계약체결일, 증권시장 외에서 처분하는 경우에는 대금수령일과 주식등의 인도일 중 먼저 도래하는 날, 유상신주 발행으로 인하여 배정되는 신주를 취득하는 경우에는 주금납입일의 다음날, 주식등을 차입하는 경우에는 그 차입계약을 체결하는 날(상환하는 경우에는 해당 주식등을 인도하는 날), 주식등을 증여받는 경우에는 민법에 따른 효력 발생일(증여하는 경우에는 해당 주식등을 인도하는 날), 상속으로 주식등을 취득하는 경우로서 상속인이 1인인 경우에는 단순승인 또는 한정승인에 따라 상속이 확정되는 날(상속인이 2인 이상인 경우에는 그 주식등과 관계되는 재산분할이 종료하는 날), 이상의 각 사유외의 사유로 인하여 보고하여야 하는 경우에는 민법 및 상법 등 관련 법률에 따라 해당 법률행위 등의 효력이 발생하는 날이다(자통법시행령제153조제3항)

(3) 보고의 내용

보고의무자가 보고하여야 할 내용은 보유상황, 보유목적(발행인의 경영권에 영향을 주기 위한 목적 여부), 보유주식등에 관한 주요계약내용 이외에, ① 대량보유자 및 그 특별관계자에 관한 사항, ② 보유주식 등의 발행인에 관한 사항, ③ 변동사유, ④ 취득 또는 처분일자, 가격 및 방법, ⑤ 보유형태, ⑥ 취득에 필요한 자금 또는 교환대상물건의 조성내역(차입의 경우 차입처를 포함), ⑦ ①부터 ⑥까지의 사항과 관련된 세부사항으로서 금융위원회가 정하여 고시하는 사항 등이다. 보고서의 서식 및 작성방법은 금융위원회의 증권의 발행 및 공시에 관한 규정에 따라야 한다(자통법시행령제153조제6항, 동규정제3-10조).

대량보유상황, 보유목적 또는 그 변동내용을 보고하여야 하는 날의 전일까지 새로이 변동내용을 보고하여야 할 사유가 발생할 경우에는 새로이 보고하여야 하는 변동내용을 당초의 대량보유상황, 보유목적 또는 변동내용을 보고할 때에 이를 함께 보고하여야 한다(자통법제147조제3항). 그리고 대량보유상황보고를 한 자는 그 보유목적, 그 보유 주식등에 관한 신탁 · 담보계약, 그 밖의 주요계약내용, 보유형태(소유와 소유 이외의 보유간에 변경이 있는 경우에 한한다)를 금융위원회와 거래소에 보고하여야 한다(자통법제147조제4항, 동법시행령제155조).

(4) 보고의무의 특례

(가) 특례의 적용범위

보고목적이 발행인의 경영권에 영향을 주기 위한 것이 아닌 경우와 전문투자자 중 대통령령이 정하는 자인 경우에는 보고내용 및 보고시기 등을 달리 정할 수 있다(자통법제147조제1항). 이 특례규정은 보고의무제도가 기업의 경영권지배와 관련되어 있기 때문에 부과되는 것인데 경영권에 영향을 주고자 하는 목적이 없는 경우에까지 보고의무를 엄격히 하는 것은 불합리하다는 이유에서 둔 것이다. 여기서 전문투자자[55] 중 대통령령이 정하는 자라 함은 국가, 지방자치단체, 한국은행, 그 밖에 그 보고내용 및 보고시기 등을 달리 정할 필요가 있는 자로서 금융위원회가 정하여 고시하는 자를 말한다(자통법시행령제154조제2항).

(나) 특례의 적용 요건

이 특례규정이 적용되기 위해서는 주식보유의 목적이 경영권에 영향을 주는 것이 아니어야 한다. 보유목적이 경영권에 영향을 주기 위한 경우에 해당하는 것으로는 임원의 선임 · 해임 또는 직무의 정지, 이사회 등 회사의 기관과 관련된 정관의 변경, 자본금의 변경, 배당의 결정, 합병 · 분할 및 분할합병, 주식의 포괄적 교환 및 이전, 영업전부의 양수 · 양도 또는 금융위원회가 정하여 고시하는 중요한 일부의 양수 · 양도, 자산전부의 처분 또는 금융위원회가 정하여 고시하는 중요한 일부의 처분, 영업전부의 임대 또는 경영위임, 타인과 영업의 손익 전부를 같이 하는 계약, 그밖에 이에 준하는 계약의 체결 · 변경 또는 해약, 해산 등을 위하여 회사 또는 그 임원에 대하여 사실상 영향력을 행사하는 것을 말한다(자통법제147조제1항, 동법시행령제154조제1항). 여기에는 소수주주에 의한 주주총회의 소집청구권(상법제366조), 주주제안권(상법제363조의2)을 행사하거나 이를 제3자가 행사하도록 하는 것도 포함된다.

한편 전문투자자 중 대통령령이 정하는 자에게도 이 특례규정이 적용된다. 이 특례가 적용되기 위해서는 경영권에 영향을 주기 위한 것이 아닌 목적으로 주식등을 보유하여야 한다(자통법제147조제1항). 그러므로 여기에 해당하는 자이더라도 주식등의 보유에 경영참가의 목적이 있거나 위에서 열거한 바와 같은 경영권에 영향을 주는 행위를 하고자 하는 목적이 있으면 일반투자자와 동일한 보고의무를 이행하여야 한다.

---

55) 전문투자자란 금융투자상품에 관한 전문성 구비 여부, 소유자산 규모 등에 비추어 투자에 따른 위험감수능력이 있는 투자자로서 국가, 한국은행, 대통령령으로 정하는 금융기관, 주권상장법인, 그 밖에 대통령령으로 정하는 자를 말한다(자통법제9조제5항, 동법시행령제10조).

(다) 특례의 내용

경영권에 영향을 주기 위한 것이 아닌 자와 경영권에 영향을 줄 목적이 없는 전문투자자 등에게는 보고내용과 보고시기가 달리 적용된다.

이 특례가 적용되는 자는 보유상황 및 변동내용을 보고하거나, 또는 보유목적이나 그 보유 주식등에 관한 주요계약내용 등의 변경을 보고함에 있어서는 보유상황, 대량보유자 및 그 특별관계자에 관한 사항, 보유 주식등의 발행인에 관한 사항, 취득 또는 처분 일자·가격 및 방법, 보유기간동안 경영권에 영향을 주기 위한 행위를 하지 아니하겠다는 확인[56] 등의 사항을 모두 기재한 보고서에 의할 수 있다(자통법시행령제154조제3항).

이에 해당하는 자는 5%의 보유 또는 1%의 변동이 있었던 달의 다음 달 10일 까지 금융위원회와 거래소에 보고할 수 있다(자통법시행령제154조제4항). 여기에 해당하지 아니하는 자는 그 보유 또는 변동일로부터 5일 이내에 보고하여야 한다.

(5) 변동보고의무의 면제

종전에는 국가, 지방자치단체, 정부의 기금, 증권금융회사 등은 대통령령이 정하는 자는 보유상황등의 보고의무를 면제하는 규정(구증권거래법제200조의2제1항, 동시행령제86조의3)을 두었으나 자본시장통합법에서는 이에 대한 규정을 삭제하고 일정한 경우에 있어서 변동보고의무의 면제규정만을 존치시켰다.

법상 변동보고의무가 면제되는 경우는 다음과 같다. 보유주식등의 수의 증감이 없는 경우, 주주가 가진 주식수에 따라 배정하는 신주의 발행 시에 그 배정된 주식만을 취득하는 경우, 주주가 주식수에 따라 배정받는 신주인수권에 의하여 발행된 신주인수권증서를 취득하는 것만으로 보유주식등의 수가 증가하는 경우, 자기주식의 취득 또는 처분으로 보유주식의 비율이 변동된 경우, 자본감소로 보유 주식등의 비율이 변동된 경우, 신주인수권이 표시된 것(신주인수권증서를 제외한다)을 표시하는 증서·신주인수권부사채권·전환사채권 또는 교환사채권에 부여된 권리행사로 발행 또는 교환되는 주식등의 발행가격 또는 교환가격 조정만으로 보유 주식등의 수가 증가하는 경우 등이다(자통법시행령제153조제5항).

3. 보고내용의 공시 등

---

56) 국가, 지방자치단체, 한국은행, 그밖에 그 보고내용 및 보고시기 등을 달리 정할 필요가 있는 자로서 금융위원회가 정하여 고시하는 자가 보고하는 경우에는 제외한다(자통법시행령제154조제3항3호).

대량보유보고를 한 자는 지체없이 그 사본을 해당 주식등의 발행인에게 송부하여야 한다(자통법제148조). 여기서 송부하여야 할 상대방으로서 주식등의 발행인이라 함은 교환사채권의 경우에는 교환의 대상이 되는 주식등의 발행인, 파생결합증권의 경우에는 그 기초자산이 되는 주식등의 발행인, 증권예탁증권의 경우에는 그 기초가 되는 주식등의 발행인을 말한다(자통법시행령제156조). 이것은 주식등의 발행인에게 적절한 대응을 위한 기회를 줌으로써 대량취득자와 그 대상법인인 발행인의 공평한 취급을 위한 것이다.

또한 금융위원회와 거래소는 보유상황등의 보고의무와 변동보고의무에 따라 보고받은 보고서를 3년간 비치하고 일반인이 열람할 수 있도록 인터넷 홈페이지 등을 이용하여 공시하여야 한다(자통법제149조). 보고의 내용을 일반 공중에게 공시하기 위한 것이다.

4. 추가취득 및 의결권행사금지

보유상황보고, 변동보고의무에 따라 주식등의 보유목적을 발행인의 경영권에 영향을 주기 위한 것으로 보고하는 자는 그 보고하여야 할 사유가 발생한 날부터 보고한 날 이후 5일까지 그 발행인의 주식 등을 추가로 취득하거나 보유주식 등에 대하여 의결권을 행사할 수 없다(자통법제150조제2항). 이 규정은 경영권에 영향을 주기 위한 목적으로 주식등을 보유하는 사실을 처음으로 보고하는 경우는 물론이고, 처음에는 그러한 목적이 없었으나 나중에 그 목적이 변경되는 경우에도 적용된다. 이와 같이 냉각기간(cooling-off period)을 둔 것은 보고의무를 회피하여 탈법적으로 발행인등의 경영권에 영향을 주는 행위를 막고, 발행인에게는 이에 대응할 수 있는 시간을 부여하기 위한 것이다. 종전에는 보유목적을 경영권 참가 등으로 변경하고 변동보고를 한 날부터 5일간을 냉각기간으로 설정했지만, 이 경우에는 보유목적의 변경 후 보고일 까지는 법적용의 사각지대가 발생하였는데, 자본시장통합법은 그러한 입법불비를 개선한 것이다.

Ⅳ. 보고의무위반의 효과

보고의무를 위반한 경우에는 위반분에 대한 의결권 행사가 제한되고 금융위원회는 그 처분을 명할 수 있으며, 일정한 형사책임을 물을 수 있다.

1. 의결권행사의 제한

(1) 요건

주식등의 보유상황과 보유목적 및 그 변동내용을 보고하지 아니하거나 정정보고를 하지 아니한 자 또는 중요한 사항을 허위로 보고하거나 대통령령이 정하는 중요한 사항의 기재를 누락한 자는 일정한 기간 동안 의결권있는 발행주식총수의 5%를 초과하는 부분 중 위반분에 대하여 그 의결권을 행사할 수 없다(자통법제150조제1항). 여기서 대통령령이 정하는 사항이라 함은 대량보유자 및 그 특별관계자에 관한 사항, 보유목적, 보유 또는 변동 주식등의 종류 및 수, 취득 또는 처분 일자, 그리고 보유주식등에 관한 신탁 · 담보계약, 그 밖의 주요계약내용을 말한다(자통법시행령제157조).

(2) 의결권이 제한되는 주식의 범위

의결권 행사가 제한되는 것은 위반분에 한한다. 위반분이라 함은 의결권있는 발행주식총수의 5%를 초과한 수량만을 말한다. 예컨대 한번에 7%를 취득한 자가 보고의무를 위반하였더라도 의결권행사가 제한되는 것은 초과수량인 2%에 한한다. 이것은 5% 이하인 주식을 보유하는 것은 보고의무의 대상이 아니므로 이에 대하여 의결권행사를 제한하는 것은 부당하기 때문이다. 5%를 초과하여 주식을 취득하고 보고의무를 이행하지 않는 경우 그 취득이 수차에 걸쳐 이루어졌건 1회에 걸쳐 이루어졌건 상관없이 그 초과주식은 의결권행사가 제한된다. 보고의무를 이행하지 않는 동안에 위반분의 주식을 처분한 경우에는 의결권행사를 제한할 대상인 주식이 없게 되어 이 규정의 의미가 없게 된다. 그러나 이 경우 그 위법한 행위에 대하여는 형사책임을 추궁할 수 있다. 이와 같은 의결권행사의 제한은 당해 주식 발행회사의 기존 지배주주에 의한 경영권의 행사 유무라든가, 그로 인하여 손해가 발생하였는지의 여부와는 아무런 관련이 없다.[57)]

(3) 의결권행사가 제한되는 기간

의결권행사가 제한되는 기간은 다음과 같다. 고의 또는 중과실로 보고 의무를 이행하지 않은 자는 해당 주식 등의 매수등을 한 날로부터 그 보고 또는 정정보고를 한 후 6월이 되는 날까지이다. 자본시장통합법 및 동시행령, 그 밖의 다른 법령에 따라 주식

---

57) 이에 대하여 5%를 초과하여 주식을 취득하고 보고를 하지 않은 채 5일이 지난 후에 1%를 추가로 취득한 경우와 같이 단순위반형에 추가취득이 겹쳐진 추가위반형의 경우에는 추가취득분까지 합하여 5%를 초과한 주식 전부에 대하여 의결권을 제한하는 것은 부당하다고 하여, 이를 입법으로 해결할 것을 주장하는 견해가 있다. 김건식, 증권거래법(제3판)(두성사, 2004), 199~200면. 그러나 증권거래법상 5%룰은 엄격한 시장법으로서 단속규정의 의미가 크기 때문에 획일적으로 적용되는 것이 바람직할 것이다.

등의 대량보유상황 또는 그 변동·변경내용이 금융위원회와 거래소에 이미 신고되거나 정부의 승인·지도·권고 등에 따라 취득 또는 처분한 경우 등 착오로 보고 또는 정정보고를 지연한 경우에는 해당 주식등의 매수등을 한 날로부터 해당 보고 또는 정정보고를 한 날까지이다(자통법시행령제158조).

2. 위반분의 처분명령

보고의무의 불이행에는 의결권행사의 제한뿐만 아니라, 금융위원회는 해당 위반분에 대하여 6개월 이내의 기간을 정하여 처분을 명할 수 있다(자통법제150조제1항). 처분방법에 대한 제한규정은 없다. 그러나 보고의무위반자와 우호적인 관계에 있는 자에게 위반분이 처분되는 것을 허용하면 이 규정의 취지가 몰각될 것이므로 증권시장을 통한 매각을 강제하는 것이 바람직할 것이다.[58]

아울러 금융위원회는 당해 보고의무자에 대하여 이유를 제시한 후 그 보고서의 정정을 명할 수 있으며, 필요한 때에는 거래를 정지 또는 금지하거나 법을 위반한 경우에는 고발 또는 통보 대통령령이 정하는 조치를 취할 수 있다(자통법제151조제2항). 여기서 조치라 함은 임원에 대한 해임권고, 법을 위반한 경우에는 고발 또는 수사기관에의 통보, 경고 또는 주의 등이다(자통법시행령제159조).

금융위원회의 이러한 처분권은 재량권에 속한다. 처분명령권의 행사는 헌법상 보장된 재산권을 고려하여 원칙적으로는 처분을 명하지 아니하고 예외적으로만 처분을 명하여야 할 것이라고 주장하는 견해[59]가 있고, 보고의무를 이행하지 않는 상태에서 추가로 취득한 부분에 대하여만 처분명령을 내리는 것을 고려할 수 있다는 견해[60]도 있다. 5%룰은 주식등의 보유로 인한 경영권 변동의 신호기능을 극대화하여 거래의 투명성을 확보하고자 하는 시장법질서의 하나이다. 따라서 그 투명성의 확보를 기하기 위해서는 원칙적으로 금융위원회에 재량권이 보장되어야 할 것이다. 그러나 금융위원회의 처분명령은 아무 때나 남발되어서는 아니 되고, 우선적으로 정정의 기회를 부여하고, 2차적으로

---

58) 금융위원회에 의한 처분명령권이 행사된 예는 2004년 금강고려화학(KCC)가 현대엘리베이터의 주식을 보유하고 보고의무를 이행하지 않아 그 처분명령을 내린 바 있다. 이 사례에서 금융위원회는 그 위반분을 거래소에서 처분하도록 명하였으며 특정인과의 약속에 의한 이른바 사적 협상매수에 의한 처분을 금지하였다. 미국의 경우에는 SEC에 이러한 매각명령권을 부여하고 있지 않지만, 형평법상으로 인정되는 유지명령소송(injunctive relief)에서 법원에 의한 유지명령이 내려지면 보고의무를 위반한 자가 정정공시를 하기 까지는 주식을 추가로 취득하거나 위임장을 권유하는 것이 금지되고, 허위정보를 공시한 거래에서 취득한 주식은 강제로 매각해야 한다는 판례가 많다. Marc I. Steinberg, Understanding Securities Law(Mathew Bander, 1989), pp.212~213

59) 임재연, 증권거래법, 961면 주26.

60) 김건식, 증권거래법, 201면.

상당기간 동안 정정을 하지 않는 경우에만 처분명령을 내리는 것이 합당할 것이다.

3. 조사 및 정정명령 등

금융위원회는 공익 또는 투자자의 보호를 위하여 필요하다고 인정하는 때에는 보유상황 또는 변동보고서를 제출한 자, 기타 관계인에 대하여 참고가 될 보고 또는 자료의 제출을 명하거나 금융감독원장에게 그 장부 · 서류 기타의 물건을 조사하게 할 수 있다(자통법제151조제1항). 또한 금융위원회는 대량주식보유자가 보고를 하였으나 보고서의 형식을 제대로 갖추지 아니하거나, 보고서 중 중요사항에 관하여 거짓의 기재 또는 표시가 있거나 중요사항의 기재 또는 표시가 누락된 경우에는 이유를 제시하고 그 보고서의 정정을 명할 수 있고, 필요한 때에는 거래를 정지 또는 금지하거나 대통령령이 정하는 조치를 할 수 있다(자통법제151조제2항).

4. 형사책임

보고의무위반자, 금융위원회의 처분에 위반한 자나 정정신고서를 제출하지 아니한 자는 형사처벌을 받을 수 있다. 자본시장통합법에서는 종전의 증권거래법 보다 형사책임을 강화하였다.

대량보유보고의무에 따른 보고서류 또는 보고서의 정정명령에 따른 정정보고서에 중요사항의 허위기재 또는 누락이 있는 때에는 5년 이하의 징역 또는 2억원 이하의 벌금에 처한다(자통법제444조제18호). 대량보유보고의무를 위반하여 보고를 하지 아니한 자는 3년 이하의 징역 또는 1억원 이하의 벌금에 처한다(자통법제445조20호).

위법하게 취득한 초과분에 대하여 의결권을 행사하거나, 보유목적의 변경시 냉각기간을 지키지 아니하고 추가로 주식을 취득한 자가 의결권을 행사하거나 금융위원회의 처분명령을 이행하지 않는 자(자통법제150조제1항제3항)는 1년 이하의 징역 또는 3천만원 이하의 벌금에 처한다(자통법제446조26호).

이 경우 징역과 벌금을 병과할 수 있고(자통법제447조제1항), 법인의 대표자, 법인 또는 개인의 대리인, 사용인 기타 종업원이 그 법인 또는 개인의 업무에 관하여 위반행위를 한 때에는 행위자를 벌하는 외에 그 법인 또는 개인에 대하여도 각 해당 조의 벌금형을 과한다(자통법제448조).

제4절 공개매수의 규제

Ⅰ. 공개매수의 개념

1. 공개매수의 정의

법은 유가증권 공개매수를 불특정다수인을 상대로 증권시장(유가증권시장 및 코스닥시장) 밖에서 상장법인이 발행한 주권, 신주인수권을 표시하는 증서, 전환사채권 등의 유가증권을 현금의 지급 또는 유가증권과의 교환에 의하여 매수의 청약을 하거나, 매도의 청약을 권유하고 당해 유가증권을 매수하는 것이라고 정의하고 있다(자통법제133조 제1항). 법이 공개매수의 개념을 이와 같이 규정하고 있는 것은 공개매수의 성립범위를 명확히 하여 증권거래에 있어서 법적 안정성을 기하고자 함에 그 취지가 있다고 볼 것이다. 이와 같은 입법태도는 일본의 경우를 제외하고는 다른 외국의 입법례에서는 보기 드문 예이다.

공개매수에 대한 법적 규제의 지도적인 입법례를 갖고 있는 미국에서는 우리와 같이 공개매수를 법정하지 아니하고 그 개념정의를 판례와 해석론에 맡기고 있다. 공개매수 규제에 관한 연방법인 Williams Act(1968년에 신설된 1934년 증권거래법 제13조 d, e, 제14조 d, e, f의 5개 조항을 말함)의 제정과 관련하여 미국 의회의 보고서에서는 전통적인 의미에 있어서 공개매수의 청약은 일반적으로 개인 또는 단체가 특정회사의 주식 등을 시장가격보다 높은 매수가격으로 매수하고자 하는 신청을 말하며, 그 청약에 승낙하기 위하여는 소유하는 주식을 제공하여야 하고, 청약자는 일정한 조건이 성취되면 그 제공주식의 전부 또는 일부를 매수할 의무를 부담하는 것이라고 정의한 바 있다.[61]

이러한 정의를 기준으로 보면 공개매수는 주식매수의 공개적 신청, 프리미엄부 매수가격, 피권유자의 주식제공, 청약자의 제공주식의 전부 또는 일부에 대한 조건부 매수라는 4가지 요소가 그 본질적인 구성요건인 것으로 풀이하고 있다고 볼 수 있다. 그 밖에 이와 같은 요건 이외에도 공개매수의 성립요건에 대상회사의 지배권취득목적이 존재하여야 하고, 주식매수의 청약에 청약의 유효기간과 주주의 주식제공기간 등과 같은 확정기한부 매수기간의 요소가 추가된다고 풀이하는 견해도 있다.[62] 미국의 일반적인

---

61) H. R. Rep. No.1711. 90th Cong., 2d Sess. 4, Reprinted in 1968 U.S. Code Cong & Ad. News 2811.

해석론에 따르면 공개매수의 대부분이 대상회사의 지배권의 취득 또는 강화에 목적이 있는 것은 사실이나 공개매수가 언제나 대상회사의 지배권을 장악할 목적으로 행하여지는 것은 아니며,[63] 대상회사의 경영에 있어서 단순한 영향력의 행사, 투자의 효율화 또는 대상회사의 폐쇄기업화 등을 목적으로 행하여지는 경우도 있다는 점에서 공개매수의 본질적 구성요건에서 지배권의 취득목적은 절대적인 것은 아니라고 보고 있다. 그리하여 공개매수란 회사, 개인 또는 단체가 일정기간 동안에 특정가격 또는 특정조건으로 현금의 지급 또는 유가증권과의 교환으로 공개회사가 발행한 유가증권의 전부 또는 일부를 매수하기 위하여 행하는 공개적 청약(public offer) 또는 권유(solicitation)라고 정의하고 있다.[64] 그러나 이와 같은 개념정의에서는 공개매수를 유가증권 시장 외에서 이루어지는 주식 등의 매수로 제한하지 않고 있다.

그것은 공개매수의 본질적 구성요소를 일정한 형식적 요소에 의하여만 파악하면, 일정한 증권거래가 공개매수를 행한 것과 동일한 효과를 얻으면서 그 형식요건의 일부를 변형하거나 회피함으로써 엄격한 법적 규제를 면탈할 수 있는 불합리를 용인하는 결과로 되어 공개매수법의 근본정신을 침탈하는 결과가 되기 때문이다. 그리하여 오늘날 미국에 있어서 공개매수의 정의는 이와 같은 전형적인 공개매수의 개념보다 확장하여 새로이 그 개념을 정의하고 있는 것이 판례와 학설의 주류이다.

입법론적으로는 상장유가증권 이외에도 자본시장통합법에 의하여 의결권있는 유가증권의 모집 또는 매출이 이루어진 일정한 기준(예컨대 일정한 주주수 또는 주식소유분산비율 등)에 부합하는 공개회사의 유가증권에 대하여도 공개매수를 확대하는 것을 검토하여야 한다.[65]

2. 공개매수의 법적 성질

주식공개매수는 특수한 유가증권거래로서 투자자보호를 위하여 청약의 의사표시의

62) Note, Cash Tender Offers, 83 Harv. L. Rev. 378(1969).

63) 영국의 Weinberg, Blank, Greystoke는 공개매수를 대상회사의 의결권지배에 충분한 주식을 취득할 목적으로 하는 청약이라고 정의하면서, 공개매수가 반드시 지배권취득에 목적이 있는 것은 아니라고 풀이하고 있다. M. A, Weinberg, M. V. Blank & A. L. Greystoke, Takeovers & Mergers(Sweet & Maxwel, 1979), p.4.

64) Edward R. Aranow & Herbert A. Einhorn, Essential Ingredients of the Cash Tender Invitation, 27 Bus. Law. 415(1979).

65) EU 회사법 제13지침안에서는 포괄주의에 입각하여 유가증권을 '의결권과 결합한 양도가능한 증권 또는 의결권있는 양도가능한 유가증권을 취득할 수 있는 권리' 라고 규정하고 있고(제2조), 미국의 증권거래법(1934년법)에서는 동법 제12조에 의하여 등록된 지분증권, 등록에 요구되는 보험회사의 지분증권, 1940년 투자회사법에 의하여 등록된 폐쇄형 지분증권 등을 규정하고 있다(제13(d)(1)).

형식과 조건이 법정되는 등 전통적인 계약과는 다른 특성을 갖는다.[66]

(1) 조건부청약

공개매수의 청약은 조건부청약이다. 공개매수의 청약은 대상회사의 주주에 대하여 행하는 의사표시로서 그 상대방인 다수의 주주가 일정기간 내에 공개매수자에게 소유주식을 제공 또는 예탁하여 그 수가 매수예정수량에 달할 것을 조건으로 하고, 그 조건의 성취가 있을 때에 매매계약이 성립하기 때문이다. 여기서 조건의 성취는 계약의 성립요건으로서의 승낙을 뜻하지만, 그 승낙은 개별주주의 의사표시만으로는 부족하고 상호무관한 독립적인 개별주주들의 의사표시의 총체로서의 승낙을 의미한다. 그러므로 특정주주가 청약을 승낙하고 소유주식을 제공하였다 할지라도 매수기간의 종료시까지, 그리고 조건의 완전한 성취가 있기까지에는 청약자인 공개매수자에 대하여 계약의 이행을 주장할 수 없다.

이 청약에 있어서의 조건은 정지조건(condition suspensive)일 수도 해제조건(condition resolutoire)일 수도 있다. 그러나 그것은 청약자 또는 상대방의 의사에 의하여 좌우될 수 있는 임의조건(condition potestative)이어서는 아니되며, 장래의 불확실한 사실의 발생에 의하여 결정되는 우연적 조건(condition casuelle)이어야 한다.[67]

(2) 일방적 채무부담계약

공개매수의 청약은 특정회사의 불특정한 주주에 대하여 제공주식의 전부 또는 일부를 매수하겠다는 확정적 의사표시로서 일방적 채무부담을 내용으로 하는 청약이다. 따라서 일정수량의 주식의 제공이라는 조건의 유보에도 불구하고 상대방의 승낙으로부터 독립하여 고유한 효력을 갖는 유효한 법률행위이다.[68] 그러므로 청약자는 상대방의 승낙을 기다리지 아니하고 청약상의 의무를 부담한다. 다만 상대방의 승낙이 있고, 그 승낙이 철회되지 않는 한, 완전히 유효한 계약으로서 성립하므로,[69] 이 때에 상대방은 청약자의 의무의 이행을 주장할 수 있는 계약상의 권리를 갖게 된다. 공개매수의 청약에 이와 같은 효력을 인정하는 것은 공개매수거래의 법적 안정성과 특수성에서 그 이유를 찾을 수 있다.[70]

---

66) Robert Wtterwulghe, L'offre publique d'acquisition au service d'un marché des sociétés-une Analyse Droit-Economie(La Renaissance du Livre, 1973), p.37이하 ; Pierre Bézard, Les offres publique d'achat(Masson, 1982), p.16 이하.

67) Wttewulghe, L'offre publique d'acquisition, p.41.

68) ibid. p.34.

69) Bézard, Les offres publique d'achat, p.17.

(3) 철회불가의 청약

공개매수의 청약은 그 철회가 불가한 청약이다.[71] 일반적인 편무계약에 있어서 청약은 그것이 승낙되기 전이라면 언제든지 철회할 수 있는 것과는 대조적이다. 이것은 증권시장을 교란하는 투기행위를 방지하고 공개매수의 공공성을 보장함은 물론, 투자자의 보호에 충실하고자 한 때문이다.[72] 그러나 청약자는 상대방의 승낙이 허용되는 기간 중에는 매수가격, 매수수량 등에 관한 청약의 의사표시를 변경할 수는 있다.

(4) 집단적 청약

공개매수의 청약은 다수의 피권유주주에 대하여 소유주식의 매도를 권유하는 공개적인 청약으로서, 그것은 다중에 대한 집단적 청약(offre au public, offre collective)이다. 다중에 대한 집단청약은 특정한 다수(기명주주 또는 무기명주주)에게 청약의 의사표시를 하고 계약의 성립을 그 특정다수를 구성하는 불특정다수에게 유보한 것이다. 이것은 다중에 대한 광고인 현상광고(annonce au public)와는 다르다. 현상광고는 불특정의 다수에게 행하여지고 그 중에서 어느 특정한 자와만 계약하고자 하는 의사표시를 의미하기 때문이다.

(5) 부합계약

공개매수는 부합계약(contrat d'adhesion)이다. 공개매수의 청약내용은 당사자 중의 일방인 공개매수자에 의하여 배타적으로 결정되고, 상대방인 주주는 그 청약의 내용 전체를 승낙하든지 또는 거절하든지 하는 선택의 자유만을 갖기 때문이다.[73] 공개매수의 청약을 부합계약으로 보는 본질적인 이유는 계약당사자인 공개매수자와 주주 간에 존재하는 경제적인 불평등 때문이다.

3. 공개매수의 성립요소

본질적으로 일정한 유가증권거래가 공개매수로 성립하기 위해서는 주주의 매도압력(pressure to tender)이 존재하여야 한다.[74] 주주에 대한 주식매도의 압력은 공개매수의

---

70) Wttewulghe, L'offre publique d'acquisition, p.36.

71) Wttewulghe, L'offre publique d'acquisition, p.35 ; Bézard, Les offres publique d'achat, p.17.

72) Wttewulghe, L'offre publique d'acquisition, p.36.

73) ibid. p.61.

74) 김건식, 개정 증권거래법상의 공개매수제도, 인권과 정의 제248호(대한변호사협회, 1997.4), 26면. 매도 압력에 대한 설명은 김건식 · 송옥렬, 미국의 증권규제(홍문사, 2001), 265~266면.

본질적 판단기준이므로 공개매수가 성립하기 위한 하나의 실질적 요건이라고 볼 수 있다. 그러나 공개매수의 성립에 대상회사의 지배권을 취득하고자 하는 의사가 반드시 필요한 것은 아니다.

(1) 불특정다수인에 대한 권유

불특정다수인의 개념은 피권유자의 수가 다수라는 것을 의미한다. 이는 매수청약의 상대방 또는 매도청약의 권유의 상대방을 말한다.[75] 그러므로 특정의 범위에 속하는 자들을 대상으로 주식매도의 권유가 행하여지더라도 피권유자가 불특정 다수이면 불특정다수인에 대한 권유에 해당한다고 풀이할 것이다.[76] 엄밀하게 말하면 불특정의 개념은 불필요한 요건이다.[77] 과거에 증권거래법은 50인을 불특정다수의 판단기준으로 본 적이 있으나, 실제의 적용에 있어 그 숫적 기준을 명시하기는 어렵다. 또한 피권유자인 주주가 기관투자자와 같이 증권투자에 관한 충분한 지식과 경험을 갖는 자가 다수 포함되는 경우에는 피권유자의 수가 다수일 지라도 불특정다수인에 해당하지 않는 것으로 풀이하여야 할 것이고,[78] 피권유자의 특성도 고려하여야 할 것이다. 불특정다수인을 구체적인 숫적기준에 의하여 그 범위를 정하는 것은 바람직하지 않고, 구체적인 거래의 사정을 고려하여 판단할 일이다.

여기서 주의하여야 할 것은 현행법이 발행주식총수의 5% 이상을 6월 이내에 10인 이상의 주주로부터 취득할 때에는 반드시 공개매수의 방법으로 강제(자통법제133조제3항)하고 있다하여 불특정다수의 개념이 위와 같은 숫적 기준으로 제한되는 것은 아니라고 하는 점이다. '6월 이내 10인 이상'의 기준은 법상 공개매수가 '강제'되기 위한 최소한의 불특정다수의 기준일 뿐이다. 본질론적으로는 피권유자가 10인 이상인 경우에만 공개매수가 성립하는 것은 아니기 때문이다.[79]

(2) 증권시장 외에서의 거래

증권시장 외의 거래라 함은 증권선물거래소가 개설하는 유가증권시장 및 코스닥시장을 이용하지 아니하고 장외에서 이루어지는 거래를 말한다. 미국에서는 전술한 바와 같

---

75) 김건식, 상게논문, 29면 ; 임재연, 증권거래법, 887면
76) 神崎克朗, 證券取引法(有斐閣, 1987), 158面.
77) 공개매수의 강제제도를 도입함으로써 불특정다수인의 요건은 이제 중요성이 크게 상실하였다고 한다. 김건식, 증권거래법, 208면.
78) 김정수, 현대증권법원론(박영사, 2002), 457면
79) 다수인의 범위는 공개매수의 강제 기준(의무공개매수기준)인 10인 이상인지 여부를 가지고 판단하는 것이 타당하다는 견해도 있다. 임재연, 증권거래법, 883면 ; 김정수, 현대증권법원론, 457면.

이 공개매수의 본질론적 관점에서 증권시장매수의 공개매수 성립여지에 대하여 논란이 있었지만, 법은 증권시장 외의 거래에 대하여만 공개매수의 성립을 허용한다는 명시적인 규정을 둠으로써 해석론상의 다툼의 소지를 없애 법적용의 명확성과 안정성을 꾀하고 있다. 증권시장 내에서의 거래는 누구나 참여할 수 있어서 주주 간의 평등이 보장되고, 거래수량과 가격이 공표되며 경쟁매매에 의하여 공정하게 체결되기 때문에[80] 이 거래에 대하여 공개매수의 성립을 인정할 이유는 없다. 여기서 증권시장에는 이와 유사한 시장으로서 해외에 있는 시장도 포함된다.

이와 관련하여 증권시장 밖에서 주식의 대량보유자, 차익거래자(arbitrageur), 기관투자자 등에 대하여 사적인 교섭을 통하여 짧은 시간 안에 상당한 양의 주식을 매입하는 이른바 스트리트 스윕(street sweep)에 대하여 공개매수가 성립할 수 있을 지에 대한 논의의 여지도 있다. 이들이 모두 전문적 투자자에 해당한다고 볼 경우에는 매수의 청약 또는 매도청약의 권유는 그 수가 불특정다수에 해당하더라도 매도압력을 유발한다고 볼 수 없어서 공개매수의 성립을 인정하기는 어려울 것이다.[81] 그러나 스트리트 스윕의 경우 전체적으로 보아 사적 매수의 상대방이 주식매도압력을 받을 수 있는 상황이라면 공개매수의 성립을 부정할 이유는 없을 것으로 본다.[82]

(3) 유가증권의 매수

공개매수의 대상으로서 유가증권이라 함은 의결권있는 주식에 관계되는 주권, 신주인수권이 표시된 것, 전환사채권, 신주인수권부사채권, 교환사채권(의결권있는 주권 등과의 교환을 청구할 수 있는 경우) 등을 말한다(자통법시행령제139조). 자본시장통합법에서는 그 범위를 확장하였다. 이에 대하여는 후술한다. 그런데 의결권없는 우선주이더라도 우선적 배당을 하지 못하여 의결권이 부활된 우선주 또는 신주인수권부사채를 분리형으로 발행하는 경우의 분리된 신주인수권증권(의결권있는 신주를 인수할 수 있는 경우)이 여기의 유가증권에 포함될 것인지는 법이 달리 정하고 있지 아니하다. 의결권이 부활된 우선주는 의결권있는 주권이므로 여기의 유가증권에 포함된다고 볼 것이다. 입법론적으로는 적용대상 유가증권의 범위와 관련하여 공개매수의 적용대상 유가증권에 대한 규정방식을 열거주의에서 포괄주의로 전환하여, 그 유가증권의 범위를 의결권있는

80) 김건식, 증권거래법, 210면 ; 임재연, 증권거래법, 888면

81) 이들로부터 증권시장 밖에서 취득하는 수량이 5% 이상이면 공개매수가 강제되므로 우리법상으로는 사적교섭에 의한 스트리트 스윕은 금지된다고 한다. 김정수, 현대증권법원론, 459면

82) 미국에서는 장외에서 사적 교섭에 의하여 빠른 시간 안에 스트리트 스윕을 하는 경우에는 거래의 상황에 따라서 공개매수가 성립할 수 있다고 한다. 김정수, 현대증권법원론, 459면 주56

주권과 의결권있는 주식으로의 전환, 교환, 또는 인도청구권의 행사가 가능한 유가증권으로 규정하는 것이 바람직하다.[83)]

(4) 매수의 청약 또는 매도청약의 권유

공개매수가 성립하기 위해서는 불특정다수인을 상대로 매수청약 또는 매도청약의 권유를 하여야 한다. 그 청약 또는 청약의 권유는 공고에 의하여야 한다. 그리고 매수청약은 민법상 계약의 성립요건인 청약을 가리키고, 매도청약의 권유는 청약의 유인을 의미하는 것으로 풀이된다.[84)]

민법상 매매계약과는 달리 상대방의 개별적인 승낙이 있다하여 공개매수계약이 성립하는 것은 아니다. 공개매수계약은 매수청약의 경우 개별주주의 매도의사표시 만으로서는 부족하고 상호 무관한 독립적인 개별주주의 매도의사표시의 총체로서의 승낙이 있어야 성립한다. 다시 말하면 응모주식의 총수가 공개매수자의 매수예정수량조건을 충족하여야 한다. 이 경우 공개매수자는 원칙적으로 청약을 취소할 수 없고 일방적 채무를 부담하게 되지만, 공개매수기간의 종료시까지 주주의 응모가 공개매수자의 청약조건을 충족할 때에 비로소 매매계약이 성립하므로 그 때까지는 매매계약의 개별적인 채무이행을 청구할 수 없다.

또한 공개매수자의 매수청약에 대하여 상대방 주주는 응모에 의하여 승낙하는 것이지만, 상대방은 공개매수기간이 종료하기까지는 그 승낙을 자유로이 철회할 수 있다. 반면에 매도청약의 권유에 따라 상대방이 주식매도의 청약(응모)을 한 때에도 위와 같은 조건의 성취가 있을 때에 공개매수자의 승낙이 있는 것이다.[85)] 이 경우에 공개매수는 일방적 채무부담계약이므로 공개매수자의 상대방에 대한 승낙은 그 의사에 따라 자유롭게 결정되는 것이 아니고, 매수조건에 부합할 경우에 한하여 공개매수자는 승낙할 의무를 부담한다고 본다.[86)] 이것은 공개매수의 부합계약성에서 당연한 귀결이다.

---

83) 미국의 증권거래법은 공개회사를 공개매수의 적용대상으로 하고 있고, 일본 금융상품거래법은 유가증권보고서를 제출할 의무가 있는 회사의 주권등을 유가증권시장 외에서 거래하는 경우에 공개매수가 적용되므로 상장법인과 점두등록법인을 포함하여 공모회사로서 주주수가 일정수 이상인 회사에 대하여도 공개매수가 적용되도록 하여 상장에 이르지 않은 공개회사도 적용대상으로 하고 있다(제27조의2).

84) 공개매수의 공고시 응모한 주식이 일정수량에 미치지 못하는 때에는 전체를 매수하지 않겠다는 조건을 명시한 경우에는 청약의 유인으로 보는 견해도 있다. 임재연, 증권거래법, 887면

85) 공개매수자가 응모주식을 공개매수기간이 종료한 날의 다음 날 이후에 지체없이 매수할 의무를 부담하는 것을 원만하게 설명하기 위해서는 이론적으로 매수청약이든 매도청약의 권유이든 공개매수자는 청약의 권유를 할 뿐이고 주주의 응모행위는 매도청약으로 파악하는 것이 보다 자연스럽고, 실무상으로도 응모주주의 행위를 청약으로 표시한다고 한다. 김건식, 증권거래법, 209~210면

86) 김건식, 증권거래법, 210면

유가증권의 매도청약의 권유에 있어서 권유는 개개의 투자자에 대한 개별적이거나 구체적인 권유행위 뿐만 아니라 일반적인 권유행위를 포함한다. 따라서 문서에 의하거나 구두에 의한 표시 또는 광고의 방법으로도 권유를 할 수 있다. 구체적으로는 다수인에 대한 매수청약서의 배포, 전화, 투자자에 대한 개별적인 매수의사의 표시, 신문·잡지·텔레비젼 등 대중매체를 통한 광고 등이 권유행위에 해당한다.

그 밖에 공개매수는 주식등의 매수 이외에 교환, 입찰, 기타 유상취득 등의 경우에도 성립할 수 있다(자통법제133조제2항,제3항). 그러나 상속, 증여, 무상양수 등의 경우에는 성립하지 않는다.

(5) 취득하고자 하는 주식수량

법은 6개월 이내에 10인 이상의 주주로부터 발행주식총수의 5% 이상을 취득할 경우에는 공개매수를 강제하고 있다. 그러나 일반적인 공개매수의 성립에는 취득하고자 하는 주식수량에 일정한 제한이 설정되거나 필요한 것은 아니다. 따라서 이론상으로는 5% 미만의 주식을 취득하고자 할 경우에도 공개매수가 성립하는 데에는 문제가 없다.[87)]

4. 공개매수개념의 확장

미국의 증권거래위원회(SEC)와 법원은 전통적인 형식요건과 일치하지 아니하는 증권매수도 공개매수의 성립범위에 들 수 있다고 해석함으로써 공개매수개념에 대한 확장논의가 시작되었다. 그 논의의 대상은 공개시장매수와 사적교섭매수이다. 이와 같은 논의는 공개매수의 본질을 새로이 파악하는 것으로부터 출발하고 있는데, 그 본질은 주주압력(shareholder pressure)에 있다. 여기서 주주압력이라 함은 주주에게 심리적인 압박을 가하여 불충분한 정보 아래에서 숙려하지 아니하고 주식의 매도결정을 하게 하는 힘이라고 할 수 있다.

미국에서는 현행법이 규정하고 있는 전형적인 공개매수 이외에도 주식의 공개시장매수 또는 일정한 대주주와의 사적비밀매수라 할지라도 주식의 취득방법이 당해 주주에게 일종의 심리적인 압박을 주어서 불충분한 정보로 성급하게 소유주식의 매도결정을 초래하는 경우에도 이를 공개매수의 개념에 포함시키고 있다.[88)] 다만 여기서는 주식의 매

87) 현행법상의 공개매수규정과 절차는 이 경우에도 유추 적용된다고 보아야 할 것이다. 김정수, 현대증권법원론, 460면

88) Aranow, Einhorn & Bernstein, Developments in Tender Offers for Corporate Control(Columbia Univ. Press, 1977), pp.14~15 ; Note, The Developing Meaning of Tender Offer under the Securities Act of 1934, 86 Harv. L. Rev. 1256, 1275(1973.5) ; 송종준, Williams법과 공개매수정의론, 판례월보 제218호(판례월보사,

도압력을 야기하는 요소의 범위가 문제가 되고 있다.[89)]

법은 공개매수의 성립범위를 유가증권 시장 외의 거래라고 규정하고 있기 때문에 공개시장에서의 주식의 매매거래에 대하여는 원칙적으로 공개매수의 개념이 인정될 수 없다.[90)] 여기서 공개시장이라 함은 증권거래소가 개설한 증권시장을 말한다. 이와 같이 공개시장매수를 공개매수로 인정할 여지를 배제하는 것은 조직적 시장은 유가증권의 매매거래가 공개성, 공정성, 투명성의 원칙에 따라서 성립하는 시장이지, 거래당사자의 개성이 중시되는 비밀의 시장이 아니기 때문이다.

현행법상 공개매수는 이와 같은 조직적인 공개시장 이외의 장외시장에서의 주식거래, 즉 사적(교섭)매수 또는 상대거래에 대하여만 성립할 수 있고, 사적교섭매수에 있어서도 6개월 이내에 10인 이상의 주주로부터 발행주식총수의 5% 이상을 취득하는 경우에는 반드시 공개매수에 의하여 주식을 취득하여야 한다.[91)] 그러나 이것이 발행주식총수의 5% 미만의 주식에 대한 공개매수의 성립을 부정하는 것은 아니다. 따라서 공개시장내에서는 취득수량의 다과와 관계없이 주식취득의 방법에 공개매수가 강제되지 않는다. 일본 금융상품거래법에서는 60일 내에 10인 미만의 자로부터 발행주식총수의 1/3 이상을 취득하고자 하는 경우에도 공개매수(이른바 1/3의무공개매수)를 강제하고 있다.

Ⅱ. 공개매수의 강제

1. 서 설

공개매수(tender offer, take-over bid, TOB)라 함은 불특정다수인에 대하여 주식 등

1988.11), 21면 이하 참조.

89) 이에 대한 상세한 미국의 판례와 학설의 소개는 송종준, 유가증권공개매수에 관한 연구-그 법적 규제를 중심으로(고려대 법학박사학위논문, 1990, 이하 '학위논문' 이라 함), 30면 이하 참조.

90) 그러나 공개시장매수라 하더라도 단시간내에 대량의 매수예정주식수와 프리미엄부매수가격을 정하여 매수청약을 하고, 주식의 매도주문이 접수되면 그 청약은 매수예정주수의 취득시까지 일시에 집행되는 미국식의 특별매수(special bids)에는 공개매수가 성립될 수 있다고 본다(반대 : 안문택, 증권거래법체계(육법사, 1985), 178면). 이 특별매수는 뉴욕증권거래소의 경우, 통상 15분 동안 진행되며, 그 시간동안에 매수예정주수를 초과하여 매도주문이 있을 때에는 안분비례원칙에 따라 배정하고, 미달하는 경우에는 선착순매수원칙에 따라 이루어진다. 상세한 내용은 송종준, 학위논문, 31-32면, 66면 참조.

91) 일본의 금융상품거래법은 최근 60일 동안에 10인을 초과하는 주주와 발행주식총수의 5%이상을 사적교섭의 방법으로 매수하는 것은 공개매수로 간주하고 있다(동법제27조의2). 그런데 일본의 금융상품거래법은 1979년 미국의 증권거래위원회(SEC)가 45일 동안에 10인 이상의 주주로부터 발행주식총수의 5% 이상의 주식취득을 공개매수로 인정하자는 제안을 참고한 것이라고 평가할 수 있다. 이에 대한 상세한 내용은 정동윤 · 송종준 · 이문성, 적대적 M&A와 법적 대응(전국경제인연합회, 1996.8), 125면 이하 참조.

의 매수 또는 교환의 청약을 하거나 매도의 청약을 권유하고, 유가증권시장 및 코스닥 시장 밖에서 당해 주식 등을 매수하는 것을 말한다(자통법제133조제1항). 법은 장외에서 상장주식 등의 발행주식총수의 5% 이상을 6개월 이내에 10명 이상의 주주로부터 취득하고자 할 때에 공개매수를 강제하고 있다(자통법제133조제3항).[92] 그러므로 장외에서 입찰, 개별접촉매수, 기타 유상양수에 의하여 6월 이내에 10명 이상의 주주로부터 5% 이상의 주식을 취득하는 경우에도 공개매수의 방법에 의하여야 한다.

이와 같이 5% 이상을 취득하고자 할 때에 공개매수를 강제한 것은 특정인을 대상으로 일정한 시차를 두고 주식을 매집하는 경우에는 불특정다수로부터 매수하는 것이 아니라는 이유로 공개매수규정을 적용할 수 없어서, 소수의 주주로부터의 대량주식매입이나 유사공개매수 등으로 인하여 기존 대주주나 일반투자자들이 불측의 피해를 입을 소지가 있었기 때문이다.[93] 그리하여 장외시장에서의 5% 이상의 주식거래의 투명성을 높이고, 주주들에게 공평한 매각기회를 주고자 한 것이라 할 수 있다.[94]

2. 강제요건

(1) 대상증권

매수대상증권은 주권상장법인이 발행한 증권과 주권상장법인 외의 자가 발행한 증권으로 의결권있는 주식에 관계되는 증권이어야 한다. ① 주권상장법인이 발행한 증권으로서는 의결권있는 주식, 신주인수권이 표시된 것, 전환사채권, 신주인수권부사채권, 이상의 증권과 교환을 청구할 수 있는 교환사채권, 이상의 증권을 기초자산으로 하는 파생결합증권(권리의 행사로 그 기초자산을 취득할 수 있는 것에 한한다) 등이 이에 해당한다(자통법제133조제1항, 동법시행령제139조제1호). 신주인수권을 표시하는 것, 전환사채권, 신주인수권부사채권, 교환사채권, 파생결합증권 등을 대상증권으로 한 것은 이들은 잠재주식으로서 장래에 주식으로 바뀔 수 있기 때문이다. ② 주권상장법인 외의 자가 발행한 증권으로서는 (i) ①의 증권과 관련된 증권예탁증권, (ii) ①의 증권 또는

---

92) 1998년 2월 24일 공포된 개정 증권거래법에서는 1997년 1월 13일 공포된 증권거래법에서 처음으로 채택한 소위 의무공개매수를 폐지하였다. 의무공개매수란 상장회사 등의 발행주식총수의 25% 이상을 매수하고자 할 경우에는 반드시 공개매수에 의하여 발행주식총수의 50%+1주 이상을 의무적으로 취득하도록 한 제도이다.

93) 증권감독원, 전계해설, 43-44면 ; 송종준, 개정 공개매수제도의 내용과 쟁점, 기업과 법(도암 김교창 변호사 화갑기념 논문, 한국사법행정학회, 1997.6), 416면. 그러나 이 강제공개매수제도는 소수주주의 보호보다는 공개매수의 적용요건으로서 불특정다수인의 범위를 명확히 하고자 한 데에 입법취지가 있다고 풀이하는 견해도 있다. 이문성, 전게 논문, 48면.

94) 김건식, 개정 증권거래법상의 공개매수제도, 32면. 공개매수의 강제는 대주주가 경영권의 이동에 수반되는 프리미엄을 독차지하는 것을 막아주는 효과가 있다. 김화진, 소유와 경영, 78면.

(ⅰ)의 증권과 교환을 청구할 수 있는 교환사채권, (ⅲ) ①의 증권 또는 (ⅰ)·(ⅱ)의 증권을 기초자산으로 하는 파생결합증권(권리의 행사로 그 기초자산을 취득할 수 있는 것에 한한다) 등이 여기에 해당한다(자통법시행령제139조제2호). 주권상장법인이 아닌 자가 이상의 증권을 발행한 경우에 그 증권을 취득한 자가 권리를 행사함으로써 상장법인이 발행한 증권을 취득할 수 있기 때문이다.

자본시장통합법은 종전의 증권거래법에서 보다 공개매수의 적용대상이 되는 유가증권의 범위를 크게 확대시켰다. 이것은 자본시장통합법이 종전의 제한열거주의로부터 포괄주의로 전환하여 유가증권의 개념을 정의하고 있기 때문이다.[95)]

(2) 매수기간

공개매수가 강제되기 위한 요건으로서 매수기간은 당해 주식 등의 매수를 하는 날로부터 과거 6개월간을 말한다(자통법시행령제140조제1항). 따라서 6개월을 초과한 기간 동안의 매수는 고려할 필요가 없다. '6월' 이라는 기간을 설정한 취지는 단기간 내에 지배권변동의 가능성이 있는 주식 등의 거래가 은밀하게 이루어지는 것을 억제하기 위한 것이라고 본다.[96)] 다만 6개월이라는 기간이 합리적인 기간인지에 대하여는 재검토할 여지도 있다고 본다.

(3) 매수장소

주식등의 매수는 증권시장 밖에서 이루어져야 한다. 여기의 증권시장은 한국거래소가 개설한 유가증권시장과 코스닥시장을 말한다. 여기의 증권시장에는 이와 유사한 시장으로서 해외에 있는 시장을 포함한다(자통법제133조제1항). 따라서 증권시장에서 이루어지는 매수에는 공개매수가 강제되지 아니한다. 증권시장에서의 매수에는 본질적으로 공개매수가 성립할 수 없는 이상 당연한 것을 규정한 것이다.

그러나 증권시장에서의 경쟁매매 외의 방법에 의한 주식등의 매수로서 대통령령으로 정하는 매수의 경우에는 증권시장 밖에서 행하여진 것으로 간주된다(자통법제133조제4항). 여기서 증권시장에서의 매수로 보지 아니하는 매수란 매도 및 매수 쌍방당사자간의 계약, 그 밖의 합의에 따라 종목, 가격 및 수량 등을 결정하고, 그 매매의 체결 및 결제를 증권시장을 통하는 방법에 의하여 하는 주식등의 매수를 말한다(자통법시행령제144

---

95) 포괄주의 방식으로 전환할 것을 주장해 온 견해로는 이준섭, 공개매수법에 관한 고찰, 334면 ; 홍복기, 공개매수에 관한 현행 증권거래법령에 있어서 몇 가지 문제점, 비교사법 제8권 제2호(한국비교사법학회, 2001.12), 153면이 있다.

96) 김정수, 현대증권법원론, 461면

조). 이것은 시간외 매매에 의한 주식취득도 공개매수의 대상으로 규제하기 위한 것이다.

(4) 매수상대방의 수

공개매수가 강제되기 위해서는 매수청약 또는 매도청약의 권유의 상대방의 수가 6월 이내에 '10명 이상' 이어야 한다(자통법시행령제140조제2항). 그러나 매수청약 또는 매도청약의 상대방이 '10명 미만' 인 경우에도 개념상으로 공개매수가 성립할 수 있다함은 전술한 바와 같다. 다만 10인 미만인 경우에는 구태여 공개매수를 강제함으로써 주주들을 보호할 필요가 없다고 판단한 것이다.[97]

여기서 '10명' 이라는 숫자는 공개매수가 강제되기 위한 최소한의 수적 기준이다. 10명은 주식등의 매매계약이 체결된 상대방의 수가 아니라, 매수청약 또는 매도청약의 권유를 받은 상대방수를 뜻한다. 따라서 매수청약 또는 매도청약의 권유의 상대방수가 10명 이상이면 반드시 공개매수로 주식등을 취득해야 한다(통설).[98] '10인 이상' 의 수를 산정하는 기준은 주식 등의 매수를 하는 상대방의 수와 당해 주식 등을 매수하는 날로부터 과거 6월간 당해 주식 등을 매수하는 상대방의 수를 합한 것이다. 여기의 매수에는 교환, 입찰, 기타 유상취득도 포함된다.

(5) 매수등

공개매수가 강제되기 위하여는 특정회사의 주식 등을 매수, 교환, 입찰, 기타 유상취득함으로써 발행주식총수의 5% 이상이 되어야 한다. 이것은 5% 미만의 주식 등을 보유하고 있는 자가 추가로 주식 등을 취득함으로써 결과적으로 5% 이상이 될 경우에, 그 취득이 매수, 교환, 입찰, 기타 유상취득의 방법에 의하여 하고자 한다면 반드시 그 취득은 공개매수에 의하여야 함을 뜻한다. 또한 이미 5% 이상의 주식 등을 보유하고 있는 자가 추가로 주식 등을 취득하되, 그 취득이 매수, 교환, 입찰, 기타 유상취득의 방법에 의하여 하고자 하는 경우에도 마찬가지이다.

여기서 매수, 교환, 입찰, 기타 유상취득은 모두 유상의 대가로서 기발행 주식 등의 소유관계가 이전되는 경우를 말한다. 그러므로 새로이 주식 등을 취득하여 5% 이상이 되거나, 이미 5% 이상의 주식 등을 보유하고 있는 자가 추가로 주식 등을 취득하는 경우에 그 취득방법이 매수, 교환, 입찰, 기타의 유상취득에 의하여 이루어지지 않는다면

---

97) 김건식, 개정 증권거래법상의 공개매수제도, 32면.

98) 이에 대하여 구증권거래법 제21조 제3항과 동시행령 제10조의2 제2항의 표현을 근거로 하여 10인 이상의 자로부터 매수하고자 하였더라도 실제로 공개매수에 응하는 주주의 수가 10인 미만이면 공개매수가 강제되지 아니한다고 주장하는 견해도 있다. 김정수, 현대증권법원론, 461면

공개매수가 강제되지 아니한다.[99] 예컨대 상속, 증여, 무상양수 등의 방법에 의한 주식 등의 취득에는 공개매수가 성립할 수 없고 또한 강제되지 아니한다. 또한 법률의 규정 또는 금전의 신탁계약, 담보계약, 기타 계약에 의하여 주식 등의 처분권한이나 의결권 또는 의결권을 지시할 수 있는 권리를 취득하는 경우에도 주식 등의 소유관계를 이전하는 것을 목적으로 하는 매수, 교환, 입찰, 또는 양수가 아니므로 그 취득결과 5% 보유요건을 충족시키더라도 공개매수는 강제되지 않는다. 금융기관과 특정금전신탁계약을 체결하고 취득주식의 의결권을 행사하는 경우, 주식 등에 대하여 질권을 설정받는 경우,[100] 위임장의 권유에 의하여 의결권행사의 대리행사를 하는 경우, 우리사주조합으로부터 의결권행사의 위임을 받거나 우리사주조합에게 의결권행사를 지시할 수 있는 경우, 의결권신탁계약 또는 의결권구속계약을 한 경우 등이 그러한 예에 속한다고 볼 수 있다. 이 경우에 그러한 계약이 유상으로 이루어졌더라도 마찬가지이다.

그리고 주식 등을 매수, 교환, 입찰, 기타 유상 취득하고자 하는 본인과 특별관계에 있지 아니한 자가 그 본인에 대하여 새로이 특별관계를 맺게 되는 경우, 예컨대 본인인 갑이 을이라는 여자와 결혼을 하고, 을이 결혼 전에 갑이 보유한 주식을 발행한 회사와 동일한 회사가 발행한 주식 등을 이미 소유 또는 보유하고 있었던 경우에 배우자인 을의 보유분을 본인이 공개매수에 의하여 취득하여야 하는 것은 아니다.[101] 그러나 이 예에서 본인인 갑이 6개월 내에 10인 이상의 주주로부터 추가로 매수, 입찰, 교환, 기타 유상취득에 의하여 주식을 취득하고자 한다면 반드시 공개매수에 의하여 취득하여야 한다. 그런데 주식 등의 취득방법이 매수, 교환, 입찰, 기타 유상취득에 해당하지 않아 공개매수가 강제되지 않더라도 그 취득주식 등은 5%의 보유범위를 산정함에 있어서는 포함된다.

그 밖에 신주발행시에 주식을 인수하는 것도 여기의 매수에 포함될 지에 대하여 의문이 있을 수 있다. 이에 대하여 자본시장통합법 제133조 제3항에서는 유상취득(종전에는 유상양수)도 매수에 포함시키고 있으므로 신주의 인수도 이에 해당된다고 볼 여지가 있다. 그러나 유상양수이든 유상취득이든 용어와 관계없이 공개매수는 이미 발행된 주식등을 취득하는 경우에만 성립하고, 또한 기존 주식등의 양도에 대한 하나의 제한방식이므로 신주의 인수는 여기의 매수 또는 유상취득에 포함되지 않는다고 보아야

---

99) 이문성, 개정 증권거래법 아래서의 의무공개매수제도와 소액주주의 보호, 상장협 춘계호(한국상장회사협의회, 1997.5), 52면.
100) 이문성, 상게논문, 52면.
101) 이문성, 상게논문, 52면.

할 것이다.[102)]

(6) 5% 이상의 보유

(가) 5%의 의미

공개매수가 강제되기 위해서는 증권시장 밖에서 매수 등을 한 결과 보유하게 되는 주식의 수량은 의결권있는 발행주식총수의 5% 이상이어야 한다. 여기서 5%의 의미는 새로이 매수하게 되는 주식 등을 포함하여 공개매수자가 보유하게 되는 주식의 보유비율을 뜻한다. 그러므로 주식 등을 취득하여 새로이 5% 이상이 되거나, 이미 5% 이상의 주식을 보유하는 자가 추가로 주식을 취득하고자 하는 경우가 모두 감안되어야 한다(자통법제133조제3항).[103)]

(나) 보유의 의미

보유라 함은 소유 기타 이에 준하는 경우로서 대통령령이 정하는 경우를 포함한다. 이것은 미국 증권거래법상 실질적 소유기준(beneficial ownership)의 개념을 반영한 것이다. 본인과 특별관계자의 관계가 없더라도 주식을 소유하지 아니하고 보유하는 일정한 경우는 '소유에 준하는 경우'로 취급하여, 본인과 특별관계자의 보유주식수와 합산하여 계산하하여야 한다(자통법제133조제3항). 이와 같이 보유개념을 확대한 것은 주식을 소유하고 있지 않지만 신탁, 대리, 위임 기타 계약으로 의결권을 행사할 수 있음에도 불구하고 공개매수 규제를 받지 않게 되는 경우에는 기업지배권변동에 대한 공시제도로서의 기능이 발휘될 수 없기 때문이다.[104)] 공개매수는 일반적으로 기업지배권의 취득이나 강화를 목적으로 한다는 점에서 의결권 행사여부가 중요한 기준이 된다는 점을 고려한 것이다. 이로써 공개매수거래의 투명성이 확보될 수 있다. 소유에 준하는 보유에 해당하는 경우는 다음과 같이 제한적으로 열거되어 있다(자통법시행령제142조).

① 누구의 명의로든지 자기의 계산으로 주식 등을 소유하는 경우, ② 법률의 규정 또는 매매 기타 계약에 의하여 주식 등의 인도청구권을 갖는 경우, ③ 법률의 규정 또는 금전의 신탁계약·담보계약 기타 계약에 의하여 해당 주식 등의 의결권(의결권의 행

---

102) 김건식, 증권거래법, 212면에서는 구증권거래법상 '취득'이 아니라 유상 '양수'라고 규정한 법문의 표현이 신주의 인수가 매수등에 포함되지 않는다는 해석을 뒷받침한다고 한다.

103) 이 경우 6개월내에 10인 이상의 주주로부터 극단적으로 1주씩 10주를 매수하는 경우에도 공개매수가 강제되므로 입법론적으로는 일정 수이하의 매수는 적용을 제외하는 조항을 둘 필요가 있다고 하는 견해도 있다. 김건식, 개정 증권거래법상의 공개매수제도, 34면 ; 임재연, 증권거래법, 897~898면

104) 증권감독원, 전게해설, 60면

사를 지시할 수 있는 권한을 포함[105])을 갖거나,[106] ④ 그 주식등의 취득 또는 처분권한[107]을 갖는 경우, ⑤ 주식 등의 매매의 일방예약을 하고 해당 매매를 완결할 권리를 취득하는 경우로서 그 권리행사에 의하여 매수인으로서의 지위를 갖는 경우, ⑥ 주식등을 기초자산으로 하는 자본시장통합법 제5조제1항제2호의 계약상의 권리를 갖는 경우로서 그 권리의 행사에 의하여 매수인으로서의 지위를 갖는 경우(그 권리의 행사에 의하여 매수인으로서의 지위를 갖는 것에 한한다), ⑦ 주식매수선택권을 부여받은 경우(그 권리의 행사에 의하여 매수인으로서의 지위를 갖는 것에 한한다) 등이다.

(다) 보유의 주체

① 본인과 특별관계자

이 5%는 본인인 공개매수자의 보유주식 뿐만 아니라, 특별관계자의 보유주식도 합산하여 산정된다. 특별관계자에는 형식적 기준(친족 또는 출자관계)에 따른 특수관계인과 실질적 기준(의결권의 공동행사관계)에 따른 공동보유자가 있다. 특별관계자의 범위를 이와 같이 확대한 것은 특별관계자에 속하지 않는 관계회사나 위성 그룹계열회사 또는 협력업체나 거래처 등을 동원하여 기업지배권의 탈취를 시도하거나, 사전에 의결권 등을 공동으로 행사하기로 합의하고 주식을 대량매집한 후 공동으로 의결권을 행사하여 기업지배권을 획득할 수 있다는 헛점을 방지하고자 한 것이다.[108]

② 특별관계자의 범위

특별관계자에는 특수관계인과 공동보유자가 있다(자통법시행령제141조).

(a) 특수관계인

특수관계인은 본인과 일정한 친족 또는 출자관계에 있는 개인 또는 법인을 말하며,

---

105) 금융기관의 투자신탁계정(fund trust)에서는 통상 신탁계약상 신탁재산에 편입된 주식의 의결권은 위탁자의 지시로 수탁자가 행사하게 되어 있다. 이 경우 위탁자는 원칙적으로 투자권한을 보유하고 있지 않는 것이 일반적이다.

106) 이 경우에 의결권을 행사할 권한 또는 의결권행사의 지시권한을 보유하는 자가 당해 회사의 사업활동을 지배할 목적이 있을 필요는 없다.

107) 투자일임계약에 따라 투자권한을 보유하고 있는 투자자문업자, 신탁계약에 의해 운용지시권을 보유하고 있는 특정금전신탁의 위탁자, 재산관리권을 내용으로 투자권을 보유하고 있는 친권자 등이 이에 해당한다고 볼 수 있다. 그러나 담보계약에 의한 처분권한이 있는 경우 실무상으로 담보물을 처분할 수 있는 권리를 발생시키는 사유가 있는 경우에 비로소 보유한 것으로 취급한다고 한다. 김건식, 증권거래법, 194면

108) 예컨대 현대그룹이 위성 계열회사 등을 동원하여 국민투자신탁(주)의 주식을 대량매집한 경우, 쌍용그룹이 인천투자금융(주)의 경영권장악을 위하여 계열사 및 협력업체나 거래처 등을 통하여 공개매수 전에 주식을 대량매집한 경우, (주)데이콤의 지배권쟁탈전에서 대기업 그룹사들이 자금력을 동원하여 계열사나 협력업체 등을 통해 비밀매집한 경우 등이 이에 해당한다. 증권감독원, 전게해설, 53면.

그 범위는 법시행령에서 상세히 정하고 있다(자통법제133조제3항, 동법시행령제141조, 자통법제9조제1항제1호, 동법시행령제8조).

(ㄱ) 본인이 개인인 경우(제1호)

배우자(사실상의 혼인관계에 있는 자를 포함), 6촌 이내의 부계혈족 및 4촌 이내의 부계혈족의 처, 3촌 이내의 부계혈족의 남편 및 자녀, 3촌 이내의 모계혈족과 그 배우자 및 자녀, 배우자의 2촌 이내의 부계혈족 및 그 배우자, 입양자의 생가의 직계존속, 출양자 및 그 배우자와 출양자 양가의 직계비속, 혼인 외의 출생자의 생모, 본인의 금전, 그 밖의 재산에 의하여 생계를 유지하는 자 및 생계를 함께하는 자, 본인이 단독으로 또는 위 각 항목의 관계에 있는 자와 합하여 100분의 30 이상을 출자하거나 기타 임원의 임면 등 법인 또는 단체의 주요 경영사항에 대하여 사실상 영향력을 행사하고 있는 경우 해당 법인 또는 단체와 그 임원 등이다.

다만 소유주식 등의 수가 1,000주 미만인 개인은 특수관계인으로 보지 않는다. 그리고 특수관계인에 속하더라도 공동보유관계에 있지 아니함을 소명한 경우에는 특수관계인으로 보지 아니한다. 따라서 특수관계인은 다음에 보는 공동보유자로 추정하는 효과만을 발생시킨다.[109] 그러나 1,000주 미만의 주식 등을 소유하고 있는 자이더라도 공동보유자인 경우에는 공동보유에 따른 합산원칙이 적용됨은 물론이다.

(ㄴ) 본인이 법인 또는 단체인 경우(제2호)

본인이 임원, 계열회사 및 그 임원, 단독으로 또는 제1호 각목의 관계에 있는 자와 합하여 본인에게 100분의 30 이상을 출자하거나, 기타 임원의 임면 등 본인의 주요경영사항에 대하여 사실상 영향력을 행사하고 있는 개인 및 그와 제1호의 각 목의 관계에 있는 자 또는 단체(계열회사는 제외)와 그 임원, 본인이 단독으로 또는 본인과 위의 각 항목의 관계가 있는 자와 합하여 100분의 30 이상을 출자하거나 그 밖에 임원의 임면 등 단체의 주요 경영사항에 대하여 사실상 영향력을 행사하고 있는 경우 해당 단체와 임원 등이다.

(ㄷ) 특수관계인의 예외

위의 제1호와 제2호 각 목의 어느 하나에 해당하는 자가 소유하는 주식등의 수가 1,000주 미만이거나, 공동보유자에 해당하지 아니함을 소명한 경우에도 특수관계인으로

---

109) 그러나 공동의 목적이 없음을 소명하는 것이 사실상 어렵다는 점에서 공동보유자로 간주하는 것과 큰 차이가 없다고 한다. 이문성, 개정 증권거래법 아래서의 의무공개매수제도와 소액주주의 보호, 51면.

보지 아니한다(자통법시행령제141조제3항). 1,000주 정도의 소량의 주식은 회사의 실질적인 지배관계에 별 영향을 주지 않을 것이라고 본 때문이다. 그러나 1,000주는 액면가액을 기준으로 5,000원을 예상한 것으로 보이는데, 주식의 액면이 100원과 같이 소액인 경우에도 동일하게 취급하는 것은 부당하다고 본다. 또한 공동보유의 관계가 없음을 소명한 경우를 제외한 것은 특수관계인의 범주에 들더라도 실질적 보유관계에 있지 아니한 자를 배제하기 위한 것으로서 합리적인 조치이다.

(b) 공동보유자

공동보유자란 본인과 합의, 계약 등에 의하여 공동으로 주권 등을 취득 또는 처분하거나, 의결권 또는 의결권의 행사를 지시할 수 있는 권한을 공동으로 행사할 것을 합의한 자 등을 말한다(자통법시행령제141조제2항). 여기에 해당하는 행위는 다음과 같다.

(ㄱ) 주식 등을 공동으로 취득하거나 처분하는 행위 : 이 경우에는 주권 등의 취득 또는 처분에 공동목적만 있으면 족하고 의결권의 행사 또는 의결권의 지시관계에 대한 공동목적은 필요하지 않다고 보아야 할 것이다. 그러므로 이 경우에는 공동으로 주권 등을 취득하더라도 의결권의 행사방향이 같은가 또는 다른가는 문제되지 아니한다. 이것은 공동보유의 관계에 있더라도 의결권의 행사방향이 같은가, 다른가에 따른 예외가 없기 때문이다.

(ㄴ) 주식 등을 공동 또는 단독으로 취득한 후, 그 취득한 주식을 상호 양도 또는 양수하는 행위 : 이 경우에는 주식파킹(stock parking)에 의하여 주식을 매수하는 것도 공동보유관계에 포함시키기 위한 것이다. 이것은 주식을 취득하는 단계에서는 본인과의 합의 또는 계약관계가 없더라도, 그 후 취득주식을 상호 양도 또는 양수하여「공동보유관계」를 벗어나려는 시도를 방지하고자 함에 목적이 있다.

(ㄷ) 의결권 또는 의결권의 행사를 지시할 수 있는 권한을 공동으로 행사하는 행위 : 이 경우에는 본인과 주권 등을 공동으로 취득 또는 처분하는 관계는 아니더라도 의결권 또는 의결권행사의 지시권을 공동으로 행사할 목적이 있으면 족하다. 따라서 이 경우에는 같은 방향의 의결권행사 또는 의결권행사의 지시권의 경우에만 적용된다고 풀이하여야 할 것이다. 이것은 주권의 소유 이외에도 의결권의 행사 여부가 중요하기 때문이다. 여기서 공동행위의 성립에는 그 형식은 묻지 아니하고 주식의 취득시점에서든, 의결권의 행사시점에서든 의결권의 행사를「함께」한다는 의사의 합치가 있어야 하므로, 우연히 의결권의 행사방향이 동일하다고 하여 공동행위가 성립한다고 볼 수는 없을 것이다[110] 그리고 공동보유목적은 추정되는 것이 아니므로 이를 다투는 자가 그 증명책

임을 부담하여야 할 것이다.[111]

(라) 보유비율의 산정

5%의 비율은 본인과 특별관계자가 보유한 주식 등의 수의 합계가 당해 주식 등의 총수의 100분의 5 이상인 것을 말한다. 그 산정방법은 총리령으로 정하도록 하고 있다(자통법제133조제5항).

① 주식 등의 수의 산정방법

5%를 산정함에 있어서 대상증권이 주권인 경우에는 주식의 수를, 신주인수권이 표시된 것인 경우에는 목적주식의 수를, 전환사채권의 경우에는 권면액을 전환가액으로 나눈 주식수를 기준으로 계산한다. 그리고 신주인수권부사채권은 신주인수권의 목적주식수를, 교환사채권의 경우에는 교환대상 유가증권별로 해당 주식수를 계산하여야 한다. 파생결합증권인 경우에는 기초자산이 되는 증권별로, 증권예탁증권인 경우에는 그 기초가 되는 증권별로 각각 주식수를 계산한다(자통법시행규칙제14조제1항). 그리고 주식매수선택권을 부여받은 경우에는 주식매수선택권의 행사에 의하여 매수할 의결권있는 주식(자기주식 포함)을 가산한다(동시행규칙동조제3항). 그리고 공개매수자와 주권 등의 발행회사가 특별관계자인 경우에는 회사가 보유하는 자기주식도 공개매수자가 보유하는 주식수에 포함된다(동시행규칙동조제2항).

한편 주식 등의 수를 산정함에 있어서 기준이 되는 것은 의결권인데, 여기서는 의결권의 제한 또는 부활을 고려하여야 할 것이다. 예컨대 본래 의결권이 있는 주식도 특정인에 속하면 의결권이 없는 경우(자기주식, 상호보유주식, 법령위반으로 의결권이 제한되는 주식, 법령에 의한 의결권제한 주식 등)와 처음에는 의결권이 없는 주식도 일정한 요건이 갖추어지면 의결권이 있는 경우(의결권이 부활한 의결권없는 우선주) 등이 그것이다.[112]

② 비율산정방법

5%의 비율산정은 분모에 해당하는 주식 등의 총수는 의결권있는 발행주식총수에 당해 매수 등을 한 후에 매수자가 보유하게 되는 주식 등의 수(주식, 매수자가 기보유한 잠재주식의 목적주식수, 당해 매수에서 매수한 잠재주식의 목적주식수의 합계)를 합산한 수로 한다. 다만 발행주식총수에 이미 계상되어 있는 주권, 교환사채의 교환대상 주

---

110) 서울민사지방법원결정 1997. 2. 6. 97카합118.

111) 이준섭, 공개매수법에 관한 고찰, 339면.

112) 증권감독원, 전계해설, 67면.

권, 파생결합증권의 기초자산이 되는 주권 및 증권예탁증권의 기초가 되는 주권은 제외한다(자통법시행규칙제14조제2항). 이것은 의결권있는 발행주식총수에 매수자가 기보유한 잠재주식과 새로 매수한 잠재주식을 합산한 것으로서, 결과적으로 매수자마다 당해 주식 등의 총수가 달라진다는 의미가 된다.[113]

매수등 후의 주식등 보유비율 = a / b+c+d

a : 매수등 후 보유주식등의 수

(본인 또는 특별관계자가 보유하는 보통주와 우선주의 주식총수 + 본인 또는 특별관계자가 보유하는 신주인수권증서, CB, BW의 전환등 가능 주식총수

b : 회사가 발행한 의결권있는 주식의 총수

(보통주 + 의결권있는 우선주의 주식총수)

c : 매수자가 기보유한 신주인수권증서, CB, BW의 전환등 가능 주식총수

d : 당해 매수에서 매수한 신주인수권증서, CB, BW의 전환등 가능 주식총수

** c, d에서 당해 보유자가 신주인수권부증서, CB, BW를 교환대상으로 하는 EB를 보유하는 경우에는 이를 합산하여야 함.

3. 공개매수 강제의 적용제외

매수등의 목적, 유형, 그 밖에 다른 주주의 권익침해의 가능성 등을 고려하여 대통령령이 정하는 매수등의 경우에는 공개매수가 강제되지 아니한다(자통법제133조제3항 단서, 동법시행령제143조). 여기에 해당하는 경우는 다음과 같다.

(1) 주식의 소각매수

소각을 목적으로 하는 주식등의 매수등에는 공개매수가 강제되지 아니한다. 주식의 소각을 위한 매수를 제외한 것은 이것은 회사가 자기주식을 취득하는 형태이고 지배권 취득을 목적으로 한 것이 아니라는 점이 고려된 것이다. 주주평등의 관점에서는 공개매수의 강제대상으로 하는 것이 바람직하다는 견해[114]도 있다. 공개매수가 지배권거래의 투명성을 기하고자 한 데에 주된 목적이 있는 제도라는 관점에서 보면 이를 공개매수

113) 증권감독원, 전게해설, 66면.

114) 김건식, 증권거래법, 214면.

의 강제대상에서 제외한 것은 불합리한 것은 아니라고 본다.[115)]

(2) 주식매수청구에 응한 주식의 매수

주식매수청구에 응한 주식의 매수에도 공개매수가 강제되지 아니한다. 주식매수청구에 응한 주식의 매수의 경우에는 회사가 자기주식을 취득하는 형태이기 때문이다. 주식매수청구권에 기한 주식의 매수가 회사의 지배권변경과 직접 관련이 없는 것이고, 매도하는 주주가 권리를 행사하는 것이라는 점이 고려된 것이다.

(3) 신주인수권 등의 권리행사에 따른 주식등의 매수등

신주인수권이 표시된 것, 전환사채권, 신주인수권부사채권 또는 교환사채권의 권리행사에 따른 주식등의 매수등에도 공개매수가 강제되지 아니한다. 신주인수권 등의 행사에 의한 주식매수를 제외한 것은 신주인수권이나 전환권을 취득할 당시에 공개매수의무를 부담한 것이고, 또 이것은 새로이 전환권 등을 취득하는 것이 아니라 이미 취득한 권리를 행사하는 단계이므로 그 권리를 행사하는 단계에서 다시 공개매수를 강제할 필요가 없기 때문이다.[116)]

(4) 파생결합증권의 권리행사에 따른 주식등의 매수등

파생결합증권의 권리행사에 따른 주식등의 매수등에도 공개매수가 강제되지 아니한다. 파생결합증권은 공개매수의 적용대상이 되지만 그 증권의 취득시에 이미 공개매수의무를 부담한 것이므로 그 권리를 행사하는 단계에서 다시 공개매수를 강제할 필요가 없기 때문이다.

(5) 특수관계인으로부터의 매수등

특수관계인으로부터의 매수를 제외한 것은 그 매수는 본인이 지배하는 주식수에 영향을 미치지 않는 것으로 보기 때문이다.[117)] 다만 특수관계인 중에는 본인과 공동보유의 관계에 있지 않는 자도 있을 수 있으므로(이 경우에는 공동보유의 관계없음이 소명되어야 함) 이들로부터 주식을 매수하는 경우에는 공개매수가 강제되는 수가 있다고 볼 것이다. 그러나 공동보유자로부터의 매수에는 이와 같은 예외가 인정되지 않는다.[118)]

---

115) 이문성, 개정 증권거래법 아래서의 의무공개매수제도와 소액주주의 보호, 53면 ; 임재연, 증권거래법, 898면
116) 김건식, 증권거래법, 214면 ; 이문성, 개정 증권거래법 아래서의 의무공개매수제도와 소액주주의 보호, 53면 ; 임재연, 증권거래법, 898면
117) 김건식, 증권거래법, 214면 ; 이문성, 개정 증권거래법 아래서의 의무공개매수제도와 소액주주의 보호, 53면.
118) 임재연, 증권거래법, 898면

(6) 전자증권중개업무에 의한 주식등의 매수

전자적 방식에 의하여 동시에 다수의 자를 각 당사자로 하여 상장주권매매업무의 중개를 하는 방법에 의하여 주식을 매수하는 경우에는 공개매수가 강제되지 아니한다. 전자증권중개방법에 의한 주식등의 매수는 주식등의 발행인에 대한 지배권 취득에 목적을 두고 있지 아니하고, 상장주권의 매매업무를 중개하는 과정에 불과하기 때문이다.

(7) 기타

그 밖에 다른 투자자의 이익을 해칠 염려가 없는 경우로서 금융위원회가 정하여 고시하는 주식등의 매수등에도 공개매수가 강제되지 아니한다. 이 위원회가 정하는 매수의 범위에 대하여는 증권의 발행 및 공시 등에 관한 규정 제3-1조에서 상세히 정하고 있다.

Ⅲ. 공개매수의 절차적 규제

공개매수자는 일정한 사항을 공고하고, 공개매수신고서를 금융위원회와 거래소에 제출하여야 하며, 공개매수설명서를 일반인이 열람할 수 있게 비치하여야 한다. 금융위원회와 거래소는 그 공개매수신고서를 비치하고 일반인이 열람할 수 있게 하여야 한다.

1. 공개매수의 공고

공개매수를 하고자 하는 자는「신문 등의 자유와 기능 보장에 관한에 관한 법률」에 따른 일반일간신문 또는 경제분야의 특수일간신문 중 전국을 보급지역으로 하는 2 이상의 신문에 공고하여야 한다(자통법제134조제1항, 동법시행령제145조제1항). 공개매수자가 공개매수 정정신고서를 제출한 때에도 지체 없이 그 사실과 변경된 내용(공개매수공고에 포함된 사항에 한한다)을 공고하여야 한다(자통법제136조제5항). 그러나 공개매수의 공고를 위하여 종전처럼 반드시 증권회사인 공개매수사무취급자를 대리인으로서 지정하여 행할 필요는 없다. 공고일이 공휴일(근로자의 날 제정에 관한 법률에 따른 근로자의 날과 토요일을 포함한다), 그 밖에 금융위원회가 정하여 고시하는 날에 해당하는 경우에는 그 다음 날에 제출할 수 있다(자통법제136조제5항단서).

공개매수의 공고에는 공개매수를 하고자 하는 자, 공개매수할 주식 등의 발행인(그 주식등과 관련된 증권예탁증권, 그 밖에 교환사채권과 파생결합증권의 경우에는 증권예탁증권의 경우에는 그 기초가 되는 주식등의 발행인, 교환사채권의 경우에는 교환의 대상이 되는 주식등의 발행인, 파생결합증권의 경우에는 그 기초자산이 되는 주식등의 발행인을 말한다), 공개매수의 목적, 공개매수할 주식등의 종류와 수, 공개매수기간·가격·결제일 등 공개매수조건 및 매수자금의 명세, 그밖에 공개매수자 및 그 특별관계자의 현황, 공개매수사무취급자에 관한 사항, 공개매수의 방법, 공개매수할 주식등의 발행인의 임원 또는 최대주주와의 사전협의가 있는지 여부와 사전협의가 있는 경우 그 협의 내용, 공개매수 종료 후 공개매수대상회사에 관한 장래계획, 공개매수공고 전에 해당 주식등의 매수등의 계약을 체결하고 있는 경우에는 그 계약사실 및 내용, 그리고 공개매수신고서 및 공개매수설명서의 열람장소 등을 공고하여야 한다(자통법제134조제1항, 동법시행령제145조제4항). 이 공고는 금융위원회가 정하여 고시하는 서식에 따라야 한다(자통법시행령제145조제1항). 이와 같은 정보는 주주들의 투자판단에 기초자료를 제공하는 데에도 목적이 있지만, 공시할 정보의 내용과 범위를 명시하는 것이 공개매수와 관련한 책임을 부과하기 위한 중요한 근거가 되고, 또 인과관계의 증명자료가 된다는 점에서 중요하다.

한편 공고를 한 공개매수자는 공고일에 금융위원회와 거래소에 공개매수신고서를 제출한 즉시 공개매수절차에 들어갈 수 있다(자통법제134조제2항). 종전에는 공개매수공고일부터 3일이 경과하지 아니하면 공개매수를 하지 못하도록 하였으나, 2005년 1월 구 증권거래법의 개정에서 대기기간제도가 폐지되었다. 원래 대기기간을 두었던 것은 공고를 한 즉시 공개매수의 효력이 발생하여 주식을 응모할 수 있도록 하면 공개매수에 직면한 투자자가 투자판단에 성급한 결정을 내릴 수 있으므로 투자자에게 숙고할 기간을 줌으로써 이로부터 투자자를 보호하고자 한 데에 그 취지가 있다.[119] 대기기간이 설정되지 않더라도 공개매수기간이 최소한 20일 이상이 주어지므로 이러한 문제에 대한 우려는 해소될 수 있고, 또한 공개매수제도가 단기간내에 지배권을 취득하기 위한 제도라는 점에서 대기기간의 폐지는 합리적인 조치이다.

2. 공개매수의 신고

(1) 공개매수 신고의 법적 성격

공개매수를 하고자 하는 자는 공고한 날에 금융위원회와 거래소에 공개매수신고서를

---

119) 임재연, 증권거래법, 905면

제출하여야 한다(자통법제134조제2항). 법은 이른바 동시신고제를 채택하고 있다. 아울러 대기기간을 폐지함에 따라 공고와 동시에 공개매수의 효력이 발생하게 되었다. 과거 대기기간제도 하에서는 신고 후 대기기간이 경과하여야 공개매수의 효력이 발생하였지만, 동시신고제에서는 대기기간이 존재하지 않으므로 신고 여부와 관계없이 공고에 의하여 공개매수의 효력이 발생한다. 엄밀하게 말하면 현행법은 공개매수의 효력발생을 중심으로 볼 때에 즉시공고제를 채택하고 있다고 보아야 한다. 따라서 현행법상으로 신고는 공개매수신고서의 기재사항에 대한 형식적 하자, 부실기재의 여부에 대한 감독과 심사를 위한 행정상의 요식절차에 불과하다고 본다.

(2) 공개매수신고의 절차

공개매수에 의하여 주식 등을 매수하고자 하는 자는 일정한 사항을 기재한 신고서를 공개매수공고를 한 날에 금융위원회와 거래소에 제출하여야 하고, 공개매수공고일이 공휴일(근로자의 날과 토요일 포함), 그 밖의 금융위원회가 정하여 고시하는 날에 해당하는 때에는 그 다음 날에 제출할 수 있다(자통법제134조제2항). 여기에는 일정한 첨부서류를 첨부하여야 한다(자통법제134조제5항).

그리고 신고서를 제출한 때에는 지체 없이 그 사본을 공개매수할 주식등의 발행인에게 송부하여야 한다(자통법제135조). 교환사채권을 공개매수하는 경우에도 교환의 대상이 되는 주식등의 발행인에게 그 사본을 송부하여야 한다.[120)]

(3) 공개매수신고서의 기재사항

공개매수자가 신고서에 기재하여 공시하여야 할 정보로는 필수기재사항과 임의기재사항이 있다. 필수기재사항은 공개매수의 목적, 매수자금내역, 매수기간 · 가격 · 결제일 등 매수조건과 기타 대통령령이 정하는 사항이고(자통법제134조제2항, 증권의발행및공시등에관한규정제3-2조), 임의기재사항은 예측정보에 관한 사항이다. 그러나 공개매수신고서에는 공개매수공고에 기재된 내용과 다른 내용을 표시하거나 그 기재사항을 누락하여서는 아니 된다(자통법시행령제146조제1항).

(가) 필수기재사항

① 공개매수자 및 그 특별관계자의 상황 : 공개매수자와 그 특별관계자에 관한 사항

120) 종전의 증권거래법에서는 이를 명시하였다(증권거래법제22조, 동법시행령제12조의2). 그러나 법이 이를 삭제하였더라도 제135조의 송부 대상은 '주식등' 의 발행인으로 규정하고 있으므로 그 '주식등' 에는 교환의 대상이 되는 주식도 포함된다고 본다.

으로서 공개매수자 및 그 특별관계자의 개요, 공개매수자가 법인인 경우에는 당해 법인이 속해 있는 기업집단과 그 법인의 재무에 관한 사항 등을 말한다. ② 공개매수할 주식등의 발행인에 관한 사항 : 이것은 공개매수대상회사 및 그 특별관계자의 현황과 공개매수대상회사가 속해 있는 기업집단을 말한다. ③ 공개매수의 목적 : 이것은 공개매수자가 공개매수를 하고자 하는 목적이 대상회사의 지배권 또는 경영권을 취득하고자 하는 것인지, 현재의 지배권을 강화하고자 하는 것인지에 관한 사항이다. ④ 공개매수할 주식등의 종류 및 수 : 공개매수예정 주식등의 종류 및 수, 공개매수 후 소유하게 되는 주식등의 수, 공개매수대상회사의 발행 주식등의 총수 등이 이에 해당한다. ⑤ 공개매수조건 : 공개매수의 기간, 가격, 결제일 등의 일반적 조건과 결제의 방법이 여기에 속한다. ⑥ 공개매수 공고일 이후에 공개매수에 의하지 아니하고 주식등의 매수등을 하는 계약이 있는 경우에는 당해 계약의 내용. ⑦ 매수자금의 명세 : 공개매수에 필요한 금액 이상의 금융기관잔고 기타 자금보유내역, 다른 유가증권과의 교환에 의한 공개매수의 경우에는 교환의 대가로 인도할 유가증권의 보유내역, 독점규제 및 공정거래에 관한 법률 제8조의2 제1항 제2호의 기준을 충족할 목적으로 현물출자를 받기 위하여 공개매수를 하고자 하는 경우에는 신주의 발행내용 등이 이에 속한다. ⑧ 기타 투자자 보호를 위하여 필요한 사항으로서 대통령령으로 정하는 사항[121] 등이다.

(나) 임의기재사항-예측정보

공개매수신고서에는 공개매수할 주식등의 발행인의 예측정보(forward-looking information)를 기재 또는 표시할 수 있다(자통법제134조제4항). 예측정보는 투자자로 하여금 공개매수의 청약에 응모할지 여부를 합리적으로 판단하는데 유익한 정보가 될 수 있기 때문이다.

① 예측정보의 범위

예측정보는 공개매수자의 미래의 재무상태나 영업실적 등에 관한 예측 또는 전망에 관한 사항으로서 자본시장통합법이 정하고 있는 것을 말한다(자통법제125조제2항, 제119조제3항). 여기에 속하는 정보는 ① 매출규모·이익규모 등 공개매수자의 영업실적

121) 이에 해당하는 사항은 공개매수사무취급자에 관한 사항, 공개매수대상회사의 현황, 공개매수의 방법, 공개매수에 필요한 자금 또는 교환대상 증권의 조성내역(차입의 경우 차입처를 포함), 공개매수자 및 그 특별관계자의 최근 1년간 공개매수대상회사의 주식등의 보유상황 및 거래상황, 공개매수할 주식등의 발행인의 임원 또는 최대주주와의 사전협의가 있는지 여부와 사전협의가 있는 경우 그 협의내용, 공개매수 종료 후 공개매수대상회사에 관한 장래계획, 공개매수의 중개인 또는 주선인이 있는 경우 그에 관한 사항, 공개매수신고서 및 공개매수설명서의 열람장소 등이다(자통법시행령제146조제2항)

기타 경영성과에 대한 예측 또는 전망에 관한 사항, ② 자본금규모·자금흐름 등 공개매수자의 재무상태에 대한 예측 또는 전망에 관한 사항, ③ 특정한 사실의 발생 또는 특정한 계획의 수립으로 인한 공개매수자의 경영성과 또는 재무상태의 변동 및 일정시점에서의 목표수준에 관한 사항, ④ 기타 공개매수자의 미래에 대한 예측 또는 전망에 관한 사항으로서 대통령령이 정하는 사항 등이다.

② 예측정보의 기재방법

공개매수신고서에 예측정보를 기재하는 경우에 공개매수자는 (i) 당해 기재 또는 표시가 예측정보라는 사실을 명시하여야 하고, (ii) 예측 또는 전망과 관련된 가정 또는 판단의 근거를 명시하여야 하며, (iii) 당해 기재 또는 표시에 대하여 예측치와 실제 결과치가 다를 수 있다는 주의문구(bespeaks caution)를 명시하여야 한다(자통법제134조제4항, 제125조제2항 1·2·4호).

(다) 첨부서류

공개매수신고서에는 일정한 서류를 첨부하여야 한다(자통법제134조제5항). 이 첨부서류는 공개매수자의 주민등록등본 또는 법인등기부등본, 공개매수사무에 관한 계약서 사본, 금융기관예금잔고, 교환대가로 인도할 증권의 확보를 증명하는 서류 또는 신주발행 증명서류, 정부의 인허가 증명서류, 공개매수공고의 내용, 공개매수 전에 한 주식등의 매수계약서 사본 등이다(자통법시행령제146조제4항본문). 그러나 「전자정부법」에 따라 행정정보의 공동이용을 통하여 첨부서류에 대한 정보를 확인할 수 있는 경우에는 그 확인으로 첨부서류에 갈음할 수 있다(자통법시행령제146조제4항단서).

3. 공개매수설명서의 작성 및 교부의무 등

공개매수설명서는 공개매수자가 공개매수를 하고자 할 때에 주주를 포함한 일반인에게 공시하기 위한 수단이다. 공개매수설명서의 교부는 공개매수에 응하고자 하는 투자자에게 투자판단에 필요한 정보를 직접 제공하려는 취지에서 인정된 것이다.

(1) 공개매수설명서의 작성 · 제출 · 비치 · 열람공여의무

공개매수자는 공개매수 공고일에 공개매수설명서를 작성하여 금융위원회와 거래소에 제출하여야 한다(자통법제137조제1항). 공개매수사무취급자를 둔 경우에는 그가 제출하여야 한다. 공개매수공고일이 공휴일, 그 밖에 금융위원회가 정하여 고시하는 날에 해당하는 경우에는 그 다음 날에 제출할 수 있다(자통법제137조제1항). 공개매수설명서는 대통령령이 정하는 방법에 따라 작성하여야 하고, 공개매수설명서에는 공개매수공고사항(자통법제134조제1항)을 기재하여야 한다. 다만 공개매수자가 주권상장법인인 경우에는 금융위원회가 정하여 고시하는 사항의 기재를 생략할 수 있다(자통법시행령제148조). 이것은 상장법인인 공개매수자의 재무정보는 이미 금융위원회와 거래소에 비치되어 있는 점을 고려한 것이다. 그러나 재무정보만을 분리하여 이에 관한 내용을 투자자가 별도로 열람하여 인지케 하는 것은 투자자 보호를 위하여 바람직하지 않다.

(2) 공개매수설명서의 부실기재 금지

공개매수설명서에는 공개매수신고서에 기재된 내용과 다른 내용을 표시하거나 그 기재사항을 누락하여서는 아니 된다(자통법제137조제2항). 공개매수설명서는 공개매수신고서의 기재내용을 요약한 것이므로 이는 당연한 것이다. 따라서 공개매수신고서에 허위기재되거나 누락된 중요사항이 있는 경우에 공개매수정정신고서를 공고·제출하지 아니하고 공개매수설명서에만 정정하여 기재하는 것은 허용되지 아니한다. 공개매수신고서와 다른 내용을 표시하거나 중요사항을 누락한 경우에는 금융위원회는 공개매수를 정지하거나 금지 하는 등의 조치를 내릴 수 있다(자통법제146조제2항).

(3) 공개매수설명서의 교부 전 매수금지

(가) 교부 전 매수금지-교부강제

공개매수자는 공개매수할 주식등을 매도하고자 하는 자에게 공개매수설명서를 미리 교부하지 아니하면 그 주식등을 매수하여서는 아니된다(자통법제137조제3항). 이것은 주식등을 매도하고자 하는 자에게 공개매수설명서를 교부하지 않으면 투자판단에 필요한 정보가 없는 상태에서 매도여부를 결정하여야 하므로 교부를 강제하여 투자자 보호를 기하기 위한 것이다. 유가증권의 모집 또는 매출에 있어서 투자설명서를 미리 교부하지 않으면 증권을 취득하게 하거나 매도하여서는 아니 된다는 것(자통법제124조제1항)과 마찬가지이다.

공개매수설명서는 응모를 받기 전에 주식등을 매도하고자 하는 자에게 미리 교부되어야 한다. 공개매수설명서를 금융위원회, 거래소 및 공개매수사무취급자의 본·지점에 비치하였다고 하여 그 설명서가 교부된 것으로 되지 않는다.

(나) 전자문서에 의한 교부 의제

공개매수설명서는 전자문서의 방법으로도 교부할 수 있다(자통법제137조제3항). 전자문서에 의하여 교부하기 위해서는 법이 정한 방법과 절차(자통법제436조)에 따라야 한다. 그리고 전자문서에 의한 공개매수설명서는 ① 전자문서에 의하여 공개매수설명서를 받는 것을 전자문서수신자가 동의할 것, ② 전자문서수신자가 전자문서를 받을 전자전달매체의 종류와 장소를 지정할 것, ③ 전자문서수신자가 그 전자문서를 받은 사실이 확인될 것, ④ 전자문서의 내용이 서면에 의한 공개매수설명서의 내용과 동일할 것 등의 요건을 모두 충족하는 때에 교부가 의제된다. 전자문서에 의한 교부의제는 공개매수할 주식등을 매도하고자 하는 자 중에는 전자문서를 이용하지 않는 자도 있고, 전자매체의 결함 등이 발생할 수 있는 점을 감안하여 피교부자의 의사가 명백하고, 전자문서에 의한 교부사실을 확인할 수 있는 상태에서만 인정하여 이를 둘러싼 분쟁의 소지를 방지하기 위한 것이다.

4. 공개매수 신고사항 등의 공시

신고서를 제출받은 금융위원회와 거래소는 제출받은 공개매수신고서, 철회신고서, 대상회사의 의견서를 그 접수일부터 3년간 비치하고 인터넷 홈페이지 등을 이용하여 공시하여야 한다(자통법제144조). 아울러 공개매수자는 공개매수설명서를 금융위원회와 거래소, 공개매수사무취급자의 본지점 등에 비치하여야 한다(자통법제137조제1항, 자통법시행규칙제16조).

5. 공개매수신고서의 정정

공개매수신고서는 금융위원회의 요구에 의하여 정정이 강제되는 경우와 공개매수자가 스스로 기제출된 신고서상의 공개매수조건 등 기재내용을 변경하기 위하여 자발적으로 정정하는 경우가 있다. 정정신고제도는 완전하고도 공정한 정보공시주의 이념을 실천하기 위한 것이다.

(1) 금융위원회의 요구에 의한 정정신고

(가) 정정신고서의 제출을 요구할 수 있는 사유

금융위원회가 정정신고서의 제출을 요구할 수 있는 사유는 공개매수신고서의 형식을 제대로 갖추지 아니한 경우, 공개매수신고서 중 중요사항에 관하여 거짓의 기재 또는 표시가 있거나 중요사항이 기재 또는 표시되지 아니한 경우이다(자통법제136조제1항).

전자는 신고서의 형식불비와 관련된 것이고, 후자는 중요사항의 허위기재 또는 중요사항의 누락에 관한 것이다. 어느 경우이든 금융위원회는 정정신고서의 제출을 요구하기 위해서는 그 이유를 제시하여야 한다. 후자의 정정요구는 중요사항을 허위로 기재하거나 누락시킨 경우에만 허용되므로 금융위원회는 기재된 사항이 투자판단상 오해를 유발할 수 있는 경우에는 정정신고서의 제출을 요구할 수 없다. 입법론적으로는 이 경우에도 투자자 보호를 위하여 정정신고서의 제출을 요구할 수 있도록 명시하는 것이 바람직하다.

(나) 정정신고서를 제출하지 않는 경우의 행정 조치

금융위원회가 정정신고서의 제출을 요구한 경우 그 공개매수신고서는 그 요구를 한 날로부터 제출되지 않은 것으로 본다(자통법제136조제2항). 이 경우 공개매수신고서가 '제출되지 않은 것으로 본다' 는 것은 이미 진행되어 온 공개매수의 효력이 정지됨을 의미하는 것이 아니라, 그 요구 시점부터 공개매수신고서의 제출이 없는 것으로서 금융위원회의 행정처분 또는 행정조치의 대상이 되는 것을 뜻한다. 금융위원회는 정정신고서의 제출이 없으면 투자자 보호를 위하여 필요한 때에는 공개매수를 정지 또는 금지하거나 대통령령이 정하는 조치를 취할 수 있다(자통법제146조제2항).

(2) 공개매수자의 자발적 정정신고

(가) 공개매수조건 등의 정정

공개매수자는 이미 공고된 공개매수조건, 기타 신고서의 기재사항을 임의로 정정할 수 있으며, 이 경우 금융위원회와 거래소에 정정신고서를 제출하여야 한다(자통법제136조제3항). 공개매수조건의 정정은 대항공개매수가 발생하는 경우와 같이 공개매수자가 매수조건을 변경하여 유연하게 대응할 필요가 있는 경우에 이용할 수 있도록 하기 위한 것이다. 그러나 그 공개매수조건은 대상회사의 주주 보호를 위하여 이들에게 불리하게 변경될 수는 없다. 기재사항의 정정은 신고서상 허위 기재 또는 표시되거나 중요사항을 기재 또는 표시하지 않은 부실기재사항을 정정하고자 하는 경우에 허용된다. 이것은 부실기재된 신고서의 내용을 진실한 내용으로 수정할 기회를 주기 위한 것이지만, 부실기재를 이유로 야기될 수 있는 민사, 행정, 형사적 책임을 스스로 예방하는 효과도 있다.

(나) 투자자 보호를 위한 정정

공개매수자는 투자자 보호를 위하여 공개매수신고서에 기재된 내용을 정정할 필요가 있는 경우로서 총리령으로 정하는 경우에는 정정할 수 있으며, 이 경우에도 금융위원회와 거래소에 정정신고서를 제출하여야 한다(자통법제136조제3항, 동법시행규칙제15조). 이것은 공개매수자의 자발적인 의사에 의하여 행하여지는 정정신고이다.

공개매수자의 자발적 정정신고는 투자자 보호를 위한 것이어야 한다. 여기서 투자자 보호를 위한 것으로는 예컨대 매수가격의 인상, 매수예정주식등의 수의 증가, 매수대금 지급기간의 단축 등을 들 수 있다.

(다) 정정신고가 허용되지 않는 경우

공개매수자에게 정정신고가 허용되지 않는 경우는 매수조건 등의 변경이 투자자에게 불리하거나 투자자의 권익을 침해하거나 침해할 소지가 있는 경우이다. 즉, 매수가격의 인하, 매수예정주식등의 수의 감소, 매수대금 지급기간의 연장(정정신고서가 당초 공개매수종료일 전 10일 이내에 해당하는 경우에는 제외), 기타 대통령령으로 정하는 공개매수조건 등이 이에 해당한다(자통법제136조제3항단서). 대통령령에서는 공개매수기간의 단축, 응모주주에게 줄 대가의 종류의 변경(다만 응모주주가 선택할 수 있는 대가의 종류를 추가하는 경우는 제외), 대통령령에서 달리 제외하지 않는 경우로서 공개매수 대금지급기간의 연장을 초래하는 공개매수조건의 변경 등이다(자통법시행령제147조). 따라서 이에 해당하는 경우에는 변경에 따른 정정신고서를 제출할 수 없다.

(3) 정정신고서의 공시

정정신고서를 제출한 경우에는 공개매수자는 그 정정내용을 공시하여야 한다. 즉, 금융위원회의 요구에 따라 정정신고서를 제출하든, 공개매수자의 자발적 의사에 따라 정정신고서를 제출한 경우이든 공개매수자는 정정사실과 정정내용(공개매수공고에 포함된 사항에 한한다)을 공고하여야 한다(자통법제136조제5항). 이 경우 그 공고는 당초의 공고내용과 함께 하여야 한다(자통법제136조제5항). 아울러 공개매수자는 지체 없이 정정신고서의 사본을 공개매수할 주식등의 발행인에게 송부하여야 한다. 입법론적으로는 공고와 동시 또는 그 다음 날 송부하도록 명시하는 것이 바람직하다.

(4) 정정신고와 공개매수기간의 종료일

금융위원회의 요구에 따라 공개매수신고서를 정정하거나, 공개매수자가 자발적으로 정정하는 경우에는 투자판단의 기초자료인 중요정보에 변경이 생긴 것이므로 공개매수기간도 조정될 필요가 있다. 그리하여 정정신고서를 제출한 날이 당초 공고된 공개매수기간 종료일 전 10일 이내에 해당하는 경우에는 그 정정신고서를 제출한 날부터 10일이 경과한 날이 공개매수기간의 종료일이 되고, 그 종료일 전 10일 이내에 해당하지 아니하는 경우에는 당초 공고된 공개매수기간이 종료하는 날이 공개매수기간의 종료일이 된다(자통법제136조제4항).

전자의 경우에는 공개매수기간이 10일 더 연장되는 것이고, 후자의 경우에는 그 종료일에 변동이 없게 된다. 공개매수기간의 연장여부를 당초 공개매수 종료일 전 10일을 기준으로 결정한 것은 종전에는 당초 공개매수신고서의 수리시점부터 정정신고서의 제출시점까지의 기간이 자동적으로 연장되었는데, 정정신고로 인하여 그 공개매수기간이 과도하게 연장되는 것을 방지하기 위한 것이다.[122]

6. 대상회사의 의견표명

(1) 의견표명의 권한

공개매수신고서가 제출된 주식등의 발행인은 공개매수에 관한 의견을 표명할 수 있다(자통법제138조제1항). 의견을 표명하는 경우에는 광고·서신(전자우편 포함), 그 밖의 문서에 의하여야 한다(자통법시행령제149조제1항). 그 의견표명에는 공개매수에 대한 발행인의 찬성·반대 또는 중립의 의견에 관한 입장 및 그 이유가 포함되어야 하며, 의견표명 이후 그 의견에 중대한 변경이 있는 경우에는 지체 없이 광고·서신, 기타 문서로서 그 사실을 알려야 한다(자통법시행령제149조제2항).

대상회사의 의견표명은 대상회사의 재량권에 속하므로 대상회사가 공개매수에 대하여 적극적으로 의견을 표시하거나 침묵을 지키는 것은 자유이다. 의견을 표명할 때에는 그 내용을 기재한 문서를 지체 없이 금융위원회와 거래소에 제출하여야 한다(자통법제138조제2항). 그리고 의견표명은 광고, 서신(전자우편을 포함), 기타 문서에 의하여 하도록 함으로써 의견표시의 투명성을 기하고자 하고 있다(자통법시행령안제149조제1항). 해석론상 구두에 의한 의견표명이 가능한지의 문제에 대하여, 문서에 의한 의견표시를 넓게 풀이하여 가능하다고 긍정하는 견해[123]와 현실적으로 규제할 수 없다는 이유에서 부정하는 견해[124]가 있다. 법문 상으로는 명시하고 있지 않더라도 구두에 의한 의견표명은 법상의 의견표명의 형식을 위반한 것이므로 금융위원회와 거래소에 그 내용을 문서로 제출하여야 할 것이다. 구두표시라고 하여 규제할 수 없다면 의견표시상의 허위

122) 임재연, 증권거래법, 913면
123) 김건식, 증권거래법, 221면.
124) 임재연, 증권거래법, 906면

표시 또는 기재누락을 방지하고자 하는 법의 취지가 몰각될 수도 있기 때문이다. 그리고 대상회사가 공개매수에 관하여 의견을 표명할 경우에는 정보의 중요성원칙에 따라 그 내용에 있어서 중요한 사항을 누락하거나 오해를 일으킬 수 있는 것이어서는 아니 된다고 풀이할 것이다. 종전의 증권거래법에는 이를 명시하였지만(구증권거래법시행령 제13조), 자본시장통합법시행령에서는 이에 대한 규정이 빠져있다. 이것은 입법상의 오류라고 본다. 의견의 허위표명을 막아 공정한 투자판단을 유도하기 위해서는 이를 시행령에 명시하여야 하고, 그 외에 허위사실을 표시하는 것도 금지시켜야 한다.

(2) 의견표명의무의 문제

공개매수자의 정보공시의무에 상응하여 대상회사도 주주에게 투자결정상의 중요정보를 적극적으로 공시할 의무가 있는가? 의견표명이 이사회의 의무가 아님은 문언상 명백하고 이사회가 주주의 매매결정을 돕기 위하여 정보를 공시할 의무가 존재하는 것은 아니라고 보아야 할 것이다.[125)]

그러나 그러한 규정이 대상회사와 공개매수자간 또는 대상회사의 이사와 공개매수자간의 이해충돌관계에 있는 사항이나 대상회사의 자산을 약취(looting)할 의도를 가진 공개매수, 부당한 매수조건에 의한 공개매수 등에 대하여까지 침묵할 권한을 인정하는 것은 아니라고 풀이하여야 할 것이다. 그것은 이러한 관계에서 이사가 정보 또는 의견을 전혀 표시하지 않는 것은 선관주의의무 또는 충실의무에 반하기 때문이다. 따라서 대상회사의 이사회는 상황에 따라서는 적극적으로 의견을 표시하거나, 또는 중요한 정보를 적극적으로 공시하여야 한다고 본다.[126)] 요컨대 대상회사의 의견표명권한은 이사의 선관주의의무 또는 충실의무에 저촉되지 않는 범위에서 대상회사의 이사에게 재량권을 준 것이라 볼 것이다.

다음과 같은 경우에는 대상회사의 이사회가 의견을 반드시 표명하여야 할 의무가 있다고 본다. 대상회사의 이사가 외부의 독립적인 전문가로부터 조언을 받아 공개매수가격이 현저히 부적정하다는 평가를 내린 경우 그 조언사실은 주주의 투자판단에 현저히 중요한 정보이므로 이를 공시하여야 할 것이다.[127)] 또한 대상회사와 공개매수자간의 이해충돌의 관계에 있는 사실로서 예컨대 대상회사의 이사가 공개매수회사의 이사를 겸임하거나, 양자간 주식을 상호보유하고 있는 관계 등은 적극적으로 공시하여야 할 정보라

125) 김건식, 개정증권거래법상의 공개매수제도, 41면 ; 임재연, 증권거래법, 906면.
126) 홍복기, 공개매수에 관한 현행 증권거래법령에 있어서 몇 가지 문제점, 159~160면.
127) 영국의 City Code는 이를 명시하고 있다(Rule. 3.1).

고 본다. 그리고 대상회사의 이사와 공개매수자 사이에 사적 이해관계있는 사실, 예컨대 공개매수의 성패에 따른 이익공여계약, 금전적 이해관계, 경영자지위의 유지계약관계 등도 공시하여야 할 정보라고 본다.[128)]

그리고 대상회사는 공개매수자에 관한 정보도 공시하여야 할 경우가 있다. 예컨대 대상회사는 공개매수자가 대상회사의 자산을 약취할 의도를 가지고 있는 지를 조사하고 그 결과를 공시하여야 한다.[129)] 그리고 공개매수자가 공시한 오해유발성정보에 대해서도 정정공시하여야 할 것이다.[130)]

(3) 입법의 필요

이상과 같은 해석상의 문제는 입법으로 해결할 필요가 있다. 먼저 대상회사의 의견표명 의무화에 있어서는 첫째 대상회사에게 공개매수에 대한 찬성, 반대, 또는 중립의 의사를 표명할 의무를 부과하고 그 의견표명의 방법과 시점 등도 규정하여야 할 것이다. 그리고 대상회사의 의견표명보고서에는 의견표명의 근거로서 외부전문가로부터의 자문 또는 조언을 받은 사실, 이사회결의내용, 대상회사와 공개매수자간의 이해충돌관계에 있는 사실(예컨대 이사겸임, 주식상호보유 등), 대상회사의 이사와 공개매수자 사이에 사적 이해관계있는 사실(예컨대 특별이익을 공여하기로 하는 약정, 금전적 이해관계, 경영자지위의 유지약정관계 등) 등을 기재하도록 하여야 할 것이다.[131)]

Ⅳ. 공개매수의 실체적 규제

공개매수는 불특정다수인을 상대방으로 하는 부합계약적 성질을 가지므로 투자자 보호를 위하여 그 계약의 조건과 거래방법에 관하여 일정한 규제를 가할 법적 요청이 있다.[132)] 그리하여 공개매수의 조건과 방법에 관하여 실체적인 규제가 가해지고 있다. 공개매수거래의 실체적 규제는 공개매수에 관한 정보공시의 실효성을 제고하고, 투자자의 평등취급을 확보하며, 거래의 공정성을 보장함으로써 궁극적으로 공개매수에 직면한 투

128) Chris-Craft Industries, Inc. v. Piper Aircraft Corp. 480 F. 2d 341(2d Cir. 1973)

129) Gelfond & Sebastian, Reevaluating the Duties of Target Management in a Hostile Tender Offer, 60 Boston Univ. L. Rev. 408, 431(1980).

130) Weiss, Tender Offer and Management Responsibility, 23 N. Y. Law School Law Rev. 445, 452(1978).

131) 김건식, 증권거래법, 220면 ; 김정수, 현대증권법원론, 470면.

132) 송종준, 학위논문, 72면.

자자의 주식매도의 불공정한 압력을 경감하는 등 공개매수의 상대방인 투자자의 보호에 근본목적이 있다.[133]

1. 매수조건의 균일성과 변경

(1) 균일성 원칙의 의의

공개매수는 증권시장 외에서 불특정다수인에 대하여 균일한 조건으로 주식의 매수를 청약하거나 매도의 청약을 권유하는 것을 말한다. 공개매수자는 주식의 보유자에 대하여 매수의 청약 등을 하지만 일부의 주주만을 유리하게 취급하면 동일한 공개매수에 응한 투자자간에 불공평한 결과를 초래하고, 증권시장에 대한 신뢰가 확보되지 않으므로 매수조건이 균일할 것이 요청된다. 여기서 매수조건은 매수가격에 한하지 아니하고 매수대금의 지급시기와 기타의 매수조건을 포함한다. 매수조건의 균일성은 동일한 공개매수에 응하는 투자자간의 공평 또는 평등취급을 도모하고자 함에 목적이 있다.

공개매수의 조건은 이와 같은 균일성원칙에 의하여 유지·존속되어야 하나 그 조건은 변경될 수 있다. 그러나 조건변경이 있는 경우에도 이 균일성원칙이 적용됨은 물론이다.

(2) 매수가격의 균일성과 변경

매수조건 중에서 가장 중요한 것은 매수가격이며, 이것은 교환공개매수에 있어서는 교환비율을 의미한다. 이 매수가격은 균일하여야 하고(자통법제141조제2항), 매수가격은 인상할 수만 있다. 또한 교환비율도 주주에게 불리하지 않은 경우에만 그 변경이 허용된다.

(가) 매수가격의 인상과 최고가격지급의 원칙

공개매수자는 공개매수기간이 종료하는 날까지의 사이에는 언제든지 매수가격을 인상할 수 있다. 매수가격의 인상은 정정신고서의 제출에 의하여야 한다(자통법제136조제3항). 이 경우 공개매수자는 매수가격의 인상 후에 응모한 주주에게는 물론, 그 전에 응모한 주주에게도 인상된 매수가격을 지급하여야 한다. 이것을 주주평등취급의 원칙(equal treatment rule) 또는 최고가격지급원칙(best price rule)이라고 한다. 이 원칙은 공개매수에 응하여 주식을 제공한 모든 주주를 평등하게 취급하여 누구에게나 최고가격의 지급을 보장함으로써 투자자보호의 충실을 기하고자 함에 목적이 있다.

---

133) Robert C. Clark, Corporate Law(Little, Brown and Company, 1986), p.551.

(나) 매수가격인하의 금지

공개매수자는 공개매수기간이 종료하기까지는 공개매수자가 신고한 매수가격을 인하하지 못한다(자통법제136조제3항단서). 그것은 매수가격의 인하를 허용하면 인하 후에 주식을 제공한 주주에게 불이익을 인정하는 것일 뿐만 아니라, 증권시장의 혼란을 초래하는 등의 불합리가 있기 때문이다.[134]

(3) 기타 매수조건의 변경

(가) 원칙

공개매수자는 공개매수의 효력이 발생한 후에도 매수가격을 인상 변경할 수 있는 것과 마찬가지로, 매수할 대상인 주식 등의 대가, 매수예정주수, 매수기간 등을 자유로이 변경할 수 있다. 이것은 공개매수에 대한 방어행위에 상응하여 공개매수자에게도 신속한 대응이 가능하도록 하는 것이 공개매수자와 대상회사의 균등보호에 충실할 수 있기 때문이다. 매수조건의 변경은 매수가격의 인하의 경우와 마찬가지로 정정신고서를 제출하는 방법으로 하여야 한다.

(나) 변경의 금지

투자자보호이념에 반할 수 있는 매수조건에 대하여는 일정한 제한을 가하여, 응모주주에게 불리한 매수조건의 변경은 금지하고 있다. 변경이 금지되는 것은 매수가격의 인하 이외에도 매수예정주식수의 감소, 매수대금지급기간의 연장, 기타 시행령이 정하는 매수조건이다(자통법제136조제3항단서, 동법시행령제147조).

구체적으로는 공개매수기간의 단축, 응모주주에게 줄 대가의 변경(다만 응모주주가 선택할 수 있는 대가의 종류를 추가하는 경우는 제외된다), 대금지급기간의 연장을 초래하는 공개매수조건의 변경 등을 금지하고 있다. 다만 정정신고서 제출일 전 3일의 기간 중 당해 주식등의 증권시장에서 성립한 가격(종가를 기준으로 한다)의 산술평균가격이 공개매수가격의 100분의 90 이상인 경우 또는 대항공개매수가 있는 경우의 매수가격의 인상, 공개매수공고 후 해당 주식등의 총수에 변경이 있는 경우 또는 대항공개매수가 있는 경우의 매수예정 주식등의 수의 증가, 대항공개매수가 있는 경우의 공개매수기간의 연장(대항공개매수기간의 종료일까지 한한다) 등의 경우에는 공개매수 대금지급기간의 연장을 초래하더라도 변경할 수 있다.

---

134) 商事法務硏究會, 企業買收の實務と法理(有斐閣, 1985), 248면.

2. 매수기간

(1) 최단 · 최장기 법정주의

공개매수의 유효기간은 공개매수를 공고한 날부터 최단 20일, 최장 60일 사이에서 자유로이 정할 수 있다(자통법제134조제3항, 동법시행령제146조제3항). 이와 같은 최단·최장기 입법태도는 영국, 일본, 미국의 입법례를 기초로 한 것이다.[135] 주주에게 투자판단의 의사결정에 필요한 주지기간 및 대상회사의 방어기간을 부여하기 위하여 최단의 기간으로서 20일을 설정하고, 매수기간이 장기화되어 주주가 불안정한 위치에 놓이게 될 염려도 있으므로 이를 방지하기 위하여 최장기로서 매수기간이 60일을 초과할 수 없도록 한 것이다.

입법론적으로는 미국이나 EU에 비하여 공개매수기간이 실질적으로 단기이므로, '20일' 이라는 기간을 금융기관 영업일(business day)로 계산하도록 하여 투자판단을 위한 충분한 숙려기간을 제공할 필요가 있다. 반면에 최장기인 '60일' 은 거의 활용되지 않으므로 다소 축소하는 것이 합리적이다. 따라서 현행 공개매수기간의 최단기간은 20영업일로 확대하고, 최장기간은 40영업일로 축소하는 방안이 바람직하다고 본다.

(2) 매수기간의 연장

공개매수의 기간은 20일 이상 60일 이내의 기간으로 제한되지만, 그 공개매수기간 중 당해 공개매수에 대하여 대항하는 공개매수(대항공개매수, 경쟁공개매수, competing tender offer)가 있는 경우에는 그 대항공개매수기간의 종료시까지 그 기간을 연장할 수 있다(자통법시행령제147조제3호다). 이것은 최초의 공개매수자와 대항공개매수자간에 거래의 평등성을 확보해 주기 위한 것이고, 최초의 공개매수자가 대항공개매수의 매수조건 등을 고려하여 적절히 대항할 수 있는 조치를 취할 수 있게 하기 위한 것이다.[136]

3. 공개매수의 철회

(1) 공개매수자의 철회

(가) 철회의 원칙적 금지

공개매수자는 공고일 이후에는 원칙적으로 공개매수를 철회할 수 없다(자통법제139

---

135) 영국 City Code rule 31.1, 31.6) ; 일본 증권거래법 제27조의2 ; 미국 1934년 증권거래법 Sec. 14(d)(5). Rule 14e-1.

136) 김건식, 개정증권거래법상 공개매수제도, 42면 ; 증권감독원, 전게해설, 83면.

조제1항). 이것은 자의적인 공개매수를 금지하고 공개매수자가 자기에게 유리한 철회에 관한 조항을 계약에 정하여 투자자의 부담으로 시세조종, 내부자거래 등 불공정거래에 의하여 부당한 이득을 획득하는 것을 방지하여야 하기 때문이다.137)

(나) 철회의 예외적 허용

공개매수자는 일정한 경우에는 공개매수기간의 말일까지 공개매수를 철회할 수 있다(자통법제139조제1항단서). 이것은 대상회사에 중대한 사정변경이 생겨서 공개매수를 속행하도록 강제하는 것이 공개매수자에게 가혹할 수 있기 때문이다. 철회할 수 있는 사유로는 대항공개매수가 있는 경우, 공개매수자가 사망 · 해산 · 파산한 경우, 그밖에 투자자 보호를 해할 우려가 없는 경우로서 대통령령이 정하는 경우이다. 대통령령이 정한 사유로는 ① 공개매수자가 발행한 어음 또는 수표가 부도로 되거나 은행과의 당좌거래가 정지 또는 금지된 경우, ② 공개매수 대상회사에 합병 · 분할 · 분할합병 · 주식의 포괄적 이전 또는 포괄적 교환, 시행령 제171조 제1항 각호의 어느 하나에 해당하는 중요한 영업 또는 자산의 양도 · 양수, 해산, 파산, 발행한 어음 또는 수표의 부도, 은행과의 당좌거래의 정지 또는 금지, 주식등의 상장폐지, 천재지변 · 전시 · 사변 · 화재, 그 밖의 재해 등으로 인하여 최근 사업년도 자산총액의 100분의 10 이상의 손해가 발생한 경우 등이 있다(자통법시행령제150조). 다만 ②에 열거된 사유가 발생한 경우에 공개매수를 철회하기 위하여는 공개매수를 철회할 수 있다는 조건을 공개매수공고시 게재하고 이를 공개매수신고서에 기재하여야 한다. ①의 경우에는 이러한 제한이 따르지 않는다.

(다) 철회의 절차와 공시

공개매수자가 공개매수를 철회하고자 하는 경우에는 철회신고서를 금융위원회와 거래소에 제출하고 그 내용을 공고하여야 한다(자통법제139조제2항). 이들 기관은 당해 신고서를 접수일부터 3년간 비치하여 공시하여야 한다(유가증권의발행및공시등에관한규정제131조). 그리고 공개매수자는 철회신고서의 제출 후 지체 없이 그 사본을 공개매수할 주식등의 발행인에게 송부하여야 한다(자통법제139조제3항).

(2) 응모주주의 취소

공개매수대상 주식등의 매수의 청약에 대한 승낙 또는 매도의 청약(이하 응모라 함)

137) 商事法務研究會, 企業買收の實務と法理, 252면 ; 증권감독원, 전게해설, 87면.

을 한 주주, 즉 응모주주(tendering shareholders)는 공개매수기간 중에는 언제든지 응모를 취소할 수 있다(자통법제139조제4항). 취소의 방법에 대하여는 규정하고 있지 않으므로 응모주주가 공개매수자 또는 공개매수사무취급자에게 통지하면 된다.[138] 이것은 공개매수기간 중에 주가가 상승하거나 대항공개매수가 더 유리한 매수가격조건을 제시하는 경우에 응모하지 않은 주주에 비해 불리한 입장에 놓이게 될 염려가 있는 점을 고려하여, 이러한 불평등을 시정하고 공개매수에 응한 후에도 공개매수자가 공시한 정보를 충분히 재검토할 수 있는 재고의 기회를 부여함으로써 투자자보호를 강화하고자 한 것이다.[139]

응모의 취소는 공개매수기간이 종료되기 전에만 허용되고, 그 기간이 종료된 후에는 허용되지 않는다. 그것은 공개매수기간이 종료된 후에는 공개매수가 집단적 계약으로서 확정적으로 성립하였기 때문이다. 취소는 집단적 계약의 성립 전에 허용되는 것이므로 엄밀히 말하면 철회라고 하여야 한다. 공개매수 정정신고서의 제출로 인하여 공개매수기간이 연장되는 경우에는 그 연장기간 동안에도 취소가 가능하다.

한편 응모주주가 취소권을 행사한 경우에는 공개매수자에게 손해를 줄 염려도 있어 취소에 따른 계약위반의 손해배상책임을 야기할 수도 있다. 이로부터 취소권을 행사한 주주를 보호하기 위하여 공개매수자는 취소권을 행사한 응모주주에 대하여 응모의 취소에 따른 손해배상 또는 위약금의 지급을 청구할 수 없도록 명시하였다(자통법제139조제4항).

4. 응모주식의 매수

(1) 전부매수의 의무

(가) 원칙

공개매수자는 대상회사의 발행주식에 대한 매수청약의 조건으로서 취득하고자 하는 매수수량을 정하여야 한다. 공개매수자는 원칙적으로 공개매수기간 중에 응모한 주식의 전부를 매수기간이 종료하는 날의 다음 날 이후 지체없이 매수하여야 한다(자통법제141조제1항). 이것을 전부매수의무의 원칙이라고 한다. 그런데 공개매수자가 매수예정수량을 정하였더라도 대상회사의 주주가 응모한 주식의 수량은 이 매수예정수량을 초과하거나 하회할 수 있다. 어느 경우이건 공개매수자는 원칙적으로 미달주식의 전부 또는 초

---

138) 임재연, 증권거래법, 909면

139) 송종준, 학위논문, 81면 ; 증권감독원, 전게해설, 88면 ; 김건식, 증권거래법, 226면 ; 神崎克郎, 證券取引法(青林書院, 1987), 270면 ; 임재연, 증권거래법, 909면 ; 김정수, 현대증권법원론, 480면

과한 주식수량을 포함한 응모주식 전부를 매수하지 않으면 아니 된다.

(나) 예외

일정한 요건 하에서 전부매수의무에 대한 예외가 인정된다. 먼저 응모주식등의 총수가 매수예정수량에 미달할 경우에는 그 미달주식의 전부를 매수하지 않는다는 조건을 공고시 게재하고 공개매수신고서에 기재한 경우에는 공개매수자는 응모주식의 전부를 매수할 의무가 없다(자통법제141조제1항1호). 수량부족은 공개매수계약의 불성립을 의미하는 것일 뿐만 아니라, 만약 이러한 경우에까지 전부매수의 의무를 부과한다면 공개매수자에게 지나치게 가혹하기 때문이다. 그런데 미달된 응모주식등의 전부 또는 일부만을 매수할 수 있을지에 대하여는 명확하지 않다. 응모주식의 전부를 매수하는 것을 금지할 이유는 없을 것이다. 그러나 응모주식의 일부만을 선착순 또는 안분비례에 의하여 매수하겠다는 내용을 공고하고 공개매수신고서에 기재하였더라도 미달주식의 일부만을 매수하는 것은 허용되지 않는다고 풀이할 것이다. 그것은 공개매수자는 원칙적으로 응모된 주식의 전부를 매수할 의무가 있는 것과 균형을 기하여야 하기 때문이다.

또한 응모주식의 수량이 매수예정수량을 초과하게 되는 경우에도 그 초과부분의 전부 또는 일부를 매수하지 않는다는 조건을 공고하고 신고서에 기재한 경우에는 초과주식의 전부 또는 일부를 매수할 의무를 면제하고 있다(자통법제141조제1항2호). 이것은 수량부족의 경우와는 반대로 공개매수자는 공개매수의 성공에 필요한 수량의 주식만을 매수하면 그 목적이 달성되므로 초과수량에 대하여 까지 이를 매수할 의무를 부과하는 것은 부당하기 때문이다.

(2) 안분비례매수의 원칙

공개매수의 결과 매수예정수량을 초과하여 주식이 응모된 경우에도 원칙적으로 공개매수자는 그 전부를 매수하는 것이 원칙이나, 공개매수신고서에 매수예정수량의 범위 안에서 개별주주의 응모주식수의 비율에 의하여 매수수량의 배분을 결정할 수 있도록 정한 경우에는 그 비율에 의하여 응모주식을 매수하여야 한다(자통법제141조제1항2호). 이를 안분비례매수의 원칙(pro rata basis)이라 한다. 이러한 원칙은 전통적인 공개매수에 있어서 일반적으로 적용되었던 선착순매수원칙(first-come-first served basis)을 배제함으로써, 공개매수에 참여하는 모든 투자자에게 공정한 기회를 부여하고, 투자자의 주식응모여부의 결정에 심리적인 압박을 가하는 것을 방지코자 함에 그 목적이 있다.[140)]

---

140) Meredith M. Brown, The Scope of the Williams Act and Its 1970 Amendments, Bus. Law. 1645(July, 1971).

안분비례매수방식은 청약주식의 총수가 매수예정주식의 수를 초과할 경우에 청약주식의 수에 비례하여 배정하는 것이며, 이에 따라 계산한 수의 합계와 매수예정주식의 총수가 다른 경우에는 그 다른 수의 처리는 공개매수신고서에 기재한 방법에 의한다(유가증권의발행및신고등에관한규정제128조).

5. 대금지급 등 결제

공개매수기간이 종료하면 공개매수자는 매수대금의 지급 또는 교환할 증권의 교부를 지체 없이 행하지 않으면 아니된다. 법은 공개매수가 종료한 경우 매수대금 또는 매수대가의 지급 등 결제에 관한 규정을 두고 있지 아니하다. 다만 공개매수자는 공개매수기간이 종료하는 날의 다음 날 이후 지체 없이 응모주식을 매수할 의무가 있고(자통법제141조제1항), 공개매수신고서에는 공개매수조건으로서 결제일을 기재하도록 하고 있다(자통법제134조제1항5호). 그러나 '지체 없이'란 의미가 유동적이고, 결제일이 명시되더라도 이것이 매수대금의 현실적인 지급을 보장하는 것이 아니므로 이들 규정은 투자자의 보호에는 충실하지 못하다고 볼 것이다.

이와 관련하여 공개매수신고서를 금융위원회에 제출하는 경우에 현금공개매수의 경우에는 '공개매수에 필요한 금액 이상의 금융기관 예금잔고 기타 자금의 확보를 증명하는 서류'를, 교환공개매수의 경우에는 '공개매수자가 교환의 대가로 인도할 유가증권의 확보를 증명하는 서류'를 첨부하여야 한다(자통법시행령제146조제4항). 그리고 증권의 발행 및 신고 등에 관한 규정에서는 대금지급조건 등 공개매수신고서의 기재사항을 확인하기 위하여 첨부하여야 할 서류를 명시하고 있다(제3-3조). 즉 공개매수대금 또는 교환대상증권을 결제일까지 인출 또는 처분하지 아니하는 경우에는 그 내용을 기재한 서류, 그리고 공개매수대금 또는 교환대상증권을 인출 또는 처분하여 결제일까지 운용하고자 하는 경우에는 인출일 또는 처분일부터 결제일까지의 자금 또는 증권의 운용계획서와 그 내용을 확인할 수 있는 서류를 첨부하여야 한다. 그러나 이와 같은 서류는 매수대금의 지급 또는 교환할 유가증권의 교부를 담보하는 것이 아니다. 이들 서류는 공개매수신고서의 제출시점에서의 매수대금 또는 교환유가증권의 보유만을 증명하는 것에 불과하다. 이와 같이 공개매수가 종료하는 시점에서 공개매수의 대가의 지급을 명확히 규정하지 않은 것은 투자자보호상 문제가 있다.

따라서 매수대금의 지급에 있어서 공개매수자의 사정으로 대금지급채무의 불이행이 발생할 염려도 있으므로 대금지급의 확실성을 보장하기 위하여는 일정한 금융기관의 지급보증을 공개매수청약의 조건으로 하거나, 매수대금 또는 교환할 증권을 공신력있는 금융기관에 예치하도록 하는 것이 투자자보호의 요청에 부합할 것이다.

6. 공개매수에 관련된 행위 규제

(1) 별도매수의 금지

(가) 취지

공개매수자는 공개매수기간 중에는 공개매수의 방법 이외에 다른 방법으로 대상회사의 주식등을 별도매수할 수 없다. 그것은 공개매수조건의 확정원칙에 의하여 현재의 보유주수 및 매수예정주수가 명백히 밝혀진 상태에서 그 주수에 변동을 가져올 수 있는 별도의 매수를 인정하지 아니하고 공개매수에 의하여만 매수할 의무를 부과하는 것이 주주의 투자판단상의 혼란과 별도매수의 가격과 공개매수가격과의 차이로 인한 주주의 불평등취급을 방지하며,[141] 시세조종이나 내부자거래의 가능성을 차단하고자 한 것이다.[142] 그러나 투자자보호와 공개매수의 공정성에 영향을 주지 않는 경우에는 그 예외가 인정된다.

(나) 별도매수금지의 원칙

별도매수라 함은 공개매수의 기간 중에 공개매수자가 공개매수에 의하지 않는 다른 방법에 의하여 매수대상인 주식을 매수하는 것을 말한다. 법은 공개매수를 할 수 있는 날로부터 그 매수기간이 종료하는 날까지 당해 주식을 공개매수에 의하지 아니하고는 매수할 수 없도록 금지하고 있다(자통법제140조). 그러므로 공개매수자는 공개매수기간 중에는 대상회사의 일반주주 또는 대주주와의 개별거래는 물론, 증권시장에서의 시장매수도 행할 수 없다. 어느 경우이든 공개매수자의 계산으로 타인명의로 매수하는 것도 금지된다.

그런데 공개매수자에 대하여만 별도매수를 금지하면 별도매수금지원칙의 실효성을 기하기 어려운 경우도 있다. 그리하여 법은 공개매수자와 특별관계에 있는 자 및 공개매수사무취급자의 별도매수도 금지하고 있다(자통법제140조). 그러나 특별관계자라도 공개매수자와 주식등을 공동보유하고 있지 않은 경우에는 매수할 수 있다.[143]

---

141) 김건식, 증권거래법, 226면 ; 임재연, 증권거래법, 914면
142) 안문택, 증권거래법체계, 329-330면 ; 신영무, 증권거래법(서울대 출판부, 1988) 393~394면
143) 임재연, 증권거래법, 915면

(다) 별도매수의 예외적 허용

별도매수금지의 원칙은 투자자보호와 공개매수의 공정성에 영향을 주지 않는 경우에는 그 예외를 인정할 필요가 있다. 법 시행령은 공개매수에 의하지 아니하고 그 주식등의 매수등을 하더라도 다른 주주의 권익침해가 없는 경우에는 그 예외를 허용하고 있다(자통법제140조단서, 동법시행령제151조). 즉, ① 해당 주식등의 매수등의 계약을 공개매수 공고 전에 체결하고 있는 경우로서, 그 계약체결 당시 공개매수의 적용대상(자통법제133조제1항)에 해당하지 아니하고, 공개매수공고 및 공개매수신고서에 그 계약사실 및 내용이 기재되어 있는 경우(1호), ② 공개매수사무취급자가 공개매수자 및 그 특별관계자 이외의 자로부터 해당 주식등의 매수등의 위탁을 받은 경우(2호)에는 공개매수에 의하지 아니하고 매수등을 할 수 있다.

(2) 미공개정보의 이용금지

공개매수를 실시 또는 중지할 예정이 있는 경우에 이러한 정보는 주가에 직접 영향을 미쳐서 내부자거래, 시세조종 등 불공정거래에 이용될 수 있다. 그리하여 공개매수의 실시 또는 중지에 관한 미공개정보를 그 주식등과 관련된 특정증권등의 매매, 그 밖의 거래에 이용하거나 타인에게 이용하는 것이 금지된다(자통법제174조제3항).

(가) 미공개정보

미공개정보라 함은 공개매수의 실시 또는 중지에 관하여 일반인에게 공개되지 아니하여야 하고 투자자의 투자판단에 중대한 영향을 미칠 수 있는 정보로서 다수인으로 하여금 알 수 있도록 공개하기 전의 것을 말한다(자통법제174조제2항). 다수인이 알 수 있도록 공개된 정보인가의 판단시점은 다음과 같다(자통법시행령제201조제1항). 법령에 의하여 금융위원회 또는 거래소에 신고되거나 보고된 서류에 기재되어 있는 정보로서 그 내용이 기재되어 있는 서류가 위원회 또는 거래소가 정하는 바에 따라 비치된 날로부터 1일이 경과된 정보, 금융위원회 또는 거래소가 설치 · 운영하는 전자전달매체를 통하여 그 내용이 공개된 후 24시간이 경과한 정보, 「신문 등의 자유와 기능 보장에 관한 법률」에 따른 일반일간신문 또는 경제분야의 특수일간신문 중 전국을 보급지역으로 하는 2 이상의 신문에 그 내용이 게재된 날로부터 1일이 경과된 정보, 「방송법」에 따른 방송 중 전국을 가시청권으로 하는 지상파방송을 통하여 그 내용이 방송된 후 12시간이 경과된 정보, 증권거래소 또는 협회가 설치 · 운영하는 공시방송망을 통하여 그 내용이 공개된 후 24시간이 경과된 정보 등이다. 따라서 법이 정하는 일정한 자가 이상의 기간 또는 시간이 경과되기 전의 정보를 그 주식등과 관련된 특정증권등의 매매, 그 밖의 거래에 이용하거나 타인에게 이용하게 해서는 아니 된다.

(나) 금지행위와 대상자

법이 정하는 일정한 자는 직무 등과 관련하여 알게 된 공개매수의 실시 또는 중지에 관한 미공개정보를 그 주식등과 관련된 특정증권등의 매매, 그 밖의 거래에 이용하거나 타인에게 이용하게 해서는 아니 된다(자통법제174조제2항).

미공개정보의 이용이 금지되는 자는 공개매수자의 계열회사 및 공개매수자(그 계열회사 포함)의 임직원·대리인으로서 그 직무와 관련하여 그 미공개정보를 알게 된 자, 공개매수자(그 계열회사 포함)의 주요주주로서 그 권리를 행사하는 과정에서 그 미공개정보를 알게 된 자로서 그 권한을 행사하는 과정에서 그 미공개정보를 알게 된 자, 공개매수자와 계약을 체결하고 있거나 체결을 교섭하고 있는 자로서 그 계약을 체결·교섭 또는 이행하는 과정에서 그 미공개정보를 알게 된 자, 이상의 어느 하나에 해당하는 자의 대리인(대리인이 법인인 경우에는 그 임직원과 대리인을 포함)·사용인, 그 밖의 종업원으로서 그 직무와 관련하여 그 미공개정보를 알게 된 자, 그리고 위의 관계자에 해당하지 아니하게 된 날부터 1년이 경과하지 아니한 자 등이다(자통법제174조제2항1~5호).

그리고 공개매수자 또는 이상의 자로부터 공개매수의 실시 또는 중지에 관한 미공개정보를 받은 자도 그 미공개정보를 그 주식등과 관련된 특정증권등의 매매, 그 밖의 거래에 이용하거나 타인에게 이용하게 해서는 아니 된다(자통법제174조제2항6호).

(다) 미공개중요정보이용행위의 배상책임

공개매수의 실시 또는 중지에 관한 미공개정보의 이용금지규정을 위반한 자는 해당 특정증권등의 매매, 그 밖의 거래를 한 자가 그 매매, 그 밖의 거래와 관련하여 입은 손해를 배상할 책임이 있다(자통법제175조제1항). 이 손해배상청구는 청구권자가 위반행위가 있었던 사실을 안 날부터 1년간 또는 그 행위가 있었던 날부터 3년간 이를 행사하지 아니한 경우에는 시효로 인하여 소멸한다(자통법제175조제2항).

Ⅴ. 공개매수규제의 위반과 효과

1. 공개매수의 강제요건에 위반한 주식취득의 효과

(1) 사법상의 효력

공개매수가 강제됨에도 불구하고 공개매수에 의하지 아니하고 주식을 취득한 경우에 그 주식취득의 사법상 효력이 어떨지가 문제이다. 이것은 공개매수를 강제하는 자본시장통합법의 규정이 효력규정인지, 아니면 단속규정인지에 해당하는 문제라고 본다.

생각건대 이 규정은 넓은 의미에서 회사 지배권이 투명하게 거래되도록 함으로써 지배권이전에 이해관계를 가지는 투자자들을 보호하기 위한 목적, 즉 지배권시장질서의 유지를 기하고자 함에 그 목적이 있는 것이므로 단속규정에 해당한다고 볼 것이다. 그러므로 이 강제규정을 무시하고 공개매수에 의하지 아니하고 취득한 주식의 사법상 효력은 유효하다고 볼 것이다.[144] 자본시장통합법이 아래에서 보는 바와 같이 공개매수에 의하지 않은 취득주식에 대하여 의결권을 제한하고, 또 매각명령 등 처분명령을 내릴 수 있다고 규정한 것도 위법하게 취득한 주식의 사법상 효력이 유효함을 전제로 한 것이라고 볼 수 있다.

(2) 의결권의 제한

(가) 취 지

공개매수의 적용대상임에도 불구하고 공개매수에 의하지 아니하고 취득한 당해 주식에 대하여는 의결권이 제한되며, 당해 주식 등과 관련한 권리행사 등으로 취득한 주식(전환권, 신주인수권의 행사에 따라 취득한 주식)도 의결권이 제한된다(자통법제145조). 이것은 넓은 의미에서는 공개매수와 관련한 공시제도의 실효성을 확보하기 위한 것이지만, 공개매수의 주된 목적이 경영권지배라는 점을 중시하여 위반주식의 의결권을 박탈하는 것이 형사처벌만에 의한 제재보다도 위법한 공개매수의 방지를 위한 가장 실효성 있는 제재수단이기 때문이다.[145]

(나) 의결권이 제한되는 주식의 범위

법문상 의결권행사가 금지되는 주식등은 '그 주식 등' 이라는 표현을 사용하고 있다. 여기서 '그 주식등' 의 범위에 대하여 당해 위반행위로 인하여 취득한 주식 전부라고 보는 견해[146]가 통설이자 실무의 입장이다. 그 논거는 (1) 제145조는 5% 의무공개매수

---

144) 김건식, 개정증권거래법상 공개매수제도, 47면. 일반적으로 공개매수가 증권거래법상의 금지적 또는 제한적 규제를 위반한 경우의 효력에 대하여 그 거래가 위법하더라도 주식취득의 사법상 효력은 무효가 아니라고 보는 견해로는 Young Moo, Shin, Securities Regulation in Korea-Problems and Recommendations for Feasible Reforms(University of Washington Press & Seoul National University Press, 1983), p.289 참조.

145) 증권감독원, 전게 해설, 71면.

뿐만 아니라 공개매수의 공고 및 신고서 제출 규정들도 포함하고 있는 점,[147] (2) 대량보유보고의무의 위반시에는 위반분에 대한 의결권 행사금지가 명시되어 있지만 본조에서는 그렇지 않다는 점,[148] (3) 실무에서도 매수한 주식 전부에 대하여 처분명령을 내리고 있는 점[149] 등이 제시되고 있다. 공개매수의 강제가 적용되는 요건 또는 기준에 해당하지 않으면 누구든지 아무런 법적 제한을 받지 아니하고 주식을 취득할 수 있으므로 5% 미만의 주식에 대하여 의결권 행사를 금지하는 것은 부당할 것이다. 그러나 공개매수가 강제되는 경우는 물론, 5% 이내에서 임의로 공개매수를 하고자 하는 경우에도 공개매수의 공고 및 신고서의 제출의무를 준수하여야 하는데 이 의무를 위반하여 매수한 주식등은 그 자체가 위법한 것이므로 그 전부에 대하여 의결권행사를 금지하는 것이 타당하다고 본다.[150] 의결권행사금지의 효력은 이 의무위반에 대한 제재로서의 의미가 크다.

(다) 의결권이 제한되는 기간

공개매수의 강제규정(자통법제133조제3항)에 위반하여 주식등을 매수한 경우에는 그 날부터 그 주식(그 주식등과 관련한 권리 행사 등으로 취득한 주식을 포함한다)에 대한 의결권을 행사할 수 없다(자통법제145조).

(3) 처분명령

(가) 6개월 내의 처분

금융위원회는 6개월 이내의 기간을 정하여 공개매수 강제규정을 위반하게 매수한 주식등(그 주식등과 관련한 권리 행사 등으로 취득한 주식을 포함한다)의 처분을 명할 수 있다(자통법제145조). 이와 같은 처분명령을 규정한 것은 형사벌로서는 공개매수자가 이를 감수할 경우에 제도의 실효성이 반감된다는 점을 고려한 것이다. 여기서 처분대상은 의결권행사가 금지되는 주식등의 경우와 같이 위법하게 매수한 주식등의 전부라고 본다.[151]

---

146) 김건식, 개정증권거래법상 공개매수제도, 47면.

147) 김정수, 현대증권법원론, 482면

148) 김건식, 증권거래법, 229면 ; 임재연, 증권거래법, 919면

149) 1998년 신성무역주식에 대한 25%의무공개매수 위반사건에서 공개매수자측(사보이호텔)이 22.67%를 보유한 시점에서 주식을 취득하여 25%를 초과하여 주식을 취득하였는데, 당시 증권관리위원회는 22.67%를 초과하는 주식 전부에 대한 처분명령을 내린 바 있다.

150) 정동윤 · 손주찬, 주석 상법(IV)(한국사법행정학회, 2003), 273면의 견해를 바꾼다.

151) 정동윤 · 손주찬, 주석 상법(VI), 274면의 견해를 바꾼다.

(나) 처분의 방법

금융위원회의 처분명령시 그 처분의 방법에 대하여는 법이 달리 규정하고 있지 않다. 따라서 처분명령에 따른 주식등의 처분 방법은 증권시장에서의 매각, 장외매각(상대매각, 공매 등) 등으로 제한되지는 않는다고 본다. 그러나 위법하게 취득한 주식을 공개매수자의 특수관계인에게 매각한다거나, 공동보유관계에 있는 자에게 매각하는 것은 허용되지 아니한다고 본다.[152] 그것을 인정하면 공개매수를 강제한 법취지와 금융위원회에게 부여한 처분명령의 실효성을 확보할 수 없기 때문이다. 그러나 당사자간의 계약으로 우호적인 제3자에게 매각하는 것도 그 자가 공개매수자와 특별관계자의 관계에 있지 않는 한 제한할 수는 없다고 본다. 입법론적으로는 금융위원회가 증권시장에서의 매각 또는 공개매각을 명령하는 등으로 그 처분방법을 명시하는 것이 바람직하다고 본다.

그런데 금융위원회의 처분명령을 이행하지 않을 경우 당해 주식의 효력은 의결권제한의 효력이 지속되는 것일 뿐, 기타의 자익권이나 공익권은 그대로 존속한다. 처분명령에 위반한 자는 1년 이하의 징역 또는 3천만원 이하의 벌금에 처한다(자통법제446조). 이것은 처분명령의 실효성을 제고하기 위한 것이다.

2. 실체적 규제에 위반한 주식취득의 효과

공개매수의 실체적 요건에 위반하여 주식취득이 이루어진 경우에 그것의 사법상 효력이 문제로 될 수 있다. 공개매수의 실체적 요건에 관한 자본시장통합법의 규정들은 대부분 효력규정이라기 보다는 단속규정으로서의 성질을 가진다고 볼 것이다. 공개매수가 매수가격의 균일성요건에 위반한 경우, 매수가격의 인하금지규정에 위반한 경우, 안분비례매수의 원칙에 위반한 경우, 별도매수금지규정에 위반한 경우 그 위반에 기한 주식취득의 사법상 효력은 유효하다고 보아야 할 것이다. 그 제한규정은 모두 단속규정에 해당하기 때문이다. 다만 사법상의 효력을 인정하더라도 공개매수자는 상대방에 대하여 계약상의 책임 또는 규정위반으로 인한 손해배상책임을 지는 수는 있을 것이다. 이와 같이 풀이하는 것이 투자자보호 및 거래안전의 요청에 부합할 것이기 때문이다.

그리고 실체적 요건에 위반하여 취득한 주식에 대하여는 공개매수의 적용요건에는 해당하지만 공개매수에 의하지 아니하고 주식을 취득한 경우에 준하여 취급하는 것이 합당하므로, 자본시장통합법 제145조를 유추 적용하여 위법하게 취득한 주식은 의결권

---

152) 임재연, 증권거래법, 919면

이 제한되며, 금융위원회는 처분명령을 내릴 수 있다고 풀이할 것이다.

3. 신고절차의 규제에 위반한 주식취득의 효과

(1) 신고의무를 위반한 주식취득의 사법상 효력

공개매수의 신고의무를 위반하여 주식을 취득한 경우에도 그 주식취득의 사법상 효력은 부인되지 않는다[153]. 법이 신고없이 또는 부실기재에 의한 신고가 있을 경우에는 위법한 주식취득으로 보아 의결권 행사를 제한하고, 금융위원회가 처분명령을 내릴 수 있도록 한 것(자통법제145조)은 그 주식취득이 유효함을 전제로 한 것이다. 그리고 신고의무위반으로 인하여 대상회사 또는 응모주주에게 손해가 발생한 경우, 신고의무위반 자체가 손해배상청구의 원인이 될 수는 없고, 신고된 정보의 허위표시 또는 중요사실의 부실표시로 인한 손해발생의 관계가 성립할 때에 그 책임도 추궁할 수 있을 것이다[154].

여기서 신고서의 제출의무에는 공개매수신고서는 물론이고, 금융위원회의 정정명령에 의한 정정신고서의 제출의무(자통법제136조)도 포함되고, 공개매수설명서의 작성, 교부, 비치의무와 적법한 공개매수설명서의 사용의무(자통법제137조)도 포함된다고 본다.

(2) 의결권 제한 및 처분명령

금융위원회의 처분명령은 공개매수의 강제규정에 위반하여 주식등을 취득한 경우와 동일하다. 그리하여 공개매수의 공고 또는 신고의무(자통법제134조제1항제2항)에 위반하여 취득한 주식은 공개매수에 의하지 아니한 주식취득의 경우와 마찬가지로 의결권이 제한되고, 그 의결권은 당해 위법한 주식의 매수를 한 날로부터 행사할 수 없다(자통법제145조). 그러나 공개매수설명서의 작성, 교부, 비치의무 등을 위반하여 취득한 주식의 의결권은 제한되지 않는다고 본다. 이 경우 공개매수신고서의 제출의무위반의 경우와는 달리 의결권을 제한하는 규정이 없기 때문이다.

그리고 금융위원회는 6개월 이내의 기간을 정하여 공개매수의 공고 및 신고를 하지 아니하고 취득한 주식등의 처분을 명할 수 있다(자통법제145조).

4. 부실기재에 따른 민사책임

---

153) 송종준, 학위논문, 104면 ; 이준섭, 공개매수법에 관한 고찰, 343면 ; 김화진, M&A와 경영권(개정증보판)(박영사, 1999), 100면 ; 김건식, 증권거래법, 229면 ; 김정수, 현대증권법원론, 468~469면

154) 송종준, 학위논문, 104면

(1) 공개매수공고 및 신고서 등의 부실기재와 손해배상책임

(가) 손해배상책임의 성질

공개매수자의 부실공시로 인한 손해배상책임의 성질은 불법행위책임이다. 그런데 그 책임의 성립요건은 민법 제750조의 일반불법행위책임과는 다르다. 공개매수 공고 또는 신고서상 허위기재 또는 표시가 있거나 표시하지 않음으로써 손해를 끼친 때에는 그 부실표시와 손해발생 사이의 인과관계가 추정되고, 대상회사의 응모주주만이 손해배상채권자가 될 수 있기 때문이다(자통법제142조).

이러한 관계에서 이 책임규정이 민법 제750조와 특칙 관계에 있는 불법행위책임규정인지, 아니면 새로운 불법행위로서의 법정책임을 정하고 있는 규정인지 하는 문제가 제기될 수 있다. 이에 대하여는 유가증권의 공모에 있어서 증권신고서상의 부실기재 및 유통시장에서의 부실공시에 기한 손해배상책임을 법이 특별히 규정한 법정책임이라고 파악하는 것이 판례[155]의 태도이고 학설[156]도 일부 이를 따르고 있다. 이 견해에서는 민법 제750조와의 청구권경합을 인정한다.

생각건대 자본시장통합법 제142조 제1항의 손해배상책임규정은 피해자인 응모주주를 특별히 보호하기 위해 민법상의 불법행위책임과는 달리 부실표시의 신뢰에 대한 인과관계의 추정을 명시하고 이러한 원칙이 적용되는 자의 범위를 응모주주로 제한하여 특별히 보호하기 위한 것이므로 이 규정은 일반불법행위책임에 대한 특칙으로서의 성질을 갖는다고 본다.[157] 그러므로 공개매수자의 부실공시에 의하여 손해를 받은 "응모주주"에 관한 한 민법 제750조의 일반불법행위책임규정은 그 적용이 배제되는 것이고, "응모주주" 이외의 다른 피해자에 대하여는 민법의 일반원칙이 적용된다고 보아야 한다.

(나) 성립요건

① 주관적 요건

공개매수자의 부실공시책임은 불법행위책임으로서 과실책임이므로 부실공시라는 위법행위를 행함에 주관적 요건으로서 고의 또는 과실이 필요하지만, 자본시장통합법은

155) 대법원 1999.10.22, 판결 97다26555 ; 1998.4.24 판결 97 다32215 ; 1997.9.12. 판결 96나41991 등.

156) 강대섭, 증권시장에 있어서의 부실공시로 인한 손해배상책임에 관한 연구(고려대 법학박사학위논문, 1992), 44면 이하 ; 임재연, 증권거래법, 156면 ; 김건식, 증권거래법, 130면.

157) 송종준 외, 증권거래법상 경영자의 민사책임론(충북대 출판부, 1999), 252면 이하 ; 이철송, 증권거래관련 손해배상청구제도의 구조, 인권과 정의(통권 제277호)(대한변호사협회, 1999.9) ; 이준섭 : 공시책임에 관한 최근 판례의 분석과 비판, 상장협 추계호(한국상장회사협의회, 2000.9), 155면 이하 ; 김정수, 현대증권법원론, 149면(민법상의 손해배상과 관련한 특칙임을 전제로 설명).

그 주관적 요건에 대하여 달리 규정하고 있지 않다. 생각건대 부실공시는 정확하고 완전한 정보의 공시의무를 정한 법 규정(자통법제134조, 제136조, 제137조등)을 위반한 것으로서 그 위반에는 공개매수자 등의 과실이 추정된다고 볼 것이다. 따라서 부실공시에 대한 과실의 부존재에 대한 증명책임은 공개매수자에게 전환되어 있다고 풀이할 것이다.[158] 여기서의 과실에는 중대한 과실 뿐만 아니라 경과실도 포함된다. 자본시장통합법 제142조 제1항이 상당한 주의의 항변에 의한 면책을 예외적으로 규정하고 있는 것은 부실표시에 대한 고의 또는 과실의 존재를 추정하고 있는 것이다.[159]

② 인과관계

공개매수자가 부실공시에 기한 손해배상책임을 지기 위하여는 부실공시를 응모주주가 신뢰하여야 하고 또 그 신뢰에 기초하여 공개매수에 응모함으로써 손해를 입어야 한다. 부실공시책임의 성질이 불법행위책임이므로 부실공시와 손해의 발생 사이에 상당한 인과관계가 존재하여야 한다. 그 인과관계에 대한 증명책임은 피해자에게 있는 것이 일반불법행위책임의 일반원칙이다. 그러나 부실공시책임에 있어서 인과관계에 대한 증명책임은 응모주주에게 요구되지 않고[160] 공개매수자에게 전환된다. 여기서 말하는 인과관계는 신뢰의 인과관계(또는 거래인과관계, transaction causation)를 뜻한다고 본다. 그것은 응모주주가 부실표시된 사실을 안 때에는 배상책임을 지지 아니한다는 규정(자통법제142조제1항단서)의 해석에서 그 근거를 찾을 수 있기 때문이다. 그리고 법정의무로서 중요정보가 공시된 이후에는 응모주주가 공시된 정보가 진실한 것이라고 신뢰하고 주식의 응모를 결정한 것이라고 봄이 상당하고, 증권거래에 있어서는 응모주주가 스스로 신뢰의 인과관계를 증명하는 것은 사실상 불가능하고 투자자보호의 법정신에도 부합하기 때문이다. 이것은 이른바 시장사기이론(fraud on the market theory)에 따른 해석이다. 따라서 공개매수자는 부실표시에 대한 신뢰의 부존재, 즉 부실표시사실에 대한 응모주주의 악의를 증명하여 신뢰인관계의 존재를 부정하여야 한다. 또한 부실기재와 손해 사이에도 인과관계가 존재하여야 한다. 이것을 손해인과관계(loss causation)라고 한다. 신뢰인과관계의 존재는 자본시장통합법 제142조 제1항의 규정에 의하여 추정되

158) 강대섭, 증권시장에 있어서의 부실공시로 인한 손해배상책임에 관한 연구, 74면 ; 임재연, 증권거래법, 921면

159) 이것을 일종의 무과실책임이라고 보는 견해도 있다. 윤승한, 증권거래법강의(삼일세무정보, 2000), 350면

160) 증권신고서의 부실공시책임에 있어서 신뢰인과관계에 대한 증명이 요구되지 않는다는 견해로는 김정수, 현대증권법원론, 151면 ; 임재연, 증권거래법, 127-128면 ; 김건식, 증권거래법, 130-140면 참조. 반면에 신뢰를 추정할 만한 간접사실(증권신고서 등을 직접 읽어 본 경우, 증권회사직원 등을 통하여 간접적으로 읽은 사실 등)에 대한 증명이 요구된다는 견해로는 황동욱, 증권관련집단소송(동현출판사, 2004), 38-42면 ; 이동신, 유가증권공시서류의 부실기재에 관한 책임, 증권거래에 관한 제문제(상), 재판자료 제90집(법원도서관, 2001), 397면

고, 손해인과관계(loss causation)는 자본시장통합법 제142조 제4항에 의하여 그 존재가 추정된다고 본다. 따라서 신뢰 및 손해의 인과관계의 부존재에 대한 증명책임은 공개매수자 등 부실표시자에게 전환된다.[161)]

③ **손해의 발생**

공개매수자가 공개매수신고서상 부실공시로 인하여 응모주주에게 손해를 끼친 때에는 그 손해를 배상하야야 한다(자통법제142조제1항). 이것은 유가증권발행인이 유가증권신고서상에 부실공시를 함으로써 유가증권취득자에게 끼친 손해를 배상하도록 하고 있는 규정(자통법제126조제2항)과 동일한 것이다(자통법제142조제4항). 그 손해는 부실기재의 전과 후의 주식가격에 차이가 있으면 추정된다(자통법제142조제3항).

(다) 손해배상책임의 청구권자와 부담자

① **손해배상청구권자**

공개매수자의 부실기재로 인한 손해배상청구소송에 있어서는 소송의 쟁점에 대하여 법률적으로 보호가 가능하고 명백한 소의 이익을 갖는 자만이 당사자적격(standing to sue)이 인정된다. 그런데 법은 응모주주(tendering shareholder)를 손해배상청구권자로 규정하고 있으므로(자통법제142조제1항), 그 응모주주에게 소송당사자적격이 인정됨에는 이론이 있을 수 없다. 그러나 공개매수자의 부실공시에 의하여 손해를 입을 수 있는 자가 반드시 대상회사의 응모주주로 한정되는 것은 아닐 것이므로, 이들의 민사책임관계에는 민법 제750조가 적용될 수 있다. 따라서 비응모주주, 대상회사, 기타 증권시장의 일반투자자 등 응모주주 이외의 다른 피해자는 일반불법행위에 기한 손해배상책임에 있어서는 당사자적격을 부정할 이유가 없다고 본다.[162)]

② **손해배상책임의 부담자**

공개매수자 등의 부실공시로 인하여 응모주주에 대하여 부담할 손해배상책임의 주체는 공개매수신고서상의 신고자와 그 대리인 및 공개매수설명서의 작성자와 그 대리인이다(자통법제142조제1항1호·2호). 여기서 신고자에는 공개매수자의 특별관계자가 포함되며 신고자가 법인인 경우에는 그 이사도 포함된다. 그런데 이들의 책임은 그 성질이 불법행위책임이므로 이들은 공동불법행위자의 관계에 있다고 할 수 있고, 따라서 이들의

161) 증권신고서의 부실공시책임에 있어서 임재연, 증권거래법, 129면 ; 대법원 2002.10.11 선고, 2002다38521 판결도 같은 입장을 취하고 있다.

162) 정동윤 · 손주찬, 주석상법(IV), 278면 이하 참조

책임도 부진정연대책임의 관계에 있다고 볼 것이다.[163)]

그러나 부실공시의 책임은 공시의 주체 또는 공시와 직접 관련되는 자에 대하여만 인정하는 것이 책임원칙에 부합하므로 공개매수자와 특별관계에 있는 자에 대하여까지 획일적으로 부실공시에 대한 연대책임을 지우는 것은 부당하다고 본다. 그러므로 특별관계자가 공개매수자의 부실공시에 대하여 공동불법행위의 관계가 존재하지 않는다면 그 책임도 부정되어야 할 것이다. 입법론적으로는 특별관계자에게는 불법행위의 공동성을 추정함으로써 증명책임을 전환하거나, 과실의 비율에 따른 손해배상책임제도를 도입함으로써 이 문제를 해결하는 것이 바람직하다고 본다.[164)]

한편 응모주주 이외의 자에 대하여 부담할 손해배상책임의 주체로서 자본시장통합법 제142조 제1항이 정하고 있는 자들이 언제나 공동불법행위의 관계에 있다고 볼 수는 없다. 부실공시라는 위법행위에 대하여 공동관계에 있는 자만이 공개매수자와 함께 민법상 공동불법행위책임을 지게 된다고 볼 것이다.

(라) 손해배상액

손해배상책임을 지는 자가 배상해야 할 금액은 손해배상을 청구하는 소송의 변론이 종결될 때의 그 주식등의 시장가격(시장가격이 없는 경우에는 추정처분가격을 말한다)에서 응모의 대가로 받은 금액을 뺀 금액으로 추정한다. 예측정보가 부실기재된 경우에도 마찬가지이다(자통법제142조제3항). 손해배상액은 추정가액이므로 추가로 손해가 있는 경우에는 발생한 손해를 증명하여 배상청구할 수 있다.

(마) 면책항변사유

부실공시에 따른 배상책임을 질 자가 상당한 주의를 하였음에도 불구하고 부실공시를 알 수 없었음을 증명하거나(상당한 주의의 항변), 응모주주가 응모 당시에 부실공시의 사실을 안 경우(악의의 항변)에는 손해배상책임을 지지 않는다(자통법제142조제1항 단서). 이와 같은 항변사유는 부실표시자 등 손해배상책임을 질 자가 증명하여야 한다. 이른바 증명책임의 전환이 있는 셈이다. 손해배상책임을 질 자는 상당한 주의의 항변사유로서 부실표시에 대한 고의 또는 과실의 부존재를 증명하여야 하는 것이고, 악의의 항변사유로서 응모주주가 응모할 당시에 부실표시의 존재에 대하여 알고 있었음을 증명하여야 한다. 이러한 면책의 항변은 민법상 일반불법행위책임에서는 인정되지 않는 것

---

163) 신영무, 증권거래법, 241면 ; 강대섭, 증권시장에 있어서의 부실공시로 인한 손해배상책임에 관한 연구, 116면 ; 임재연, 증권거래법, 920면.

164) 증권신고서의 부실공시에 있어서는 그 책임주체의 범위에서 특별관계자가 배제되어 있다(자통법제125조).

으로서 투자자보호를 위한 특칙사항인 것이다.[165)] 또한 손해배상채무자는 손해액의 전부 또는 일부가 부실기재와 인과관계가 없음을 증명(손해인과관계 부존재의 항변)하여 책임을 면제 또는 경감받을 수 있다(자통법제142조제4항).

(2) 예측정보의 부실기재와 손해배상책임

(가) 면책특례 규정

공개매수자는 공개매수신고서에도 예측정보를 자율적으로 기재할 수 있다. 법은 유가증권신고서와 사업설명서상 예측정보의 공시에 있어서 일정한 주의경고문구(bespeaks caution)를 명시한 경우에는 고의 또는 중대한 과실이 없는 한, 부실공시로 인한 손해에 대하여 손해배상책임을 면제하는 이른바 안전항 면책특례 규정(safe harbor rule, 자통법제125조제2항)을 두고 있다.[166)] 또한 공개매수신고서상에 예측정보의 부실공시가 있는 경우에도 면책특례규정을 명시하고 있다(자통법제142조제2항). 그 적용요건과 면책특례의 배제요건을 분설한다.

(나) 면책특례의 적용요건

면책특례가 적용되기 위하여는 다음과 같은 요건이 구비되어야 한다.

① 법정의 공시서류에 예측정보가 거짓 표시되거나 중요사항기재가 누락되었을 것

예측정보는 공개매수 공고 또는 신고서 등 법정의 공시서면에 기재되었어야 하고, 예측정보 중 중요사항에 관하여 거짓의 기재 또는 표시가 있거나 중요사항이 기재 또는 표시되지 않았어야 한다. 그러므로 법정의 공시서류에 의하지 아니한 정보의 공개 또는 구두에 의한 예측정보의 표시(oral statements)에 대하여는 면책특례가 인정되지 아니한다.[167)] 법이 서면에만 국한한 것은 투자자에게는 정보접근의 용이성을 확보하여 주고 예측정보를 평가할 수 있는 신뢰체제를 제공하며, 증권감독기관에게는 공시정보의 정확성 및 완전성을 유지 관리할 수 있도록 하기 위한 것이다.[168)]

---

165) 법정의 공시서류에 의하지 아니하고 구두, 광고 등으로 예측정보를 부실표시한 경우의 책임과 면책에 대하여는 송종준, 예측정보의 부실공시와 민사책임구조, 증권법연구 제1권 제1호(한국증권법학회, 2000.12), 15면 이하 참조

166) 이에 대한 상세한 연구로는 송종준, 예측정보의 부실공시와 민사책임구조, 9~28면 참조.

167) 미국의 1995년 개정 증권법에서는 (i)구두표시에 특정내용(particular statement)이 예측정보이고 또 예측치와 실제의 결과치는 다를 수 있다는 주의문구가 수반되고, (ii)실제치와 예측치간의 차이를 발생시키는 원인이 될 수 있는 부가적인 정보가 부득이 용이한 서면에 포함되어 있다는 구두표시가 수반되고, (iii)그 구두표시가 부가정보를 담고 있는 서면 또는 그 일부임을 확인하고 있고, (iv)그 확인된 서면 자체에도 적정한 주의문구를 담고 있는 경우에 한하여 예측정보의 구두표시에도 안전항면책특례가 적용될 수 있도록 규정하고 있다. 1933년 증권법 § 27A(c)(2), 1934년 증권거래법 § 21E(c)(2).

② 주의문구 등 법정형식을 구비할 것

예측정보의 부실공시에 따른 손해배상책임을 면하기 위하여는 일정한 형식요건과 실질요건을 갖추어야 한다. 먼저 형식요건으로서 (i) 당해 기재 또는 표시가 예측정보라는 사실이 밝혀져 있고, (ii) 예측 또는 전망과 관련된 가정 또는 판단의 근거가 밝혀져 있으며, (iii) 당해 기재 또는 표시에 대하여 예측치와 실제 결과치가 다를 수 있다는 주의문구가 밝혀져 있어야 한다.

(i)은 예측정보와 확정된 과거정보를 구별하여 투자자의 투자판단상 오해를 방지하기 위한 것이고, (ii)는 예측정보는 미래의 불확정한 사실을 전망하는 정보이므로 여기에는 투자자에게 미래에 대한 과도한 기대와 신뢰를 초래할 수 있는 허황된 사실이 포함될 여지가 많은 점을 우려하여, 미래의 예측치를 산출하는 데 기초가 된 가정이나 근거를 제시케 하기 위한 것이라고 본다. (iii)은 표시된 예측치에 대한 투자자의 과도한 신뢰 가능성 때문에 예측치가 실제의 결과치와 다를 수 있음을 명시함으로써 투자자에게 투자판단에 있어서 미리 주의를 환기시키기 위한 것이라고 생각한다. 이러한 주의문구 등의 명시가 있으면 문제의 부실표시된 예측정보의 중요성(materiality)이 부정되어 예측정보의 부실공시로 인한 책임이 면제되는 것이다.[169)]

한편 실질요건으로서 예측정보의 기재 또는 표시는 합리적인 근거에 기초하여 성실하게 행하여졌어야 한다. 예측정보의 공시에는 당해 예측 또는 전망과 관련된 가정이나 판단의 근거를 명시하여야 하는데, 예측정보의 기초가 된 가정이나 근거가 허위이거나 오해를 유발할 사실이 게재된 경우에는 표시된 예측정보의 진실성을 확보할 수 없을 것이다. 그리하여 예측정보의 진실성을 담보할 수 있도록 하기 위한 실질요건으로서 예측정보의 기초에는 합리적인 근거(reasonable basis)가 있어야 하며, 또 그것은 성실하게 표시되어야 한다. 따라서 표시된 예측정보에 합리적인 기초가 결여되면 그 예측정보는 부실표시로 취급되어야 한다고 본다.[170)]

---

168) SEC Concept Release, Safe Harbor for Forward-Looking Statements(File No. S7-29-94), p.8 ; Louis Loss & Joel Seligman, Securities Regulation(3rd ed.) Vol. II(Little, Brown & Co., 1989), pp. 622~635

169) Edward Brodsky & M.Patricia Adamski, Law of corporate Officers and Directors, Rights, Duties and Liabilities(CBC,1995), § 12:06.50; In re Donald J. Trump Casino Securities Litigation, 7 F.3d.357(CA3, 1993), cert. den. 114 Ct 1219(1994). 주의문구표시의 법적 의미를 둘러싼 판례의 분석에 대하여는 Donal C. Langevoort, Disclosure that "Bespeaks Caution", 49 Bus.Law. 481, 482~486(1994)

170) Rubinstein v. Collins, 20 F. 3d. 160(CA5,1994) ; Kowal v. MCI Communications Corp., 16F. 3d. 1271, 1277(CA DC, 1994).

(다) 면책특례의 배제

다음과 같은 요건이 모두 충족되면 위와 같은 면책특례는 허용되지 아니한다(자통법제142조제2항단서).

① 응모주주가 부실기재에 대하여 선의일 것

예측정보의 부실기재에 대하여 공개매수자 등은 원칙적으로 책임을 지지 않지만, 응모주주가 주식을 응모할 때에 예측정보 중 중요사항에 대하여 거짓의 기재 또는 표시가 있거나 중요사항이 기재 또는 표시되지 아니한 사실을 알지 못하였어야 한다. 이 선의에 대한 증명책임은 응모주주에게 있다.

② 공개매수자 등 책임질 자에게 부실기재에 관한 고의 또는 중과실이 있을 것

공개매수자 등 책임질 자가 고의 또는 중대한 과실로 그 예측정보에 허위사실을 기재하거나 또는 중요사실을 불표시하여야 한다. 여기서 고의 또는 중대한 과실의 증명책임은 응모주주에게 있다.

5. 형사책임

공개매수의 규제를 위반한 행위에 대하여는 일정한 형사처벌이 부과된다. 벌칙으로는 위반행위의 경중에 따라 징역 또는 벌금을 부과하며 양 벌칙을 병과할 수도 있다. 그리고 위법행위자 외에게도 양벌규정이 적용하여 벌금을 부과할 수 있으며(자통법제447조제1항), 일정한 경우에는 과태료 처분도 따른다.

공개매수공고 또는 신고서, 정정신고서 또는 공고, 공개매수설명서 등에 중요사항을 허위기재하거나 누락한 경우, 공개매수신고서를 제출하지 않은 경우에는 5년 이하의 징역 또는 2억원 이하의 벌금에 처한다(자통법제444조15 · 16 · 17호). 공개매수에 의하지 아니하고 주식등을 매수한 경우에는 3년 이하의 징역 또는 벌금에 처한다(자통법제445조19호). 금융위원회의 처분명령 또는 시정명령을 위반한 경우에는 1년 이하의 징역 또는 3천만원 이하의 벌금에 처한다(자통법제446조26호). 공개매수신고서 또는 보고서의 사본을 송부하지 않거나 그 사본에 신고서나 보고서에 기재된 내용과 다른 내용을 기재한 경우에는 5천만원 이하의 과태료에 처한다(자통법제449조37 · 38호).

제5절 위임장 권유의 규제

Ⅰ. 위임장권유 규제의 필요성

1. 의 의

의결권은 주주의 경제적 이익을 위하여 인정되는 재산적 권리 또는 비개성적 권리이므로 대리에 친한 권리이다. 그리하여 상법은 주주로 하여금 대리인에 의하여 그 의결권을 행사하게 할 수 있도록 규정하고 있다(상법제368조제3항). 이것은 강행규정이므로 회사의 정관에 의하여도 의결권의 대리행사를 금지할 수 없다. 의결권을 대리행사하기 위하여는 대리인이 대리권을 증명하는 서면을 주주총회에 제출하여야 한다. 이 서면을 위임장(proxy)이라 한다. 이 제도는 주식회사의 규모가 대형화되고 주식이 광범하게 분산되어 있는 공개회사에 있어서 그 효용성이 크다. 그것은 현대 주식회사에 있어서는 주식소유의 광범위한 분산으로 일반주주는 주주총회의 참석에는 관심이 없고 이익배당이나 매매차익에만 관심을 갖는 것이 보통이기 때문이다.

미국 등 외국의 경우에는 회사의 지배권 쟁탈을 위하여 지배권자와 이에 대항하는 세력간에 의결권의 대리행사의 수단으로서 이 위임장 권유가 심각하게 벌어지고 있다.[171] 이러한 현상을 위임장 경쟁(proxy contest) 또는 위임장 쟁탈(proxy fight)이라고 한다. 이와 같은 위임장의 권유제도로 인하여 주식의 소유분산이 철저한 대규모의 공개회사에 있어서는 소량의 주식을 갖고도 회사의 지배가 가능해지게 된다. 그리하여 주식의 소유를 기초로 하지 않는 회사의 지배현상인 경영자지배(managerial control)가 출현하는 법적 기초가 제공된 셈이다.

우리나라에서도 자본시장의 개방과 주식소유의 분산으로 위임장권유를 위한 쟁탈현상이 점증하고 있다.[172] 그러나 이와 관련하여 권유의 상대방인 일반투자자가 불이익을 당할 소지가 크다. 그리하여 자본시장통합법은 상장회사에 있어서 위임장권유의 공정성을 도모하고 투자자의 보호를 위하여 일정한 규제를 가하고 있다.

---

171) 위임장 권유는 기관투자자의 비중이 커지면서 그 중요성이 커지고 있고, 이것은 주주민주주의(Shareholdrdemocracy)의 달성에 결정적으로 기여할 수 있다고 한다. 김건식 · 송옥렬, 미국의 증권규제, 235면.

172) 제1장 제4절 Ⅰ 3 참조

2. 규제의 필요성

상법이 의결권의 대리행사를 허용하고 있지만 이에 아무런 법적 규제를 가하지 않으면 주주총회는 형해화될 뿐만 아니라, 기존의 경영진이나 지배주주가 자기지배의 영속화를 꾀할 수 있어 무능한 경영자의 지배권유지가 가능하게 된다. 또한 부정한 이득을 획득하기 위하여 회사지배권을 탈취하는 것을 조장하게 될 염려가 있으므로 의결권의 대리행사를 권유하는 행위를 일정한 범위에서 규제할 필요가 있다. 특히 경영자 또는 지배주주의 전횡으로부터 일반투자자를 보호하고, 경영기구에 대한 감독 또는 견제를 통한 회사경영의 합법성 또는 공정성을 보장한다는 점에서 법적 규제의 요청이 있다. 이러한 필요성은 주식소유가 분산된 대규모의 공개회사 또는 상장회사에 있어서 더욱 크다.

그리하여 증권거래법은 지난 1976년 개정에 의하여 상장회사에 있어서 위임장의 권유를 규제하기 위한 위임장규칙을 정한 바 있으며, 2007년 8월 제정된 자본시장통합법에서도 그러한 법적 기조가 유지되고 있다. 따라서 상장주식의 의결권행사를 자기 또는 타인에게 대리하도록 권유하기 위해서는 권유자는 피권유자에 대하여 권유에 앞서 의결권의 대리행사에 관하여 법정의 방법에 따라 위임장용지 및 참고서류를 교부하도록 하고 있다(자통법제152조제1항). 그리고 위임장 용지와 참고서류에는 대통령령이 정하는 필요한 사항을 기재하도록 하고 있다(자통법제152조제6항). 이러한 규제는 위임장의 권유를 통한 의결권의 대리행사의 남용을 막고, 피권유자인 일반주주에게 회사의 경영에 대한 중요한 정보를 공시케 하여 대리행사 판단의 공정성을 도모하고자 함에 그 목적이 있다.

Ⅱ. 위임장 권유의 개념과 법적 성질

1. 권유의 개념

일반적으로 위임장의 권유는 회사가 주주총회의 소집통지와 함께 대리인의 기재란을 백지로 한 위임장을 주주에게 송부한 후, 총회에 출석하지 않는 주주로 하여금 이에 기명날인케 한 뒤 회사에 반송하도록 하도록 하고, 회사는 적당하다고 인정되는 사람을 대리인으로 지정하여 의결권을 대리행사 하도록 하는 방법에 의하여 행하여진다.

자본시장통합법은 의결권대리행사의 권유, 즉 위임장의 권유를 자기 또는 제3자에게 의결권의 행사를 대리시키도록 권유하는 행위, 의결권의 행사 또는 불행사를 요구하거나 의결권 위임의 철회를 요구하는 행위, 의결권의 확보 또는 그 취소 등을 목적으로 주주에게 위임장 용지를 송부하거나, 그 밖의 방법으로 의견을 제시하는 행위 중 어느 하나에 해당하는 행위라고 정의하고 있다(자통법제152조제2항). 이것은 종전의 증권거래법이 자기 또는 제3자에게 의결권의 행사를 대리시키도록 권유하는 것만을 규정(구증권거래법제199조)한 것 보다 그 권유의 범위를 확대하여 공익과 투자자의 보호를 보다 강화하고자 한 것이다.

다만 의결권피권유자의 수 등을 고려하여 일정한 경우에는 의결권대리행사의 권유로 보지 아니하는 경우도 있다(자통법제152조제2항단서, 동법시행령제161조). 구체적으로는 상장법인(특별관계자 포함) 또는 그 임원(특별관계자 포함) 외의 자가 10명 미만의 피권유자에게 권유하는 경우, 신탁 기타 법률관계에 의하여 타인의 명의로 주식을 소유하는 자가 그 타인에 대하여 해당 주식의 의결권의 대리행사를 권유하는 경우, 신문 · 방송·잡지 등 불특정 다수인에 대한 광고를 통하여 의결권 대리행사의 권유를 하는 경우[173]로서 그 광고내용에 해당 상장주권의 발행인의 명칭, 광고의 이유, 주주총회의 목적사항 및 위임장 용지 · 참고서류를 제공하는 장소만을 표시하는 경우 등이다.

2. 위임장 권유의 법적 성질

위임장 권유의 법적 성질에 대하여는 이를 투표유인행위라고 보는 견해(투표유인행위설)[174]와 위임계약으로 풀이하는 견해(위임계약설)[175]가 있다. 전자의 견해에서는 위임장의 권유는 총회의 목적사항에 대하여 주주의 찬부를 묻는 투표행위이고, 주주가 찬부서면을 반송하는 것이 투표라고 풀이한다. 따라서 이 견해에서는 위임장에 명시되지 않은 총회의 목적사항이나 목적사항이 수정된 경우에 권유자는 대리권을 행사할 수 없게 된다. 후자의 견해에서는 위임장 권유를 주주의 개인적인 수권에 의한 의결권대리행사와 같은 것으로 보고 위임자의 권유는 대리권수여계약의 청약이고 찬반의사를 표시한 서면의 반송은 승낙이라고 풀이한다. 이것이 우리나라의 다수설이다.

---

173) 미국의 1992년 개정 위임장규칙에서도 주주들 사이의 의견교환, 기관투자자들간의 공동행동이 위축되는 것을 해소하기 위하여 종전과 같이 구두이건 서면이건 관계없이 권유의 개념을 포괄적으로 정의하였던 태도를 버리고, 의견교환이 신문, 방송, 기타 공공에 전달되는 매체를 통하여 이루어진 경우에는 권유로 보지 않는다(SEC Rule 14a-1(1)(2)(ⅳ)). 개정내용에 관한 상세한 설명은 김건식 · 송옥렬, 미국의 증권규제, 242면, 250면 참조.

174) 신영무, 증권거래법, 402~403면.

175) 이철송, 회사법강의(제14판)(박영사, 2007), 434면 ; 김건식, 증권거래법, 234면 ; 김정수, 현대증권법원론, 526면.

생각건대 피권유자에 의한 위임장의 반송을 투표라고 보는 것이 합당한 지 의문이고, 총회의 목적사항이 변경된 경우에 투표할 수 없는 등의 문제가 있다는 점에서 투표행위유인설은 타당하지 않다고 본다. 위임계약설에서도 피권유자의 투표의사와 피권유자의 투표행위 간에 불일치가 있을 수 있어 주주보호에 문제가 있을 수 있다. 그러나 이 문제는 당사자간의 계약위반의 문제로 해결할 수 있을 것이다. 위임계약설이 타당하다고 본다. 법에서도 주주총회 회의시 새로이 상정된 안건이나 변경 또는 수정 안건에 대한 의결권 행사 위임 여부 및 위임내용을 위임장 용지에 기재하도록 규정하고 있는 것(자통법시행령제163조제1항6호)은 위임계약설을 따른 것이라고 본다.

Ⅲ. 위임장의 권유에 대한 규제

1. 권유자의 범위

(1) 권유자의 자격

위임장의 권유는 주로 이사 등 경영자에 의하여 이용되지만 반대파주주도 이용할 수 있다. 문제는 회사의 이사 또는 주주가 아닌 제3자도 위임장의 권유를 할 수 있는가에 있다. 이것은 법이 권유자의 범위에 대하여 아무런 제한을 두고 있지 않기 때문에 제기되는 문제이다. 이에 대하여 회사채권자와 같이 주주총회의 목적사항과 특별한 이해관계가 있는 자는 권유를 할 수 있으나, 회사와 아무런 이해관계가 없는 제3자는 위임장 권유자가 될 수 없다는 견해[176]가 있다. 이 견해에서는 회사와 전혀 무관한 제3자가 권유를 하게 되면 회사의 경영에 경영자 또는 주주가 아닌 외부의 의사가 개입되는 것을 막을 수 없기 때문이라고 한다.

그러나 권유자의 범위 또는 자격이 법령에서 제한되고 있지 아니하므로 회사와의 이해관계 유무와 관계없이 외부의 제3자를 권유자의 범위에서 제외할 법적 근거는 없다.[177] 따라서 주주, 제3자는 물론이고 회사도 위임장을 권유할 수 있는 주체가 될 수 있다. 회사가 권유하는 경우에 권유자는 회사이고 피권유자는 회사 외의 주주가 되는 것이고,[178] 이 경우 회사의 권유는 대표이사 등 경영진에 의하여 행하여지는 것뿐이다.

176) 안문택, 증권거래법체계, 211면 ; 김정수, 현대증권법원론, 527면 ; 임재연, 증권거래법, 751면.
177) 김건식, 증권거래법, 231면.
178) 이에 대하여 회사에 의한 위임장 권유를 부정하고, 회사명의의 위임장권유는 경영진에 의한 권유라고 풀이하는

그러나 회사가 보유한 자기주식은 의결권이 없으므로 누구도 그 의결권대리행사를 위해 권유하는 것은 허용되지 아니한다.

그 밖에 회사가 정관에서 권유자 또는 대리인의 자격을 주주로 제한할 수 있는가의 문제가 있다. 이에 대하여는 일률적으로 유효[179]라거나 주주가 아니라도 법인의 직원이나 가족 구성원의 대리행사는 제한할 수 없다는 견해[180]가 있다. 생각건대 권유자 또는 대리인의 자격을 주주로 제한하는 정관은 무효라고 본다.[181] 왜냐하면 권유자의 자격을 주주로 제한하면 피권유자인 주주가 주주총회에 참석하지 못할 경우에 주주의 의결권행사를 포기하거나 회사에 대하여 의결권행사를 백지위임할 수밖에 없는데, 이것은 주주의 의결권행사에 대한 임의의 제한이 되는 것으로서 상법상 허용될 수 없기 때문이다. 그리고 주주가 아닌 자에 의한 대리행사를 허용하는 것이 반드시 주주총회의 질서를 교란하는 결과를 가져온다고 보는 것도 타당하지 않다. 권유자 또는 대리인의 자격은 법률에 의하지 아니하고는 제한할 수 없도록 입법적으로 해결할 필요가 있다.

(2) 권유자의 수와 수권범위

(가) 권유자의 수

피권유자의 대리인 자격을 갖는 권유자의 수에 대하여는 법률상 아무런 제한이 없다. 따라서 수인의 대리인을 선임하는 것을 제한할 수는 없다고 본다. 다만 주주가 수인의 대리인을 선임한 경우에는 주주총회의 원활한 진행을 방해할 염려가 있으므로, 회사는 1인의 대리인을 대표로 정할 수 있도록 하여야 할 것이다. 그러나 증권회사 등이 예탁받은 주식에 관하여 각 주주의 의사에 따라 의결권을 불통일 행사할 경우에는 수인의 대리인에 의한 주주총회 참석이 허용된다고 풀이할 것이다.

(나) 포괄적인 대리권수여

의결권을 대리행사할 경우 대리인의 수권범위와 관련하여 1회의 대리권수여로 수회의 총회에 관한 포괄적인 대리권의 수여도 가능할 것인 지가 문제이다. 다수설은 이를 긍정한다. 그러나 장기간에 걸친 대리권의 수여는 주주의 진정한 의사를 무시할 수 있

견해도 있다. 김건식, 증권거래법, 231~232면. 그러나 법은 피권유자의 수와 관계없이 회사 또는 그 임원에 의한 위임장권유가 있으면 위임장권유규제가 적용됨을 명시(자통법시행령제161조제1호)하고 있는 것으로 보아, 권유자의 범위에서 회사를 배제하는 것은 타당하지 않다.

179) 정찬형, 상법강의(상)(박영사, 2006), 777면 ; 손주찬, 상법(상)(박영사, 2004), 721면 ; 이기수 외, 회사법(박영사, 2002), 377면.

180) 정동윤, 회사법(7판)(법문사, 2001), 336면 ; 최기원, 상법학신론(박영사, 2004), 772~773면.

181) 이철송, 회사법강의, 430면 ; 채이식, 상법강의(상)(박영사, 1996), 473면 ; 이완석, 신상법(상)(박영사, 1985), 426면.

다는 점에서 매총회시마다 위임장을 제출하여야 한다는 견해[182]도 있다. 생각건대 사회통념상 회사가 존속하는 동안 의결권을 대리행사케 하는 것은 주주권에서 의결권만을 분리하는 것을 인정하는 것으로써 부당하지만, 특정한 수회의 주주총회에 관한 포괄적인 대리권을 수여하는 것은 가능하다고 본다.[183]

(3) 공공적 법인에 대한 특칙

국가기간산업 등 국민경제상 중요한 산업을 영위하는 법인으로서 대통령령이 정하는 상장법인, 즉 공공적 법인의 경우에는 공공적 법인만이 위임장의 권유를 할 수 있다(자통법제152조제3항). 이것은 공공적 법인의 경우에 주주 또는 제3자의 위임장 쟁탈에 의한 경영권 질서의 훼손을 방지하고, 한편으로 공공적 법인의 경영권을 보호하기 위한 것이라 할 수 있다. 공공적 법인은 경영기반이 정착되고 계속적인 발전가능성이 있는 법인이고, 재무구조가 건실하고 높은 수익이 예상되는 법인이며, 해당 법인의 주식을 국민이 광범위하게 분산 보유할 수 있을 정도로 자본금 규모가 큰 법인으로써, 금융위원회가 관계부처장관과의 협의 및 국무회의에의 보고를 거쳐 지정하는 법인을 말한다(자통법시행령제162조). 공공적 법인의 개념에서 가장 중요한 것은 그 사업의 성질이 공공성이 높은 기간산업이어야 한다는 점이다. 이러한 견지에서 현실적으로 공공적 법인으로 지정된 법인의 범위가 지나치게 좁다고 본다.[184] 공공적 법인은 다른 일반법인에 비하여 경영권 안정이 특히 중요하므로 그 범위를 확대할 법정책적 요청이 있다고 본다.

2. 피권유자의 범위

위임장의 권유에 있어서 피권유자는 상장법인의 주주이다. 여기서 주주는 의결권있는 주식을 소유한 자를 말하므로, 의결권없는 주식을 가진 주주, 자기주식을 소유하고 있는 회사는 피권유자가 될 수 없다. 그리고 주주총회의 목적사항에 대하여 특별이해관계를 가지는 주주는 의결권이 제한되므로 그 주주도 피권유자가 될 수 없다고 본다.

피권유자의 범위와 관련하여 위임장의 권유는 반드시 주주전원에게 해야 하는지가 문제이다. 회사 또는 임원이 아닌 자가 권유하는 경우에는 주주전원에 대하여 위임장의 권유를 할 필요가 없지만, 회사 또는 임원이 위임장의 권유를 할 경우에는 그 비용부담에 관계없이 주주전원에 대하여 위임장의 권유를 하여야 할 것이다.[185] 이것이 통설이

---

182) 이철송, 회사법강의, 431면 ; 이기수 외, 회사법, 376면.
183) 정동윤, 회사법, 334면 ; 정찬형, 상법강의(상). 778면 ; 최기원, 상법학신론, 773면.
184) 현재 공공적 법인으로 지정되어 있는 법인은 한국전력공사 하나뿐이다

다. 주주평등의 원칙에 의한 공시자료의 제공, 의결권행사의 기회균등 또는 소수주주의 의결권보호를 기해야 하기 때문이다.

명의주주와 실질주주가 다른 경우에 누구에 대하여 위임장의 권유를 할 것인지도 문제이다. 주주의 결정기준에 대하여 실질주주를 주주로 보는 견해(실질설)에 따르면 실질주주에 대하여 위임자의 권유를 하여야 한다고 본다. 그러나 회사가 위임장의 권유를 할 경우에는 주주명부상의 명의주주에게 위임장의 권유를 하면 회사의 책임은 면책된다. 특히 실질주주를 보호하기 위하여 주식의 발행회사는 실질주주명부를 작성 · 비치하여야 하고, 실질주주명부에의 기재는 주주명부에의 기재와 동일한 효력이 인정되고 있는 점, 한국예탁결제원은 예탁자 또는 예탁자를 통한 고객의 신청없이는 실질주주의 의결권을 행사할 수 없다는 점을 고려하면, 한국예탁결제원에 예탁된 주식에 대한 위임장의 권유는 실질주주에게 하여야 한다.

상장법인에 있어서 위임장 권유규제의 대상이 되는 것은 당해 법인의 10인 이상의 피권유자에게 그 의결권대리행사를 권유하는 경우에 한한다(자통법시행령제161조). 그러나 회사 또는 임원이 위임장을 권유할 경우에는 피권유자의 수와 관계없이 언제든지 위임장 권유의 규제가 미친다. 그러나 신문·방송·잡지 등 불특정 다수인에 대한 광고를 통하여 그 광고내용에 해당 상장 주권의 발행인의 명칭, 광고의 이유, 주주총회의 목적사항과 위임장 용지, 참고서류를 제공하는 장소만을 표시하는 경우에는 위임장의 권유로 보지 않는다. 신탁 기타 법률관계에 의하여 타인의 명의로 주식을 소유하는 자가 그 타인에 대하여 당해 주식의 의결권의 대리행사를 권유하는 경우에는 위임장 권유의 규제가 적용되지 아니한다.

3. 권유의 규제

(1) 위임장 용지 및 참고서류의 교부

의결권대리행사를 권유하고자 하는 자는 대통령령이 정하는 방법에 따라 위임장용지 및 참고서류를 그 권유의 상대방에게 교부하여야 한다(자통법제152조제1항). 위임장용지 및 참고서류는 의결권 대리행사의 권유 이전에 또는 그 권유와 동시에 의결권 피권유자에게 직접 교부하는 방법, 우편 또는 모사전송에 의한 방법, 전자우편에 의한 방법(의결권피권유자가 전자우편을 통하여 위임장 용지 및 참고서류를 수령한다는 의사표시

185) 임재연, 증권거래법, 752~753면 ; 김정수, 현대증권법원론, 528면. 반대 : 김건식, 증권거래법, 233면.

를 한 경우에 한한다), 주주총회 소집통지와 함께 송부하는 방법(의결권권유자가 해당 상장주권 또는 해당 상장주권과 관련된 증권예탁증권의 발행인인 경우에 한한다) 중 어느 하나에 해당하는 방법으로 교부되어야 한다(자통법시행령제160조).

이 위임장 용지와 참고서류에 기재할 사항은 대통령령이 따로 정하고 있다(자통법제152조제6항, 동법시행령제163조). 그리고 위임장 용지는 주주총회의 목적사항 각 항목에 대하여 의결권피권유자가 찬부를 명기할 수 있게 하여야 한다(자통법제152조제4항). 위임장은 의결권대리행사를 증명하는 서면이어야 한다(상법제368조의3제1항). 대법원은 위임장의 원본만이 의결권의 대리행사를 증명하는 서면이라고 판시하고 있다.[186] 권유의 수단을 위임장 용지로 제한하는 것은 주주의 명시된 의사를 반영하여 위임장권유제도가 경영자지배의 수단으로 악용되는 것을 방지하기 위한 것이다.

(2) 의결권의 행사

의결권권유자는 위임장 용지에 나타난 의결권피권유자의 의사에 반하여 의결권을 행사할 수 없다(자통법제152조제5항). 이와 관련하여 위임장에 나타나지 않은 사항에 대한 의결권행사가 문제될 수 있다. 위임장 권유를 투표유인행위로 보면 위임장에 명시되지 아니한 총회의 목적사항에 대하여 권유자는 대리권을 행사할 수 없지만, 위임장 권유를 위임계약으로 풀이하면 대리인은 위임의 본지에 반하지 않은 범위에서는 대리권을 행사할 수 있다. 후자의 견해가 타당하다고 본다.

Ⅳ. 위임장 용지 및 참고서류에 의한 공시규제

1. 공시규제의 특성

위임장 권유는 공개매수나 주식대량매집의 경우에 비하여 주주들에게 제공되는 정보가 훨씬 다양하며 또한 그 정보가 정확할 것이 요구된다. 공개매수 또는 주식대량매집의 경우 주주들은 그 주식의 가치에 영향을 주는 정보를 필요로 할 뿐 기타의 정보는 필요로 하지 않는다. 주식의 가격에 직접적인 영향을 주는 정보, 즉 주주들의 주식매도 여부에 결정을 주는 정보들은 그 주식에 대한 현재 또는 가까운 장래의 수요·공급에 대한 변동사항이다. 따라서 공개매수나 대량주식매집에 있어 공시가 요구되는 정보도

186) 대법원 1995.2.28, 선고 94다34579판결.

당연히 이 수요 · 공급과 관련된 정보가 주된 내용을 이루게 된다.

이에 비하여 위임장 권유에 있어서는 그 권유자가 현경영진의 경영상의 잘못을 비판하고 자신이 지명하는 새로운 경영진이 어떻게 회사를 보다 더 효율적으로 운영할 수 있는가를 주주들에게 설득하게 되고 이에 대응하여 현경영진은 그 주장내용을 반박하는 입장을 취하게 된다. 따라서 위임장 권유에 있어서는 그에 수반되는 내용들이 직접 상대방을 공격하는 내용이 되며 그 결과 부정확하고 과장된 정보가 주주에게 전달되거나 실제 전달되어야 할 정보가 정확하게 전달되지 않는 수가 많게 된다. 이러한 이유로 각국의 법제도는 위임장 권유와 관련하여 부정확한 정보의 전달을 막고 필요한 정보의 공시를 요구하고 있다.

2. 위임장 용지 및 참고서류의 기재사항

위임장 권유자는 주주들에게 위임장 용지와 함께 참고서류를 교부하여야 한다(자통법제152조제1항). 이 참고서류는 주주들에게 의결권행사를 위임할지 여부를 판단하는 자료가 되므로 여기에 중요사항이 허위로 기재되거나 누락되어서는 아니 된다.

(1) 중요사항의 거짓 기재 또는 누락의 금지

의결권권유자는 위임장 용지 및 참고서류 중 의결권피권유자의 의결권 위임 여부 판단에 중대한 영향을 미칠 수 있는 사항(이하 '중요사항' 이라 함)에 관하여 거짓의 기재 또는 표시를 하거나 의결권 관련 중요사항의 기재 또는 표시를 누락하여서는 아니 된다(자통법제154조). 종전의 증권거래법은 허위의 사실의 기재, 중요사항에 관하여 오해를 발생시킬 우려가 있는 기재, 중요사항에 관하여 오해를 발생시키지 아니하기 위하여 필요한 사실의 기재의 누락을 금지한 바 있으나, 자본시장통합법은 오해를 유발시킬 수 있는 기재 또는 기재의 누락에 관한 사항은 삭제하였다. 완전하고도 공정한 정보공시를 위해서는 오히려 종전 증권거래법의 태도가 바람직하다고 본다.

(2) 중요한 사항의 부실기재 - 중요성 원칙

거짓의 기재 또는 기재의 누락이 금지되는 것은 중요한 사항에 대한 것이다. 여기서 중요사항이라 함은 의결권 위임 여부의 판단에 중대한 영향을 미칠 수 있는 사항을 말한다. 이와 같은 판단기준을 정보의 중요성원칙(materiality test)이라고 한다. 이 원칙은 미국의 판례에서 형성된 이론이나 우리 법에서도 모든 공시규제에 있어서 일반원칙이 되고 있다. 특히 미국에서는 중요사항의 기재누락(omission)과 관련하여 많은 소송이 발생하고 이에 대한 판결례가 축적되어 있다. 대표적으로 연방대법원이 1976 TSC Industries v. Northway Inc.사건에서 내린 판결[187]이 위임장 권유제도와 관련하여 중요성 판단의 기준을 제시한 이래 대부분의 판결이 그 기준에 따르고 있다. 이에 따르면 "누락된 사실에 대하여 합리적인 투자자가 투표의 내용을 결정함에 있어서 중요하다고 생각할 상당한 가능성이 있는 정보(... an omitted fact is material if there is a substantial likelihood that a reasonable shareholder would consider it important in deciding how to vote)"가 중요한 정보라는 것이다. 이 판결은 부연하여 중요성이 인정되기 위하여는 "생략된 사실이 공시되었더라면 합리적인 주주의 입장에서 보아 그 정보의 전체적 평가를 현저히 변경시켰을 상당한 가능성이 있을 것이 요구된다(there must be a substantial likelihood that the disclosure of the omitted fact would have been viewed by the reasonable investor as having significantly altered the total mix of information made available)"는 기준을 제시하였다. 이 기준은 보다 구체적으로 다음과 같이 설명될 수 있다.[188]

① 중요성의 판단기준은 객관적인 기준이다. 즉 추상적으로 합리적인 투자자(reasonable investor)가 어떻게 판단하였을 것인가가 그 기준이 되며 구체적인 사건에서 당해 투자자가 어떻게 판단하였는가는 중요하지 않다.

② 개연성의 정도에 관하여 "would"라는 표현을 사용하여 이른바 "would test"를 기준으로 제시하였다. 이는 이 사건의 하급심이 사용한 "might"라는 용어를 배척한 것으로 "might"는 단순한 가능성이 있는 경우에 사용되는 단어이므로 "would test"는 하급심에 비하여 "중요한 사실"의 범위를 제한하는 의미가 있다.

③ 법원은 이 "would test"를 채택하면서 공시되지 아니한 정보가 주는 영향의 대상으로 "투표행위의 변경"이 아니라 (즉 그 사실의 공개가 투자자의 투표행위를 변경시켰을 가능성이 아니라) 투자자의 입장에서 "그 정보에 대한 전체적인 평가"를 변경하였을 가능성을 기준으로 제시하였다. 이는 종전 일부 하급심의 견해를 배척한 것으로 하급심의 견해보다 "중요한 사실"의 범위를 확장한 의미가 있다.

한편 현재 발생한 사실이 아닌 장래의 사실 또는 계획에 대한 공시의 기준으로 연방대법원은 해당 행위가 이루어질 가능성 및 해당행위가 이루어질 경우 투자자들에게

---

187) 426 U.S. 439, 449(1976), A. Fleischer. Jr. and A. Sussman, Takeover Defense(5th Ed)(ASPEN, 1995), pp.10~13.

188) 송종준, 학위논문, 96면 이하.

미칠 영향의 크기를 고려하여 각 경우마다 판단할 것을 요구하고 있다.[189] 이 기준은 공개매수 또는 위임장 권유와 관련된 공시에서 그 목적의 기술, 적대적 기업인수에 대한 회사의 대응 전략으로서 제3자와의 협상 사실을 기재해야 하는 것인가의 여부 등을 판단함에 있어 중요한 의미를 가진다.

(3) 법정 기재사항

위임장 용지에는 일정한 사항이 의결권피권유자에 의하여 특정될 수 있도록 하여야 하고, 참고서류에는 일정한 사항이 기재되어야 한다. 위임장 용지에는 의결권을 대리행사하도록 위임한다는 내용, 의결권권유자 등 의결권을 위임받은 자, 의결권피권유자가 소유하고 있는 의결권있는 주식수, 위임할 주식수, 주주총회의 각 목적사항 및 목적사항별 찬반여부, 주주총회 회의시 새로이 상정된 안건이나 변경 또는 수정 안건에 대한 의결권 행사 위임 여부 및 위임내용, 위임일자 및 위임시간, 위임인의 성명 및 주민등록번호(법인인 경우에는 명칭 및 사업자등록번호) 등을 의결권피권유자가 특정할 수 있도록 하여야 한다(자통법시행령제163조제1항).

참고서류에는 의결권 대리행사의 권유의 개요로서 의결권권유자의 성명 또는 명칭, 의결권권유자가 소유하고 있는 주식의 종류 및 수와 그 특별관계자가 소유하고 있는 주식의 종류 및 수, 의결권권유자의 대리인의 성명, 그 대리인이 소유하고 있는 주식의 종류 및 수(대리인인 경우에 한한다), 의결권권유자 및 그 대리인과 해당 주권상장법인과의 관계를 기재하여야 하고, 주주총회의 각 목적사항과 의결권 대리행사의 권유를 하는 취지를 기재하여야 한다(자통법시행령제163조제2항).

위임장 용지 및 참고서류의 구체적인 기재내용, 서식 및 작성방법 등에 관하여 필요한 사항은 금융위원회가 정하여 고시하는 바에 따라야 한다(자통법시행령제163조제3항). 금융위원회의 규정(증권의 발행 및 공시 등에 관한 규정제3-15조)에 의하면 권유자(특별관계자 포함) 및 그 대리인에 대해 그 성명, 그들이 가지고 있는 주식의 종류와 수, 피권유자의 범위, 그들과 회사와의 관계 등을 기재하여야 한다(동조제1항 · 제2항). 그리고 주주총회의 목적사항을 항목별로 적절한 표제를 붙여 각각 해당사항을 기재하여야 한다. 표제로는 재무제표, 정관의 변경, 이사의 선임 및 해임, 감사위원회위원 및 감사의 선임 등으로 붙여야 한다(동조제1항 · 제3항).

위임장 용지 및 참고서류에는 위임여부의 판단에 필요한 중요한 사항을 기재하도록

189) Basic Inc., v. Levinson 485 U.S. 224(1988), Simon Lorne & Joy Bryan, Acquisition and Merger: Negotiated and Contested Transaction(CBC, 1995), pp.2~21.

하고 있지만, 위임장권유자와 회사와의 "현재"의 관계만을 공시하도록 요구하고 있다고 본다. 그러나 위임장 권유가 성공할 경우 그 권유자가 회사에 대해서 어떠한 이해관계를 갖게 되는 지에 대해서도 자세히 기술하도록 요구하는 것이 바람직하다.[190] 또한 위임장 권유에 따르는 소요비용의 부담자에 관하여는 공시를 요구하고 있지 아니하다. 위임장 권유자와 그 비용을 부담하는 자가 다를 경우 누가 그 비용을 부담하는지를 밝혀야만 주주 입장에서 보다 객관적 평가를 할 수 있을 것이다. 이에 관한 정보 역시 공시하는 것이 바람직할 것이다.

3. 위임장 용지 및 참고서류의 정정

금융위원회는 제출받은 위임장 용지 및 참고서류의 형식을 제대로 갖추지 아니한 경우 또는 위임장 용지 및 참고서류 중 의결권 위임관련 중요사항에 관하여 거짓의 기재 또는 표시가 있거나 의결권 위임관련 중요사항이 기재 또는 표시되지 아니한 경우에는 그 이유를 제시하고 위임장 용지 및 참고서류를 정정하여 제출할 것을 요구할 수 있다(자통법제156조제1항). 종전의 증권거래법에서는 권유자의 자발적 정정에 관한 규정이 없었던 것을 자본시장통합법에서 새로 규정한 것이다. 금융위원회의 정정요구가 있는 때에는 당초 제출한 위임장 용지 및 참고서류를 제출하지 아니한 것으로 본다(자통법제156조제2항).

의결권권유자가 위임장 용지 및 참고서류의 기재사항을 정정하고자 하는 경우에는 그 권유와 관련된 주주총회일 7일(공휴일, 근로자의 날 및 토요일은 제외) 전까지 이를 정정하여 제출할 수 있다(자통법제156조제3항, 동법시행령제165조제1항). 이 경우 대통령령이 정하는 중요한 사항을 정정하고자 하는 경우 또는 투자자 보호를 위하여 그 위임장 용지 및 참고서류에 기재된 내용을 정정할 필요가 있는 경우로서 대통령령이 정하는 경우에는 반드시 이를 정정하여 제출하여야 한다(자통법제156조제3항).

여기서 대통령령이 정하는 중요한 사항이란 의결권권유자 등 의결권을 위임받는 자, 의결권 대리행사의 권유의 개요로서 의결권권유자가 소유하고 있는 주식의 종류 및 수와 그 특별관계자가 소유하고 있는 주식의 종류 및 수 또는 주주총회의 목적사항을 말

---

190) 즉, 위임장 권유가 성공할 경우 권유자 자신이나 그와 특수한 관계에 있는 사람이 대상회사의 이사로 선출될 예정인 경우, 권유자 자신이나 그와 특수한 관계에 있는 자가 대상회사와 특정한 거래(영업양도, 합병등)의 당사자가 될 예정인 경우 등에는 이러한 사실이 공시되어야 주주들은 그 권유의 내용을 보다 객관적으로 판단할 수 있게 되므로 이를 주주의 입장에서 보아 매우 중요한 정보이다. 미국의 경우는 이러한 정보의 공시를 요구하고 있다. SEC Schedule 14A Item 5

한다(자통법시행령제165조제2항). 그리고 대통령령이 정하는 경우란 참고서류에 기재된 의결권 대리행사의 권유를 하는 취지의 기재 또는 표시사항이 불분명하여 의결권피권유자로 하여금 중대한 오해를 일으키거나, 의결권권유자에게 불리한 정보를 생략하거나 유리한 정보만을 강조하는 등 과장되게 표현하는 경우를 말한다(자통법시행령제165조제3항).

4. 권유대상 발행인의 의견표명

의결권 대리행사의 권유대상이 되는 상장주권의 발행인은 의결권 대리행사의 권유에 대하여 의견을 표명한 경우에는 그 내용을 기재한 서면을 지체 없이 금융위원회와 거래소에 제출하여야 한다(자통법제155조). 이 규정은 공개매수에 있어서 대상회사의 의견표명에 관한 규정(자통법제138조)에 상응하는 것이다. 위임장 권유 역시 공개매수와 같이 발행인의 경영권 변동에 큰 영향을 미칠 수 있는 점을 감안한 것이다. 이 의견표명은 공개매수에 있어서와 같이 발행인의 재량권에 속한다. 이에 관해서는 공개매수에 관한 해설부분(제4절III6)에서 다룬 내용과 마찬가지의 문제가 있다고 본다.

5. 위임장 및 참고서류의 공시

의결권권유자는 위임장 용지와 참고서류를 의결권피권유자에게 제공하는 날 5일(공휴일, 근로자의 날 및 토요일은 제외) 전까지 이를 금융위원회와 거래소에 제출하여야 한다(자통법제153조, 동법시행령제164조). 그리고 금융위원회와 거래소는 위임장 용지와 참고서류, 권유대상이 되는 상장주권의 발행인이 의결권대리행사에 관하여 의견을 표명한 경우에는 그 서면, 위임장 용지와 참고서류의 정정내용을 그 접수일부터 3년간 비치하고 인터넷 홈페이지 등을 이용하여 공시하여야 한다(자통법제157조). 종전의 증권거래법은 위임장 용지 및 참고서류를 피권유자에게 송부한 후 비치하기 전 2일 전까지 그 사본을 제출하도록 하였지만(구증권거래법시행령제85조제3항), 자본시장통합법은 위임장 용지등을 피권유자에게 제공하는 날을 기준으로 5일 전까지 제출하도록 하여,[191] 위임장 용지 등의 사전제출의무를 강화하였다. 공개매수의 사전신고제도를 폐지한 것과는 달리 위임장 권유에서는 사전신고의 중요성이 크다는 점에서 옳은 입법이다.

---

191) 미국의 경우에는 최종본을 주주에게 송부하기 10일전에 예비본(preliminary copy)을 SEC에 제출하여 검토받도록 요구하고 있다. SEC Rule 14a-6(a).

6. 금융위원회의 조사 및 조치

금융위원회는 투자자 보호를 위하여 필요한 경우에는 의결권권유자, 그 밖의 관계인에 대하여 참고가 될 보고 또는 자료의 제출을 명하거나, 금융감독원장에게 그 장부서류, 그 밖의 물건을 조사하게 할 수 있다(자통법제158조제1항).

또한 금융위원회는 위임장 용지 및 참고서류를 피권유자에게 교부하지 않은 경우, 공공적 법인이 아닌 자가 위임장을 권유한 경우, 위임장 용지 및 참고서류의 비치 · 열람의무를 위반하거나 정당한 위임장 용지를 사용하지 않은 경우, 위임장 용지 및 참고서류에 의결권 위임관련 중요사항에 관하여 거짓의 기재 또는 표시가 있거나 그 중요사항이 기재 또는 표시되지 아니한 경우에는 권유자에 대하여 이유를 제시한 후 그 사실을 공고하고 정정을 명할 수 있다. 그리고 필요한 때에는 의결권 대리행사의 권유를 정지 또는 금지하거나 대통령령으로 정하는 조치를 할 수 있다(자통법제158조제2항). 금융위원회는 1년의 범위에서 의결권 대리행사의 권유의 제한, 임원에 대한 해임권고, 법위반의 경우 고발 또는 수사기관에의 통보, 다른 법률을 위반한 경우에 관련기관 또는 수사기관에의 통보, 경고 또는 주의 등의 조치를 취할 수 있다(자통법시행령제166조).

7. 부실기재에 따른 민사책임

위임장 용지 및 참고서류에 중요사항을 허위로 기재하거나 중요사항을 누락시킨 경우 이것을 믿고 의결권을 대리행사케 한 주주는 부실기재에 대하여 책임이 있는 자에 대하여 손해배상책임을 청구할 수 있다. 이 책임의 추궁에는 자본시장통합법이 달리 정하고 있지 아니하므로 민법상 불법행위책임에 관한 규정이 적용되어야 할 것이다. 따라서 피권유자인 주주는 부실기재한 자의 고의 또는 과실, 부실기재사항이 중요한 정보라는 사실, 부실기재한 정보에 대한 신뢰에 따라 손해가 발생한 사실(거래인과관계), 그리고 부실기재가 원인이 되어 손해가 발생한 사실(손해인과관계)을 모두 증명하여야 한다. 그러나 피권유자가 이러한 요건들을 모두 증명하기란 결코 용이한 일은 아닐 것이다.

참고로 Mills v. Electric Auto-Lite Co. 판결[192]에서 미국 연방대법원은 위임장 참고

---

192) 396 U.S. 375 (1970). 이 사례의 요지는 다음과 같다. E회사(Electric Auto-Lite Co.)주식의 54%를 소유 또는 지배하는 M회사(Mergenthaler Linotype Co.)가 E회사와 합병을 시도하였는데, 합병을 승인하는 E회사 주주총회에서 필요한 의결정족수는 2/3 이상의 찬성이다. M회사는 승인결의를 위하여 상당수의 소주주들의 동의가 필요하

서류의 부실기재와 주주들의 결정 사이에 인과관계가 있는지에 대하여 주주들의 내적인 정신상태를 모두 조사할 수 없다고 전제하고, 실제로 문제된 결함이 투표에 영향을 주었는지는 증명할 필요가 없으며, 위임장권유가 거래의 완성에 중요한 연결고리이고, 부실표시의 중요성만 증명되면 인과관계가 증명되는 것이라고 판시하였다. 미국의 1934년 증권거래법은 명시적인 법적 근거를 두고 있지 않지만 위임장설명서등에 부실표시를 한 자에게 그것을 믿고 의결권행사를 위임한 자가 부실표시된 정보의 중요성만을 증명하면 신뢰조건은 따로 증명하지 않아도 손해배상청구소송을 제기할 수 있다.[193]

이러한 논리를 전제로 한다면 현행 자본시장통합법상으로도 원고인 피권유자가 부실기재한 사실이 중요한 정보이고 손해가 발생한 사실을 증명하면 부실기재에 대하여 책임이 있는 자에 대하여 민사상 손해배상책임을 추궁하는 것도 가능하다고 볼 것이다.

8. 형사책임

위임장 권유의 규제를 위반한 자는 징역 또는 벌금에 처하고, 징역과 벌금은 병과할 수 있다(자통법제447조제1항). 위임장 용지 및 참고서류에 중요사항을 거짓기재하거나 누락한 경우에는 5년 이하의 징역 또는 2억원 이하의 벌금에 처하고(자통법제444조19호), 위임장 용지 및 참고서류를 교부하지 않고 권유를 하거나, 공공적 법인의 경우 법인 이외의 자가 위임장을 권유한 경우에는 3년 이하의 징역 또는 1억원 이하의 벌금에 처한다(자통법제445조21호). 대통령령이 정하는 중요사항에 대하여 정정서류를 제출하지 않은 경우에는 1년 이하의 징역 또는 3천만원 이하의 벌금에 처한다(자통법제446조27호). 그리고 법인의 대표자, 법인 또는 개인의 대리인, 사용인 기타 종업원이 그 법인 또는 개인의 업무에 관하여 위와 같은 위반행위를 한 때에는 행위자를 벌하는 외에도 그 법인 또는 개인에 대하여도 각 해당조의 벌금형을 과한다(자통법제448조).

였고, 이를 위한 위임장권유가 시도되었는데, 일부 주주들이 위임장참고서류에 중요한 사실이 누락되었음을 이유로 위임장에 의한 의결권대리행사를 금하는 금지명령을 소구하였다. 누락된 사실은 합병을 승인한 E회사의 이사들이 바로 M회사가 선임한 이사들이라는 것이다.

193) SEC Rule 14a-9. 이에 대한 설명은 김건식 · 송옥렬, 미국의 증권규제, 251~253면 참조.

Ⅴ. 하자있는 권유와 의결권대리행사의 효과

1. 회사가 위임장을 권유하는 경우

(1) 권유방식의 위반효과

위임장 용지가 주주총회의 목적사항에 대한 찬부를 명기할 수 있도록 되어 있지 않은 경우에도 위임장 권유는 사법상 유효하다고 본다. 따라서 이에 기하여 성립된 주주총회의 결의의 효력에는 아무런 영향이 없다. 그것은 위임장 권유의 규제에 관한 법률과 규칙의 해당규정은 효력규정이 아니라 단속규정이기 때문이다. 다만 그 위반행위에 대하여는 자본시장통합법상의 벌칙규정에 따라 처벌을 받을 수는 있다.

그리고 참고서류상 기재하여야 할 사항에 허위의 사실 등 부실정보가 공시되어 위임장의 권유가 위법한 때에는 자본시장통합법상 일정한 형벌제재를 받는 외에도, 상법상 제3자에 대하여 손해배상책임(상법제401조)을 지고, 주주총회결의의 취소사유가 될 수 있다.

(2) 지시에 반한 의결권행사의 효과

위임장 용지의 찬부기재란에 주주가 한 지시에 반해서 의결권을 행사한 경우 주주총회의 결의의 효력이 문제된다. 이 경우 위임장 권유의 법적 성질을 투표행위로 보든 위임계약으로 보든 당사자간에는 손해배상책임이 발생할 것이다. 그러나 지시에 반하는 의결권 행사가 회사에 대하여 어떠한 효과를 줄 것인지는 해석론상의 다툼이 있다. 위임장 권유를 투표행위로 보는 견해에서는 지시에 반하는 의결권 행사는 당연무효이므로 이에 기한 주주총회결의의 취소원인이 될 것이다. 위임장 권유를 위임계약으로 보는 경우에도 지시에 반한 의결권 행사는 무권대리로서 피권자가 추인하지 않는 한 무효가 되고, 이에 기한 주주총회의 결의는 취소할 수 있게 된다.

반면에 이러한 해석과는 달리 권유자가 주주이든 회사이든 불문하고 피권유자의 의사에 반하는 대리권 행사는 당사자간의 계약위반의 문제로 되고 주주총회 결의의 취소를 인정할 수 없다는 견해[194]도 있다. 그리고 회사가 대리권을 반대방향으로 행사한 경우에 한하여 의결권행사는 무효이고 결의의 취소사유가 된다는 견해[195]도 있다.

생각건대 권유자가 회사인 경우에는 회사는 피권유자의 의사를 알고 있는 상태에서

---

194) 김정수, 현대증권법원론, 534~535면.

195) 김건식, 증권거래법, 237면.

반대방향으로 의결권을 행사한 것이므로 그에 따른 효과는 주주총회 결의의 효력에도 영향을 준다고 보아야 한다. 회사가 주주총회 결의결과에 영향을 줄만한 위법한 대리권행사라고 한다면 주주총회의 취소를 인정하는 것이 타당하다고 본다.

2. 회사 이외의 자가 위임장을 권유하는 경우

회사 이외의 자가 위임장을 권유하는 경우에는 회사가 위임장을 권유하는 경우와는 의결권 대리행사의 효과도 다르다. 주주의 의사에 반하여 의결권을 대리행사하면 이것은 권유자와 피권유자간의 위임계약을 위반한 것으로 되지만 회사가 주주의 의사를 알 수 없으므로 이에 기한 주주총회의 효력에는 아무런 영향이 없다. 당사자간에 손해배상책임의 문제만 있을 것이다.

그런데 회사의 이사가 제3자로 하여금 직접 또는 간접으로 위임장을 권유케 하는 경우와 같이 회사가 주주의 의사를 알 수 있다고 볼 수 있는 경우에는 이를 권유의 당사자간의 내부계약관계만으로 취급하면 부당할 것이다. 이 경우에는 회사가 위임장을 직접 권유한 것과 동일하게 취급하여야 할 것이다. 뿐만 아니라 권유자가 주주의 의사와는 다르게 의결권을 행사하는 데 대하여 회사에게 악의 또는 중대한 과실이 있는 경우에도 마찬가지이다.[196] 따라서 이러한 사정에서 주주의 지시에 반하여 의결권을 대리행사하고 이에 기하여 성립된 주주총회의 결의는 취소의 대상이 된다고 풀이할 것이다.

196) 김용진, 주주의 의결권대리행사의 권유에 관한 소고, 현대 상사법의 제문제(설성이윤영선생정년기념논문집, 1988), 242면.

제3장 적대적 M&A 방어의 규제

제3장 적대적 M&A 방어의 규제

제1절 총 설

우리나라의 적대적 M&A사례에 있어서 대상회사가 경영권인수에 대항하기 위하여 이용한 방어책은 상당히 다양한 형태로 나타나고 있다. 지금까지 활용되었던 방어전략 중에서는 적대적 M&A에 직면한 대상회사가 반대여론조성전략, 우호적인 제3자를 이용한 백기사전략 등과 같이 외부의 협력에 호소하는 경우와, 대상회사가 자사주펀드를 통한 자기주식취득, 역공개매수 등 스스로 적극적인 방어책을 행사한 경우에 적대적 M&A을 실패에 이르게 한 경우가 많았다는 점이 특징이라 할 수 있다. 그러나 미도파 사건이나 한화종금 사건에서 볼 수 있는 것처럼, 대상회사가 행사한 방어책으로서 우호적인 제3자에 대한 사모전환사채의 발행은 그 적법성을 둘러싸고 소송상의 다툼을 야기함으로써 방어책의 성패여부에 불확실성을 남긴 바 있다. 또한 금양사건에서와 같이 주식취득에 따른 비용상승과 소수주주의 법적 지위의 강화로 인하여 앞으로는 위임장의 획득에 의한 의결권규합의 방법에 의하여 경영권을 인수하는 시도가 증가할 전망이다.

이와 같이 회사의 지배권을 장악하기 위하여 적대적인 M&A가 행하여지면 대상회사의 경영진은 이를 저지 또는 방해하기 위하여 다양한 방어책을 개발하여 이용하는 것이 보통이다. 적대적 M&A에 대한 방어책의 대부분은 특히 미국의 M&A시장 참여자들에 의하여 주로 개발되고 이것이 다른 나라에서 이용되는 수가 많다. 여기에는 적대적 M&A에 대한 반대의견의 적극적 표시, 자기주식의 취득, 주요자산의 매각, 방어소송의 제기, 우호적인 제3자에 대한 신주발행 또는 핵심자산의 매각, 정관변경, 역공개매수, 임직원퇴직금계약 등 복잡하고도 전문적인 방법들이 많다.

그런데 이러한 방어책의 행사가 법률적으로 정당 또는 적법한가에 대하여는 영미법상으로는 견해의 대립이 심하다. 독일법의 영향을 받은 우리 회사법의 전통적인 법리에 따르면 회사지배구조의 변동에 관한 한 이사의 방어책행사의 정당성은 회사의 실질적 소유자인 주주의 의사에서 찾아야 한다고 볼 수 있다. 그리하여 우리의 회사법체계 하에서는 주주의 승인이 없는 이사의 방어책행사는 항상 위법한 것이라고 볼 수도 있게 된다. 그러나 주주승인이 없는 방어책행사의 위법문제를 이 같은 형식논리에만 의존하여 판단하는 것은 타당하지 않고 여기서는 지배권쟁탈 상황이라는 정황적 특성을 신중하게 고려하여야 한다. 따라서 개별적인 방어책의 위법문제는 해당 법규정의 적용에 의하여 해결해야 하는 것은 당연하지만, 개별 규정만에 의한 해결에 있어서는 이와 같은 특수성이 고려될 수 없다. 예컨대 상장회사는 자기주식취득이 허용되는데 이것이 지배권쟁탈국면에서 이루어지는 경우에 법상의 개별규정에 의하면 적법하지만 이것은 방어의 적법성 문제와는 다른 차원의 문제이다. 따라서 각국의 법률은 다양한 방어책을 제공하면서도 구체적인 적대적 M&A의 국면에서 일정한 방어책의 행사에 대하여는 다양한 입법적 규제를 하고 있다.

이하에서는 경영권 방어를 위하여 사용할 수 있는 다양한 방어수단을 유형화하여 설명하고 우리법상의 적법성 문제를 검토한다. 그리고 적대적 M&A에 대한 입법규제를 유형화한 다음, 우리법의 입법현황과 과제를 고찰한다.

제2절 방어수단의 종류

적대적 M&A의 국면에서 대상회사가 취할 수 있는 방어조치는 매우 다양하다. 여기서는 주로 회사관련법상의 규정을 활용하여 취하는 법률적 방어책의 유형과 구조를 살펴보고, 상법 등 관련 법률상의 개별규정에 따른 위법성문제를 다룬다.[1)]

Ⅰ. 정관을 이용한 방어책

1. 정관의 자치적 기능과 방어와의 관계

1) 송종준, M&A에 대한 주요 방어대책, 179면 이하.

정관이 계약인가, 자치규범인가 하는 논의는 정관과 주식회사법과의 관계에서 정관에 의하여 회사의 조직과 활동을 규정하는 범위를 어떻게 정할 것인가 하는 문제, 즉 계약자유의 한계 또는 정관자치의 한계에 관한 문제를 해결하는 실마리를 제공하지 못한다. 그리하여 회사법상 정관의 자치적 기능을 부정하는 견해도 없지 않다. 그러나 정관은 자치법규의 하나이므로 주식회사법상의 강행규정, 공서양속에 관한 규정, 기타 주식회사의 본질에 반하여서는 구성원 상호간의 자치적 합의는 유효하게 성립할 수 없다.

주식회사의 조직과 활동에 관한 대부분의 규정은 강행법규로 구성되어 있으므로 정관의 사적 자치력을 이용하여 적대적 M&A에 대항하는 데에는 일정한 한계가 있음을 부정할 수 없다.[2] 그러므로 정관의 자치력은 법률이 명시적으로 허용하는 경우나, 법률의 임의규정을 변경 또는 보완하고자 하는 경우에 한하여 제한적으로 그 기능을 발휘할 수 있다.

그런데 적대적 M&A에 대한 사전 또는 사후의 방어문제는 회사 구성원의 의사가 중요하므로, 회사 지배권의 이전에 관련된 회사행위의 방향에 대한 결정은 주주의 합의에 위임할 여지가 충분히 있어야 한다. 그리하여 주주가 자치법규인 정관에 의하여 적절히 대응할 수 있도록 하는 것은 회사운영의 실제는 물론, 주식회사의 조직과 활동에 관한 국가의 최소한의 간섭이라는 현대적인 경제이론적 요청에도 부합하는 것이다. 그리하여 정관자치의 허용이 검토될 수 있는 사항으로서는 예컨대 정관에 의하여 이익배당의 결정권을 이사회에 부여하는 문제, 이사선임에 누적투표제를 도입하는 문제, 고정주주에 대한 차등의결권주를 발행하는 문제, 적대적 경영권인수에 이은 2단계 합병에서 결의요건을 가중하는 문제, 이사회에 주주 이외의 비구성원의 이익을 고려할 수 있는 권한을 부여하는 문제, 주주의 임시주주총회소집권한을 제한하는 문제, 이사회에 유가증권 옵션을 발행할 수 있는 권한을 폭넓게 인정하는 문제, 백지우선주제(blank-check preferred stock)를 도입하여 기업결합이나 자산양도 시에는 의결권을 부여하는 문제, 상환주식 또는 전환주식의 상환 또는 전환조건을 탄력적으로 정하는 문제 등을 들 수 있을 것이다.

이상과 같이 정관에 의한 허용된 자치력을 기초로 하여 적대적 M&A의 시도를 예방하는 일련의 방어수단을 상어격퇴방식(shark repellent)에 의한 기업인수방지정관개정(anti-takeover charter amendments)이라고 한다. 이것은 M&A의 비용을 증가시키고 이사회지배를 지연시키고자 하는 목적에서 행하여지는 것이 보통이고, 실무상으로는 기업인수자와 대상회사가 협상할 수 있는 기회로 이용할 수 있는 효과가 있다. 여기에는 다

---

2) 회사법이 강행법규인가, 임의법규인가에 대한 이론을 소개한 것으로는 김화진, M&A와 경영권, 205면 이하 참조.

음과 같은 다양한 방법이 있다.

2. 이사교체의 제한방법

(1) 이사의 시차임기제

이사의 시차임기제(staggered board, classified board)란 이사의 임기만료가 서로 시차를 두고 교차되도록 하기 위하여 전체 이사를 몇 개의 그룹으로 나누어 매년 1개 그룹씩만 교체할 수 있도록 하는 방법이다. 예컨대 대상회사의 이사가 전부 9명인 경우에 3명씩 3그룹으로 나누고 각각 임기 3년으로 교차시킴으로써(예컨대 A그룹의 이사는 1990선임-1993년 종임, B그룹은 1991년 선임-1994년 종임, C그룹은 1992년 선임-1995년 종임방식으로 선임과 종임이 계속 연결되도록 하는 것이다), 어느 해든 적대적인 관계에서 기업을 인수한 자가 이사진의 전부를 한꺼번에 교체하지 못하도록 하는 것이다. 이 방어책은 임기 중에 있는 이사의 해임을 방지함으로써 적대적 기업인수자가 일시에 경영권을 획득하지 못하도록 하여 이사회의 지배를 지연시키는 효과를 발휘할 수 있다. 우리나라에서도 많은 기업이 이 방법을 정관에 규정하여 이용하고 있다.

상법상 이사의 임기는 3년을 초과하지 않으면 충분하므로(상법제383조제2항), 이사의 시차임기제가 상법의 본질을 침해하거나 또는 이 규정에 위반되는 것도 아니어서 위법성의 문제는 없다.[3] 그러나 지배주식을 확보한 자가 주주총회의 특별결의를 거쳐 이사를 해임하거나, 정관상 이사의 시차임기제규정을 폐지 또는 변경하면 이 방법은 무의미해질 수 있고, 실제상 이것은 주주총회의 특별결의를 거쳐야 하므로 주식의 소유가 분산되어 있는 회사의 경우에는 용이한 일은 아닐 것이다.

또한 정관에 이사의 시차임기제규정을 두었다 할지라도 이사진의 과반수를 확보할 만큼의 새로운 이사를 선임하면 이 전략은 무력화된다. 그러므로 이사의 시차임기제가 제대로 기능을 발휘하기 위하여는 정관에 이사정원의 상한수를 설정하는 방법을 병행하는 것도 전략적으로 고려할 수 있을 것이다.

(2) 이사해임사유의 제한

이것은 이사의 해임을 이사의 불법행위에 대한 사법적 조사 등과 같이 특정한 사유가 있는 경우에만 허용하여 이사해임을 제한하는 방법(director removal for cause only)이다.[4] 이 방법은 통상 이사의 시차임기제와 병행하여 이용되는 것이 보통이다.

---

3) 정동윤, 적대적 M&A에 대한 방어책과 그 적법성, 법조 통권 508호(법조협회, 1999.1), 27면.

그 밖에도 적대적 인수자에 의한 이사진 교체를 지연시킬 수 있는 것으로서 이사의 해임요건을 가중하는 방법이 있다.

상법상 이사의 해임은 주주총회의 특별결의가 있으면 언제든지 가능하다(상법제385조제1항). 이사의 해임사유에는 아무런 제한이 없다. 이사의 불법행위, 법령 또는 정관에 위반한 중대한 사실이 있는 경우는 물론이고, 직무수행의 현저한 부적임과 같은 사유로도 해임시킬 수 있다고 본다. 그러나 이사의 해임이 이들과 같은 정당한 사유가 있는 경우에만 제한되는 것은 아니고, 정당한 사유가 없더라도 주주총회의 특별결의가 있으면 해임시킬 수 있는데, 이 때에는 회사는 해임된 이사에 대하여 손해배상책임을 질 뿐이다.

다시 말하여 상법은 이사의 해임사유에 제한을 두고 있지 않고, 이사의 해임은 주주총회에서 결의한다는 원칙만 있을 뿐이므로 정관에 이사해임을 정당한 사유가 있는 경우에만 허용하는 규정을 두는 것도 가능하다고 본다. 그리고 이사해임을 위한 특별결의 요건을 보다 강화하는 것도 허용된다는 것이 다수설이다.

(3) 집중투표제의 배제

집중투표제(cumulative voting)는 이사회에서 소수파의 대표기능을 강화하게 하기 위하여 상법이 도입한 제도인데, 정관에서 배제하지 않는 한 회사는 이 제도를 부정할 수 없다(상법제382조의2제1항). 그리하여 정관에 집중투표제를 아예 배제하는 규정을 두게 되는 경우 그러한 정관규정은 정관의 허용된 자치적 기능에 의하여 적법하다.

M&A의 방어적 관점에서 이 집중투표제가 안고 있는 잠재적 문제는 이사회에 외부의 경영권 침탈자(raider) 또는 이질적 주주에게 의석을 하나 이상 내주는 것을 허용할 수 있다는 점이다. 그들이 대상회사의 경영권을 즉각적으로 장악할 수는 없다하더라도, 이사회에 참여하는 대표는 회사의 내부미공개정보에 대한 접근이 허용되고 또 이사회 차원에서의 분열활동(disruptive activity)을 할 수 있다.[5] 이러한 우려를 사전에 방지하기 위하여 집중투표제를 배제하는 내용의 정관규정을 신설하거나 변경하는 것도 가능하다.

그러나 실제상으로 정관규정의 신설이나 변경에는 특별결의요건이 필요하므로, 이러한 시도를 저지하기 위하여 소수파주주들이 집단적으로 의결권행사방향을 통일하는 경우에는 이러한 방어방법의 실현이 어려워질 수 있다.

4) Fleischer, Jr. & Sussman, Takeover Defense, § 6.05[B], § 6-28.
5) ibid at § 6.06, 6-31.

(4) 이사의 자격 및 수의 제한

① 이사의 자격제한

정관에 이사의 자격제한규정을 두는 것도 M&A의 방어수단으로서 검토될 수 있다. 예컨대 이사의 자격을 주주로 제한하거나 신분 또는 국적을 제한하는 것이 그것이다. 상법상 이사의 자격을 주주로 제한하는 것은 허용된다(상법제387조). 여기서 주주의 주식소유비율에 대하여는 정관에서 자율적으로 정할 수 있다.[6] 이것은 상법이 주식회사의 기본이념인 소유와 경영의 분리원칙에 대한 예외를 허용하고자 특별히 둔 규정이기 때문이다. 그러나 이 경우 주주의 자격 이외에 일정기간 이상 주식을 계속 보유할 것을 이사선임의 자격요건으로 정하는 것은 상법상 허용되지 아니한다고 본다.

반면에 경영권의 장악을 저지하기 위하여 이사의 자격을 특정한 국적이나 신분에 따라 제한하는 정관규정은 무효의 시비를 다툴 수 있는 문제이다. 일부에서는 사회질서에 반하지 않는 한 이사를 국내거주자로 자격을 제한하여 외국인을 배제하는 것의 타당성을 인정하는 견해[7]가 있지만, 정관에 의하여 주주 이외의 다른 국적이나 신분으로 이사의 자격을 제한하는 것은 다른 법령에서 특별한 규정을 두고 있지 않는 한 위법하다고 본다.

② 이사수의 상한제

정관상 이사수의 정원을 제한하는 것도 적대적 M&A의 방어수단 중의 하나이다. 상법은 원칙적으로 자본금이 5억원 이상인 주식회사는 3인 이상의 이사를 선임하도록 하는 최저이사수만을 규정하고 있을 뿐이므로, 이사의 총정원수를 제한하는 것은 상법상 위법의 문제가 없다. 이 방법은 실제로도 많이 이용되고 있으며, 적대적 기업인수자가 기존 이사를 해임하지 아니하고, 새로이 이사를 선임하여 경영권을 장악하는 것을 저지하기 위한 것이다.

이 방어수단은 정관에 이사의 시차임기제를 채용하지 않는 경우에는 말할 것도 없이, 시차임기제규정을 두고 있더라도 새로운 이사를 과반수이상 선임하게 되면 시차임기제가 무의미해 지기 때문에 그 단점을 보완하기 위하여 이 방어수단이 병행되는 것이 보통이다.

---

6) 정동윤, 적대적 M&A에 대한 방어책과 그 적법성, 27면.
7) 김택주, 공개매수의 방어에 관한 연구(부산대법학박사학위논문, 1994), 214면.

(5) 결의요건의 가중

정관에 주주총회의 결의요건을 상법상의 요건보다 가중하거나 소위 초다수결요건(super-majority voting requirement)으로 정하는 방어방법은 외국의 경우에는 적대적 M&A에 대한 방어수단으로 많이 이용된다. 예컨대 기업인수 후 이사의 선임을 어렵게 하기 위하여 보통결의요건을 가중하는 것이나, 합병이나 영업양도, 또는 이사의 해임 등을 곤란하게 하기 위해 특별결의요건을 가중시킨 초특별결의요건(예컨대 발행주식총수의 75%, 80%, 90%의 결의)을 정관에 규정하는 것이다.[8] 그러나 정관상 이와 같은 결의요건의 가중에는 해석론상의 문제가 있다.

먼저 상법상 보통결의는 상법 또는 정관에 다른 정함이 있는 경우를 제외하고는 출석한 주주의 의결권의 과반수와 발행주식총수의 1/4 이상의 수로 하여야 한다(상법제368조제1항). 보통결의요건에 관한 상법의 규정은 보편적 단체의사결정원칙의 선택을 정관자치기능에 맡긴 것이라고 볼 것이므로 정관에 규정이 있으면, 총회의 성립요건(출석정족수)을 발행주식총수의 과반수의 출석을 요하는 방법으로 가중할 수는 있다고 본다.[9]

한편 특별결의는 출석한 주주의 의결권의 2/3 이상의 수와 발행주식총수의 1/3 이상의 수로서 하는 결의를 말하는데(상법제434조), 여기에는 보통결의에서와 같이 정관에 의하여 달리 정할 수 있다는 규정을 두고 있지 않다. 특별결의요건을 정관에 의하여 가중할 수 있는 지에 대하여 보통결의에 있어서 결의요건을 가중할 수 있다는 규정(상법제368조제1항)과 균형을 기한다거나 소수파주주의 거부권확보차원에서 긍정하는 견해가 통설이다.

생각건대 의결권의 과반수의 출석을 총회의 성립요건으로 정하고 그 출석의결권의 2/3 이상으로 표결요건을 정하는 것은 보통결의요건의 가중에 있어서와 같이 단체의사결정의 보편적 원칙에 부합하므로 긍정하는 것이 타당하다고 본다. 그러나 외국의 경우와 같이 적대적인 경영권탈취를 예상하여 예컨대 합병이나 영업양도, 또는 이사의 해임을 어렵게 하기 위하여 출석한 의결권의 2/3 이상의 출석요건 또는 발행주식총수의 1/3 이상의 요건 중 하나 또는 모두를 가중하거나, 심지어는 총주주의 동의를 얻게 하는 것이 상법상 허용될 수 있을 것인지가 문제될 수 있다. 이것은 보통결의요건에 있어서도 마찬가지이다.

---

8) Fleischer,Jr & Sussman, Takeover Defense, § 6.07.

9) 이철송, 회사법강의, 448면. 주주총회의 성립요건의 가중은 특별결의요건을 가중할 수 있는 한계인 과반수출석에 2/3 이상의 찬성을 한계로 한다고 한다.

이에 대하여는 보통결의에 있어서 의결정족수 요건의 가중가능성은 다수결의 남용(다수파주주의 소수파주주에 대한 억압)을 우려하여 상법이 정관자치에 의한 가중을 예정하고 있으므로 인정된다고 본다. 반면에 특별결의요건에서는 그와 같은 가중가능성이 명시되어 있지 않고, 또 가중을 허용하면 소수파주주에 의한 다수파주주의 억압이 가능하여 회사경영이 교착상태에 빠지는 것을 막을 수 없으므로 초특별결의요건과 같은 가중방식은 허용할 수 없다고 보는 것이 타당하다고 본다.[10] 그런데 보통결의 또는 특별결의 어느 경우이든 다수파주주와 소수파주주간 억압적 효과의 남용은 상법이 예정하는 바는 아니므로 일정한 한계가 있어야 할 것으로 본다. 따라서 보통결의요건에 있어서는 찬성하는 의결권의 총수요건(의결정족수)을 발행주식총수의 1/3 이상으로 가중할 수 없도록 정관자치의 한계를 법정할 필요가 있다고 본다. 그리고 특별결의요건에 있어서는 결의사항의 중대성이라는 이유에서 무제한적으로 결의요건을 가중함으로써 소수파주주의 억압적 현상이 심화되고 이에 따라 우려되는 회사운영의 교착을 방지하여야 하므로, 찬성하는 의결권의 총수요건(의결정족수)은 발행주식총수의 1/2로 제한하는 것이 합리적이라고 본다.

(6) 임직원퇴직금 누진제

임직원의 퇴직금을 누진으로 지급하도록 하는 내용을 정관에 두는 것도 방어수단의 하나이다. 경영진의 퇴직금누진규정은 금낙하산(golden parachute)전략이라고도 한다. 이것은 정관에 새로운 지배권자에 의하여 회사의 임원이 퇴직하게 되는 경우에 퇴직금 지급비율을 누진제로 하는 것인데, 그 누진은 현금 또는 주식매수선택권으로 지급하는 방식을 취하는 것이 보통이다. 이 누진규정이 주주총회의 특별결의요건을 충족하는 한(상법제388조) 형식상 위법의 문제는 없을 것이다.[11] 그러나 퇴직금누진율이 통상적인 경우에 비하여 지나치게 과다한 경우에는 이사 또는 지배주주의 회사 또는 주주에 대한 충실의무위반의 문제가 검토될 수 있을 것이다.[12] 또한 이러한 규정에는 이사의 퇴임 이후에도 회사와 사용인으로서 계속적인 고용계약이 성립하는 것으로 하여 일정기간 계속 보수를 지급하기로 합의하는 내용을 담기도 한다. 그런데 금낙하산 장치는 경영진으로 하여금 적대적 M&A를 격퇴시키기 위한 이기적인 행동을 자제하게 하는 효과도

---

10) 이철송 교수는 초다수결의의 허용은 일부주주가 거부권을 가져 회사조직의 해체를 초래할 수 있다면 이는 주식회사에 인적회사의 운영논리를 적용하는 것으로서 유한책임을 부여한 명분을 잃게 된다고 하고, 특별결의요건은 과반수출석까지의 가중만이 허용된다고 한다. 이철송, 회사법강의, 449면.

11) 정동윤, 적대적 M&A에 대한 방어책과 그 적법성, 29면.

12) 그 효력을 부인하는 견해로는 김택주, 공개매수의 방어에 관한 연구, 217면.

있다.[13]

그리고 직원퇴직금누진규정은 양철낙하산(tin parachute)전략이라고도 불리운다. 이것은 적대적 기업인수 후에 정당한 이유없이 해고되는 종업원에게 고율의 퇴직금을 지급하기로 하는 규정을 말한다. 이러한 규정에 대하여는 임원퇴직금누진규정의 경우와는 달리 상법이 달리 규정을 두고 있지 않으므로 이에 대한 규정을 정관에 두는 것은 해석상 허용된 정관자치의 범위에 든다고 보므로 위법한 것은 아니라고 본다.[14] 그러나 직원에 대한 퇴직금누진규정은 임원의 경우와 같이 그 정도가 지나치게 과다한 경우에는 회사의 재산을 감소시킴으로써 간접적으로 주주의 이익을 해칠 수 있으므로 이 경우에는 이사 또는 지배주주의 선관주의의무 또는 충실의무위반의 문제가 따를 수 있다고 본다.

중요한 것은 적대적 M&A의 방어수단으로 이용되는 직원퇴직금누진규정은 적대적 기업인수를 그 적용요건으로 하는 것으로서 새로운 경영권자가 대상회사의 종업원을 해고하는 경우에 적용된다는 점이다. 그러므로 적대적 기업인수가 발생하지 않는 한 대상회사의 내부 단체협약상으로는 기존의 퇴직금지급규정이 존재하고 대상회사의 경영진에 의하여 해고되는 종업원에 대하여는 이 규정에 따라 퇴직금이 지급되는 것이다. 그런데 여기서 말하는 종업원퇴직금누진규정은 기존 단체협약상의 퇴직금지급수준보다 그 누진율을 강화하는 것인데, 대상회사가 새로운 경영자에 의하여 경영권이 장악되고 기존의 종업원을 해고하는 경우에는 그 누진규정에 따라 퇴직금을 지급하여야 한다. 이렇게 되면 하나의 사업장에 차등적인 퇴직금규정이 병존하게 되는 셈이다. 이것은 근로기준법상 강행규정인 1사업장내 퇴직금차등제도의 금지규정(근로기준법제28조제2항)에 반하여 무효라고 본다.

(7) 공정가격지급조항

공정가격지급조항(fair price provisions)은 1단계의 공개매수에서 지배권을 장악한 회사가 2단계로 대상회사와 합병 등 기업결합을 시도하여 1단계의 공개매수청약에 응모하지 않은 잔여주주를 축출하고자 하는 경우에 대비하여 잔여주주의 주식에 대하여 공정한 가격을 지급하도록 하고, 공정가격이 지급되면 2단계의 합병에 필요한 초다수결요건의 적용을 면제한다는 취지의 방어책이다.[15] 여기서 잔여주주에게 지급할 공정가격은 1

---

13) 김화진 M&A와 경영권, 133면.

14) 유영일, Tin Parachute에 관한 연구, 상사법논총(상)(강위두교수화갑기념논문집, 형설출판사, 1996), 13면.

15) Fleischer. Jr & Sussman, Takeover Defense, § 6.08, 6-48.

단계의 공개매수가격 이상의 금액으로서 일정한 기준에 따라 정하는 것이 보통이다.[16] 그리고 공개매수자가 일정비율이상의 대상회사 주식을 취득하는 경우에 대비하여 대상회사로 하여금 잔여주식을 일정금액 이상의 현금으로 상환할 것을 의무화하는 조항, 즉 상환권조항(right of redemption provision)을 두어 지배권변경 그 자체로부터 대상회사의 주주를 보호하는 방법도 있다.

그러므로 공정가격지급조항을 정관에 두는 경우 이것은 공개매수에 의하여 대상회사를 완전지배하려는 자에게 비용을 증가시키고 또한 2단계의 기업결합의 불확실성을 높여줄 수 있다는 면에서 방어적 기능이 있다.

이러한 공정가격지급조항 중 공개매수가격 이상의 대가를 2단계의 합병과정에서 비응모 잔여주주에게 지급하도록 규정하는 것은 합병대가의 산정에 관한 법기준에 반하지 않는 한 위법성의 문제는 없다고 본다. 그리고 상환권조항에 따라 잔여주식을 대상회사가 취득하는 것은 대상회사의 자기주식취득으로서 상법상 금지되며, 상장회사의 자기주식 취득은 증권시장 또는 공개매수의 방법으로만 허용되므로 개별주주만을 상대방으로 하여 주식을 취득하고 상환하는 상환권조항은 허용될 수 없다고 본다.

(8) 주식의 양도제한규정

상법은 원칙적으로 주식의 자유양도성을 보장하되, 법률에 의하여 이를 제한할 수 있도록 해왔고, 1995년의 개정상법에서는 한걸음 더 나아가 정관에 의하여도 주식의 양도를 제한할 수 있도록 하였다. 따라서 주식회사는 정관에 규정을 둠으로써 주식의 양도는 이사회의 승인을 얻도록 하여 경영권쟁탈을 사전에 저지할 수 있게 되었다(상법제335조제1항). 정관에 의한 주식양도의 제한은 원칙적으로 폐쇄회사에 한하여 적용될 것을 예정한 것이라 할 수 있다. 폐쇄회사에서는 소수의 주주들이 경영을 담당하는 경우가 많은데, 자유로운 주식양도를 허용하면 이질적인 주주가 경영에 참여함으로써 경영정책수행상의 혼란이 초래될 수도 있다. 그리고 폐쇄회사에서는 주주들 상호간에도 균형된 지배권을 행사하는 것이 원칙인데, 주식의 자유로운 양도에 의하여 이러한 지배권의 균형이 교란될 염려가 있다. 그리하여 정관에 주식양도에 이사회의 승인을 얻도록 규정을 둠으로써 주식양도를 제한하는 것은 적대적 M&A에 대한 방어책으로서 이용될 수 있다. 그러나 상장회사의 경우에 이러한 정관을 두게 되면 증권거래소의 규정에 의하여 상장을 할 수 없거나 상장이 폐지된다.

---

16) 유영일, 주식공개매수에 관한 연구, 41면.

(9) 그린메일지급금지규정

그린메일지급 금지조항(anti-greenmail charter amendment)은 대상회사로 하여금 잠재적 기업사냥꾼(corporate raiders)의 보유주식을 시장가격 이상의 프리미엄을 주고 매수할 수 없도록 제한하는 조항, 즉 특정한 자로부터의 자기주식취득을 금지하고자 하는 규정을 말한다.[17] 이것은 특정회사의 주식을 일정비율 이상 매수한 자가 공개매수를 포기하는 대가로 프리미엄을 받거나, 공개매수를 할 계획이 없으면서 보유주식을 고가로 처분하여 재산적 이득을 실현하고자 할 목적으로 이용되는 경우가 많다.

그린메일지급의 금지규정은 자기주식취득을 금지시키는 것이므로 상법상 적법하고, 상장회사의 자기주식취득은 증권시장 또는 자기공개매수의 방법으로만 제한되므로 이러한 정관규정은 적법하다.

(10) 이사회의 재량권확장조항

이사회의 재량권확장조항(expansion of the board's discretion provisions)은 회사의 지배권의 전부 또는 일부에 대한 적대적 매수에 대응하기 위한 방어책을 고려할 때에 이사회의 재량권의 범위를 확장할 수 있도록 명시하는 정관상의 규정을 말한다. 여기서는 이사회가 적대적 M&A를 평가함에 있어서 주가 이외의 다른 요소 즉, 그 적대적 기업인수가 종업원, 공급업자, 고객 기타 지역사회에 미치는 효과도 포함하여 종합적으로 고려할 수 있도록 하여, 회사 및 주주의 최대이익에 부합되는 방향에서 방어책을 행사할 수 있도록 하기 위한 규정이다. 이것을 비구성원이익고려조항(non-constituencies provisions)이라고도 한다.[18] 최근에 미국에서는 많은 주법과 법조협회(ALI)의 권고안에서 이를 명문화하는 추세에 있고, 법원에서도 이와 같은 재량권확장은 기업문화의 보전(preservation of corporate culture)을 위한 정당한 요소임을 확인하고 있다.[19]

우리 상법상 이사회의 권한범위는 포괄적인 특성을 갖고 있는 것이 원칙이고 주식회사의 본질과 강행규정에 반하지 않는 한 정관에 의하여 이사회의 권한범위를 확장하더라도 위법의 문제는 없다고 할 것이다. 다만 이러한 정관규정이 대상회사의 이사 또는 지배주주의 지배권 또는 경영권유지에만 목적을 두고 적대적 M&A의 방어책으로서 이용되는 것은 그 정당성이 결여되어 권한남용으로 인정될 수 있다고 본다. 따라서 회사와 주주 이외의 비구성원의 이익을 종합적으로 고려하여 적대적 M&A에 대항하는 데에

---

17) Fleischer.Jr & Sussman, Takeover Defense, § 6.09, § 6.52.

18) Fleischer.Jr & Sussman, Takeover Defense, § 6.10, 6-54.

19) Paramount Communications, Inc. v. Time, Inc.(Del. Sup. 1990)

는 방어와 직접적으로 관련되는 정당한 사유가 존재하여야 할 것이다.

Ⅱ. 조직구조의 변경에 의한 방어책

M&A의 대상회사가 회사자산 또는 조직구조를 변경함으로써 적대적 기업인수를 방어하는 방법이 있다. 여기에는 방어적 합병, 주요 자산의 매각, 기업분할 등이 있다.

1. 방어적 합병

방어적 합병(defensive merger)은 대상회사가 자기에게 우호적인 회사(white knight)와 합병을 시도함으로써 기업인수를 좌절시키려는 방어방법이다. 그러나 방어적 합병을 시도해도 우호적인 회사에게 승산이 보장되는 것은 아니므로, 대상회사는 그에게 자산 또는 주식선매권을 부여하여 유인하는 것이 보통이다.[20]

상법상으로 보면 방어적 합병이 위법한 것은 아니나, 이것은 주주총회의 특별결의를 얻어야 하므로 기업인수가 진행되는 상황에서 이들을 완벽하게 실행하기란 용이한 일은 아닐 것이다. 그러나 은밀하게 대상회사의 주식을 일정비율 이상 취득하는 사실이 발생하게 되는 경우에는 제3의 회사와 합병을 추진하는 것은 방어책으로서의 기능을 발휘할 수 있다. 그리고 적대적 공개매수가 진행되는 경우에 방어적 합병은 공개매수의 철회사유에 해당하므로, 이것은 공개매수의 철회를 유인할 수 있는 효과를 가지고 있다. 그러나 부당한 방어적 합병에 대하여는 주주대표소송의 가능성도 고려하여야 할 것이다.

2. 주요자산의 매각 또는 회사의 매각

기업결합을 통한 시너지효과를 증대하기 위하여 대상회사의 주요자산을 활용할 목적으로 적대적 M&A를 시도하는 경우가 흔하다. 대상회사가 이러한 적대적 M&A를 방어하기 위하여 적대적 인수자가 탐내고 있는 대상회사의 핵심자산을 제3자에게 매가 또는 처분(sale of crown jewel asset)하는 수가 있다. 이러한 자산을 왕관의 보석(crown jewel)이라고 하며, 이 자산을 매각처분하면 대상회사는 사실상 초토화된다고 하여 이러한 방어수단을 초토화전략(scorched earth defense)이라고 부른다. 경영전략상 불필요

---

20) Ferrara, Brown & Hall, Takeovers-Attack and Survival, p.462.

하다고 판단되는 사업부문이나 자산 또는 자회사를 제3자에게 매각(divestiture)하는 것이 대부분 여기에 해당한다. 실제로는 대상회사가 그룹관계에 있을 경우에 주요자산을 매수하는 제3자는 계열회사나 관계회사 또는 우호적인 관계에 있는 자인 것이 보통이다. 그리고 특정자산을 매각처분하여 그 취득대가를 주주에게 분배하여 주는 경우를 미국에서는 많이 볼 수 있는데 이것은 부분청산(partial liquidation)에 해당한다. 또한 회사를 존속시키는 것보다 소멸시키는 것이 차라리 나은 경우에는 전부청산(total liquidation)을 할 수도 있다. 전부청산을 방어수단으로 이용하기 위하여는 당해 회사자산의 청산가치(liquidation value)가 적대적 기업인수자가 제시한 대가를 초과하여야 함은 물론이다.

주요자산의 매각전략은 적대적 인수자가 대상회사의 특정 사업부문 또는 자산의 취득에 기업인수의 주된 목적이 있는 때에 특히 효과적이다. 또한 주요자산의 매각전략이 적대적 매수를 저지하지 못하게 되더라도 인수자에 대한 부가적인 장애물을 설치하는 데 도움이 될 수 있다. 예컨대 대상회사가 다른 방어수단 예컨대 자기주식의 취득, 중간배당, 기타 독점규제대상이 되는 사업의 취득 등에 필요한 자금을 조달할 수 있게 되는 것이 그것이다.[21)]

자산매각은 상법 제374조 제1항에 의한 해석론상의 다툼이 있지만, 대개가 중요한 영업용재산의 양도에 해당하는 경우가 많고 이 경우에는 주주총회의 특별결의가 필요하다. 그러므로 이사회의 결의만에 의하여 주요자산을 양도하는 경우에는 그 효력이 부정되며 실제사례의 대부분은 바로 이것을 다투는 경우가 많다.

3. 회사의 분할

회사의 분할(spin-off, split-up, spin-up)은 합병에 상응하는 개념이다. 이 제도는 하나의 회사의 영업을 둘 이상의 회사로 분리하고, 그 분리된 영업재산을 자본으로 하여 회사를 신설하거나(단순분할) 또는 다른 회사와 합병(분할합병)시키는 회사법상의 행위이다. 분사라고도 한다.

경제적으로는 회사분할의 효과를 가져오는 다른 법률상의 수단이 이용되는 수도 있다. 자산의 일부를 현물출자하거나 사후설립에 의하는 경우 등이 그것이다. 이러한 사실상의 분할제도는 상법상의 분할제도는 아니므로 상법상 회사의 분할에 따른 절차나

---

21) Fleischer,Jr & Sussman, Takeover Defense, § 13.03, § 13-20.

효과는 적용되지 않는다. 사실상의 분할은 절차가 번잡하고 불경제의 문제가 있지만 위법한 것은 아니다. 사실상의 분할제도에는 영업의 일부를 현물출자하여 신회사를 설립하는 방법, 신회사를 먼저 설립한 다음 신회사의 신주발행시에 회사의 영업의 일부를 현물출자하는 방법, 신회사가 재산인수의 한 형태로서 분할회사의 영업의 일부를 양수하는 방법, 신회사를 설립한 후에 사후설립에 의하여 영업양도를 받는 방법 등이 있다. 실제로는 위와 같은 여러 가지 방법 중 법원이 선임한 검사인의 조사를 피하기 위하여 사후설립에 의한 방식을 많이 이용한다.[22)]

그러나 상법은 1998년 개정 상법에서 법률상의 분할제도를 명문화하여(상법제530조의2~제530조의12), 사실상의 분할에 따르는 번거로운 절차를 완화하고자 하였다. 법률상의 회사분할과 사실상의 회사분할은 적대적 M&A의 대상이 될 것에 대비하여 사전에 방위수단으로서 실행하는 경우가 대부분이다. 공개매수 또는 주식매집에 의한 적대적 M&A가 기습적으로 진행되는 동안에는 시간적 제약 때문에 이 방어수단을 이용하기는 용이하지 않을 것이다. 회사분할은 대상회사의 주가상승을 목적으로 이용되는 수도 있는데, 이러한 효과 때문에 회사분할은 적대적 M&A에 대한 부수적인 방어기능을 발휘할 수 있다.

Ⅲ. 자본구조의 변경에 의한 방어책

1. 신주 또는 잠재주식의 제3자배정

(1) 신주의 제3자배정

적대적인 공개매수자에게 주식을 매각하지 않을 것으로 신뢰하는 우호적인 제3자에게 대상회사가 자기주식을 매도하거나 신주를 발행함으로써, 공개매수자가 지배권을 취득함에 필요한 주식수량의 매수를 곤란하게 하는 방어책으로서 가장 보편적인 방어책이다. 이 제3자를 백기사(white knight) 또는 백지주(white squire)라고 부른다. 대상회사의 경영자가 연금기금 또는 기관투자가, 우리사주조합(ESOP), 또는 동종유사업종의 타회사에게 일정한 주식을 매도하거나, 신주를 발행하는 것은 이의 한 예이다. 그러나 신주의 제3자배정방식을 통한 방어책의 행사에는 상법상 여러 가지 해석상의 문제가 있으므로 주의하여야 한다. 이것은 주주의 신주인수권제한의 문제와 같은 맥락이다.

22) 정동윤, 회사법, 853면.

상법은 정관으로 주주의 신주인수권을 제한하거나 특정한 제3자에게 신주인수권을 부여할 수 있도록 규정하고 있다(상법제420조제5호). 여기서 제3자의 범위는 종업원·구종업원·임원·구임원 등과 같이 정관에 의하여 특정되어 있어야 하므로, 그 특정된 범위에 들지 않는 제3자에 대한 신주발행은 허용되지 않는다고 볼 것이다. 그리고 제3자에 대한 신주발행은 현저히 불공정하지 않아야 한다(상법제424조). 여기서 현저한 불공정성이 무엇을 의미하는 지에 대하여는 아직 충분한 논의는 없으나, 발행가액이 비정상적으로 불공정한 경우가 이에 해당한다고 보는 데에는 문제가 없을 것이다.

문제는 적대적 공개매수와 같은 지배권쟁탈의 국면에서 제3자에게 대량의 신주를 발행하는 경우이다. 이에 대하여는 제3자배정증자의 주요목적이 현존 이사의 지배권유지나 특정주주의 지분율 저하에만 있는 경우에는 현저히 불공정한 신주발행이라고 보는 견해,[23] 사업목적의 필요성과 긴급성이 없는 신주발행은 불공정한 신주발행이라는 견해,[24] 신주발행이 기업경영상 합리적이라 해도 지배권 다툼에 영향을 주는 이상 불공정한 발행이라고 보는 견해,[25] 지배권이 침해되는 주주의 불이익과 제3자 배정증자를 필요로 하는 회사의 이익을 교량하여 불합리하면 불공정한 발행이라고 보는 견해[26] 등이 제시되고 있다.

생각건대 지배권쟁탈의 국면에서 특정의 제3자에 대한 대량의 신주발행은 현존 경영진의 주된 동기가 지배권유지에 있음이 일응 추정된다고 보는 것이 타당할 것이다.[27] 이와 같은 추정력을 벗어나기 위하여는 신주발행의 주된 목적이 지배권유지에 있지 않다는 점을 회사가 증명하여야 하는데, 그 증명은 객관성이 있는 공정한 기준에 따라야 할 것이다. 여기서 공정한 기준은 과학적인 재무분석기법에 따라 신주발행이 이루어졌는가, 신뢰성있는 독립한 전문가의 조언을 따랐는가, 통상적인 사업환경에 비추어 보편성이 유지되고 있는가와 같은 구체적이고 합리적인 근거가 기초가 되어야 할 것이다.

한편 현물출자를 통하여 신주를 제3자에게 배정하는 것도 유력한 방어수단이다. 상

---

23) 일본의 다수설과 판례의 입장이다. 이는 영미 판례법상 주요목적이론(proper purpose doctrine)과 유사하다.

24) 강희갑, 지배권유지를 목적으로 하는 신주발행의 불공정성, 사회과학논집(명지대, 1986), 147면.

25) 川浜昇, 株式會社の支配爭奪と取締役の行動の規制(3), 民商法雜誌,95권 4호(1987), 496~497면.

26) 森本 滋, 第3者割當と支配權の變更, 商事法務 第1191號(1989.8.25), 17面.

27) 제3자에 대한 신주배정, 전환사채, 신주인수권부사채의 발행의 정당성과 효력에 대하여는 송종준, 회사지배권쟁탈과 자본구조변경에 의한 방어책의 효력, 법조 487호(법조협회, 1997.4), 111면 이하 ; 이철송, 신주 및 특수사채의 제3자배정의 법리, 법률신문 2587호(1997.4.3), 15면 ; 정동윤, M&A에 관한 판례의 동향, 한국법학원보 제76호(한국법학원, 1997.11.5), 51면 이하 ; 유영일, M&A에 대한 방어행위로서의 전환사채발행의 적법성, 상사판례연구 제8집(상사판례연구회, 1997), 90면 이하 ; 김교창, M&A의 방어수단으로 발행된 전환사채의 효력, 인권과 정의 통권 259호(대한변협, 1998.3.), 107면 이하 참조.

법은 회사가 성립한 후에는 정관에 규정이 없으면 현물출자에 의한 자본증가는 이사회가 결정할 수 있도록 하고 있으므로(상법제416조), 이사회의 결의로 제3자에게 신주를 배정하면, 기존주주의 신주인수권이 배제되는 결과로 된다. 그러므로 이사회는 주주의 신주인수권을 임의로 배제하고 현물출자자를 자유로이 결정할 수 있게 된다. 따라서 회사의 경영권이 도전받는 상태에서 이사회가 현물출자를 통하여 우호적인 제3자 또는 지배주주에게 신주를 발행하게 되면 경영권을 효과적으로 방어할 수 있게 된다.

이에 대하여 대법원 판례는 이사회의 결의가 있으면 현물출자자와 배정될 신주가 확정되므로 이 경우에는 일반주주의 신주인수권이 미치지 않는다고 하는 입장이지만,[28] 이사회가 현물출자를 통한 신주의 제3자배정을 자유로이 결정하여 일반주주의 신주인수권을 배제하는 것은 주주의 지배이익보호라는 상법의 기본정신에 반하는 결과를 가져올 수 있다. 그러나 이사회의 자본조달권능을 전혀 무시하는 것도 상법이 예정하고 있는 것은 아니므로, 이 문제는 주주의 신주인수권배제에 있어서 요구되는 실질적 요건을 충족하는 이사회의 결의가 있다고 보는 경우에는 주주의 신주인수권배제도 허용된다고 풀이할 것이다.

(2) 잠재주식의 제3자배정

상법은 주식의 발행에 의하지 아니하고 사채의 발행에 의하여도 자본을 조달할 수 있도록 하고 있다. 원칙적으로 사채는 주식과 달라 회사의 지배구조에 있어서 주주의 지배이익을 침해하지 않는 것으로서 상법이 정하는 범위에서는 회사는 정관 또는 이사회의 결의에 의하여 자유로이 발행할 수 있다. 사채는 주식과는 달리 자본조달의 기동성에 우위의 법익을 두고 있다. 그런데 사채 중에는 발행할 당시에는 사채이지만 장래 주식으로 전환이 인정되거나, 신주를 인수할 수 있는 특수한 사채가 있다. 전환사채와 신주인수권부사채가 그 대표적인 예이다. 이들 사채는 사채권자가 전환권이나 신주인수권을 행사하게 되면 주주로 바뀌므로 잠재적 주식 또는 주식연계채권이라고도 한다.

실제로 지배권의 쟁탈에 직면한 단계에서 제3자배정방식으로 전환사채 또는 신주인수권부사채를 발행하고 전환권 또는 신주인수권을 행사할 수 있는 기간을 제한하지 않으면, 전환사채권자 또는 신주인수권부사채권자는 사채발행절차가 종료하는 즉시로 대량의 주식을 소유하게 되므로 적대적인 주주의 의결권경쟁은 실효를 거두기가 어렵게 된다. 특히 공모방식이 아닌 사모방식으로 발행하는 경우에 이러한 효과는 극대화할 수

---

28) 대판 1989.3.14 판결, 88누889.

있다. 정관에 그러한 사채를 인수할 제3자의 범위를 특정할 필요가 없기 때문이다. 전환사채 또는 신주인수권부사채 등의 발행은 형식은 사채이지만 실질은 주식이므로 제3자배정방식에 의한 신주발행의 경우와 동일하게 취급할 여지가 있다. 그것은 발행 후 주식으로 전환하거나 신주를 인수하는 경우에는 주주의 지주비율을 저하시켜서 주주의 지배관계상의 이익을 현저히 침해할 수 있기 때문이다. 그런데 적대적 M&A를 저지하기 위한 잠재주식의 발행은 상법상 그 효력이 문제된다.

(가) 주주의 우선적 전환사채인수권의 침해와 무효원인의 인정여부

상법상 제3자에 대한 사모전환사채의 발행을 위하여는 전환사채의 중요한 사항에 관하여 정관 또는 주주총회의 특별결의로 정하여야 한다(상법제515조제3항). 그런데 여기서는 주주가 우선적 전환사채인수권을 가지는가 하는 문제가 제기되며 이에 대하여는 견해의 다툼이 있고 어느 입장을 취하는 가에 따라 사모전환사채발행의 효력여부에 대한 결과도 달라질 수 있다고 본다.

제1설은 주주의 전환사채인수권을 부정하는 견해[29]이다. 이 견해에서는 전환사채발행의 경우 상법이 정관 또는 주주총회의 결의를 요구하는 것은 주주에게 전환사채의 인수권을 부여할 지의 여부에 대한 결정이 아니라, 주주 이외의 자에 대하여 전환사채를 발행하는 경우에 그 발행사항의 결정에 관한 것일 뿐이므로 신주발행의 경우와는 달리 주주에게는 우선적 인수권이 인정되지 않는다는 것이다. 그리하여 주주의 우선적 인수권의 침해여부를 가지고 사모전환사채발행의 무효를 다툴 수는 없다는 것이다. 그 밖에 원칙적으로 주주에게 우선적 인수권은 인정되지 않지만, 전환사채발행의 경우에는 특별히 기존주주의 이익을 배려하여야 하므로 그것이 무제한적으로 발행되는 것은 허용할 수 없고, 주주의 이익이 현저히 침해될 우려가 있는 여부에 관하여 정당화의 요건에 의한 통제가 필요하다는 견해도 있다.[30] 제2설은 사모전환사채의 발행의 경우에도 주주에게 우선적 인수권이 부여된다는 입장[31]이다. 이 견해에서는 상법 제515조 제3항은 상법 제418조 제1항에서 정관에 의하여만 제3자에게 신주인수권을 부여하게 할 수 있게 한 것과 균형을 맞춘 것이므로 원칙적으로 주주는 전환사채에 대하여도 우선적 인수권을 갖는다는 것이다. 그리하여 이 견해에서는 주주의 우선적 인수권을 무시한 사모

29) 유영일, M&A에 대한 방어행위로서의 전환사채발행의 적법성, 102면.
30) 이준섭, 주주의 신주인수권배제, 상사법연구 제13집(한국상사법학회, 1994), 241면 이하.
31) 이철송, 전환사채의 발행에 따르는 몇 가지 문제점, 사법행정 제336호(1988.12), 30면 이하 ; 김교창, M&A의 방어수단으로 발행된 전환사채의 효력, 120면 ; 서울민사지법 1997.2.6 결정, 97카합118 : 서울고법 제20민사부 1997.5.13 결정, 97라 36.

전환사채의 발행은 무효의 원인이 된다는 것이다.

생각건대 상법상 주주는 신주인수권을 가지므로 신주의 제3자배정에 있어서는 기존주주의 신주인수권침해여부가 제3자신주발행의 무효여부를 판단할 근거가 된다고 본다. 그러나 전환사채는 잠재적 주식이라 하여도 신주발행의 경우와는 달리, 기존주주의 지배이익보다는 회사의 자본조달의 기동성에 우위의 법익을 두고 있기 때문에, 신주발행에 있어서와 같은 규정(상법제418조)을 준용한다는 명문의 규정을 두고 있지 않는 한, 그 규정을 임의로 유추 적용할 수는 없다고 볼 것이다. 따라서 사모전환사채의 발행에 있어서는 기존주주의 우선적 인수권침해의 문제는 없다고 보아야 할 것이고, 이에 근거하여 사모전환사채의 발행이 주주의 신주인수권을 실질적으로 침해한 위법이 있어서 무효라고 보는 견해는 타당하지 않다고 본다.

(나) 사모전환사채발행의 현저한 불공정성과 무효원인의 인정여부

상법은 법령 또는 정관에 위반하거나 현저하게 불공정한 방법에 의하여 주식을 발행함으로써 주주가 불이익을 받을 염려가 있는 경우에는 그 주주는 회사에 대하여 그 발행을 유지청구할 수 있다는 규정을 두고 있고(상법제424조), 전환사채발행의 경우에도 이를 준용하고 있다(상법제516조1항). 반면에 신주발행 또는 전환사채발행의 무효원인이 무엇인지에 대하여 상법은 아무런 규정을 두고 있지 않다. 해석론상으로는 신주발행의 경우에 현저하게 불공정한 방법 또는 가액으로 신주를 발행한 경우에 이것이 신주발행무효의 원인이 될 것인가에 대하여는 거래의 안전을 위하여 신주발행 자체는 유효하다는 견해(유효설),[32] 그 불공정한 정도의 현저성 때문에 주주의 지배권에 영향을 미치지 않더라도 무효라는 견해(무효설),[33] 그리고 현저히 불공정한 방법으로 신주를 발행한 결과, 회사지배권에 변동을 줄 정도라면 그 신주발행은 무효라는 견해(일부무효설)[34]가 대립하고 있다. 생각건대 제3자배정에 의한 방법으로 신주를 발행한 결과 주주의 지배관계를 중대하게 변경시키게 되면 이것은 현저히 불공정한 방법에 의한 신주발행으로서 무효원인이 된다고 보는 일부무효설이 타당하다.

그렇다면 신주발행의 경우에 적용되는 이러한 해석론이 전환사채발행의 경우에도 그대로 타당할 것인가. 이에 대하여는 전환사채는 잠재주식으로서 신주발행과 실질적으로

---

32) 이기수 외, 회사법, 462면. 일본의 다수설이자 판례의 입장이다.
33) 최기원, 신회사법론(박영사, 2001), 757면.
34) 정동윤, 회사법, 532면 ; 이철송, 회사법강의(제12판), 710~714면 ; 정찬형, 상법강의(상), 962면 ; 유영일, M&A에 대한 방어행위로서의 전환사채발행의 적법성, 116-117면 ; 홍복기, 신주인수권의 제한과 그 양도, 고시계 제554호(2003.4), 13면.

동일하다는 논거에서 긍정하는 견해[35]와 전환사채의 잠재주식성을 인정하더라도 주식과 전환사채발행에 대한 상법의 기본취지는 서로 다르다는 이유에서 부정하는 견해[36]로 나뉘어져 있다. 그 밖에 상법은 전환사채발행의 경우 신주발행규정의 일부만에 대하여 준용규정을 두고 있는 입법태도를 존중하여 전환사채의 발행을 신주발행의 경우와는 다르게 취급할 여지도 있다는 견해도 있다.[37]

생각건대 상법은 신주발행규정의 일부만을 전환사채의 경우에도 준용하는 입법태도를 취하고 있는데 이를 입법의 흠결이라고만 평가하는 것은 부당하다고 본다. 또한 전환사채의 발행단계에서는 그 발행이 정관 또는 주주총회의 특별결의에 의하여 적법하게 발행되고 발행가액에 현저한 불공정성이 존재하지 않는 한, 그 발행이 지배권의 쟁탈국면과 관련을 갖더라도 그 자체로서는 주주의 지배이익을 침해할 정도로 현저히 불공정한 방법이 될 수 없으므로 이 단계에서는 사채발행의 무효원인은 존재하지 않는다고 볼 것이다.

다만 전환사채가 잠재주식으로서 주식과 동일한 취급을 받는 계기를 전환사채의 발행 즉시 사채권자가 전환권을 행사할 수 있도록 함으로써 기존주주의 지배이익이 침해될 수 있도록 전환기간 등의 발행조건을 현저히 불공정하게 정한 것은 불공정한 행위라고 보아야 할 것이다. 예컨대 전환수량을 과다하게 정하거나, 사채인수 후 즉시 전환을 가능케 함으로써 의결권이 행사될 수 있도록 전환조건을 정한 것은 현저히 불공정한 계약임이 명백하다고 본다. 따라서 이러한 전환조건은 불공정한 약관조항에 해당하여 무효(일부무효)[38]라고 풀이할 것이다. 이 경우에 전환사채의 인수인이 회사에 대하여 손해배상책임을 추궁할 수 있는 것은 별개의 문제이다.

(다) 신주발행무효의 소의 유추적용 문제

상법은 신주발행무효의 소에 관한 규정(상법제429조)을 전환사채의 경우에는 준용하는 규정을 두고 있지 않다. 그러므로 전환사채의 발행에 무효원인이 있는 경우에 전환

35) 유영일, M&A에 대한 방어행위로서의 전환사채발행의 적법성, 117면 ; 김교창, M&A의 방어수단으로 발행된 전환사채의 발행, 121면 ; 이철송, 회사법강의(제14판), 831면 ; 대판 2004.6.25, 2000다37326 : 동 2004.8.16, 2003다9636.

36) 송종준, 회사지배권쟁탈과 자본구조변경에 의한 방어책의 효력, 124면.

37) 정동윤, M&A에 관한 판례의 동향, 59~60면.

38) 전환사채의 발행조건은 보통거래약관에 해당하므로 약관의 규제 등에 관한 법률에 의하여 특정의 약관조항이 불공정하여 무효인 때에는(동법제6조) 나머지 부분만으로 유효하게 존속한다(동법제16조). 또한 전환사채의 특성상 유효한 부분만으로 사채계약의 목적달성이 불가능하거나 일방당사자에게 부당하게 불리하다고는 볼 수 없으므로(제16조 단서의 적용), 당해 불공정한 조건만이 무효로 된다고 하여 전환사채의 발행조건 전부가 무효로 되는 것은 아니라고 볼 수 있지 않을까 생각한다.

사채의 발행일로부터 6월내에 주주, 이사, 또는 감사에 한하여 반드시 소에 의한 방법에 의하여 그 무효를 주장하여야 하는지의 문제가 있다. 이에 대하여는 전환사채는 실질적으로 신주발행의 의미를 갖는 것으로서, 신주발행의 경우와 같이 소의 방법에 의하여만 가능하다고 보아야 전환사채발행무효에 대하여 획일적인 효력이 생기게 하고 발행 후 6월내에 소의 제기가 없는 경우에는 전환사채의 발행은 유효한 것으로 확정되어 거래의 안전을 기할 수 있다는 풀이하는 견해[39]가 제시되고 있다. 상법 제429조를 전환사채발행의 무효의 경우에도 유추적용하여야 한다는 것이다. 따라서 전환사채발행의 무효에는 소급효가 인정되지 않는다. 대법원 판례도 이와 같은 태도를 취하고 있다.[40]

생각건대 일반사채의 발행에 무효원인이 있을 경우에 상법은 그것의 주장방법을 소에 의하도록 규정하고 있지 아니하고, 또 전환사채도 전환권을 행사하지 않으면 일반사채와 다를 것이 없기 때문에, 전환사채가 잠재적인 주식으로서의 성질을 가지고 있다는 이유만으로 신주발행의 경우와 동일하게 소에 의하여만 무효를 주장할 수 있다고 해석하는 것이 옳은 지에 대하여는 의문이다.[41]

2. 단주 또는 실권주의 처리

(1) 단주의 배정

상법상 단주가 발생하는 경우에는 주주에게 신주인수권이 인정되지 않으므로 이를 이용하여 적대적 M&A를 저지하거나 지배권을 탈취할 수 있다. 상법상 단주가 발생하는 경우로는 자본감소의 방법으로 주식을 병합하는 경우(상법제443조제1항), 준비금의 자본전입에 의한 신주의 무상교부의 경우(상법제461조제2항), 주식배당의 경우(상법제462조의2제3항) 등이 있다. 이들 경우에는 종전의 주주에게 이를 지분비율로 인수할 수 있는 권리를 인정하지 아니하고 원칙적으로 이를 경매하여 각 주수에 따라 그 대금을 종전의 주주에게 지급하면 족하도록 규정하고 있는데, 이 경우에 이사회가 이 단주를 합하여 정수의 주식을 만들어 이를 특정한 주주에게 매각함으로써 그 주주에게 지배권이 귀속되게 하거나 지배권의 탈취를 저지할 수 있다. 보통의 유상증자에 의한 신주발행의 경우에도 마찬가지이다.

---

39) 유영일, M&A에 대한 방어행위로서의 전환사채발행의 적법성, 97~99면.

40) 대판 2004.6.25, 2000다 37326 ; 동 2004.8.16, 2003다9636.

41) 정찬형, 회사법강의(홍문사, 1997), 620면 ; 정동윤, 경영권을 지키기 위한 신주 및 잠재적 주식의 발행, 기업구조의 재편과 상사법(Ⅰ)(박길준 교수 화갑기념논문집, 도서출판 정문, 1998), 674~676면 ; 전삼현, 경영권 방어목적을 위한 사모 전환사채 발행의 유효성, 고시계 제554호(2003.4), 43~44면.

그런데 이러한 단주의 처리방식에 의하여 지배권변경을 저지하거나 특정주주에게 지배권을 귀속시키는 것이 적법한가에 대하여는 논의가 일천하다. 그러나 회사의 지분율을 변동시키는 결과를 초래할 정도의 단주처리는 현저하게 불공정한 신주의 발행에 해당하고, 또 이사들이 의도적으로 주주간의 지배권의 균형을 파괴하는 결의를 하는 것은 주주평등의 원칙에 반하여 무효라고 볼 것이다.[42)]

(2) 실권주의 인수

신주의 발행과정에서 발생하는 실권주를 이용하여 지배권장악을 저지하거나 특정주주에게 지배권을 귀속시킬 수 있다. 이 방법은 신주의 발행단계에서 주주의 신주인수권에 따라 신주를 배정하지만 신주를 배정받은 주주, 즉 지배권의 장악의도가 있다고 보여지는 주주가 자금사정으로 이를 인수할 수 없는 때를 이용하는 것이다. 이 경우에 이사회는 실권주를 그대로 방치할 수도 있고, 실권주에 대하여 다시 주주를 모집할 수도 있다. 그러나 실권주에 관하여 다시 새로운 주주를 모집하는 경우에도 실권주에는 주주의 신주인수권이 미치지 아니하므로 이사회는 이를 특정한 주주에게 배정함으로써 그 주주의 비율을 높여 그로 하여금 회사의 지배권을 취득케 하거나, 지배권탈취시도를 사전에 저지할 수 있다.

이 경우에 실권주의 발생을 유도하기 위한 신주발행의 효력이 문제된다. 이에 대하여는 지배권을 독점하거나 지배권의 변경을 저지하기 위하여 실권주를 의도적으로 유도하는 것은 형식적으로 보면 신주인수권의 침해는 없지만, 실질적으로 보면 실권한 주주의 신주인수권을 침해한 것이나 다름없고, 자금의 필요도 없는데 신주를 발행하는 것은 이사회가 부당한 목적을 위하여 신주발행권을 남용하였다고 볼 수 있으므로 이는 현저하게 불공정한 신주발행에 해당되어 무효라고 볼 것이다.[43)]

그러나 실권주의 발생유도가 적법한가, 또는 위법한가는 획일적으로 판정할 수는 없고, 이 문제는 신주발행의 필요성 · 보편성 · 시급성, 실권주의 유도행위와 인수과정의 공정성, 합리성 등을 참작하여 판단하여야 할 것이다. 그리하여 현저한 불합리성 또는 불공정성이 있는 경우에는 위법하여 무효라고 보아야 할 것이다.

---

42) 서울지방법원 87카50920. 이 사건은 폐쇄회사인 극동석유회사의 경영권을 둘러싸고 두 그룹의 주주가 각각 50%씩의 주식을 보유하고 있는 상태에서 한 그룹 측에서 신주발행의 방법에 의하여 단주를 발생시켜 이를 자신들이 취득하여 50:50의 지분구조를 변경시켜 지배권을 장악하고자 한 사건이다. 이에 대하여 다른 그룹의 주주들이 신주발행의 유지를 청구하고 법원이 이를 받아들인 것이다.

43) 정동윤, 회사법(1997), 493면.

3. 자기주식의 취득 또는 처분

지배권의 쟁탈이 전개되는 사정에서 대상회사는 적대적인 주주의 지배권취득을 저지하기 위하여 회사가 보유하고 있는 자기주식을 처분하거나 새로이 취득하는 수가 있다. 예컨대 회사가 지주비율이 대등한 주주간에 경영권의 분쟁에 돌입하자 현재의 지배권자가 이사회의 결의를 통하여 기보유한 자기주식을 자기와 우호적인 제3자에게 처분하는 경우, 또는 이사가 현재의 지배권자를 위하여 사외유통되는 자기주식을 상당량 취득하여 다른 주주의 지배권쟁탈을 저지하는 경우가 이에 해당한다. 통상적으로 자기주식을 취득하는 방법은 증권시장 외에서는 일반주주 또는 잠재적인 기업인수자로부터 사적교섭에 의하여 취득하는 방법과 증권시장 내에서 취득하는 방법 등이 있다. 비상장회사의 경우에는 전자의 방법을 이용하는 수밖에 없고, 상장회사는 전자 또는 후자의 방법을 모두 이용할 수 있다. 그러나 여기에는 위법의 문제가 있다.

먼저 비상장회사인 대상회사의 자기주식취득에 대하여 보면, 대상회사는 적대적인 기업인수를 저지하기 위하여 증권시장 외에서 일반주주로부터 자기주식을 취득하는 방법을 이용할 수 있다. 그러나 상법상 비상장회사는 적대적 기업인수를 저지할 목적으로는 자기주식을 취득하는 것이 금지되며 취득하더라도 그 사법상 효력은 부정된다(상법 제341조). 다음으로 상장회사의 자기주식취득에 대하여 보면 이 회사들은 증권시장을 통하여 자기주식을 취득하여야 하며, 증권시장 외에서의 자기주식취득도 자기공개매수(self-tender offer)에 의할 경우 이를 허용하고 있다(구증권거래법189조의2제1항). 자기공개매수는 공개매수에 직면해 있는 대상회사가 증권시장 외에서 자기회사의 주주들을 상대로 직접 공개매수를 실행함으로써 자기주식을 취득하는 방법이다. 자기공개매수는 일반적인 공개매수와 다를 것이 없다.

한편 자기주식의 취득과 관련하여 소위 그린메일(green mail)이 문제된다. 그린 메일이라 함은 대상회사가 잠재적 매수자나 적대적 공개매수자로부터 자기주식을 직접취득하는 거래로서 미국에서 한 때 널리 이용된 방어책의 하나이다. 다시 말하면 그린메일은 적대적 공개매수자가 이미 보유하고 있는 대상회사의 주식을 공개매수가격에 일정한 프리미엄을 붙여 대상회사로 하여금 매수토록 하고 대상회사가 이를 취득하는 대신, 공개매수를 난념하기로 하는 약속을 말한다. 미국에서는 그린메일은 주주평등의 원칙에 반하여 불공정하고, 이것을 허용하면 또 다른 적대적 공개매수의 발생을 저지할 수 없다는 비판도 있다.[44] 그리하여 최근에는 회사정관에 일정비율이상의 주식소유자로부터의 그린메일에 의한 자기주식취득을 금지하는 규정을 두는 추세에 있고, 뉴욕증권거래소 규칙에서는 주주총회의 승인을 요구하고 있으며, 주법에서도 이를 규제하기 위한 입법 활동이 진행되고 있다.[45] 최근에는 그린메일이 대상회사에 대하여 공개매수자의 불필요한 사업부문이나 자회사의 매각을 위한 위협수단으로 악용되기도 한다.[46] 그린메일은 상법상 자기주식취득금지규정에 반하여 허용되지 아니하며, 상장회사의 자기주식취득방법에 어긋나는 것으로서 허용되지 않는다.

아울러 취득한 자기주식을 우호적인 제3자에게 임의로 처분하는 것이 주주평등의 원칙에 반하는 것인가에 대한 의문도 있을 수 있다. 일본의 신회사법에서는 자기주식의 처분에 신주발행절차를 준용하도록 하고 있고, 독일 주식법은 자기주식의 처분이 주주평등의 원칙에 반하지 않아야 함을 명시하고 있다. 그러나 자기주식의 처분은 자기주식의 취득과는 달리 회사의 손익거래에 해당하므로 신주발행절차에 따라 처분하도록 제한하여야 할 정당성은 특별히 필요한 경우가 아니면 일반화할 수 없다고 본다.[47]

4. 옵션의 부여

우호적인 제3자에 대한 선매권의 부여란 특정의 우호적인 잠재적인 매수자에게 적대적인 기업인수자보다 특별히 유리한 지위를 부여하기로 하는 계약 또는 거래(lock-ups)를 말한다. 여기에는 적대적 공개매수자를 지배권쟁탈에서 완전히 배제하여 매수경쟁을 종결시키는 계약(lock-up)과 단지 적대적 공개매수를 방해하거나 저지할 목적으로 하는 계약(leg-up)이 있다. 이러한 계약의 보편적인 형태에는 주식선매권부여방식(stock lock-up)과 자산선매권부여방식(crown jewel or asset lock-up)이 있다.

(1) 주식선매권부여계약

주식선매권부여방식은 일정한 경우에 대상회사의 자기주식 또는 수권주식중 미발행주식에 대한 매수권이나 매수선택권을 우호적인 제3자에게 부여하는 계약으로서,[48] 주

---

44) Easterbrook & Fischel, Corporate Control Transactions, 91 Yale L.J.703(1982) : Office of Chief Economist of the Securities and Exchange Commission, The Impect of Targeted Share Repurchases(Greenmail) on Stock Prices, [1984-1985 Transfer Binder] Fed. Sec. Rep. (CCH) ¶83,713 (Sept. 11, 1984)

45) 유영일, 주식공개매수에 관한 연구, 75~76면, 194~195면.

46) Ferrara, Brown & Hall, Takeovers-Attack and Survival, p.423.

47) 이에 대하여는 송종준, 자기주식의 처분절차규제에 관한 소고, 법률신문 제3504호(2006.11.9), 13면 참조 ; 이철송, 불공정한 자기주식거래의 효력, 증권법연구 제7권 제2호(한국증권법학회, 2006.12), 18면 이하 참조 : 신우진, 경영권 방어를 위한 자기주식의 제3자에 대한 처분의 법적 문제점, 기업법연구 제21권 제1호(한국기업법학회, 2007.3), 153면 이하 ; 수원지법 성남지원 2007. 1. 30, 2007카합30결정 ; 서울중앙지법 2007. 6. 20, 2007카합1721결정 ; 서울북부지법 2007. 10. 25, 2007카합1082결정

식의 제3자 배정증자에 해당하는 거래이다. 이 주식선매권의 특혜를 가진 제3자는 그 선택권을 행사하여 매입한 주식의 의결권을 대상회사와의 합병을 위하여 행사할 수도 있고, 공개매수가 경합하는 경우에는 이 선매권을 행사하여 매입한 주식을 보다 높은 매수가격을 제시하는 공개매수자에게 매각함으로써 이익을 실현할 수도 있다. 미국의 판례는 주식선매권계약의 효력을 인정하고 있는 것이 일반적인 추세이나, 경영판단존중의 원칙과 충실의무의 문제로서 그 계약의 효력여하를 다루고 있다.[49]

상법상 주식선매권부여계약에 있어서 매수선택권의 대상이 대상회사가 보유하는 자기주식인 경우에는 주주의 신주인수권과 관련이 없으므로, 제3자에 대한 매수선택권의 부여계약이 주주평등의 원칙에 반하지 않는다고 본다. 그러나 미발행주식에 대한 매수선택권계약은 원칙적으로 주주의 신주인수권을 침해하는 것으로서 효력을 인정할 수 없다고 본다. 다만 상법은 주주의 신주인수권을 정관의 규정으로 제한할 수 있다고 규정(상법제418조제1항)하고 있으므로, 정관에서 이를 정하고 있는 경우에는 제3자에 대하여 신주인수권을 부여할 수 있다. 이 제3자의 신주인수권은 정관의 규정에 의하여 바로 발생하는 것이 아니라, 회사와 제3자 사이의 계약에 의하여 발생하는 것이다.[50] 그러므로 제3자에게 미발행주식의 매수선택권을 부여하는 계약은 정관의 정함이 있는 경우에는 그 효력을 인정할 수 있다고 본다. 다만 지배권쟁탈의 국면에서 대량의 주식에 대한 매수권을 제3자에게 부여하는 것은 제3자 배정증자에서와 같이 현저히 불공정한 신주발행으로 되기가 쉬울 것이다.

(2) 자산선매권부여계약

자산선매권부여방식은 대상회사의 중요사업 또는 자회사, 기타 주요자산을 기업인수영역 외에서 특히 유리한 가격으로 매수할 권리나 선택권을 우호적인 제3자에게 부여하는 계약으로서, 영업양도계약이나 주요영업용자산의 매각에 해당한다. 이 선택권은 잠재적인 매수자가 대상회사 주식의 일정비율을 취득하는 것을 조건으로 행사될 수 있다는 방법으로 계약하는 것이 보통이다. 미국의 판례는 이 선택권계약에는 부당한 대가가 지급되고 대상회사에 대한 가격경쟁을 파괴하는 효과가 있다는 이유로 그 법적 효력에 대하여는 회의적인 입장을 보이고 있다.[51] 그것은 주식선택권부여계약과는 달리

48) Note, Lock-up Options : Toward a State Law Standard, 96 Harv. L. Rev. 1068(1983).
49) Ferrara, Brown & Hall, Takeovers-Attack and Survival, pp.467~471.
50) 정동윤, 회사법(1997), 479면.
51) 정동윤, 상게서, 472~484면.

이 계약에서는 자산의 시장가격이 형성되지 않기 때문이다. 그리하여 이 선택권의 행사가격의 적정성이 항상 문제되고 있다. 그러나 법원은 그 행사가격이 공정하다면, 이 계약의 효력을 인정하고 있다. 특히 여기서는 주요자산이 대상회사의 실질적인 전부 또는 일부의 자산을 구성하는 지의 여부에 따라,[52] 주요자산의 매각에 주법상 주주총회의 특별결의의 문제가 있다.

미국식의 자산선매권부여계약은 대상회사의 주요자산을 적대적인 공개매수가 발생하는 것을 조건으로 제3자에게 매각하기로 하는 것인데, 상법상 그 주요자산이 영업의 일부로 인정될 때에는 주주총회의 특별결의를 거치지 아니하고 이사회의 결의만에 의한 것이므로 효력이 없다고 보아야 할 것이다. 실제로 문제가 되는 것은 실질적인 자산의 전부에 해당하는 영업용재산이 선매권의 목적이 된 경우이다. 이에 대하여는 다툼이 있으나, 영업의 폐지 또는 중단을 초래할 정도이거나,[53] 회사존속의 기초가 되는 중요한 영업재산의 양도 또는 회사의 해체가 있다고 볼 정도의[54] 재산매각은 상법상 영업양도라고 보는 것이 타당할 것이다. 그러므로 "왕관의 보석" 에 해당하는 자산의 양도계약에는 주주총회의 특별결의가 필요하다고 본다.[55]

(3) 주식매수선택권의 부여

주식매수선택권(stock option)제도는 기업에 있어서 고급인력의 확보와 임직원에 대한 인센티브의 부여를 목적으로 고안된 것이지만, 적대적 M&A에 대한 유용한 방어수단으로 이용될 수 있다. 주식매수선택권을 부여받은 임직원들은 회사측에 우호적인 관계에 있다고 볼 수 있기 때문이다. 이 제도는 미국의 기업에서는 이미 오래전부터 이용되어 왔으며 주회사법에서는 이 주식매수선택권의 부여가 회사의 권리능력에 포함된다는 것을 명시하여(모범회사법제3.02조12호) 그 법적 근거를 명확히 하고 있고 그 구체적인 조건과 내용에 대하여는 정관 또는 이사회결의에 의하여 정할 수 있도록 하고 있으며, 1934년 증권거래법이 실질적인 내용을 규제하고 있다(제16조b항, SEC규칙16B-3). 일본에서는 1995년 특정신규사업실시원활화 임시조치법의 개정시 신주의 유리발행에 대한 상법의 특례로서 이 주식매수선택권제도를 도입하여, 이 제도의 시행에 필요한 구체적인 내용과 요건 등을 규제하고 있다.[56]

---

52) Del. Gen. Corp. Law § 271.

53) 대판 1965.12.21. 65다2099, 2100 ; 1987.6.9. 86다카2478, 1137 ; 1992.8.18. 91다14369 외 다수.

54) Gimbal v. Signal Companies, Inc., 316 A 2d 599 (Del.Ch.), aff'd 316 A 2d 619 (Del.1974).

55) 송종준, 기업매수합병의 법적 규제(대한상의, 1992), 38면.

56) 이에 대한 상세한 설명은 유영일, 개정증권거래법상의 주식매입선택권, 인권과 정의 제248호(대한변협, 1997.4),

우리나라에서는 1996년 증권거래법의 개정시에 이 제도를 처음으로 도입하여 시행해 오고 있다. 이 제도는 주주의 신주인수권을 제한하여 임직원 등의 제3자에게 주식 등을 교부케 하는 것을 목적으로 한다. 그 구체적인 내용과 조건 등에 관하여는 법과 그 시행령에서 상세히 정하고 있다(구증권거래법제189조의4, 동법시행령제84조의6). 그 밖에 조세특례제한법상으로는 주식매입선택권의 행사에 따른 과세특례(조세특례제한법제13조의3, 동시행령제11조의3)가 주어지고 있다. 그리고 상법도 1999년 개정시에 이 제도를 도입한 바 있다(상법제340조의2).

5. 독소적 증권의 발행

포이슨 필(poison pill)은 적대적인 공개매수자가 일정비율이상의 주식을 취득하여 지배권을 장악한 다음, 2단계로서 합병이나 영업양수를 통하여 완전한 지배권을 장악하고자 하는 경우에 대비하여, 일정한 사실이 발생하면 공개매수자의 보통주로 전환하거나 상환할 수 있는 증권을 발행하거나, 또는 주주들이 낮은 가격으로 대상회사 또는 공개매수자의 주식을 추가로 매수할 수 있는 권리가 있는 주식매수권증권을 발행하는 형식의 방어책이다. 이것은 적대적 공개매수자에게는 독약적 요소로 작용하게 되어 독소적 증권이라고 하며, 지배주주로서의 이익을 실질적으로 희석시키므로 공개매수를 저지할 수 있는 효과를 갖는다.[57] 여기서는 미국에서 일반적으로 이용되었던 포이슨 필의 구조와 상법상의 위법성문제를 고찰한다.

(1) 전형적인 포이슨 필

포이슨 필의 전형적인 형태로는 전환주식과 상환주식을 발행하는 방법이 있다. 전자는 대상회사의 이사회가 우선주를 발행하여 그것을 주식배당으로서 보통주주에게 배정하되, 정관에는 그 우선주를 공개매수자가 대상회사의 지배권을 취득하는 경우에 공개매수자의 보통주로 전환할 수 있는 전환권(conversion right)을 부여하는 방법을 말한다. 이와 같은 전환권규정은 공개매수자로 하여금 공개매수를 시도할 동기를 감소시키므로 공개매수에 대한 방어적 기능을 발휘할 수 있다. 주식의 전환비율에는 공개매수에서 제시된 최고매수가격 또는 대상회사 주식의 현재시장가격이 반영되고 이것이 공개매수자에게 막대한 자금부담을 가중하기 때문이다. 후자는 대상회사의 이사회가 우선주를

51~57면 참조.

57) Robert C. Clark, Corporate Law(Little, Brown & Company, 1985), pp.574~575.

발행하고 여기에 상환권(redemption right)을 부여하는 방법을 말한다. 여기서 상환가액은 대상회사의 보통주에 대하여 지급할 공개매수자의 최고매수가격에다 우선주에 대하여 지급할 배당금을 가산하여 결정되는 것이 보통이다. 따라서 공개매수자가 대상회사의 지배권을 취득한 이후에 이를 상환하기 위하여는 엄청난 자산의 소모가 뒤따르기 때문에, 이 방법도 적대적인 공개매수를 저지하는 효과가 있다.[58]

전형적인 포이슨 필은 전환주식과 상환주식에 해당하는데, 모두 보통주주에게 주식배당으로서 우선주를 발행하되, 여기에 일정한 조건을 붙인 것이다. 먼저 전환주식(의결권이 없는 우선주)의 경우 전환사유는 일정비율이상의 주식취득이 있거나 기업인수 후 2단계합병이 있는 때이며, 전환대상은 대상회사의 의결권있는 보통주이고 전환가액은 공개매수가격 중 최고가격 또는 시장가격으로 하고 있다. 상법상 전환주식은 정관으로 전환의 조건(전환비율), 전환의 청구기간, 전환으로 인하여 발행할 주식의 수와 내용을 정하여야 한다(상법제346조제1항). 그런데 위와 같이 장래의 불확실한 사실의 발생을 조건으로 하여 전환주식의 전환사유(전환청구기간)를 정하거나 전환가액(전환조건)을 정할 수 있는 지는 명확하지 않으나 부정적으로 보아야 하지 않을까. 또 상환주식의 경우에도 상환조건은 위의 전환주식과 같은 사정이 발생하는 때이며, 상환가액은 공개매수가격 중 최고가격에 우선주배당금을 합한 금액으로 되어 있다. 상법상 상환주식은 회사에 배당가능이익이 있는 것을 법정조건으로 회사가 그 범위에서 상환주식을 취득하고 일정한 상환금액을 지급하는 것이어야 한다. 그리고 상환가액, 상환조건, 상환할 주식수 등을 정관으로 정하여야 한다(상법제344조). 이와 같은 형태의 상환주식은 장래의 불확실한 사실의 발생을 조건으로 하고 있는데, 상환사유의 발생을 반드시 구체적으로 특정하여야 하는 것인지는 분명하지 않으나 전환주식의 경우와 마찬가지로 부정적으로 볼 것이다. 그러나 미국에 있어서 전형적인 포이슨 필은 전환(상환)조건이나 전환(상환)기간을 이사회에서 정할 수 있도록 하고 있는데, 이러한 방식은 우리 상법에서는 허용되지 않는다.

(2) 변형적인 포이슨 필

위와 같은 전형적인 포이슨 필은 다양한 형태로 변형되어 이용되고 있다. 여기에는 주식매수권증서(stock warrant or rights)를 배정하는 것(call right plan)과 주식매도권증서를 배정하는 것(put right plan, back-end pill)이 있다.[59]

---

58) 송종준, 학위논문, 150면.
59) 유영일, 주식공개매수에 관한 연구, 51~57면 ; 송종준, 학위논문, 151면.

주식매수권증서의 배정방법에는 공개매수자가 대상회사 주식의 일정비율이상을 취득하는 등 일정한 사유가 발생하면, 대상회사의 보통주주에게 공개매수자의 주식을 시장가격보다 훨씬 싼 가격으로 매수할 수 있는 권리부증서를 이익배당으로 부여하는 것(flip-over pill)과, 대상회사의 주식을 시장가격보다 훨씬 싼 가격으로 매수할 수 있는 권리부증서를 배당으로 부여하는 것(flip-in pill)이 있다. 전자의 경우에는 주식매수권을 행사하면 대상회사의 보통주주의 증서가 공개매수자의 주식으로 전환되는 결과로 되어 공개매수자가 지배권을 취득한 이후 2단계로 합병을 단행하여 기업결합을 시도하고자 하는 경우에 강력한 효과가 있다. 후자의 경우에는 주식매수권을 행사하면 보통주주의 증서가 대상회사의 주식과 교환되는 결과로 되므로 2단계의 합병을 행하지 않는 경우에도 효력이 발휘될 수 있다는 점이 특징이다.

한편 주식매도권증서의 배정방법은 공개매수자가 일정비율이상의 주식을 취득한 경우, 대상회사의 주주에게 자신의 주식을 채무증서 또는 우선주와 교환하거나 매도할 수 있는 권리를 부여하는 것이다. 이것은 flip-in pill과 같이 공개매수자가 2단계의 합병을 하는 것을 조건으로 하지 않고, 일정한 주식을 취득한 경우에 매도권을 행사할 수 있도록 하고 있다.

주식매수권증서이든 매도권증서이든 대상회사의 주주가 가진 보통주와 분리하여 양도할 수 있으며, 매수권의 행사대상에서 공개매수자를 배제할 수 있다. 매도주주의 범위에서 공개매수자를 제외하는 경우에는 차별적인 주식취득이 되어 주주평등의 원칙에 반하는 문제가 있다. 미국의 판례상으로도 불평등한 포이즌 필을 위법하다고 보는 경우도 있는 반면, 적법한 것으로 보는 경우도 있다.[60] 또한 포이즌 필은 그로 인하여 회사구조에 중대한 변경이 초래됨에도 불구하고 이사회가 주주총회의 결의없이 채용되므로, 공개매수에 대한 의사결정권이 주주에게 있지 아니하고 이사회로 이전한다는 문제를 안고 있다.[61]

요컨대 변형적인 포이즌 필은 모두 이익배당으로서 대상회사의 주주에게 주식매수권이나 주식매도권을 배정하는 것이다. 상법상 이익배당은 현금 또는 주식으로만 가능하다. 따라서 주식매수권이나 주식매도권을 배정하는 것은 인정되지 않는다고 볼 것이다. 그리고 주식매수권이나 주식매도권의 가격을 시장가격보다 현저히 싼 가격으로 정하거나, 현저히 비싼 가격으로 정하는 것은 불공정한 것으로 그 효력을 인정하기가 어려울

60) 김택주, 공개매수의 방어에 관한 연구, 111~112면 참조.
61) 유영일, 주식공개매수에 관한 연구, 49면.

것이다. 특히 이러한 포이즌 필은 모두 이사회의 결의에 의하여 이익배당으로서 배정되는 것인데, 상법상 배당결의는 주주총회 결의사항이므로 우리나라에서는 인정할 수 없다. 그러나 일본의 신회사법은 신주예약권제도를 도입하여 미국에서의 포이즌 필과 동일한 방어적 효과를 발휘할 수 있도록 하였다.

6. 경영진에 의한 차입매수

적대적 기업인수에 대항하기 위한 수단으로서 차입매수전략이 있다. 차입매수(leveraged buy-outs, LBO)는 M&A에 있어서 취득하고자 하는 대상회사의 자산을 직접 또는 간접적인 담보로 하여 기업인수자금을 외부로부터 조달하고, 그것을 기초로 특정의 공개회사를 매수하는 방어책이다.[62] 즉 기업인수의 목적이 대상회사의 자산취득인 경우에는 직접 그 자산을 담보로 자금을 차용하고, 합병 또는 그 밖의 주식취득에 의한 지배권취득인 경우에는 간접적으로 그 자산을 담보로 자금을 차용하는 것이다. 차입매수의 본질은 대상회사의 현존 경영진으로 하여금 기업취득 후의 회사에 잔류할 것을 약정하고 타인자본을 이용한다는 데에 있다. 부채의 활용으로 자본의 수익률을 증폭시키는 효과를 기하는 데에 LBO의 실익이 있다.

차입매수에 있어서는 외부의 스폰서라고 하는 제3자가 껍데기회사(shell corporation)를 설립하여 대상회사의 현경영진은 여기에 일부를 출자하고 대부분은 금융기관으로부터 차용한 대부금과 투자자그룹(개인투자자, 연금기금, 기관투자가, 대상회사주주 등)으로부터 형성된 LBO기금으로 자산을 구성하게 된다. 금융기관은 취득자산과 피인수회사의 장래 수익력을 고려하여 그 자금을 대부해 주는 것이다. 그리하여 이 껍데기회사가 대상회사의 주식을 매수한 후, 대상회사와 합병을 추진하는 것이 보통이다.[63] 여기서 차입매수가 경영진에 의해 주도될 때에 그것을 경영진에 의한 차입매수(management buy-out, MBO)라고 한다. 따라서 특정의 공개회사가 M&A의 대상으로 된 경우, 그 회사의 경영진들이 이와 같은 방법을 사용하면 적대적 기업인수를 저지하는 결과로 된다.

미국에서는 한 때 정크본드(junk bond)[64]에 의한 자본조달의 덕분으로 LBO거래가

---

62) Martin Lipton & Erica H. Steinberger, Takeovers and Freezeouts, Vol. I (Law Journal Seminars Press, 1990), § 9.03 [5], § 9-15.

63) LBO의 개념 및 거래구조에 대한 상세한 내용은 송종준, PEF와 M&A : LBO의 구조와 법적 문제, 금융법연구 제2권 1호(한국금융법학회, 2005), 61면 이하 참조.

64) 정크본드는 투자가치는 있으나 신용등급이 낮은 사채(Ba, BB급이하)를 말한다. 이 정크본드는 신용도가 낮은 만큼 위험도가 높기 때문에 보통 미국 재무부 단기채권보다 높은 이자율이 적용된다고 한다. 성형표, 기업의 인수합병거래(한국경제신문사, 1989), 39~41면 참조.

급증한 면도 있으나, 이 거래가 적대적인 공개매수를 저지하기 위한 효율적인 백기사(white knight) 대용책으로서 작용하고 있다는 점도 그 증가의 주된 원인이라 할 수 있다. 노동자가 경영권의 취득주체로 될 경우 이를 종업원에 의한 차입매수(employee buy-out, EBO)라고 한다. 차입매수거래는 결과적으로 대상회사의 소수파주주를 축출함으로써 공개회사를 폐쇄기업화하게 되고, 회사의 타인자본을 증대하므로 재무구조가 불건전하게 된다.[65] 이로부터 소수파주주의 보호와 회사채권자의 보호가 법률상 중요한 문제로 취급되고 있다.[66]

7. 종업원지주제도의 이용

적대적 기업인수에 대항하기 위한 자본구성의 재편방법으로서 종업원지주계획(ESOP)을 이용하여, 상당량의 주식을 경영자의 관리하에 맡겨 두는 경우가 있다. 이렇게 하면 적대적 기업인수자의 주식소유비율을 희석시킬 수 있고, 다른 정관규정과 초특별다수결규정 등과 조합되면 장래의 기업인수의 위협으로부터 회사의 경영권을 보호해 주는 기능을 발휘할 수가 있다.[67] 증권거래법상 우리사주제도(구증권거래법제191조의7)가 여기에 해당한다. 이 제도는 법률에 의한 주주의 신주인수권제한의 한 형태이다. 실제상으로는 적대적 M&A에 직면한 대상회사가 우리사주의 취득에 필요한 자금을 우리사주조합에 대부하여 주고 그 자금으로 우리사주조합이 주식을 취득하여 현경영진에게 우호적인 관계를 유지하는 방법이 주로 이용된다. 그러나 이러한 자금지원에 의한 우리사주의 취득은 위법하다.

8. 배당정책의 이용

상법과 증권거래법에 기초한 배당정책은 적대적 M&A에 대비한 유용한 방어책이 될 수 있다. 상법은 이익배당으로서 현금배당과 주식배당을 모두 허용하고 있으며, 주식배당은 배당가능이익의 1/2의 범위내에서 할 수 있다(상법제462조의2제1항). 그런데 배당이 M&A에 대한 방어책으로서 기능을 하는 것은 기존주주에게 고율의 배당으로 인한

---

65) 해밀턴(Hamilton) 교수는 지금까지의 부채에 의한 기업인수는 회사의 부채를 상당히 증가시키는 요인이 되고 있는 것으로 밝혀졌다고 보면서, 경제가 침체하는 경우에 부채부담이 큰 회사가 살아남을 수 있을 지에 대한 우려가 가장 심각하다고 평가하고 있다. 이런 점에서 M&A의 장래는 상당히 의심스럽다고 예견하고 있다. Robert W. Hamilton, Corporation Mergers and Acquisitions, The Guide to American Law Yearbook, p.72~75(1990).

66) LBO의 법률문제에 대한 분석은 제5장 제3절 참조.

67) Ferrara, Brown & Hall, Takeovers-attack and survival, pp.439~440.

회사에의 귀속감을 고취시키고, 또한 고율의 배당은 주가의 상승을 가져오기 때문에 현 경영진에 우호적인 안정주주를 확보할 수 있기 때문이다.

그런데 상장법인의 경우에는 주식배당의 폭이 확대됨으로써 그 효과를 증폭시킬 수 있다. 증권거래법상으로 이들 법인의 경우 주식의 시가가 액면액을 초과하는 경우에는 이익배당총액에 상당하는 금액까지 주식배당을 할 수 있다(구증권거래법191조의3제1항). 여기서 주식의 시가는 배당결의의 주주총회결의일이 속하는 당해연도의 개시일부터 그 결의의 직전일까지의 최종시세의 평균액과 직전의 거래소가격 중 낮은 금액으로 하여 산정한다(구증권거래법191조의3제2항, 동시행령제84조의11).

한편 배당정책에 의한 M&A방어효과는 회사가 배당을 자주 할 수 있을 때에는 더욱 더 크다고 할 수 있다. 상법은 종전에는 기업의 배당을 1사업년도 1회로서 그 배당횟수를 제한하였지만, 1998년 12월의 상법개정에 의하여 영업년도 중 1회에 한하여 이사회의 결의만으로써 현금으로 이익배당을 할 수 있도록 하였다(상법제462조의3, 구증권거래법제192조의3). 이것을 중간배당제도라고 한다. 이 중간배당제도에 있어서 중요한 것은 중간배당의 결정기관은 주주총회가 아니라 이사회라는 점에서 배당을 이용한 고주가정책을 용이하고 신속하게 추진할 수 있어서 적대적 M&A에 대비한 유용한 방어효과를 기대할 수 있다.

Ⅳ. 계약에 의한 방어책

1. 잠재적 인수자와의 불가침협약

불가침협약(standstill agreement)이란 잠재적 기업인수을 방어하기 위하여 일정기간 동안 특정주주가 보유할 수 있는 주식수를 제한하고 계약기간 중 기업인수을 금지하기로 하는 약정을 말한다. 이 협약에는 특정주주가 경영진의 사전승인이 없이는 일정기간 동안 일정한도를 초과하여 지분율을 증가하지 않으며, 주식의 양도시에는 회사에게 우선적 매수청구권(right of first refusal)을 부여함으로써 주식양도를 제한하고, 위임장경쟁을 금지하며, 이사선임 등의 의안에 대하여 일정한 방법으로 의결권을 행사하기로 하는 등의 협정이 체결된다. 이에 대한 대가는 그 특정주주에게 이사정원의 일부를 배정하거나, 일정한도까지의 주식매수에 반대하지 않기로 동의하는 것이 일반적이다. 미국에서는 이와 같은 불가침협약을 이사회의 결정에 경영판단원칙을 적용하여 그 적법성을

인정하고 있다고 한다.[68]

생각건대 우리법상으로도 이와 같은 협약이 계약자유의 원칙상 그 효력을 부인할 수는 없을 것이다. 그리고 협약의 내용을 위반하고 한 행위의 효력도 회사에 대한 관계에서 부정할 수 없을 것이라고 본다. 그러므로 이 협약의 위반을 방지하기 위하여 위반시에는 위약금을 부과할 수 있는 약정을 부가하여 두는 것이 바람직하다.

2. 채권자와의 계약

회사의 지배권이 변경될 경우에 대비하여 회사는 자금대부자와 체결하는 대부계약(loan agreement)에 회사의 지배권이 변경되는 경우에는 대부자로 하여금 대부금을 회수하거나 대부계약을 취소할 수 있는 권한을 부여하는 조항을 두는 수가 있다. 이런 규정은 아주 매력적인 대부조건으로 금융을 일으키는 경우가 아니면 그 효용성은 의심스럽지만, 미국에서는 '80년대에 대규모의 차입매수에 의한 M&A가 증가함에 따라 대부자들이 대부계약상 이와 같은 지배권조항을 삽입할 것을 요구하여 왔다고 한다. 이와 같은 조건을 포이슨 풋(poison puts)이라고 한다.[69]

이 포이슨 풋 계약조항은 사채인수인에게 특정의 사실발생, 즉 회사가 적대적으로 인수되거나, 경영진에게 비우호적인 제3자가 일정한 지분율을 초과보유할 경우에, 사채인수인에게 사채를 발행가액 또는 프리미엄을 가산한 가격으로 발행회사에 대하여 재매각할 수 있는 권리를 주기로 하는 약정이다. 이와 같은 조항을 정확히는 "제1세대 포이슨 풋" 조항이라고 한다. 그러나 제1세대 포이슨 풋조항은 적대적 기업인수가 발생하는 경우에만 적용되므로, 처음에는 적대적이었던 거래가 나중에 우호적인 거래로 바뀌게 되는 경우에는 이 조항은 적용되지 않아 사채인수인이 위험을 전부 부담하게 되는 수가 있고, 또 자본구조의 재편(recapitalization)에 의한 방어책행사로 사채의 가치가 감소하거나 그 상환이 불투명하게 되더라도 이 조항은 적용되지 않아 사채인수인에게 불리하게 되는 문제가 있다. 그리하여 최근에는 수퍼 포이슨 풋(super poison put)이라는 새로운 계약형태가 나타났다. 이것은 기채회사의 레버리지(leverage)를 증가시키고, 따라서 증권의 등급이 하향조정(예컨대 정크 본드로 하향되는 경우)되는 등 다양한 사실의 발생이 있어도 적용될 수 있도록 한 것이다.[70]

---

68) 유영일, 주식공개매수에 관한 연구, 83면.
69) Lipton & Steinberger, Takeovers and Freezeouts, § 6.03 [5]
70) Fleischer.Jr & Sussman, Takeover Defense, § 6.11, 6-59~60.

한편 이와 같은 계약조건은 회사와 대부자와의 계약에 불과하므로 그 자체가 위법한 것은 아니라고 본다.[71] 그러나 대부자가 지지하지 않는 우호적인 제3자와 회사가 거래를 하게 될 경우에는 오히려 회사에게 불리할 수 있다는 점이 문제이다. 그리고 이 지배권조항에는 대부자의 요구에 따라 일반주주에 대한 이익 또는 이자배당을 제한하는 규정을 두는 수가 있다. 이러한 경우에 상법상 이익 또는 이자배당에 대한 결정권은 주주총회에 있으므로 경영자에 의한 제한약정은 회사 또는 주주에 대하여 효력이 없다고 볼 것이다.

3. 주주와의 의결권행사에 관한 계약

(1) 의결권계약

의결권계약은 주주들이 각자의 의결권을 일정한 방법으로 행사하기로 미리 약정을 하는 것을 말한다. 우리나라에서는 의결권계약은 당사자간에 채권적 효력이 있는 것으로 풀이하는 것이 일반적이고, 그 계약을 위반한 경우에는 손해배상의 책임을 지므로, 이것을 활용하면 경영권방어에 유익한 수단이 될 수 있을 것이다. 독일에서는 이 계약방법이 가장 효과적인 방어책으로 인정되고 있다.

(2) 의결권신탁계약

의결권신탁은 수탁자가 계약에 정해진 기간동안 합의된 방법으로 의결권을 행사할 권한을 가지되, 이익배당청구권 등 기타의 권리는 주주가 계속하여 보유하기로 하는 약정하에 주주가 그 주식을 의결권수탁자에게 양도하는 것을 말한다. 미국에서 많이 이용하는 제도이다. 이 계약의 효력은 해석상 유효하다고 보는 것이 최근의 추세인데, 회사지배권의 획득을 방지하는 유용한 수단이 될 수 있다.

(3) 의결권행사를 위한 자격양도

의결권행사를 위한 자격양도는 주주가 타인에게 타인의 명의(자격주주)로 의결권을 행사할 수 있는 권한을 수여하는 것이다. 이것은 당사자간에는 의결권을 양도한 주주가 여전히 주주로서의 지위를 갖지만, 주주명부에는 타인의 명의로 명의개서되므로 회사에 대한 관계에서는 원칙적으로 자격주주인 타인이 주주로서 취급된다. 자격양도의 방법은 독일에서 많이 이용되지만, 우리나라에서도 그 활용가능성이 검토될 수 있을 것이다.

---

71) 정동윤, 적대적 M&A에 대한 방어책과 그 적법성, 30면. 이러한 계약조항을 기한의 이익상실약정(acceleration clause)이라고 한다.

(4) 위임장계약

회사 또는 주주는 위임장에 의하여 의결권을 관리할 수 있다. 이것은 회사의 경영권을 탈취하는 수단으로 이용되기도 하지만, 주주총회에서의 의결권경쟁을 통한 방어를 위하여도 유용한 수단이 될 수 있다. 우리나라에서는 회사에 의한 위임장권유가 일반적이었으나, 앞으로는 주주들 간에도 그 활용도가 높아질 것으로 예상된다. 통상 위임장의 권유에 따른 위임장의 교부는 철회가 언제든지 허용되지만, 실제로는 철회하지 않는다는 조건으로 계약을 체결하고 철회할 경우에는 위약금을 지급하기로 약정하는 것이 보통이다. 위임장을 교부하고 설사 철회한다하더라도 위약금 규정 때문에 사실상 의결권행사를 구속하는 결과가 된다. 그러나 위임장의 권유에는 일정한 법적 제한이 따른다.

V. 기타의 방어책

1. 방어소송

적대적 기업인수가 행하여지는 경우에 대상회사는 기업인수자가 증권거래법, 회사법, 특별법, 독점금지법 등이 규정하는 바를 위반하고 있는 지를 조사하여, 그 행위의 중지를 구하는 소송을 제기할 수 있다. 이와 같은 소송을 방어소송(defensive suit)이라고 한다. 미국의 경우에는 유지소송(injunction relief)에 의하여 위반행위를 금지시키는 경우가 가장 많다.[72)]

방어소송은 전략적으로는 법원에 대하여 적대적 M&A의 중지를 구하거나 지연시키고자 하는 의도에서 제기되는 경우가 대부분이다. 또한 기업인수비용의 증대를 야기시켜 기업인수의 경제성을 저상케 하고 기업인수를 좌절케 할 목적으로 제기되기도 한다. 방어소송 이외에 금융위원회, 공정거래위원회에 적대적 M&A의 위법성을 진정하거나 고발함으로써 방어소송과 동일한 효과를 향유할 수도 있다.

우리나라에서는 미국에서와 같은 유지명령제도가 인정되지는 않지만, 민사소송법상 가처분제도의 활용으로 유지명령제도의 효과를 거둘 수 있다. 적대적 기업인수자의 위법한 행위의 금지를 구하는 가처분신청이 대표적인 방법이다. 예컨대 기업인수자가 법상의 행위제한규제, 각종의 실체 및 절차적 규제, 신고 또는 보고의무 등을 위반한 경우에 그에 터 잡아 이해당사자인 대상회사의 주주 또는 경영진이 위반행위의 중지 또

72) 방어소송에 관한 구체적인 설명은 Lipton & Steinberger, Takeovers and Freezeouts, § 6.07, § 6.08, § 6.09참조

는 금지를 구하는 가처분신청을 관할법원에 제기하는 것이다.

그러나 이 가처분제도는 기업인수자 측에서 대상회사 경영진의 위법한 행위의 금지 또는 중지를 구하고자 하는 경우에도 이용된다는 점에 주의하여야 한다. 예컨대 대상회사의 경영진이 적대적 기업인수를 저지하기 위하여 신주, 전환사채 또는 신주인수권부사채 등 잠재주식을 발행하려는 경우에 이의 금지를 구하는 가처분신청을 하고(신주발행금지가처분, 잠재주식발행금지가처분, 의결권행사금지가처분 등), 본안소송으로서 위법행위의 무효 또는 취소를 구하는 소송을 제기하는 것이 그것이다.

2. 경쟁공개매수의 권유

경쟁공개매수(competing tender offer)라 함은 대상회사가 우호적인 관계에 있는 제3자로 하여금, 이미 공표된 공개매수가격보다 높은 매수가격으로 경합적으로 행하는 공개매수를 말한다. 대항공개매수라고도 한다. 대상회사가 그 제3자에 대하여 새로운 공개매수를 권유하고, 이에 따라 경쟁적 공개매수가 행하여지면 매수가격의 상승을 유인하게 되므로 적대적인 공개매수를 저지할 수 있게 된다. 이 경쟁공개매수는 대상회사의 주주들에게 이익을 주게 되므로, 그 권유는 매우 바람직한 방어책이 될 수 있다. 법상 경쟁공개매수의 등장은 공개매수자의 공개매수청약의 철회사유에 해당하므로 그 철회를 유도하는 효과도 있을 것이다.

3. 역공개매수

이것은 대상회사가 공개매수회사에 대하여 역으로 단행하는 공개매수(먹히기 전에 잡아먹는 방식, pac-man defense)를 말한다. 이것은 공개매수회사가 대상회사의 지배권을 취득하기 전에 대상회사가 공개매수회사의 지배권을 취득하려는 목적을 가지므로 이는 공개매수를 적극적으로 억제하는 효과가 있다. 미국의 주회사법은 대부분 자회사가 소유하는 모회사주식에 대한 의결권행사를 제한하고 있으므로, 양 공개매수가 모두 성공하는 경우, 양 회사는 모자회사 또는 주식의 상호보유관계를 이루게 되어 의결권행사의 제한이 불가피하게 나타나는 문제가 있다.[73]

이미 공개매수가 진행되고 있는 동안에 대상회사가 공개매수자인 회사에 대하여 행하는 역공개매수는 그 자체에 위법성이 있는 것은 아닐 것이다. 이와 같은 방어전략의

73) 김택주, 공개매수의 방어에 관한 연구, 100~102면 참조.

성공여부는 최초의 공개매수가 성공하기 전에 방어적인 공개매수를 종결할 수 있는가와 어느 쪽이 먼저 상대방 회사의 이사회를 장악하게 되느냐에 달려 있을 것이다. 공개매수자가 먼저 주식매수를 끝마치게 되면, 대상회사는 성공적으로 역공개매수를 종료하더라도 주식을 상호보유하게 되는 결과로 된다. 상법은 주식의 상호보유를 모자회사간 상호보유(상법제342조의2)와 비모자회사간 상호보유(상법제369조제3항)로 나누어 규제하고 있다. 그러므로 공개매수자가 대상회사의 발행주식총수의 40%를 초과하게 되면 대상회사는 공개매수자의 주식을 취득할 수 없고 또 취득하더라도 효력이 없다(통설). 모자회사관계에 이르지 않더라도 공개매수자가 대상회사의 발행주식총수 중 10%이상을 취득하면 대상회사가 취득하게 되는 공개매수자의 주식은 의결권이 제한되는 점에 유의하여야 할 것이다.

4. 공개매수에 대한 반대의견의 표명

공개매수의 대상회사 또는 그 경영자는 공개매수의 개시이후 공개매수에 대한 반대의견을 신문광고, 서한송부 등의 방법으로 자기회사 주주에게 적극적으로 홍보하는 방법이 있다. 공개매수에 반대하는 대상회사는 주주에 대하여 승낙하지 않는 것이 주주 및 종업원의 이익이라든가, 주식의 실질가치가 공개매수가격을 상회한다든가 하는 내용을 홍보함으로써, 주주의 인식을 제고할 수 있다. 이것은 회사의 주요내용에 관한 정보를 주주에게 제공하고 공개매수에 대한 주식매도의 선택은 주주들 스스로 결정하도록 하는 방법이다.

미국의 증권거래위원회(SEC) 규칙에서는 공개매수가 개시된 때에는 대상회사의 경영진에게 공개매수에 대한 찬성, 반대, 또는 중립의 의견을 그 이유와 함께 반드시 표명할 의무를 지우고 있다(Rule 14e-2). 그러나 우리나라 법은 대상회사에게 의견표명의무를 지우지 않고, 재량에 맡기고 있다(자통법제138조). 따라서 공개매수의 대상이 되는 회사 또는 그 경영자는 공개매수에 직면하고 있는 주주에 대하여 필요한 정보를 공시할 의무가 없다. 공개매수가 우호적인 관계에서 진행되는 경우에 대상회사의 주요정보를 공시해야 할 필요성이 더 크다. 대상회사의 이사가 소수파주주의 이익을 무시하고 공개매수에 협력할 가능성이 있기 때문이다. 대상회사의 경영자에게 적극적인 공시의무를 지울 수 있는 법률적 근거가 모호하지만,[74] 이사의 선관주의의무의 강화차원 또는

74) 독일법상으로 이사회는 회사와 주주의 이익을 위하여 일정한 사항을 고려할 수 있으므로, 대상회사의 이사회는 기업인수자의 계획 및 매수가격 등에 대한 의견을 표시할 권한과 의무가 있다고 풀이되고 있다. Marcus Lutter

충실의무의 견지에서 공개매수가 우호적이든 적대적이든 공개매수의 적정성에 대한 찬성 또는 반대의견의 표시를 의무화함이 투자자보호의 요청상 바람직할 것이다.[75]

5. 지배권변경에 대한 승인을 요하는 사업의 보유

회사의 지배권을 취득하는 경우에는 반드시 감독기관의 승인 또는 인허가를 받아야 하는 사업(예컨대 핵사업은 미국의 원자력법상 지배권이전에 핵 규제위원회의 승인을 받도록 하고 있다)을 보유하고 있으면, 그 승인이 없이는 회사의 지배권을 취득할 수 없다. 미국에서는 1977년 이전까지는 연방법에 의하여 지배권의 탈취로부터 이러한 사업을 가진 회사를 보호하는 것이 허용되었다. 그러나 Babcock사건[76] 이후부터는 그러한 승인이 없더라도 지배권취득행위는 진행될 수 있게 되었다. 다만 승인이 없으면 지배권취득 자체를 종결할 수 없게 하고 있을 뿐이다.[77]

우리나라의 경우 각종의 행정규제법에서 일정한 사업에 대한 인·허가를 규정하는 수가 있는데, 행정법규상 인·허가규정이 지배권취득 자체를 제한할 수는 없다고 본다. 인·허가는 해당 사업의 실행과 관련한 것에 불과하기 때문이다. 새로운 지배권자가 그 사업을 수행하기 위해서는 관할 규제기관으로부터 인 · 허가를 얻어야 함은 물론이다.

6. 경영전략적 방어책

이상의 법률적 방어전략 이외에도 순수한 경영전략적 차원에서 이루어지는 방어책이 많다. 투자자관리운동과 우호적 주주그룹의 확보를 위한 노력은 가장 대표적인 방어수단이다.

(1) 투자자관리운동의 전개

투자자관리(investor relations, IR)는 기업과 주주 상호간의 의사소통관계를 뜻하는 것으로서 경영실적, 경영전략, 사업활동과 중장기 사업계획 등에 관한 중요한 정보를 적극적으로 전달하여 투자자와 우호적인 관계를 만들기 위한 전략적인 활동이다. 이와 같은 투자자관리를 통하여 주주로 하여금 현실적인 기업가치와 장래의 기대가치에 대한

& Brigitte Lammers, Hostile Takeovers : Possibilities and Limitations according to German Law, Defensive Measures against Hostile Takeovers in the Common Marke(Martinus Nijhoff Publishers, 1990), p.118.

75) 신영무, 증권거래법, 397면 ; 송종준, 학위논문, 140~142면.

76) Babcock & Wilcox Co., v. United Technologies Corp., 435 F. Supp.1249 (N.D.Ohio 1970).

77) Lipton & Steinberger, Takeovers and Freezeouts, § 6.03 [6].

신뢰를 확보할 수 있으므로 투자자를 안정주주로 유도할 수 있는 효과를 기대할 수 있다. 투자자관리 활동을 적극적으로 전개하는 기업은 적대적 M&A의 대상이 될 가능성이 낮고, 적대적 매수에 대한 호응도도 낮아져 매수의 실패가능성을 높일 수 있다는 것이 일반적이다.

투자자관리에 있어서는 주주명부와 실질주주명부의 변동사항을 체계적으로 분석하여 일정기간 이상의 고정주주와는 긴밀한 유대관계를 유지하는 것이 특히 필요할 것이다. 주의할 것은 회사의 경영실적, 사업활동, 사업계획 등에 대한 투자자의 신뢰를 얻기 위해서는 객관적이고 전문적인 평가가 전제가 되어야 한다는 점이다. 단순히 형식적인 회사홍보를 위한 투자자관리는 지양하여야 하고, 국내외의 공신력있는 전문가의 평가에 기초한 정보전달이 신뢰관계의 형성을 더욱 촉진할 것이다. 여기서의 신뢰관계는 고주가, 고배당정책과 연관지어 형성되는 것이 중요할 것이며, 회계관리의 투명성을 기초로 한 과학적인 경영실적의 평가와 예측이 전제가 되어야 할 것이다.

아울러 투자자관리에 있어서는 회사경영의 평가와 사업계획의 수립에 있어서 기관투자자를 비롯한 주요주주의 의사가 주주총회 또는 이사회에서의 의사결정에 반영할 수 있는 시스템을 구축하는 일도 중요할 것이다. 이를 위해서는 회사 내에 상설기구를 설치하여 주주들로부터 제안된 의견을 수렴하거나, 중요한 의사결정을 논의할 수 있는 협의체제를 갖출 필요가 있다. 그리하여 이러한 시스템을 주주제안권제도(shareholder proposal, 상법제362조의2)와 연결시켜 활용하는 방법도 고려할 수 있을 것이다.

(2) 우호적 주주그룹의 확보

투자자관리는 회사경영에 관련된 정보의 자발적인 전달을 통하여 안정주주화를 유도하는 간접적인 전략으로서의 의미를 갖지만, 경영권쟁탈에 대비하여 현 경영진에게 우호적인 주주그룹을 확보하는 것은 매우 효과적이고 직접적인 방어전략이다. 우호적인 주주그룹은 회사와 일정한 관계에 있는 자들을 대상으로 하여 확보하는 것이 보통이다. 영미에서 말하는 백기사(white knight) 또는 백지주(white squire) 등이 이에 해당한다. 종업원, 임원, 제휴업체, 거래처 등이 그 주된 대상이 된다고 할 수 있다. 이들에 대하여 우리사주제도와 주식매수선택권제도를 활용하거나, 제3자신주배정의 방법으로 주식을 배정하여 우호적인 지지세력을 구축하는 것이다. 그리고 회사가 취득한 자기주식을 이들에게 처분하는 것도 하나의 방법이 될 것이다. 또한 회사가 특정지역에 소재하고 있는 경우에는 그 지역의 단체나 인사도 우호적인 주주그룹으로 확보하여, 적대적 M&A에 대한 반대여론을 조성하는 것도 하나의 방법이 될 수 있을 것이다.

한편 우호적인 주주그룹은 회사의 단기경영성과에 민감한 주주를 대상으로 하여 확보하는 것도 중요하다. 대표적으로 기관투자자가 여기에 해당한다. 이들을 우호적 주주그룹으로 유인하기 위하여는 잉여금을 지나치게 사내에 유보함으로써 이익배당을 억제하는 것보다는 적극적인 고배당정책을 실행하는 것이 바람직할 것이고, 또한 중간배당제도도 최대한 적극 활용할 필요가 있을 것이다.

제3절 방어규제의 입법유형

어느 국가에서든 적대적 M&A로부터 경영권을 방어할 수 있도록 다양한 수단이 법률에 의하여 제공되고 있다. 그러나 법률상 방어수단이 규정되어 있다고 하여 반드시 이를 방어책으로서 적법하게 사용할 수 있는 것은 아니다. 그리고 국가에 따라서는 방어행위에 대한 규제도 다양하다. 크게 방어금지입법과 방어허용입법으로 유형화할 수 있다.

Ⅰ. 방어금지입법

1. 영국

영국의 씨티 코드에서는 공개매수의 청약이 대상회사에 통지되거나, 대상회사의 이사회가 공개매수가 임박해 있음을 알만한 이유가 있을 때에는 대상회사의 이사회는 주주총회에서의 결의가 없이는 공개매수청약이 좌절되거나, 주주에게 그에 대한 판단을 결정할 기회를 부정하는 결과를 가져오는 어떠한 방어조치도 행사할 수 없다는 원칙을 명시하고 있다.[78] 구체적으로 주식의 발행, 미발행주식에 대한 우선권부여, 주식으로 전환되거나 주식을 인수할 수 있는 증권의 발행, 회사의 중요재산의 양도나 처분, 일상적인 업무 이외의 계약체결 등을 금지하고 있다.[79]

78) City Code, General Principle 7.
79) City Code, Rule 21.

2. 유럽연합

EU의 공개매수 제13지침에서도 대상회사의 이사회는 주주총회의 사전승인이 없이는 공개매수에 대하여 방어행위를 하는 것을 금지하는 원칙규정(중립의무)을 명시하고 있다.[80] 이어서 공개매수가 공표되면 회사의 정관 또는 주주간 계약이나 주주와 회사 사이에 체결된 계약에서 정한 증권양도의 제한조항은 공개매수기간 중 그 효력이 정지되고, 의결권제한 조항도 이사회의 방어조치에 대한 승인여부를 결정하는 주주총회에서 효력을 상실하며 복수의결권증권은 단지 1개의 의결권만을 갖는다. 그리고 공개매수가 종료한 후 공개매수자가 의결권있는 증권의 75% 이상을 취득한 경우에는 계약상의 주식양도제한조항, 의결권제한조항, 이사회 구성원의 선임 또는 해임과 관련하여 주주에게 특별한 권리를 부여하는 정관조항은 효력을 상실한다. 또한 기업인수에 성공한 공개매수자가 대상회사의 정관을 개정하거나 이사를 선임 또는 해임하기 위하여 주주총회를 소집한 때에는 복수의결권증권은 1증권당 1개의 의결권만을 갖는다.[81]

Ⅱ. 방어허용입법

1. 포괄적 허용형

이 유형의 입법으로는 대표적으로 1992년 미국법률협회(ALI)의 회사지배관리원칙규범과 뉴욕주 회사법 등을 들 수 있다. 회사지배관리원칙규범에서는 대상회사의 이사회는 공개매수 등 적대적 M&A를 저지하기 위하여 회사 및 주주의 최선의 이익에 부합한다고 보는 합리적인 방어조치를 취할 수 있도록 규정하고 있다.[82] 여기서 최선의 이익이라 함은 회사의 장기적인 이익을 의미하는데 여기에는 당해 공개매수의 시의적절성, 실패의 위험, 적법성 그리고 공개매수가 회사의 본질적인 경제적 기대에 주는 영향 등이 포함된다.[83] 또한 이사회는 주주의 이익을 무시하고 회사와 정당한 관계를 가지는

---

80) EU 공개매수 제13지침 제9조. 그러나 이 지침에서 이사의 중립의무규정은 1차적으로 EU 회원국은 그 적용을 배제(opt-out)할 수 있고, 2차적으로 동 회원국의 기업들이 원하는 경우에는 그 적용을 선택(opt-in)할 수 있다. 그리고 동 회원국이 그 적용을 선택한 경우에도 외국기업에 의한 M&A시도가 있을 경우에는 상호주의에 따른다. 따라서 회원국은 그 적용을 배제하였으나 회원국의 기업이 그 적용을 선택한 경우에 '이사회의 중립의무원칙'의 적용을 받지 않는 외국기업이 매수시도를 하는 경우에는 상호주의에 따라 그 대상회사에 대하여 중립의무원칙규정의 적용을 면제할 수 있다(동지침제12조제3항).

81) EU 공개매수 제13지침 제11조.

82) ALI, Principles of Corporate Governance : Analysis and Recommendations, § 6.02(b)(1).

이해, 즉 환경 기타 타지역의 이해 등은 물론, 종업원, 공급업자, 고객 등과 같은 제반 집단의 이해관계도 배려할 수 있도록 규정하고 있다.[84)]

1989년 뉴욕주 회사법에서는 이사회는 회사의 잠재적인 성장, 발전, 생산성, 그리고 수익성에 대한 전망을 고려하면서 아무런 제한없이 회사와 주주의 장단기 이익을 위하여 독소적 증권의 발행전략을 실행하거나 포기하는 등의 여부를 결정할 수 있다고 규정하고 있다.[85)] 그밖에 인디애나주 회사법은 이사회에 장기이익 뿐만 아니라 기업인수가 주주 이외의 비구성원에 대하여 미치는 영향 또는 효과를 고려하는 것도 허용한 개척자적인 입법례[86)]인데 펜실베니아주 회사법[87)]도 같은 부류에 속한다.

이러한 비구성원이익법(non-shareholder constituency statute)은 주주의 이익을 희생하고 다른 비구성원에게 이익이 되도록 결정하는 것을 명백히 허용하는 유형이다. 그러나 오늘날 대부분의 주법은 주주의 이익을 희생시킬 수는 없고 단지 주주 이외의 다른 비구성원의 이익을 고려할 수 있도록 허용하는 유형을 따르고 있다. 그러나 미국은 연방법 차원에서 방어를 규제하는 입법을 시도한 바 있으나 입법으로 연결되지는 못하였다.[88)]

2. 제한적 허용형

여기에 해당하는 입법은 대표적으로는 독일의 공개매수 및 기업인수법(이하에서는 WpÜG 또는 기업인수법이라 함)을 들 수 있다. 이 법에서는 공개매수가 공표되면 원칙적으로 대상회사의 경영진은 공개매수에 장애가 되는 조치를 취할 수 없지만, 회사의 경영진이 통상적으로 취할 수 있는 조치 또는 감사회가 동의한 조치에 대하여는 예외로 함으로써 경영진에게 재량권을 부여하고 있다.[89)] 그리고 공개매수의 개시 이전에

83) 이에 관한 상세한 설명은 양만식, 적대적 M&A에 있어서의 이사의 역할(이사의 행동기준), 기업법연구 제14집(한국기업법학회, 2003.9), 56면 이하 참조.

84) ALI, Principles of Corporate Governance, Analysis and Recommendations, § 6.02(b)(2).

85) N.Y. Bus. Corp. Law § 505(a)(2)(ⅱ)(1989).

86) Indiana Senate Bill No. 255. § 2. 1C 23-1-35-1.

87) 15 Pa. Const. Stat. § 1721(e)(1990).

88) 1983년 SEC자문위원회보고서에서는 공개매수기간 중에 대상회사가 자기공개매수에 의하여 자기주식을 취득하는 행위와 주식 또는 신주인수권부증권(stock warrants)을 발행하거나 임원에게 주는 보상내용을 변경하는 것을 금지하며, 2년 내에 발행주식의 3% 이상을 소유하는 자로부터 자기주식을 취득하는 금지할 것을 제안한 바 있다(SEC Committee on Tender Offers, Report on Recommendations(1983)). 그리고 1985년 주주공정법안(Shareholder Fairness Act)에서도 공개매수의 공표 이후의 방어책 행사를 금지하는 내용이 포함되었으며[1)], 1987년의 공개매수개혁법안(Tender Offer Reform Act)에서도 공개매수에 대항하여 방어책을 사용하는 것을 제한하는 원칙을 정하고, 그 방어책의 행사에는 반드시 주주총회의 승인을 받도록 하는 내용을 담고 있다(H. R, 2172, 100th Cong. 1st Sess. § 1,133 Cong. Rec. H 2540(1987)).

주주총회가 경영진에게 주주총회의 권한에 속하는 것으로서 공개매수를 저지할 수 있는 조치를 취할 수 있는 권한을 부여한 경우(최장 18개월)에는 경영진은 감사회의 동의를 얻어 방어조치를 취할 수 있고, 주주총회의 결의를 위해서는 총주식의 3/4 이상이 출석하고 출석주식의 과반수가 동의해야 한다.[90]

3. 방어수단 열거형

이 유형은 방어권행사에 관한 일반원칙을 정하지 아니하고 법률이 일정한 제도를 규정하거나 정관의 규정에 의하여 사용할 수 있도록 다양한 방어책을 열거하고 있는 부류이다. 예컨대 자기주식취득, 의결권없는 우선주 또는 보통주의 발행, 상환권 또는 전환권이 회사에게도 부여되는 상환주식 또는 전환주식, 차등의결권주식과 거부권부주식 등 황금주, 임시주주총회소집요구권의 제한, 일반주주에 대한 의결권상한제, 이사회의 승인을 요하는 주식양도, 주주총회 초특별다수결요건, 신주예약권 또는 포이슨 필과 같은 독소적 증권의 발행, 이사의 국적제한, 종업원지주제도, 주식매수선택권제도, 임직원 퇴직금누진제 등이 이에 해당한다.

이와 같은 입법유형은 미국과 유럽에서 일반적으로 허용되고 있다. 특히 미국에서 널리 활용되고 있는 포이슨 필(Poison Pill)과 같은 독소적 증권의 발행은 저비용의 효과적인 방어수단으로 인식되고 있다. 일본의 2001년 개정 상법에서는 신주예약권제도[91]를 도입하여 적대적 M&A 상황에서 미국식의 독소적 증권과 유사한 기능을 발휘할 수 있게 하였다.[92]

---

89) WpÜG 제33조 제1항.

90) WpÜG 제33조 제2항.

91) 일본 상법 제280조의19 이하(신회사법제238조이하). 신주예약권은 미리 정한 가격으로 미리 정한 기간 내에 회사로부터 일정수의 주식을 취득할 수 있는 권리(share purchase warrants)로서 일종의 신주에 대한 콜옵션(call option)에 해당한다. 이 예약권은 정관으로 주주총회의 결의로 한 경우를 제외하고는 이사회의 결의만으로 결정한다(동법제280조의20제2항). 신주예약권을 갖는 자가 회사에 대하여 신주예약권을 행사하면 회사는 그 자에 대해 신주를 발행할 의무를 부담하며, 신주발행에 갈음하여 자기주식을 교부하여도 된다.(동법제280조의19제1항, 제280조의39제3항).

92) 권종호, 일본의 기업법제 개정에 관한 연구, 코협연구보고서 04-1(코스닥등록법인협의회, 2004.2), 123면.

제4절 우리법상의 방어규제

Ⅰ. 방어규제의 태도

1. 회사법

(1) 입법유형

우리나라 회사법은 적대적 M&A에 대한 방어에 대하여 이를 허용하거나 금지한다는 입장을 취하고 있지 않기 때문에 공격과 방어에 대하여 중립적인 입장을 취하고 있다. 환언하면 적대적 M&A에 대한 방어의 허부에 관한 문제는 해석론에 맡겨져 있으며, 구체적인 방어행위의 위법성 문제는 회사법 상 개별규정의 취지를 고려하여 판단하고 있다. 회사법의 이러한 입장은 수차례의 법개정 과정에서도 변경된 바 없다.

이러한 태도로 볼 때에 회사법은 전술한 방어규제의 여러 입법유형 중에 어느 형태를 취하고 있다고 단언하기는 어렵다. 적대적 M&A에 대하여 방어책을 행사하였다고 하여 그 자체가 곧 회사법상 위법한 것으로서 해석되지는 않는다. 따라서 회사법은 방어금지입법의 유형에 속한다기 보다는 방어허용입법유형에 속하면서 다양한 방어수단을 제공하고 그 위법성은 회사법의 개별 규정에 의하여 심사하는 방어수단 열거형 입법에 속한다고 볼 수 있다.

(2) 방어수단의 변천

회사법상 전통적으로 이용할 수 있었던 방어수단은 제3자에 대한 신주, 전환사채 또는 신주인수권부사채의 발행, 자기주식의 취득 등으로 그 범위는 매우 제한적이었다. 그리하여 1995년 상법 개정에서는 주식의 양도에 이사회의 승인을 얻게 할 수 있도록 하는 규정(상법제335조제1항단서)을 새로이 도입하였다. 그러나 이 주식양도제한제도는 상장회사에서는 채택할 수 없고 폐쇄회사에서만 이용될 수 있다. 그 도입 후에도 이 제도는 사실상 이용례가 거의 없다. 그리고 상법은 회사의 주식을 10% 이상 취득한 회사로 하여금 상대방 회사에게 이를 통지할 의무를 부과하였다(상법제342조의3). 이것은 M&A 가능성을 사전에 통지하여 상대방 회사로 하여금 적절히 대응할 수 있도록 하기 위한 공시규제에 해당한다. 이들은 경영권 방어에 유익한 제도라고 할 수 있다.

그러나 회사법은 2001년 개정에서는 오히려 방어행위의 공정성을 담보하기 위하여 그동안 방어수단으로 많이 이용되어 왔던 신주, 전환사채 그리고 신주인수권부사채의 제3자배정을 통제할 수 있는 요건을 부가함으로써 이들 방어수단의 적법요건을 강화하였다(상법제418조제2항). 따라서 우리나라 기업은 적대적 M&A의 국면에서 사실상 방어수단으로서 활용할 수단이 충분치 않음은 물론, 방어책을 행사하기도 어려웠다고 할 수 있다. 그 후 2000년대 들어와서는 기업의 경영권변동위험이 적대적인 외부자에게 광범위하게 노출되어 있다는 산업계의 인식이 확산되었다. 그리하여 2007년 회사법 개정에서는 기업의 경영권을 방어할 수 있는 다양한 방어적 주식제도를 종류주식의 형태로서 새로이 도입하였다.

(3) 2007년 상법개정안상 방어적 주식의 다양화

2007년 상법개정안에서 경영권 방어를 위하여 사용할 수 있는 수단으로서 도입한 방어적 주식제도는 의결권없는 보통주, 양도제한주식, 회사가 상환 또는 전환을 강제할 수 있는 상환사유부주식 또는 전환사유부주식제도 등이다. 그러나 이 법개정에서도 기업의 방어남용을 우려하여 거부권부주식, 임원임면권부주식, 차등의결권주식제도, 포이즌 필 또는 신주예약권제도는 도입하지 않았다. 그 구체적인 도입내용은 다음과 같다.

(가) 의결권의 배제 · 제한에 관한 종류주식

개정안에서는 의결권이 전혀 부여 되지 않는 주식과 정관이 정하는 사항에 관하여만 의결권이 없는 종류의 주식을 발행할 수 있음을 명시하였다(상법개정안제344조의3). 전자를 무의결권주식, 후자를 좁은 의미의 의결권제한주식이라고 부를 수 있다. 회사가 이러한 종류주식을 발행할 경우에는 정관으로 의결권을 행사할 수 있는 사항, 의결권행사 또는 부활의 조건을 정한 때에는 그 조건 등을 정하여야 한다(상법개정안제344조의3 제1항). 개정안의 취지에 따르면 보통주에 대하여도 의결권을 박탈할 수 있고, 현행법상 의결권없는 우선주에 대하여 적용되는 의결권부활규정, 즉 정관에 정한 우선적 배당을 받지 아니한다는 결의가 있는 총회의 다음 총회부터 그 우선적 배당을 받는다는 결의가 있는 총회의 종료시 까지는 의결권이 있다는 강행규정(상법제370조단서)도 배제할 수 있다. 이와 같은 의결권제한주식의 발행을 허용함으로써 현행 상법 제370조의 의결권없는 주식에 관한 규정은 삭제되었다. 그리고 무의결권주식과 의결권제한주식의 총수는 발행주식총수의 1/2을 초과하지 못하도록 규정하였다(상법개정안제344조의3제2항).

(나) 주식의 상환 · 전환에 관한 종류주식

개정안에서는 현행 상법상 상환주식과 전환주식제도의 틀을 유지하면서 상환대가의 유연화와 상환 또는 전환 청구권자의 범위를 확대하였다. 그리하여 개정안에서는 현행 상법 제345조에서 규정하는 바와 같이 우선주에 대한 상환주식제도는 존치시키면서, 개정되는 상환주식제도는 새로 도입하는 종류주식의 속성으로 취급하고 있다.

① 상환주식

개정된 상환주식은 종류주식(상법개정안제344조)을 발행하는 경우에 정관이 정하는 바에 따라 이익으로써 소각할 수 있는 조건을 붙여 발행할 수 있다(상법개정안제345조제1항). 이 경우 상환의 청구권이 회사에게 부여되는 상환주식과 주주에게 부여된 상환주식으로 발행할 수 있다. 전자를 상환사유부주식이라 할 수 있고, 후자를 상환청구권부주식이라 부를 수 있다.

상환사유부주식을 발행하고자 하는 경우 회사는 정관으로 상환가액, 상환기간, 상환의 방법과 수를 정하여야 하고, 회사는 상환대상인 주식의 취득일 2주일 전에 그 사실을 그 주식의 주주 및 주주명부에 기재된 권리자에게 따로 통지 또는 공고하여야 한다(상법개정안제345조제1항제2항). 그리고 회사는 주식의 취득의 대가로 현금 외에 유가증권이나 그 밖의 자산을 교부할 수 있다. 그러나 다른 종류의 주식으로는 교부할 수 없다(상법개정안제345조제4항본문). 이 경우 그 자산의 장부가액이 배당가능이익을 초과하여서는 아니 된다(상법개정안제345조제4항단서).

상환청구권부주식을 발행하고자 하는 경우 회사는 정관으로 정하는 바에 따라 주주가 회사에 대하여 상환을 청구할 수 있는 종류의 주식을 발행할 수 있고, 이 경우 회사는 정관으로 주주가 회사에 대하여 상환을 청구할 수 있다는 뜻, 상환가액, 상환청구기간, 상환의 방법을 정하여야 한다(상법개정안제345조제3항). 그리고 회사가 상환하여야 할 상환의 대가는 현금, 유가증권, 그 밖의 자산으로 교부할 수 있다(상법개정안제345조제4항). 그러나 다른 종류의 주식으로는 교부할 수 없다(상법개정안제345조제4항본문). 이 경우 그 자산의 장부가액이 배당가능이익을 초과하여서는 아니된다(상법개정안 제345조제4항단서).

그런데 개정안이 상환대가사유부주식과 상환청구권부주식의 상환대가로서 지급할 수 있는 재산은 현금 이외에도 유가증권(다른 종류의 주식은 제외) 기타 재산으로 교부할 수 있도록 한 것은(상법개정안제345조제4항) 대가의 다양화와 유연화를 기하기 위한 것이다. 그러나 상환대가로서 다른 종류의 주식 교부를 금지한 것은 주식으로 교부하게 되는 경우에는 전환주식을 전환하는 것과 동일한 효과가 있어서 양자를 구별하기 위한 것이다. 그러나 상환대가를 주식으로 교부하는 것을 허용하는 것이 상환주식의 본질에 반하는 것은 아니라고 본다. 그리고 상환주식은 제344조가 규정하고 있는 종류주식에 한하여 발행할 수 있고, 상환주식과 전환주식에 상환조건을 붙인 상환주식은 발행할 수 없다(상법개정안제345조제5항). 이것은 상환주식은 종류주식의 속성에 불과함을 명확히 한 것이고, 보통주에 대하여 상환조건을 붙이는 것을 허용하지 않고자 한 것이다.

② 전환주식

개정안에서 전환주식은 종류주식을 발행한 경우에 정관으로 주주가 인수한 주식을 다른 종류의 주식으로 전환할 수 있는 조건을 붙여 발행할 수 있다(상법개정안제346조). 이 경우 전환권은 주주에게 부여할 수 있고, 회사에게도 부여할 수 있다. 전자를 전환청구권부주식, 후자를 전환사유부주식으로 부를 수 있다.

전환청구권부주식을 발행하는 경우에 회사는 정관으로 정하는 바에 따라 주주는 인수주식을 다른 종류의 주식으로 전환할 것을 청구할 수 있고, 이 경우 회사는 전환의 사유, 전환의 조건, 전환의 기간과 전환으로 인하여 발행할 주식의 수와 내용을 정하여야 한다(상법개정안제346조제1항). 이 전환주식의 전환은 주주가 전환을 청구한 때에 그 효력이 발생한다(상법개정안제350조제1항). 그리고 전환에 의하여 발행된 주식의 이익배당에 관하여는 주주가 전환을 청구한 때가 속하는 영업연도말에 전환한 것으로 본다(상법개정안제350조제3항). 그러나 이 경우에 정관이 정하는 바에 따라 전환청구를 한 때가 속하는 영업연도의 직전 영업연도말에 전환된 것으로 할 수 있다(상법개정안제350조제4항).

전환사유부주식을 발행하는 경우에는 정관으로 일정한 사유가 발생할 때에 회사가 주주의 인수주식을 다른 종류의 주식으로 전환할 수 있음을 정할 수 있고, 이 경우 회사는 전환의 사유, 전환의 조건, 전환의 청구기간과 전환으로 인하여 발행할 주식의 수와 내용을 정하여야 한다(상법개정안제346조제2항). 이 경우 이사회는 전환할 주식, 1주 이상의 일정한 기간 내에 그 주권을 회사에 제출하여야 한다는 뜻, 그 기간내에 주권을 제출하지 아니할 때에는 그 주권이 무효로 된다는 뜻을 그 주식의 주주 및 주주명부에 적힌 권리자에게 따로 통지 또는 공고하여야 한다(상법개정안제346조제3항). 이 전환주식을 발행하는 경우 회사는 새로 발행할 주식의 수는 전환청구기간 또는 전환의 기간 내에는 그 발행을 유보하여야 한다(상법개정안제346조제4항).

그리고 이 전환주식의 전환은 주주에게 통지 또는 공고된 전환의 기간이 종료한 때에 그 효력이 발생한다(상법개정안제350조제1항). 그리고 전환에 의하여 발행된 주식의 이익배당에 관하여는 회사가 정한 기간(상법제346조제3항)이 만료한 때가 속하는 영업연도말에 전환한 것으로 본다(상법개정안제350조제3항). 그러나 이 경우에 위 기간이 만료한 때가 속하는 영업연도의 직전 영업연도말에 전환된 것으로 할 수 있다(상법개정안제350조제4항).

그런데 전환주식을 발행하는 경우에 그 전환대가를 발행회사의 다른 종류의 주식으로 제한한 것은 전환주식의 본질에 충실하고자 한 것이다. 일본 신회사법과 같이 전환주식의 전환대가로서 현금이나 사채 등을 지급하는 경우에는 상환주식과 구별되지 아니하고, 또한 전환주식의 본질상 전환구주는 소멸되는데, 이것은 자본감소절차를 거치지 아니하고 회사의 자본액을 감소시키는 것으로서 위법하다는 점을 고려한 것이다.

(다) 주식의 양도에 관한 종류주식

개정안에서는 발행주식의 전부에 대한 양도제한주식을 발행하는 것 이외에도 일부에 대한 양도제한주식의 발행을 허용하였다. 현행 상법 제335조는 해석상 발행주식 전부에 대하여 이사회 승인이 필요한 전부양도제한주식을 규정하고 있는 것으로 보는 것이 통설이다. 그러나 전부양도제한주식은 한 종류의 주식만이 존재하므로 종류주식은 아닌 것이다.

개정안에서는 다양한 종류주식을 발행한 경우에 그 일부의 주식에 대하여 양도에 관하여 이사회의 승인이 필요한 종류의 주식을 발행하는 것을 허용하였다(상법개정안제344조의4제1항). 이것을 일부양도제한주식이라 한다. 이 양도제한주식을 발행하고자 하는 경우에 회사는 정관으로 주식양도에 관하여 이사회의 승인을 요한다는 뜻, 일정한 경우 회사가 이사회의 승인을 한 것으로 보는 때(상법제335조의2제3항 또는 제335조의7제2항)에는 그 뜻 및 일정한 경우의 내용, 일정한 기간이 경과하면 이사회의 승인이 필요 없는 것으로 정한 경우에는 그 뜻을 정하여야 한다(상법개정안제344조의4제1항).

회사가 발행하는 주식 일부의 양도에 관하여 이사회의 승인이 필요한 종류의 주식을 발행하는 경우에는 전부양도제한주식에 있어서 양도승인의 청구, 양도상대방의 지정청구, 지정된 자의 매도청구권, 매도가액의 결정, 주식의 매수청구, 양수인에 의한 승인청구 등에 관한 현행 상법 제335조의 2부터 제335조의 7까지의 규정을 준용하도록 하여 절차의 동일성을 유지하였다(상법개정안제344조의4제제2항).

2. 자본시장통합법

(1) 입법유형

종전의 증권거래법은 방어에 관한 입법유형 중 공개매수에 있어서는 원칙적으로 방어행위를 금지하지 않지만, 예외적으로는 공개매수 외의 경영권 분쟁에 있어서는 일정한 방어행위를 명시적으로 금지하는 태도를 취하고 있다. 이른바 방어금지입법유형과 방어허용입법유형이 혼재되어 있다고 할 수 있다. 자본시장통합법에는 이러한 입법틀이 승계되고 있다.

(2) 방어규제의 변천

종전의 증권거래법은 상장기업에 대한 적대적 M&A로부터 경영권을 방어할 수 없도록 했던 과거의 법제도를 폐지하고 방어수단을 확충하는 방향으로 변천되어 왔다. 1997년 1월 증권거래법 개정시에는 공개매수가 진행되는 동안에는 신주발행 등 의결권있는 주식수의 변동을 초래할 수 있는 일정한 행위를 금지시킨 바 있으나(구증권거래법제23조제4항), 2005년 2월 증권거래법 개정시에 이러한 방어행위의 금지를 전면적으로 해제한 것이 그 대표적인 예이다. 그리고 1998년 4월에는 발행주식총수의 1/3까지 자기주식을 취득할 수 있도록 하였고, 1999년 5월에는 증권거래법상 자기주식취득의 한도를 폐지하여(구증권거래법시행령제84조의2제1항) 경영권방어를 위한 유용한 수단을 제공하였다. 일반적으로 자기주식취득이 사전의 경영권방어를 위한 수단으로서 널리 활용되고 있다. 그리고 2007년 상법 개정안에서는 다양한 방어적 주식제도가 공급됨으로써 상장회사의 경우에도 그만큼 이용할 수 있는 방어수단의 폭은 확대된 셈이다.

(3) 방어의 금지

종전의 증권거래법상 방어가 금지되는 경우로는 공개매수 이외의 경영권 분쟁상황이 있는 때이다. 1997년 3월 상장법인 재무관리규정을 개정하여 공개매수가 아닌 다른 경영권분쟁이 있는 경우에도 그 기간 중에는 사모에 의한 전환사채와 신주인수권부사채의 발행을 금지하였다. 이에 따라 『유가증권의 발행 및 공시에 관한 규정』은 공개매수 이외의 경영권분쟁의 경우를 명시하여 그 분쟁기간 중의 일정한 방어행위를 금지하고 있다. 즉 소수주주가 당해 상장법인의 임원의 해임을 위하여 주주총회의 소집을 청구하거나 법원에 그 소집의 허가를 청구한 때에는 그 청구 시부터 당해 임원의 해임여부가 결정될 때까지의 기간, 소수주주가 법원에 당해 상장법인의 임원의 직무집행의 정지를 청구하거나 주주총회결의의 무효·취소 등의 소를 제기하는 등 당해 상장법인의 경영과 관련된 분쟁으로 소송이 진행 중인 기간, 그리고 이상의 두 가지 경우에 준하는 당해 상장법인의 경영권분쟁사실이 신고·공시된 후 그 절차가 진행 중인 기간에는 모집외의 방법으로 즉 사모에 의한 제3자배정의 방법으로 전환사채 또는 신주인수권부사채를 발행할 수 없다(동규정제60조제63조).

이와 함께 동규정은 상장법인이 전환사채 또는 신주인수권부사채를 발행한 경우에는 공모(국내 및 해외 공모)에 의한 경우에는 그 발행 후 1월이 경과한 후에 전환 또는 신주인수권을 행사할 있는 조건으로 발행하도록 제한하고 있다(동규정제62조단서). 그리고 모집 외의 방법 즉 사모의 방법으로 발행하는 경우에는 발행 후 1년이 경과한 후에 전환 또는 신주인수권을 행사할 수 있는 조건으로 발행하도록 규제하고 있다(동규정제62조본문). 이와 같은 전환권 또는 신주인수권 행사의 제한은 공개매수이든 공개매수 외의 다른 경영권분쟁의 경우는 물론이고 일상적인 회사경영상의 목적으로 발행하는 경우에까지 적용된다. 이것은 간접적으로 경영권 방어를 제한하는 효과가 있다.

Ⅱ. 입법유형별 도입가능성

1. 방어금지입법의 도입 가능성

적대적 M&A에 대한 방어를 금지하는 입법으로서 공개매수에 대하여 일정한 방어행위를 금지하는 법제는 주로 유럽에서 채택하고 있는데, 유럽에서는 30% 또는 1/3 이상의 주식을 취득하고자 하는 경우에 전주식을 취득해야 하는 강제공개매수제도가 병행되고 있으므로 대상회사에게 일정한 방어행위를 금지하더라도 공개매수자와 대상회사에 대한 균등한 법적 취급원칙에 벗어나지 않아 합리성이 있다. 그러나 100% 강제공개매수제도를 채택하고 있지 않는 법제에서 대상회사의 방어행위를 제한하는 것은 공격행위와 방어행위간 법적 취급의 형평성에 위배되어 부당하다고 할 수 있다.

따라서 우리법이 취하고 있는 방어허용법제 하에서는 유럽에서 채택하고 있는 방어금지법제를 입법으로 도입하는 것은 불합리한 것이다. 따라서 현행「유가증권의 발행 및 공시에 관한 규정」이 공개매수 이외의 경영권분쟁에 있어서도 일정한 방어행위를 제한하는 것은 이러한 법제의 틀과는 조화되지 못한 것으로 그 입법적 정당성을 인정할 수 없다.

2. 방어허용입법의 도입 가능성

적대적 M&A에 대한 방어를 허용하는 입법은 우리 회사법상의 해석원리와도 어긋나지 않다는 점에서 그 도입을 적극적으로 검토할만 하다고 본다. 아울러 포괄적으로 방어를 허용하는 경우에도 상법 또는 자본시장통합법이 방어책으로 활용될 수 있는 다양한 수단을 명시하는 법제가 병행되어야 그 방어를 허용한 취지가 제대로 실현될 수 있을 것이다. 특히 독일의 공개매수 및 기업인수법과 같이 방어조치를 취하고자 하는 이사회의 재량권 남용을 제한하기 위해 회사의 내부적인 통제절차를 명시하는 방안은 입법정책상으로 참고할 만하다고 본다.

이러한 관점에서 볼 때에 2007년 상법 개정안에서 각종의 방어적 주식제도를 도입한 것은 우리법이 취하고 있는 방어허용법제의 틀과 논리적으로 조화될 수 있는 것이다. 다만 거부권부주식, 임원임면권부주식, 차등의결권주식, 포이즌 필 등은 그 자체가 방어수단으로서 남용될 여지가 큰 것이다. 설사 그러한 종류의 방어적 주식제도를 도입한다 하여도 적대적 M&A국면에서 경영권을 방어하기 위해 이들 주식을 발행하는 것은 합리적인 방어권 행사의 범위를 벗어난 것으로서 위법의 여지가 매우 큰 것이다. 상법 개정안에서 입법자는 이러한 점을 확인한 것이라고 할 수 있다. 따라서 방어허용법제에서는 방어수단의 남용 가능성이 존재하기 때문에 방어행위의 남용을 규제하기 위한 합리적인 판단기준을 정립하는 것이 불가피하다. 이에 대하여는 제5장에서 상술한다.

Ⅲ. 입법과제

1. 방어권 허용규정의 신설

우리나라에서 적대적 M&A에 대하여 대상회사의 이사회가 방어할 권한이 있는지의 문제에 대해서는 대체로 긍정설이 주류이만, 판례의 입장은 여전히 나뉘어져 있어서 회사의 경영권질서의 안정화를 기할 수 있도록 방어권을 명시하는 방향으로 상법등 관련법이 개정되는 것이 바람직하다고 본다.[93] 입법에 있어서는 상법의 법리에 어긋나지 않는 대표적인 외국의 입법례로서 미국법률협회의 회사지배관리원칙규범과 대부분의 주

93) 입법의 방법과 관련하여 우리나라 기업의 소유지배구조 현실을 감안하여 이사회의 중립의무를 기본원칙으로 설정하고 객관적으로 정당성이 인정되는 상황에서 방어조치를 예외적으로 허용하는 접근방식을 제시하는 견해가 있다. 이 견해에서 방어조치를 허용할 수 있는 경우로는 독일의 공개매수 및 기업인수법과 같이 주주총회가 공개매수 개시전 또는 실제 M&A 발생 개시전 18개월 이내에 특별결의에 의하여 승인하는 경우 및 매수자의 기업인수가 소수주주들 또는 일반주주들의 이익이나 회사 전체의 이익을 명백히 침해하는 등의 경우를 제시하고 있다. 김두식, M&A법제의 개선방안 연구, 상장협 제50호(한국상장회사협의회, 2004.9), 48~50면 참조. 그러나 예외적으로 허용할 방어수단을 어떤 기준에 의하여 어느 범위까지 정해야 하는 것인지는 결코 용이한 문제가 아닐 것이다.

회사법이 채택하고 있는 비구성원이익법의 취지를 반영하는 것이 바람직할 것이다.

이러한 견지에서 회사의 이사회는 지배권의 변경을 목적으로 하는 거래에 대하여 경영상의 필요가 있는 경우에는 회사 및 주주의 최선의 이익을 해치지 아니하는 합리적인 방어조치를 취할 수 있고, 당해 거래가 회사와 정당한 관계를 가지는 자에 미치는 영향을 고려할 수 있다는 등의 원칙 규정을 두어야 할 것이다. 다만 방어권 행사가 남용되는 것을 방지하기 위해 일정한 내부절차를 둘 필요가 있을 것이다. 예컨대 사외이사를 중심으로 하는 특별위원회를 이사회 위원회로 구성하여 결의를 거치게 하는 등 일정한 절차를 고려할 수 있을 것이다. 궁극적으로 방어권의 남용여부에 대한 문제는 M&A의 사례별 특성을 고려하여야 하므로 사법판단에 맡겨야 할 것이다.[94]

2. 금융위원회 규정상 방어제한 규정의 폐지

유가증권의 발행 및 공시에 관한 규정상 공개매수 이외의 다른 경영권 분쟁시 일정한 방어행위를 제한하는 것은 위임입법의 한계를 벗어난 것으로서 그 법적 효력이 의문시되고,[95] 이러한 제한은 상법상의 경영권방어에 관한 일반법리와도 부합하지 않는다고 할 것이다. 따라서 이러한 방어 금지에 관한 규정은 모두 폐지되는 것이 바람직하다.

3. 폐쇄회사 및 공공적 법인 등의 경영권 보호책

기업의 경영권 보호의 문제는 회사법에 대한 근본적인 체제개편과 함께 다루어져야 할 것이다. 비상장주식회사의 경우에는 사실상 적대적 M&A가 발생할 개연성이 크지 않지만 주식소유구조상 경영권대립이 예상되는 경우도 있으므로 기업 스스로 경영권을 보호할 수 있는 법적 기반을 조성해 주어야 할 필요는 있다. 그러나 현행 회사법은 폐쇄회사와 공개회사를 구별하지 않으므로 다양한 경영권 방어수단을 회사법의 개정을 통하여 모두 제공하는 데에는 한계가 있다.

따라서 이러한 문제를 해결하기 위해서는 회사법을 폐쇄회사법과 상장회사법으로 분

---

94) 박준·허영만, 적대적 M&A의 방어와 관련한 법적 규제, 인권과 정의 제252호(대한변호사협회, 1997.8), 80면에서는 방어권 남용의 판단기준으로서 방어행위의 태양, 방어행위가 회사 및 주주의 이익을 해치는지 여부와 그 정도, 방어행위의 추진경위, 적대적 기업인수자의 목적 등을 함께 고려하여, 적대적 기업인수에 의하여 대상회사의 경영방침 등이 위협받을 가능성이 있다고 합리적으로 판단되고, 채택된 방어수단이 공격수단과 비교하여 그 위협에 상응하는 합리성이 있을 것 등을 제시하고 있다.

95) 김두식, M&A법제의 개선방안 연구, 50면.

리하여 폐쇄회사법에서는 차등의결권주식을 포함하여 외국의 입법례에서 인정하고 있는 다양한 종류의 주식제도를 도입할 필요가 있다.96) 그러나 이 경우에도 지배주주에게 방어권을 확대해 주는 것과 균형을 이루어야 하므로 지배주주에게는 회사와 주주에 대한 책임이 따르는 영미법상의 충실의무를 부과하여야 한다.97)

상장회사에98) 있어서는 자본조달기능은 별로 없고 순전히 경영권 방어의 목적으로만 활용될 수 있는 의결권조정형 주식제도로서 황금주와 포이즌 필이나 신주예약권제도 등을 도입하는 것은 바람직스럽지 않다고 본다.99) 그러나 상장회사라고 하여도 국가가 개입하여 경영권을 보호해 주어야 할 합목적성이 있는 경우에는 폐쇄회사의 경우와 같이 다양한 방어수단을 제공할 필요가 있다.100) 그리고 자본시장통합법상의 공공적 법인 개념을 확대 재조정하는 방법을 이용하여, 안보관련기업, 공공성이 강한 기업, 국가핵심기간산업 등에 대하여는 경영권 보호 또는 경영권 방어에 필요한 방어수단을 정관자치에 의하여 해당 기업이 자율적으로 채택할 수 있도록 법적 근거를 제공하여야 할 것이다.

---

96) 김두식, M&A법제의 개선방안 연구, 52~53면.

97) 우리나라의 경우 대부분의 회사에 지배주주가 존재하지만, 회사법이 지배주주의 자의로부터 소수주주를 보호하는 장치를 충분히 갖추고 있지 못하다는 점에서 지배주주의 소수주주에 대한 성실(충실)의무개념을 도입하는 것이 좋다고 한다. 김화진, M&A와 경영권, 166면.

98) 법무부는 종전의 증권거래법에 규정되어 있었던 상장법인의 특례에 관한 규정중 지배구조에 관한 조항을 상법중 제13절 상장회사편으로 이관하여 개정하는 작업을 추진한 바 있다.(2008.5.7.입법예고)

99) (1) 이형규교수는 이번 회사법 개정시안에서 도입하기로 한 거부권부주식은 황금주로서의 성격을 가진 것으로써, EU법원이 내리고 있는 최근의 판결 취지를 고려할 때에, 극히 일부의 회사에서 제한적으로 이용될 가능성이 있을 뿐인 거부권부주식은 자본다수결의 원리가 지배하는 자본단체로서의 본질을 극도로 제한할 소지가 있다는 이유에서 거부권부주식을 도입하는 것은 자제해야 한다고 주장하고 있다. 이형규, 상법개정안상 거부권부주식의 도입에 관한 검토, 상사법연구 제25권 제4호(한국상사법학회, 2007.2), 134~135면. (2) 정윤모 연구위원은 국내기업에는 대부분 지배대주주가 존재하고 있으며 순환출자방식 등으로 조성된 보유지분율이 상대적으로 높기 때문에 현행 M&A법제 하에서도 국내기업에 대한 경영권 도전이 사실상 불가능하며, 이러한 소유지배구조하에서 포이즌필 및 차등의결권주식 등과 같은 방어수단을 확충하게 되면 지배대주주의 사적이익을 극대화하는 방향으로 방어권 행사여부가 결정될 우려가 높으므로 향후 M&A방어수단의 확충여부는 소유지배구조의 변화와 연계하여 검토되는 것이 바람직하다고 주장한다. 정윤모, 주요국의 M&A 규제 비교검토 및 한국 제도의 발전방향(한국증권연구원, 2006.6.13), 31~34면, 36면. 이 논문에서 제시한 바에 따르면 2004.4.1 기준으로 공정거래법상 상호출자제한 기업집단의 내부지분율(본인과 특수관계인, 계열회사의 지분의 합산)은 평균 49.78%이고, 내부의결권비율(내부지분율/(100%-자기주식보유비율))은 평균 50.80%로 나타나고 있고, 2005년 말을 기준으로 1,610개 상장기업의 내부지분율은 50% 이상인 기업이 25%, 40% 이상인 기업이 42.4%, 30% 이상인 기업이 65.0%인 것으로 나타나고 있다. (3) 공정거래위원회가 발표한 바에 따르면 2006.4.1 기준으로 우리나라 14개 출자총액제한기업집단의 총수일가는 평균 3.67%만의 지분으로 계열회사 지분 44.06%를 보유한 것으로 나타났으며, 의결권승수(의결권지분율/소유지분율)는 7.47배에 달하고 있다. 그리고 소유구조로서 순환출자 중에서도 환상형 출자구조(A→B→C→A)를 보이는 기업집단은 자산6조원 이상 기업집단 18개 중 11개로 나타났다. 공정거래위원회, 2006년 대기업 소유지배구조 정보공개(2006.7) 참조.

100) 송종준, 상법상 M&A법제의 변화와 과제-2006년 회사법개정안을 중심으로-, 기업법연구 제21권 1호(한국기업법학회, 2007.3.31), 102~103면 ; 정윤모, 주요국의 M&A 규제 비교검토 및 한국 제도의 발전방향, 38면.

제4장
방어권의 남용판단과 이사의 책임

제4장 방어권의 남용판단과 이사의 책임

제1절 총 설

최근 들어 각국에서는 적대적 M&A에 있어서 대상회사 이사의 방어행위에 대한 법적 취급 문제가 입법과 해석의 양면에서 큰 쟁점이 되고 있다. 일반적으로 이사회가 적대적 M&A에 대비하여 사전에 방어책을 마련해 두고 현실로 적대적 M&A가 발생할 경우에 행사하려고 하거나, 사전의 대비가 없이 적대적 M&A가 발생하는 즉시 효과적인 방어책을 행사하려는 경우에 이러한 문제가 제기된다.

먼저 입법상의 추세를 보면 이들의 경우에 이사회에 방어를 허용할 것인가의 문제에 관하여 미국과 유럽의 입법은 극명한 차이를 보이고 있다. 미국의 경우에는 1992년 법률협회(ALI)가 제정한 바 있는 회사지배관리원칙규범에서 이사회에 합리적인 방어권 행사를 원칙적으로 허용하는 내용을 규정하고 있고 뉴욕주 회사법 등 주법, 판례와 지배적인 학설도 이 원칙을 따르고 있다. 반면에 유럽연합의 경우에는 2004년 제13차 공개매수지침에서는 원칙적으로 이사의 중립의무를 명시하고 있고 유럽연합 회원국가의 국내법의 개정을 촉구하거나 동지침에 반하는 회원국의 국내법상 방어규정의 효력을 부정하는 유럽연합법원의 판결이 뒤따르고 있다.

한편 일본과 우리나라는 이 문제에 대하여 침묵하고 있다. 우리나라는 일본법과 같이 다양한 방어수단을 법률이 제공해 주고 있기는 하지만, 적대적 M&A의 국면에서 대상회사의 이사회가 이를 실제로 활용하여 경영권을 방어할 수 있는지에 관한 근본적인 문제를 해결하여야 할 해석론상의 과제를 안고 있다. 유럽연합의 경우에는 경영권인수를 원칙적으로 대상회사 주식 전부를 매수하여야 하는 이른바 전부매수의무로 제한하고 있으므로, 이 제도가 가동되기 위해서는 대상회사의 중립의무를 입법으로 명시하는 것은 합당한 조치라고 볼 수 있다. 다만 예외적으로 독일은 중립의무를 명시하고 있으면서도 이사회에 방어의 재량을 명문으로 허용하고 있다. 그러나 일본과 우리나라에서는 법률이 다양한 방어수단을 공급하고 있는데, 만약 이사의 중립의무를 고수한다면 이러한 방어수단들은 모두 무용지물이 될 수밖에 없을 것이다. 우리나라에서는 일부의 판례와 학설이 이사의 중립의무를 주장하고 있긴 하지만, 대부분의 학설은 이사회에 방어의 권한이 인정된다는 입장을 보이고 있다. 최근의 판례들도 이러한 입장을 따르고 있기는 하지만 이 문제를 둘러싸고 여전히 다툼의 여지는 남아있다고 본다.

그런데 대상회사의 이사회에 방어권을 인정하는 경우에도 문제가 없는 것은 아니다. 적대적 M&A상황에서 대상회사 이사가 취하는 방어행위에는 지배주주 또는 경영진의 사적이익추구가 잠재하고 있기 때문이다. 이와 같이 이사가 회사의 전체이익이 아니라 사적이익을 추구하는 경우에 이를 방어권의 남용 또는 초월적 행사라고 할 수 있다. 이러한 근본적인 문제 때문에 미국에서는 원칙적으로 이사의 방어행위를 경영판단원칙에 기초하여 허용하면서도, 방어행위가 이사와 주주 사이의 이해충돌관계에서 전체주주의 이익이 침해될 가능성이 있는 점을 감안하여 경영판단원칙의 적용상 한계로서 방어권의 남용기준이 판례이론에 의하여 제시되어 왔다. 그런데 미국 판례상으로 그 기준은 모든 적대적 M&A에 대하여 획일적으로 적용되는 것이 아니라, 사례별 특성을 고려하여 매우 유연하게 적용되고 있다.

그러나 일본의 경우에는 대상회사의 방어를 이사의 경영판단원칙에 따라 접근하는 시각과 기관간 권한분배원칙에 따라 접근하는 시각이 공존하고 있다. 이런 가운데 일본은 2001년 상법개정에 이어 2005년 신회사법을 제정하면서 경영권 방어를 위하여 사용할 수 있는 다양한 종류주식과 신주예약권제도를 도입하였다. 그런데 이러한 방어수단들은 자칫 경영권방어의 남용을 가져와 기업가치를 훼손하거나 주주이익을 침해할 소지도 있는 것이다. 그리하여 일본의 경제산업성과 법무성은 2005년 이른바 기업가치기준에 입각한 방어지침을 제시하였다. 이것이 법규범으로서의 효력이 있는 것은 아니지만 기업의 경영권 방어에 있어서 가이드 라인으로 활용될 수 있고, 구체적인 방어사례의 위법성에 관한 사법심사에 있어서도 고려될 수 있을 것으로 보인다.

그러나 우리나라의 경우 판례나 학설상으로 경영권 분쟁 중의 경영권방어행위의 위법성 판단문제는 아직까지 뚜렷한 일반 원칙이 없이 다루어져 왔고, 실제상으로 그 판단기준을 단일화하기도 어려운 문제에 직면해 있다고 볼 수 있다. 다만 2003년 현대엘리베이터 사건에서 법원이 내린 결정에서는 이사에게 원칙적으로 방어의 권한을 인정하면서, 일정한 방어행위를 법령이나 정관에서 규정하고 있는 경우와 그렇지 않은 경우, 경영권방어만을 주된 목적으로 하는 경우로 구분하여 각각 그 남용한계를 판단하기 위한 일반기준을 제시하고 있다. 이러한 법원의 태도는 후술하는 SK사건에서 경영권방어의 문제를 경영판단사항으로 접근하여 법률에서 명시하고 있지 않은 사항에 대하여 원칙적으로 방어권을 인정한 것뿐만 아니라, 한화종금사건, 미도파사건, 유비케어사건 등에서 상법이 규정하고 있는 경우를 기준으로 하여 전환사채 등의 발행의 위법성을 판단한 것을 모두 포괄하고 있고, 나아가 경영권방어를 유일한 목적으로 하는 방어행위에 있어서 방어권 남용의 판단기준에 관한 새로운 기준을 설정하고 있다는 점에서 경영권방어법리의 획기적인 진전을 이룬 것이라고 평가할 수 있다.

요컨대 경영권방어의 위법성에 관한 관점이 무엇이든지 간에 M&A시장에서의 법적 안정성을 확보하기 위하여는 합리적인 방어지침이 제시될 필요가 있다. 이하에서는 미국, 유럽, 일본 그리고 우리나라의 판례에서 나타난 방어지침, 즉 방어권남용의 판단기준의 내용을 살펴보고 평가하고자 한다.

제2절 방어의 적법성

적대적 M&A 또는 경영권 분쟁의 상황에서 대상회사 이사에게 방어권을 인정할 수 있는가에 관한 문제는 방어행위의 적법성 또는 이사의 중립의무의 문제로서 논의되어 왔다. 여기에서는 이 문제에 관한 국내외 학설의 동향을 정리하기로 한다.

Ⅰ. 경판판단원칙설

이 견해는 적대적 M&A에 대하여 대상회사의 이사회는 경영판단으로서 적극적으로 대항할 권리가 있다고 보는 입장이다(경영판단원칙설). 미국의 학자들이 주로 주장하는 이 견해는 방어권행사의 적법한 근거를 경영판단원칙에서 찾고 있으며, 공개매수 등 적대적 M&A가 반드시 주주 및 사회복지를 향상시키는 것은 아니고, 주주의 이익측면에서 공개매수에 대한 방어는 매수가격의 상승을 유발하여 주주의 이익을 더욱 증대시킬 수 있고, 이사는 주주 이외의 비투자자그룹에 대한 의무도 부담한다는 점 등이 그 논거로서 제시되고 있다(Lipton).[1] 이 견해는 미국의 지배적인 학설이자 판례의 입장이다. 독일에서도 이사는 회사를 위하여 활동할 의무를 지고 있음을 출발점으로 하여 주주에 의한 의사결정의 영역에 이사의 개입을 인정하여야 하므로, 이사는 지배권의 장악 또는 회사의 섬멸위험성으로부터 사후적 구제는 불충분하기 때문에 사전의 구제로서 방어책의 행사가 필요하다거나(Martens), 상법상 이사회의 양도제한주식에 대한 양도승인권을 근거로 주주가 누구인지에 따라 회사의 이익을 고려함이 허용됨으로 대상회사의 방어조치는 적법하다(Wiedemann)는 견해가 제시된 바 있고, 이는 독일의 소수설이자 판례의 입장이라고 한다.[2] 일본에서는 방어조치를 모든 경우에 법적으로 부정하는 경우에는 경영합리성 내지는 구체적 타당성을 잃을 수 있으므로 방어조치의 적극적 의의를 인정하고, 합리적 이해조정의 관점에서 그 정당성을 파악해야 한다는 주장도 제기되고 있다.[3]

한편 우리나라에서는 회사법 영역에서 공개매수를 포함한 적대적 M&A에 대한 경영권방어의 적법성 문제와 관련하여 상법상 회사의 기관간 권한분배에 있어서 이사의 선임 또는 해임을 통한 지배권의 변경은 주주총회의 권한 사항으로 규정하고 있지만, 적대적 M&A에 대한 방어문제는 법률에서 달리 규정하고 있지 않는 한 주주총회의 권한사항이라고 단언할 수 없고, 이것은 이사의 경영판단사항에 속한다고 보는 견해가 다수설이다.[4] 그리고 이 견해에서는 상법상 이사는 직무수행에 있어서 회사의 기관관계적 지위에서 선관주의의무(상법제382조제2항, 민법제681조)를 지고 또 회사를 위하여 충실의무를 지므로(상법제382조의3), 이사는 회사의 이익을 위하여 필요한 경우 상법상 허용된 권한을 행사할 수 있고, 또한 회사에 이익이 되는 방향으로 그 권한을 행사할 의

1) Martin Lipton, Takeover Bids in the Target's Boardroom, 35 Bus. Law. 101, 104~105(1979).
2) 川浜 昇, 株式會社の支配争奪と理事の行動の規制(3), 民商法雜誌 제95권 4호(1987), 486면.
3) 德本 穰, 敵對的企業買收の法理論(九州大學出版會, 2000), 140면 이하.
4) 송종준, 학위논문, 164면 이하 ; 유영일, 주식공개매수에 관한 연구, 247~248면 ; 김택주, 공개매수의 방어에 관한 연구, 56면 ; 송종준, M&A에 대한 주요 방어대책, 207면 이하 ; 박준허영만, 적대적 M&A의 방어와 관련한 법적 규제, 80면 ; 노일석, 적대적 기업매수와 회사지배이론, 상사법연구 제17권 제1호(한국상사법학회, 1998.6), 270면 ; 양만식, 적대적 M&A에 있어서의 이사의 역할(이사의 행동기준), 44~45면 ; 맹수석, 적대적 M&A와 이사의 역할, 법학연구 제15권 제1호(충남대 법학연구소, 2004.12), 232면 ; 권재열, 적대적 M&A에 대한 이사의 방어행위기준, 상사판례연구 제18집 제2권(한국상사판례학회, 2005.6), 189면 ; 이욱래, 적대적 M&A에 대응한 이사의 방어행위에 대한 법적 평가, BFL 제12호(서울대 금융법센터, 2005.7), 13면 ; 정쾌영, 공개매수제도에 관한 고찰-적대적 M&A에 대한 방어를 중심으로, 상사법연구 제24권 제3호(한국상사법학회, 2005.11), 302면 ; 정대, 적대적 M&A에 대한 대상회사의 방어행위의 적법성 판단기준에 관한 고찰, 240면 ; 국중권, 적대적 M&A 방어법제에 관한 연구(성균관대 법학박사학위논문, 2006.12), 162면 ; 김홍식, 적대적 M&A에 있어서 대상회사의 방어수단에 관한 법적 연구(고려대 법학박사학위논문, 2006.12), 82~84면 ; 신우진, 경영권방어를 위한 자기주식의 제3자에 대한 처분의 법적 문제점, 기업법연구 제21권 제1호(한국기업법학회, 2007.3), 167~168면

무가 있다고 해석하고 있다. 따라서 전체 주주의 공동자산인 회사의 운명이 달려있는 적대적 M&A의 국면에서 이사는 단기적인 관점에서 회사의 지배권수호 또는 매각가격의 극대화뿐만이 아니라 장기적인 견지에서 회사가 갖고 있는 경영전략적 이익의 확보 또는 유지라는 개념을 모두 종합적으로 고려하여 회사에 관련된 집단적 이익을 보호하기 위해 유연하고도 합리적인 적절한 방어책을 행사할 권한과 의무가 있다고 풀이한다.

Ⅱ. 기관간 권한분배설

이 견해는 적대적 M&A에 대하여 대상회사의 이사는 이를 방어할 권리가 없다고 보는 입장이다(기관간권한분배설). 중립의무설이라고도 한다. 이 견해에 의하면 예컨대 공개매수는 경영자의 교체를 통하여 생산적 자산의 효용극대화를 기하는 수단으로 이해하고, 이는 곧 사회적 복지의 창출에 기여하는 것으로 본다(Easterbrook & Fischel).[5] 이 견해는 미국의 소수설이다. 독일의 다수설은 이사는 그 권한을 자기의 것으로서 보유하는 것이 아니고, 이사의 선임 및 해임방법에 의한 회사지배가 허용되는 것이므로 현 이사진의 교체의 시비를 판단할 권한은 이사에게는 있지 않으며, 이사가 그것을 방해하는 것은 정당하지 않다고 하여 이사는 이사의 교체에 대하여 중립의무만을 진다는 견해(Mestmäcker)이다. 이 견해에 의하면 이사는 경쟁공개매수의 조장, 배당금인상, 제3자에 의한 방어적 합병 등 주주의 결정권을 배제하거나 방해하지 않는 방어행위만이 허용된다고 한다.[6]

한편 우리나라에서는 공개매수의 경우에 법리상 주주총회의 결의 등과 같은 주주들의 의사와 무관하게 이루어지는 경영진의 방어행위는 공격 방어의 당사자가 아닌 자가 게임에 개입하여 공정한 게임을 그르칠 우려가 있다는 점에서 일정한 한도 내에서 방어행위는 제한되어야 한다는 견해,[7] 그리고 우리나라의 기업현실은 소유와 경영이 분리된 경우가 많지 않고 오히려 회사의 기존 지배주주와 경영진이 실질적으로 동일체인 경우가 대부분이며, 적대적 M&A과정에서 소수주주나 일반투자자들이 대주주나 경영진의 불합리한 방어행위를 견제할 수 있는 제도적 장치가 미흡하므로 이러한 상황에서

5) Easterbrook & Fischel, The Proper Role of a Target's Management in Responding to a Tender Offer, 94 Harv. L.Rev. 1161, 1184(1981).

6) 川浜 昇, 株式會社の支配爭奪と理事の行動の規制(3), 488면 ; 洲崎博史, 不公正な新株發行とその規制(1,2), 民商法雜誌 제95권 2호 1면, 6호 17면 이하.

7) 이준섭, 공개수법에 관한 고찰, 332면.

이사회가 '경영판단'을 객관적으로 행사하리라고 기대하기 어렵다는 이유에서 이사회는 원칙적으로 중립의무를 지도록 해야 한다는 견해[8]가 있다. 이 견해는 소수설이다.

Ⅲ. 검 토

이사의 중립의무를 전제로 하는 견해에 의하면 일체의 경영권방어행위는 그 자체로서 중립의무를 위반하여 위법한 행위가 되므로, 방어행위의 적법성을 판단함에 있어서 법률, 정관, 기타의 규정의 취지를 고려할 필요도 없고, 나아가 적대적 경영권쟁탈로부터 위협받는 대상회사의 집단적 이익도 고려할 필요가 없게 되는데 이것이 법리해석에 있어서 합당한 태도인지는 의문이다. 그리고 소수설 중에는 방어는 허용할 수 있지만 방어의 결정권을 이사회가 아니라 주주총회에 부여하여야 한다는 견해는 사전 예방적으로 방어책을 준비해 두는 경우에는 의미가 있을 수 있고, 방어권 남용에 대한 일정한 제한을 둘 필요가 있다는 견지에서도 나름대로 타당성이 있다고 본다. 그러나 이 견해는 급박한 경영권분쟁 상황에서는 실효성이 없다고 보며, 이것은 사실상 이사의 중립의무를 전제로 하는 견해와 크게 다르지 않다고 본다. 그리고 이사의 방어권의 인정여부는 법의 해석 문제로서 도출되어야 하는 개념이므로, 소수설 중 정책적 관점에서 접근하는 경우에는 소유와 경영이 분리된 회사의 이사에게는 방어권을 인정해야 하는 결과로 되므로 이 견해는 이러한 경우를 설명하기 어려운 문제가 있다고 본다.

생각건대 상법의 해석상 이사는 경영권 분쟁 상황 속에서 일정한 방어조치를 취하는 것을 전통적인 기관간 권한분배질서의 관점에서만 바라보는 것은 지나치게 경직적인 해석이라 할 수 있어서 받아들이기 어렵다. 그리고 방어의 문제를 이사의 순수한 경영판단사항으로만 보면 이사의 권한범위를 지나치게 확장할 여지는 있지만 이사는 기업과 주주의 이익을 보호하기 위하여 모든 관련사항을 포괄적으로 고려해야 할 지위에 있다고 볼 것인데, 이를 위해서는 적대적 M&A에 대한 방어조치의 결정여부도 이사의 경영

---

8) 김두식, M&A법제의 개선방안연구, 48면. 이 견해는 100% 의무공개매수(mandatory bids)를 규정하고 있는 영국의 기업인수합병에 관한 시티 코드나, 유럽연합의 제13차공개매수지침이 공개매수에 대하여 대상회사에게 엄정한 중립의무를 부과하고 있는 것을 전제로 하고 있는 것으로 보인다. 그러나 100% 의무공개매수제도를 시행하고 있는 입법에서 대상회사에게 일체의 방어행위를 금지하는 태도는 지극히 당연한 것이라고 볼 것이다. 만약 미국법과 같이 방어행위를 경영판단사항으로 취급하여 허용한다면 의무공개매수의 존립을 부정하게 되는 결과를 가져오게 될 것이다. 그밖에 유진희, 유럽연합의 기업인수규제-공개매수지침을 중심으로, 기업법연구 제19권 제3호(한국기업법학회, 2005.9), 277면 ; 양병찬, 외국자본 M&A의 법적 규제에 관한 연구(전북대 법학박사학위논문, 2006.8), 156면도 같은 입장이다.

판단사항의 하나라고 보는 것이 옳다고 본다. 특히 이사는 상법상으로 회사를 위하여 선관주의의무와 충실의무를 지고 있다. 이것은 이사가 회사를 둘러싼 다양한 이해관계자 집단의 이익을 고려하더라도 궁극적으로 주주의 이익을 위한 방어라면 이는 이사의 이러한 의무이행에 부합하는 것이라고 풀이하는 것이 합당하다. 따라서 이사는 전체 주주의 공동자산인 회사의 운명이 달려있는 적대적 M&A의 국면에서 단기적인 관점에서 회사의 지배권수호 또는 매각가격의 극대화뿐만이 아니라 장기적인 견지에서 회사가 갖고 있는 경영전략적 이익의 확보 또는 유지라는 개념을 모두 종합적으로 고려하여 회사에 관련된 집단적 이익을 보호하기 위해 유연하고도 합리적인 적절한 방어책을 행사할 권한과 의무가 있다고 볼 것이다. 다만 경영판단사항의 하나로서 적대적 M&A에 대하여 방어함에 있어서 이사는 회사와 주주의 이익을 무시하고 기존 지배주주의 지배권유지 또는 자신의 지위유지만을 위하여 권한을 남용할 여지가 있다는 점이 문제이다. 이는 곧 이사의 선관주의의무 및 충실의무의 위반 문제이자 방어권남용의 문제에 해당할 것이다. 특히 방어권이 남용되어 위법하다고 인정되는 경우에는 방어권의 남용 여부를 판단할 수 있는 기준을 설정하는 것은 매우 중요한 과제라고 본다. 선관주의의무 또는 충실의무의 위반은 이사의 책임을 추궁할 수 있는 문제에 국한하지만, 방어권의 남용은 그 방어행위의 효력을 부정하는 것이기 때문이다.

따라서 원칙적으로는 법리상으로나 법정책적으로도 이사에게 경영권 방어의 권한을 인정하는 것이 마땅하다고 본다. 다만 적대적 M&A의 방어에 있어서 이사는 회사와 주주의 이익 보다는 기존 지배주주의 지배권유지 또는 자신의 지위유지를 위하여 권한을 남용할 여지가 있다. 이는 곧 이사의 충실의무의 위반 문제이자 이사의 권한남용 또는 방어권남용의 문제에 해당할 것이고, 그 판단기준은 개별적인 방어행위의 특성을 고려하여 합리적인 해석에 의하거나 입법에 의하여 설정하여야 할 것이다.

제3절 방어권 남용의 판단기준

Ⅰ. 외국의 판단기준

1. 미국

방어권남용의 판단을 위한 일반기준을 제시한 대표적인 판례로는 Cheff 판결, Unocal 판결, Revlon 판결, Time 판결 등이 있다.[9] 오늘날 미국에 있어서 적대적 M&A에 대한 방어권남용의 판단은 사례의 특성에 따라 적절한 기준이 적용되고 있지만, 일반적으로는 Unocal 판결상의 비례성기준이 널리 적용되고 있고, Time 판결상의 중간적 기준은 주회사법에 입법으로 반영되고 있다.

(1) 주요목적기준

Cheff 판결에서는 대상회사 이사의 자기주식취득에 의한 방어책이 문제되었는데, 법원은 방어행위의 동기 또는 목적에 적정성이 있어야 한다는 주요목적기준(primary purpose test)을 제시하였다.[10] 이 기준 하에서는 이사의 방어행위가 적절한 사업목적을 가지고 있는지, 대상회사에게 이익이 되는지 등의 여부를 판단하여야 하고, 이사는 기업매수가 대상회사의 경영방침과 효율성에 위협이 된다고 신뢰하고 그 신뢰가 선의이고 합리적인 조사에 의한 것임을 증명하여야 한다.

➘ 사실개요

Moremont사에 의하여 주식의 약 17%가 매집되어 이사의 파견 등을 요구받은 Holland사의 이사회는 이에 대항하기 위하여 회사의 자금으로 자기주식을 시장을 통하여 매입하면서, Maremont사로부터도 동사가 보유한 자기주식을 시장가격보다 높은 가격으로 매수하였다. 이러한 관계에서 Holland사의 주주가 Holland사 주식취득이 현이사의 지위의 영속화를 위하여 부당하게 취득한 것이라는 이유로 Holland사와 Maremont 간의 주식매매계약을 해제할 것과 Holland사의 이사에 대하여 손해배상을 청구하는 소를 제기하였다.

(2) 비례성기준

Unocal 판결에서는 회사가 적대적인 2단계공개매수에 대하여 공개매수자를 배제하고 잔여주주만을 대상으로 자기공개매수에 의하여 방어한 것이 문제되었다. 이에 대하여 법원은 방어의 동기 또는 근거의 합리성(제1기준) 이외에도 방어의 정도에 있어서 합리성(제2기준)이 요구된다는 비례성(균형성)기준(proportionality test)을 제시하였다.[11]

---

9) 이들 판례에 대한 상세한 설명은 송종준, 미국법상 기업매수의 방어와 이사의 책임, 상사법의 기본과제(이범찬교수화갑기념논문집, 삼영사, 1993), 616~623면 참조.

10) Cheff v. Mathes, 41 Del. Ch. 494, 199 A 2d 548(Sup. Ct.1964).

따라서 방어의 동기와 정도 모두에 합리성이 균형적(비례적)으로 존재하여야 하고, 그것은 대상회사의 이사가 증명하여야 한다는 것이다.

그러나 1990년대에 들어 델라웨어 법원은 Unitrin 판결[12]에서 방어수단이 공격자를 배제하거나 주주에게 강압적인 경우가 아니면 방어의 적법성을 인정하는 태도를 보임으로써 실질적으로 대상회사 이사의 증명책임을 완화시키는 추세에 있다.

↘ 사실개요

Unocal의 주식 일부를 이미 보유하고 있는 Mesa가 Unocal에 대하여 2단계 공개매수를 시도하여 1단계에서는 현금을 대가로 Unocal의 발행주식총수의 과반수를 취득한 다음, 2단계의 합병에서는 잔여주식을 열후채권과 교환하여 잔존주주를 퇴출시키고자 시도하였다. 이에 대하여 Unocal은 방어책으로서 1단계의 공개매수가격을 상회하는 금액으로 사채를 발행하여 그것을 대가로 자기회사의 주주에 대하여 공개매수를 행하였고, 이 과정에서 이 매수청약의 상대방에서 Mesa를 배제하였다. 이러한 관계에서 Mesa는 Unocal에 대하여 자기공개매수의 대상으로부터 자신을 배제한 점을 다투어 그 공개매수의 금지가처분을 신청하였다.

(3) 가치극대화기준

Revlon 판결에서는 우호적인 제3자에게 자산매수권(lock-up option)을 부여하여 방어한 것이 문제되었다. 법원은 적대적 M&A에 의하여 회사의 해체(break-up)가 불가피한 경우에는 이사는 오로지 주주의 이익을 위하여 회사의 매각가격을 최대로 하여야 할 경매인의 역할에 충실해야한다는 가치극대화기준(value maximization test)을 제시하였다.[13]

이 기준 하에서는 일정한 방어가 정당하기 위해서는 대상회사 주주에 대하여 최대이익을 실현하는 것과 합리적인 관련이 있어야 한다. 이 판결 이후 이 기준은 M&A가 경합하는 경우, 회사의 해산 또는 해체가 불가피한 경우, 지배권의 변경이 있는 경우 등과 같은 경우에 적용된다고 명확히 밝힌 판결[14]도 있다.

---

11) Unocal Corporation v. Mesa Petroleum Co., 493 A 2d. 946(Del. 1985)
12) Unitrin, Inc. V. American General Corp., 651 A. 2d 1361(Del, 1995)
13) Revlon v. MacAndrews and Forbes Holdings, Inc., 506 A 2d, 173(Del. 1986).
14) Paramount Communications Inc., v. QVC Network Inc., A 2d, (Del. 1994).

➘ 사실개요

Revlon에 대하여 Pantry pride가 이미 공개매수를 행하고 있는 과정에서 Revlon이 공개매수를 저지하기 위하여 방어책으로서 현금지급과 사채발행에 의하여 발행주식총수의 과반수에 해당하는 자기주식을 취득하고 사채권자에게는 향후 사채의 추가발행을 제한하기로 약정하였다. 그 후 Pantry pride는 Revlon의 사외유통주식의 90% 이상을 취득할 것을 조건으로 하는 새로운 공개매수를 발표하였고, Revlon의 이사회는 이 공개매수를 저지하기 위하여 경영진에게 자기 회사의 매수에 관심이 있는 제3자와의 매각교섭을 위임하였다. 그러자 Pantry pride는 이미 발표된 공개매수의 매수가격을 인상(주당 $57.25)하였다. 반면에 Revlon도 제3자인 투자회사(Forstman)와의 매각교섭을 벌여 LBO에 의한 경연권 인수에 합의하였다. 그런데 Revlon과 제3자간의 교섭과정에서 Revlon이 당초 사채권자에게 대하여 한 사채의 추가발행제한의 약정이 체결된 사실이 알려지자 이미 발행한 사채의 시장가격이 하락하였고, 이에 사채권자로부터의 제소의 위협이 나타났다. 이러한 사정에서 제3자인 투자회사는 Pantry pride의 매수가격 보다 높은 가격을 붙여 Revlon이 발행한 사채의 권면가격을 유지할 수 있다는 제안을 하는 한편, Revlon에게는 몇 가지 조건을 제시하였다. 즉, 만약 Revlon의 주식의 40%를 취득하는 자가 있으면 Revlon의 영업부분을 평가액 보다 1억-1.75억 달러가 낮은 가격으로 취득하기로 하고(Lock-up option), Revlon은 이후의 다른 제3자로부터 기업매수의 청약을 승인하거나 거래하지 않고(no-shop provision), 이미 Revlon이 발행한 사채권 증서는 소각하고 그 증서상 회사의 약정을 파기한다는 조건 등이 그것이다. 이러한 관계에서 Pantry pride는 Revlon이 제3자인 투자회사에 대하여 약속한 위의 조건과 사채증서의 약정을 다투어 그 효력의 발생을 금지하는 가처분을 신청하였다.

(4) 중간적 기준

Time 판결에서는 당사회사간 합병에 합의한 상태에서 제3자가 피합병회사의 주식 전부에 대하여 현금공개매수를 발표하자, 당초의 합병계획을 새로운 공개매수로 변경하여 대항한 것이 문제되었다. 법원은 적대적 공개매수가 대상회사에게 주는 위협의 대상을 매수가격의 가치에 대한 주주의 이익과 방어행위로부터 얻을 수 있는 장기적인 경영전략적 이익으로 보고, 후사의 경영전략적 이익에 대한 위협이 존재하는 경우에는 그 위협과 합리적으로 관련되는 방어책을 행사하는 것은 적법하다는 중간적 기준(intermediate standard)을 제시하였다.[15)]

↘ 사실개요

Time은 Waner와의 합병교섭을 추진하고, 양사의 이사회는 주식교환에 의한 합병을 승인하였다. 그런데 합병승인을 위한 Time의 주주총회가 열리기 전에 Paramount는 Time의 유통주식 전체에 대하여 전액 현금지급을 조건으로 하는 공개매수를 발표하였다. Time의 이사회는 Paramount의 공개매수가 Time에 의한 자기 운명의 지배와 Time의 문화의 보전에 대하여 위협을 제기하고 있다고 판단하여 Paramount의 공개매수에 반대하였다. 그리고 Time의 이사회는 Warner와의 합병을 Time에 의한 Warner에 대한 공개매수로 변경하기로 결정하고, 그 취지를 Warner에 통지하고 동의를 받았다. 그 후 Paramount는 공개매수의 가격을 인상하였지만 Time은 역시 이에 반대하였고, Time은 오히려 Warner와의 매수거래가 주주에 대하여 보다 큰 장기적 가치를 주는 것으로서 Time의 존속과 그 문화에 대한 위협이 될 수 없다고 주장하였다. 이러한 관계에서 Paramount와 Time의 주주는 Time과 그 이사 및 Warner에 대하여 공개매수를 금지시키고자 하는 가처분을 신청하였다.

2. 유럽

(1) 공개매수보고서상의 방어지침

유럽에서는 2004년 4월 제13차 공개매수지침이 발표되었고 이 지침은 이사의 중립의무원칙(neutrality rule)과 의결권제한주식이나 황금주 등과 같은 방어규정의 폐기원칙(break-through rule)을 핵심적 내용으로 삼고 있다. 이 원칙은 유럽연합의 효율적인 증권시장을 구축하고 투자자보호를 위한 적정한 수준을 제공하기 위한 것이다. 그러나 이러한 원칙은 회원국과 기업에게 선택권을 부여함으로써 그 실효성은 크게 반감하였다고 볼 수 있다. 그런데 제13차공개매수지침은 2002년 1월에 발표된 공개매수보고서에서 권고한 방어지침을 토대로 한 것으로서, 이것은 유럽에서의 적대적 M&A에 대한 일반적인 방어지침으로 적용될 것이다. 이하에서는 공매수보고서의 내용을 간략히 소개하기로 한다.[16]

15) Paramount Communications, Inc. v. Time Incorporate, 571 A 2d, 1140(Del. 1990)

16) Report of The High Level Group of Company Law Experts on Issues related to Takeover Bids(Brussels, 2002.1.10), pp.20~29 참조 ; 김두식, M&A법제의 개선방안 연구, 30면 이하 참조.

(가) 주주결정원칙

주주결정원칙(shareholder decision making)은 적대적 M&A에 대하여 대상회사의 주식을 매각할지의 여부는 주주가 결정해야 하는 것이고, 이사회가 공개매수의 성공여부에 대하여 결정해서는 아니 된다는 원칙이다. 이 원칙은 제13차 공개매수지침에서는 이사회의 중립의무로서 반영되었다.

그런데 이 원칙이 적용되더라도 이사회는 공개매수에 직면하는 주주들에게 조언을 제공하거나 회사와 사업을 위하여 매수의 효과에 대한 의견을 표명하여야 하며, 특정한 기업인수가 바람직하지 않다고 판단되는 경우에는 다른 기업인수를 물색할 수도 있고, 어느 경우에는 물색하여야만 하는 경우도 있다. 그러나 이사회는 특정한 경쟁매수자에게만 유리한 행위를 할 수 없다.

이 원칙을 채택함에 있어서는 이사회에 방어의 재량권을 인정하는 것이 주주의 매도압력을 경감시키고, 매수대가를 증가시킬 수 있고, 회사 내의 다양한 이해관계자(stakeholder)의 이익도 고려할 수 있다는 점에서 정당성이 있다는 견해도 있었지만, 이사회에 의한 방어가 그러한 목적을 달성하는데 기여할 것인지가 항상 명확한 것은 아니고 이사회의 방어재량권은 수용할 수 없는 비용과 위험을 수반한다는 이유에서 거부되었던 것이다.

이 보고서는 이사회가 공개매수자에게 성공적인 공개매수 이후의 시너지를 이용하여 부를 창출할 수 있는 기회를 부정한다는 사실은 차치하더라도, 일반적으로 방어조치에는 그 자체 많은 비용이 수반된다는 인식이 반영된 것이다. 그리고 특히 우려되는 것은 공개매수가 진행되는 경우 대상회사의 이사회는 주주를 위한 회사가치의 극대화 보다는 자신의 지위와 평판을 유지하고자 하는 중대한 이익충돌에 직면한다는 점이다.

(나) 위험부담자본과 지배권간의 비례원칙

위험부담자본과 지배권 간의 비례원칙(proportionality between risk-bearing capital and control)은 회사의 지배권은 회사의 궁극적인 경제적 위험을 최종적으로 부담하는 주주들이 그 위험부담의 크기에 비례하여 행사하여야 한다는 원칙이다. 이 원칙은 제13차 공개매수지침에서는 기업인수를 방해하는 의결권제한조치 등을 폐기하여야 한다는 원칙으로 반영되었다.

이 원칙은 자본시장에서의 기관투자자 등 주요 투자자는 회사의 궁극적인 경제적 위험을 부담하는 자에게 비례적 지배권을 부여하는 경우에 투자를 선호하는 것이고, 회사의 이익배당 또는 잔여재산분배에 참여할 권리가 있는 주식자본에는 지배권도 수반되어야 한다는 관점에서 채택된 것이다. 따라서 위험부담자본의 과반수를 보유한 자는 지배권을 행사할 수 있어야 한다는 것이다. 아울러 이익이나 잔여재산분배에 있어서 우선적 권리만을 가지는 일반적인 형태의 우선주는 이 원칙에서 말하는 위험자본의 개념에는 포함되지 않지만, 우선적 배당을 할 수 없게 된 때에는 그러한 우선주, 회사의 이익이나 잔여재산에 참가할 무제한적인 권리를 갖는 참가권(participation right)은 이 개념에 포함된다고 한다.

(2) 독일 기업인수법상의 방어지침

2002년 1.1부터 발효된 독일의 기업인수법(WpÜG)은 제13차 공개매수지침과는 달리 일정한 경우에는 이사회에 방어조치를 취할 수 있는 재량권을 부여하고 있다.[17)]

(가) 경영위원회의 권한 내 방어

기업인수가 공표된 이후에 인수대상회사의 경영위원회(management board)는 인수제의를 저지할 수 있는 방어조치를 취할 수 없는 것이 원칙이다. 그러나 인수제의를 받지 않은 회사의 경영진이 통상적으로 취할 수 있는 조치나 매수 대상회사의 감독위원회(supervisory board)가 동의한 조치에 대하여는 방어조치를 취할 수 있다. 이에 따르면 이사회에 의한 방어조치에 대하여 따로 주주총회의 승인을 받을 필요가 없게 된다.

(나) 주주총회의 권한 내 방어

주주총회가 기업인수가 개시되기 전에 경영위원회에 대하여 주주총회의 권한에 속하는 사항에 해당하는 방어조치를 행사할 수 있는 권한을 수권한 경우에는 경영위원회는 재량적으로 방어조치를 취할 수 있다. 다만 주주총회의 수권은 기업매수가 있기 전 최장 18개월 이전에 이루어져야 하며, 이 경우 주주총회의 결의는 발행주식총수의 3/4 이상이 출석하여야 하고 출석한 의결권있는 주식수의 과반수가 찬성하여야 한다. 그리고 주주총회의 수권에 의하여 경영위원회가 특정한 방어조치를 취하는 경우에는 감독위원회의 동의를 얻어야 한다.

3. 일본

(1) 판례상의 방어지침

---

17) WpÜG 제33조 제1항 및 제2항. 이에 대한 구체적인 설명은 김두식, M&A 법제의 개선방안 연구, 34면 이하 참조.

(가) 주요목적기준

일본의 경우에는 경영권방어의 수단으로서 제3자신주배정증자의 방법이 많이 이용되고, 실제로 많은 사건에서 제3자신주배증자의 위법성이 다투어졌다. 판례상으로는 제3자신주배정증자가 일본 상법상 현저히 불공정한 발행에 해당하는지의 여부가 핵심적 쟁점이 되고 있다. 이 문제에 대하여 대표적으로 궁입밸브 사건[18]의 판단에 있어서는 주요 목적이론이 적용되고 있다. 이 사건은 발행주식총수의 약 47%를 매입한 상태에서 현경영진이 제3자신주배정증자를 통하여 경영권인수를 저지한 것이 문제되었다.

주요목적이론에 의하면 신주발행의 주요목적이 기업매수인의 지주비율을 떨어뜨리고, 이사의 지배적 지위를 유지하고자 하는 경우에는 당해 신주발행은 현저히 불공정한 발행에 해당하여 위법하지만, 한편으로 신주발행의 주요목적이 회사의 자금조달을 위한 합리적인 경영목적을 가진 경우에는 당해 신주발행은 공정한 발행으로 취급된다. 따라서 이 이론은 경영권방어에 지배권의 유지와 자금조달의 필요성이 모두 존재하는 경우에 후자를 중시하여 당해 신주발행에 의한 방어행위를 적법한 것으로 보는 것이다. 그리고 이 이론 하에서는 주요목적의 부존재에 대한 주장·증명책임을 기업매수인에게 부과하고 있는 것이 특징이다.[19]

(나) 비례성기준

최근에는 일본방송의 경영권쟁탈을 위한 라이브 도어의 적대적 기업매수를 저지하기 위해 일본방송 이사회가 대주주인 후지 TV에 신주예약권을 대량으로 발행하기로 결정하여 적대적 M&A에 대항하고자 하였다. 이 사건에서 후지TV는 일본방송에 대한 공개매수 후 지분율이 종전의 12.4%에서 37%로 증가하게 되었고 라이브 도어는 시장에서의 주식매집으로 지분율이 종전의 5.4%에서 42%로 증가하게 되었으나, 후지TV가 신주예약권을 모두 행사할 경우에 후지 TV의 지분율은 60%에 크게 증가하게 되고 라이브 도어측은 14.8%로 하락하게 되는 상황이었다.

이에 대하여 그 발행의 유지를 구하는 가처분신청의 항고심사건에서, 동경고등법원은 이와 같은 전통적인 주요목적이론을 수정하여 경영권방어의 적법성을 허용하는 비교교량의 대상기준을 자금조달목적에 한정하지 아니하고 다른 정당한 목적으로까지 확장하는 결정을 내린 바 있다.[20] 이 사건에서 법원은 지배권유지의 목적이 있더라도 자금

---

18) 東京地裁 1988.9.5, 判例時報 제1323호, 48면.
19) 德本 穰, 敵對的企業買收の法理論, 19면 이하.
20) 東京高裁 第16民事部 平成17年(ラ) 第429号. 이 사건의 소송개요와 결정에 대한 상세한 설명과 분석은 최문희,

조달의 목적 이외에 이사회의 경영권한에 속하는 다른 사항으로서 특단의 사정이 있는 경우(그 방어조치의 필요성과 수단의 상당성이 있는 경우)에는 그러한 방어는 불공정하지 않다는 원칙을 제시하였다. 아울러 그 특단의 사정의 존재에 대해서는 대상회사인 일본방송이 소명 · 증명책임을 부담한다는 것이다. 이것은 미국의 Unocal기준, 즉 비례성기준에 유사한 것이라고 할 수 있다.

한편 니레코 사건에서도 사전의 신주예약권발행에 대한 위법심사가 이루어진 바 있다. 이 사건에서 니레코회사는 기존 주주에게 1주당 2개의 신주예약권을 무상으로 부여하고, 그 신주예약권의 내용은 장래 니레코회사 주식의 20% 이상에 상당하는 수의 주식을 보유하는 자가 생길 경우에는 신주예약권 1개에 대하여 1엔을 납입하면 이 회사의 의결권주식 1주를 발행한다는 조건으로 되어 있었고, 이사회는 기업가치의 최대화를 위해 필요하다고 인정하지 않는 때에는 신주예약권을 소각하지 않는다는 취지의 결의를 하였다.

이에 대하여 동경지방법원에서는 신주예약권의 발행에 주주총회의 의사를 반영할 구조로서 흠결이 없다고 할 수 없고, 신주예약권의 행사조건의 성취에 관한 판단기준이 명확하지 않아 이사회의 자의적인 판단여지가 있고, 신주예약권의 배정기준일 이후 이 회사의 주식을 취득한 주주는 지주비율이 약 1/3까지 희석화될 리스크를 부담하게 되어 이 회사의 주식에 대한 투자매력이 감소되어 주식가치의 저하로 인한 불측의 손해를 입게 된다는 점을 고려할 때에 이 사건의 신주예약권의 발행은 사전대항수단으로서의 상당성을 결여하여 현저히 불공정하다고 판시하였다.[21]

동경고등법원에서도 기존주주에게 수인의 한도를 넘는 손해를 발생시킬 우려가 있다고 하여 1심과 동일한 관점에서 판시한 바 있다.[22] 이 사건의 판결은 사전예방수단으로서의 신주예약권 발행은 그 발행의 필요성은 수긍하더라도 그 상당성의 면에서 불충분하다는 것이다. 이는 Unocal판결의 비례성기준에 유사하다고 본다.

(2) 경제산업성 · 법무성의 방어지침

(가) 배경

일본의 경제산업성과 법무성은 2005년 5월 27일 "기업가치 · 주주공동이익의 확보 및 향상을 위한 매수방어책에 관한 지침"[23]을 발표하였다. 이 지침은 일본 기업의 주

신주(예약권)의 제3자배정에 의한 경영권 방어의 적법성-일본방송 사건에 비추어 본 일본 판례의 분석을 중심으로-, BFL 제12호(서울대 금융법센터, 2005.7), 19면 이하 참조.

21) 東京地裁決定, (ヨ)제20050호, 2005.6.1.

22) 東京高裁決定 (ラ)제942호, 2005.6.15.

식소유비율의 해소 등 기업사회의 구조변화에 따라 적대적 기업매수도 발생할 환경에 처할 수 있게 되었지만 미국이나 유럽에 비하여 적대적 매수에 관한 경험이 적어서 공정한 매수방법, 공정한 방어방법에 관하여 기업사회의 관계자가 공유할 행동규범이 형성되어 있지 않았다는 인식하에서 검토된 것이다. 이 지침은 방어수단에 관한 판례와 학설, 그리고 기업가치연구회의 기업가치보고서[24] 등을 기초로 하여 현재 생각되고 있는 전형적인 방어수단(예컨대 신주예약권과 종류주식)을 염두에 두고 적법하고 합리적인 방어책을 제시하고 매수에 관한 공정한 룰의 형성을 촉구하는 것을 목적으로 하고 있다.

이 지침은 법적 구속력이 없어서 이에 합치하지 않는 적법한 방어책이 존재하는 것을 부정할 수는 없지만, 이 지침이 경영자, 주주, 투자가, 증권거래소, 변호사 기타 금융자문업자 등의 실무가에게 공유되어 존중된다면 이를 계기로 주주중시경영의 정착, 사외이사 또는 사외감사의 활용 본격화와 독립성의 개념의 진화, 매수제안에 대한 합리적 조사관행의 정착, 주주총회 활성화를 위한 대응의 가속, 기관투자가의 책임있는 행동의 활발화, 장기적인 기업가치향상을 위한 기업과 투자가 사이의 콘센서스의 형성 등 일본의 기업사회에는 기업가치를 제고하는 유익한 큰 변화를 가져올 것으로 기대되고 있다.[25] 이 지침상 방어수단은 크게 세 가지의 원칙으로 구성되어 있다.

(나) 기업가치 · 주주공동이익의 확보 · 향상의 원칙

이 원칙은 방어수단이 경영자의 지위유지를 목적으로 하여서는 아니되고 기업가치와 주주공동이익의 확보 · 향상을 위한 것이어야 한다는 것이다. 이 원칙상 기업가치는 회사의 재산, 수익력, 안정성, 효율성, 성장력 등 주주의 이익에 기여하는 회사의 속성 또는 그 정도로서 회사가 장래에 산출할 수 있는 수익의 합계를 의미하지만, 그것은 장래의 다양한 요인에 의하여 변화가 용이하기 때문에 정확하게 측정하기는 곤란한 개념이다.[26] 그러나 이 기업가치는 주주의 이익만이 고려되는 것이 아니라 주주 이외에도 종업원, 거래처 등 다양한 이해관계자에 귀속되는 가치도 포함되는 개념이다.[27] 기업매수자가 주식을 매집하여 다수파주주로서 자신의 이익만을 목적으로 남용적인 회사운영을

23) 經濟産業省·法務省, 企業價值·株主共同の利益の確保又に向上のための買收防禦策に關する指針(이하 기업방어지침이라 함), 2005.5.27.

24) 企業價値研究會, 企業價値報告書 - 公正な企業社會のルール形成に向けた提言(이하 가치보고서라 함), 2005.5.27.

25) 기업방어지침, 2~3면.

26) 기업방어지침, 2면, 3~4면 ; 기업가치연구회, 기업가치보고서, 34면.

27) 기업방어지침, 3면 ; 기업가치연구회, 기업가치보고서, 35~36면.

하는 것은 회사의 기업가치를 훼손하고 주주공동의 이익을 해치는 것이다. 또한 매수의 형태에 따라서는 주주가 주식을 매각하는 것을 강요하고, 진실한 기업가치를 반영하지 않은 저가로 주식을 매각하지 않으면 아니 되는 상황에 처하게 됨으로써 주주에게 재산상의 손해를 발생시키게 된다.

이 지침에서는 반기업가치적이고 반주주공동이익적인 기업매수로 취급할 수 있는 것으로서 다음과 같은 것이 예시되고 있다.[28) 주주공동의 이익을 명백하게 침해하는 기업매수(예컨대 주식을 매집하여 회사에 대하여 고가로 매수할 것을 요구하는 행위(그린메일), 회사를 일시적으로 지배하여 회사의 주요자산 등을 저가로 취득하는 등 회사의 희생으로 매수자의 이익을 실현하는 경영을 하는 행위, 기업의 자산을 매수자 기타 그룹회사등의 채무의 담보 내지는 변제재원으로서 유용하는 행위, 회사경영을 일시적으로 지배하여 회사의 당면관계에 있지 않는 고액자산 등을 처분하거나 그 처분이익을 가지고 일시적인 고액배당을 하거나, 일시적인 고액배당을 주가의 급상승의 기회로 이용하여 고가로 매도하는 행위 등), 1단계에서 응모하지 않은 주주에게 1단계의 매수조건 보다 불리한 매수조건을 설정하여 사실상 주주에게 주식매각을 강요하는 2단계 기업매수행위 등이다. 그러므로 이러한 형태의 M&A에 대한 방어책은 주주공동의 이익을 확보하고 향상시킬 수 있는 것으로 취급하고 있다. 그밖에 매수자가 제시한 조건보다 주주에게 보다 유리한 매수제안을 유도할 목적으로 시간을 확보하고 교섭력을 제고하고자 하는 방어책은 주주공동의 이익을 확보하고 향상시킬 수 있는 방어책으로 취급하고 있다.

따라서 주식회사가 특정의 주주에 의한 지배권의 취득에 대하여 제한을 가함으로써 주주공동의 이익을 확보하고 향상시킬 것을 내용으로 하는 방어책을 도입하는 것은 주식회사의 존립목적에 비추어 적법하고 합리적이다.

(다) 사전공시 및 주주의사의 원칙

이 원칙은 방어책의 적법성과 합리성을 확보하기 위한 것이다. 사전공시의 원칙은 방어책이 주주나 투자자, 잠재적인 매수자의 예측가능성을 제고하고 주주의 적정한 선택의 기회를 확보하기 위하여 방어책을 도입할 때에 그 목적, 구체적인 내용, 효과(의결권의 제한 및 변경, 재산적 권리에의 영향 등을 포함한 이익 또는 불이익) 등을 구체적으로 공시하여야 한다는 것이다.[29)] 구체적으로는 방어책을 도입하고자 하는 회사는

28) 기업방어지침, 4면, 주1.
29) 기업방어지침, 5면.

상법, 증권거래법 등 법령과 거래소규칙 등에서 정하고 있는 공시규제를 준수하고, 영업보고서, 유가증권보고서를 활용하여 자주적으로 방어책을 공시하려고 노력하는 것은 방어책의 적법성을 높이고, 주주, 시장관계자의 이해를 얻는데 극히 중요하다는 것이다. 그밖에 기업가치의 생성원천, 주주환원정책과 사업전략의 충실 등 기업가치를 제고하는 구체적인 경영전략을 투자자홍보활동(IR)을 통하여 홍보할 필요가 있고, 기관투자자들은 장기적인 주주가치의 향상에 관심을 가지는 바, 매수의 개시 전부터 방어책을 도입하는 과정에서 장기적인 경영전략에 관하여 주주와 투자자의 이해와 납득을 얻기 위한 노력이 필요하다는 것이다.[30]

한편 주주의사의 원칙은 방어책은 주주의 합리적인 의사에 의거하여야 한다는 것으로서, 이 원칙은 방어책을 주주총회의 결의로 도입하는 경우와 이사회의 결의로 도입하는 경우를 구분하여 달리 취급하고 있다.[31] 전자의 경우에는 방어책의 경중에 따라 주주총회의 특별결의 또는 보통결의를 거쳐야 한다. 그리고 주주총회의 승인을 얻어야 하는 방어책(예컨대 신주예약권, 거부권부주식, 복수의결권주식 등 종류주식, 정관에 규정이 없는 신주의 제3자에 대한 발행 등)을 도입하는 경우에도 그 합리성을 제고하고 시장의 지지를 받기 위해서는 주주공동의 이익을 향상시키는 매수제안이 행하여지는 경우에는 신주예약권 등 방어책을 소각할 수 있는 조치가 필요하고, 최신의 주주의사를 반영하기 위하여 이른바 일몰조항(sun-set)을 두어 정기적으로 주주총회의 승인을 확보하는 조항을 채용할 필요가 있다고 설명하고 있다.[32]

후자의 경우에는 주주총회는 방어의 기동성을 발휘하기 곤란하기 때문에 이사회가 주주공동의 이익을 위하여 방어책을 도입하는 것을 일률적으로 부정하는 것은 타당하지 않으므로, 이사회가 방어책을 도입하였더라도 주주의 총체적 의사에 의하여 방어책을 폐지할 수 있는 수단(소극적인 승인을 얻는 수단)을 설정한 경우에는 주주의사의 원칙에 반하지 않는다는 것이다. 그리고 이사회의 결의로 도입하는 경우에도 그 결의가 특히 내부이사만으로 구성되는 경우에는 객관적인 방어책폐지조항(예컨대 평가 및 교섭기간을 설정하고 기간경과 후에는 방어책을 해제한다는 내용)을 설정하고, 그러한 객관적인 해제요건을 설정하지 않은 경우에는 독립사외이사로 구성된 특별위원회의 판단을 중시하는 것과 같이 이사회의 재량권의 남용을 배제하는 효과가 있는 조치를 취하는 것

30) 기업방어지침, 5면 주3.
31) 기업방어지침, 6면.
32) 기업방어지침, 9면.

이 방어책의 합리성을 높이고 시장의 지지를 받기 위하여 필요하다고 설명되고 있다.[33]

(라) 필요성 및 상당성 확보의 원칙

이것은 방어책이 주주를 차별하여 주주평등의 원칙과 재산권에 대한 중대한 위협이 되거나 경영자의 보신을 위하여 남용되는 것을 방지하기 위하여 방어책은 필요한 상당한 방법에 의한 것이어야 한다는 원칙이다.[34] 따라서 방어책은 법률이 달리 예외를 두고 있지 않는 한, 주주평등의 원칙과 주주의 재산권을 침해하지 않아야 한다. 그리고 방어책이 경영자의 보신을 위해 남용되는 것을 방지하기 위해서는 이사회가 매수방어책을 발동하는 때에는 주주공동의 이익에 대한 위협이 존재함을 인식한 후에(필요성의 원칙) 당해 위협에 대하여 과잉이 아닌 상당한 내용의 방어책을 발동하여야 한다(상당성의 원칙).

그리고 이사회가 이러한 판단을 하기 위하여는 변호사 기타 금융자문업자 등 외부전문가의 분석을 거치고, 판단의 전제인 사실인식 등에 중대한 부주의가 있어서는 아니되고, 합리적인 판단과정을 거쳐 신중한 검토가 요구된다.[35] 이 검토는 이사회의 자의적 판단을 배제할 가능성을 제고하고, 매수방어책의 공정성을 제고하는 효과가 있다는 것이다.

Ⅱ. 외국의 판단기준에 대한 평가

1. 미국의 판단기준

미국의 판례는 구체적인 방어행위의 태양과 특성에 따라 다르기는 하지만 경영판단원칙의 적용상 한계의 판단을 위한 다양한 기준을 제시하고 있는 것이 특징이다. 그러나 주요목적기준은 방어의 동기 또는 목적의 적정성 또는 부적정성의 여부를 파악하여 방어의 위법성을 판단하는 것인데, 이러한 기준을 적용하는 경우 방어의 정도에 상당성이 결여된 경우에도 방어의 목적이 예컨대 자금조달의 필요성과 같은 회사경영목적만 인정되면 적법한 것으로 취급되어 경영권 방어의 남용을 방치하는 문제가 있다고 볼 것이다.[36] 이러한 문제 때문에 방어의 목적 이외에도 방어의 정도에 상당성, 합리성을

---

33) 기업방어지침, 13면.
34) 기업방어지침, 6~7면.
35) 기업방어지침, 7면 주6.
36) 권종호, 일본의 적대적 M&A현황과 방어수단에 관한 최근 동향, 74면.

요구하는 것으로서 비례성기준이 나타난 것이다. 미국의 판례에 있어서 이 비례성 기준은 현재까지 대표적인 지도원리로 작용하고 있고, 이 기준을 적용하면 대상회사 이사의 방어권이 상당한 정도로 제한되는 결과로 된다.

그런데 미국의 판례원칙상으로 중요한 기준은 가치극대화기준이라 할 수 있다. 이 기준은 주요목적기준이나 비례성기준이 적용될 수 없는 특수한 경우의 방어에 대하여 적용되는 것이다. 회사를 방치하면 회사가 해체될 염려가 있거나 회사의 제반경영실적으로 볼 때에 현경영진이 더 이상 남아있는 것은 회사와 주주이익을 위해 바람직하지 않는 경우가 그러한 예에 속한다. 이러한 경우에 주요목적기준이나 비례성기준을 적용하면 방어가 허용될 수도 있다. 그러나 이러한 경우에 회사와 주주의 이익을 위해서는 현경영진이 유능한 경영진으로 교체되어 기업을 재생시켜주는 것이 바람직하다. 이 경우에 현경영진은 회사와 주주이익을 극대화하기 위해 회사를 매각하되, 매각의 대가를 극대화시키는 방향으로 매각을 교섭하여야 하고, 방어를 통하여 경영권을 유지하는 것은 바람직하지 않다. 가치극대화기준은 바로 이러한 경우에 중요한 의미가 있다고 할 수 있다.

한편 중간적 기준은 비례성기준만 적용되는 경우에 고려되지 못하는 중요한 요소로서 회사의 장기적 경영방침의 계속성이 적대적 기업매수에 의하여 침해되거나 훼손되는 경우를 상정한 것이다. 따라서 이 기준에 의하면 적대적 기업매수가 회사의 장기경영계획에 대하여 갖는 경영전략적 이익에 현저한 위협을 줄 소지가 있는 경우에는 그 위협을 배제하기 위한 합리적인 방어책을 행사할 수 있다는 것이다. 이 기준은 비례성기준과 가치극대화기준과 공존하면서 경영권 방어를 위한 가이드 라인을 구성함에 있어서 존중되는 것이 바람직하다.

다만 경영권 방어에 있어서 최대의 과제는 방어의 남용문제라고 할 수 있는데, 미국의 판례가 방어의 적법성에 대한 증명책임을 매수자에게 분배하려는 시도가 있는 점은 우려스럽다고 본다. 증명책임을 매수자에게 분배하는 경우 지금까지 미국에서 적용되고 있는 다양한 방어기준을 통하여 방어의 남용을 억제하고자 하는 당초의 의미가 크게 퇴색될 수밖에 없기 때문이다.

2. 유럽의 판단기준

유럽연합의 제13차공개매수지침상 이사의 중립원칙과 방어수단의 폐기원칙은 영국의 공개매수 및 합병에 관한 씨티 코드상의 원칙을 수용한 것이라고 할 수 있다. 유럽연합의 이러한 방어지침은 적대적 M&A에 대한 대상회사 이사회의 방어권한을 인정할 것인가를 둘러싸고 그 법적 근거로서 제시되고 있는 회사법상의 경영판단원칙론과 기관간 권한분배원칙론 중에서 후자의 원칙을 선택한 결과라고 볼 수 있다.

기관간 권한분배원칙은 회사의 지배권변경에 대한 의사결정권은 이사에게 있지 아니하고 주주에게만 부여되어 있다고 파악하는 이론이다. 그런데 이 문제는 회사의 이사가 회사법상의 권한을 행사할 수 있는 대상이 주주의 이익만이라고 볼 경우에는 타당한 논리이지만, 오늘날 현대주식회사에 있어서 이사는 주주의 이익만이 아니라 회사와 이해관계를 맺고 있는 비주주, 예컨대 채권자, 종업원, 소비자, 공급업자 등의 이익도 종합적으로 고려할 수 있다고 보는 것이 일반적이라는 관점에서는 이러한 원칙을 받아들이기는 어렵다고 본다.

그러나 유럽연합이 적대적 M&A에 대하여 이사의 중립의무를 부과한 것은 이와 같은 회사법상의 논리 보다는 유럽연합 회원국의 국내법에서 적대적 M&A 자체를 궁극적으로 억제하고자 하는 전부의무공개매수와 같은 M&A법제를 구축하고 있기 때문이라고 보아야 할 것이다. 전부의무공개매수제도는 영국의 씨티 코드에서 비롯되었지만, 이 제도가 시행되는 한 실제상으로 주식의 소유가 분산된 공개회사의 지배권을 확보하기란 불가능에 가깝다고 할 수 있는데, 여기에 덧붙여 대상회사의 이사에게 재량적인 방어권 행사까지 허용하는 경우 시장에서의 자유로운 경영권거래는 우호적인 관계에서 이루어지는 경우를 제외하고는 거의 불가능하다고 보아야 할 것이다. 따라서 전부의무공개매수제도가 시행되고 있는 유럽연합에서는 이사의 중립의무와 방어수단의 폐기원칙은 매수와 방어간의 균형을 유지하기 위한 불가피한 귀결이라고 보아야 할 것이다.[37)]

한편 유럽연합의 지침과는 달리 독일의 기업인수법이 제한적인 범위에서나마 이사회에 방어의 재량권을 주고 있는 것은 방어에 관한 기관간 권한분배원칙을 전제로 하는 한 그 논리적 정당성을 찾기가 어렵다고 보아야 할 것이다. 이러한 입법태도는 오히려 경영판단원칙을 기초로 이사에게 방어권을 인정하는 방어법 체계에는 나름대로 시사하는 점이 있다고 본다.

적대적 M&A에 대한 방어에 있어서 가장 중요한 쟁점은 이사의 이익충돌문제와 방어권남용의 문제라고 할 수 있는데, 이것은 주주들이 방어의 의사결정과정에 참여할 수 없기 때문에 제기되는 것이다. 이러한 점에서 경영판단원칙에 기초하여 이사의 방어권

37) 우리나라에서는 이사에게 중립의무를 부과하되 주주총회의 승인을 전제로 이사회에 방어조치를 행사할 수 있는 권한을 주어야 한다는 견해가 있다. 김두식, M&A 법제의 개선방안 연구, 48면 이하.

을 인정하는 시각에서는 이사의 방어의사결정을 위한 독립적이고 공정한 절차의 마련이 반드시 필요할 것이다.

이 점에서 독일의 기업인수법은 시사적이라고 할 수 있다. 따라서 독일법과 같이 이사회의 권한사항에 속하는 방어수단은 이사회의 재량에 맡기는 것이 타당하고, 주주총회의 권한사항에 속하는 사항이더라도 주주총회에서의 수권이 있는 경우에는 그 범위 내에서 적절한 방어조치를 취할 수 있도록 하고 있는 점은 우리의 방어법을 체계화함에 있어서 유의적으로 고려될 수 있다고 본다.

3. 일본의 판단기준

(1) 판례상의 판단기준

일본 판례상 주요목적이론은 미국의 주요목적이론이 가지는 한계와 동일한 문제를 안고 있어서 합리적이라 할 수 없다.[38] 그런데 일본방송사건에서 법원이 허용할 수 있는 방어의 목적을 확대하고 한편으로 방어의 정도에 합리성과 상당성을 요구하는 태도로 전환한 것은 바람직하다고 본다. 아울러 주요목적의 존재유무를 방어권남용의 판단기준으로 삼으면서 그 남용에 대한 주장·증명책임을 경영권공격자에게 부과하여 오던 종전의 태도를 바꾸어, 일본방송 사건에서는 그 주요목적을 경영상의 정당한 목적으로까지 확대하되 그 정당성에 대한 증명책임을 대상회사에게 전환하는 입장으로 태도를 바꾼 것도 방어권의 남용을 억제할 수 있는 효과가 있는 점에서 합리적이라고 본다.

그리고 일본 방송사건의 판례는 제3자 신주발행에 의한 경영권방어가 현저히 불공정한 발행으로서 위법한 경우에도 자금조달의 목적 또는 경영상의 정당한 목적이 인정되면 그 위법성을 조각시키고 있다. 이러한 태도는 일정한 방어행위가 명시적인 법률상의 요건에 반하여 위법성이 인정되더라도 그 위법성을 조각시킬 수 있는 일반기준으로서 고려될 수 있다는 점에서 방어법리 또는 방어지침을 구성함에 있어서 시사하는 바가 있다고 할 수 있다.

한편 일본의 판례는 적대적 M&A에 대하여 이사회에 방어권이 있는지 주주총회에 있는지에 관한 문제에 대하여 혼란스러운 입장을 보이고 있다. 일본방송사건에서는 기관간 권한분배원칙에 입각하여 상법상 이사의 선임과 해임은 주주총회의 결정사항이고, 이사는 주주의 자본다수결로 선임되는 집행기관이므로 피선임자인 이사가 선임자인 주

38) 정순섭, 적대적 M&A와 기업방어전략-포이슨 필의 현행법상 가능성과 타당성을 중심으로, 기업경영권에 관한 연구-실증분석과 제도정비를 중심으로(연태훈 편, 2005-07 연구보고서)(한국개발연구원, 2005.12), 526면.

주구성의 변경을 주요한 목적으로 하는 방어행위를 일반적으로 허용하는 것은 상법상 기관간 권한분배를 정한 정의에 명백히 반하는 것이라고 판시하였다. 반면에 니레코 사건에서는 적대적 M&A에 대한 방어는 이사회에서 판단하되, 주주총회의 판단에 의하여 그 방어책을 소각할 수 있는 기회를 주는 등 이사회의 권한남용을 통제할 수 있는 절차가 필요하다고 하여 원칙적으로 경영판단원칙에 따르고 있다. 양자는 방어의 법리구성이나 방어법제의 설계에 차이를 가져올 수 있다. 전자의 일본방송사건의 기관간 권한분배원칙에 따르면 이유여하를 불문하고 이사의 방어는 위법한 것이고, 후자의 니레코 사건의 경영판단원칙에 따르면 이사의 방어는 원칙적으로 적법하고 다만 그 남용이 있는 경우에는 위법하게 된다.

그러나 현실적으로 이사에 의한 경영권 방어가 회사와 주주전체의 이익에 부합할 수 있다는 점을 감안할 때에 일본방송사건의 판결태도는 논리의 구성상 결함이 있다. 동 판결에서는 기관간 권한분배도 주주전체의 이익보호의 관점에서는 예외적으로 취급할 수 있다는 궁색한 논거를 제시하고 있다. 이러한 판례태도는 일정한 방어가 주주전체의 이익에 부합하면 위법성이 조각되는 것을 의미하는 것으로 이해될 수 있다. 그러나 상법상 기관간 권한분배의 원칙은 강행규범질서에 속하는 것이기 때문에 일본 상법이 주주총회의 권한사항을 이사회가 결정할 수 있다는 예외규정이 존재하지 않는 상태에서 해석에 의하여 주주전체의 이익에 부합하는 경우에는 이사회에 주주총회의 권한사항에 속하는 방어를 예외적으로 허용할 수 있다는 논리를 전개할 수 있는 지에 대하여는 상법상 기관간 권한분배법리의 일반해석상 지극히 의문스럽다. 이런 점에서 니레코 사건의 판례가 방어를 원칙적으로 이사회의 권한사항으로 풀이하고 그 남용을 통제할 수 있는 논리를 전개하고 있는 것은 일본방송사건의 판결에서 볼 수 있는 법리구성의 모순을 인식한 합당한 태도라고 본다.

(2) 경제산업성 · 법무성의 방어지침

(가) 기업가치 · 주주공동이익의 확보 · 향상의 원칙

기업가치 · 주주공동이익의 확보 · 향상의 원칙은 방어책은 기업가치 · 주주공동의 이익에 부합하여야 한다는 포괄원칙으로서의 의미가 있다. 따라서 기업가치와 주주공동의 이익을 해칠 수 있는 적대적 M&A에 대하여는 적법하게 방어할 수 있다는 것이다. 특히 이 지침은 기업가치와 주주공동의 이익을 명백히 침해하는 매수형태로서 그린메일형 기업매수, 초토화 목적의 기업매수, 차입매수 등 파탄적 기업매수, 2단계 기업매수

등을 예시하고 있는 점은 인상적이다. 이러한 류의 기업매수를 금지하기 위하여 제정된 것이 유럽의 전부의무공개매수제도인데, 일본의 방어지침에서 이들을 반기업가치적인 것으로 취급하고 있는 것은 일본법이 유럽의 전부의무공개매수제도를 채택하고 있지 않은 상태에서 반기업가치적이고 반주주이익적인 적대적 M&A를 스스로 저지할 수 있는 자치적 재량을 대상회사에 부여하기 위한 시도라고 볼 수 있다.

그러나 이 원칙은 반드시 위에서 예시된 형태의 기업매수에 대한 방어책에만 적용되는 것이 아니라 기업가치와 주주공동이익에 반하는 모든 형태의 M&A에 적용될 수 있다는 점에서 포괄기준을 설정하는 의미를 가진다고 보아야 할 것이다. 그리고 이 원칙은 반기업가치적이고 반주주공동이익적인 기업매수에 대하여는 지배권유지만을 유일한 목적으로 하는 방어도 이 지침에서 제시하고 있는 다른 원칙이 준수되는 한 그 적법성이 인정될 수 있음을 시사하는 중요한 의미가 있다고 본다.[39)]

요컨대 기업가치 · 주주공동이익의 원칙은 이른바 적대적 기업매수에 대한 정당한 대항을 위한 논리로서 기업가치의 개념을 제공하고 있다는 점에서 총론적 의의가 있다고 본다. 그리고 이 원칙은 전통적인 기관간 권한분배원칙론을 고수하는 경우에 방어가 제한되는 문제를 해결할 수 있는 해석근거로 활용될 수 있게 된 점에서 중요한 의미가 있다고 본다. 그러나 이 원칙은 다른 엄격한 원칙이 동시에 충족될 경우에 비로소 의미가 있게 되므로 이 원칙이 천명되었다고 하여 적대적 M&A에 대한 방어책 행사가 훨씬 용이해졌다고 볼 것은 아니라고 생각된다.[40)]

---

39) 권종호, 일본의 적대적 M&A현황과 방어수단에 관한 최근 동향, 75면.

40) 이에 대하여 예컨대 니레코 사건의 판결 결과로 보면 일본의 경우 신주예약권의 발행이 허용되지만 지배권분쟁의 유무와 관계없이 대상회사의 경영진이 신주예약권을 방어수단으로 사용하는 것은 제약을 받을 것이며, 평상시의 방어수단의 도입을 권장한 경제산업성·법무성의 방어지침의 의의는 반감될 수밖에 없다고 비판하는 견해도 있다. 정대, 적대적 M&A에 대한 대상회사의 방어행위의 적법성 판단기준에 관한 고찰, 기업법연구 제20권 제2호(한국기업법학회, 2006.6), 237면. 한편 일본 신회사법상의 다양한 방어책을 기업이 채택하는 경우에 대한 동경증권거래소, 기관투자자의 이익단체인 일본연금연합회에서는 방어책행사의 남용우려에 따른 각각의 입장을 발표한 바 있다. (1) 일본의 동경증권거래소는 2006년 3월부터 포이슨 필의 하나인 라이트 플랜(right plan)으로서 행사가격이 주식의 시가 보다 현저하게 낮은 신주예약권을 도입 시점의 주주에게 배정해 두는 경우, 주주총회에서 이사의 과반수가 교체된 경우에도 여전히 폐지할 수 없도록 한 데드 핸드형 라이트 플랜(dead hand right plan), 사업목적, 발행목적, 배정대상자의 속성, 기타 권리내용 등에 비추어 주주의 권리내용과 그 행사를 부당하게 제한하는 거부권부종류주식 등 방어적 주식은 상장을 금지하거나 폐지하기로 하였다(동경증권거래소, 매수방어책의 도입에 관한 상장제도의 정비등에 관한 요강시안(2005.11.22) ; 상장폐지기준취급 § 1(14)(c)). 그리고 (2) 일본 기업연금연합회는 2006.4.10. "기업매수방위책에 대한 주주의결권 행사기준"에 의하면 매수방어책은 주주가치를 높이는 매수나 효율적인 경영을 저해하고 경영자의 보신에 이용될 우려가 있다는 점에서 긍정적으로 판단할 수 없지만, 방어책의 도입이 장기적으로 주주가치를 향상시키는 것에 대하여 충분한 설명이 있거나 구체적인 내용으로 볼 때에 경영자의 자의성을 배제하는 경우에는 찬성한다는 입장을 발표하였다. 그리고 이 기준에서는 일정한 조건(장기적인 주주가치의 향상에 이바지한다는 충분한 설명이 있을 것, 주주총회의 승인을 얻을 것, 유사시 방어책의 발동, 해제 및 유지에 대하여 당해 기업과 이해관계없는 사외이사등에 의한 검토가 이루어지고, 그 구체적인 조건이 명확하게 정해 질 것, 기간을 한정(2-3년)하거나 갱신하는 경우에는 주주총회의 승인을 구할

(나) 사전공시의 원칙과 주주의사의 원칙

사전공시의 원칙과 주주의사의 원칙은 방어책의 적법성과 합리성을 확보하기 위한 절차상 준수하여야 할 원칙으로서의 의미가 있다. 이 지침이 방어책의 적법성과 합리성 확보의 요건으로서 주주의사의 원칙을 강조하고 있는 것은 일본법의 해석상 방어의 적법성 판단기준원리를 완전한 경영판단원칙에서만 찾지 아니하고 기관간 권한분배원칙의 취지도 다소 가미한 것이라고 본다.

그러나 이 지침상 주주의사의 원칙은 독일의 기업인수법에서 취하고 있는 태도와 일견 유사한 것으로 보인다. 그런데 이 지침이 방어책 행사의 결정이 이사회에서 내려지는 경우에 주주의 총체적 의사에 의하여 방어책을 폐지할 수 있는 수단(소극적인 승인을 얻는 수단)을 설정한 경우에는 주주의사의 원칙에 반하지 않는 것으로 취급하고 있는 점에서는 독일법과 근본적으로 차이가 있다고 본다. 독일법에서는 방어책 행사가 주주총회의 권한 사항이면 최장 18개월 이전에 주주총회로부터 수권을 받도록 하여 주주의사의 원칙을 반영하고 있고, 반면에 이사회에 방어의 재량을 부여하는 방어책이 이사회의 권한 범위 내의 것이면 감사회의 동의만을 거치도록 하고 있을 뿐 따로 주주의사의 원칙을 요구하고 있지 않기 때문이다.

한편 일본의 방어지침상 이사회결의에 의하여 방어책을 결정하는 경우에 두 가지의 의문점이 제기될 수 있다고 본다. 첫째, 이사회에서 행사하기로 결정한 방어책이 이사회의 권한사항인 경우에 조차 소극적인 의미에서 주주총회의 승인을 얻어야 한다고 할 경우에 이에 대한 일본 회사법상의 근거가 무엇인지 의문이다. 상법상 방어책이 이사회의 권한사항에 속하면 이사회가 결정하는 것으로 족하고 주주총회의 소극적 동의를 따로 얻게 할 필요는 없다고 보는 것이 합당할 것이다. 중요한 것은 이사회의 권한사항인 방어책에 대하여 주주의사의 원칙을 적용할 것이 아니라, 이사회의 방어책 결정에 있어서 그 결의의 객관성과 합리성을 유지하면 족하다는 점이다. 이러한 점을 고려한 방안으로서 소극적이든 적극적이든 주주총회의 동의절차를 거치지 아니하고 독립적 이사회, 즉 사외이사가 과반수인 이사회에서의 결의가 있으면 이러한 요건을 충족시키는 것으로 취급하면 충분할 것이다. 그러나 법률상의 원칙과는 관계없이 기업이 자발적으로 방어

것 등)을 충족하는 방어책을 평시에 도입하는 경우에는 그 방어책의 도입을 찬성하지만, 황금주나 복수의결권주식의 발행, 데드 핸드형 방어책은 주주이익을 해치므로 원칙적으로 반대하고, 주식발행 수권범위의 확대 또는 주주의 권리확정일의 유연화도 방어목적이 아님에 대한 충분한 설명이 없는 한 원칙적으로 반대하며, 이사의 해임요건이나 합병 등 기업재편에 관한 승인요건을 가중하는 것도 그 필요성이나 주주가치를 해치는 것이 아님에 대하여 충분한 설명이 없는 한 원칙적으로 반대한다는 입장을 밝혔다. 금융감독원, 금융감독정보, 제2006-15호, 2006.4.10-4.15, 89~90면 참조.

책을 결정함에 있어서 주주의사를 거친다면 방어의 정당성을 확보하기가 용이하다는 점을 부정하는 것은 아니다.

둘째, 이사회에서 결의한 방어책이 주주총회의 권한사항인 경우에도 주주총회에서 그 방어책을 폐지할 수 있는 수단을 설정하기만 하면 주주의사의 원칙에 부합하는 것으로 취급하려는 것이 일본 회사법의 원칙상 허용되는 지가 의문이다. 일본 회사법이 이에 대한 명시적 근거를 두지 않은 상태에서는 주주총회의 권한사항에 속하는 방어책을 이사회가 결정하는 것은 그 자체 방어책으로서의 법적 효력이 발생할 수 없기 때문이다. 다만 이 경우 주주총회에서 사전에 그 권한사항에 속하는 방어책을 이사회가 결의할 수 있도록 수권하는 수가 있는데, 이 경우 이사회가 그 수권범위 내에서 방어책을 결의할 수 있는지의 문제가 제기될 수 있다. 이 문제에 대하여는 주주총회의 결의사항을 대표이사나 이사회에 위임하여 결의케 하는 것은 현행법의 기관간 권한분배질서상 허용할 수 없는 것이 원칙이지만, 그 수권의 내용과 범위를 특정하여 일정한 기간 내에 한하여 수권한다면 그 효력은 긍정적으로 풀이할 여지도 있다고 볼 것이다.

(다) 필요성 · 상당성의 원칙

필요성 · 상당성의 원칙은 이사회가 방어권을 가지고 그 권한을 유월하여 남용할 때에 그 방어권의 남용을 억제하기 위한 기준으로 삼을 수 있는 것으로 풀이될 수 있다. 이 원칙은 미국의 Unocal판결의 비례성기준과 상통하는 것이고, 일본방송사건의 판례에서 제시한 원칙과도 부합한다고 볼 수 있다.

이와 관련하여 기업가치연구회가 발표한 기업가치보고서에서는 적대적 M&A가 기업가치에 대한 위협을 가하였는지의 여부, 가해진 위협에 비추어 방어수단의 정도가 상당하였는지의 여부, 방어수단을 선택함에 있어서 이사회가 신중하고 적절하게 행동하였는지의 여부를 가지고 방어수단의 적법성을 판단할 것을 제시한 바 있다.[41] 이 중에서 특히 방어가 경영자의 지위유지목적으로 악용되는 것을 방지하기 위하여 신중하고도 적절한 경영판단의 절차가 준수되었는지의 여부가 방어의 상당성을 판단하기 위한 중요한 기준이 된다고 볼 것이다.

이를 위하여 기업가치보고서에서는 매수제안의 분석, 매수가 기업가치를 훼손하는지 여부, 현 경영방침과의 비교, 우호적인 제3자에 대한 매각 등 대체방안의 검토 등을 가

---

41) 기업가치연구회, 기업가치보고서, 86면. 그밖에 기업가치보고서에서는 과잉방어를 배제하고 기업가치를 높이는 합리적인 방어책이 되기 위해서는 방어책은 평시에 도입하여 그 내용을 공시하고, 방어책은 주주총회의 결정으로 취소가 가능하여야 한다는 점을 부가하고 있다.

능한 충분한 시간을 가지고 검토하였는지의 여부, 방어책의 도입 · 유지 · 해제에 관하여 이사회가 매수제안의 분석과 방어책의 설계 등에 있어서 변호사 등의 조언을 받았는지의 여부, 비교적 이해관계가 없는 사외이사 또는 사외감사 등이 충분한 정보를 가지고 방어책의 도입을 위한 의사결정에 관여하였는지의 여부[42] 등을 구체적인 대안으로 제시하고 있다.[43] 이 원칙은 이사회의 방어권 남용판단에 있어서 가장 중요하고도 실제적인 기준이라는 점에서 우리에게 시사하는 의미가 크다고 본다.

Ⅲ. 우리나라 판례의 동향과 평가

우리나라의 판례상으로는 방어권의 남용을 판단할 수 있는 기준에 대하여 일반원칙이 형성되어 있다고 볼 수 없다. 경영권 분쟁에 관련된 몇 개의 판례에서 나타난 방어권 남용의 판단기준은 다음과 같이 정리할 수 있다.

1. 한화종금사건 등에서의 방어지침

(1) 한화종금사건

한화종금사건은 경영권을 장악할 목표로 한화종금 주식을 대량매집한 2대주주(박의송)가 한화종금이 대량의 전환사채를 사모의 방법으로 발행하여 경영권을 방어하려 하자, 전환사채의 전환에 따라 발행될 신주의 의결권행사금지 가처분을 신청한 것이다.[44] 이 사건에서 서울지방법원과 서울고등법원은 전환사채발행의 무효에는 신주발행무효의 법리가 유추 적용된다는 점을 제외하고는 당해 사건에서 전환사채의 발행이 무효인지의 여부에 대하여는 서로 다른 논거가 제시되었다.

서울지법에서는 제3자에 대한 전환사채의 발행은 정관의 규정에 의하여 발행된 것이므로 주주의 신주인수권을 침해하였다고 볼 수 없고, 아울러 전환사채의 발행은 조직법

42) 독립적인 사외이사 또는 사외감사의 관여방식을 요구하는 것은 미국형이다. 그런데 기업가치기준에서는 이 외에도 두 가지의 지침을 제시하여 선택할 수 있도록 하고 있다. 즉 방어책의 해제요건을 미리 객관적으로 설정하고 매수제안에 응할 지의 여부에 대한 판단을 공개매수에 의하도록 하여 주주에 위임하고, 기업가치를 제고할 가능성이 큰 매수에 대해서는 방어력을 약화시키는 방식(객관적 해제요건 설정형), 그리고 평시에 방어책을 도입하는 시점에서 주주총회의 승인을 얻도록 하고 유사시에 방어책을 취소할 경우에는 그 방법(이사회의 판단기준 내지는 판단과정 등)에 대하여 주주로부터 수권을 얻는 방식(주주총회수권형)이 그것이다. 후자의 주주총회수권형은 독일 기업인수법의 취지와 유사하다. 기업가치연구회, 기업가치보고서, 92면 이하.

43) 기업가치연구회, 기업가치보고서, 86면, 92면.

44) 서울지방법원 제50민사부 1997.2.6. 97카합118 결정.

상의 행위가 아니라 거래법상의 행위이고 전환사채는 유통성이 강한 유가증권이므로, 전환사채에 관한 문제에 있어서는 주주의 이익보호 이상으로 거래안전의 보호를 중시하여야 할 것이어서 그 발행의 무효사유는 엄격히 보아야 하고, 대외적인 업무집행행위로서 전환사채를 발행한 것을 무효라 볼 수 없으며, 또한 그 효력은 획일적으로 판단할 필요가 있으므로 전환사채가 제3자에게 유통되었는지 여부에 따라서 개인의 사안마다 달리 판단하는 것은 적당하지 않다는 논거가 제시되었다.45)

반면에 서울고등법원은 경영권분쟁 상황에서 열세에 처한 지배세력이 지분비율을 역전시켜 경영권을 방어하기 위하여 기존주주를 완전히 배제한 채 제3자인 우호세력에게 집중적으로 신주를 배정하기 위한 하나의 방편으로 전환사채를 발행한 것은 동 제도의 남용이며, 이것은 사실상 신주발행과 같은 것으로서 주주의 신주인수권을 침해한 위법이 있는 것이고, 전환사채 발행의 주된 목적은 경영권분쟁상황에서 경영권을 방어하기 위한 점 등에 비추어 이것은 현저하게 불공정한 방법에 의한 발행으로서 무효이며 거래의 안전을 위하여 무효화시켜서는 아니 된다는 주장은 채택할 수 없다는 논거가 제시되었다.46)

이 사건에서는 제1심의 경우 경영권분쟁이라는 특수상황에서 이사가 취하여야 할 법적 의무, 기타 경영판단의 재량성에 대한 한계 등에 관한 입장은 제시되지 않았다고 볼 수 있다. 다만 제2심에서는 '방어행위가 경영권방어에 주된 목적이 있는 경우'는 상법상의 위법사유에 해당한다는 이유로 방어행위의 효력을 부정하고 있는데, 이것은 방어권남용의 판단기준에 해당한다고 볼 수 있을 것이다.

---

45) 거래안전의 보호라는 이유에서 무효로 할 수 없다는 견해로는 임홍근, 회사법(법문사, 2001), 610면 ; 전삼현, 경영권방어목적을 위한 사모전환사채발행의 유효성, 고시계(200.4) 43~44면이 있다. 그런데 전환사채는 신주발행의 경우와는 달리 전환권이 행사되어야 비로소 문제가 되기 때문에 직접적으로 주주들의 지배권이 침해를 입는 등의 효과는 불투명하다는 이유에서 전환사채의 발행을 무효화하는 것은 타당하지 않다는 견해도 있다. 정동윤, 경영권을 지키기 위한 신주 및 잠재적 주식의 발행, 674~676면.

46) 서울고등법원 제20민사부 1997.5.13, 97라36 결정. 이에 찬성하는 견해로는 홍복기, 신주인수권의 제한과 그 양도, 고시계, 2003.4, 14면, 주9 ; 최준선, 경영권방어를 목적으로 하는 전환사채발행의 효력, 고시계(2003.4), 36면 등이 있다. 이에 대한 반대 견해로는 전삼현, 경영권방어목적을 위한 사모전환사채발행의 유효성, 45~46면. 그런데 전환사채발행에 관한 상법의 해석에 있어서 1심은 전환사채의 발행에 이르기까지의 회사의 제반사정을 심리하지 않은 채, 단순히 거래안전보호의 법리를 적용하여 전환사채의 발행을 무효로 할 수 없다는 논거를 제시한 것은 충분하지 않다고 본다. 그러나 2심의 결정과 관련하여 이 사건에서 전환사채의 발행은 상법이 허용하는 요건으로서 정관의 규정에 근거하고 있으므로, 그 발행이 주주의 신주인수권을 침해하였다고는 볼 수 없을 것이다. 그리고 전환사채는 자본조달기능에 1차적인 본질적 기능을 가지므로, 신주와 반드시 동일하게 보는 것은 타당하지 않다고 본다. 이 사건의 핵심은 경영권을 방어할 목적으로 전환사채를 발행하여 현저히 불공정한 발행이 되는 계기는 전환권의 행사라고 볼 것이므로 그 사채발행 전체를 획일적으로 무효로 취급하는 것 보다는 경영권분쟁 중에 전환권행사의 효력만을 무효로 처리하여 신주발행과 그 의결권행사의 효력을 부정하는 것이 옳다고 본다. 이에 관한 상세한 해석은 송종준, 회사지배권의 쟁탈과 자본구조변경에 의한 방어책의 효력, 142면 참조.

(2) 미도파 사건

미도파 사건은 미도파가 대량의 전환사채와 신주인수권부사채를 공모 이외의 방식으로 발행하려하자, 경영권을 인수하고자 했던 외국인 투자자가 전환사채 및 신주인수권부사채의 발행유지 가처분신청을 한 것이다.[47)]

이 사건에서 서울지방법원은 만약 미도파가 정기주주총회를 위한 주주명부폐쇄일인 1997년 7월 1일 이전에 보통주식으로의 전환청구를 할 수 있는 전환사채 또는 그 일자 이전에 주주 외의 자에게 보통주식에 대한 신주인수권을 행사할 수 있는 신주인수권부사채를 공모 이외의 방식으로 발행한다면 이는 경영권분쟁의 향배에 영향을 미치는 것으로서 현저히 불공정한 방법에 의한 사채발행에 해당할 우려가 있다는 논거에서, 원칙적으로 사모방식으로 전환사채나 신주인수권부사채를 발행할 수는 있으나 그 전환청구기간 및 신주인수권행사기간은 주주명부폐쇄일 이후여야 하므로, 1997년 7월 1일 이전에 주식으로 전환될 수 있는 전환사채나 신주인수권을 행사할 수 있는 신주인수권부사채의 발행을 금지하였다.[48)]

미도파 사건에서도 법원은 경영권의 향배에 영향을 미치는 행위는 상법상의 요건에 반하는 위법행위라고 풀이하고 있으므로, 이것도 방어권남용의 판단기준으로 볼 수 있다. 여기서 경영권의 향배에 영향을 미치는 행위와 경영권방어에 주된 목적이 있는 행위는 거의 동일한 개념이라고 할 수 있으므로 이 사건에서의 법원의 태도는 한화종금사건의 제2심과 같은 취지라고 본다.

(3) SK사건

이 사건은 SK 이사회가 보유 중인 자사주를 처분하는 결의를 내린 데 대하여 소버린이 SK 이사들을 상대로 의결권침해금지가처분을 신청한 것이다.[49)] 법원은 SK가 자사

---

47) 김화진, M&A와 경영권, 148면 참조.

48) 미도파 사건에서 법원이 제시한 논거는 한화종금사건에서의 법원의 결정태도와는 사뭇 다르다고 할 수 있다. 한화종금사건에서는 이미 발행된 전환사채의 전환권 행사에 따라 발행할 신주의 의결권행사의 금지를 구하는 것이 쟁점이 된 반면, 미도파 사건에서는 전환사채와 신주인수권사채가 발행되기 이전에 그 발행의 유지를 구하는 것이 쟁점이 되었다. 한화종금 사건에서는 전환권 행사에 의하여 발행된 신주를 무효화시키는 결과로 되었고, 미도파 사건에서는 경영권분쟁 중에도 전환사채 등의 발행을 인정하면서 개최예정이었던 주주총회에서의 경영권의 향배에 영향을 주는 행위를 금지하기 위하여 전환사채의 발행을 유지시킨 것이다. 이 결정의 취지대로라면 주주명부폐쇄일이었던 1997년 7월 1일 이후에 전환청구를 할 수 있는 조건으로 전환사채 등을 발행하는 것은 금지되지 않는다는 점이 시사된 것이라고 본다. 따라서 미도파 사건에서 제시한 논거에 따르면 한화종금사건의 결정에 있어서도 전환사채의 발행이 무효로 취급되어서는 아니 되고, 다만 경영권분쟁 중 전환권의 행사에 따라 발행될 신주의 발행을 무효로 하고 따라서 그 의결권행사를 금지시켰어야 할 것이다. 미도파 사건에서의 결정은 옳은 태도라고 본다.

49) 서울지방법원 제50민사부 2003.12.23, 2003카합4154 결정.

주를 처분함으로써 소버린의 지분이 희석된다 해도 그 이유만으로 자사주처분 결의를 무효로 볼 수 없다고 하면서, 동 이사회의 결의는 소버린의 경영권 인수시도에 직면하여 이를 방어하기 위한 이사들의 경영판단으로서 적법하다고 판시하였다.

특히 법원은 자사주의 처분행위가 경영권방어를 목적으로 한 것이기는 하지만, 회사나 주주들의 이익에 반하는 등 적법한 방어행위의 범주를 벗어난 것으로 볼 수 없고, 이 사건의 경우 자사주 취득경위나 목적, 절차 등에 비추어 볼 때에 그것이 경영진이나 대주주의 지배권유지를 위한 것은 아니었기 때문에 자사주 처분행위를 위법한 행위로 볼 수는 없다고 판단하였다.

이 사건의 결정은 한화종금사건이나 미도파사건과는 달리 일정한 방어행위에 대하여 상법 등 법률에 위법사유가 명시되어 있지 않는 경우를 다루고 있다. 여기에서는 경영권방어의 허용여부에 대한 판단기준으로서 방어행위가 회사와 주주의 이익에 반하는 경우, 경영진이나 대주주의 지배권유지를 위한 경우 등을 설시하고 있다.

(4) 삼성전자 사건

이 사건은 삼성전자(주)가 대표이사 회장의 장남과 계열사에 대량의 전환사채를 발행하자, 시민단체가 회사지배권승계의 사익을 위하여 위법하게 발행하였다는 등의 이유로 전환사채의 무효를 구한 것이다.[50] 이 사건에서 대법원은 전환사채발행의 무효에는 상법상 신주발행무효의 소(제429조)가 유추적용된다고 판시하였다. 그런데 그 무효원인의 판단에는 무효원인에 개재된 여러 가지 위법요소를 종합적으로 고려되어야 한다는 전제하에, 전환사채가 발행되면 그 인수인의 이익을 고려할 필요가 있고 또 전환사채나 전환권의 행사에 의하여 발행된 주식은 유가증권으로서 유통되는 것이므로 거래의 안전을 보호하여야 할 필요가 크고, 사후에 무효로 함으로써 법적 안정성을 해칠 위험이 큰

---

50) 대법원 2004.6.25. 선고 2000다37326 판결. 상법은 지배권승계를 위한 사모전환사채 발행의 무효사유를 규정하고 있지 않고, 사모전환사채는 자금조달수단으로 유익한 점이 많기 때문에 법원이 이에 개입하는 것은 부당하다고 주장하는 견해로는 전삼현, 경영권방어목적을 위한 사모전환사채발행의 유효성, 47~48면 참조. 이 사건에 대한 평석은 전삼현, 삼성전자 CB사건에 대한 대법원판결 검토, 기업법연구 제18권 제1호(한국기업법학회, 2004.9), 287면 이하 참조. 이 사건에서는 현재의 지배권을 승계시킬 목적으로 전환사채를 발행한 것이 문제되었지만, 경영권의 분쟁이 첨예화되어 있는 상황에서 경영권의 향배에 중대한 영향을 줄 수 있는 관계인 경우에 조차도 거래안전보호의 법리를 중시하여 전환사채발행의 효력을 긍정할 수 있는 것인지는 의문이다. 다만 이 경우에는 단순한 거래안전보호의 법리 보다는 경영권의 향배에 중대한 영향을 미치더라도 제반사정을 고려할 때에 도저히 묵과할 수 없는 정도 등과 같은 방어권남용여부를 결정할 수 있는 추가적인 기준이 적용되지 않는다면 그러한 방어행위는 위법하다고 보아야 할 것이다. 이와 유사하게 이 사건에서의 전환사채발행은 자금조달에 주된 목적이 없는 점, 전환사채인수인과 지배주주에 특수한 관계가 있는 점, 이사회결의에 하자가 있는 점 등을 들어 현저히 불공정한 발행에 해당한다고 보는 견해로는 전현정, 전환사채발행의 효력-대법원 2004.6.25, 선고 2000다37326판결, BFL 제9호(서울대 금융법센터, 2005.1), 104~108면 참조.

점을 고려하여야 한다고 판시했다.

이러한 시각에서 전환사채발행의 무효원인은 가급적 엄격하게 해석하여야 하고, 그 무효원인을 회사의 경영권 분쟁이 현재 계속 중이거나 임박해 있는 등 오직 지배권의 변경을 초래하거나 이를 저지할 목적으로 전환사채를 발행하였음이 객관적으로 명백한 경우에 한정할 것은 아니고, 법령이나 정관의 중대한 위반 또는 현저한 불공정이 있어 그것이 주식회사의 본질이나 회사법의 기본원칙에 반하거나 기존 주주들의 이익과 회사의 경영권 내지 지배권에 중대한 영향을 미치는 경우로서 전환사채와 관련된 거래의 안전, 주주 기타 이해관계인의 이익 등을 고려하더라도 도저히 묵과할 수 없는 정도라고 평가되는 경우에 한하여 전환사채의 발행 또는 그 전환권의 행사에 의한 주식의 발행을 무효로 할 수 있다고 판시하였다.

이 판결은 일정한 방어행위의 행사요건을 상법이 규정하고 있는 경우에 그 행위의 위법성을 판단하는 데에 적용될 수 있지만, 이것과 관계없이 일반론적인 견지에서 경영권분쟁이 진행되거나 임박한 상황에서 경영권 방어행위의 허용한계도 함께 설시하고 있다. 이 판결에서는 경영권방어의 남용여부를 판단하기 위한 기준으로 일정한 방어행위가 '회사법의 정신과 주주 기타 이해관계인의 이익을 고려하더라도 도저히 묵과할 수 없는 정도' 이어야 한다는 점이 제시되었다.

(5) 유비케어 사건

이 사건은 최대주주인 원고 (주) 엠디하우스가 피고인 (주) 유비케어에 대하여 적대적 인수를 추진하고 있는 상황에서 피고 회사의 대표이사 등 현 경영진이 우호세력인 제3자에게 대량의 신주를 발행하여 지분율을 역전시킴으로써 현존 경영진의 경영권을 방어하자, 원고 회사가 피고 회사의 신주발행의 무효확인을 구한 것이다.[51] 개략적인 사실관계를 살펴보면 (주) 엠디하우스는 특수관계인의 보유지분을 합하여 (주)유비케어 발행주식총수의 28.25%를, 대표이사 등 현존 경영진은 특수관계인의 보유분을 합하여 3.68%를 보유하고 있는 상태에서 원고회사가 피고회사에 대하여 적대적인 인수를 진행하고 있었다.

이러한 상황에서 피고회사의 경영진은 2003.11.14. 우호세력인 (주)바이오넷과 (주)엠지비엔도스코피로부터 주식, 전환사채, 신주인수권부사채를 인수하고 그 대가로서 4,160만원을 지급하였고, 이들 우호세력들은 2003.11.15. 이 금액 중 약 4,000만원으로

51) 서울남부지방법원 2004.11.25 선고, 2003가합16871 판결.

피고회사의 신주를 대량 인수하여 피고회사 경영진이 우호지분을 포함하여 21.19%를 보유하게 되었다. 아울러 피고회사는 2003.11.24. 역시 우호세력인 다비드 사모 앤 에 이펀드에 신주인수권을 매각하였는데, 이 펀드가 신주인수권을 행사하게 되면 피고회사 피고회사의 경영진들은 총 27.75%를 보유하게 되어 원고 회사의 지분율을 역전시키게 되는 상황이었다.

이에 대하여 법원은 피고 회사의 경영진이 그 특수관계인 및 우호세력과 함께 보유하게 될 주식 지분율은 기존의 지배구조를 역전시키기에 충분한 것이었다 할 것인 바, 이는 지배권의 변경을 초래하거나 이를 저지할 목적으로 신주를 발행하였음이 객관적으로 명백한 경우로서 현저히 불공정하게 한 신주발행이라는 논거에서 무효임을 확인하였다.

이 사건은 신주발행 등 방어행위의 위법요건이 상법상 명시된 상태에서 우호세력에게 신주를 배정하거나 신주인수권을 매각하는 등의 방어행위가 남용되었는지의 여부를 판단하기 위한 기준으로서 '현존 경영진이 우호세력과 함께 보유하게 될 주식 지분율이 기존의 지배구조를 역전시킬 정도로 지배권의 변경을 초래하거나 이를 저지할 목적이 객관적으로 명백한 경우' 를 제시하고 있다.

(6) 세양선박 사건

이 사건에서는 S&T중공업측이 세양선박의 지분 18%를 매입하여 제2대주주로 부상하자 세양선박은 해외CB발행과 제3자배정유상증자 등으로 대응하였다. 이에 S&T중공업측은 세양선박에 대하여 신주 및 전환사채 효력정지 가처분을 신청하였다.[52)]

이에 대하여 서울중앙지법은 일반론으로서 자본조달의 목적이 회사의 이익에 부합하지 않고, 그 목적달성을 위하여 주주의 신주인수권을 배제할만한 상당한 사정이 없는 경우에는 제3자신주발행은 무효이고, 전환사채도 주식회사의 본질이나 회사법의 기본원칙에 반하거나 기존 주주들의 이익과 회사의 경영권 내지 지배권에 중대한 영향을 미치는 경우로서 전환사채의 거래와 관련된 거래의 안전, 주주 기타 이해관계인의 이익등을 고려하더라도 도저히 묵과할 수 없는 정도라고 평가되는 경우에는 전환사채의 발행도 무효라고 설시하였지만, 이 사건에서 제3자에 대한 신주발행과 CB발행은 자금조달이라는 회사경영상의 필요가 있다는 이유로 가처분신청을 기각하였다. 이 사건은 전술한 삼성전자 사긴에서 내린 대법원의 판결기준과 같은 입장을 취하면서 자금조달 목적이라는 주요목적기준을 적용하고 있다.

52) 서울중앙지법 2005.11.15, 2005카합3661 결정.

2. 현대엘리베이터 사건

이 사건은 현대엘리베이터(주)의 의결권있는 주식총수의 47.54%를 보유하고 있는 (주)금강고려화학과 30.3%를 보유하며 경영권을 갖고 있는 최대주주와 사이에 경영권분쟁이 벌어진 상황에서 현존 경영진이 대규모의 일반공모증자 방식으로 신주를 발행하여 경영권을 방어하려하자, 금강고려화학이 신주발행금지가처분을 신청한 것이다.[53)]

이 사건에서 법원은 다음과 같은 방어기준을 제시하였다. 즉 (1) 대상회사의 이사회가 특정한 적대적 기업취득행위에 대항하여 취하는 경영권방어행위에 대하여 직접 법령이나 대상회사의 정관에 규정된 바가 있으면 우선적으로 그 법령과 정관 규정이 허용하는 범위 내인지 여부에 따라야 할 것이다. (2) 그러한 직접적인 법령 또는 정관의 규제규정이 없는 경우에는 구체적인 해당 경영권 방어행위의 동기나 목적, 방어 수단의 합리성 등을 종합하여 그 허용여부가 결정되어야 하고, 이러한 결정에는 그 방어행위를 추구하는 회사 또는 주주의 이익의 내용, 방어행위 실행의 결정과정이 적정한 절차를 거쳐 상당한 근거를 가지고 이루어졌는지 여부가 중요한 요소로 고려되어야 할 것이다. (3) 신주발행의 주요목적이 기존 지배주주의 대상회사에 대한 지배권 및 현 이사회의 경영권 방어에 있고, 회사의 경영을 위한 기동성있는 자금조달의 필요성 및 이를 위한 적합성을 인정하기 어려운 경우라도 적대적으로 기업취득을 시도하는 자본의 성격과 기업취득 의도, 기존 지배주주 및 현 경영진의 경영전략, 대상회사의 기업문화 및 종래의 대상회사의 사업내용이 사회경제적으로 차지하는 중요성과 기업취득으로 인한 종래의 사업의 지속 전망 등에 비추어 기존 지배주주의 지배권 또는 현 경영진의 경영권이 유지되는 것이 대상회사와 일반주주에게 이익이 되거나 특별한 사회적 필요가 있다고 인정되고, 한편으로 이러한 신주발행행위가 그 결의 당시의 객관적 사정에 의하여 뒷받침되고, 그 결의에 이르기까지의 과정에 대상회사의 경영권 분쟁 당사자인 기존 지배주주가 아닌 일반주주의 의견과 중립적인 전문가의 조언을 듣는 절차를 거치는 등 합리성이 있는 경우에는 신주발행이 허용된다는 것이다.

3. 우리나라의 판례태도에 대한 평가

우리나라의 판례는 제3자에 대한 신주발행 또는 전환사채발행 등과 같이 상법상 그 발행요건을 정하고 있는 경우에 일정한 방어책의 행사가 그 요건을 충족시키는지의 여

53) 수원지법 여주지원 2003.12.12 선고, 2003카합369 결정.

부를 검토하여 그 위법성을 판단하고 있긴 한데, 이는 사실상 미국 판례에서 다루고 있는 경영판단원칙의 남용한계에 대한 판단기준과 크게 다르지 않다고 본다. SK사건에서 방어행위의 위법성 요소가 법률에 명시되어 있지 않은 경우에 있어서 방어권 남용의 판단을 위한 추상적인 기준을 제시하고 있는 것도 이러한 맥락에서 이해할 수 있다.

그러나 현대엘리베이터 사건에서의 방어지침은 종전 판례의 태도를 획기적으로 발전시킨 것이라고 평가할 수 있다. 경영권방어를 유일한 목적으로 하는 경우에 일반적으로는 그 자체가 이사의 충실의무를 위반한 것으로서 권한남용이 되어 위법한 것으로 취급하는 것이 원칙일 것이다. 그런데 이 사건에서 법원이 제시한 원칙은 경영권방어만을 순수한 목적으로 하는 경우에도 일정한 실체적 요건과 절차적 요건을 갖추는 경우에는 그 방어행위는 적법하다는 새로운 법리를 제공한 것이라고 본다. 또한 법원의 이러한 결정은 방어행위가 경영권방어에 주된 목적을 가졌더라도 주주의 이익과 회사 전체의 이익을 위한 방어라면 적법하다는 것을 의미하고, 주주의 이익과 회사 전체의 이익이 충돌할 경우에도 특별한 사회적 필요성에 따라 회사의 집단적 이익을 보호하기 위한 방어도 적법하다는 일반원칙을 제시한 것으로서의 의의가 있다고 본다. 이것은 예컨대 순전히 경영권방어를 목적으로 하는 신주의 제3자배정이 상법상 '현저히 불공정한 발행'에 해당하여 위법한 경우는 물론, 자기주식취득에 의한 방어의 경우에도 증권거래법상 달리 위법요건이 없어 그 방어행위의 목적이나 동기 등을 분석한 결과 회사와 주주의 이익에 부합하는 것이라면 이를 적법한 것으로 취급할 수 있음을 인정하는 것으로 풀이된다.

법원의 이러한 결정은 앞서 소개한 미국의 Time 판결에서 제시한 중간적 기준이나, 미국의 주회사법이 이사에게 주주와 회사의 이익, 나아가서는 주주의 이익이 무시되더라도 회사에 관련된 이해관계집단의 사회적 이익도 고려하여 경영권방어의 재량권을 허여하는 입법추세와도 일치한다고 본다. 이 결정은 또한 외국의 경우와 같이 방어권의 원칙적 허용과 그 남용한계를 입법으로 명확히 해야 할 필요성을 인식시켜주는 계기가 될 수 있다고 본다.

그러나 법원이 제시한 이러한 기준이 경영권 분쟁 또는 적대적 기업매수의 국면에 처해 있는 모든 회사에 대하여 획일적으로 적용되는 경우에는 사회경제적으로도 부당한 결과를 용인하게 될 우려도 있다. 따라서 사회경제적으로 경영권을 보존하여야 할 실체적, 절차적 요건이 충족되었더라도 객관적으로 볼 때에 대상회사가 해산 또는 처분될 수밖에 없는 불가피한 사정에 처한 경우 등과 같이 대상회사가 현 경영진에 의하여 경영권을 유지하는 것이 객관적으로 적정하지 않는 경우에까지 이러한 기준을 적용하는 것은 불합리하다고 본다. 현대엘리베이터 사건에서 제시된 방어권 남용의 판단기준원칙은 이러한 점에서는 보완되어야 할 필요가 있다고 본다.

제4절 경영권의 방어와 이사의 책임

Ⅰ. 이사의 의무

상법상 이사는 그 직무수행에 있어서 선량한 관리자로서의 주의의무를 진다(상법제382조제2항, 민법제681조). 이 의무는 이사가 회사를 위하여 직무를 집행하는 기관관계적 측면에서 요구되는 의무라고 풀이된다. 그리고 상법은 이사의 선관주의의무 이외에도, 경업금지의무(상법제397조), 이사와 회사간의 자기거래제한(상법제398조), 주주총회에 의한 이사의 보수결정(상법제388조) 등에 있어서 영미법상의 충실의무를 규정하고 있고, 일반적인 견지에서 이사에게 충실의무를 부과하는 명문의 규정을 두고 있다(상법제382조의3). 해석론상으로 상법상의 충실의무를 선관주의의무의 일환으로 파악하거나,[54] 양자는 구별되는 것이지만 상법상 충실의무는 영미법상의 충실의무와 같은 새로운 의미를 갖는 것은 아니라는 견해[55]도 있다.

생각건대 이사의 충실의무는 선관주의의무 위반의 경우와는 달리, 그 위반에 고의 또는 과실이 요구되지 않고 무과실책임이 인정되며, 그 위반시 책임의 정도는 회사가 입은 손해의 배상에 그치지 아니하고 이사가 받은 모든 이득의 반환에 까지 미친다는 점에서 구별하여야 하는 것이고,[56] 상법 제382조의3이 영미법상의 충실의무와 같은 새로운 의무가 아니라고 볼 명확한 근거가 없다는 점에서 단순히 선언적인 의미만을 갖는다고 보는 것은 무리라고 본다. 그러나 상법 제382조의3의 충실의무는 회사를 위한 의무로서 규정하고 있을 뿐, 주주를 위한 의무로서 명시하고 있지 아니하므로, 상법상의 충실의무가 영미법상 인정되는 충실의무와 완전히 동일한 개념이라고 볼 수 없는

54) 정찬형, 상법강의(상)(제8판), 847면.
55) 이철송, 회사법강의(제12판), 591면.
56) 정동윤, 회사법, 432면.

점은 분명하다고 본다. 그런데 충실의무는 회사에 대한 관계에서 뿐만 아니라 주주에 대한 관계에서 발생할 수 있는 이익충돌을 방지할 의무이므로, 입법론적으로는 주주에 대하여도 확대 적용하는 것이 바람직할 것이다. 주주에 대한 이사의 충실의무는 적대적 M&A 국면에서 이사가 방어책을 행사하는 경우와 같이 이사와 주주 간의 이해충돌이 잠재하고 있는 경우에는 이사의 방어권의 남용을 억제하는 중요한 기능이 있으므로 그 입법의 필요성이 크다고 본다.

Ⅱ. 이사의 책임

1. 회사에 대한 책임관계

먼저 상법상 회사의 업무집행과 관련하여 이사가 법령 또는 정관에 위반한 행위를 한 경우에 이사는 회사에 대하여 연대하여 손해를 배상할 책임이 있다(상법제399조제1항). 여기서 이사의 행위가 이사회의 결의에 의한 경우에는 그 결의에 찬성한 이사도 연대책임을 진다(동제2항). 이 책임은 광범한 권한을 가진 이사의 지위에 비추어 민법의 일반원칙에 의한 책임(선관주의의무 위반책임)을 지우는 것만으로는 불충분하므로 상법이 특별책임으로서 인정하고 있는 것이다. 적대적 M&A에 대항하기 위하여 이사가 행사하는 방어책이 상법, 특별법, 또는 정관의 규정에 위반한 경우에도 상법의 위 규정은 당연히 적용된다. 또한 대상회사의 지배주주가 이사를 조종하여 이사로 하여금 법령 또는 정관에 위반하는 행위를 하게 한 때에는 업무집행관여자로서 그 지배주주도 회사에 대하여 손해배상책임을 진다(상법제401조의2).

다음으로 상법상 이사는 업무집행과 관련하여 법령이나 정관의 규정에 위반하지 않더라도, 회사에 대하여 수임인으로서 요구되는 선량한 관리자로서의 주의의무를 다해야 한다. 따라서 이사의 행위가 선관주의의무에 위반되는 때에는 그에 따른 손해배상책임을 진다(상법제399조제1항). 그리고 상법상 이사는 회사의 이익에 우선하여 자신의 개인적 이익을 챙기지 아니할 충실의무를 지므로, 이사의 업무집행이 이러한 충실의무에 위반될 경우에는 그 위반에 따른 손해배상책임을 진다고 볼 것이다. 따라서 상법상 적대적 M&A에 대한 방어책행사에 있어서 이사는 특정주주의 이익을 위하거나 자신의 지위보전을 위하여 방어책을 행사하는 것은 이와 같은 선관주의의무와 충실의무를 위반할 소지가 큰 은 물론, 이사의 방어권 남용으로 인정되어 그에 상응하는 손해배상책임을 질 수 있을 것이다.

2. 주주에 대한 책임관계

일상적인 업무집행에 있어서 이사는 그 직무를 수행함에 있어 악의 또는 중대한 과실로 그 임무를 해태하여 제3자에게 손해를 가한 때에는 연대하여 손해를 배상할 책임이 있다(상법제401조제1항). 이것은 이사의 임무해태에 따른 책임이다. 여기서 제3자의 범위에 주주도 포함될 수 있다고 풀이하는 것이 일반적이지만, 실제상으로 주주가 이사의 귀책요건을 증명하여 이사에게 책임을 추궁하기란 용이한 일은 아니라고 본다. 더욱이 상법상 이사는 회사에 대하여는 충실의무를 지고 있지만, 주주에 대한 관계에서는 그러한 의무가 인정되지 않으므로 주주가 이사에게 책임을 추궁할 수 없다.

이와 같이 상법상 주주에 대하여 적용되는 책임관계는 경영권 방어에도 그대로 적용된다고 볼 것이다. 그러나 이사가 적대적 M&A에 대한 방어책행사에 있어서 악의 또는 중대한 과실로 그 임무를 해태한 경우에 이사는 그 임무해태에 기하여 주주가 받은 손해를 배상할 책임이 있다고 보더라도, 피해자인 주주가 그러한 책임요건을 증명해야 하기 때문에 책임추궁의 실효성이 있다고 보기 어렵다. 입법론적으로는 주주보호를 강화하기 위해서 이사의 주주에 대한 충실의무가 도입되는 것이 바람직하다고 본다.

Ⅲ. 증명책임

1. 일상적인 업무집행의 경우

이사의 일상적인 업무집행에 있어서 이사가 법령 또는 정관을 위반한 경우에 이사가 회사에 대하여 지는 책임은 과실책임이고, 법령 또는 정관의 위반은 이사에게 과실이 있다고 추정된다고 본다. 따라서 면책을 주장하는 이사가 무과실의 증명책임을 진다고 보는 것이 다수설이다. 그러나 이사의 행위가 법령 또는 정관에 위반하지는 않았으나 선관주의의무의 위반이 문제되는 경우에는 이사에 대하여 책임을 주장하는 자가 과실에 대한 증명책임을 지는 것이 원칙이다. 그리고 이사의 업무집행이 악의 또는 중대한 과실로 인한 임무해태에 해당하여 주주 등 제3자에게 책임을 지는 경우에도 이사의 악의나 중과실, 인과관계, 손해의 발생에 대한 증명책임은 주주 등에게 있다.

2. 방어권행사의 경우

(1) 증명책임의 전환

방어권의 남용기준에 대한 증명책임을 어느 쪽에 부담시키는 것이 합당한지도 검토해야 할 중요한 문제이다. 통상적으로 적대적 M&A의 국면 또는 경영권분쟁 중인 상황에서 적대적 M&A에 의하여 경영권을 취득하는 경우에 대상회사의 경영진은 교체되는 것이 일반적이다. 따라서 경영권분쟁의 국면에서 이사의 방어행위는 자신의 경영권 교체를 저지하는 직접적인 영향을 주게 된다. 이것은 주주와 회사의 이익, 나아가서는 회사의 집단적 공동이익을 해칠 수 있는 잠재적 위법성을 안고 있다. 일반적으로는 가해자의 위법을 다투는 자(공격자)가 그 위법성을 증명할 책임을 부담하는 것이 원칙이지만,[57] 이러한 경우에 방어자측(가해자)이 회사에 관한 중요정보를 독점하고 있는 상황에서 경영권공격자에게 방어행위의 위법성을 증명하도록 하는 것은 무제한적인 경영권 방어를 허용하는 부당한 결과로 될 것이다.

그러므로 이사의 방어행위로 인한 회사와 경영진 또는 기존 지배주주간의 이해충돌적 상황에서는 이사 스스로 자신의 방어행위로 인하여 회사와 주주의 이익, 관련 이해관계자의 이익을 침해하지 않았다거나, 순수한 경영권유지목적의 방어가 합당함을 증명하도록 경영권방어자에게 증명책임이 전환되지 않으면 아니될 것이다.[58] 따라서 경영권분쟁 중의 경영권방어자는 방어행위가 정당한 사유 또는 방어권이 남용되지 않았다는 사유를 증명할 책임을 지게 되는 것이다.

(2) 증명책임의 정도

증명책임의 전환에 있어서 증명책임의 정도는 경영권을 방어하고자 하는 목적의 비중에 따라 다르게 요구되어야 할 것이다. 대상회사의 일정한 행위가 경영권을 방어하는 효과가 있으면서 경영목적에 부합하는 합리성도 아울러 가진 경우에는 그 증명책임의 정도는 낮아야 할 것이다. 반면에 대상회사의 이사가 경영권 방어를 유일한 목적으로 방어책을 행사하는 경우에는 그 증명책임의 정도는 매우 엄격하게 요구되어야 할 것이다.

---

57) 德本 穰, 敵對的企業買收の法理論, 19면.

58) 송종준, M&A에 대한 주요 방어대책, 216~217면 ; 정쾌영, 공개매수제도에 관한 고찰, 304면 ; 정대, 적대적 M&A에 대한 대상회사의 방어행위의 적법성 판단기준에 관한 고찰, 248면 ; 김홍식, 적대적 M&A에 있어서 대상회사의 방어수단에 관한 법적 연구, 132~134면 ; 국중권, 적대적 M&A 방어법제에 관한 연구, 177면 ; 신우진, 경영권방어를 위한 자기주식의 제3자에 대한 처분의 법적 문제점, 168면 ; 서울북부지법 2007.10.25, 2007카합1082 결정(동아제약사건).

아울러 경영권 방어가 예방적인가 사후적인가에 따라 그 남용의 판단기준을 달리 취급해야 할 것인지, 동일하게 취급해야 할 것인지도 문제이다. 어느 경우에나 경영권의 변동에 시간적 차이가 있다는 점 이외에 특별한 차별성을 인정할 것을 아니므로 예방적 방어와 사후적 방어를 달리 구별하여 그 방어권남용의 판단기준을 달리하여야 할 이유는 없을 것이다. 이 문제는 경영권방어자 측에 부과하는 증명책임의 정도를 달리하는 방법으로 접근하는 것이 합리적이라고 본다. 예방적 방어의 경우는 사후적 방어의 경우에 비하여 경영권 또는 지배권의 유지를 위한 방어권의 남용의 가능성이 상대적으로 적다고 볼 수 있을 것이다. 그리하여 예방적 방어의 경우에는 방어의 정당성에 대한 증명책임의 정도는 완화될 수 있는 반면에 사후적 방어의 경우에 그 증명책임의 강도는 더욱 엄격하게 요구될 필요가 있다고 본다.[59)]

---

59) 외부세력에 의한 경영권 공격에 비하여 회사의 내부지배주주 사이에 경영권에 대한 쟁탈전이 있는 경우에는 주주의 이익을 위한 방어수단이라는 의미는 희박하고 지배주주 한쪽 당사자에 대하여 필연적인 손해를 가져오기 때문에 경영진의 의무기준은 더욱 엄격해야 한다는 견해도 이와 같은 취지라고 본다. 김택주, 지배권 쟁탈전하에서의 전환사채발행의 적법성, 동아법학 제25호(동아대학교 법학연구소, 1999), 218~220면 ; 국중권, 학위논문, 177면 ; 김규진 외, 포이슨 필-경영권 방어수단(첨단금융출판사, 2007.12), 250~251면.

제5장
적대적 M&A의 남용과 규제

제5장 적대적 M&A의 남용과 규제

제1절 총 설

적대적 M&A의 규제에 관한 각국의 입법적 시도에 있어서 최대의 핵심적인 쟁점은 적대적 M&A를 활성화시킬 것인가 하는 문제와 적대적 M&A를 허용하는 경우에 그 폐해를 합리적으로 규제할 수 있는 방법은 무엇인가에 관한 문제에 있다고 본다. 어느 나라이든 적대적 M&A에 대하여는 우호적이지 않음이 분명하지만, 적대적 M&A는 기업에 대한 외부통제기능을 발휘하여 기업가치의 향상을 꾀할 수 있는 순기능적 효과가 크다고 보는 것이 일반적이다. 따라서 적대적 M&A에 의한 경영권 변동을 어렵게 하거나 엄격한 요건과 절차를 거치게 하는 규제 장치를 두는 수는 있더라도 오늘날 적대적 M&A를 일체 금지하는 입법례는 존재하지 않는다.

따라서 적대적 M&A의 규제에 대한 접근방법은 그 남용으로 인한 폐해를 방지할 수 있는 합리적인 법제도를 마련하는 방향으로 기본시각이 설정되어 있는 것이다. 적대적 M&A의 폐해는 기업의 유지존속 보다는 자본이득을 확보하기 위한 투기적 목적으로 행하여지거나 회사 내의 소수파주주를 퇴출시킬 목적으로 하는 M&A의 경우에 특히 심각하다고 할 수 있다. 전자에는 대표적으로 기업인수 후 기업의 해체 등을 목적으로 하는 이른바 파탄적 M&A가 해당한다. 기업의 파탄은 대상회사를 지배한 후에 기업을 해체하여 분리매각하는 과정에서 흔히 나타나는 현상으로서 차입매수(LBO)는 그 대표적인 M&A 수단이라고 할 수 있다. 그런데 파탄적 M&A는 대체로 적대적 M&A와 관련되는 경우가 많지만, 우호적인 관계에서 성립한 M&A에 의하여도 시도될 수 있다. 후자에는 기업의 지배권을 취득한 자가 소수파주주를 제거할 목적으로 추진하는 2단계합병이 해당한다. 어느 경우이든 기업구조재편의 일환으로서 순기능적 효과도 있겠지만, 대체로 이들은 단기간 내에 자본이득을 획득하는 투기적 거래라는 비판을 받을 정도로 M&A가 남용되는 경우에 해당한다고 볼 수 있다. 그러나 이러한 M&A가 투기적 거래인지의 여부를 가리는 것은 용이하지 않다는 점이 문제이다. 이러한 문제에 대한 해답을 찾는 방법은 입법례마다 근본적인 차이가 있다.

미국형 입법은 부분매수를 원칙으로 하고 있고, 유럽형 입법은 전주식 의무공개매수를 원칙으로 규정하고 있다. 부분매수를 원칙으로 하는 미국형 입법에서는 설사 투기성이 있는 M&A라고 하더라도 원칙적으로 허용된다. 다만 그 과정에서 발생하는 소수주주의 보호 문제를 거래의 실체와 절차에 있어서 공정성을 확보하기 위한 다양한 해석과 입법적인 규제에 의하여 지배주주와 소수주주간 이해를 합리적으로 조정하는 방법으로 해결하고 있다. 반면에 유럽형 입법에서는 적대적 M&A의 방법을 원칙적으로 전주식 의무공개매수로 제한함으로써 그러한 폐해가 애초부터 발생하지 않도록 엄격히 규제하는 입장이라고 할 수 있다. 실제로는 적대적 M&A를 원천적으로 제한하고자 하는 의도가 그 입법 배경에 깔려 있다고 할 수 있다.

그러나 유럽형 입법이 전주식 의무공개매수제도를 통하여 그러한 목적을 달성하려고 하지만, 실제로는 우호적인 M&A라고 하더라도 2단계의 합병이나 기업초토화 문제가 언제든지 발생할 수 있기 때문에 M&A에 의한 폐해문제가 전주식 의무공개매수제도에 의하여 모두 해결되는 것은 아니라고 보아야 할 것이다. 아울러 유럽형 의무공개매수제도는 M&A를 통한 경영권 변동을 어렵게 하기 때문에 그만큼 M&A의 순기적인 기능은 위축되는 문제를 안고 있다. 우리나라의 입법은 미국형 입법을 따르고 있다. 이러한 입법체계 하에서는 적대적 M&A이든 우호적인 M&A이든 이로 인하여 발생할 수 있는 경제사회적 폐해문제를 해결하기 위한 접근방법도 미국의 해석과 입법형식에 따르는 것이 균형적이고 합리적이라 할 수 있다.

이하에서는 적대적 M&A가 남용되는 대표적인 M&A로서 소수주주의 퇴출을 수반하는 2단계 합병, 타인자본으로 기업을 인수하는 LBO, 부분매수원칙의 한계를 극복할 수 있는 수단으로 인식되고 있는 의무공개매수제도, 그리고 투기적이고 파탄적인 Bust-up M&A 등의 남용을 둘러싼 기본적인 법리와 법적 과제를 검토한다.

제2절 2단계합병의 남용과 규제

Ⅰ. 2단계 합병의 의의

1단계의 공개매수에 이어 실행하는 2단계의 합병(two-step merger)은 비응모소수주주에 대한 관계에서 강압 또는 위협을 줄 우려가 있다. 2단계합병이라 함은 1단계에서는 대상회사의 주식에 대하여 공개매수를 행하여 실질적인 지배권을 취득한 다음, 제2단계에서는 1단계의 매수가격 보다 불리한 매수조건으로 잔존비응모 주주의 주식을 매수하여 흡수합병을 시도하는 거래를 말한다. 대상회사에 대한 지배권을 강화하기 위하여 2단계의 공개매수를 행하는 경우에도 마찬가지이다.

2단계 합병은 1단계의 공개매수청약에 응모하지 않은 경우에 받을 수 있는 보상에 대한 불확실성을 증가시키고, 2단계에서는 비응모주주의 퇴출 또는 퇴출합병으로 잔여주식을 저렴하게 취득하는 것이 보통이다. 그러므로 여기에서는 2단계 합병에 있어서 잔존 소수주주를 보호할 수 있는 합리적인 방안을 강구하는 것이 요청된다고 본다. 이것은 2단계합병에 있어서 지급대가와 절차의 공정성에 관한 문제이다. 또한 2단계합병은 투기적이고 기업파탄적인 효과를 갖는 기업결합을 가져오는 수가 있어서 이에 대한 법적 대응책을 마련해야 하는 문제가 있다. 이것은 유럽형 전부의무공개매수제도를 도입하지 않는 입법유형에서는 불가피하게 제기되는 문제이다. 부분매수를 원칙으로 하는 미국형 공개매수제도 하에서는 1단계의 공개매수에 의하여 지배권을 확보한 지배주주가 2단계에서 대상회사의 소수주주를 퇴출시킬 목적으로 현금지급합병을 추진하게 되는 경우에는 소수파주주의 억압 문제가 발생하게 된다.[1]

반면에 유럽에서는 부분공개매수를 채용하지 아니하고 전부의무공개매수제도를 채택하고 있다. 이것은 2단계 합병을 허용할 경우에 발생하는 1단계 매수에서의 강압성, 2단계에서의 기업해체, 기타 투기적 효과 등과 같은 부분공개매수의 폐해가 발생하는 것을 근원적으로 금지하고, 이와 동시에 적대적 M&A를 억제하기 위한 것이다.

우리나라의 법은 부분공개매수를 원칙으로 하고 있어서 미국에서와 같은 문제가 발생할 수 있다. 2단계 합병은 일반적으로 적대적 M&A에 의한 지배권 취득 후에 벌어지

1) 송종준, 이단계 합병과 소수파주주의 보호-미국 회사법상의 논의를 중심으로, 법학연구 제7권 2호(충북대 법학연구소, 1995), 157면 이하 참조

는 기업결합행위이지만, 소수주주에게 불이익을 안겨줄 수 있는 전형적인 남용현상이라고 할 수 있다. 따라서 2단계합병은 소수주주보호에 적지 않은 문제를 초래하므로 이를 적절히 규제할 요청이 강한 것이다. 2단계 합병의 규제에 있어서 핵심적인 쟁점은 2단계합병으로 소수주주가 퇴출되는 효과를 가져오므로 그 거래의 공정요건을 여하히 정할 것인가에 있다. 미국에서서는 이 문제를 폐쇄기업화거래의 공정성 문제로서 해결하고 있다(제6장 참조). 여기에서는 2단계합병의 적법성 요건에 해당하는 사업목적의 존부와 거래의 공정성 문제를 둘러싼 미국의 판례와 학설의 동향을 살핀다. 미국 회사법상 대등한 당사회사간의 합병(statutory mergers)에 있어서는 그것이 소수주주의 퇴출에 목적을 둔 것이라도 잔여주식에 대한 매수조건의 공정성은 물론, 매수의 유효요건으로서 정당한 사업목적의 존부에 대한 논의의 필요성을 인식하지 못했다.[2] 그러나 최근에는 2단계합병과 같은 회사지배권거래에 있어서 소수주주 퇴출행위(freeze-outs)는 주주에게 불공정한 것이고, 정당한 사업목적을 결여한 것이라는 문제점이 제기되었다.[3] 소수주주 퇴출합병의 적법기준으로서 사업목적기준과 공정성기준을 지지한 지도적인 판례는 Singer V. Magnavox Co.사건이다. 여기서는 Singer 판결과 그 후의 판례 및 학설의 동향을 고찰하기로 한다. 아울러 우리법상 입법적인 대응과제를 검토하기로 한다.

Ⅱ. 2단계 합병과 사업목적의 존부

2단계합병에 의한 소수주주의 퇴출이 적법하기 위하여는 정당한 사업목적이 있어야 하는 지가 문제된다. 이에 대하여 미국에서는 판례와 학설이 대립하고 있다.

1. 판례

(1) 긍정적 판례

소수주주퇴출합병의 적법성요건으로서 정당한 사업목적이 존재할 것을 인정한 최초의 판례는 Singer V. Magnavox Co.사건이다.[4] 이 사건의 사실관계를 보면 공개매수자인 Development Corp.은 대상회사인 Magnavox Co.의 보통주에 대하여 1단계로 공개

---

2) Weiss, The law of Take-Out Mergers : A Historical Perspective, 56 N. Y. U. L. Rev. 264(1981)
3) Easterbrook & Fischel, Corporate Control Transactions, 91 Yale L. J. 698, 723(1982)
4) 380 A.2d 969(Del.1977)

매수의 청약을 주당 $9의 매수가격으로 행한 결과 대상주식의 84.1%가 제공되었다. 그 후 Development사는 완전자회사인 T.M.C Development사와 Magnavox사간의 합병을 실행하고, 소멸회사의 잔여주식에 대하여는 주당 $9을 지급하였다. 이 같은 2단계절차의 진행 결과, Magnavox사의 대부분의 주주는 1단계의 공개매수에 있어서 소유주식의 제공여부를 불문하고 동일한 가격을 지급받고 Development사는 Magnavox사의 보통주식의 전부를 취득하였다. 또한 Development사는 합병단계에서 1단계의 공개매수청약에 반대하여 주식을 제공하지 아니한 주주에게 Delaware주법상 주식매수청구권을 행사할 수 있음을 통지했다.

그러나 합병에 반대하는 소수주주는 주식매수청구권의 행사를 거부하고, 합병으로 인하여 Development사는 합병 후에 실현될 현저한 예상이익을 독점하게 되므로 그 합병은 불공정하고 유효한 사업목적을 갖지 않는 것이라 주장하고,[5] 합병의 유지(injunction) 및 보상적 손해배상(compensatory damages)의 청구소송을 제기하였다. 반대소수주주의 이 같은 주장에 대하여 피고인 Development사는 주주의 유일한 권리는 현재의 투자가치에 대한 것이며, 그 권리는 주식매수청구권에 의하여 완전히 보호된다고 항변했다.

이에 대하여 Delaware 대법원은 "소수주주의 퇴출을 유일한 목적으로 하는 흡수합병은 회사절차(corporate process)의 남용이다. 이 소송에서 원고의 주장은 충실의무위반에 대한 소인(cause of action)을 구성하며, 법원은 적절한 구제를 허여할 수 있다" 고 판시했다.[6] 결과적으로 피고는 합병을 실행함에 회사의 사업목적이 존재함을 증명해야 하며, 합병의 완전한 공정성도 증명해야 함을 재확인하였다.[7] 아울러 이 판결에서는 원고인 소수주주의 제정법상 주식매수청구권은 결코 배타적인 구제수단이 아니라는 것도 확인하였다.[8]

한편 Singer 사건 이후의 Delaware주 판례법은 Singer 판결의 원칙을 발전시켜 왔다. 대표적으로 Tanzar V.International General Industries 사건[9] 에서는 Singer 판결에서의 사업목적의 인정근거를 구체적으로 적시하였다. 즉 이 사건에서 법원은 거래가 합병당사회사 중 한 회사에게 유익한 거래이면 사업목적이 존재한다고 판시하였다. 따라

---

5) Ibid at 978.
6) Ibid at 980
7) 합병의 완전공정성 요건은 모자회사간의 합병을 다룬 Sterling V. Mayflower Hoter Corp.,(93 A 2d 107(Del. 1952) 사건에서 최초로 설정되었다.
8) Clark, Corporate Law, p.521.
9) 379 A 2d 1121(1977).

서 소수주주의 퇴출을 실행하는 당사자는 자신에 대한 이득 자체가 사업목적임을 주장할 수 있다는 것이다. 다만 이 사업목적은 진실한 목적을 갖는 것이어야 하므로 반대소수주주의 제거가 속임수에 기인하지 않아야 함은 물론이다. 그러나 Yong V. Valhi, Inc.,사건[10]에서는 피고인 존속회사가 사업목적의 존재를 항변하는 것만으로는 충분하지 않다고 판시함에 따라, 법원이 그 항변목적의 현실적인 존재 및 실체를 심사하고 있는 것으로 풀이할 수 있다.

또한 사업목적은 새로운 사업의 수익증대를 위하여 소수주주를 제거할 때에도 인정된다고 하는 판례가 있다. Dower V. Mosser Industries 사건[11]에서 Mosser사 주식의 93%를 소유하고 있는 Ecolaire는 자신이 Mosser의 채무를 보증하는 경우에만, Mosser사는 필요한 금융을 획득할 수 있음을 알고 회사의 확장계획을 계획하고 있었다. 그러나 Ecolaire는 회사이익의 93%와 교환으로 100%의 위험을 부담하고 싶지 않았고, 따라서 Ecolaire는 Mosser사의 소수주주를 퇴출하기로 결정했다.

이 사건에서 법원은 Ecolaire의 Mosser사의 이익전부에 대한 장악 욕망은 그 자체가 정당한 것이므로 소수주주의 퇴출에는 정당한 사업목적이 존재한다고 판시했다. 그 밖에도 Roland International Corp V. Najjar 사건[12]에서 Delaware 대법원은 Singer 사건의 사업목적기준 등의 적법성 요건은 약식합병(short-form mergers)에도 적용된다고 결정했으며, Delaware주 이외의 다른 주법원에서도 Singer 판결의 원칙을 따른 예가 있다.[13]

(2) 부정적 판례

1983년 Delaware 대법원은 Weinberger V. Uop. Inc. 사건[14]에서 소수주주퇴출 합병의 적법성 요건에 관하여 Singer 판결과는 대립적인 견해를 피력했다. 사실관계를 보면 Singal사가 50.5%를 지배하고 있는 자회사인 UOP사의 소수주주 보유지분 49.5%에 대하여 1주당 $21(Signal사의 경영진은 UOP의 취득대가로서 1주당 $20-21이 적절하다고 판단하고 있었고, 동 합병계획공표일의 UOP의 보통주식의 시세는 $14.50, 투자고문은행이 평가한 적정가격 역시 $20-21이었다. 다만 Signal사의 경영진이 양보할 수 있는 상한선은 $24이었다)로 교부금합병을 실행하였는 바, UOP의 소수주주의 Weinberger가

10) 382 A 2d 1372(Del. Ch. 1978).
11) 648 F. 2d 183, 189(3rd Cir. 1981).
12) 407 A 2d 1032(1979).
13) Gabhart v. Gabhart, 370 N.E. 2d 345(Indiana, 1977) ; Perl v. IU int'l. corp., 607, 1036(Hawaii, 1980).
14) 457 A 2d 701(Del. 1983).

주식매수청구권을 행사하지 아니하고 직접 합병대가의 불공정을 이유로 합병의 효력을 다투었다.

이 사건에서 대법원은 퇴출합병의 정당성의 근거를 충실의무에서 찾고, 소멸회사(대상회사)의 소수주주에 대하여 수탁자적 지위에 있는 존속회사 또는 소멸회사의 이사는 소멸회사의 소수주주와 잠재적인 이익충돌의 관계에 있으므로 사업목적은 존재할 수 없고, 거래의 완전공정성(가격 및 절차의 공정성)만이 문제가 된다고 판시했다. 그러므로 퇴출합병의 적법성요건은 거래의 공정성기준에 의하여 판단되어야 할 것이지, Singer 사건에서 설정된 사업목적기준은 요구되지 않는다는 입장을 보여준 예이다. 그러나 이 사건의 판결에서도 합병의 이면에 내재하는 이유와 목적은 법원이 합병 전체의 공정성을 판단하는 과정에서 고려해야 할 요소의 하나인 점은 부인하지 않았다.

2. 학설

사업목적기준에 대하여 학설은 부정적인 입장을 취하고 있다. 그러나 그 접근방법은 다르다. 충실의무을 근거로 하는 견해(Easterbrook, Fischel)와 다수결원칙에 입각한 견해(Brudney, Chirelstein)가 그것이다.

(1) Easterbrook와 Fishel의 견해

Easterbrook와 Fischel은 Singer류의 판결에서 퇴출합병의 적법성 요건의 하나로서 제시된 정당한 사업목적기준의 판단에 있어서 소수주주를 퇴출하려는 합병당사자에게만 이득이 존재하면 그 사업목적 기준은 충족된다고 한다.[15] 즉 위의 판례원칙에 따르면 퇴출합병에 사업목적이 존재하지 않는 경우란 양 합병당사자가 거래로 인하여 손실을 입는 경우만을 생각할 수 있으나, 현실적으로 그 같은 상황은 거의 존재하지 않는다는 점이다. 그러므로 모든 퇴출합병은 정당한 사업목적을 갖는다고 보아야 하고, 이러한 견지에서 사업목적기준은 적법성요건으로 보기가 어렵다는 것으로 파악한다. 실제로 이 사업목적기준은 충실의무원칙보다 더욱 애매하다는 것이다. 왜냐하면 충실의무원칙 하에서는 어떤 주주도 합병거래로 인하여 불리한 취급을 당하지 않을 것이 요건이고, 그 원칙은 합병거래가 순수한 이익을 창출한다는 논리를 기초로 하고 있기 때문이다.

따라서 이 견해는 Singer류의 판례는 오히려 예상이익의 극대화와 충실의무원칙간의 상호 밀접한 관계를 뒷받침해 주고 있는 것으로 해석한다. 예컨대 회사는 회사정책에

---

15) Easterbrook & Fischel, Corporate Control Transactions, p.725.

반대하는 불유쾌한 주주를 단지 문제야기자라는 이유만으로도 퇴출할 수 있다는 판례[16]는 이러한 관계를 증명해 주고 있다고 본다. 결론적으로 충실의무원칙은 예상이익의 극대화에 목적을 두고 있으므로 지배주주는 모든 투자자가 적어도 소유주식의 시장가치를 취득하는 한 소수주주의 퇴출이 허용된다고 한다.

(2) Brudney와 Chirelstein의 견해

Brudney와 Chirelstein교수는 Singer 판결상에 내재하는 두 가지의 오류를 다음과 같이 지적하고 있다.[17] 첫째는 소수주주의 퇴출거래가 모두 동일 유사하지는 않다는 점이다. 일반적으로 퇴출거래의 범주는 2단계합병, 관련회사간의 합병, 순수한 폐쇄기업화거래 등으로 분류할 수 있으며, 그 종류에 따라 소수주주의 보호기준도 상이해야 한다고 하는 점이다.[18] 둘째는 Singer 판결에서 Delaware 법원이 선의의 퇴출과 악의의 퇴출을 구별하는 기준으로 사업목적기준을 채용한 것은 부당하다는 것이다. 왜냐하면 사업목적의 존재는 상술한 퇴출거래에 있어서는 본질적(inherent)인 것으로 취급되어야 하기 때문이라고 한다.

이상과 같은 관점에서 2단계합병의 적법성 문제도 검토되고 있다. 즉 전통적인 회사법 분야에서 합병 또는 자산의 매각의 경우에 다수결 원칙은 기본적인 지배원리인 점을 강조하고, 2단계합병에 있어 대상회사 주주의 과반수에 의한 주식 제공은 전통적인 다수결 원칙과 동질의 것으로 본다. 그러므로 후속적인 2단계의 합병은 단지 매수조건을 승낙한 과반수 주주의 결정을 이행하는 것 뿐이며, 합병의 성립요건인 결의는 1단계의 공개매수가 종료하는 시점에서 이미 결정된 것이고, 여기서 공개매수자는 실제로 의결권을 행사한 자가 아니라는 것이다. 따라서 후속적인 합병단계에서는 합병당사자간의 거래 또는 자기거래도 없다. 결국 합병을 추진하는 공개매수자는 공개매수의 시점부터 합병의 종료시점까지의 전과정을 통하여 합병거래의 결의와는 무관한 국외자이다. 그러므로 공개매수자는 대상회사의 지배주주가 되었다 할지라도 소수주주에 대하여 충실의무는 물론 공정가격의 지급의무, 경영계획의 공시의무도 부담하지 않는다는 것이다. 그러나 이 견해는 2단계합병은 수탁자 개념에 의하여서가 아니라, 단지 공개시장거래와 관련하여 일정한 사기적 행위의 위험을 방지하기 위하여 약간의 규제가 필요할 뿐이라

---

16) Coleman v. Taub, 638 F. 2d 628(3d Cir. 1981)

17) Brudney & Chirelstein, A Restatement of Corporate Freeze-outs, 87 Yale L. J. 1354, 1356(1987).

18) 예컨대 2단계합병은 최소한의 규제로서 사전정보공시에 의하여 다루어져야하고, 순수한 폐쇄기업화거래는 금지되어야 하며, 관계회사간의 합병은 가격의 공정성에 관한 기준으로 규제해야 한다고 주장한다(Ibid at 1359).

고 주장한다.[19)]

이 같은 논리에서 전기 Singer 사건의 합병은 전통적인 충실의무가 적용될 성질의 거래가 아니며, 그것은 단지 하나의 국외자에 의한 기업매수의 종결단계에 불과하다고 본다.[20)] 그러므로 공개매수자는 공개매수단계에서 과반수 주주가 승낙한 공개매수가격에 의하여 구속될 뿐이고, 대상회사의 내부자(insider)가 된 이후에 새로운 매수조건을 설정함은 허용되지 아니한다는 것이다.[21)]

3. 결 어

퇴출합병의 적법성요건으로 사업목적기준이 문제되고 있는 것은 판례가 퇴출합병의 형태에 따른 접근방법의 차이를 인식하지 못하고 획일적으로 취급하려는 데에 그 연유가 있는 것 같다. 원래 사업목적은 합병을 시도하는 지배주주의 자기거래의 정당성 또는 적법성의 요건의 하나로서 인정되어 온 기준이다. 그러나 2단계합병에서와 같은 소수주주퇴출은 모자회사간 합병의 경우와는 다른 관점에서 검토되어야 할 것이다.

일반적으로 모자회사 간의 합병(parent-subsidiary mergers)은 통상 자기거래의 형태를 띠므로 그 적법성의 요건으로 사업목적기준이 필요하다고 볼 수 있다. 그러나 설사 2단계의 합병과정에 자기거래적 요소가 있다 할지라도 그것은 별개의 문제로 다루어야 할 것이므로, Weinberger 판결이 시사하고 있는 것처럼 2단계합병의 적법성 기준은 합병비율 및 절차의 공정성 요건의 존부에 의하여 결정됨이 타당하고 이것이 최근의 판례와 학설의 지배적인 입장이다.

Ⅲ. 2단계 합병의 공정성 기준

1. 일반합병에 있어서의 공정성 기준

일반적으로 합병에 있어서 공정성 기준이라 함은 실체적 공정성과 절차적 공정성의 확보기준을 말한다. 실체적 공정성(substantive fairness)이라 함은 합병비율 또는 합병대가의 공정성을, 절차적 공정성은 합병정보의 사전공시 및 합병승인과정상의 공정성을

19) Brudney & Chirelstein, Fair Shares in Corporate Mergers & Takeovers, 88 Harv. L. Rev. 297, 330~40(1974).
20) Brudney & Chirelstein, A Restatement of Corporate Freeze-outs, p.1363.
21) Ibid at 1364.

말한다.

합병비율(대가)은 당사회사 간의 협의에 의하여 결정되기는 하지만 투자자로서의 주주의 입장에서 보면 그것은 당사회사의 객관적 기업가치 또는 1 주식의 내재적 가치에 상응하는 공정한 것이 되지 않으면 아니 되며, 합병승인총회의 다수결에 의한 승인결의에 의해서도 대체할 수 없는 기본적인 법적요청이다.[22)]

일반적으로 합병비율의 공정성은 해산회사의 일반주주가 제공한 것의 가치와 교환의 대가로서 존속회사 또는 신설회사로부터 수령하는 것,[23)] 즉 합병에 의한 급부와 반대급부의 등가성(Gleichwertigkeit Von Leistung und Gegenleistung)[24)]을 유지시키는 것을 의미하지만 공정한 합병비율의 산정방법을 정하고 있는 입법례는 없다.

다만 합병비율은 당사회사의 1 주식이 갖는 본질가치 또는 실제가치(intrinsic or real value of share)에 따라 결정되어야 하고,[25)] 이러한 주식의 가치는 당해 회사의 전체로서의 객관적 기업가치로부터 도출되어야 한다는 점에 대하여는 이론이 없다. 그러므로 문제는 공정한 합병비율의 척도인 주식의 본질가치를 어떠한 기법에 의하여 산정하여야 하는가가 중요한데 이에 대하여는 학설과 판례의 원칙에 의존할 수밖에 없다. 통상 외국의 판례와 학설에 의하여 주장되고 있는 산정기준으로는 순자산가치(net asset value), 시장가치(market value), 수익가치(earnings value)에 의한 방법이 대표적이다.[26)]

그러나 이들 산정기준은 어느 한 가지만에 의존할 수는 없고 합병의 구체적인 사정 또는 당사회사의 종류에 따라 적절한 평가방법을 선택하거나 각 방법을 적절히 혼합하여 사용하여야 한다는 것이 통설적 견해라고 한다.[27)]

이와 같이 합병비율의 공정성은 추상적이고 복합적이므로 법원도 객관적인 사법적 판단기준으로서 실체적 공정성에 대한 객관적인 경제적 기준의 설정을 꺼리고 있다. 따라서 판례 역시 회사 합병계획의 지침을 위한 충분한 선례구속력도 결여되고 있는 셈이다.[28)]

---

22) 권기범, 주식회사 합병의 공정성확보에 관한 연구(서울대 법학박사학위논문, 1988), 82면.

23) Brudey & Chirlstein, Fair Shares in Corporate Mergers & Takeovers, p.310.

24) G. Henn, Handbuch des Aktienrechts(C. F. Muller : 2. Auf'l. 1984), S.445

25) Toms, III, Compensating Shareholders Frozen out in two-step Mergers, 78 Colum. L. Rev. 548, 554(1978). 통상 회사의 본질가치 또는 주식의 실제가치는 시장가치(market value), 공정가치(fair value) 또는 공정현금가치(fair cash value)등과 같이 다양하게 정의되기도 한다.

26) 각 산정기준에 관한 판례와 학설의 구체적인 내용은 권기범, 주식회사 합병의 공정성확보에 관한 연구, 140~155면 참조

27) 권기범, 주식회사 합병의 공정성확보에 관한 연구, 86~88면.

28) Note, Approval of Take-out Mergers by Minority Shareholders : From Substantive to Procedural Fairness, 93 Yale. L. J. 1113, 1114(1984).

2. 학설과 판례

(1) 학설

2단계의 합병에 있어서 공정성 문제는 실체적인 합병비율에 있어서 공정성(substantive fairness)과 절차에 있어서 공정성(procedural fairness)의 두 가지 측면이 특히 강조된다. 전자에서는 합병대가가 공개매수가격 이하인 합병을 행할 수 있는가 하는 문제와 후자에서는 공개매수자는 2단계의 합병을 추진할 의사를 공개매수의 개시 시에 사전공시할 의무가 있는가 하는 문제가 중요한 쟁점이다.

(가) Brudney와 Chirelstein의 견해

이들의 주장에 의하면 공개매수자는 1단계의 공개매수과정에서 2단계의 합병계획을 대상회사 및 그 주주에게 공시할 의무가 있다고 보며, 합병단계에서의 매수가격은 최소한 공개매수가격과 동등하거나 그 이상이어야 한다는 것이다.[29] 즉 이 견해는 1단계의 공개매수와 2단계의 합병을 단일거래로 파악하기 때문에 2단계의 합병가격 또한 1단계의 공개매수가격과 동일해야 한다고 주장함으로써 2단계의 합병대가(비율)의 산정에 있어서 일반합병에 적용되는 공정성 기준의 적용을 부정한다.

그것은 2단계합병에 대한 규제는 1단계의 공개매수가 결국은 대상회사의 주식 전부의 취득으로 연결된다는 점을 당해 주주에게 통지하는 것으로 충분하기 때문이고, 또한 공개매수가 성공하면 공개매수가격보다 낮은 합병가격을 승낙하지 않을 수 없다는 강압성으로 인하여 1단계의 공개매수에 어쩔 수 없이 응모하게 되는 소수주주를 보호하기 위한 것이기 때문이라고 한다.[30]

이 견해는 공개시장거래에 관련된 사기적 행위의 위험을 막기 위하여 2단계 합병거래에 대한 최소한의 규제는 필요하다고 보므로, 절차적 공정성의 문제로서 합병계획의 공시를 가장 중요하게 생각하고 있다. 환언하면 이 견해는 규제의 목적을 2단계의 합병에 의한 회사의 취득이 은폐되거나 부당하게 악용되는 것을 방지코자 하는 것이고, 따라서 규제의 기본원칙은 절차적인 공정성에 역점을 두는 것으로 족하고, 합병가격등 실체적 공정성의 문제로까지 확대될 필요는 없다는 것이다.

결론적으로 이 견해는 절차적 공정성의 규제로서 2단계의 합병계획을 1단계에서 적

---

29) Brudney & Chirelstein, Fair Shares in Corporate Mergers & Takeovers, pp.336~40 : Brudney & Chirelstein, A Restatement of Corporate Freeze-outs, pp.1359~1365 : Brudney, Equal Treatment of Shareholders in Corporate Distributions and Reorganization, 71 Calif. L. Rev. 1072, 1118~1122(1983).

30) Brudney & Chirelstein, A Restatement of Corporate Freeze-outs, pp.1362~1363.

극적으로 공시하여야 한다는 태도를 보인 반면, 공개매수에 승낙한 자와 승낙하지 아니한 자의 평등취급(equal treatment)은 합병가격을 공개매수가격과 동일하게 유지되도록 하면 충분하다는 입장을 취하고 있다. 이 견해가 반대주주에 대한 평등취급을 주장하는 것은 2단계합병은 그 기능상 공정·대등한 합병에 상응하므로 소멸회사의 모든 주주가 동등하게 취급받아야 한다는 사실, 즉 동일형태는 아니라 할지라도 동일한 가액에 상당하는 대가를 받아야 한다는 점에서 그 이유를 찾고 있다.[31)]

(나) Easterbrook와 Fischel의 견해

Esterbrook과 Fischel은 Brudney와 Chirelstein 교수가 주장하는 주주평등의 원칙(equal treatment rule)의 적용을 정면으로 반대한다. 다시 말하면 평등취급에 의한 비용의 증가는 2단계합병 자체의 성공률을 저하시킴으로써 사회 전체적으로 볼 때 회사자산의 보다 효율적인 이용기회가 감소되며,[32)] 지급거래에 대한 프리미엄도 하나의 정당한 경제적 이익이며 2단계공개매수를 단순히 자산의 매각과 동일시하는 것은 부당하다는 점을 이유로 들고 있다.[33)] 따라서 2단계의 합병가격이 반드시 1단계의 공개매수가격과 일치할 필요는 없고, 당해회사의 주식이 갖는 내재적 가치에 상응하는 것이면 이원적 가격설정(two-tier pricing)도 무방하다는 것이다.[34)]

예컨대 2단계합병에서 대상회사의 주주가 주당 $10의 매수가격조건으로 공개매수청약에 응모하였다고 가정할 때, 평등취급원칙에 의하면 1단계의 공개매수 청약에 응모하지 아니한 주주도 2단계의 합병에서 최소한 주당 $10을 확보하게 될 것이므로 공개매수에 대하여 참가하지 않기로 결정하게 될 것이다. 물론 이 경우에도 대부분의 주주가 이와 같이 행동한다면 공개매수는 실패로 끝나게 될 것이고, 따라서 동주식의 가격은 공개매수 이전의 수준, 예컨대 $5로 폭락하게 되어 결과적으로 모든 주주가 좋은 기회를 잃게 되는 현상도 발생할 수 있을 것이다.

결국 Easterbrook과 Fischel은 2단계의 합병가격이 공개매수 이전의 시장가격과 동등하거나 그 이상인 한 공정하다고 주장한다.[35)] 예컨대 공개매수 이전의 시장가격이 대상회사의 실제가치를 반영하고 있다면, 앞의 예에서 본 바와 같이 주당 $5이 공정가격이고, 따라서 주당 $7의 합병가격은 설사 공개매수가격이 주당 $10이라 하여도 적정성

31) Clark, Corporate Law, p.470.
32) Easterbrook & Fischel, Corporate Control Transactions, pp.727~728
33) Toms, III, Compensating Shareholders Frozen out in two-step Mergers, pp.554~558
34) Easterbrook & Fischel, Corporate Control Transactions, p.727
35) ibid at 728

이 있다고 보게 된다. 그러나 이 견해는 합병가격의 공정성과 같은 실체적 공정성에 주안점을 두고 있을 뿐, 2단계의 합병계획에 대한 1단계에서의 사전공시와 같은 절차적 공정성은 요구되지 아니한다는 입장을 취하고 있다.

(다) Clark의 견해

이 견해는 1단계의 매수가 대상회사의 전주주에 대하여 균등하게 행하여지는 공개매수청약인 경우와 소수의 특정지배주주에 대하여만 행하여진 매수를 구별하여 2단계의 합병가격의 공정성 문제를 다루고 있다.[36] 즉 청약의 상대방인 주주에게 소유주식을 매도할 수 있는 균등기회가 부여되었는 지의 여부에 따라 2단계의 합병가격의 공정성 기준도 다르다는 것이다.

예컨대 1단계의 매수가 대상회사의 모든 주주에 대한 공개적인 공개매수에 의하지 아니하고 지배주식군과 사적교섭매수에 의하여 행하여지는 경우에는 공개매수의 경우와는 달리 2단계합병에 있어서 잔여주주는 반대주주로 간주하기가 어렵다는 것이다. 그것은 지배주주를 제외한 잔여주주에게는 소유주식을 매도할 수 있는 균등한 기회가 제공되지 않았기 때문이다.

그러므로 공개매수와 같이 대상회사의 잔여주주가 실제로 1단계에서 응모주주와 동일한 조건으로 소유주식을 매도할 수 있는 기회를 갖는 경우라면 2단계의 합병에 있어서도 평등취급원칙이 적용될 것이지만, 지배주주 또는 일부의 주주와 협상에 의하여 1단계에서 지배권을 취득한 경우에는 평등취급원칙이 적용되지 않는다는 것이다.

(2) 판례

합병비율(대가)의 공정성 기준은 일반적으로 모든 형태의 합병거래에서 엄격히 요구되고 있으나, 2단계합병에 있어서 평등취급원칙의 적용에 대하여 판례는 명백하지는 않지만 부정적인 입장에 있는 것으로 보인다.

(가) 주판례

강압적인 2단계합병에 있어서 소멸회사의 소수주주는 1단계에서의 제공주주가 수령한 매수대가와 동일한 금액을 지급받아야 함을 인용한 주판례들이 있으나,[37] 일반적인 견지에서 미국의 주법원은 주주평등취급원칙의 적용을 요구하고 있지는 않은 것 같

---

36) Clark, Corporate Law, p.470.

37) Alcott V. Hyman, 184 A. 2d 90, 94-95(Del. Ch. 1962), aff'd, 208 A. 2d 501(Del. 1965) ; Brundage V. New Jersey Zinc Co., 226 A. 2d 585, 601-602(N. J. 1967).

다.[38] 다만 주판례는 2단계합병에 있어서 합병가격의 공정성과 같은 실체적 공정성에 주안점을 두고 있을 뿐이다. 그러나 실체적 공정성의 문제는 평등취급원칙의 적용문제와는 다르며, 이는 오히려 일반적인 합병에 있어서 매수가격의 공정성의 문제[39]로 귀착한다. 최근에는 2단계합병의 공정성 문제를 공정가격과 공정거래로 양분하여 전자와 같은 실체적 공정성보다는 후자와 같은 절차적 공정성을 보다 중시함으로써 소수주주의 이익을 보호하여야 한다는 판례[40]도 있다.

(나) 연방판례

연방법원에서는 2단계합병을 포함한 다단계매수에 있어서 이원적 가격구조가 연방증권법상 사기금지조항의 시세조종행위에 해당하는 지의 문제로서 대두되었다.

Randol V. Thomas 사건[41]에서 법원은 U. S Steel사의 Marathon Oil사에 대한 1단계의 공개매수가격과 2단계의 합병가격의 이중구조가 Marathon Oil사의 주주에 대하여 어느 정도 시장가격에 영향을 주는 인위성이 있는 것으로 해석될 수 있다할 지라도 그것이 대상회사의 주주를 기망한 것은 아니라고 판시했다.[42] 또한 이 사건에서 U.S Steel사의 이중가격이 강압적인가 하는 점에 관하여도 법원은 모든 공개매수는 대상회사의 피청약자에게 주식제공여부의 판단상 압력을 준다고 할 수 있으므로 어느 정도 강압성을 인정할 수 있으나, 그 강압성이 사기 또는 시세조종행위를 인정할만한 기초는 되지 않는다고 판시했다.

연방판례는 2단계합병가격의 공정성 유지를 원칙적으로 인정하나, 합병가격이 공개매수가격과 최소한 동등하여야 함을 요구하고 있지는 않다고 볼 것이다. 오히려 연방판례는 전술한 Weinberger 판결이 강조한 합병의 절차적 공정성의 충실화를 합병의 공정성에 대한 사법적 판단기준으로 파악하고 있다고 할 수 있다. Mills V. Electronic Auto-Lite 사건[43]에서 대법원은 합병의 실체적 공정성에 대하여 법원이 개입하여 독자

---

38) Northway, Inc. V. TSC Indus., Inc., 512 F. 2d 324, 339(7th Cir. 1975), rev'd on other grounds, 426 U.S 438(1967) ; Clark, Corporate Law, p.471.

39) 공정한 매수가격의 결정요소로서 중요한 것은 순자산가치, 시장가치 및 수익가치 등의 기준이 있다. 이에 대한 미국의 학설과 판례의 경향에 대한 상세한 내용은 권기범, 주식회사 합병의 공정성확보에 관한 연구, 140-155면 참조.

40) Weinberger V., Uop, Inc., 457 A. 2d. 701, 711(Del. 1983).

41) 534 F. Supp. 1302, 1311~1314(S. D. Ohio. 1982).

42) 이 사건에서 법원은 연방증권법의 사기금지조항인 sec. 10(b) 또는 14(e)상 시세조종행위의 성립요건으로서 증권의 시장가격에 인위적으로 영향을 주거나, 그 가격을 통제(지배)함으로써 투자자를 기망 또는 사기하고자 하는 고의(intention)가 존재할 것을 지적했다.

43) 396 U. S. 375(1970).

적인 판단을 해서는 아니되며, 합병의 제안이 아무리 공정하다 할지라도 모든 주주가 이를 기꺼이 승낙할 것이라고 추정할만한 정당성은 없으므로 합병의 실체적 공정성은 당사자의 결정에 일임하고 절차의 공정성문제는 법원의 판단에 맡겨야 한다고 판결했다.

요컨대 연방법원은 공개매수의 단계에서 합병계획을 사전공시하고, 여기서 지득한 정보에 따라 합병절차에 있어서 소유주식의 매도의사를 결정할 수 있도록 함으로써 2단계합병에서 소수주주의 법적보호를 강화하는 것이 합리적이라고 보고 있다.

3. 결어

2단계의 합병을 반대하는 소수주주에게 최소한 1단계의 공개매수가격과 동일한 대가를 지급하여야 하는가의 문제는 입법정책의 문제일 것이나, 맹목적인 소수주주보호론에 치우쳐 평등취급원칙의 적용을 인정함은 합리적이지 않다고 볼 것이다. 그것은 Easterbrook과 Fischel이 지적한 바와 같이 공개매수거래의 경제적, 사회적 효용성이 긍정되는 한, 획일적인 평등취급원칙의 부과는 공개매수제도 자체의 존재 또는 존속에 부정적인 영향을 미치기 때문이다. 따라서 2단계의 합병시 요구되는 공정성기준도 합리성에 근거하여 설정되고 적용되어야 합당하며, 그러한 합리성은 반대소수주주에게 합병에 대한 참가유무를 판단할 수 있는 객관적이고 공정한 절차를 보장하여 스스로 공정한 선택을 하게 하는 것이 필요하다.

그러므로 2단계합병의 공정성기준으로서 합병비율(대가)의 공정성은 1단계의 공개매수가격의 고하를 불문하고 일반합병에 있어서의 공정한 산정기준에 따름이 타당하다. 오히려 객관적인 공정성을 확보하기 위하여는 대상회사(소멸회사)의 소수주주에게 자율적인 의사결정의 기회를 보장하기 위한 절차의 공정성 기준을 엄격히 적용함이 합리적이다.

Brudney와 Chirelstein 교수는 합병에 내재할 수 있는 사기적 행위를 방지하기 위하여 평등취급원칙이 적용되어야 한다고 주장하나, 그러한 사기적 행위에 대한 규제는 별개의 문제이다. 미국의 판례가 공정성기준에 대하여 명확한 태도를 보이고 있지 않은 것도 이 같은 논리에 근거한다고 볼 수 있다. 그러므로 2단계합병의 공정성 문제는 전술한 Mills사건의 정보공시규제 및 합병승인결의요건의 강화 등으로 합병의 승인유무를 결정할 수 있는 기회의 균등보장을 통하여 접근함이 타당하다고 볼 것이다.

Ⅳ. 공정성 확보를 위한 법률상의 규제

2단계합병의 공정성을 확보하여 소수주주의 지위강화를 시도한 입법례는 찾기 어렵지만 미국의 몇몇 주법은 이를 명문화하고 있다. 실체적 공정성은 합병비율(대가)의 규제를 통하여, 절차적 공정성은 합병결의요건의 강화를 통하여 확보코자 하고 있다.

1. 실체적 공정성의 확보

(1) 가격조건의 규제에 의한 공정성확보

2단계합병에 있어서 가격조건의 공정성 문제는 합병비율 또는 대가의 산정기준이 1주식의 본질가치 또는 내재적 가치에 상응하면 족한가, 아니면 1주식의 본질가치와는 상관없이 1단계의 공개매수가격과 동일하여야 하는가에 있으며, 미국의 통설과 판례는 전자의 입장을 취하고 있음은 전술한 바와 같다.

그러나 미국의 연방법은 우리나라와 마찬가지로 합병대가 또는 비율에 대하여 아무런 실체적 규제를 가하고 있지 않지만, 몇몇 주법은 공개매수에 있어서 최고가격지급원칙의 연장선상에서 그러한 규제를 채택하고 있다.[44] Maryland 회사법과 Pennsylvania 주주보호법이 대표적이다. 이들 주법은 공개매수단계에서 다수주주가 수령한 것과 동일한 대가를 2단계의 합병에서도 잔여 소수주주로 하여금 수령하도록 보장함으로써 주주간의 불평등(inequity)을 치유하고,[45] 비응모 소수주주가 새로이 지배되는 회사의 소수주주로 방치되는 것을 방지하고, 새로운 지배주주에 의하여 부당하게 퇴출 또는 억압되는 것을 방지코자 함에 목적을 두고 있다.[46] 반면에 이들 주법의 제정으로 2단계합병을 시도하는 자에게는 모든 주식의 대가가 공개매수가격과 동일하여야 하므로, 2단계합병이 억제되어 이들 주에 소재하는 회사에 대한 지배권취득의 시도에 중대한 장애가 설치된 셈이다.[47]

가격조건의 공정성을 확보하기 위하여 Maryland주법은 거래의 목적인 주식의 종류

---

44) Peter Brennan, SEC Rule 14d-8 and Two-Tier Offers, Tender Offers-Developments and Commentaries(Ed. by Marc I. Steinberg, 1985), p.118.

45) Md. Corps. & Ass'ns Code Ann. § § 3-302, 3-601-03, 8-301(12) ; Pennsylvania Shareholder Protection Act, § 901.

46) L. P Scriggins & David Clarke, Jr., Takeovers And The 1983 Maryland Fair Price Legislation, 43 Maryland L. rev. 266, 272(1984).

47) William R. Newlin and Jay A. Gilmer, The Pennsylvania Shareholder Protection Act : A New State Approach to Deflecting Corporate Takeover bids, 40 Bus. Law 111, 116(1984).

에 따라 공정성 요건을 이원화하고 있는 점이 특징이다. 먼저 거래의 대상이 보통주인 경우에 그 주주가 수령할 현금총액과 다른 대가물의 가액은 최소한 다음과 같은 세 가지 기준에 의하여 산정되는 가액 중 최고가액과 등가액이어야 한다.[48] 세 가지의 기준으로는 ① 기업결합의사의 최초 공표일 이전 2년 동안 또는 보통주에 대하여 이해관계주주[49]가 된 거래에 있어서는 그 거래의 성립일에 그 이해관계주주가 보통주에 대하여 지급한 주당 최고가액 중 큰 금액, ② ①의 공표일 또는 성립일의 보통주의 주당 시장가액 중 큰 금액, ③ ②에 일정비율을 승제하여 산정된 주당 가액과 동일한 금액 등이 열거되고 있다. 다시 말하면 ③은 ②의 산정가액에 기업결합의사의 공표일 이전 2년 동안에 이해관계주주가 보통주에 대하여 지급한 주당 최고가액을 곱하고, 이해관계주주가 보통주를 취득한 2년기간 동안의 첫날에 보통주의 주당 평균가액으로 나눈 금액을 말한다. 그러나 이해관계주주가 되기 전 2년 동안 보통주를 매수한 일이 없는 경우에는 성립일 당시의 지급대가, 공표일 당시의 시장가액 또는 성립일 당시의 시장가액 중 높은 가액이 최저지급대가가 된다.[50]

반면에 보통주가 아닌 주식이 거래의 대상일 경우에는 당해 주주가 수령할 현금총액 및 다른 대가물의 가액을 최소한 동주식의 시장가액, 이해관계주주가 동주식에 대하여 지급한 대가, 그리고 회사의 청산 또는 해산시 동주식에 대하여 지급한 가액 등에 근거한 4가지 기준 중의 최고가격과 동일하여야 한다.[51] 특히 비보통주주가 수령할 대가액은 전술한 보통주의 산정방식에 따라 결정된 주당 최고가격 또는 회사의 청산 내지 해산시 비보통주주가 갖는 주당 최고우선변제액 중 큰 금액과 최소한 동일하여야 한다.

(2) 비가격조건의 구제에 의한 공정성확보

비가격조건의 공정성은 배당금등 합병대가 이외의 것에 있어서의 공정성을 말한다. Maryland 주법은 이해관계주주의 주식취득시점에서부터 기업결합의 종료시점 간에 배당금의 지급에 대하여 다음과 같이 규제함으로써 그 공정성의 확보를 시도하고 있다.[52]

즉 ① 위 기간 중에 모든 우선주에 대한 배당금이 발표되고 정규의 지급일에 지급되어야 한다. ② 우선주 이외의 주식에 지급한 연간 배당률이 감소되어서는 아니 되며,

48) Md. Corps. & Ass'ns Code Ann.. § 3-603(b)(1).

49) 이해관계주주라 함은 회사가 소유하는 의결권있는 사외유통주식(outstanding voting stock)의 10%이상을 실질적으로 소유하는 자, 또는 회사의 관계회사(affiliate)인 자 및 선행하는 2년동안 언제라도 10%이상을 실질적으로 소유한 바 있는 자를 말한다.(Ibid at § 3-601(j).

50) Scriggins & Clarke, Jr., Takeovers And The 1983 Maryland Fair Price Legislation, p.278.

51) Md. Corps. & Ass'ns Code Ann. § 3-603(b)(2).

52) Ibid at § 3-603(b)(4)(5).

회사조직의 재편 또는 자본구조의 재편성에 영향을 줄 수 있는 경우에는 연간 배당률을 인상하여야 한다. ③ 이해관계주주는 안분비례적 주식분할 또는 주식배당에 의하지 아니하고는 주식을 추가로 취득해서는 아니 된다. ④ 이해관계주주는 회사 또는 그 자회사가 제공한 대부, 전도, 보증, 담보, 기타 금융보조 또는 세금 등의 혜택을 향유하여서는 아니 된다는 점 등이 그것이다.

2. 절차적 공정성의 확보

(1) 합병계획의 사전공시

공개매수를 통한 2단계합병에서도 일반합병시 회사법 또는 증권거래법에 의하여 일반적으로 요구되는 중요정보를 합병의 착수 이전에 사전공시하여야 함은 물론이다. 그런데 2단계합병에 있어서 절차의 공정성을 확보하기 위한 한 수단으로서 쟁점이 되고 있는 것은 1단계의 공개매수 당시에 2단계의 합병계획을 당해 주주에게 사전공시하여야 하는가 하는 점이다.

이 문제는 공개매수자의 중요정보공시의 적극적 의무라는 관점에서 해결되고 있다. 미국의 SEC Schedule에 의하면 공개매수자는 공개매수에 의한 대상회사의 지배권의 취득 후 대상회사와 합병, 청산, 주요자산의 매각 및 조직변경 등에 관한 장래의 경영방침에 관한 사항을 공개매수 당시에 공시할 의무가 있다(14d).

(2) 합병결의요건의 가중

일반적으로 주식회사의 합병에 관한 한 각국의 입법례는 우리 상법과 마찬가지로 당사회사의 주주총회에 의한 승인을 원칙적으로 요구하고 있다. 주주총회에서의 일반합병의 결의는 특별결의요건을 충족하여야 한다.

미국의 일부 주법은 2단계합병에 있어서 초특별다수결의요건을 정하여 일반적인 합병결의요건을 가중함으로써 대상회사의 잔존소수주주의 이익보호를 도모하고 불공정한 2단계합병을 방지하고자 하고 있다.[53] Maryland주 일반회사법은 기업결합을 의도하는 공개매수자는 소수주주 즉 비응모주주에게 공정가격을 지불하던가, 아니면 전주주의 80%

53) 미국 회사법상 주주총회에서 일반합병의 승인에는 사외유통주식총수의 과반수 또는 2/3 이상의 찬성이 요구된다. 정관에 의한 초특별결의요건은 의결권있는 주식의 2/3 이상의 찬성(Alabama, New York등 12개주), 모든 사외유통주식의 2/3 이상의 찬성(Conneticut등 6개주), 의결권있는 주식의 95%의 찬성(North Carolina)을 요구하는 등 주에 따라 다양하다. 그러나 특별결의요건은 보통결의요건과는 달리 정관에 의하여 임의로 특별결의요건을 가중하면 회사의 지배구조상 소수주주에 의한 다수주주의 억압을 인정하는 것으로서 타당하지 않다고 보아야 한다. California주 회사법에서는 초특별다수결의요건은 사외유통주식총수의 2/3를 초과하는 결의요건을 설정하는 것을 금지하고 있다(Cal.Corp.§ § 152, 153, 204, 602, 710). 바람직한 입법이라고 평가된다.

이상 및 비이해관계주주의 소유주식의 3분의 2 이상이라고 하는 초특별다수에 의한 주주총회의 승인을 얻도록 함으로써[54] 2단계합병의 승인을 위한 결의요건을 강화했다.

한편 Pennsylvania주 사업회사법도 2단계합병을 포함하여 적대적 공개매수에 있어 비이해관계주주의 과반수의 승인을 결의요건으로 규정하였다.[55] 즉 1단계에서 공개매수를 종료하고 제2단계에서 합병을 시도하는 경우, 그 합병은 공개매수청약에 소유주식을 응모하지 않은 주주의 과반수의 승인을 요한다.[56] 이러한 입법례는 뉴욕주 사업회사법에서도 그대로 수용되었다.[57]

이와 같은 소수주주의 승인을 위한 결의요건의 가중은 2단계합병의 실행을 곤란하게 한다는 단점이 있으나 장점이 더 많다고 할 수 있다.[58] 즉 소수주주 승인절차의 강화는 불공정한 거래로부터 소수주주를 보호하고, 거래의 불공정성에 대한 증명책임을 그 반대주주에게 전환함으로써 지배주주는 물론, 찬성하는 소수주주를 보호해 준다는 점, 또한 그것은 합병거래의 조건이 일방적으로 설정될 때 그 거래조건을 보다 신중하게 숙려할 수 있도록 유도하고, 주식매도의 압력을 경감해 주는 효과를 갖는다는 점 등이다. 뿐만 아니라 승인절차의 강화는 판결의 중심과제를 정보공시의 문제로 전환함으로써, 법원은 난해하고 복잡하기만 한 가격의 공정성 문제보다는 정보공시의 적정성 여부를 용이하게 심사할 수 있게 되는 장점이 있다.

Ⅴ. 2단계 합병에 대한 입법과제

1. 평등취급원칙의 적용 문제

---

54) Md. Corp. & Ass'ns Code Ann. § 3-603(c)(1).

55) Pa. Stat. Ann. tit, 15 § 1408.

56) 그러나 2단계에서 합병가격이 1단계의 매수가격보다 높거나, 이사의 승인이 있는 경우에는 이 특별다수결의 요건이 적용되지 않는다.

57) N. Y. Bus. Corps. Law § 912(C) : 이 법은 뉴욕주 소재회사의 주식을 20% 이상 취득하는 자는 그 취득 전에 취득 후의 기업결합 내지 주식취득에 대하여 대상회사 이사회의 승인을 얻어야 하고, 기업결합을 5년간 금지함으로써, 공개매수를 통하여 대상회사의 경영에 관심을 두지 아니하고 청산에 의하여 이익을 도모하려는 공개매수자의 기업매수를 억제코자 함에 그 목적을 두고 있다(Ibid § 912(b). 상세한 설명은 Balotti & Pospisil, Developments in State Takeover Statutes in the Hostile Battles for Corporate Control, 439, 462~466(1986) 참조.

58) Note, Approval of Take-out Mergers by Minority Shareholders, p.1120~1126. 궁극적으로 2단계합병에 있어서 절차의 공정성은 정보공시의 강화와 연결된다. 정보공시는 투자자에게 선택의 자유와 정보를 지득한 상태에서의 선택을 보장하는 수단이며 이것은 증권거래법의 주된 목적이다.

2단계의 합병에 반대하는 주주에게 최소한 1단계의 공개매수가격과 동일한 대가를 지급하여야 할 것인가의 문제(평등취급원칙, equal treatment rule)에 대하여는 원칙적으로는 2단계 합병 당시를 기준으로 공정한 대가의 산정원칙에 따라 해결하는 것이 바람직할 것이다. 따라서 2단계합병의 공정성 기준으로서 합병대가의 공정성은 1단계의 공개매수가격의 고하를 불문하고 일반합병에 있어서의 공정한 산정기준에 따름이 타당하다.

그러나 이러한 방안은 당해 합병이 단순히 재무적 이익만을 앞세워 대상회사를 소멸시키거나 파탄에 빠뜨릴 목적을 가진 경우에는 적합하지 않으므로 이에 대응한 규제방안은 따로 마련할 필요가 있다고 본다.

2. 절차적 공정성의 확보 문제

2단계의 합병에서 소수주주의 자율적인 의사결정의 기회를 보장하기 위한 절차의 공정성을 확보하는 문제(절차적 공정성, procedural fairness)에 대하여는 1단계의 공개매수에 있어서 2단계에 있을 합병 등 회사의 근본적 변경에 관한 장래의 계획에 대하여 중요한 정보를 공시하도록 하고 그 규제위반에 대하여는 엄격한 제재를 가하는 방안을 검토할 수 있을 것이다.

아울러 객관적인 공정성을 확보하기 위하여는 소멸회사의 소수주주에게 자율적인 의사결정의 기회를 제공하기 위한 절차를 제공하는 것이 합리적이다. 이를 위한 방안으로서 1단계의 공개매수에 이어 단기간 내에 시도되는 2단계의 합병에 있어서는 일반합병에 있어서의 특별결의요건 보다 가중한 형태의 초다수결요건(super majority requirement)을 설정할 수 있게 하는 방안을 검토할 수 있을 것이다. 정관자치에 의하여 특별결의요건을 가중할 수 있도록 회사법에 그 근거규정을 명시하는 것이 필요하다고 본다. 일본 신회사법에서는 적대적인 2단계합병에 대비할 수 있도록 합병 등 조직재편행위를 위한 주주총회의 특별결의요건을 정관으로 가중할 수 있음을 명시하였다.[59)]

---

59) 일본 신회사법 제309조 제2항.

제3절 LBO의 남용과 규제

Ⅰ. LBO의 의의

일반적으로 M&A에 의하여 대상회사의 지배권을 장악한 다음에 투자자본의 회수를 위하여 대상회사의 주요자산을 매각하거나 명목회사와의 합병을 통하여 대상회사를 소멸시키거나 극단적으로는 대상회사를 해산시키는 등 기업파탄적인 결과를 가져오는 경우가 적지 않다. 이러한 M&A는 부채에 의한 차입매수라고 불리는 LBO방식(leveraged buy-out)으로 행하여지는 것이 보통이다.

LBO라 함은 M&A거래에 있어서 취득하고자 하는 투자대상회사의 자산을 담보로 제공하여 기업인수자금을 외부로부터 조달하고, 그것을 기초로 당해 회사를 매수하는 M&A의 새로운 기법으로서,[60] 자본(equity)이 부채(debt)에 의하여 대체되는 회사의 구조재편행위(corporate restructuring)를 말한다.[61] 따라서 LBO는 투자대상회사의 자본소유구조를 급격하게 변경시키는데, 일반주주들은 상대적으로 소수의 지분을 갖는 투자자로 바뀌고, 새로운 지배주주는 LBO를 주도하는 투자자, 현존 경영진, 채권자, 노동자 등으로 구성된다. LBO의 본질은 투자대상회사의 현 경영진으로 하여금 기업인수 후의 신설회사에 잔류할 것을 약정하고 타인자본을 이용한다는 데에 있다. 즉 타인자본 대비 자기자본의 비율을 공개회사의 그것보다 훨씬 높게 이루게 하여, 부채의 활용으로 자본의 수익률을 증폭시키는 지렛대 효과(leverage effect)를 기하는 것이다.[62]

그런데 LBO에 의한 M&A는 전형적인 M&A와는 다르다. 즉 LBO에 의한 M&A는 투자대상기업을 인수하기 위하여 명목회사(shell company)를 신설하고 그 명목회사가 매수인이 됨에 반하여 전형적인 M&A는 현존하는 사업회사가 다른 사업회사를 매수하는 것이다. 그리고 LBO에 있어서 매수자금채무는 1차적으로 대상회사의 자산 또는 현금흐름이, 2차적으로는 현경영자를 포함한 투자자의 참여자본에 의하여 담보된다는 점에서 매수인 스스로 매수자금채무를 전부 부담하는 전형적인 M&A와 구별된다. 그리고 LBO는 스폰서(sponsor)라고 하는 외부의 제3자(outside third party)에 의하여 주도되고 그

---

60) Steinberger, Takeovers & Freezeouts, § 9.03[5], 9~15.

61) Lorne & Bryan, Acquisitions and Mergers : Negotiated and Contested Transactions, § 5.01[1].

62) Lipton & Steinberger, Takeovers & Freezeouts, § 9.03[5], 9~15.

스폰서가 대상회사의 매수자금을 조달함은 물론이고 경영면에서도 중요한 역할을 한다는 점에서 매수회사 또는 대상회사의 경영자에 의하여 주도되는 일반적인 M&A와는 다른 특성을 갖는다.

LBO는 일반적으로는 우호적인 M&A에 해당하지만, 적대적 M&A에 직면했거나 위협을 느낄 때에는 방어의 기능을 수행하기도 한다.[63] 방어적 LBO의 경우에 대상회사의 경영진은 주도적으로 MBO(Management Buyouts, 경영자에 의한 차입매수)를 계획하고 자금을 공급할 수 있는 투자은행 또는 LBO 펀드 등의 사모인수펀드(private equity fund, PEF)를 물색하게 된다. 미국의 경우 LBO 거래가 종료하고 나면, 명목회사의 투자자는 대상회사 주식의 과반수 또는 절대적 지분을 소유하게 되고, 그 주식소유관계에서 명목회사에 투자한 대상회사의 경영진을 제외한 잔여주주는 합병과정에서 현금지급에 의하여 퇴출된다. 그리고 LBO에 있어서 대상회사의 지배권은 통상적으로 LBO를 주도하는 명목회사 또는 스폰서에 이전된다. 요컨대 LBO는 명목회사, 외부의 자금공급자 또는 사모인수펀드가 대상회사의 지배권을 취득하는 것을 본질로 하고 있다.[64]

LBO는 실물경제의 안정과 발전에 기여하지 않는다는 이유에서 파탄적이고 투기적인 M&A라고 비난받기도 한다. LBO의 이러한 문제성은 LBO가 가장 발달한 미국에서도 논의된 바 있고, 주법 차원에서는 그러한 기업파탄적 결과를 가져오는 M&A(bust-up M&A)[65]를 규제하기 위한 입법이 이루어진 바 있다. 이것을 모라토리움법(Business Combination(Moratorium) Statutes)이라고 한다. 이 법은 지배주식을 취득한 이후 일정 기간 동안에는 기업결합을 금지하는 것을 주된 내용으로 하고 있다.

우리나라에서는 2003년부터 소버린 등 투기성이 있다고 여겨지는 외국계 펀드에 의한 M&A로 인하여 SK, 현대 등 국내 굴지의 대기업집단이 경영권을 위협받는 상황이 전개된 바 있다. 이에 따라 증권거래법은 5%룰을 보완하여 M&A 주체의 투명성을 확보하는 차원에서 공시규제를 강화하고, 공개매수기간 중 대상회사의 신주발행 등의 금지

---

63) Gilson & Black, The Law and Finance of Corporate Acquisitions, p.399.

64) ibid at 401.

65) 정크본드를 이용한 Bust-up M&A는 투기적이고 남용적인 기업인수기법 중 가장 대표적인 예이다. 이것은 1984년 초 미국의 Gulf Oil사에 대한 T. Boone Pickens의 공개매수에서 Drexel Burnham Lambert가 정크본드의 발행에 의하여 자금을 조달한 사례를 시작으로 미국의 M&A시장에서 정크본드가 극적으로 증가하게 되었다. 연방준비이사회(Federal Reserve Board, FRB)는 이러한 기법이 투기적이라고 보고 정크본드발행에 의한 M&A를 수행하기 위해 명목회사(shell company)를 이용하는 것을 규제하고자 하였다. 그러나 정크본드 대신에 우선주(preferred stock)를 발행하거나, 기업인수자가 자신의 자산을 담보로 자금을 차입하는 방법을 선택하는 경우에는 정크본드에서와 같은 레버리지 효과를 기대할 수 있기 때문에, 그러한 규제시도는 M&A자금조달을 위한 정크본드의 활용현상에 별 영향을 주지 못했다고 한다. Martin Lipton, Corporate Governance in the Age of Finance Corporation, 136 U. Pa. L. Rev. 1, 12(1987).

규정을 폐지하게 되었다. 아울러 최근에는 투기성 외국자본을 규제하기 위한 논의가 일기 시작했고,[66] 앞으로 사모투자전문회사제도(PEF)의 확산과 더불어 투기자본에 대한 다각적인 법정책적 대응이 필요하다.[67]

Ⅱ. LBO의 발전배경 및 추이

1. 발전배경

미국에서 LBO가 발달한 데에는 다음과 같은 몇 가지의 중요한 배경이 있다.[68] 첫째는 LBO가 등장하기 까지는 전통적인 M&A가 기업의 부의 효율적인 재분배 수단이었으나, 그 재분배의 주된 수혜자는 주주이고 경영자는 M&A협상에서 핵심적인 역할을 수행함에도 불구하고 그들의 금전적 보상은 자기회사의 주식 또는 주식매수선택권의 부여 등으로 제한된 것이 일반적이었다. 이러한 구조 속에서 경영자 자신의 고유한 부를 창출할 수 있는 메카니즘으로써 과거에는 주주들만을 위하여 경영을 수행해왔던 경영자가 대상회사의 상당한 자본참여자가 될 수 있는 방안으로서 LBO가 고안된 것이다. 둘째는 1980년대 급증하였던 적대적 M&A를 저지하기 위해 효율적인 백기사 대용책(white knight alternative)이 필요했는데, 적대적 M&A의 대상기업의 경영진이 LBO를 통하여 당해 기업을 인수하는 것이야말로 효율적인 방어수단이 될 수 있었다는 것이다. 셋째는 1970년대 중반의 지속적인 고인플레는 기업자산의 장부가치(book value)와 대체가치(replacement value) 사이의 불균형을 증폭시킴에 따라 결과적으로 자금대부업자에게는 기업자산이 담보(collateral)로서 매력적인 잠재적 자산가치(hidden asset value)를 형성함에 따라 LBO에 의한 M&A의 자금조달환경이 고무적으로 조성되었다는 것이다. 넷째는 미국의 세법상 장기자본이익에 대한 세율이 현저하게 인하됨으로써 벤처캐피탈기업이 급격히 증가하였고 그 출자액의 상당부분이 LBO에 충당되었다는 것이다. 그 밖에 '70년대 M&A 열풍 속에서 수익성이 없는 자회사를 모회사가 처분하게 되는 경우가 많았는데, 이 때에는 자회사의 현존 경영진이 유일한 매수인이 될 수밖에 없었던 상황도 LBO가 발달한 배경의 하나로 풀이되고 있다.

---

66) 전승철 외, 투기성 외국자본의 문제점과 정책과제(한국은행, 2005.4) 참조.

67) 송종준, PEF와 M&A : LBO의 구조와 법적 문제, 59면 이하 참조

68) J. Terrence Greve, Management Buy-outs and LBOs, The Mergers and Acquisitions Handbook(Edited by Milton L. Rock)(McGraw-Hill Book Co. 1987), p.348 이하 참조.

2. LBO 거래의 추이

미국에 있어서 LBO 거래는 1970년 중반에 증가하기 시작하면서 1980년대 후반에는 그 정점에 달했다. 대표적으로 1989년에는 KKR이 LBO에 의하여 RJR Nabisco를 인수하였는데 그 거래규모는 사상 최대인 약 250억 달러를 기록하였다.[69] 그러나 1990년대 초에 와서는 경기침체의 여파로 LBO 부채의 채무불이행이 급격히 증가하였고 LBO의 거래건수와 규모도 현저히 감소하였다. 그 후 1994년부터는 LBO가 다시 증가하기 시작하여 1999년까지는 계속 상승세를 유지하였다. 2000년대에 들어 LBO의 거래실적은 현격하게 감소하였으나 2003년부터는 다시 급상승하기 시작하였다. 요컨대 LBO의 거래실적은 주기적으로 상승과 감소를 반복하고 있다고 할 수 있다.[70]

한편 최근 유럽에서는 고수익채권시장(high yield bonds market)이 계속 성장하고 있는데, 이것은 LBO의 증가에 영향을 받은 측면도 있다. 유럽의 LBO는 1998년 이후 각 년도에 비해 2004년 중반 현재 총 370억 달러에 해당하는 최고의 거래실적을 기록했다고 하며, 고수익채권의 10%는 LBO 자금지원에 활용되었다고 한다.[71]

Ⅲ. LBO의 거래구조

1. 거래과정

전형적인 LBO거래가 성립하기 위해서는 먼저 상업은행 등 금융기관(merchant bank)이 특정의 대상기업에 대한 M&A를 수행할 목적으로 투자자로부터 사모인수펀드인 LBO 펀드를 조성한다. 그리고 당해 금융기관은 M&A를 수행하는 역할을 하는 명목회사를 설립하고, LBO 펀드로 하여금 그 명목회사의 주식에 매수자금의 일부만을 투자하게 한다. 다음으로 명목회사는 M&A를 종결시키는데 필요한 잔여매수자금을 은행, 보험회사 등으로부터 차입하거나, 일반대중에 대한 회사채 발행 등으로 조달한다.[72] 이 대부기관들은 취득자산과 대상회사의 장래 수익력을 고려하여 매수 자금을 대부해 주는 것이다.

69) Lorne & Bryan, Acquisitions and Mergers : Negotiated and Contested Transactions, § 5.01.

70) Lorne & Bryan, Acquisitions and Mergers : Negotiated and Contested Transactions, § 5.01 ; Gilson & Black, The Law and Finance of Corporate Acquisitions, p.433.

71) Bryant Edwards & Lathan & Watkins, Developments in Financing Leveraged Acquisitions in Europe, PLI Corporate Law and Practice Course Handbook Series(PLI Order No. 3166, Dec. 6-7, 2004), pp. 495~496.

72) Gilson & Black, The Law and Finance of Corporate Acquisitions, p.399.

대상회사는 독립기업, 대기업의 자회사 또는 사업부문일 수 있는데, 자회사 또는 사업부문에 대하여 행하여지는 LBO를 분할매수(divisional buyout)라고도 한다. 이 경우 매도인인 모회사는 M&A를 수월하게 성사시키기 위하여 또는 매각대상인 사업부문에 대한 지분(equity interest)을 보유할 목적으로 명목회사에 대출을 하거나 주식에 투자하기도 한다.

그리고 LBO를 준비하는 금융기관(스폰서)은 대상회사의 경영진에게 명목회사 주식의 일부를 매입할 것을 권유하는데, 대상회사의 경영진이 명목회사의 지분에 참여하는 LBO를 경영자에 의한 차입매수(MBO)라고 하며,[73] 최근에 발생하는 대부분의 LBO는 MBO 방식에 의하여 이루어진다고 한다. 명목회사가 대상회사를 인수하기 위하여 이용하는 높은 레버리지(leverage)는 명목회사의 주식을 매입하는데 소요되는 비용을 감소시킨다. 그리하여 대상회사의 경영진은 적은 자본으로도 명목회사의 상당한 지분을 매입할 수 있게 된다.[74]

이와 같은 거래과정에서 명목회사는 대상회사의 주주와 주식매매계약을 체결하여 지배권을 확보하는데, 매수인은 대상회사의 경영진이나 LBO펀드가 아니라 명목회사가 된다. 주식매수자금은 명목회사의 사원에 의한 출자액에 의하여도 조달되지만, LBO에 있어서 매수자금의 대부분은 명목회사와 은행 등 금융기관과의 대부계약(loan contract, 금전소비대차계약)의 체결에 의하여 조달된다. 이 대부계약에서 대상회사는 인수 후에 명목회사와 합병하기까지의 기간동안 보증인이 된다. 여기서의 보증은 대상회사의 자산과 현금흐름(cash flow, 대상회사와 명목회사의 각 주식을 포함한다)에 담보권을 설정하여 이루어진다. 그리고 매수자금을 위한 대부계약 이외에도 인수 후의 대상회사의 운전자금의 공급을 위하여 추가로 자금공급약정을 하는 수도 있다.[75]

그리고 대부계약에 따라 매수자금이 공급되면 명목회사는 대상회사의 주식을 매수하게 되고, 대상회사는 명목회사의 완전자회사로 된다. 일반적으로 명목회사는 대상회사를 흡수합병한다(대상회사를 존속회사로 하는 흡수합병도 가능한데, 이를 역합병이라 한다). 합병이 이루어지는 이유는 명목회사는 대상회사의 주식 이외의 자산을 보유하고 있지 않고, 대상회사가 상법상의 규정에 따른 배당금만으로는 차입금의 원리금 상환에 충분하지 않기 때문이다. 합병의 결과 대상회사는 소멸하고 그 자산과 현금흐름에 대하

73) 김장식, 미국회사법상의 Management Buyout에 관한 연구, 상사법연구 제19권 1호(한국상사법학회, 2000.6), 277면 이하.

74) Gilson & Black, The Law and Finance of Corporate Acquisitions, p.401.

75) 西村總合法律事務所, M&A法 大全(商事法務硏究會, 2001), 833~834면.

여 설정되었던 담보권은 존속회사인 명목회사에 승계된다. 그리고 존속회사는 대상회사의 현금흐름이나 일부 사업부문을 매각하여 수익을 실현하거나, 공모(IPO)를 통하여 자본을 조달하거나 부채를 상환하게 되며 이 과정에서 자본이득을 취득할 수도 있다. 미국에서는 명목회사와 대상회사의 합병과정에서 잔여소수주주를 현금지급에 의하여 퇴출시킴으로써 공개기업을 폐쇄기업화하는 것이 일반적이다.

2. LBO 자금의 구성

전형적인 LBO거래에 있어서 명목회사는 대상회사의 자산이나 현금흐름을 담보로 금융기관 등을 통하여 차입하는 방법, 고위험·고수익채권을 발행하여 타인자본을 조달하는 방법, 개인투자자와 기관투자자 등으로부터 LBO펀드를 형성하는 방법, 그리고 명목회사의 신주발행 등에 의한 방법 등에 의하여 매수자금을 조성한다. 대체로 이와 같은 방법에 의하여 조달되는 자금의 내용은 선순위채무, 후순위채무, 자본출자 등 3층 구조로 구성된다. 최근에는 금융기법의 발달로 LBO 자금구조가 더욱 복잡해지고 있지만, 여기에서는 전형적인 3층 구조에 대하여만 살피기로 한다.

(1) 선순위채무(senior debt)

선순위채무는 일반적으로 은행, 보험회사 등 금융기관의 대부(loan)로서 담보부 또는 무담보부가 가능하며, 위험도가 가장 낮지만 수익도 가장 낮은 채무를 말한다. 선순위채무는 총조달자금의 50-60% 정도를 차지하는 것이 보통이다.[76] 일반적으로 이 채무는 대상회사의 자산에 담보권을 설정하는 것이 보통이며, 만기를 장기로 하는 일반사채(note) 또는 자산가치에 연동하는 단기의 회전신용계정(revolving line of credit)으로 구성되기도 한다. 이 채무는 대상회사의 청산시 최우선적인 변제순위를 갖는다. 그리고 모회사가 자회사 또는 사업부문을 매각하는 경우에 모회사는 거래를 용이하게 성사시키고, LBO가 성공하는 경우의 보상도 함께 향유할 목적으로 매각대금을 현금 이외에 신주인수권이 있는 보통주(common stock with warrants)를 받거나, 또는 신주인수권부사채 등과 같은 회사채(debt securities)를 함께 받기도 한다.

(2) 후순위채무(subordinated debt)

명목회사(매수기업)는 LBO를 위하여 선순위채무와 자본출자에 의하여 조달한 자금

---

76) Dale A. Oesterle, The Law of Mergers, Acquisitions, and Reorganizations(West Pub. 1991), p.1028.

이외에도 우선주, 전환사채, 신주인수권부사채 등의 발행으로 부족한 자금을 조달하는데, 이것을 중간금융(mezzanine financing)이라고 한다. 일반적으로 이 방식에 의하여 조달하는 자금은 총자금의 30-35% 정도를 차지한다. 이 후순위채무는 무담보이고 선순위채권보다 열후하여 그만큼 대손위험이 높으므로 고율의 이자율이 적용된다. 중간금융은 주식연계채권이든 일반사채권이든 투자부적격 채권인 정크본드(junk bond, Standard & Poors의 평가기준으로 투자등급이 BB이하인 회사채)의 발행을 통하여 이루어지는 경우가 많다.[77] 정크본드는 고위험, 고수익을 지향하는 외부투자자, 보험회사 또는 선순위채권자 등이 매입하는 것이 보통이다.[78]

(3) 자본출자(equity)

명목회사는 매수자금을 보통주, 우선주, 주식매수권증서 등의 발행에 의하여 자본을 조달하는데, 이것은 총매수자금의 10~15% 정도에 해당하는 것이 일반적이다. 자본투자에는 보험회사, 벤처캐피탈 투자자, 대상회사의 경영진, LBO펀드, 대상회사의 주주, 선순위채권자, 후순위채권자 등이 참여한다.[79] 대상회사의 경영진이 참여하는 자본비율은 상징적인 것이 보통인데, 이것은 경영자도 LBO로 인한 위험을 부담한다는 점을 확실히 하기 위함이다. 자본투자자는 위험도가 가장 높지만 그 만큼 높은 수익을 향유할 수 있다.

3. 자금차입과 담보제공의 형식

LBO에 있어서 주식매수자금의 조달에는 피인수회사의 자산이 담보로서 제공되는데, 일반적인 자금대출구조는 두 가지의 형태가 있다. 하나는 피인수회사의 매도주주가 매수자금을 대출하는 것이고, 다른 하나는 독립적인 대부금융기관이 매수자금을 대출하는

---

77) 정크본드는 M&A에 있어서 매수인이 매매대금을 독자적으로 전부 조달하기 어려울 때 피인수회사를 채무자로 하여 발행하는데, 신용도가 낮은 만큼 위험도가 높기 때문에 보통은 미국 재무부 단기채권보다 높은 이자율이 적용되고, 이 회사채는 주식의 내재가치가 저평가되어 있는 회사를 매수하고자 할 때에 특히 매력적인 자금조달수단이 된다고 한다. 성형표, 기업의 인수합병거래, 39~41면. 그리고 정크본드의 발행에 의한 자금조달의 구조를 보면 피인수회사의 자산과 현금유동성을 담보로 채권을 발행하여 투자은행에 인수시키고 단기소요자금을 브릿지론(bridge loan)을 통하여 조달한 다음, 향후 피인수회사의 자산매각 또는 영업수익으로 채권의 원금과 이자를 상환하는 식으로 되어 있다. 삼성경제연구소, 기업매수합병(M&A) 사례분석과 매수가격결정 및 자금조달방안(1989.11), 96~99면.

78) 이에는 PIK note, zero-coupon bond 등 이자의 지급이 없이 발행되는 채권도 있다. 이를 거치증권(deferred payment instrument)이라고도 한다. PIK note(payment in kind note)는 신종회사채 또는 우선주로서 일정기간 동안 이자 또는 배당을 현금 대신 동일한 종류의 회사채 또는 우선주와 같은 현물로 지급하는 증권을 말하고, 지급되는 현물증권을 베이비 본드(baby bond)라고 한다. 선우 석호, M&A-기업합병·매수와 구조재편(법문사, 1997), 486면.

79) Oesterle, The Law of Mergers, Acquisitions, and Reorganizations, p.1030.

것이다.[80]

전자에 있어서 매도주주는 주식매수가격의 전부 또는 일부에 대하여 매수인이 발행하는 회사채(note)를 인수하여 매수자금을 대출해 주고, 주식의 매입과 동시에 매수인은 피인수회사로 하여금 그 회사채에 배서케 하거나 지급을 보증케 하고, 매도주주에게 회사자산에 대한 담보권을 제공케 한다. 그리하여 회사자산과 수익은 차입금의 상환을 위한 담보물이 되는 것이다.

후자에 있어서는 다시 두 가지의 대출방법이 이용된다. 하나는 대부금융기관이 매수인에게 매수자금을 선불하고, 매수인은 대출자에게 무담보 회사채(unsecured note)를 교부한다. 그리고 동시에 매수인은 주식을 매입하여 지배권을 취득하고, 피인수회사로 하여금 그 회사채에 배서 또는 보증케 하고 회사자산에 담보권(lien)을 설정케 하여 채무이행을 보장받는다. 다른 하나는 당사자들 간에 합의하여 대출금융기관이 피인수회사에게 직접 매수자금을 선불하는 방법이다. 여기에는 피인수회사가 대출금융기관으로부터 그 자금을 차입한 다음, 매수인 또는 매수인이 설립한 모회사에 무담보로 다시 대부하는 방법도 있고, 매수인이 피인수회사의 주식을 매입하기 위하여 명목회사를 새로이 설립하고, 동시에 그 명목회사는 대출금융기관으로부터 매수자금을 차입하여 피인수회사의 주식과 교환으로 매도인에게 그 차입금을 지급하는 방법 등이 있다. 어느 경우에나 피인수회사를 명목회사에 흡수합병시키는 것이 보통이다. 합병된 결합회사는 차입금 상환을 보장하기 위하여 대출금융기관에 대하여 그 자산에 담보권을 설정하여 준다.

4. LBO에 있어서 사모인수펀드의 역할

LBO거래에 있어서는 LBO펀드가 주도적 역할을 수행하고 있으며, 최근 들어 그 펀드의 수와 규모는 현저한 상승세에 있다고 할 수 있다. 미국의 경우 LBO펀드는 1990년대에 비하여 2000년대에 들어 급격히 증가하고 있다. '90년대 초에 비하여 2004년말 현재, 규모가 10억 달러 이상인 LBO펀드는 각각 10개에서 162개로 증가하였고, 40억 달러 이상인 펀드는 각각 1개에서 12개로 증가하였으며, 평균적인 규모에 있어서는 상위 10위내의 펀드는 3배로 증가하였다고 한다.[81] LBO펀드는 대부분 사모인수펀드에 속하는데, 경영진에 의한 자본투자 규모가 현저하게 증가하고, 낮은 이자율환경이 지속

---

80) Emilly L. Sherwin, Creditor's Rights against Participants in A Leveraged Buyout, Minnesota L. Rev.449(1988).

81) Jonathan A. Knee & Evercore Partners, 'Financing the Transaction', PLI Corporate Law and Practice Course Handbook Series, PLI Order No. 5830(Jan. 10-11, 2005), pp.411~412.

되고 있는 것은 향후 LBO방식에 의한 M&A의 증가를 예고하는 것이라고 볼 수 있다.

한편 기업인수펀드라고 불리우는 사모인수펀드는 벤처 캐피탈리스트와는 달리, LBO, MBO, 또는 차입에 의한 자본재편(leveraged recapitalizations)[82] 등을 꾀하거나, 큰 실적이 예상되는 사업을 위한 확장자본(expansion capital)을 공급하는 것을 전문으로 하고 있는 점이 중요한 특성이라고 할 수 있다.[83] 사모인수펀드에 의한 초기투자, LBO 또는 차입에 의한 자본재편은 각각 그 수행방법은 다르지만, 투자의 관점에서 볼 때에 획기적인 변화를 필요로 하는 회사 또는 성과가 입증되지 않은 회사에 대한 투자의 위험에 상응한 고수익을 추구한다는 점에서 그 목적은 동일하다. 다만 사모인수펀드의 공개기업 또는 폐쇄기업에 대한 투자의 형태와 규모는 세금, 회계, 책임, 감독기관의 규제 여하에 따라 다양해진다.

요컨대 사모인수펀드는 LBO의 추진 주체로서 대상회사의 자산을 담보로 조달한 차입금과 LBO펀드자금을 가지고 사모인수펀드가 직접 또는 명목회사를 신설하여 대상회사의 주식을 공개매수 또는 기타 사적교섭에 의한 장외거래의 방법으로 취득하여 지배권을 확보한다. 그 다음으로 인수 후의 대상회사, 또는 명목회사와 대상회사가 합병하여 탄생한 새로운 결합회사의 보유자산을 처분하거나, 또는 사모인수펀드가 보유하는 대상회사 또는 새로운 결합회사 주식의 공모방식에 의한 처분이나, 공개회사를 폐쇄기업화하는 등의 과정에서 발생하는 수익은 사모인수펀드의 투자자에게 분배되는 것이다.

Ⅳ. LBO를 둘러싼 법적 문제

상법상 LBO는 다양한 문제를 안고 있다. 대표적인 법적 문제로서 LBO의 유효성, 경영진의 충실의무, 담보제공에 따른 채권자 보호, 그리고 합병에 의한 폐쇄기업화 등의 문제가 있다.

---

82) 차입에 의한 자본재편(leveraged recapitalizations, leveraged recaps)은 LBO의 변형이다. 여기에서는 통상적으로 공개회사가 자금을 차입하고 차입자금을 주주에 대한 배당금으로 지급한다. 배당 후에 그 회사는 자본 대비 차입비율이 높아지게 된다. 경우에 따라서는 경영진이 보다 많은 주식을 매입하여 주식소유비율을 늘리기 위하여 자신의 보유주식에 대하여 차입자금으로 배당을 하고, 회사가 차입자금을 이용하여 상당비율의 자기주식을 취득하기도 한다. 한편 차입에 의한 자본재편을 시도하는 회사의 주주는 그 재편 이후에도 계속적으로 주주의 지위를 갖고, 회사도 공개회사로서 유지되며, 경영진도 경영권을 계속 보유한다. 요컨대 차입에 의한 자본재편은 경영진의 주식소유비율의 증가를 통한 지배권강화 수단이라고 할 수 있다. Gilson & Black, The Law and Finance of Corporate Acquisitions, p.401.

83) ibid.

1. LBO의 유효성 문제

(1) 능력외 이론

LBO의 유효성 문제는 인수자가 매수자금을 차입함에 있어서 대상회사의 자산을 담보로 이용하는 행위가 상법상 허용되는 것인지에 관한 것이다. 미국에서는 이와 같은 LBO의 사법상 효력이 다투어진 바 있다. 이에 대하여는 미국 회사법상 회사의 능력외 이론(ultra vires doctrine)이 적용될 수 있다. 이 이론은 회사, 주주, 채권자에 대하여 정관에서 정하고 있는 회사의 목적범위를 벗어나는 회사행위는 무효로 할 수 있다는 이론이다. 이 이론을 LBO에 적용하면 주주의 이익을 위하여 대상회사에 아무런 대가의 지급없이 하는 회사자산의 양도는 회사의 합당한 목적을 벗어난 것이고, 따라서 주식의 매수를 위한 자금의 차입을 위하여 회사가 제공하는 채무와 담보는 효력이 없게 된다.

(2) 미국의 판례

미국의 과거 판례에서는 이 이론의 견지에서 그러한 담보제공행위의 유효성을 다룬 적이 있지만, 오늘날 이 이론은 회사의 능력과 영리추구개념의 확장에 따라 그 효력을 상실했다.[84] 따라서 이 이론은 LBO거래의 효력을 다투기 위한 논거로서 적용되기는 어렵다는 것이 일반적이다. 오히려 판례는 회사의 일반거래에서는 주주의 이익을 위해서 하는 회사의 담보제공은 회사법상 인정되는 회사의 권한범위를 확대해석하여 허용하고 있고, LBO에 관련된 판례에서도 이 거래에 의하여 회사가 획득할 수 있는 부차적인 이익(incidental benefits)을 고려하면 회사의 담보제공, 기타 채무부담도 회사의 권리능력 범위에 속한다고 풀이하고 있다.[85]

(3) 우리법의 해석

현행 상법은 원칙적으로 주식의 취득과 그 취득재원을 조달하는 방법에 대하여 달리 금지하지 않고, 회사가 제3자에게 보증 또는 담보를 제공하는 것도 직접적으로는 규제하지 않는다. 그런데 제3자 또는 경영자가 대상회사의 경영권을 인수하기 위한 LBO에 있어서 대상회사의 경영자가 대출채권자에게 회사의 자산을 담보로 제공하거나 회사가 보증을 제공하는 행위가 사법상 무효인지에 관한 의문이 제기되는 것은 미국 회사법의 경우와 다르지 않다.[86] 이 문제는 회사의 대외관계에 대하여 대상회사의 보증 또는 담

---

84) RMBCA § 3.04.

85) Sherwin, Creditor's Rights against Participants in A Leveraged Buyout, pp.454~456.

86) 권기범, 기업구조조정법(제2판)(삼지원, 1999), 486면.

보제공이 정관소정의 목적범위를 벗어나 회사의 권리능력이 제한되는 것인지에 관한 것이다. 이에 관해서는 그 제한을 긍정하는 견해와 부정하는 견해가 대립되어 왔다. 권리능력제한 긍정설(판례)에 따르면 이와 같은 담보제공행위는 무효로 될 것이고, 부정설(다수설)에 따르면 유효하게 될 것이다.[87] 부정설이 타당하다는 견지에서 채권자에 대한 관계에서 위의 담보제공행위는 적법하고 유효하다고 본다. 다만 부정설을 취하더라도 회사 내부적으로는 당해 행위를 한 이사의 책임추궁이 부정되는 것은 아니다(상법제399조, 제402조, 제404조, 제385조).

2. 경영진의 충실의무위반의 문제

(1) 미국법상 충실의무와 LBO

미국 회사법의 일반원칙상 주식취득자금의 차입을 위해 회사자산을 이용하는 것은 경영진으로서 매수인 또는 다수파주주로서 매도인이 회사에 대하여 지는 충실의무(fiduciary duty)의 위반에 해당할 수 있다. 미국 회사법상 보유주식을 처분함에 있어서 지배주주가 지는 충실의무는 광범위하게 인정되고 있다. 이 충실의무는 의도적인 사기가 존재하지 않는다고 신뢰할 정도로 합당한 조사에 따른 사실의 공시가 없는 한, 주식의 양도를 둘러싼 제반사정상 의심 또는 경계해야 할만한 사정이 있는 경우에는 지배권의 소유자는 보유주식을 외부의 제3자에게 양도하지 아니할 의무라고 풀이되고 있다.[88]

이러한 기준은 주식매도인이 대상회사를 불건전한 재무상태에 빠뜨릴 정도로 회사자산에 채무를 부가한다는 사실을 알면서 거래하는 LBO에도 적용될 수 있을 것이다.[89] 또한 경영진 등 주식매수인도 LBO에 이용하기 위하여 회사자산을 유용(appropriation of corporate assets)하고 있다는 점에서도 충실의무의 위반이 문제될 수 있다. 이와 같은 경영진 또는 지배주주의 충실의무는 회사와 소수파주주에 대한 관계에서 성립하는 것이 원칙이지만, 채권자에 대한 피해를 예견할 수 있는 경우에는 채권자에 대한 관계에서도 성립한다.

특히 MBO의 경우 경영진은 소수의 상징적인 지분을 보유하고 잔여지분은 사모인수펀드등 외부의 투자자가 보유하지만, 거래의 종결 후에는 경영진의 지분율은 현저히 상

87) 상세한 설명은 정동윤, 회사법, 49면 이하 참조.

88) Sherwin, Creditor's Rights against Participants in A Leveraged Buyout, p.461.

89) ibid at 461~462.

승하는 것이 보통이다. 이러한 MBO거래에서 지급되는 대가는 인수 후 장래의 회사에 기존 일반주주들의 참여를 봉쇄하기 위해 현금, 전환권이 없는 회사채 등이 일반적으로 이용된다. 이 경우 미국의 회사법상으로는 지배주주가 소수주주를 퇴출시키기 위한 거래(freeze-out transaction)에서와 같이 경영진과 일반주주 사이에는 일반주주들이 보유하는 주식의 매매에 있어서 이해관계의 충돌문제가 야기될 수 있다.

아울러 경영진의 주식매매가 미공개의 중요정보를 이용한 내부자 거래에 해당할 수 있고, 회사기회를 유용하는 행위에 해당할 수도 있으며, 대상회사 경영진의 담보제공은 자기거래(self-dealing)에 해당할 수도 있다. 이들은 모두 경영진의 충실의무의 위반문제에 해당한다.

그런데 미국 회사법상 이와 같은 충실의무 위반에 해당하지 않기 위해서는 LBO거래의 공정성(fairness)이 확보되어야 한다. 그 공정성은 경영진이 주도하는 MBO의 경우에 특히 중요한 문제인데, 이것은 경영진과 주주 간의 이익충돌을 최소화하고 이사회가 회사와 주주의 최상의 이익을 위하여 행동하는 것으로서 확보될 수 있다. MBO의 공정성 확보를 위한 방안으로는 이해관계없는 이사의 다수결에 의한 승인을 받거나, 이해관계없는 이사가 존재하지 않는 경우에는 독립이사위원회(committee of independent directors)에 위임하여 승인을 받고, 투자은행의 의견을 듣도록 하는 등의 다양한 가이드라인이 판례에 의하여 제시되고 있다.[90] 그리고 MBO거래에 경영진 이외에 이해관계없는 제3자가 참여할 수 있도록 MBO의 실행에 앞서 일정기간 동안 경쟁절차(auction process)를 제공하는 것이 필요하다는 판례[91]도 있다.

(2) 우리법의 해석

우리 상법상 지배주주는 상법상 업무집행지시자 등의 요건을 갖추지 않는 한(상법제401조의2), 회사에 대한 관계에서든 소수주주에 대한 관계에서든 원칙적으로 아무런 의무와 책임도 부담하지 않는다. 아울러 상법상 이사는 회사에 대하여 선관주의의무를 지고(상법제382조제2항) 또 회사의 이익을 위하여 충실의무(상법제382조의3)도 부담한다. 그러나 이러한 의무는 회사에 대한 관계에서 부담하는 것이지, 주주에 대한 관계에서는 성립하지 않는다. 따라서 주주는 미국 회사법에서와 같은 충실의무위반책임을 이사 또는 지배주주에 대하여 추궁할 수는 없다. 다만 LBO거래에 있어서 회사의 자산을 담보로 제공하는 행위가 회사에 손해를 야기하는 경우에는 주주, 채권자는 상법 제389조 제

---

90) Lipton & Steinberger, Takeovers & Freezeouts, § 9.03[5].

91) McAndrews & Firbes Holdings v. Revlon, Inc., 506 A 2d, 173(Del. 1986).

3항에 의하여 제3자가 이사에게 손해배상책임을 추궁하는 것은 가능할 것이다.

아울러 경영진에 의한 LBO의 경우에 상법상 경영진이 직접 회사자산을 담보로 주식 매입자금을 차입하여 그 자금으로 일반주주의 주식을 매입하여 경영권을 인수하는 행위는 간접거래로서 자기거래금지규정(상법제398조)에 위배될 수 있다고 본다. 그러나 이 규정은 대상회사와 경영진 간에 이해충돌의 관계가 있을 것을 전제로 하므로 회사자산의 담보제공으로 인하여 경영진에게만 이익이 되고 회사에게는 손해가 예상되어야 할 것이다. 따라서 이 경우 자기거래로서 금지되기 위해서는 거래의 형식이 중요한 것이 아니라, 전체적인 LBO의 거래내용을 종합적으로 살펴 LBO가 회사에는 해를 끼치고, 경영진에게만 이익을 주는 것인지에 대한 판단에 따라 그 위법성을 결정하는 것이 타당하다고 본다. 또한 LBO가 LBO펀드 등 사모인수펀드가 설립한 명목회사에 의하여 주도되는 경우에 경영진이 명목회사에 상징적인 정도로 자본출차에 참가한 상태에서 그 명목회사의 채무에 대하여 회사가 담보를 제공하거나 채무를 보증하는 행위가 상법상 회사와 이사간의 이해충돌의 관계에 있는 거래에 해당하는 지에 관한 문제에 대하여도 위와 동일한 해석이 가능하지 않을까 생각한다.

한편 상장법인은 원칙적으로 당해 법인의 이사, 주요주주 등을 상대방으로 하거나 그를 위하여 담보를 제공하거나 채무의 이행을 보증하는 행위 등이 금지된다(구증권거래법제191조의19제1항). 이 규정의 형식적인 문언으로만 보면 상장법인인 대상회사의 경영진이 대상회사의 자산을 담보로 자금을 조달하여 대상회사의 경영권을 인수하는 MBO는 금지된다고 볼 수 있다. 그러나 이 규정도 상법과 마찬가지로 회사에 의한 담보의 제공 또는 채무의 보증으로 인하여 회사와 이사 간에 이해충돌의 관계가 인정될 수 있는 경우를 전제로 한다고 풀이하여야 할 것이다. 따라서 형식상으로 회사자산을 담보로 제공하거나 채무보증이 있다고 하여 그러한 행위가 이 규정을 위반한 것으로 되지는 않는다고 볼 것이고, 형식상으로는 이해관계의 충돌이 있는 상황이라도 실질적인 견지에서 그와 같은 행위가 회사의 이익을 해치지 아니하고, 오히려 담보제공 등을 통한 기업인수로 회사의 재무구조가 개선되고 미래의 수익가치가 향상될 수 있는 지의 여부를 종합적으로 판단하여 담보제공 또는 채무보증의 위법성을 결정하여야 할 것이다.

요컨대 LBO는 대상회사의 경영진에 의하여 주도되든, 외부의 제3자인 사모인수펀드에 의하여 주도되든 대상회사의 이익을 해칠 우려가 없는 한, 대상회사의 담보제공 등으로 대상회사의 구조재편을 통하여 회사 전체의 이익을 증대시킬 목적으로 실행되고 있는 것이 제반사정상 인정될 경우에는 법이 금지하는 회사와 이사간의 이해충돌관계를 인정하기는 어려울 것이다.

3. 일반채권자의 보호 문제

(1) 문제점

LBO에 있어서 자금대출 및 담보제공의 형태가 무엇이던지 간에 LBO는 피인수회사의 일반채권자에게는 담보자산의 가치를 감소시키는 결과를 가져온다. LBO에 있어서 주식매입가격은 피인수회사의 순자산가치에 근접하는 것인데, 차입규모가 큰 LBO일수록 채권자의 추심에 위협적일 수 있다. 그리고 차입에 의하여 조달된 자금은 피인수회사에 귀속되는 것이 아니라 매도주주에게 주식매매대금으로 지급되는 것이므로 그 자체만으로도 회사의 일반채권자에게는 불리한 결과를 가져오게 된다.

요컨대 피인수회사가 채무를 변제하고 사업을 계속할 만한 정의 순가치(positive net worth)와 충분한 자금을 보유하고 있는 경우에는 LBO가 채권자에게 해를 주지 않지만, 피인수회사가 지급불능(insolvent)이거나 사업유지에 필요한 자원을 보유하지 못하는 경우에는 LBO는 채권자의 법적인 권리와 충돌하게 된다. 피인수회사가 LBO 이후 불건전한 재무상태에 처하여 파산하는 경우에 채권의 변제를 받지 못하는 채권자의 지위는 위태로운 상태에 처하게 된다.

(2) 미국법의 태도

미국법상 LBO에 의하여 피인수회사가 취약한 재무상태에 빠지는 경우 채권을 변제받지 못한 일반채권자는 LBO에 참가한 당사자들에 대하여 청구권을 주장할 수 있다. 가장 효과적인 구제책은 사기양도법(fraudulent conveyance statutes)[92]에 따른 권리행사방법이다. 이 법은 채권자에게 사기적인 회사양도 또는 채무부담행위를 무효화시킬 수 있도록 규정하고 있다. LBO관련 사건에서도 이 법을 적용하여 채권자에게 매수자금을 대여한 매도주주에게 차입과 관련하여 회사가 부담하는 채무(회사채)와 담보의 무효를 인정하거나, LBO자금을 대여해 준 외부의 독립적인 대부금융기관에 대하여 이 법을

---

92) 여기에 속하는 법령으로는 통일사기양도법(Uniform Fraudulent Transfer Act 1985), 연방 파산법(Bankruptcy Code) 중 사기양도규정(1985)이 있다. 통일사기양도법은 채권자에게 사기적 행위가 되는 것으로 취급하는 의제사기(constructive fraud)의 요건을 정하고 있다. 이 법은 과거 Uniform Fraudulent Conveyance Act의 법명을 바꾼 것이다. 연방파산법도 통일사기양도법의 기본틀에 따라서 사기양도규정을 두고 있다(11 U.S.C.A § 548), 이 규정에서는 파산관재인에게 채권자를 사해하는 것으로 인정되는 양도행위를 무효화할 수 있는 권한을 허여하고 있고 의제사기의 유형도 명시하고 있다.

적용하여 그 보유하는 회사발행 채권과 담보권을 무효화시킨 판례도 있다.[93] 그 밖에 채권자는 매수인에게 자금을 대여해 준 대부금융기관에 대한 채무를 변제순위에 있어서 자신의 채무보다 후순위(equitable subordination)로 하는 것도 허용된다고 한다.[94]

(3) 우리법의 적용

LBO거래에 있어서와 같이 경영권 또는 지배권의 인수를 위하여 경영진 또는 외부의 제3자가 행하는 차입에 대하여 피인수회사가 담보를 제공하는 행위에 대하여 상법이 직접적으로 당해 회사의 일반채권자를 보호하기 위한 특별한 법적 장치를 두고 있지는 않다. 다만, 회사의 담보제공으로 회사의 재무상태가 불건전하게 되어 일반채권자가 손해를 입게 되는 경우, 상법상으로 채권자는 이사에 대하여 임무해태로 인한 손해배상책임을 추궁할 수밖에 없을 것이다(상법제401조). 그리고 LBO 거래의 종결 후 명목회사와 대상회사와의 합병은 필연적이므로, 이 합병과정에서 상법이 정하고 있는 채권자보호절차(상법제527조의5)의 이행으로 채권자를 보호하는 방법이 가능할 것이다.

그리고 LBO의 종료 후 대상회사가 지급불능상태에 빠져 도산단계에 넘어가는 단계에서는 도산법상 부인권규정(통합파산법제100조이하)이 적용될 수 있을 것이다. 그밖에 LBO 또는 MBO와 같은 새로운 M&A기법으로부터 가장 큰 손해를 입을 수 있는 이해당사자는 일반채권자인 점을 감안한다면, 전술한 바와 같은 미국의 사기양도법과 같은 취지의 포괄적 사기방지규정을 두어 대상회사가 도산단계에 이르기 전에도 사기적인 LBO를 규제할 수 있는 방안도 검토해 볼 일이다.[95]

4. 폐쇄기업화의 문제

우리나라에서도 LBO거래는 물론 폐쇄기업화 현상이 이미 발생한 바 있는데, 외국법인에 의한 국내 상장기업 공개매수로 탈상장 또는 폐쇄기업화가 이루어진 예가 많다. LBO와 관련하여 우리법 체계상으로 검토해야 할 가장 중요한 법적 문제는 LBO에 수반되는 소수주주 퇴출합병의 공정성에 관한 것이다. 이것은 폐쇄기업화거래의 공정성 문제에 해당하며 제6장에서 상술한다.

---

93) Sherwin, Creditor's Rights against Participants in A Leveraged Buyout, pp.464~472.

94) ibid at 455~460.

95) 독일주식법 제71a조는 자기회사의 주식을 취득하려는 자에 대한 신용 또는 담보제공을 금지하고 있다. 그러나 이러한 금지규정이 회사의 일반채권자를 보호하는 역할을 할 수 있을지는 몰라도, 이는 회사의 행위를 과도하게 금지하여 기업활동을 억제하는 부작용이 있으므로 결코 바람직한 입법은 아니라고 본다.

V. LBO의 활성화 문제

1. 서언

최근까지 우리나라에서 운용되고 있는 국내 사모펀드의 운용대상은 대부분이 채권이고 주식형은 매우 저조하였다. 그리고 사모M&A펀드도 2001년 도입 이후 2004년 까지 설립된 펀드의 총자본금이 2000억원 정도에 불과하고 그 중 주식투자금액은 전체의 10% 정도에 불과하였다.[96] 이러한 사실에서 볼 때에 사모M&A펀드의 운용에 의하여 M&A 또는 기업구조조정을 통한 경영의 효율화를 기하고자 했던 당초의 정책적 목적은 실효를 거두지 못했다고 평가할 수 있다.

반면에 국내에서 활동하고 있는 외국계 사모펀드의 경우에는 제일은행, 외환은행, 한미은행 등 금융기관의 경영권을 인수하거나 국내 대기업의 주식을 대량 취득하여 경영권을 위협한 바 있다. 이러한 상황에서 외국계 사모펀드의 투자행태가 투기자본거래로 인식되어 새로운 규제의 필요성이 제기되기도 하였지만,[97] 그에 대응할 사모인수펀드를 육성하는 일은 국내자본에 의한 M&A의 활성화를 촉진할 수 있는 수단을 제공할 수 있다는 점에서 나름대로 중요한 의의가 있다고 본다.

2. 외국의 동향

외국의 경우에 사모인수펀드에 의한 M&A는 매우 활성화되어 있다. 사모인수펀드가 가장 발달한 미국의 경우에 2000년대 들어 M&A를 위한 자금시장이 경색되었음에도 불구하고 M&A활동에 있어서 사모인수펀드는 중요한 역할을 수행하고 있다. 특히 미국에서의 사모인수펀드는 단순한 주식취득에 의한 경영권 인수만으로 그치는 것이 아니라 인수기업의 수익가치를 창출하기 위하여 M&A시장에서 이용가능한 모든 형태의 거래에 참여하고 있다. 기업가치가 낮은 중소규모 공개기업의 경우 경영진 등 기업내부자가 기업인수 파트너로서 사모인수펀드를 물색하는 경우가 많은데, 이 경우에 공개기업의 폐쇄기업화거래(going private transaction)는 매력적인 거래수단이 되고 있다. 뿐만 아니라 사업부문의 분할(spin-off) 또는 매각(divestiture)도 '70년대 후반 이후 M&A의 중요한 요소가 되어 왔다. 특히 2000년대에 들어와 핵심사입부문의 매각은 그 규모로 볼

96) 최근의 국내사모펀드의 현황에 대한 상세한 설명은 강희철, 국내외 사모펀드의 현황과 M&A관련 법적 문제, 상장협 추계호(한국상장회사협의회, 2004. 9), 97~99면 참조.

97) 경향신문, 2005.2.25, 3면.

때에 '90년대에 버금할 정도로 왕성했고, 자산매각은 과거의 M&A로 인하여 발생한 부채를 상환하기 위한 자금의 공급수단으로 여겨지고 있다.[98] 이와 같은 폐쇄기업화거래나 핵심자산의 매각은 차입매수 또는 부채에 의한 기업인수방식에 의한 M&A에 의하여 경영권을 인수한 기업인수자들이 행하는 공통적인 행태라고 할 수 있으며, 이 방식 하에서는 사모인수펀드가 매우 중요한 역할을 수행하고 있다.

한편 미국에서는 특히 대상회사의 경영진이 주도하는 LBO, 즉 MBO의 허용문제를 둘러싸고 다툼이 있어 왔다. 반대하는 견해에서는 MBO는 대상회사 경영진과 주주들간에 정보의 불균형이 존재하고, MBO로 인하여 일반주주의 희생으로 경영진이 이익을 챙기는 것이라는 이유를 제시해 왔고,[99] 1980년대에 널리 확산되었던 정크본드를 이용한 파탄적 M&A를 규제하기 위한 시도[100]가 있기도 하였다.

그러나 오늘날에는 경영진과 주주들간의 이해관계의 충돌이 완전히 배제될 수는 없더라도 그것은 절차적인 주주보호조치에 의하여 최소화될 수 있기 때문에 MBO를 금지하는 것이 충분한 해결책은 아니다.[101] 오히려 최대한의 효율적 자원이용을 위해 기업지배권시장(market for corporate control)은 활성화되어야 한다는 관점에서[102] MBO를 찬성하는 견해가 일반론이라고 할 수 있다. 유럽에서도 최근 들어 LBO에 의한 M&A가 크게 증가하고 있으며, 일본에서는 1999년 10월에 시행된 산업활력재생특별조치법에 의하여 MBO의 지원을 위한 입법조치가 행해진 바 있다.[103]

3. 우리나라의 실제와 법적용

우리나라에서는 외국기업에 의하여 LBO에 의한 M&A가 추진되었으나 실패한 예도

---

98) Paul S. Bird, Private Equity M&A ; Current Topics, PLI Corporate Law and Practice Course Handbook Series, PLI Order No. B0-01FF(October-December, 2002), pp.15~16.

99) Victor Brudney & Marvin A. Chirelstein, A Restatement of Corporate Freeze-outs, 87 Yale L. J. 1354, 1367(1978).

100) 정크본드를 이용한 Bust-up M&A는 투기적이고 남용적인 기업인수기법 중 가장 대표적인 예이다. 이것은 1984년 초 미국의 Gulf Oil사에 대한 T. Boone Pickens의 공개매수에서 Drexel Burnham Lambert가 정크본드의 발행에 의하여 자금을 조달한 사례를 시작으로 미국의 M&A시장에서 정크본드가 극적으로 증가하게 되었다. 연방준비이사회(Federal Reserve Board, FRB)는 이러한 기법이 투기적이라고 보고 정크본드발행에 의한 M&A를 수행하기 위해 명목회사(shell company)를 이용하는 것을 규제하고자 하였다. 그러나 정크본드 대신에 우선주(preferred stock)를 발행하거나, 기업인수자가 자신의 자산을 담보로 자금을 차입하는 방법을 선택하는 경우에는 정크본드에서와 같은 레버리지 효과를 기대할 수 있기 때문에, 그러한 규제시도는 M&A자금조달을 위한 정크본드의 활용현상에 별 영향을 주지 못했다고 한다. Martin Lipton, Corporate Governance in the Age of Finance Corporation, 136 U. Pa. L. Rev. 1, 12(1987).

101) Bill Shaw, Resolving the Conflict of Interest in Management Buyouts, 19 Hofstra L. Rev. 143, 158(1990).

102) Easterbrook & Fischel, Corporate Control Transactions, 91 Yale L. J.. 698, 705(1982).

103) 西村總合法律事務所, M&A法 大典, 831면.

있고[104), MBO방식에 의하여 외국계 자회사의 경영권을 인수한 예[105)도 발생했다. 2004년 말에는 간접투자자산운용업법[106)(이하 '구간투법' 이라 함)을 개정하여 사모인수펀드(사모인수펀드, PEF)제도를 도입함과 동시에 LBO의 가능성이 논의된 바 있다[107).

그런데 법은 사모인수펀드에 대하여 사원의 퇴사에 따른 출자금 지급, 운영비용에 충당할 자금의 일시적 부족, 투자대상기업에 대한 투자자금의 일시적 부족 등의 사유가 있는 경우에 한하여 사모인수펀드재산의 10%를 초과하지 않는 범위에서 자금을 차입하거나 투자대상기업 또는 투자대상기업과 관련된 타인을 위한 채무보증을 할 수 있도록 규제하고 있고(구간투법제144조의8, 자통법제270조제7항), 아울러 투자목적회사를 설립하는 경우에는 투자목적회사의 차입과 채무보증의 한도를 자기자본의 2배로 제한하고 있다(구간투법제144조의9제3항, 동법시행령제131조의8제1항, 자통법제271조제3항).

아울러 우리나라에서 발생한 LBO방식의 M&A사례에서 상장법인인 피인수회사의 대표이사가 당해 회사의 자산(부동산과 예금)을 담보로 자금을 차입하여 경영권을 인수한 행위가 형법상 배임죄를 구성하는 지의 여부가 다투어진 바 있다. 이 사건에서 서울고등법원(형사6부)은 LBO를 통해 회사의 자산을 담보로 돈을 빌려 위험을 발생시키더라도 나중에 회사가 받을 이익이 손해보다 클만한 제반사정이 인정되는 경우에는 재산상의 손해를 발생시킬 고의가 없다고 하여 배임죄가 성립하지 않는다는 취지의 판결을 내린 바 있다.[108) 그러나 대법원은 인수자가 대상회사의 자산을 담보로서 제공하는 행

---

104) 영국계 펀드인 BIH가 최대주주로 있는 자본금 2000억원의 브릿지증권을 리딩투자증권이 1310억원에 인수하기로 하되, 인수자금 중 1103억원을 브릿지증권의 자산을 담보로 하여 차입하고 인수 후에 브릿지증권의 자산을 매각하여 상환하는 방식으로 하는 M&A가 추진 중이라고 하며, 거래의 종결 후에는 양회사가 합병할 예정이라고 한다. 동아일보, 2005.3.29, B3. 그러나 이 LBO는 실행되지 못하였다.

105) 2005년 1월 FILA글로벌의 지주회사인 SBI(Sports Brands International)가 지분 100%를 보유하고 있는 FILA Korea의 경영진이 LBO방식으로 100%의 지분을 인수한 사례이다. 이 사례에서는 2004년 11월 FILA Korea를 인수하기 위하여 Sponsor인 삼성증권이 '패션플라워' 라는 명목회사를 설립하고, 이 명목회사는 2005.1. 공모에 의해 180억원을, 경영진과 사모투자자들의 투자금으로 208억원을 조달하고, 외환은행 등 8개 금융기관으로부터 FILA Korea의 미래현금흐름을 담보로 하여 신디케이트 론(syndicate loan, 협조융자)으로 810억원을 차입하였다(총1198억원). 2005.1월말 FILA Korea 경영진들은 SBI의 필라 코리아 지분 100%를 1억 3000만 달러에 인수했는데 대금은 대부분 현금으로 지급하고 일부금액은 상환우선주를 발행해 주는 방식으로 종결했다. 이 결과 FILA Korea의 지분구도는 경영진 측 13%, 사모투자자 42%, 공모투자자 45%로 짜여지게 되었다. FILA Korea는 명목회사인 '패션플라워' 와 합병한 다음, 2007년경 기업공개(IPO)를 추진할 계획이라고 한다. 머니투데이, 2005.4.4 참조.

106) 간접투자자산운용업법은 자본시장과 금융투자업에 관한 법률(2007.8)에 흡수되었다. 이하에서는 관련되는 사항에 대하여 자본시장통합법의 조문을 병기한다.

107) 법개정에 있어서 LBO의 경우 차입의 주체는 특수목적기구가 아니라 투자대상기업이 되는 것이 일반적이므로 투자목적회사에 대한 차입비율 설정은 LBO와는 관련이 없는 것이고, 투자목적회사는 명목뿐인 회사이므로 이에 무제한적으로 대출하고자 하는 기관은 있을 수 없다고 보아 정부가 제출한 개정안에서는 투자목적기구의 차입비율 제한이 없었다고 한다. 박정훈, 사모전문투자회사(Private Equity Fund) 도입배경 및 경과, BFL 제10호(서울대 금융법센터, 2005, 3), 51면.

위는 대표이사의 업무상 배임죄를 구성한다고 판시하였다.[109]

4. LBO의 활성화 방안

법은 LBO의 실질적 주체인 사모인수펀드의 자금차입을 일정한 사유가 있는 경우에 한하여 그것도 그 재산의 10%로 제한하고 있는 점을 볼 때에 사모인수펀드에 의한 직접적인 LBO는 엄격하게 억제하고자 하는 입장이라고 볼 수 있다. 아울러 투자목적회사의 설립을 통한 간접적인 LBO는 사모인수펀드에 의한 직접적인 LBO에 비하여 덜 엄격하게 규제되고 있는 것처럼 보인다.

그런데 외국의 경우 실제로 LBO를 주도하는 전형적인 LBO펀드의 자금구조로 볼 때에 자기자본 출자액은 총매수자금의 15% 내외에 불과하다는 점에서 투자목적회사의 차입한도를 자기자본의 2배로 획일적으로 제한하는 것은 사실상 LBO의 레버리지 효과를 인위적으로 규제하는 것이라고 본다. 그 결과 내외국 사모인수펀드에 대한 역차별 문제가 나타날 수 있고, 궁극적으로 국내 사모인수펀드에 의한 LBO의 활성화가 저해될 소지도 있다. LBO는 대상회사의 자산과 현금흐름의 담보가치를 고려하여 그 규모가 합리적으로 결정된다는 점에 유의하여 투자목적회사의 차입한도를 매수자금과 연계하여 규제하는 것이 바람직하다고 본다.

반면에 LBO가 투자대상기업의 경영진에 의하여 이루어지는 경우에는 당해 기업의 자산을 담보로 매수자금을 외부로부터 차입하는 것이 가능한데, 법은 이와 같은 MBO 방식에 있어서 투자대상기업의 자금차입은 제한하지 않는다. 대상회사의 자산과 현금흐름을 담보로 한 차입규모의 결정은 시장에서 결정할 것이기 때문에 이러한 태도는 당연한 것이다. 여기에는 은행법상 여신규제에 따른 차입한도가 적용될 수 있을 것이다.[110]

---

108) 서울고등법원 제6형사부 2004.10.6. 선고 2003노3322 판결.

109) 이 사건에서 대법원은 기업인수에 필요한 자금을 마련하기 위하여 그 인수자가 금융기관으로부터 대출을 받고 나중에 피인수회사의 자산을 담보로 제공하는 이른바 LBO방식을 사용하는 경우, 피인수회사로서는 주채무가 변제되지 아니할 경우에는 담보로 제공되는 자산을 잃게 되는 위험을 부담하게 되므로, 인수자만을 위한 담보제공이 무제한 허용된다고 볼 수 없고, 인수자가 피인수회사의 담보제공으로 인한 위험부담에 상응하는 대가를 지급하는 등의 반대급부를 제공하는 경우에 한하여 허용될 수 있는데, 만일 인수자가 피인수회사에 아무런 반대급부를 제공하지 않고 임의로 피인수회사의 재산을 담보로 제공하게 하였다면, 인수자 또는 제3자에게 담보가치에 상응한 재산상 이익을 취득하게 하고 피인수회사에게 그 재산상 손해를 가하였다고 봄이 상당하고, 부도로 인하여 회사정리절차가 진행 중인 주식회사의 경우에도 그 회사의 주주나 채권자들의 잠재적 이익은 여전히 보호되어야 할 것이므로 피인수회사가 회사정리절차를 밟고 있는 기업이라고 하여도 아무런 영향이 없다고 하면서, 피인수회사의 대표이사의 인수자에 대한 담보제공행위는 회사의 재산상의 손해를 가한 고의가 인정되어 그 대표이사에게 업무상 배임죄를 인정하였다. 대법원 2006.11.9 선고, 2004도7027 판결.

LBO의 활성화 문제와 관련하여 가장 중요한 것은 대상회사의 자산을 담보로 매수자금을 조달하는 것이 형법상 배임죄를 구성할 것인지의 문제라고 할 수 있다. 이에 대하여는 개별적인 LBO거래의 사정을 고려하여 단기적으로는 주주와 채권자의 이익을 침해할 소지가 있더라도 장기적으로 LBO를 통하여 회사의 구조재편에 의한 이익이 더 크다고 볼 사정이 인정되는 경우에는 배임죄의 성립을 부정하여야 할 것이다. 즉, 담보제공이 회사의 이익을 위한 것이고, 아울러 담보제공을 위한 의사결정에 있어서 독립성과 공정성이 담보될 수 있는 요건이 구비된 경우에는 설혹 그 부수적인 효과로서 경영진에게 이익이 돌아간다고 하더라도 그 담보제공이 경영진의 고의에 의한 임무해태라고 볼 수 없으므로 이 경우에는 경영판단의 원칙을 적용할 수 있다고 본다. 그리하여 대표이사 등 경영진의 결정으로 인하여 회사가 받은 손해에 대하여 면책을 허용할 수 있고, 아울러 형사상 배임죄의 성립도 부정하여야 한다고 본다.[111]

Ⅵ. LBO의 위법성 문제

1. 기본원칙

일반적인 LBO거래에서 대상회사의 자산을 담보로 제공하거나 채무보증이 있다고 하여 항상 민사상, 형사상 위법하다고 판단할 것은 아니고, 실질적인 견지에서 그러한 행위가 회사의 이익을 해치지 아니하고, 오히려 대상회사의 담보제공 등을 통한 기업인수로 회사의 재무구조가 개선되고 미래의 수익가치가 향상될 수 있는 지의 여부를 종합적으로 판단하여[112] 담보제공 또는 채무보증행위의 위법성을 결정하는 것이 타당하다고 본다. 따라서 LBO에 일부 역기능이 있더라도, 경제적으로 LBO의 존재가치 및 필요성이 인정되고 있는 점,[113] LBO가 인수자와 피인수기업 모두에게 대안거래일 수 있다는 점, 또한 M&A시장의 창의성과 기업가정신이 위축되지 않아야 한다는 점[114] 등에서

110) 이 경우에는 은행법은 동일차주에 대한 신용공여한도(제35조1항), 동일인 등에 대한 신용공여한도(제35조3항), 거액신용공여총한도(제35조4항) 등 동일차주 등에 대한 신용공여 한도를 규제하고 있다. 또한 은행의 대주주와 자회사에 대한 신용공여한도를 규제하고 있으며(제35조의2, 제37조3항), 상품 또는 유가증권에 대한 투기를 목적으로 하는 자금의 대출 등을 금지하고 있다(제38조4호-8호). 이에 대한 상세한 해설은 정찬형 · 도제문, 은행법(제2판)(박영사, 2005), 250면 이하 참조.

111) 송종준, 경영판단원칙과 그 수용상의 과제, 인권과 정의 제364호(대한변호사협회, 2006.12), 22면 이하 ; 이상훈, LBO와 배임죄(상)(하), 법조 통권 제619-620호(법조협회, 2008.4~5)참조

112) 서울고법 제6형사부 2004.10.6, 선고 2003노3322 판결

113) 이창원 · 이상현 · 박진석, LBO의 기본구조 및 사례분석, BFL 제24호(서울대 금융법센터, 2007.7), 24면

LBO를 주도하는 기업가 또는 경영진에 대하여 획일적으로 엄격한 민사, 형사책임을 추궁하는 것은 바람직하지 않고, 사안의 특성에 따라 유연한 해석이 수반되어야 할 것이다.

2. 신한 LBO판결의 평가

(1) 판결의 의미

신한LBO사건에서는 "S&K 월드 코리아" 라는 목적회사를 설립하여 이 회사가 금융기관들로부터 (주)신한의 인수자금 전액을 대출받아 (주)신한을 인수한 다음, 신한의 자산을 담보로 제공하였다. 그 담보제공은 S&K월드 코리아의 사실상의 1인주주이자 대표이사인 자가, (주)신한의 대표이사를 겸하고 있는 상태에서 이루어졌다. 이 사건은 (주)신한의 자산을 담보로 제공하면서도 명목회사가 채무를 이행하지 못하는 경우에 (주)신한이 부담하게 될 담보책임의 위험에 대비하여 대표이사가 아무런 반대급부도 제공하지 않은 것이 배임죄를 구성하는 지가 쟁점이 되었다.[115]

이 사건에서 대법원은 "기업인수를 위하여 설립한 명목회사와 대상회사의 대표이사를 겸임하고 있는 인수자가 금융기관으로부터 대출받은 인수자금에 관하여 대상회사의 자산을 담보로 제공하였으면서도 대상회사의 담보제공에 상응하는 반대급부를 제공하거나 최소한 대출금이 상환될 때까지 인수자가 인수한 주식이 임의로 처분되지 못하도록 대상회사 또는 금융기관에 담보로 제공하는 등의 조치를 취하지 않은 행위는 대상회사로서는 장차 대출금채무 미변제시 담보로 제공된 자산이 환가처분될 수 있는 위험을 부담하게 되는 것이므로 임무위배행위에 해당하고, 또한 그 주된 목적이 대상회사에 대한 경영권 확보를 위한 자금마련을 위한 인수자의 개인적 이익을 위한 것이므로 비록 인수자에게 대상회사의 경영정상화 의도가 있었다하더라도 배임의 고의가 인정된다" 고 판시하였다.[116]

이 판결은 우리나라에서의 LBO의 장래를 판단하는 데에 중요한 영향을 미칠 수 있다고 본다. 그러나 이 판결이 LBO를 금지하려는 사법정책을 제시하였다기 보다는 적정한 요건을 갖춘 LBO만이 허용된다는 의미를 가진다고 본다.

---

114) 박태현, 차입매수(Leveraged Buyout)에 있어서의 이사의 신인의무, 인권과 정의 제369호(대한변호사협회, 2007.5), 229면

115) 제1심에서는 배임의 죄를 인정하였지만(서울지방법원 남부지원 2003.11.28 선고, 2003고합145 판결), 제2심에서는 무죄를 인정하였다(서울고등법원 2004.10.6 선고, 2003노3322 판결).

116) 대법원 2006.11.9 선고, 2004도 7027판결

(2) 판결에 대한 제평가

최근에는 이 판결에 있어서 대법원이 피력하는 논거에 대한 부정, 긍정의 평가도 제시되고 있다. 부정적 견해에서는 LBO의 경우 대상회사의 경영정상화가 되지 않으면 인수자 역시 이익을 얻을 수 없기 때문에 인수자의 의사는 자신과 대상회사 모두에게 동시에 이익이 되려는 의사, 즉 윈윈(win-win) 의사라고 할 것이므로 배임의 고의를 인정할 수 없다거나,[117] LBO인수자가 향후 차입금을 상환하지 못하여 담보로 제공된 재산이 환가처분될 것을 알면서도 피인수기업의 자산을 담보로 제공한다거나 달리 그 가치를 감소시키는 행위를 한다는 것은 오히려 경험칙에 반하여 배임의 고의를 인정할 수 없다[118]고 주장한다.

반면에 긍정적 견해에서는 이 사건은 특수목적회사의 타인자본 대비 자기자본 비율이 220:1이 넘을 정도로 과도하여 인수자가 투입한 자금이 매우 적었고, 또한 인수자 자신의 자산을 담보로 제공하거나 보증을 하지 않아 외부차입금의 상환에 대한 별다른 위험을 부담하지 않았다는 점에서 피고인에게 대상회사의 대표이사로서 배임의 책임을 물을 수 있는 가능성이 애초부터 상당히 높았던 것으로 보거나,[119] 대상회사의 부담에 상응하는 반대급부를 제공받거나 최소한 대출금이 상환될 때까지 특수목적회사가 인수한 주식, 채권 등을 임의로 처분할 수 없도록 대상회사 또는 금융기관에 담보로 제공하는 등의 조치를 취하지 않은 채 대상회사의 재산을 담보로 제공한 것은 대상회사의 주요 자산의 대부분이 대출금에 대한 책임재산으로서 환가처분될 수 있는 위험이 초래되었고, 나아가 대상회사의 주주와 채권자 등에 대하여도 잠재적인 이익을 해하는 것으로서 대상회사에게 손해를 가한 것으로 보아 배임의 고의를 인정한 것은 타당하다[120]고 주장한다.

(3) 사견

이 사건에서는 형법상 배임죄의 고의를 인정하는 문제에 있어서 대상회사의 담보제공이 대상회사와 그 주주와 채권자에 대하여 잠재적인 손해를 주고 있는가, 그렇지 않은가에 관한 일반적인 논의도 중요하지만, 피고인이 특수목적회사와 대상회사의 대표이사를 겸하고 있는 상태에서 자신이 실질적인 소유자로 있는 특수목적회사의 채무변제를

117) 이상돈, 차입매수와 배임죄, 한국증권법학회 세미나(2006.12.23), 9면 ; 손영화, LBO/MBO에 관한 법적 문제-이사의 책임 및 소수자주주보호의 관점에서, 증권법연구 제8권 제2호(한국증권법학회, 2007.12), 203~204면

118) 박태현, 차입매수(Leveraged Buyout)에 있어서의 이사의 신인의무, 227면

119) 이창원 · 이상현 · 박진석, LBO의 기본구조 및 사례분석, 19면

120) 전현정, LBO와 배임죄-손해를 중심으로-, BFL 제24호(서울대 금융법센터, 2007.7), 97면

위하여 대상회사의 자산을 담보로 제공하는 전형적인 이사의 자기거래라는 점에 논의의 핵심이 있다고 보여 진다.

이 사건에서 대법원 판례는 차입주체인 인수인에 대하여 피인수회사가 담보를 제공하는 경우에는 회사의 손실이 발생하지 않도록 정당한 반대급부를 제공하는 경우에 한하여 적법하고, 정당한 반대급부를 제공하지 않는 것은 인수인의 개인적인 이익만을 위한 것으로서 이것은 회사에 대한 배임행위라는 것을 확인한 것이라고 볼 수 있다. 그런데 이 사건의 판결에서 중요한 것은 대법원이 설시하고 있는 "반대급부" 라는 개념에 대하여 고등법원은 이것을 인수 후 피인수회사의 경영호전으로 인한 상승된 기업가치 또는 장래 상승할 기업가치라고 파악하고 있다는 점이고, 대법원은 피인수회사의 담보제공에 따른 현실적인 반대급부가 필요하다는 점이다.

이 사건의 복잡한 사실관계에서 나타나는 두드러진 사실 중의 하나는 피고인 또는 특수목적회사가 취득한 주식 기타 채권에 대하여 설정했던 기존 담보권을 해지한 사실이다. 이것은 궁극적으로 인수자금차입에 따른 채무를 회사에 떠넘기는 결과가 되었고, 회사는 담보제공으로 인하여 채무자로부터 아무런 반대급부 없이 담보채무를 부담하게 되어 회사에는 그만큼 손해가 발생할 가능성이 있는 것이다. 설혹 피인수회사가 장래 경영개선으로 기업가치가 상승하는 경우와 같이 회사에 이익을 주게 될 것이어서 그것이 곧 반대급부라고 주장할 수 있다 하더라도, 인수인 자신의 주식 등에 대한 담보를 해지한 것은 회사는 손해를 입더라도 인수인 자신은 회사의 손해에 대한 책임을 지지 아니하거나 위험을 회피하고자 한 것이라고 볼 것이다. 외국의 경험례에서 보듯이 LBO에 의해 인수된 기업들이 차입채무부담으로 파산에 이른 경우가 많다는 점을 감안하면 반대급부의 중요성이 크다고 본다.

대법원 판결이 인수인에게 정당한 반대급부의 제공 필요성을 강조한 것은 이사의 자기거래에 요구되는 엄격한 공정성을 확보하기 위한 취지라고 해석할 수 있다. 이사의 자기거래로서 LBO에 의한 M&A가 적법하기 위하여는 피인수회사에 의한 담보제공은 그 의사결정절차와 담보제공의 공정성이 확보되어야 할 것이다.[121] 현행법상 의사결정절차로는 이사회의 결의절차가 있지만, 이 사건에서의 이사회 결의가 이와 같은 이해충돌상황에서 공정한 의사결정을 위하여 독립적인 판단기능을 발휘할 수 있을 만큼 충분히 공정한 절차인가에 대하여는 의문이다. 그리고 담보제공의 공정성은 담보를 제공하

---

121) Lipton & Steinberger, Takeovers & Freezeouts, § 9.03[5] ; 송종준, PEF와 M&A : LBO의 구조와 법적 문제, 73면 ; 신희강 · 류경진, LBO거래의 실행과 법적 문제, BFL 제24호(서울대금융법센터, 2007.7), 32~33면

는 피인수회사에게 채무자의 반대급부가 균형을 이룰 때에 인정될 수 있는데, 오히려 그 반대급부를 회수한 상태에서는 그러한 공정성을 인정하기 어려울 것이다[122]. 또한 대표이사는 대상회사의 경영상태가 악화될 수도 있음을 감안하여 대표이사로서 회사가 손해를 입게 될 가능성까지도 고려하는 것이 충실의무의 이행이라고 보아야 할 것이다.

요컨대 이 사건에서 대표이사는 회사의 이익과 대표이사 개인의 이익이 충돌하는 사정에 있음에도 불구하고 회사의 손실을 방지하기 위해 최대한의 선의로 충실의무를 이행했다고 보기는 어렵다. 대법원은 이러한 이유에서 대표이사에게 배임의 고의가 있다고 인정한 것으로 본다.

3. LBO의 위법성 판단기준

(1) 최근의 견해

최근 들어 일반적인 LBO거래에 있어서 대상회사 이사의 임무해태 또는 충실의무의 위반여부를 판단하기 위한 기준이 제시되고 있다. 그 기준으로는 목적의 정당성, 판단의 적정성, 특히 MBO의 경우 이사들의 위험부담 여부 등을 종합적으로 고려하여 판단해야 한다는 견해,[123] 인수인의 경영역량과 자원의 보유, 피인수기업의 업종 · 경영상태 등에 대한 충분한 연구와 검토, 인수인의 지분투자금액 · 차입금액 · 재산의 담보제공 등에 대한 현실적이고 합리적인 계획의 수립과 실행, 거래관련 중요정보의 이사회 · 주주총회 및 인수금융채권단 등에 대한 충분한 공개와 설명, 이해관계의 충돌이 있는 경우에 독립적인 입장에서 회사의 최선의 이익을 위한 조치, 인수 후 회사의 기업가치를 제고하기 위한 노력, 회사의 재무구조 등의 개선실적 등을 기준으로 판단해야 한다는 견해[124]가 그것이다. 양 견해는 궁극적으로는 동일한 취지라고 보지만, 후자의 견해가 보다 구체성이 있다고 본다. 이하에서는 이익 충돌관계에서 LBO가 실행되는 경우(대부분은 MBO의 경우)의 위법성 판단기준을 충실의무론적 관점에서 검토하고자 한다.

---

122) 반대급부의 개념을 확장하여 이에는 유형의 자산 뿐만 아니라 무형의 자산 ,즉 대상회사의 경영을 정상화하는데 도움이 될 수 있는 인수자의 정치적·사회적 네트워크 및 경영능력 등 인적·물적 자산을 동원할 수 있는 역량도 포함된다는 견해가 있다. 이상돈, 차입매수와 배임죄, 8~10면. 그러나 인수자의 이러한 무형자산은 법률적으로는 인정할 수 없다고 본다. 담보재산이 환가처분되는 경우에 대상회사가 인수자의 무형자산을 집행할 수는 없기 때문이다. 그러나 인수자의 정치적 배경, 사회적, 경제적 영향력 등이 LBO의 실행에 사실상의 영향은 줄 수 있을 것이다.

123) 이창원 · 이상현 · 박진석, LBO의 기본구조 및 사례분석, 21면

124) 박태현, 차입매수(Leveraged Buyout)에 있어서의 이사의 신인의무, 227면

(2) 엄격한 공정성

이사의 지위로 보아 그 담보제공이 대상회사와 이익충돌적인 관계에서 이루어지는 자기거래인 경우에는 충실의무위반의 문제와 관련되므로 경영판단원칙(business judgement rule)이 적용될 여지도 없다.[125] 오히려 이 경우에는 담보제공으로 인한 회사의 손해를 막기 위하여 최대의 선의(utmost good faith)로 자신이 할 수 있는 최선을 다해야 하고, 장래 회사에 손해가 발생할 위험의 방지를 위해 전력을 기울이는 것은 최대선의의 중요한 요소이다. 따라서 자기거래관계에서 이루어지는 LBO에서 대상회사의 담보제공이 적법하기 위하여는 그 거래가 이루어지기까지의 절차와 내용면에서 완전한 공정성(entire fairness, intrinsic fairness)을 갖추었는지를 엄격하게 심사하여야 할 것이다.

먼저 절차에 있어서는 독립적이고 객관적인 의사결정절차가 준수되어야 한다. 이를 위한 이사회의 결의에서는 특별이해관계 때문에 당해 이사의 의결권행사가 금지되어야 한다(상법제391조제3항 및 제368조제4항). 그리고 이사회에서는 회사의 담보제공의 필요성, 기업인수인의 경영능력, 채무상환계획, 담보제공에 따르는 대상회사의 손해위험방지를 위한 인수인의 노력, 인수 후 대상회사의 경영개선을 위한 실질적인 노력과 성과, 장래의 경영계획 등이 충분히 설명되어야 한다. 상장회사인 경우에는 당해 법인의 경영·재산 등에 관하여 중대한 영향을 미칠 사항 또는 투자자의 투자판단에 중대한 영향을 미칠 사항으로서 이를 수시공시하여야 한다(구증권거래법제186조제1항, 자통법제161조).

다음으로 이해상반적 행위 즉, 담보제공의 내용에 있어서도 공정성이 유지되어야 한다. 담보제공의 공정성은 차입재산과 담보제공재산의 가치가 균형성을 기하는 외에도 담보를 제공하는 대상회사에게 장래 발생할지도 모르는 손해를 방지하기 위하여 인수인(채무자)의 반대급부가 있어야 인정될 수 있다. 그 반대급부의 제공은 인수인이 대상회사의 장래 경영위험을 부담하고 있는지의 여부를 판단할 수 있는 최소한의 기준이 될 것이다. 다만 그 반대급부는 담보재산의 가치와 수량적으로 등가적인 균형을 기할 필요는 없지만, 당해 인수인의 인수자금 부담정도, 당해 인수인과 이사들이 연대보증 기타 물적 보증을 서는 행위도 필요하고, 인수 후 대상회사의 경영개선실적과 그 노력의 정도도 감안되어야 한다.

---

125) 홍석범, 경영판단의 원칙의 수용과 그 한계, 인권과 정의 제364호(대한변호사협회, 2006.12), 27면 ; 송종준, 경영판단원칙과 그 수용상의 과제, 11면

제4절 부분매수의 남용과 의무공개매수제도

Ⅰ. 의무공개매수제도의 의의

적대적 M&A는 전부매수가 원칙인 유럽형 입법환경에서 보다는 부분매수가 원칙인 미국형 입법환경에서 더욱 활발하고 남용되기가 쉽다. 그것은 유럽형 입법에서는 공개매수에 의하여 대상회사의 지배권을 취득하기 위해서는 발행주식 전부를 매수하여야 하기 때문이다. 따라서 부분매수의 남용을 억제하기 위한 방편으로 전주식에 대한 의무공개매수제도의 도입 문제가 논의되기도 하였다.

의무공개매수(mandatory bids)라 함은 상장회사 또는 공개회사의 지배권(control)을 확보할 수 있는 정도의 주식을 취득하고자 하는 경우에는 잔여주식의 전부 또는 일정비율 이상의 주식을 공개매수에 의하여 취득할 것을 강제하는 제도를 말한다. 이것은 강제공개매수라고도 하는데, 잔여주식의 전부 또는 일정비율 이상의 주식취득이 의무화되고 있다는 점이 특징이다. 또한 강제공개매수제도에서는 원칙적으로 전부매수원칙이 지배하고 부분매수(partial bid)는 허용되지 않는 것을 본질로 한다.[126)]

이 의무공개매수제도는 영국의 자율규범인 1968년 기업인수합병에 관한 시티 코드(City Code on Takeovers and Mergers, 이하 City Code라 함)에서 그 기원을 찾을 수 있고, 1990년대에 들어 와서는 EU 공개매수지침안에 따라 EU 회원국의 대부분 국가에서 시행되고 있다. 일본은 1990년에 영국의 의무공개매수를 변형시켜 일정비율 이상의 의무취득을 강제하지 않는 방식의 이른바 1/3 의무공개매수제도를 시행하고 있다. 우리나라에서도 1997년 소위 25% 의무공개매수제도를 도입한 바 있는데, 이것은 본래적 의미의 의무공개매수에 해당한다고 할 수 있다.

우리나라의 경우 1997년 1월 개정 증권거래법에서 처음으로 도입한 소위 25% 의무공개매수제도[127)]는 본인과 특별관계자의 지분을 합하여 새로이 25% 이상의 주식을 취

126) 이 의무공개매수에서는 전주식 또는 일정비율 이상의 주식을 추가로 취득하는 것이 의무화된다고 하여 이를 의무적 지분추가매수라고 부르는 분도 있다. 권기범, 의무적 지분추가매수에 관한 연구, 기업구조의 재편과 상사법(II)(박길준 교수화갑기념논문집, 도서출판 정문, 1998), 981면 이하.

127) 이것은 25%의무공개매수, 25%선의 강제공개매수, 의무취득형 강제공개매수라고 불리기도 한다. 김건식, 개정 증권거래법상 공개매수제도, 32면 이하 ; 이문성, 개정 증권거래법 아래서의 의무공개매수제도와 소액주주의 보호, 48면 이하 ; 송종준, 강제공개매수제도의 법리와 향후의 법적 과제, 14면 이하 참조.

득하거나 이미 25% 이상을 취득하고 있는 자가 추가로 주식을 취득하고자 할 경우에는 반드시 공개매수에 의하여 의결권있는 발행주식총수의 50% + 1 이상을 의무적으로 취득하도록 하는 것이었다(구증권거래법제21조제2항). 그러나 25% 의무공개매수는 시행 1년만인 1998년 2월 폐지되었다. 25% 의무공개매수제도는 반복적 부분공개매수의 폐해를 시정하고 지배권변동의 지분거래에 있어서 경영권 프리미엄에 소수주주도 참여할 수 있는 기회를 부여함으로써 주주평등의 원칙을 실현할 수 있다는 등의 취지에서 도입되었다. 그러나 이 제도는 적대적 M&A는 물론이고 우호적 M&A에도 적용됨으로써 결과적으로 M&A기능을 위축시켜 기업의 구조조정의 활성화를 저해한다는 등의 이유에서 폐지된 것이다.[128)]

따라서 현행 법에는 '6개월 내 10인 이상으로부터 5% 이상의 주식취득'이라는 일정한 요건이 충족되는 주식취득의 경우에 공개매수가 강제되는 것(자통법제133조제3항) 이외에는 영국법에서와 같은 본래적 의미의 의무공개매수제도는 존재하지 않는다. 다시 말하여 우리나라는 의무공개매수에 관하여 영국과 EU에서와 같은 입법유형은 따르지 아니하고, 부분공개매수의 자유를 원칙으로 하면서 일정한 요건 하에서 공개매수가 강제되는 유형으로서 미국과 일본의 입법을 결합한 입법형태를 취하고 있다.

한편 영국 등에서 시행되고 있는 의무공개매수제도나 이미 폐지된 바 있는 25% 의무공개매수제도는 지배주식의 양 · 수도에 있어서 형성되는 지배권 프리미엄을 공개매수라는 투명한 절차에 의하여 소수파주주에게도 분배되는 효과를 기대할 수 있으므로 실질적으로 소수주주를 보호할 수 있는 중요한 기능을 가지고 있다. 그러나 의무공개매수제도가 소수주주에 대한 지배권프리미엄의 분배라는 긍정적인 목적을 가지고 있기는 하지만, 이 제도 하에서는 지배주식의 매매가 어렵게 되므로, 실제상으로는 소수주주가 프리미엄의 분배과정에 참여할 수 있는 기회가 현저히 줄어들 염려도 있다. 더욱이 본래적 의미의 의무공개매수제도는 법정책적으로도 M&A의 활성화를 저해하여 기업 구조조정의 원활화를 억제하고, 의무공개매수에 의하여 지배권을 취득한 지배주주에게 지배권의 영속화를 보장해 주는 문제가 있을 뿐만 아니라, 주식의 소유분산을 통한 경영감시강화에 의하여 경영의 효율화를 꾀하기 어렵고, 상장회사의 폐쇄기업화를 촉진하는 역효과를 초래할 수 있어서 궁극적으로는 소수주주의 보호정신에 반하는 결과를 가져오는 등의 문제가 내재되어 있다.

그럼에도 불구하고 의무공개매수제도에 깔려있는 지배권 프리미엄의 분배에 있어서

---

128) 이준섭, 공개매수법에 관한 고찰, 349~352 ; 유영일, 의무공개매수에 관한 연구, 62면.

소수주주보호의 정신이 실현될 수 있도록 하는 것이 입법정책적으로 바람직함은 재론할 여지가 없을 것이다. 따라서 M&A의 활성화에 역행하지 않으면서 의무공개매수제도를 통한 기업결합의 유연화를 가능하게 하고, 소수주주도 보호할 수 있는 합리적인 대체방안을 강구해야 할 필요성은 여전히 존재한다고 본다. 이하에서는 의무공개매수에 관한 입법례를 유형화하여 살펴보고, 의무공개매수가 갖는 법정책적 함의를 조명하고 비판한 다음, 입법유형별로 의무공개매수제도의 도입가능성을 검토하고 새로운 의무공개매수제도의 도입방안을 고찰하고자 한다.[129)]

Ⅱ. 의무공개매수제도의 입법유형

의무공개매수제도에 관한 입법유형은 크게 세 가지로 구분할 수 있다. 전주식의 취득을 강제하는 입법, 일정비율 이상의 주식의 취득을 강제하는 입법, 주식취득을 강제하지 않는 입법 등이 그것이다.

1. 전주식의 취득을 강제하는 입법유형

이 입법은 회사의 지배권(control)을 인정할 수 있는 정도의 지주비율 이상을 매수하고자 할 경우에는 잔여 주식 전부에 대하여 공개매수에 의하여 취득하도록 의무화하는 유형이다. 영국이 그 시초이고, 유럽연합 회원국은 거의 모두 이러한 입법유형을 따르고 있다.

(1) 영국

영국의 기업인수합병에 관한 시티 코드는 상장회사 또는 비상장 공개회사의 발행주식총수의 30% 이상을 취득하고자 하는 경우, 또는 30% 이상 50% 미만의 지분을 보유한 자가 12개월 내에 1% 이상의 주식을 추가로 취득하고자 하는 경우에는 잔여주식 전부에 대하여 공개매수청약을 하여야 한다.[130)] 시티 코드에서는 공개회사의 지배권 취득의 기준을 발행주식총수의 30%로 보고 있는데, 이 30%의 지분율은 본인 및 공동보유

---

129) 송종준, 의무공개매수의 법정책적 함의와 그 도입 가능성, BFL 제12호(서울대 금융법센터, 2005.7), 51면 이하 참조

130) City Code, Rule 9.1. 공개매수의 대상인 잔여주식에는 의결권있는 주식은 물론이고 의결권없는 주식, 전환사채(convertible securities), 주식매수권(warrants), 옵션(options) 등과 같은 의결권부 주식연계증권(voting non-equity share capital) 등 대상회사가 발행한 모든 종류의 주식이 포함된다.

자(persons acting in concert)의 지분을 합산한 개념이다.

그리고 주식의 취득은 사적교섭에 의한 지배주식취득이든 증권시장에서의 취득이든 불문한다. 다만 이와 같은 의무공개매수의 청약은 그 청약 이전에 이미 취득했거나 취득하기로 합의한 본인 및 공동보유자의 주식수와 청약기간 중에 응모한 지분을 모두 합하여 의결권있는 주식총수의 50% 이상이 되는 것을 조건으로 하여야 한다.[131] 그리고 의무공개매수는 원칙적으로 공개매수 전 12개월 내에 본인 또는 공동보유자가 같은 종류의 대상회사 주식에 대하여 지급한 최고가격 이상으로 매수가격을 정하여야 하고, 매수의 대가는 현금 또는 현금대용물로 제한된다.[132] 그러나 회사의 주식을 이미 50% 이상 보유하고 있는 경우에는 공개매수가 의무화되지 않는다.[133]

(2) 유럽연합

EU의 공개매수에 관한 제13 지침법안에서는 상장회사의 지배권을 행사할 수 있는 일정수량 이상의 의결권을 발생시키는 증권을 취득하고자 할 경우에는 대상회사의 전주식에 대하여 공개매수할 의무를 규정하고 있다. 여기서 지배권을 행사할 수 있는 지분율은 각 회원국이 정할 수 있도록 하였다.[134] 1990년 지침안에서는 의결권을 행사할 수 있는 지분율을 의결권있는 주식총수의 1/3 이상으로 정한 바 있으며, 회원국은 국내법에 1/3 이상을 넘지 못하게 제한하였다. 그러나 1996년 수정지침안에서는 1/3 이상이라는 명시적인 규정 대신에 상장회사의 지배를 가능하게 하는 지분을 취득하는 경우로 수정하여 의무공개매수를 적용하는 규정을 두었고, 의무공개매수가 적용되는 경우에도 전주식이 아니라 잔여주식의 중요한 일부만에 대한 의무공개매수도 인정하는 방향으로 수정한 바 있다. 아울러 회원국은 의무공개매수를 선택하지 아니하고 이에 상응하는 다른 소수주주 보호장치를 선택할 수 있도록 하였다. 그러나 1999년에는 다른 대체수단의

---

131) City Code, Rule 9.3(a). 따라서 이미 보유하고 있는 지분과 공개매수기간 중 응모한 지분의 합이 의결권있는 주식수의 50% 이상이 되는 경우에는 공개매수 패널(Panel)의 별도 동의가 필요없이 확정되고, 50%에 미달하게 될 경우에는 공개매수가 성립하지 않으므로 새로운 공개매수를 해야 할지 또는 공개매수자의 지분을 감소해야 할지 등에 관한 적정조치에 대하여 패널과 협의하여야 한다(Note on Rule 9.3, 2).

132) City Code, Rule 9.5.

133) 기타 의무공개매수의 적용이 면제되는 경우로는 주주가 신주를 취득한 결과 발행주식의 30% 이상을 취득하게 되거나, 이미 30% 이상 50% 미만을 보유하고 있는 지분이 12개월 내에 1% 이상 증가하게 되는 경우(주주총회의 승인 및 패널의 승인을 조건으로 한다), 회사가 재정난을 타개하기 위하여 타회사에 기업을 인수시시키고자 하는 경우에 타 회사가 30% 이상 또는 30% 이상 50% 미만의 주식을 1% 이상 증가하게 되는 경우, 부주의로 주식을 취득하였으나 공개매수가 강제되는 비율 이하로 지분율을 낮추는 경우, 무의결권주식의 의결권이 부활하여 30% 이상의 의결권을 취득하게 되는 경우, 담보권실행에 의한 주식취득의 경우 등이다. 상세한 설명은 유영일, 의무공개매수에 관한 연구, 71면 참조.

134) EU공개매수 제13지침안 제5조 제1항, 제3항.

선택 문언을 삭제하고 영국식의 의무공개매수를 수용하였다.135)

EU 회원국 중 프랑스는 1992년에 전주식의 취득을 강제하는 의무공개매수제도(offer publique d'achat obligatoire)를 도입하였다. 이 제도 하에서는 본인과 공동보유자의 지분을 합하여 상장회사의 의결권있는 주식총수의 1/3 이상을 취득하고자 하거나, 1/3 이상 1/2 이하의 주식을 보유하고 있는 자가 1년 이내에 2% 이상에 해당하는 의결권있는 주식을 취득하고자 하는 경우에는 잔여주식의 전부에 대하여 공개매수청약을 할 의무를 부과하고 있다. 그리고 독일도 2002년 1월 발효한 공개매수 및 기업인수법에서는 30% 이상의 의결권있는 주식을 취득하고자 하는 경우에 잔여 주식 전부에 대하여 공개매수를 의무화하고 있다.136)

2. 일정비율 이상의 주식 취득을 강제하는 입법유형

이 입법유형은 지배권을 행사할 정도의 지분율 이상을 취득하고자 하는 경우에 공개매수에 의하여 일정비율 이상의 주식취득을 강제하는 것이다. 이러한 유형의 입법례로는 1996년 EU 공개매수 수정지침안을 들 수 있다. 동지침안에서는 지배권의 행사를 인정할 정도의 주식을 취득하고자 하는 경우에는 잔여주식 전부가 아닌 잔여주식의 중요한 일부에 대하여 공개매수를 의무화할 수 있게 하고 있다. 그러나 EU 회원국 중에 잔여주식의 일부만에 대한 의무공개매수를 입법화한 예는 보이지 않는다. 그런데 오늘날의 100% 의무공개매수제도가 법제화되기 전까지는 이러한 입법유형을 가진 나라로는 프랑스와 우리나라를 들 수 있다.

프랑스에서는 1992년 100% 의무공개매수제도를 도입하기까지는 상장회사의 발행주식총수의 1/3 이상을 취득하는 경우에는 다시 1/3 이상에 대하여 공개매수에 의하여 취득하도록 강제한 바 있다. 그리고 우리나라에서는 1997년 1월 개정 증권거래법에서 25% 의무공개매수제도를 도입한 바 있는데, 본인과 특별관계자의 보유분을 합하여 상장회사의 발행주식총수의 1/4 이상을 취득하고자 하는 경우에는 50% +1 주 이상의 주식을 공개매수에 의하여 취득하도록 의무화한 것이 그것이다.

---

135) 1996년 제13수정지침안, 제3조제1항. 이에 대한 상세한 소개는 권기범, 의무적 지분추가매수에 관한 연구, 982~983면, 유영일, 의무공개매수에 관한 연구, 72~73면 참조. Scott Mitnick, Cross-Border Mergers and Acquisitions in Europe : Reforming Barriers to Takeovers, 01 Colum. Bus. L. Rev. 683, 707~708(2001). 2000년 6월의 EU수정지침안도 상정되었으나 2001년 7월 EU의회에서 부결되었다.

136) 독일 공개매수 및 기업인수법 제35조.

3. 일정주식의 취득을 강제하지 않는 입법유형

이 입법은 일정비율 이상의 주식을 취득하고자 할 경우에 잔여주식의 전부 또는 일정수 이상의 주식을 취득할 것이 강제되지 아니하고 그 취득방법만 공개매수로 제한하는 유형이다. 여기서 일정비율의 주식은 일반적으로 지배권의 행사를 인정할 정도의 지분율을 말한다. 여기에 해당하는 대표적인 입법으로는 일본의 금융상품거래법을 들 수 있다. 이 법상 의무공개매수는 본인과 특별관계자의 보유지분을 합하여 발행주식총수의 1/3 이상을 취득하고자 하는 경우에는 공개매수에 의하여 취득하도록 의무화하고 있다(1/3의무공개매수).[137] 여기서 1/3 이상의 주식수량은 사적교섭에 의하여 매수하든, 증권시장에서 매수하든 양자를 병행하여 매수하든 관계없고, 또 그 매수기간과 매수상대방수에 아무런 제한이 없다. 따라서 발행주식총수의 5% 이상 1/3 미만의 주식을 60일간에 10인을 초과하는 자로부터 취득하고자 하는 경우에는 공개매수가 강제되는 것이고, 취득하고자 하는 주식수가 전체의 1/3 이상이 될 경우에는 이러한 요건의 충족과 관계없이 반드시 공개매수에 의하여 취득하여야 한다. 그리고 이미 1/3을 초과하는 주식을 보유하는 자가 다른 자의 공개매수기간 중에 5%를 넘는 주식을 매수하고자 하는 경우에도 공개매수에 의하여 취득하여야 한다.[138]

한편 미국에서도 연방차원에서 주식의 취득을 강제하지 않는 의무공개매수를 법제화하기 위한 시도가 있었다. 대표적으로 1983년 SEC 공개매수자문위원회의 권고에서는 사외의결권증권의 20%를 초과하여 취득하고자 할 경우에는 반드시 공개매수절차에 의하도록 강제하는 것을 내용으로 하는 권고안이 제시되기도 하였다.[139] 1985년의 기업생산성법안(Corporate Productivity Act)에서는 15% 이상의 주식취득은 반드시 공개매수에 의하여야 하고 아울러 공개매수에 대한 주주승인을 받도록 한 바 있다.[140] 그리고 1987년 공개매수개혁법안(Tender Offer Reform Act)에서는 10% 이상의 주식취득은 반드시 공개매수에 의할 것을 강제한 바 있다.[141] 그러나 이와 같은 시도는 입법으로 연결되지 못하였다.

---

137) 일본 금융상품거래법 제27조의2 제1항(시간외거래 포함).

138) 이것은 라이브도어의 일본방송 주식취득 사건을 계기로 도입된 제도이다. 일본방송의 주주에 대하여 공개매수를 개시한 후지TV는 그 기간동안 별도매수금지규정에 의하여 시장에서의 매수가 금지되고 있었으나, 이미 1/3을 초과하여 주식을 보유하고 있던 라이브도어가 지분율을 높이기 위해 추가로 시장매수를 한 바 있었는데, 이것은 경합하는 매수자 사이의 공평성을 결하는 것이라는 비난의 대상이 되었다. 그리하여 3개월 내에 거래소시장외(시간외거래 포함)에서 5%를 초과하여 취득하고 장내외에서 합계 10%를 초과하여 주식을 취득함으로써 전체 주식소유비율이 1/3을 초과하게 되는 경우에도 공개매수를 의무화시켰다(금융상품거래법제27조의2제1항제4호).

139) SEC Advisory Committee on Tender Offers : Report of Recommendations(July 15, 1983).

140) S. 706, 99th Cong., 1st Sess. § 1,131 Cong. Rec. S. 3243(1985).

141) H.R. 2172, 100th Cong., 1st Sess. § 1,133 Cong. Rec. H 2540(1987).

Ⅲ. 의무공개매수제도의 법정책적 함의와 비판

의무공개매수제도에 내재되어 있는 법정책적 함의는 크게 두 가지로 요약할 수 있을 것이다. 하나는 주주평등의 원칙을 실현하여 소수주주를 보호하고자 하는 것이고, 다른 하나는 투기적 M&A의 규제를 통하여 소수주주를 보호하고자 하는 것이라고 할 수 있다.

1. 주주평등의 원칙에 의한 소수주주의 보호

의무공개매수제도는 기업 지배권이 변동할 경우에 지배주식의 양도 과정에서 형성되는 지배권프리미엄을 지배주주에게만 독점시키지 아니하고 모든 소수주주에게도 평등하게 분배하도록 강제함으로써 회사법이 추구하고자 하는 주주평등의 원칙을 실현할 수 있다는 데에서 출발한 것이다. 이것은 사적협상에 의한 지배주식의 양도시에 발생하는 지배권프리미엄의 분배 또는 반환에 관한 문제와 관련된다.

이 문제를 둘러싸고 전통적으로 미국에서는 다양한 학설이 전개되어 왔었다. 대표적으로는 Berle 교수가 주장한 회사재산이론(corporate asset theory)을 들 수 있다.[142] 이 이론에서는 지배주주가 지배권의 양도를 수반하는 지배주식을 양도할 경우에 양수인으로부터 수령하는 프리미엄은 회사재산에 귀속되어야 하므로 양도인은 그 프리미엄을 회사에 반환하거나 지주비율에 따라서 소수파주주에게 분배하여야 한다는 것이다.[143]

아울러 Andrews 교수는 기회평등이론(rule of equal opportunity)을 주장한 바 있다.[144] 이 이론에서는 지배주주가 지배주식을 프리미엄부로 양도하는 경우에 지배주주는 소유주식의 전부 또는 일정비율의 주식을 매도함에 있어서 다른 주주에게도 소유주식을 매도할 평등한 기회를 보장해야 한다는 것이다. 이 이론은 소수주주가 지배권프리미엄의 분배에 참여하는 것이 아니라, 지배주식의 매도에 안분비례적으로 참가할 수 있는 참가권이 보장되는 것을 특색으로 한다. 따라서 이 이론에 의하면 지배주식을 양수하는 자에게 공개매수를 강제하는 결과로 되지만, 소수주주에게 보유주식의 매각기회를 평등하게 부여하는 것이므로 양수인(공개매수자)이 반드시 전주식을 취득하여야 하는 것은 아니다.

---

142) A. A. Berle, Control in Corporation Law, 58 Colum. L. Rev. 1212, 1220(1958).

143) 이 이론에 대한 상세한 연구는 손진화, 회사지배권매매에 관한 연구, 51면 이하 ; 강희갑, 기업의 매수·합병(M&A)과 지배주식의 양도, 상사법연구 제9집(한국상사법학회, 1991), 79면 이하 참조.

144) W. D. Andrews, The Stockholder's right to Equal Opportunity in the Sale of Shares, 78 Harv. L. Rev. 513, 515~516(1965).

그런데 미국에서는 한 때 지배주식의 양도에 있어서 회사재산이론이나 기회평등이론에 따라 프리미엄의 균등분배를 긍정하는 판례[145)]도 있었으나, 오늘날에는 지배주식의 양도가 회사를 약탈하는 경우, 이사지위를 매도하는 경우, 회사기회를 유용하는 경우, 지배주주가 충실의무를 위반한 경우 등을 제외하고는 지배권 프리미엄은 사적 자치의 원칙상 양도인에게 귀속된다고 보는 것이 통설 및 판례의 입장이라고 할 수 있다.[146)] 그럼에도 불구하고 영국과 EU에서는 이러한 이론이 의무공개매수의 입법화에 이론적 기초가 된 것으로 보인다. 즉 이러한 이론은 지배권이전이라고 하는 이른바 회사의 기본적 변경에 직면하여 소수주주에게 지배주주와 동일한 조건으로 회사로부터 퇴출할 수 있는 기회를 주는 것으로서 의무공개매수를 주주간의 이해조정수단으로 풀이하고 있다.[147)]

EU의 공개매수지침안에서 100% 의무공개매수제도가 채택된 배경으로 가장 중요한 법정책적 일반원칙은 주주평등의 원칙이다. 회사의 지배권이 이전되는 때에는 모든 주주는 동일한 조건으로 주식을 양도할 수 있다는 평등주의적 관점에서 볼 때에 의무공개매수제도는 소수주주의 금융적 보호를 실현할 수 있는 수단으로 인식된 것이다.[148)] 그리고 의무공개매수제도는 지배권을 확보한 지배주주로부터 2단계에서 퇴출 또는 저가매수 등 소수주주에게 불이익한 처우를 초래할 수 있는 소위 2단계 공개매수(two tier tender offer)를 배제하기 위한 것이고, 궁극적으로는 주주평등의 원칙을 관철하여 소수주주의 이익을 보호하기 위한 것이라고 한다.[149)]

반면에 소수주주의 지배권프리미엄에의 균등참여의 문제는 주로 사적 협상에 의한 지배권의 양도시에 제기되는데, 공개매수에 의한 지배권의 취득시에는 처음부터 모든 개별주주들을 대상으로 균등한 조건으로 매수의 청약 또는 매도의 청약을 유인하는 만큼, 그 과정에 주주들이 어느 정도 평등하게 참여하는 것이 보장되는 만큼 의무공개매수제도는 필요하지 않다는 견해[150)]도 있다. 이 견해에서는 공개매수에 의한 지배권취득 후 잔여 소수주주들을 퇴출하는 2단계 합병에서 주식대가의 평등을 여하히 보장할 것인가의 문제만 남아 있을 뿐이라고 한다.

생각건대 회사의 지배권을 취득하고자 하는 자에게 기회평등이론에 따라 공개매수를 강제하는 것은 지배권거래에 모든 주주가 평등하게 보유주식을 매도할 수 있는 기회를

145) Perlman v. Feldman, 219 F. 2d 173(2d Cir.,), cert. denied, 349 U.S. 952(1955)
146) 권기범, 의무적 지분추가매수에 관한 연구, 991면.
147) 유영일, 의무공개매수에 관한 연구, 66~68면.
148) 원용수, 유럽연합의 공개매수제도에 관한 연구, 511면 이하.
149) 홍복기, EU회사법, 106면.
150) 권기범, 의무적 지분추가매수에 관한 연구, 990면, 997면 이하.

제공할 수 있다는 점에서는 그 법리적 정당성이 인정된다고 본다.[151] 그리고 지배권을 취득하고자 하는 경우에 잔여주식의 전부 또는 일부를 강제적으로 매수케 하는 경우에 소수주주가 보호될 수 있다는 점에서도 나름대로 긍정적인 효과를 기대할 수는 있을 것이다. 그러나 법리상으로는 소수주주와는 아무런 법률관계도 없고, 소수주주에 대하여 충실의무 등과 같은 아무런 의무도 부담하지 아니하는 지배주주에 대하여 지배권 프리미엄을 분배할 의무를 지우는 것은 과잉규제로서 위헌의 소지도 있다고 본다. 그리고 회사법상 주주평등의 원칙이란 기회의 평등을 본질로 하고, 또 그것은 상대적 평등을 의미하므로 공개매수에 의하여 잔여주식의 전부를 강제적으로 취득케 하는 의무공개매수제도는 절대적 평등을 추구하는 것으로서 주주평등원칙의 본래 의미에도 부합하지 않는다고 본다. 아울러 법정책적 관점에서 볼 때에 의무공개매수는 주식의 소유분산을 억제하고 나아가 주식소유의 완전집중을 가져와 자본시장에서의 소수주주를 사실상 퇴출하는 것을 정당화하고, 아울러 회사간의 관계에 있어서는 기업집중에 의한 경제력 집중을 조장하는 문제가 있다. 그리고 의무공개매수는 우호적인 M&A 또는 경제적으로 유익한 M&A도 억제하는 등의 사회경제적 해악을 초래하는 등의 불합리한 문제가 예상된다고 할 수 있다.[152] 요컨대 의무공개매수제도는 지배권의 이전시 소수주주에게도 보유주식의 매도를 위한 공평한 기회를 제공한다는 측면에서 그 법리적 정당성을 찾는 것이 합당할 것이다.

2. 투기적 M&A로부터의 소수주주 보호

EU등에서 의무공개매수제도를 법제화한 데에는 부분공개매수의 투기성을 규제하고 적대적 M&A로부터 기업의 경영권을 보호하고자 하는 유럽 특유의 사회문화적 배경이 깔려 있는 것으로 보아야 할 것이다. 대부분의 EU 회원국의 경우, 특정 개인이나 그룹에 기업의 소유가 집중되어 있어서 사실상 적대적 M&A가 불가능한 것으로 알려져 있다.[153] 따라서 이들 국가에서는 기업의 경영권에 대한 도전이 어려운데, 이것은 기업의

---

151) EU 공개매수지침안에 있어서 주주평등의 원칙은 회사법상 논의되는 주주의 충실의무와 비견될 수 있는데, 이것은 아직 회사의 주주가 아닌 상태의 공개매수자에게 주주평등의 원칙을 부여한다는 점에서 다를 뿐이며, 이 원칙은 EU에 있어서 새로운 하나의 자본시장법적 주주평등의 원칙으로 자리 잡게 될 것이라고 한다. 이준섭, EU 은행 · 증권법(박영사, 1996), 225면.

152) 송종준, 강제공개매수제도의 법리와 향후의 법적 과제, 41면 ; 권기범, 의무적 지분추가매수에 관한 연구, 997~998면 ; 유영일, 의무공개매수에 관한 연구, 79~80면.

153) 1999년 영국의 거대 텔레콤 회사인 Vodafone이 독일의 경쟁회사인 Mannesman에 대하여 행한 적대적 기업인수 (독일에 있어서 최초의 외국자본에 의한 적대적 M&A) 이전 까지, 독일에서는 적대적 M&A는 2차대전 이후 단지 3건이 발생하였다고 한다. 독일기업은 1991년에 상장회사의 90%, 1999년에는 76%에서 1인주주가 지분의

경영권의 유지 또는 보호의 관념이 정착되어 있음을 보여주는 것이라고 생각된다. 따라서 의무공개매수는 이들 나라에서의 사회문화적 특성과 조화되는 측면이 있는 것으로 보인다.

또한 의무공개매수에서는 부분매수를 금지하고 잔여주식 전부에 대한 공개매수의무를 부과하고 있다. 이것은 반복적인 부분공개매수의 투기성을 우려한 것이고, 또한 이를 허용하는 것은 투자자와 대상회사에 대한 부당한 압력일 뿐만 아니라, 수급에 의한 자동조정 메카니즘이 핵심인 증권시장기능의 혼란을 야기할 수 있다고 한다.[154] 그런데 의무공개매수에 있어서 특히 중요한 것은 부분공개매수를 허용하는 경우에 1단계에서 부분매수로 지배권을 취득한 자가 2단계에서 합병을 시도하는 경우에 피합병회사인 대상회사의 소수주주의 법적 지위가 위협받을 수 있다는 점이다.[155] 2단계 합병에서는 1단계의 부분공개매수에 응모하지 않은 주주가 지배주주의 변경 후 소수주주로 방치되어 1단계의 공개매수 후에 나타나는 주가하락에 따른 불이익을 입거나 새로운 지배주주에 의하여 불공정하게 퇴출되는 경우가 많기 때문이다.

2단계 합병에 있어서 소수주주의 퇴출문제는 주주의 기득권(shareholder's vested rights)관념에서는 결코 용인할 수 없는 것이므로, 주주의 기득권을 보호하기 위해서는 모든 주주의 주식을 매수하도록 강제하는 것이 나름대로 법적 정당성을 갖게 된다. 독일법을 중심으로 한 대륙법 체계에서는 이러한 관념이 회사법에 뿌리 깊게 자리 잡고 있다고 할 수 있다. 이런 관점에서 EU에서 도입된 100% 의무공개매수는 당해 법체계와 법이념에는 부합되는 면이 있다고 본다.

그러나 오늘날에는 주주의 기득권이론은 기업결합의 유연화(corporate flexibility) 이론에 의하여 대체되고 있는 것이 최근의 추세라고 할 수 있다. 기업결합의 유연화사

25%를 보유했다. 2000년에는 상장회사의 50%에서 1인 주주가 과반수 의결권을 가진 것으로 나타났다. 따라서 독일기업의 지배권을 획득하기 위해서는 지배주주와 직접 협상해야만 한다. 그리고 독일의 자본시장에서는 은행이 많은 역할을 수행하는데, 은행이 기업에 자금을 대출하고, 지분에도 참여하고, 자금대부를 위하여 개인투자자로부터 예탁받은 주식에 대한 의결권도 행사한다고 한다. 더욱이 은행은 감사회에도 구성원으로서 참여한다. 그리고 3개의 대형은행이 75개 대기업 주식의 1/3 이상을 지배한다. 특히 독일 기업의 감사회는 독일에 있어서 주주중심주의(shareholder primacy)를 실현하는데 가장 큰 장애 중의 하나이다. 반면에 영국은 유동적인 지배권시장이 발전되어 있는데, 지배권변경을 가져오는 기업인수의 약 65%가 적대적 기업인수로서 성공하고, 약 25%는 경쟁적 기업인수라고 한다. 영국의 경우에는 주식소유가 널리 분산되어 있고, 시장메카니즘도 매우 투명화되었으며, GDP 대비 시장자본화 비율도 세계 3위이며, 지배권시장도 유럽에서는 가장 역동적이다. 이러한 결과는 높은 주식소유분산도에 의하여 시장통제기능이 효율적으로 수행되기 때문이라고 한다. 그러나 영국에서의 기업인수는 매우 엄격한 규제를 받으며 발전되어왔다. Scott Mitnick, Cross-Border Mergers and Acquisitions in Europe : Reforming Barriers to Takeovers, 01 Colum. Bus. L. Rev. 683, 701~705(2001).

154) 이준섭, 공개매수법에 관한 고찰, 349면.

155) 홍복기, EU회사법, 108면.

상 하에서 회사의 지배주주는 주주구조의 재편을 통한 기업경영의 효율화를 기할 수 있고, 지배주주와 소수주주간의 대립구조 속에서든, 합병과 같은 기업결합에 있어서든 지배주주는 소수주주를 그 의사에 반하여도 사원관계로부터 퇴출시킬 수 있다는 것이 그것이다. 이에 대한 정당화 근거의 변천에 대하여는 제7장 제3절에서 상술한다.

생각건대 2단계 공개매수 또는 합병의 투기성 또는 강압성을 원천적으로 차단하는 의무공개매수는 법적 정당성을 얻기 어렵고, 의무공개매수에 의하여 실질적으로 추구하고자 하는 동등취급원칙의 실현에는 비용의 증가를 가져오고, 이것은 사회 전체적으로 볼 때에 회사자산의 효율적인 이용기회를 감소시키는 것으로서 법정책적으로도 바람직하지 않다고 볼 것이다.[156] 다만 1단계에서 지배주식을 취득한 자로부터 잔여소수주주를 보호하는 문제는 별개의 법리 또는 제도적인 차원에서 합당한 대응책을 강구하는 것이 중요한 과제라고 본다.

Ⅳ. 의무공개매수제도의 도입과제

1. 서언

25% 의무공개매수제도가 폐지됨으로써 현존하는 5% 의무공개매수에 있어서 "6개월 내 10인 이상"이라는 적용기준을 벗어나 이루어지는 장외에서의 지배주식양도의 경우에는 지배권프리미엄의 분배과정에 소수주주가 참여할 기회가 주어지지 않기 때문에, 이 부분에서 주주보호를 강화해야 할 필요성은 여전히 존재하고 있다고 본다. 따라서 현행의 5% 의무공개매수를 존치해야 할 정당성 문제는 논외로 하더라도, 지배권의 취득을 인정할만한 정도의 주식수량을 취득하고자 하는 경우에는 공개매수를 강제하는 새로운 대안을 강구하는 것이 바람직하다고 본다. 다만 공개매수를 강제함에 있어서는 과다비용부담을 강제하거나, 지배권거래를 억제하는 요소를 제거하고, 또 그 적용범위가 지나치게 확장되지 않도록 할 필요가 있다. 아울러 새로운 의무공개매수제도의 도입에는 공개매수를 통한 기업결합의 유연화를 가능하게 하고, 소수주주도 보호할 수 있는 방안이 균형적으로 고려되어야 할 것이다.

156) Easterbrook & Fischel, Corporate Control Transactions, pp.727~728.

2. 입법유형별 도입 가능성

(1) 일정주식수의 취득을 강제하는 입법유형

전주식의 취득을 강제하는 입법과 일정비율 이상의 주식취득을 강제하는 입법유형은 본래적 의미의 의무공개매수를 법제화한 것이다. 입법정책상으로 의무공개매수를 법제화하여 적대적 M&A를 억제할 것인가에 관한 문제는 당해 국가의 기업지배구조와 밀접한 연관성을 갖고 있다고 볼 것이다. EU기업의 소유지배구조는 미국 기업에 비하여 폐쇄적인 형태로 형성되어 있다는 점에서 전주식에 대한 의무공개매수제도는 소유지배의 집중행태가 유지·보전되는 것이 당연시되는 사회적 특성을 반영한 것이라고 평가된다. 그러나 기업의 소유지배구조에 대한 개방과 폐쇄의 문제는 단순히 사회문화적 특성만을 반영하여 결정할 것은 아니고, 소유분산과 경영권의 자유로운 이전을 통한 경영의 효율화라는 시각에서 접근해야 할 문제라고 본다. 우리나라의 상장기업은 소유와 경영의 분리원칙이 철저하지 못하고, 회사지배구조에 의한 내부의 경영통제기능이 미흡하므로 시장에서의 외부적인 경영통제가 효과적으로 작동되어야 할 요청이 큰 것이다. 이러한 관점에서 적대적 M&A에 대한 개방적인 입법태도는 합리성과 정당성을 갖는다고 할 수 있고, 따라서 적대적 M&A를 직접적으로 억제 또는 규제하는 법정책은 바람직하지 않다고 본다.

이러한 관점에서 볼 때에 전주식 또는 일정비율 이상의 주식을 강제로 취득케 하는 본래적 의미의 의무공개매수제도는 그것이 회사와 주주에 대하여 유익한 효과를 가져오는 가의 여부와 관계없이 모든 형태의 M&A를 억제하는 문제가 있고,[157] M&A가 성공한다 하더라도 주식소유의 완전집중을 가져와[158] 상장기업이 폐쇄기업화(going private)

157) 의무공개매수가 시행되기 전에 유럽 국가들의 경우 전주식의 취득에 의한 기업인수(full acquisition)는 그 70%가 폐쇄회사(private companies)를 대상으로 하고 있고, 폐쇄회사의 지배권시장에 있어서 기업인수자는 회사의 잠재적인 모든 이익을 독점하고 소수주주가 이에 개입하는 것을 축소시키려는 성향을 갖는다고 한다. 그리고 공개회사의 지배권시장은 대부분이 10% 이내의 주식취득에 의한 기업인수가 지배적이고, 전주식의 취득은 주로 소규모 공개회사를 대상으로 하고 있으며 그 비율은 감소하고 있다고 한다. 의무공개매수제도가 시행되어 온 영국에서도 공개회사의 전주식 취득에 의한 인수는 소규모회사에 대한 것이 보통이라고 한다. 특히 영국의 경우 의무공개매수제도는 기업인수비용을 증가시키는 효과는 있지만, 그 효과는 시티 코드상 방어조치의 이용금지규제에 의하여 극복되는 것으로 보인다고 한다. 영국 공개기업의 분산된 주식소유구조는 지배주주 스스로 공개매수에 의하여 퇴출될 위험이 증가하고 있고, 특히 시티 코드가 지배권시장에 미치는 효과는 공개매수와 관련하여 명백하게 나타난다고 한다. 영국에 있어서 공개매수의 66%는 전주식의 인수에 의한 것이고, 이 중의 일부만이 의무공개매수에 의한 것이라고 한다. Mitnick, Cross-Border Mergers and Acquisitions in Europe, pp. 726~728.

158) 이와는 달리 주식매수자들은 의무공개매수규정을 회피하여 필요한 최소주식수만을 취득하고자 할 것이므로, 대량주식소유주주들은 주식을 쪼개어 매각할 수밖에 없고, 그 결과 의무공개매수는 확실하지는 않지만 주식의 광범위한 분산을 자극하고 자본시장의 발전을 촉진하며, 궁극적으로는 유럽시장의 소유집중구조를 획기적으로 변화시킬 수 있을 것이라고 전망하는 견해도 있다. Mitnick, Cross-Border Mergers and Acquisitions in Europe, p.713.

되므로 상장제도를 통한 자본시장의 육성과 이를 통한 산업발전을 추구하고자 했던 본질적인 정책목적을 저상시키는 문제가 있다. 그리고 1992년의 프랑스의 의무공개매수, 1997년의 우리나라 25% 의무공개매수제도와 같이 일정비율 이상의 주식을 강제로 취득케 하는 경우에는 영국이나 EU와 같이 전주식의 취득을 강제하는 경우에 비하여는 위와 같은 문제가 다소 완화되는 효과가 있으나, 이 경우에도 공개매수가 성공하는 경우 지배주주가 된 공개매수자의 회사지배가 철저하게 되어 이에 대한 견제가 어렵고 따라서 소수주주의 이익이 무시될 수 있는 상황에 빠지게 되는 문제가 있다.

결론적으로 전주식 또는 일정비율 이상의 주식을 강제로 취득케 하는 의무공개매수법제는 이론적으로는 지배권프리미엄의 강제적인 분배를 통하여 소수주주의 이익을 보호하고자 한 것이지만, 실제로는 그 성공가능성이 희박하므로 소수주주가 보호받을 수 있는 거래기회가 감소될 가능성이 농후하다.[159] 더욱이 이러한 유형의 법제는 회사지배권의 취득에 소요되는 자금부담의 과중을 초래하는 결과를 가져오므로 비경제적이며 비효율적인 M&A를 강제하는 문제를 안고 있다. 따라서 이러한 유형의 의무공개매수법제는 법리상으로나 법정책목적의 견지에서 그 도입은 바람직하지 않다고 평가된다.

(2) 주식의 취득을 강제하지 않는 입법유형

일본의 의무공개매수제도와 같이 사적교섭매수에 의하든, 증권시장에서의 매수이든 또는 양자를 병행한 매수이든 불문하고, 발행주식총수의 1/3 이상을 취득하고자 하는 경우에 그 취득방법을 공개매수로 제한하여 강제하는 것은 일응 합리적이라고 본다. 이러한 입법태도는 지배권거래의 과정을 공개매수라는 절차에 의하여 투명화할 수 있고, 지배권취득에 소요되는 비용의 부담을 강제하지 않으며, 지배권거래 과정에 소수주주가 보유주식을 매각할 수 있는 공평한 기회를 제공하기 때문이다. 아울러 지배권을 취득한 이후에도 본래적 의미의 의무공개매수제도 하에서와 같은 소유지배의 집중이 강제되지 않으므로 대상회사에 대한 새로운 M&A의 가능성이 배제되지 않고, 따라서 기업지배권시장에서의 M&A 가능성이 존재하게 되므로 대상회사에 대한 효율적 경영통제가 이루어질 수 있다. 그러나 과거 미국연방 차원에서 공개매수를 의무화시키는 기준으로서 논의된 바 있는 15% 또는 20%는 지배권의 성립기준으로서 부적절하므로 바람직한 입법유형은 아니라고 볼 것이다.

반면에 일본의 입법형태는 회사의 절대적 지배를 결정하는 기준으로서 발행주식총수

---

159) Eddy Wymeersch, The Mandatory Bid : A Critical View in European Takeovers Law and Practice, (edited by Klaus Hopt et al.), 1992, p.361.

의 50%를 초과하여 이미 보유하고 있는 자가 추가로 주식을 취득하고자 하는 경우에는 아예 공개매수를 강제하지 않고 있다. 이것은 절대적 지배가 결정된 상태에서는 추가적인 매수비용을 강요하지 않는 것으로서 합리적인 입법태도라고 본다. 이것은 영국의 시티 코드의 입법태도를 따른 것이다. 그러나 영국의 시티 코드가 이미 50% 이상을 보유한 자에게는 잔여주식에 대한 추가취득의무를 면제하면서, 30% 이상을 취득하고자 하거나 30%~50% 사이의 주식을 이미 보유한 자가 1% 이상을 취득하고자 하는 자에게는 잔여주식 100%를 취득케 하는 것은 이미 완전한 지배권을 확보한 자와 지배권을 취득하고자 하는 자를 차별적으로 취급하는 것으로서 형평과 균형을 잃은 불합리한 입법이라고 할 수 있다. 일본의 입법은 영국의 시티 코드가 안고 있는 이러한 불합리를 제거한 것이라고 평가할 수 있다.

3. 의무공개매수제도의 변형도입

(1) 1/3의무공개매수제도의 도입

이미 폐지된 25%의무공개매수제도는 사실상 인수자에게 완전한 지배권을 확보할 수 없는 25% 이하만을 가지고 회사를 경영하든지, 무리하게 50% 이상을 소유하면서 경영하라고 요구하는 결과를 가져온 것으로 볼 수 있는 측면도 있다.[160] 따라서 새로운 의무공개매수제도의 도입에는 지배권의 확보를 인정할 수 있는 정도에서 공개매수를 강제하는 방안이 바람직할 것이다.

어느 정도가 지배권을 확보할 수 있는 기준인가에 관한 문제는 대상회사의 지배권변동에 중대한 영향을 미친다고 볼 수 있는 기준, 즉 정량적으로 보아 이사의 선임과 해임이 모두 가능한 선인 주주총회의 특별결의요건으로서 발행주식총수의 1/3이 합리적인 기준이라고 본다.[161] 이것은 일본 증권거래법상 의무공개매수의 도입시에도 고려된 사항이다.[162] EU의 공개매수에 관한 지침안의 성안에 있어서도 이 같은 관점에서 의무공개매수의 적용기준을 발행주식총수의 1/3로 정한 바 있다.[163] 다만 영국의 시티 코드에서는 그 기준을 발행주식총수의 30%로 정하고 있다. 우리나라 상장기업에서도 지배주주의 평균 지분율이 30-35% 정도인 점을 감안할 때에 이것은 법리상의 지배권 변동 기

160) 유영일, 의무공개매수에 관한 연구, 80면.

161) 송종준, 강제공개매수제도의 법리와 향후의 법적 과제, 42면 ; 적대적 M&A 방어를 위한 법적 과제, 기업법연구 제18권 제2호(한국기업법학회, 2004.12), 33면.

162) 堀口 亘, 신증권거래법(상사법무, 2003), 223면.

163) 원용수, 유럽연합의 공개매수제도에 관한 연구, 516~519면.

준인 1/3과 거의 유사하므로 이를 기준으로 공개매수의 의무를 부과하는 것이 규범과 실제를 조화시킬 수 있다고 본다.

따라서 발행주식총수의 1/3 이상을 사적교섭에 의하여 6개월 내에 10인 미만의 자로부터 취득하고자 하는 경우에는 공개매수에 의하여 매수하도록 의무화하는 것이 합리적이라고 본다. 이 기준에 따라서 공개매수를 의무화하는 경우에는 영국이나 EU에서와 같이 의무공개매수제도의 법제화 과정에서 우려하였던 M&A의 투기성을 상당한 정도로 완화할 수 있고, 주식의 소유 집중으로 인한 폐해도 격감시킬 수 있으며, 지배권취득에 따르는 비용을 무리하게 강제하지 않고 또 지배권을 확보한 후에도 향후에 지배권거래의 여지를 남김으로써 M&A의 활성화도 기할 수 있는 장점이 있을 것이다. 무엇보다도 소수주주에게 보유주식의 매도를 위한 균등한 기회를 제공하므로 지배권의 변경과정에서 우려되었던 소수주주의 불이익을 해소하여 지배주주와 소수주주간의 이해를 합리적으로 조정할 수 있다는 점이 중요한 성과일 것이다.

(2) 50% 이상 보유자에 대한 공개매수의무의 면제

상장회사의 발행주식총수의 1/3 이상을 취득하고자 하는 경우에 공개매수가 의무화되는 경우에도 대상회사의 절대적 지배권을 이미 확보한 경우에 대하여 까지 공개매수를 의무화하는 것은 불필요한 비용을 강제하는 것이므로 불합리하다. 여기서 절대적 지배권을 인정할 수 있는 기준은 발행주식총수의 50%로 보는 것이 합리적일 것이다. 영국의 시티 코드와 일본의 증권거래법은 이러한 절대적 기준에 따라 공개매수의무를 면제하고 있다. 따라서 회사의 절대적 지배권을 인정할 수 있는 지분율인 발행주식총수의 50%를 초과하여 이미 보유한 자에게는 공개매수의무를 면제하는 것이 바람직할 것이다. 다만 공개매수의무는 6개월내 10인 미만의 자로부터 사적교섭에 의하여 매수하는 경우에만 면제되는 것이므로, 50% 이상의 주식을 보유한 자가 장외에서 6개월내 10인 이상의 자로부터 추가로 매수하고자 하는 경우에는 현행대로 공개매수가 강제된다.

제5절 Bust-up M&A의 남용과 규제

Ⅰ. Bust-up M&A의 개관

1. Bust-up M&A의 의의

Bust-up M&A라 함은 인수자가 자금을 차입하여 대상회사를 인수한 다음, 대상회사의 자산을 매각하여 그 차입자금을 상환하는 방식의 신종M&A수단을 말한다.[164] 이것은 대상회사 자산의 청산가치(liquidation value)가 현재의 주식가치(stock value) 보다 큰 경우에 행해지고, 인수 후에 대상회사의 자산을 사업부문별로 분할매각하여 단기간 내에 차익을 노리는 것을 목적으로 한다. 일반적으로는 1단계에서 대상회사의 지배권을 취득한 다음, 대상회사의 자산을 매각한 대금으로 인수자금을 상환하고, 2단계에서 대상회사와 합병하는 방법이 많이 이용된다. 이러한 M&A를 Bust-up Merger라고도 한다. 이 방식에 의한 M&A가 성공하는 경우에는 법인격있는 기업실체로서의 대상회사가 사라지거나, 자산의 대부분이 매각되어 단일한 사업부분만 남게 되므로 이를 흔히 기업파탄적 M&A라고 부르기도 한다. 경제학자들은 이를 구조재편행위(restructurings)라고 부른다.[165] 일반적으로 차입매수(leveraged buyouts, LBO)는 Bust-up M&A에 해당하는 경우가 많다.

Bust-up M&A는 80년대 중반부터 미국의 M&A시장에서 나타나기 시작했다.[166] 80년대 초반까지만 해도 미국의 기업인수는 시너지 이익(synergistic gains)을 추구할 목적으로 대형회사가 주로 소형회사들을 인수하여 다각화 경영에 기반을 둔 기업결합적 시너지를 추구하는 형태가 일반적이었다. 그러나 80년대 중반부터는 금융기업가(financial entrepreneur)가 새로운 기업인수의 주체로서 등장하기 시작했다. 새로운 M&A방식에서는 인수기업이 대상회사를 분해할 목적으로 기업을 인수하는 것이 특징이다. 금융업자

164) Martin Lipton & Andrew R. Brownstein, Takeover Responses and Director's Responsibilities-An Up date, 40 Bus. Law. 1403, 1411~1412(Aug. 1985) ; 송종준, Bust-up M&A의 법적 환경과 합리적 규율방안, 증권법연구 제8권 제2호(한국증권법학회, 2007.12), 345면 이하 참조

165) Louis Loss & Joel Seligman, Securities Regulation, Vol. Ⅴ(Little, Brown and Company, 1990), pp.2132~2133

166) Lipton 변호사는 미국은 이미 1980년대 중반부터 two-tier, front-end loaded, bootstrap, bust-up, junk-bond M&A 시대에 진입했다고 주장한 바 있다. Lipton, Takeover Abuses Mortgage the Future, Wall. St. J., Apr. 5, 1985, at 16.

들은 초기에는 개인, 또는 조합 · 소기업 · 투자은행이 결합한 단체인 경우가 대부분이었지만, 점차 대형투자은행이 전면으로 나타나기 시작했고 오늘날에는 사모인수펀드(PEF) 또는 LBO펀드가 Bust-up M&A의 주체로 되는 추세에 있다.

Bust-up M&A는 1단계에서 대상회사의 지배권을 확보하고 2단계로 인수차입자금을 상환하기 위하여 대상회사의 자산을 청산하여 양 가치 사이에 존재하는 차익을 단기에 실현하는 것을 본질적인 특성으로 하고 있다.167) Bust-up M&A 시대가 도래한 것은 1983년 말 정크본드(junk bond)라는 신종금융기법이 나타난 것이 그 배경이 되었다.168) 이 금융기법에서는 금융기관이 인수자금을 대여해 주고 대상회사의 청산가치를 담보로써 이용하는 것이 허용되었기 때문이다. 그 덕분에 소규모 인수기업의 인수능력이 획기적으로 증대됨으로써 적은 자본을 가진 기업이라도 대형회사를 인수하는 것이 훨씬 용이해 지게 되었다.

2. Bust-up M&A의 구조

Bust-up M&A는 기업인수자금의 전부 또는 일부를 차입하여 대상회사를 인수하는 것이 특징이다. 일반적으로 이러한 기법을 이용하여 기업을 인수하는 M&A를 차입매수라고 하는데, Bust-up M&A를 실행하는 구조는 일반적인 차입매수와 동일하다.169)

먼저 인수하고자 하는 대상회사를 정한 경우에는 인수인은 명목상의 인수회사(shell acquisition vehicle)를 설립하고, 이 회사는 이른바 정크본드와 기업인수자금 조달을 위해서 특별히 설계한 증권을 발행하여 이를 매각한다. 이 증권들은 전형적으로 고수익, 저신용 등급의 채권 또는 우선주들이다. 이들 증권에는 변동이자율 조건 또는 교환부 옵션을 붙이거나, 분리형 워런트(detachable warrant) 또는 지분인수조건(equity "kickers")을 붙여 발행된다. 그 다음으로 이 명목회사는 정크 본드를 매각하여 조달한 현금을 담보로 하여 대상회사의 주식 전부에 대하여 현금매수를 실행하는데 필요한 금융기관대출금을 확보할 수 있다.170)

---

167) John C. Coffee, Jr., Shareholders versus Managers : The Strain in the Corporate Web, 85 Mich. L. Rev.1, 2(Oct., 1986)

168) 정크 본드의 발행으로 인수자금을 조달하여 bust up M&A를 실행한 최초의 사례는 1983년 말 Drexel Burnham Lambert에 의한 자금조달의 주선으로 이루어진 T. Boone Pickens의 Gulf Oil사에 대한 적대적 기업인수라고 한다. Martin Lipton, Corporate Governance in the Age of Finance Corporatism, U. Penn. L. Rev., 1, 11(November, 1987)

169) 송종준, PEF와 M&A : LBO의 구조와 법적 문제, 66~68면 참조

170) Lipton & Brownstein, Takeover Responses and Director's Responsibilities, pp.1411~1412

이 자금으로 대상회사를 인수한 후에 인수회사는 인수자금을 회수하기 위하여 대상회사 자산의 전부 또는 일부를 매각하게 된다. 정크 본드를 이용한 Bust-up M&A는 대상회사의 인수를 성공시키는 데에 매우 효과적인 수단이다. 그것은 대상회사의 모든 자산을 양수할 우호적인 관계에 있는 제3자는 한정되어 있지만, 인수 후의 분할매각단계에서 대상회사의 개개 자산을 인수할 잠재적인 양수인은 매우 많기 때문이다. 이와 같이 정크 본드를 이용한 대형기업인수에 필요한 자금의 공급능력은 결과적으로 기업인수의 성격에 큰 변화를 초래하였다. 오늘날 대부분의 적대적 기업인수는 대상회사의 사실상 해체를 통하여 이익을 추구할 목적으로 시도되고 있다. 만약 기업인수의 시도가 실패하는 경우에는 대상회사에게 보유주식을 프리미엄부로 매각(greenmail selling)함으로써 투자비용을 회수할 수도 있다.

Bust-up M&A는 인수회사가 금융기관에 대하여 지는 차입채무를 대상회사를 인수한 후 모든 자산을 매각하여 청산해 버리는 경우도 있다. 이 경우는 극단적인 경우이긴 하지만, 대상회사는 소멸하게 되어 더 이상 존재하지 않고 이른바 초토화 현상(scorched earth)이 발생한다. 실제로는 대상회사를 인수한 이후에도 대상회사를 존속시키면서 같은 목적을 달성하려는 경우가 일반적이다. 즉, 대상회사를 인수한 명목회사는 대상회사와 합병하는 절차를 밟게 된다. 이와 같은 합병을 2단계 합병(two-tier merger, front-end loaded bid)이라고 한다. 2단계에서 합병이 이루어진 경우에는 명목회사가 지는 인수자금채무의 상환을 위하여 합병된 결합회사의 자산을 적법하게 처분할 수 있게 된다. 합병 후 대상회사는 상장을 폐지하고 폐쇄회사로 전환하여 계속기업으로서 존속하기도 하지만, 폐쇄회사의 전자산을 매각하여 단기간내에 매각차익을 실현할 수도 있다.[171)]

최근에는 대상회사의 주식을 은밀하게 취득한 다음, 대상회사의 지배권을 신속하게 취득하려 하거나, 합병 또는 청산 등과 같은 비상의 거래를 대상회사에 강요하기 위한 수단으로서 위임장 경쟁의 방법이 이용되는 경우도 있다. 이 역시 대상회사의 청산가치가 주식가치 보다 높은 경우에 시도되지만, 금융기관으로부터 인수자금을 차입하지 않고 신속하고도 경제적인 방법으로 단기 차익을 실현할 수 있는 M&A수단이다. 이런 의미에서 이것을 bust-up 위임장 경쟁(bust-up proxy fight)이라고 한다.

---

171) 1984년부터 1986년까지 발생한 62개의 적대적 M&A를 조사한 결과, 인수한 자산의 30%가 인수 후 3년내에 매각되었고, 27개 인수사례에서 50% 이상을 매각하였으며, 매각자산의 70% 정도는 동일사업을 영위하는 양수인에게 매각되었다고 한다. Gilson & Black, The Law and Finance of Corporate Acquisitions, p.358. 피인수기업의 주요 자산을 매각하여 부채를 상환하게 되면, 인수회사는 실질적으로 돈 한푼 들이지 않고도 피인수회사의 잔여자산을 취득할 수 있다.

3. Bust-up M&A의 경제적 효용

일반적으로 Bust-up M&A의 경제적 효용에 관한 문제는 적대적 M&A의 사회경제적 유용성에 관한 문제와 유사하다. 그러나 전통적인 적대적 M&A는 다양한 사업을 영위하는 회사를 인수하여 사업의 다각화(diversification)를 꾀하는 반면에, Bust-up M&A는 피인수기업의 자산을 분할매각하여 단일사업에 집중하는 탈다각화(dediversification) 경영을 추구한다는 점에서 차이가 있다. 따라서 Bust-up M&A는 다양한 사업부문을 소유하고 있는 대형복합회사(conglomerate)를 매력적인 인수대상으로 삼는 것이 일반적인 추세이다.[172)]

Bust-up M&A의 경제적 효용에 대해서는 1985년 Perelman의 Revlon사에 대한 Bust-up M&A가 대표적인 실증사례로 인용되곤 한다.[173)] 이 사례에서 Revlon사의 주가는 M&A 이전에는 주당 30달러를 다소 상회하는 정도이었고, 주식의 시가총액은 12억 달러이었다. Perelman이 Revlon사를 주당 58달러, 총23억 달러에 인수한 후, Revlon사의 의약사업, 건강관리사업, 필름, 기타 자회사를 20억 6천만 달러에 매각하였다. 결과적으로 Revlon사 자산의 60%가 매각되었다. Revlon사는 주요 관리인력을 감축하는 등 화장품 사업부문을 구조개혁하고 광고예산을 3배로 확대하였다. 그 결과 Revlon사의 이윤은 현저히 상승하게 되었다. 분할매각된 Revlon사는 주당 75달러의 가치를 갖게 되었고, 이것은 기업인수 이전에 비해 거의 2.5배에 상응하는 것이었다. 이 사례는 Bust-up M&A가 대상회사의 주가를 상승시키는 효과가 있음을 보여주고 있다. 이 M&A 기법이 일반적인 견지에서 기업의 효율성과 경쟁력을 향상시키는 효과가 있을 것인지에 대하여는 조심스럽게 낙관하는 견해[174)]도 있다.[175)]

반면에 Bust-up M&A는 주로 대상회사와 적대적인 관계에서 실행되는 것이 보통이지만, 과다한 부채규모 때문에 기업경기 싸이클이 하향국면에 들어가는 경우에는 대상회사가 파산에 직면하게 될 위험성을 가지고 있다.[176)] 실제로 재무구조가 양호한 대형회사를 차입매수의 방법으로 인수한 다양한 사례에서 피인수기업이 파산을 신청한 경우

---

172) ibid at 360~361

173) ibid at 360.

174) Andrei Shleifer & Robert Vishny, The Takeover Wavc of the 1980's, 249 Sci. 745, 746~747(1990)

175) 미국의 경우 1980년대 LBO에 대한 실증분석결과 LBO펀드에 주식을 매각한 주주들은 40-50%의 프리미엄을 취득했고, 기업인수후 2-4년 동안에 현금유동성이 평균 40% 증가하였으며, 비공개기업을 인수한 후 상장하거나 투자그룹에 매각했을 때의 기업가치는 평균 235% 증가하였다고 한다. Krishan Palepu, Consequences of Leveraged Buyouts, Journal of Financial Economics, 27. No-1, 247~261(1990)

176) 임재연, 증권거래법(개정2판), 726면

가 적지 않다.[177] 그리하여 자원을 분배하여 기업의 성과를 가장 효율적으로 증대할 수 있게 하는 수단이 기업인수라는 전통적인 견해는 가장 경영상태가 양호한 회사들에 대하여 Bust-up M&A가 집중되는 이유를 설명하지 못한다는 비판[178]을 받기도 한다.

그리고 Bust-up M&A의 현상은 국가경제, 경영자, 지역사회, 종업원, 채권자 등에 부정적인 효과를 초래할 수 있다고 주장하는 견해[179]도 많다. 이에 따르면 Bust-up M&A는 투자은행의 탐욕을 부채질하고 또 회사로 하여금 이를 방어하기 위하여 대규모의 부채비율을 창출하게 하여 국가경제의 불경제효과(diseconomy)를 야기할 뿐만 아니라, 기업들로 하여금 경영방식을 자본투자, 장기경영계획수립, 연구개발 등과 같은 장기적 경영 보다는 단기수익성에 집중하도록 몰아가는 효과를 야기한다. 그리고 피인수기업이 기반을 두고 있는 지역사회, 피인수기업의 종업원, 고객 및 공급업자들 사이에 존재하는 유기적인 관계를 파괴시키는 결과를 초래한다. 인수회사의 주주들은 궁극적으로는 주식가치의 하락을 경험하게 되고, M&A에 의하여 피인수기업의 주주가 획득한 이득도 단기적인 현상에 불과하고, 사채권자들은 차입규모의 증대로 결정적으로 손해를 입으며, 우선주주들도 마찬가지이다. 뿐만 아니라 Bust-up M&A에는 경영자, 특히 중간층의 경영관리자들과 종업원의 대량해고가 뒤따르는 것이 일반적이다.[180] 이러한 폐해는 일반적인 적대적 M&A에서도 나타나는 문제점이지만, 차입매수 방식에 의한 Bust-up M&A의 경우에는 그 남용이 극대화될 소지가 크다.

아울러 Bust-up M&A는 그 속성상 피인수기업과 합병하는 것이 보통인데, 이 과정

---

177) Janette Meredith Wester, Achieving a Proper Economic Balance : Non-shareholder Constituency Statutes, 19 Stetson L. Rev. 581,595(Spring. 1990). 예컨대 Revco, TWA, Jim Walter, Cuisinarts, Univision, Southland, Kroger, Storer Communications, Seaman Furniture, Federated Departments Store 등과 같은 재무구조가 좋고 수익성이 높았던 회사들이 LBO에 의하여 인수된 후 과다한 부채부담 때문에 파산신청을 한 바 있다. Richard D. Katcher & James H.Fogelson, Developments in Takeover Defense and Proxy Contests, AlI-ABA Continuing Legal Education Course of Study, June 17, 1991, p.516

178) 예컨대 1985년 Ted Turner의 CBS 인수사례에서 인수제안 당시 CBS의 주가는 년간 6달러가 상승하여 주당 72.37 달러일 정도로 효율적인 경영상태를 보여왔다고 평가되었고, 그 청산가치는 주당 180-200달러로 분석되었다. ibid at 598 & Fn. 131

179) Martin Lipton, Corporate Governance in the Age of Finance Corporatism, U. Penn. L. Rev., 1, 20-27(November, 1987) ; James Farinaro, Target Director's Fiduciary Duties : An Initial Reasonableness Burden, 61 Notre Dame L .Rev. 722, 735~738(1986) ; Samuel N. Levin, Raiding the Establishment : New Perspectives on Takeover Law, 26 U. Rich. L. Rev. 507, 512~514(Spring, 1992)

180) Coffee, Jr., Shareholders versus Managers, pp.7~8. 예컨대 1984년 Chevlon-Gulf 인수사례에서는 총인력의 12%인 1만명을, 1985년에는 2천명을 추가로 해고했고, Texaco의 Getty Oil인수사례에서는 26%를 해고한 바 있다(ibid at Fn. 15). 그럼에도 불구하고 LBO가 고용의 감소를 가져온다는 증거는 나타나지 않았다는 주장도 있다. Palepu, Consequences of Leveraged Buyouts, p.262. 영국 IFL의 조사결과에 의하면 1999년부터 2004년 중 연평균 매출액과 고용증가율이 LBO매수기업은 각각 20%, 14%인 반면, 일반기업은 각각 8%, 3%로 나타났다고 한다. 신원섭 · 박용진, 세계 차입매수(LBO) 시장의 확대영향과 시사점-사모펀드에 의한 LBO를 중심으로(한국은행, 2007.8), 19면

에서 피인수기업의 소수주주를 현금지급의 방법으로 퇴출시키는 것이 보편적이다. 퇴출되는 소수주주는 1단계의 고가 공개매수에 응모하지 않은 잔존소수주주로서 2단계에서는 저가의 대가를 받고 퇴출하게 되어, 소수주주에게 불이익을 초래하는 문제도 있다.[181]

Ⅱ. 외국법상 Bust-up M&A의 규율체계

외국에서는 Bust-up M&A가 주는 경제적 효용성에도 불구하고 이를 직접 또는 간접으로 규제하기 위한 입법을 갖고 있는 예가 많다. 대표적으로 미국과 유럽, 그리고 일본의 규율체계를 개괄하기로 한다.

1. 미국의 규율체계

(1) M&A법의 특성

미국에서의 M&A는 연방법과 주 회사법에 의하여 규율되고 있다. 연방법인 1934년 증권거래법은 적대적 기업인수의 대표적인 수단인 공개매수와 위임장 권유를 규제하고 있고, 주회사법은 공개매수와 위임장 권유 이외에 합병, 자산양도 등 일반적인 기업인수수단을 규율하는 외에도 적대적 기업인수에 대한 방어를 폭넓게 허용하고 있다. 연방법에 의한 공개매수규제의 초점은 완전정보공시주의의 정신에 따라 공개매수의 실체와 절차의 규제에 있어서 거래의 공정성을 확보하는 데에 있고, 대상회사의 방어에 대한 규제 문제에 대하여는 일체 개입하지 않는 것이 특징이다. 위임장 권유의 규제의 경우에도 마찬가지이다. 이들 수단을 이용한 방어의 적법성에 관한 판단문제는 판례법에 의하여 해결하고 있고, 적대적 공개매수에 대하여 방어를 허용할 것인가의 문제는 회사법상의 구성원 자치원칙(principles of autonomy)과 주회사법에 맡기고 있다. 특히 미국의 공개매수규제에서는 부분매수(partial bids)의 원칙을 고수하고 있고, 이것이 적대적 M&A의 남용을 불러일으키고 있다는 비판[182]을 받고 있다.

1980년대 중반 이후 Bust-up M&A를 포함한 적대적 M&A가 기승을 부리자, 적대적 M&A의 사회경제적 위협과 이에 대한 합리적인 규제 문제가 학계, 법조계 그리고 산업

---

181) 이에 대한 상세한 연구로는 송종준, 2단계합병과 소수주주의 보호, 157~181면 참조

182) Lipton, Corporate Governance in the Age of Finance Corporatism, pp.15~19

계에서 심각하게 논의되기 시작하였고, 그러한 논의의 핵심에는 Bust-up M&A가 자리잡고 있었다. Bust-up M&A와 같은 적대적 기업인수는 대표적으로 투기적이며 남용적인 기업인수수단(abusive takeover tactics)이라고 비난을 받기 시작하였고,[183] 오늘날 대다수의 주회사법에서는 이를 직접적으로 규제하기 위한 반기업인수법(anti-takeover statutes)을 제정하기에 이르렀다.[184] 주회사법상 반기업인수법을 제정하는 과정에서는 찬반의 견해가 대립하였다. Bust-up M&A는 피인수회사의 인력해고, 고객 및 공급업자의 상실, 소재지역의 세수감소를 비롯하여 이들 이해관계집단에게 부정적인 경제사회적 비용을 야기한다는 이유에서 규제입법을 찬성하는 견해, 그리고 기업인수는 그 수단이 무엇이든지 간에 주주의 부를 증대한다는 이유에서 입법에 반대하는 견해가 그것이다. 그러나 오늘날 까지 미국 주회사법상 반기업인수법은 미국 M&A법의 핵심적 지위를 차지하고 있다.

(2) Bust-up M&A의 규율체계

미국에 있어서 Bust-up M&A의 규율은 주회사법상의 반기업인수법이 핵심을 이룬다. 회사법에서는 방어의 적법성 문제로서 판례법이 이를 해결하고 있다. 반기업인수법은 주의 제정법으로서 1968년부터 1982년까지를 제1세대 주법, 그 후 오늘날에 이르기까지를 제2세대주법으로 구분하는 것이 일반적이다. 제1세대주법은 주의 증권법(blue sky law)을 통하여 공개매수를 직접 규제하는 것이고, 제2세대주법은 주의 회사법을 통하여 적대적 공개매수를 규제하고자 하는 것이다. 제1세대주법은 1968년 버지니아주법을 시작으로 많은 주에서 제정되었으나 1982년 Edgar v. MITE 사건[185]에서 위헌이라는 판결이 내려졌다. 여기에서는 MITE 판결 이후에 제정된 입법을 제2세대 주법으로 분류하고, 다시 이를 3 가지의 유형으로 세분하여 그 유형을 설명하는 방법[186]에 따른다.[187]

---

183) Bust-up M&A가 증가하게 된 것은 정크 본드에 의한 대규모의 자본조달이 가능한 점, 투자은행이 영업수익을 높이기 위해 브릿지 파이낸싱(bridge financing)을 적극적으로 주선하게 된 점, 그리고 증권시장을 통한 대량주식의 취득, 공시의무가 적용되지 않는 5% 미만의 주식의 은밀한 취득, 발행주식의 일부에 대한 공개매수, 2단계 공개매수 등과 같은 부분매수(partial bids)가 허용되는 점 등이 그 주된 이유라고 분석되고 있다. Lipton, Corporate Governance in the Age of Finance Corporatism, pp.11~20

184) Gary M. Holihan, Note, Pennsylvania's Anti-takeover Statute : An Impermissible Regulation of the Interstate Market for Corporate Control, 66 Chi-Kent L. Rev. 863, 865~866(1990)

185) 457 U.S. 624(1982)

186) Gilson & Black, The Law and Finance of Corporate Acquisitions, pp.1359~1397

187) 이하에 대한 상세한 설명은 정동윤 · 이문성 · 송종준, 적대적 M&A와 법적 대응(전국경제인연합회, 1996.8), 210~218면 참조

(가) 제1유형

이 유형은 2단계 공개매수나 부분공개매수가 갖는 위압성(coercion)으로부터 회사 및 주주를 보호하는 것을 목적으로 하고 있으며, 전통적인 회사지배 영역, 기업결합, 그리고 의결권규제에 초점을 두고 있다. 이 유형에는 지배주식취득을 억제하는 입법, 지배주식취득은 허용하되 의결권행사를 제한하는 입법, 지배주식의 취득 이후 기업결합을 제한하는 입법, 그리고 기타의 입법이 있다.

① 지배주식취득을 억제하는 입법으로서는 1982년 오하이오주 회사법이 대표적인데, 여기에서는 정관에서 배제하지 않는 한 발행주식총수의 1/5 이상 1/3 미만, 1/3 이상 1/2 미만, 1/2 이상의 3단계로 지배권 영역을 나누어 각 단계를 넘어 주식을 취득할 때마다 사전에 대상회사의 주주총회의 승인을 받도록 하고 있다(지배주식취득법).[188]

② 지배주식취득은 허용하되 의결권행사를 제한하는 입법은 인디애나 주회사법이 대표적이다. 여기에서는 정관에서 배제하지 않는 한, 발행주식총수의 1/5 이상 1/3 미만, 1/3 이상 1/2 미만, 1/2 이상의 단계마다 주주총회의 승인을 얻어야 의결권을 행사할 수 있도록 한다.[189] 주주총회에서 승인되지 않는 경우에는 회사는 취득주식을 매수하여 상환할 수 있고, 주주총회의 승인으로 전체 주식의 50% 이상을 취득하게 되는 경우에는 모든 소수주주는 공정가격에 의한 주식매수청구권을 행사할 수 있다.[190]

③ 지배주식의 취득 이후 기업결합을 제한하는 입법은 지배주식취득 후 기업결합시 공정가격을 지급하거나 기업결합요건을 가중하는 입법(공정가격지급법)을 말한다. 공정가격지급입법의 대표적인 예로서 메릴랜드 주회사법은 공개매수 후 대상회사와 합병하기 위하여는 사외유통주식 총수의 80% 이상, 그리고 이해관계없는 주식의 2/3 이상의 초특별다수결에 의한 승인을 얻도록 하고 있다.[191]

④ 기타의 입법으로서 주식매수청구권법(Appraisal Statute), 의결권체감법(Scaled Voting Rights Statute), 비구성원이익법(Non-shareholder Constituency Statute), 시차이사회법(Staggered Board Statute), 종업원해고수당지급법(Tin Parachutes Statute) 등이 있다.

---

188) Ohio Gen. Corp. Law § 1701.01(z)(1). 그밖에 지배주식취득시 인수자의 재무상황, 기타 매수조건과 내용에 대한 정보설명서를 대상회사에 제출하여야 한다(§ 831(E)(1)

189) Ind. Bus. Corp. Law § 23-1-42-1, § 23-1-42-9(a)(b).

190) Ind. Bus. Corp. Law § 23-1-42-10

191) Md. Corps. & Ass'ns Code Ann. § 3-202~205, 3-601~604

(나) 제2유형

이 유형은 지배주식취득 후 일정기간 기업결합을 제한하는 입법(모라토리움법)을 말한다. 이 법은 대상회사의 해체 또는 청산을 가져오는 차입매수(LBO)나 Bust-up형 공개매수를 직접적으로 제한하기 위한 것이다. 모라토리움법의 대표적인 입법례로서 뉴욕주 회사법은 원칙적으로 의결권있는 주식의 20% 이상을 취득한 자는 그 후 5년간 기업결합을 금지하고 있다.[192] 델라웨어주 회사법도 같은 취지를 규정하고 있지만, 15% 이상을 취득하는 경우에 원칙적으로 3년간 기업결합을 동결시키고 있다.[193] 위스콘신 주법은 10%를 초과하여 취득한 자에게 그 취득일로부터 원칙적으로 3년간 기업결합이 금지되고, 자산의 5%를 초과하여 취득하는 것이 금지된다.[194]

(다) 제3유형

이 유형은 이사의 선관주의의무와 충실의무를 엄격히 적용하여 주주이익을 우선적으로 보호하고자 했던 종전의 반기업인수법을 개혁하여 이사회에 회사 및 주주의 단기적인 이익 외에도 회사의 장기적인 이익을 고려할 수 있는 권한을 부여한 것이다. 대표적으로 1989년 뉴욕주 회사법은 이사회는 잠재적인 성장, 발전, 생산성 그리고 수익성을 위하여 포이슨 필 전략을 실행하거나 포기하는 등의 여부를 결정할 수 있음을 규정하고 있다.[195]

아울러 이사회에 회사의 장기적 이익 뿐만 아니라, 기업인수가 주주 이외의 비구성원에 대하여 미치는 영향 또는 효과를 고려하는 것도 허용하는 구성원 확장조항(expended constituencies provisions)을 두는 입법도 나타났다. 인디애나주 회사법과 펜실베니아 주법이 대표적인데, 이 법은 주주의 이익을 희생하고 다른 비구성원에 이익이 되도록 결정하는 것도 허용한다.[196] 대부분의 주법은 이사에게 단지 비구성원의 이익을 고려할 수 있는 권한을 부여하고 있다.

---

192) N.Y.Bus.Corp. Law § 912. 이사회의 승인이 있는 경우, 단일거래에서 90%이상의 의결권있는 주식을 취득한 경우에는 예외이다.

193) Del. Gen. Corp. Law § 203. 의결권있는 주식을 80% 이상 취득한 경우, 이사회가 승인하고 취득자의 보유주식을 제외한 모든 잔여주식의 2/3 이상이 찬성한 경우에는 예외이다.

194) Wis. Stat. § 180.726. 이사회의 승인이 있는 경우에는 예외이지만, 발행주식의 전부를 취득한 경우에도 기업결합금지규정은 적용된다.

195) N.Y.Bus.Corp. Law § 505(a)(2)(ii)

196) Indiana Senate Bill No. 255. 2. IC 23-1-35-1 ; 15 Pa. Const. § 1721(e)(1990)

2. 유럽연합의 규율체계

(1) M&A법의 특성

유럽 M&A법은 매수법 분야에서는 공개회사의 지배권을 취득함에 있어서 부분매수(partial bids)를 부정하고 전부공개매수의무(full acquisition, mandatory bids)를 부과하고 있는 것이 특징이다. 유럽국가들의 의무공개매수제도는 회사의 지배권이 변동할 경우에 지배주식의 양도 과정에서 형성되는 지배권 프리미엄을 지배주주에게만 독점시키지 아니하고 소수주주에게도 평등하게 분배하도록 강제함으로써 주주평등의 원칙을 실현하고자 한 것이다.[197] 그런데 이 보다 본질적인 법정책적 배경은 부분공개매수의 투기성을 규제하고 적대적 M&A로부터 기업의 경영권을 보호하고자 하는 유럽 특유의 사회문화적 배경이 깔려있는 것이라고 볼 수 있다.[198]

아울러 반복적인 부분공개매수를 허용하는 것은 투자자와 대상회사에 대한 부당한 압력일 뿐만 아니라, 증권의 수급에 의한 자동조정 메카니즘이 핵심인 증권시장기능의 혼란을 야기할 수 있고,[199] 1단계에서 부분매수로 지배권을 취득한 자가 2단계에서 합병을 시도하는 경우에 대상회사의 소수주주의 법적 지위가 위협받을 수 있다[200]는 우려도 있다.

한편 유럽의 M&A법 중 방어법 분야에서는 대상회사의 이사회에 중립의무의 원칙을 견지하여 적대적 M&A에 대한 대상회사의 방어행위를 엄격히 제한하고 있는 것이 또 다른 특징이다.[201] 이것은 지배권 취득을 엄격히 규제하는 상황에서 방어를 허용하는

---

197) 송종준, 의무공개매수의 법정책적 함의와 그 도입 가능성, 55면

198) Scott Mitnick, Cross-border Mergers and Acquisitions in Europe pp.701~705

199) 이준섭, 공개매수법에 관한 고찰, 349면

200) 홍복기, EU회사법, 108면

201) 2002년 공개매수보고서에서 회사법 고위전문가그룹이 권고한 방어수단의 폐기원칙(breakthrough rule)은 2004년 4월 EU가 채택한 제13차 공개매수지침에 반영되었다. 이 지침에 의하면 공개매수의 신청이 공표되면 회사의 정관 또는 주주간 계약이나 주주와 회사간 계약에 규정된 증권양도제한조항은 공개매수기간 중에는 그 효력이 정지되고, 회사의 정관 또는 주주간 계약이나 주주와 회사간 계약에 규정된 의결권제한 조항도 이사회의 방어조치에 대한 승인여부를 결정하는 주주총회에서 그 효력이 상실한다. 이 경우 복수의결권주식은 1개의 의결권만을 갖는다. 그리고 공개매수자가 공개매수 완료 후 발행주식총수의 75% 이상을 취득한 경우에는 주식양도제한조항, 의결권제한조항, 이사회 구성원의 선임 또는 해임과 관련하여 주주에게 특별한 권리를 부여하는 정관조항은 그 효력을 상실하고, 기업인수에 성공한 공개매수자가 대상회사의 정관을 개정하거나 이사를 선임 또는 해임하기 위한 주주총회를 소집한 때에는 복수의결권주식은 1개당 1개의 의결권만을 갖는다(제11조). 한편 영국에서는 2006년 5월 제13차 EU공개매수지침의 내용을 반영하여 대상회사 경영진의 중립원칙의 적용을 선택하였다. 그러나 방어적 주식과 관련하여 주식양도제한규정과 의결권제한 규정의 폐기원칙은 선택하지 않는 대신, 영국 회사들이 자치적으로 그러한 방어수단을 폐기할 수 있게 하였다. 독일은 2006년 7월 14일 증권취득 및 공개매수법을 개정하였지만 경영진의 중립원칙과 폐기원칙을 모두 채택하지 않았다. 다만 독일 상장회사들이 주주총회에서 의결권있는 주식의 75% 이상의 결의에 의한 정관변경으로 중립원칙과 폐기원칙을 자발적으로 채택할

것은 인수자와 대상회사의 균등취급정신에 부합하지 않기 때문이다. 다만 독일 공개매수법은 일정한 요건 하에서 대상회사의 이사회에 방어의 재량을 허용하고 있다.[202)]

(2) Bust-up M&A의 규율 체계

유럽의 M&A법은 공개회사인 대상회사의 발행주식총수의 30%를 초과하여 주식을 취득하고자 할 경우에는 잔여주식 전부에 대하여 공개매수를 강제하는 의무공개매수제(mandatory bids)를 적용하고 있는 것이 특징이다. 의무공개매수제도는 영국의 기업인수합병에 관한 씨티 코드(City Code on Take-overs and Mergers, 이하 City Code)에서 규정한 것이 그 기원이다. 여기에서는 발행주식총수의 30% 이상을 취득하고자 하는 때에는 모든 의결권있는 주식에 대하여 공개매수청약을 할 의무를 부과하고 있고(Rule 9.1), 30% 이상 50% 이하의 주식을 소유하고 있는 자가 12개월 내에 1% 이상을 추가로 취득하고자 하는 때에도 전주식을 대상으로 공개매수하도록 하고 있다(Rule 9).

전주식 의무공개매수제도는 유럽연합의 지침에도 반영되었다. EU 공개매수 제13지침[203)]에서도 지배권을 행사할 수 있는 일정비율 이상의 증권을 취득하고자 하는 경우에는 대상회사의 전주식에 대하여 공개매수 할 의무를 규정하고 있다(제5조제1항, 제3항). 그리고 독일의 2002년 공개매수 및 기업인수법에서는 30% 이상의 의결권있는 주식을 취득하기 위해서는 전체주식에 대하여 공개매수를 의무화하고 있다(제35조). 이와 같은 전주식에 대한 강제공개매수제도는 프랑스, 이태리, 네덜란드 등을 포함하여 유럽의 대부분의 국가에서 채택하고 있다.[204)]

수 있도록 하였다(Freshfields Bruckhause Deringer, Takeover Directive : Implementation in Germany, 2006.7, pp.1~3). 프랑스는 2006년 6월부터 발효하는 새로운 공개매수법에서 중립원칙과 상호주의 원칙은 채택하였지만 폐기원칙은 채택하지 않았다. 그 대신에 이 폐기원칙은 프랑스 회사들이 자발적으로 채택할 수 있게 하였다(Freshfields Bruckhause Deringer, Takeover Directive, p.1).

202) 독일의 경우에는 영국과는 달리 일정한 경우에 대상회사에게 방어를 허용하고 있다. 즉, 회사의 경영진이 통상적으로 취할 수 있는 조치 또는 감사회가 동의한 조치에 대하여는 경영진에게 재량권을 부여하고 있다(독일 공개매수 및 기업인수법 제33조 제1항). 그리고 공개매수의 개시 이전에 주주총회가 경영진에게 주주총회의 권한에 속하는 것으로서 공개매수를 저지할 수 있는 조치를 취할 수 있는 권한을 부여한 경우(최장 18개월)에는 경영진은 감사회의 동의를 얻어 방어조치를 취할 수 있고, 주주총회의 결의를 위해서는 총주식의 3/4 이상이 출석하고 출석주식의 과반수가 동의해야 한다(동법제33조 제2항.)

203) The 13th Directive 2004/25/EC of the European Parliament and of the Council of 21 April on Takeover Bids(이하 EU 공개매수 제13지침이라 함). 이 지침은 2002년의 고위 회사법 전문가 그룹 보고서(European Commission, Final Report of High Level Group of Company Law Experts 2002)에서 권고한 바 있는 공개매수에 있어서 주주결정원칙(shareholder decision-making)과 위험부담자본과 지배권 간의 비례원칙(proportionality between risk-bearing capital and control)이라는 두 가지 지도원리에 입각하고 있다.

204) 개별국가의 입법현황에 대하여는 Scott V. Simpson 외, The Future of Takeover Regulation in Europe, Corporate Law and Practice Course Handbook Series, PLI, Dec. 2006 참조

3. 일본의 규율체계

(1) M&A법의 특성

일본의 M&A법은 대체로 미국의 M&A법의 부류에 속한다. 매수법 분야에서는 부분매수의 원칙이 지배하고 있다. 그러나 방어법 분야에서는 적대적 M&A에 직면한 대상회사의 이사회에 방어를 허용할 것인지에 대하여 법률은 침묵하고 있다. 다만 방어법 분야에서는 신회사법의 제정과 더불어 다양한 종류주식과 신주예약권제도를 도입한 바 있지만, 적대적 M&A에 대하여 대상회사의 이사회가 합당한 근거없이 이들 방어수단을 이용할 수는 없다.

그러나 신회사법의 제정과 함께 일본의 경제산업성과 법무성이 제정한 방어지침은 기업가치와 주주공동이익의 확보 및 향상의 원칙에 부합하지 않는 적대적 기업인수는 반기업가치적인 것으로 취급하고 있는데, 이것은 대상회사의 방어의 적법성 여부를 판단하는 기준으로 인식되고 있다.

(2) Bust-up M&A의 규율체계

(가) 신회사법

2005년 제정된 신회사법은 복수의결권주식, 거부권부주식, 의결권제한주식, 임원임면권부주식, 강제상환 · 전환주식, 양도제한주식 등 다양한 종류주식제도와 신주예약권제도를 도입하여 Bust-up M&A를 비롯한 적대적 M&A를 방어할 수 있는 수단을 제공하였다. 특히 신주예약권제도는 방어비용을 들이지 아니하고도 행사할 수 있는 강력한 방어수단이라는 점에서 Bust-up M&A를 규제할 수 있는 효과가 크다고 볼 것이다.

(나) 경제산업성과 법무성의 방어지침

2005년 경제산업성과 법무성이 공동으로 제정한 방어지침도 Bust-up M&A의 규제와 밀접한 관련이 있다. 이 지침은 법적 구속력은 없지만 전형적인 방어수단(예컨대 신주예약권과 종류주식)을 염두에 두고 적법하고 합리적인 방어책을 제시하고 매수에 관한 공정한 룰의 형성을 촉구하는 것을 목적으로 하고 있다. 이 지침은 기업가치 · 주주공동이익의 확보 · 향상의 원칙, 사전공시 및 주주의사의 원칙, 필요성 및 상당성 확보의 원칙 등을 제시하고 있다. 이 지침은 방어책의 적법성 여하를 판단하기 위한 가이드 라인이라고 할 수 있다.

이 지침에서 중요한 것은 주주공동의 이익을 명백하게 침해하는 기업인수(예컨대 주식을 매집하여 회사에 대하여 고가로 매수할 것을 요구하는 행위(그린메일)), 회사를 일시적으로 지배하여 회사의 주요자산 등을 저가로 취득하는 등 회사의 희생으로 매수자의 이익을 실현하는 경영을 하는 행위, 기업의 자산을 매수자 기타 그룹회사 등의 채무의 담보 내지는 변제재원으로서 유용하는 행위, 회사경영을 일시적으로 지배하여 회사의 당면관계에 있지 않는 고액자산 등을 처분하거나 그 처분이익을 가지고 일시적인 고액배당을 하거나, 주가의 급상승 기회를 이용하여 고가로 주식을 매도하는 행위, 1단계에서 응모하지 않은 주주에게 1단계의 매수조건 보다 불리한 매수조건을 설정하여 사실상 주주에게 주식매각을 강요하는 2단계 기업인수행위 등을 반기업가치적이며 반주주공동이익적인 것으로 예시하고 있다는 점이다.[205] 이것은 부분매수원칙을 견지하는 상태에서 예상되는 Bust-up M&A를 합법적으로 저지하기 위한 목적이 있음을 시사하는 것이다.

(다) 금융상품거래법

2006년 제정된 금융상품거래법의 제정에서는 공개매수의 성립후 보유비율이 시행령에서 정하는 비율을 하회하는 경우에는 안부비례매수의 원칙을 적용하여 공개매수자는 응모주식의 일부만을 매수할 수 있지만, 그 비율을 초과하는 경우에는 응모주식의 전부를 매수하여야 할 의무를 부과하였다.[206] 여기서 시행령이 정하는 비율은 상장폐지기준인 발행주식총수의 2/3이다.[207] 이러한 의무를 도입한 것은 상장폐지에 이를 정도의 공개매수의 국면에서 안분비례의 원칙이 적용되는 결과 응모하고도 매각할 수 없는 영세한 주주를 보호하기 위한 것이며, 이것은 영국의 강제매수제도를 수정하여 도입한 것이다[208]. 이는 기업인수자의 인수비용을 증가시켜 부분매수원칙에 따른 폐해를 어느 정도 규제하는 효과가 있다고 보여진다. 따라서 이 규정은 간접적으로 Bust-up M&A를 규제하는 기능을 발휘할 수 있을 것이다.

Ⅲ. 국내법상 Bust-up M&A의 법적 환경

1. 국내 Bust-up M&A의 환경

205) 기업방어지침, 4면 주1
206) 금융상품거래법 제27조의13 제4항
207) 大崎貞和, 解說 金融商品去來法(弘文堂, 2006), 108면
208) 大崎貞和, 상게서, 108면

(1) PEF에 의한 Bust-up M&A 환경

우리나라의 경우 2004년 12월 간접투자자산운용업법의 개정으로 사모투자전문회사라는 명칭으로 PEF가 도입된 바 있다. 이 PEF는 기업인수합병을 전문으로 하는 차입매수펀드(LBO 펀드)와 유사한 형태라고 할 수 있다.[209] 법개정 이후 최근 들어 PEF의 금융위원회 등록건수가 증가하고 있다.[210] 자본시장통합법상 PEF는 그 재산의 10% 이내에서 차입 또는 채무보증이 허용되고(자통법제270조제7항), 기업을 인수하기 위하여 설립하는 특수목적회사(SPC)도 자기자본의 2배 이내에서 차입 또는 채무보증이 허용되므로(자통법제271조제3항) 부채를 일으켜 자본의 수익률을 증폭시키기 위한 기초적 수준의 법적 환경은 갖추어져 있다고 본다.

다만 법은 위와 같은 차입규모의 제한과 함께 차입이나 채무보증의 용처를 사원의 퇴사에 따른 출자금을 지급하기 위하여 불가피한 경우, 운영비용에 충당할 자금이 일시적으로 부족한 경우, 투자대상기업에 투자하기 위하여 필요한 자금이 일시적으로 부족한 경우로 제한하고 있다(자통법제270조제7항). 전략적으로 Bust-up M&A의 시도는 차입의 규모, 차입 또는 채무보증의 용처에 대한 제한 유무에 따라 직접적인 영향을 받는 것이다. 따라서 현행법상으로는 차입의 규모가 제한되고, 또 차입이나 채무보증의 용처가 제한되므로 외국에 비하여 차입을 통하여 큰 자본투자수익율을 기대하기에는 한계가 있다고 본다.

(2) 전략적 투자자에 의한 Bust-up M&A 환경

차입방식으로 인수자금을 조달하는 것은 PEF만이 주도하는 것이 아니다. 개인이든, 단체이든 누구나 투자은행이나 금융기관 등 스폰서(sponsor)와 함께 특정기업의 인수를 위한 특수목적회사(SPC)를 설립할 수 있다. 특수목적회사는 금융기관으로부터 인수자금의 차입을 위한 약정을 하기도 하고, 채권을 발행하거나 신주를 발행하여 인수자금을 조달하기도 한다. 이러한 자금조달방식은 LBO 방식의 M&A(차입매수)의 전형적인 모습이다. 경제적으로는 이러한 방식으로 조성된 집합적 재산을 LBO펀드라고 부른다.

현행법상으로는 명목회사로서 특수목적회사를 설립하여 자금을 조달하는 데에는 상법의 적용이 있을 뿐이고, 이 회사에 의하여 형성된 집합자산은 자본시장통합법상의 사모펀드나 PEF에 해당하지 않아 동법상의 차입규모, 차입금의 용처 등 자산운용상의 이

---

209) 윤성승, Private Equity Fund의 본질과 법적 문제점, 금융법연구 제2권 제1호(한국금융법학회, 2005), 32면

210) 2007년 1월 현재 금융위원회에 등록한 PEF는 총 25개, 약정금액은 5.9조원, 이행금액은 5.8조원인 것으로 집계되고 있다. 금융감독원, PEF 최근동향 및 사모M&A펀드 운용실태(2007.3.6) 참조

무런 제한을 받지 않는다. 이러한 방식은 사모펀드에 대한 법적 규제를 회피할 수 있어서 우리나라 M&A시장에서 가장 많이 이용될 수 있을 것으로 보인다.

실제로 최근까지 발생한 우리나라의 LBO에 의한 기업인수에서는 PEF가 주도적인 역할을 한 것이 아니라 전략적 투자자가 명목회사의 설립 방식을 이용한 것으로 보여진다.211) 이 방식에서는 명목회사를 통하여 일반투자자, 사모투자자, 경영진, 금융기관 등으로부터의 출자, 또는 차입으로 인수자금을 조달하는 것이 보통이다. 대표적으로 2001년 (주)신한의 LBO사례에서는 "S&K 월드 코리아", 2005년의 FILA코리아의 LBO사례에서는 "패션 플라우워", 2006년 한국까르푸 LBO사례에서는 "이랜드리테일"이라는 명목회사를 설립하여 인수자금을 차입하여 LBO를 성공시켰다.

(3) 외국의 사모펀드에 의한 Bust-up M&A 환경

외국의 M&A시장에 있어서 LBO는 사모인수펀드(PEF)가 주도하는 것이 일반적인데, 최근 들어 그 수와 규모는 현저한 상승세에 있다.212) 2005년 말 현재 전세계 PEF규모는 약 7,000억 달러로 추정되며, PEF의 한 형태로서 구조조정 전문(Buy-Out) 펀드의 규모는 약 5,000억 달러로 추정되고 있다. LBO의 거래규모는 미국의 경우 2002년 219억 달러, 2004년 말에는 939억 달러, 2006년에는 약 5,000억 달러에 이를 정도로 급격한 성장을 보이고 있다. 유럽에서는 고수익채권시장(high yield bonds market)이 계속 성장하고 있는데, 그 채권의 10%는 LBO의 자금지원에 활용되었고, LBO의 총거래 규모는 2006년 말 현재 약 2,000억 달러에 육박한다고 한다. 아시아에서도 2002년 12억 달러에서 2006년 말 현재 320억 달러로 LBO거래규모가 현저히 증가하였다.213)

그리고 국제적으로는 사모펀드로서 헤지펀드(hedge fund)의 규모가 급속한 신장세를 보이고 있다.214) 헤지펀드 규모는 2005년 말 기준 약 1조 5,000억 달러로 추정되고 있다. 그리고 오늘날의 헤지펀드는 전통적인 차익거래 이외에도 구조조정펀드 또는 간접투자펀드를 조성하여 기업인수에 의한 차익실현으로 투자대상을 다양화하고 있다. 우리나라에서 활동하고 있는 외국의 헤지펀드는 2005년 말 현재 3개이고, 운용자산규모는 3조원 정도에 이르며, 이들 헤지펀드는 독자적 방식에서 컨소시엄 구성까지 정형화된 형

---

211) 상세한 내용은 이창원 · 이상현 · 박진석, LBO의 기본구조 및 사례분석, 12~16면 참조

212) 왕윤종, 외환위기 이후 외국자본의 국내진출 및 해외펀드 활동실태(한국증권연구원, 2006.11), 7~13면 ; 신원섭 · 박용진, 세계 차입매수(LBO) 시장의 확대영향과 시사점, 9~10면

213) 신원섭 · 박용진, 세계 차입매수(LBO) 시장의 확대영향과 시사점, 10면

214) 헤지펀드에 관한 상세한 설명은 송종준, 미국의 헤지펀드규제와 법적 시사점, 증권법연구 제7권 제1호(한국증권법학회, 2006.6), 49~99면 참조

태가 없이 다양한 형태를 보이고 있고, 위험성이 높다고 판단되는 기업이나 자산에 대해서도 공격적인 M&A를 진행하여, 단기간내의 수익창출을 위한 재무적 투자의 형태를 보이고 있다.[215] 1997년 금융위기 이후 이후 국내증권시장에서의 주식투자의 주체는 대부분이 PEF, 헤지펀드 등과 같은 외국의 사모펀드이며, 2006년 말 현재 국내 상장회사 주식의 40% 정도를 소유하고 있다.

그런데 국내의 PEF나 사모펀드가 자본시장통합법에 의한 규제를 받고 있는 것과는 달리, 외국계 사모펀드는 국내법에 의한 제한을 받지 아니한다. 외국계 펀드는 차입비율과 차입금의 용처에 대한 제한이 없으므로 국내기업의 인수에 장애가 없는 셈이다. 최근에 우리나라 기업에 투자한 외국계 펀드의 대부분은 장기투자 보다는 단기적 차익실현을 위한 재무전략적 투자가 보편적이라고 할 수 있다. 특히 한국기업은 금융위기 이후 무차입경영에 의한 재무건전성 원칙을 중시한 결과, 부채비율이 낮고 현금성 자산이 높으면 인수비용이 적을 뿐만 아니라, 높은 배당, 자사주 매입, 자산 매각 등으로 단기간 내에 높은 수익을 올릴 수 있는 여건을 가지고 있다.[216] 따라서 한국기업은 단기이익을 추구하는 외국의 헤지펀드나 PEF의 투기적 표적이 되거나, Bust-up M&A도 충분히 시도될 수 있는 환경에 처해 있다고 보여진다.

2. Bust-up M&A에 관련된 현행법의 평가

Bust-up M&A에 관련된 법적 규율은 자본시장통합법과 상법이 중심이 된다. Bust-up M&A는 1단계에서 피인수기업을 지정하여 지배권을 취득하고, 2단계에서 특수목적회사를 피인수회사와 합병하는 것이 전형적인 모습이다. 이하에서는 대표적으로 자본시장통합법상의 공개매수와 상법상의 합병에 대한 규율내용을 개괄하고 이것이 Bust-up M&A의 성립에 대하여 어떠한 역할을 하고 있는 지를 평가하고자 한다.

(1) 공개매수

자본시장통합법상 공개매수규제 중에서 Bust-up M&A와 직접적인 관련성을 갖는 것만 몇 가지 언급하기로 한다.

---

215) 왕윤종, 외환위기 이후 외국자본의 국내진출 및 해외펀드 활동실태, 7면, 13면

216) 최근 들어 국내 1000대 기업이 투자하지 않고 내부에 쌓아 두고 있는 현금이 전체 자본금의 6배인 364조원에 이르고, 매출액 규모 순으로 100대 기업의 유보율은 2002년 230%에서 2005년 722%, 101~500대 기업은 264%에서 473%, 501~1000대 기업은 196%에서 327%로 높아진 것으로 나타났다. 대한상의, 기업현금보유율 현황과 잉여금, 2007.7.4.

(가) 부분매수의 원칙

현행법상 공개매수규제와 관련하여 Bust-up M&A 또는 적대적 M&A를 촉발할 수 있는 대표적인 원인은 부분매수원칙(partial bids)이 적용되어 취득하고자 하는 주식을 자유로이 정할 수 있다는 점이다. 일반적으로 상장회사의 의결권있는 발행주식총수의 30%를 확보하면 지배권을 취득한 것으로 취급한다. 그리고 공개매수자가 취득하고자 하는 주식수량에 비하여 응모주식이 초과된 경우에도 공개매수자는 안분비례원칙(pro rata basis)에 따라 매수예정주식수만을 취득할 수 있다. 이러한 입법태도는 미국의 공개매수법의 근간을 따른 것이지만, 대상회사의 30% 이상을 취득하고자 하는 경우에 발행주식의 전부를 취득하도록 하는 유럽의 의무공개매수제도와는 상반적인 것이다.

이와 같은 부분매수원칙이 적용되는 경우에 1차적인 지배권취득에 필요한 30%의 지분만을 취득하면 되는 것이므로, 전부의무공개매수제도에 비하여 공개매수자는 상대적으로 적은 인수비용으로 대상회사의 지배권을 확보할 수 있다. Bust-up M&A는 1단계에서 지배권을 장악하는 것이 첫 번째 과제인데, 부분매수원칙은 이에 적합한 제도라고 할 수 있다. 다시 말하여 부분매수는 대상회사 주식의 장내외 매수와 병행되는 경우 신속하게 대상회사의 지배권을 취득하는 데에 유용하고, 단기차익을 노리는 적대적인 투자자가 LBO 방식에 의하여 대상회사를 인수하고자 전략적 계획을 수립할 때에 매우 유용한 제도라고 할 수 있다. 물론 유럽에서와 같은 의무공개매수제도 하에서도 인수자금의 규모가 부분매수의 경우보다 상대적으로 커서 차입에 의한 매수가 증가하는 측면도 있지만, 인수자금이 조달되더라도 단기간 내에 신속하게 전주식을 취득하는 것은 용이하지 않을 것이다.

(나) 정보의 공시

자본시장통합법은 공개매수의 규제방식으로서 공시규제를 중요한 수단으로 삼고 있다. 공개매수의 공고부터 종료에 이르기 까지 일정한 중요정보를 기재하여 공고하거나 신고서와 보고서를 금융위원회에 제출해야 한다. 대표적으로 공개매수신고서에 기재하여 공시하게 되는 정보 중에는 공개매수의 목적, 자금조성내역, 공개매수 종료 후 대상회사에 관한 장래계획 등이 포함되어 있다(자통법제134조).

이들 정보는 대상회사 주주들이 응모여부를 결정함에 있어서 중요한 정보임에는 틀림없으나, 공개매수의 목적, 공개매수후의 장례계획에 관한 정보공시규제가 구체적이지 않으면 공시규제의 실효성은 반감된다. 예컨대 Bust-up 공개매수와 같이 지배권 취득

후 차입채무를 상환하기 위하여 자산을 매각할 계획과 그 이후 대상회사와 합병할 계획이 있는 경우 현행법이 어느 정도 구체성 있는 정보의 공시를 강제하고 있는 지 명확하지 않다. 또한 공개매수의 목적을 공시했으나 공개매수 종료 후 그 목적을 변경할 수는 없는 것인지, 장래란 어느 정도의 기간을 의미하는 것인지도 의문이다. 그리고 만약 이들 정보에 대하여 막연하고도 추상적으로 공시하거나 아예 공시하지 아니하고 공개매수를 종료한 다음, 대상회사의 자산을 분할매각하여 차입금을 상환하고 나아가 대상회사와 합병을 시도하는 경우에 이에 대하여 제재할 수 있는 것인지도 의문이다.

자본시장통합법상 정보의 실질적인 내용이 구체적으로 공시되지 않는다면 공개매수 규제의 본질은 훼손될 수밖에 없고, 동법이 이를 규제할 수 없다면 이러한 법적 환경은 단기적 투자수익을 추구하는 기업인수인에게는 매력적인 법적 환경이 될 수 있다.

(다) 대상회사의 의견표명

자본시장통합법은 공개매수신고서가 제출된 주식등의 발행인은 대통령령이 정하는 바에 의하여 그 공개매수에 관한 의견을 표명할 수 있는 재량권을 규정하고 있다(자통법제138조). 이것은 공개매수에 직면하여 보유주식의 매도여부를 결정하여야 하는 대상회사의 주주에게 투자판단의 정확성과 공정성을 확보하기 위함에 목적이 있다고 할 수 있다. 일반적으로 의견표명에 있어서는 공개매수가격의 적정성, 공개매수자가 신고한 공시내용의 정확성, 대상회사의 장래 계획에 대한 공개매수자의 방침, 공개매수자와 대상회사 또는 그 경영진과의 사적인 이해관계 등에 관한 사항이 중요한 표시대상이 될 것이다.

그러나 미국의 증권거래법(SEC Rule 14E-2), EU의 회사법지침(제14조제1항) 및 일본의 금융상품거래법(제27조의10)은 대상회사에 대하여 공개매수에 대한 의견을 표명할 의무를 부과하고 있다. 현행법이 그러한 의견표명을 의무화하지 아니하고 대상회사의 재량권으로 취급한 결과 대상회사로부터 아무런 의견표명이 없는 경우 투자판단의 공정성 확보를 통한 투자자보호의 정신에 철저하지 못한 것이다. 그리고 대상회사에게 의견표명의 재량권만을 규정할 경우에는 공개매수가 대상회사와 우호적인 관계에서 진행되는 경우에는 소수주주의 이익을 무시하고 공개매수에 협력할 가능성이 크기 때문에 문제의 중요성은 커진다고 할 수 있다.

특히 대상회사의 의견표명에 있어서 중요한 것은 공개매수가격의 적정성(adequacy of price)에 관한 정보이다. Bust-up M&A에 있어서는 공개매수가격이 대상회사의 현재 주가 보다는 높지만 청산가치보다는 낮은 수준에서 결정된다. 이 경우 만약 대상회사가 보유자산을 분할매각하여 그 수익을 주주에게 분배하는 경우에도 그 가치는 청산가치에 상응하는 것이므로 공개매수자가 제시한 매수가격보다 높을 것이고, 따라서 공개매수자가 제시한 매수가격은 부적정한 것으로 볼 여지도 있다.[217] 이 경우 매수가격이 청산가치에 비하여 현저히 낮을 경우에는 대상회사의 경영진은 매수가격의 부적절성에 관한 분석적 증거를 제시하여 의견을 표시하는 것이 대상회사와 그 주주의 이익을 보호하기 위하여 필요하다. 그 밖에 대상회사는 공개매수자의 자금조성내역, 기타 투자경력을 조사하여 인수 후 분할매각과 합병 등에 관한 장래계획에 관련된 추가적인 정보를 그 주주에게 제공할 필요도 있다. 이러한 요청이 있음에도 대상회사가 아무런 의견을 표시하지 않아도 되는 입법태도를 취하는 경우, 이것은 Bust-up 공개매수를 단행하기에 유익한 법적 환경이라고 할 수 있다.

(라) 공개매수기간

자본시장통합법상 공개매수기간은 공개매수의 공고일로부터 최소 20일, 최대 60일의 범위 내에서 정할 수 있다(자통법제134조제3항, 동법시행령제146조제3항). 이것은 미국의 증권거래법을 따른 것이지만, 공개매수기간이 단기화될수록 대상회사 주주의 주식매도압력(pressure to sell)은 커지게 된다. 더욱이 현행법에서는 과거와는 달리 공개매수의 효력발생을 위한 대기기간이 폐지되었으므로 종전에 비하여 공개매수 대상회사의 주주에게 허여된 투자판단기간이 실질적으로 단축된 것이나 다름없다. 그런데 미국의 공개매수기간은 영업일(business day)을 기준으로 하므로 실질적으로는 우리의 경우보다 장기간이다. 더욱이 EU 회사법 제13지침이 공개매수기간을 공개매수의 공표일로부터 최단 4주, 최장 10주간을 규정(제12조제1항)하고 있는 것에 비하면 현행 자본시장통합법은 대상회사의 주주에게는 현저하게 큰 매도압력을 주는 법적 시스템을 가지고 있는 셈이다. 반면에 이것은 적대적인 관계에서 단기간내에 대상회사의 지배권을 취득하고자 하는 자에게는 매력적인 법적 환경을 제공하고 있는 것이다.

(2) 합 병

Bust-up M&A는 특수목적회사가 지배권을 확보한 다음에는 2단계로 대상회사와 합병하는 것이 일반적이다. 그것은 특수목적회사가 부담하고 있는 부채를 이 합병에 의하여 대상회사가 승계해야 하기 때문이다. 그런데 Bust-up M&A의 경우, 이 합병에서 경계하여야 할 것은 존속회사로서 대상회사가 승계하는 부채로 인하여 기존 채권자의 위

---

217) Farinaro, Target Director's Fiduciary Duties, pp.736~738

험이 커지게 되고, 대상회사가 파산에 빠지는 경우 그 채권자의 위험은 현실화된다. 또한 2단계의 합병에서 대상회사의 소수주주는 주식매수청구권을 행사하여 사원관계로부터 탈퇴할 수 있지만, 현금지급합병(cash-out merger)이 허용되는 경우에는 원하지 않는 소수주주도 강제로 퇴출시킬 수 있다.

합병에 의하여 차입채무를 승계한 결과, 존속회사가 채무초과 또는 무자력의 상태로 빠지게 되는 경우에는 채권자는 민법상 채권자취소권을 행사할 여지가 있고,[218] 상법상으로는 이사의 선관주의의무위반의 문제[219]로서 규율할 여지도 있을 것이다. 합병은 주주총회의 특별결의절차와 채권자보호절차를 거쳐야 하기 때문에 상법상으로 채권자는 합병반대에 의하여 보호될 수 있을 것이고, 다만 존속회사가 파산 등 도산에 이르는 경우에는 채권자의 부인권행사로 보호될 수도 있을 것이다. 그리고 차입매수가 범용화되는 경우에는 대부분 채권자인 금융기관의 부실로 확산될 우려도 커지게 되어 사회경제적인 위험도 증가할 수 있다.[220]

한편 Bust-up M&A에서 있어서 보다 중요한 것은 소수파주주를 강제로 퇴출시키는 문제일 것이다. 현행 상법상으로는 이것은 주주의 기득권을 침해하는 것으로서 위법하다고 볼 수 있다. 그러나 실제로는 2단계의 합병에 이르기 전에 대규모의 감자과정을 통하여 소수주주를 퇴출시키거나 그 지분을 현저히 약화시키는 경우가 적지 않다. 2007년 상법개정안은 외국의 입법례와 부합되게 합병대가를 신주가 아닌 현금 기타의 재산으로도 지급하는 현금합병제도를 도입한 결과(상법개정안제523조제4호), 이 개정 법률안이 시행되는 경우에 2단계 합병에 의한 소수주주 퇴출의 위법성 문제에 대한 다툼은 감소하게 될 것이다. 그러나 현금합병제도를 도입함으로써 소수주주의 강제퇴출이 용이해졌고, 이것은 차입에 의한 기업인수를 증가시키는 요인으로도 작용할 여지가 커지게 되었다. 소수주주의 강제퇴출 이후에 공개회사는 폐쇄기업으로 전환된다.[221]

또한 상법은 소수주주 퇴출합병의 경우 합병대가의 공정한 산정원칙을 규정하고 있지 않다. 특히 상법은 이른바 2단계 합병의 위험성을 인식하고 있지 않으므로 2단계 합병의 경우에도 일반적인 합병에 적용되는 합병대가의 산정원칙을 적용할 수밖에 없을 것이다. 그러나 이른바 2단계 합병의 경우에는 1단계의 공개매수에 응모하지 않은 소수

218) 이창원 · 이상현 · 박진석, LBO의 기본구조와 사례분석, 21~22면
219) 신희강 · 류경진, LBO거래의 실행과 법적 문제, 30~31면
220) 신원섭 · 박용진, 세계 차입매수(LBO) 시장의 확대영향과 시사점, 22면
221) 공개기업의 폐쇄기업화의 개념, 유형, 방법과 소수파주주의 보호방안에 관하여는 송종준, 폐쇄기업화거래의 공정요건과 소수파주주의 보호, 상사법연구 제19권 1호(한국상사법학회, 2000.6), 211~248면 참조

주주가 공개매수가격 보다 낮은 가격으로 합병대가를 받고 강제로 퇴출되는 것이 보통이다. 이 경우 퇴출되는 소수주주를 보호하기 위한 합리적인 법적 규제책을 논의해야 할 필요성은 없는 것인지도 검토해 볼 일이다. LBO나 Bust-up M&A가 남용되는 경우 이 문제는 현실적으로 등장하게 될 중요성 있는 문제이다.

Ⅳ. Bust-up M&A의 합리적 규제방안

1. 기본시각

Bust-up M&A를 금지하거나 규제를 강화하는 것이 바람직한 것인지에 대하여는 앞으로 더 많은 논의가 있어야 할 것이지만, 거시적으로는 이를 통하여 회사의 지배구조를 개선하고 기업가치를 상승시키는 효과가 있는 이상 이를 부정하는 것은 바람직하지 않다. 그러나 Bust-up M&A는 투자자는 물론이고, 기업과 이해관계를 갖는 집단, 국민경제에 악영향을 미치는 폐해가 있는 것도 부인할 수 없다. 따라서 Bust-up M&A에 대한 새로운 규율방안은 M&A법의 기본 틀을 존중하면서 경제사회적 폐해를 줄일 수 있는 방향에서 보완되는 것이 바람직하다고 본다.

Bust-up M&A의 폐해를 초래하는 근본적인 법적 요인은 부분매수원칙에 있다고 본다. 그런데 M&A의 규율에 있어서 부분매수원칙을 선택할 것인지, 전부의무공개매수원칙을 채택할 것인지는 국가의 법정책적인 문제에 속한다. 우리나라의 경우 지난 1997년 금융위기 이후 기업의 구조개선을 통한 경제회복이 시급한 상황에서 이러한 문제를 타개할 수 있는 제반 수단 중의 하나가 적대적 M&A를 허용하는 것이고, 또한 적대적 M&A를 활성화시킬 수 있는 수단이 부분공개매수원칙이라고 보았을 것이다. 결과적으로 10년 전에 비하여 오늘날에는 국내 상장주식에 대한 코리아 디스카운트 현상이 해소되어 가고 있고, 적대적 M&A가 기업외부에서 기업의 비효율적 경영을 통제하는 강력한 수단으로 정착되어 가고 있는 것도 부정하기 힘들다고 본다. 일부에서는 투기적인 외국자본 M&A의 규제에 초점을 맞추어 부분매수원칙을 전부매수원칙으로 전환하자는 견해[222]도 있지만, 전부매수원칙은 우리나라 M&A법의 근간을 바꾸는 것이고, 그간의 M&A가 가져온 경제사회적 성과를 감안할 때에 결코 바람직하지 않다고 본다.

222) 왕윤종, 외환위기 이후 외국자본의 국내진출 및 해외펀드 활동실태, 29면

다만 2000년대 들어 외국에서는 LBO방식에 의한 기업인수가 현저히 증가하고 있고, 이미 우리나라에서도 몇 건의 사례를 찾을 수 있다. 앞으로도 차입에 의한 기업인수는 증가세를 예상할 수 있고, 따라서 Bust-up M&A 현상도 증가할 것이다. 따라서 Bust-up M&A가 기업, 주주, 채권자, 종업원, 지역사회, 나아가 국민경제에 대하여 부정적인 영향을 미치는 것을 방지하기 위한 합리적인 대응책이 검토될 필요가 있다. 대응책을 검토함에 있어서는 지나치게 단기간내에 적대적으로 기업을 인수할 수 있는 법적 시스템을 개선하고, 주주, 기타 이해관계자의 보호를 위하여 필요한 몇 가지 쟁점에 대하여 그 개선방안을 제시하고자 한다. 공매매수법, 방어법, 세법 등의 분야로 나누어 검토하고자 한다.

2. 공개매수법 분야에서의 규제방안

(1) 공시규제의 강화

자본시장통합법상 공개매수자가 공시할 정보 중 공개매수의 목적, 공개매수 후 대상회사에 대한 장래계획, 자금조성내용 등에 관한 정보는 대상회사의 주주에게는 공개매수청약에 대한 응모여부를 판단함에 있어서 중요하고, 특히 이들 정보는 공개매수자가 대상회사를 Bust-up할 지의 여부를 판단할 수 있는 중요한 정보이다. 자금조성내역에 있어서는 차입금이 있으면 그 내역을 공시하도록 하고 있지만, 공개매수의 목적과 장래계획에 대한 정보의 내용을 구체화해야 할 것이다.

따라서 공개매수신고서에 구체적인 항목을 설정하고 항목별로 상세하게 기재하도록 하여야 할 것이다. 예컨대 공개매수의 목적이 경영권 참가라고 하면 그 참가의 방법이나 형태, 공개매수 후 자산의 분할매각, 차입금 상환, 합병, 기타 구조재편 등과 같이 항목을 세분하고, 또 연도별이나 기간별로 장래계획에 대한 상세한 내용을 기재하도록 공시규제를 충실히 할 필요가 있다고 본다. 장래계획에 있어서 장래라는 용어도 불명확하므로 공개매수 후 5년 또는 3년과 같은 특정된 기간의 구체적인 경영방침을 기재하도록 하는 것이 투자자 보호를 위하여 필요하다고 본다.

(2) 대상회사의 의견표명의무

공개매수에 대하여 대상회사에게 의견을 표명할 의무를 부과하는 것이 대상회사 주주의 투자판단을 위하여 바람직하다. 대상회사의 의견표명 의무화에 있어서는 대상회사에게 공개매수에 대한 찬성, 반대, 또는 중립의 의사를 표명할 의무를 부과하고 그 의견표명의 방법과 시점 등도 규정하여야 할 것이다.

또한 의견의 표명에는 외부전문가로부터의 자문 또는 조언을 받은 사실, 이사회결의의 내용, 대상회사와 공개매수자간의 이해충돌관계에 있는 사실(예컨대 이사겸임, 주식상호보유 등), 대상회사의 이사와 공개매수자 사이에 사적 이해관계있는 사실(예컨대 특별이익을 공여하기로 하는 약정, 금전적 이해관계, 경영자지위의 유지약정관계 등) 등이 기재되어야 할 것이다.[223] 그리고 공개매수가격의 적정성에 대한 의견은 반드시 그 분석적 증거자료와 함께 제출하게 해야 할 것이다. 어느 경우이든 중요한 사항의 누락과 오해를 일으킬 수 있는 기재와 허위사실의 기재는 금지되어야 할 것이다.

(3) 공개매수기간의 조정

공개매수의 본질상 최장기간은 법정할 필요는 없으나 시장의 불안정성을 고려하여 최단기 및 최장기 법정주의를 따르는 것이 바람직한 태도임은 재론할 여지가 없다. 그러나 미국이나 EU에 비하여 최단기 20일은 상대적으로 짧기 때문에, 투자판단을 위해 필요한 정도의 실질적인 기간을 부여하여야 한다. 이를 위해 공개매수기간을 통산개념이 아닌 금융기관 영업일로 바꿀 필요가 있다. 그리고 공개매수에 있어서 투자자의 투자판단을 위한 충분한 숙려기간을 제공하기 위해서 현행의 단기 20일은 다소 연장하고 장기 60일은 다소 축소하는 것이 합리적이라고 본다. 따라서 현행 공개매수기간의 최단기간은 20영업일로 확대하고, 최장기간은 40영업일로 축소하는 방안이 검토될 수 있다고 본다. 이 기간을 통산개념으로 따지면 최단 28일, 최장 56일 정도에 해당하게 된다.

(4) 강제매수제도의 도입

공개매수자가 이미 보유한 주식수와 청약에 응모한 주식수가 대상회사의 발행주식총수의 90% 이상에 해당하게 되는 경우에는 안분비례매수원칙의 적용을 배제하여 응모주식 전부를 매수해야 함은 물론이고, 잔여 비응모주식 전부를 매수하도록 의무화하는 방안을 검토할 수 있을 것이다. 이른바 영국법에서 시행하고 있는 강제매수권제도(right of compulsory purchase)를 도입할 필요가 있다. 그리고 잔여비응모주식의 매수가격은 최소한 공개매수가격과의 균일성이 확보되도록 하여야 할 것이다.[224]

---

223) 김건식, 증권거래법, 220면 ; 김정수, 현대증권법원론, 470면

224) 이와 관련하여 상법개정안은 발행주식총수의 95% 이상을 보유한 지배주주에게 잔여소수주주가 보유한 주식의 전부에 대한 매도청구권을 허용하고, 소수주주에게도 매수청구권을 부여하는 것을 내용(개정안제360조의24, 제360조의25)으로 하는 지배주주의 소수주식 전부취득제를 도입하였다. 이 제도는 주식취득의 수단이 무엇이든지 지배주주가 95% 이상의 주식을 보유하기만 하면 적용된다는 점에서 이 강제매수권제도와는 차이가 있다. 지배주주의 소수주식 전부취득제에 관한 외국 입법례에 관한 상세한 분석은 송종준, 소수주주 강제퇴출제도의 국제

그리고 잔여 비응모주주에게는 공개매수자의 강제매수권에 대응하여 보유주식에 대한 주식매수청구권을 부여하고, 매수가격의 공정성에 대하여 공개매수자와 소수주주간에 다툼이 있는 경우에는 법원에 공정가격의 산정을 신청할 수 있도록 하는 방안이 검토될 수 있을 것이다.

3. 방어법 분야에서의 규제방안

(1) 방어권의 명시

적대적 M&A에 대한 방어의 법적 취급문제에 있어서 방어를 포괄적으로 허용하는 원칙 규정을 두고 있는 외국 법제의 도입을 적극적으로 검토할 필요가 있다. 대표적으로는 미국법조협회의 회사지배관리원칙규범과 대부분의 주회사법이 채택하고 있는 비구성원이익법(non-constituencies statutes)의 취지를 반영하는 것이 바람직할 것이다. 비구성원이익법은 이사회가 방어의 결정을 내림에 있어서 주주의 이익은 물론이고, 종업원, 채권자, 지역사회 등 회사와 밀접한 이해관계를 갖는 집단의 이익도 함께 고려하는 것을 허용하는 입법이다. 이것은 상장회사의 법적 성격을 주주의 이익을 위한 사적 단체로만 보지 아니하고, 이해관계자(stakeholders)의 이익까지도 고려하는 공공이익단체로 파악한다.[225)]

이러한 견지에서 (상장)회사의 이사회는 지배권의 변경을 목적으로 하는 거래에 대하여 경영상의 필요가 있는 경우에는 회사 및 주주의 최선의 이익을 해치지 아니하는 합리적인 방어조치를 취할 수 있고, 당해 거래가 회사와 정당한 관계를 가지는 자에 미치는 영향을 고려할 수 있다는 등의 원칙 규정을 두어야 할 것이다.[226)] 투기적이고 파탄적인 적대적 M&A에 대하여 회사가 자치적으로 방어할 수 있게 하는 것이 바람직하기 때문이다. 다만 이사회에 의한 방어권의 남용은 제한하여야 하고, 그 판단에 필요한 합리적인 기준을 제시하는 것이 필요하다. 그러나 우리의 법체계에서는 방어권의 남용여부를 판단할 수 있는 객관적인 기준이 형성되어 있지 않으므로, 이 문제에 대해서는

적 신조류와 그 입법론적 수용가능성-미국·영국·독일법의 비교분석을 중심으로, 증권법연구 제6권 제1호(한국증권법학회, 2005), 3면 이하 참조

225) Coffee, Jr. 교수는 주회사법상의 반기업인수법은 공공법적 관점에서 정당화될 수 있다고 주장한다. John C. Coffee.Jr., Shareholders versus Managers, pp.108-109 ; The Uncertain Case for Takeover Reform : An Essay on Stockholders, Stakeholders and Bust-ups, 1988 Wis. L. Rev. 435(1988).

226) 이러한 조항은 다수의 희생으로 소수가 부당하게 이익을 취득하는 것을 막아 전체 사회적 부를 극대화할 수 있고, 종업원의 사기와 지역사회와의 유대를 돈독히 할 수 있으며, 결과적으로 효율적인 국가경제시스템을 가져올 수 있다는 논리를 심도있게 전개한 논문으로 Janette Meredith Wester, Achieving a Proper Economic Balance : Non-shareholder Constituecy Statutes, 19 Stetson L. Rev. 581, 599(Spring, 1991)

일본의 방어지침과 같은 가이드 라인의 설정에 관한 연구가 필요할 것이다.

(2) 정관자치 기능의 확대

기업인수 후 남용적인 자산매각 등 투기적이고 파탄적인 M&A를 막기 위해서는 대상회사가 정관의 규정에 의하여 일반합병에서 요구되는 특별결의요건을 가중한 형태의 초다수결요건(super majority requirement)을 설정할 수 있도록 상법에 이를 명시하는 방안을 검토할 수 있을 것이다.

주주총회 특별결의요건의 가중을 입법으로 허용하면 미국의 반기업인수법 중 공정가격지급조항(2단계합병에서 합병대가를 1단계의 공개매수가격 이상을 지급하도록 하는 조항), 기업결합제한조항(지배권의 취득 이후 일정기간 동안 이사회의 승인, 또는 주주총회의 승인이 없으면 대상회사와의 합병, 대상회사의 해산, 주요자산의 처분 등을 금지하는 조항), 지배주식취득제한조항(일정비율 이상의 주식을 취득하거나 취득 후 의결권을 행사하려는 경우 이해관계자 이외의 주주의 과반수의 승인을 얻어야 한다는 조항) 등을 정관에 명시하는 방법으로 Bust-up M&A를 자치적으로 제한하는 효과를 거둘 수 있다.

참고로 일본의 신회사법에서는 합병, 이사의 선임 및 해임, 영업양도 등을 위한 주주총회의 결의요건을 정관으로 가중할 수 있음을 명시한 바 있다(제309조제2항).

(3) 2단계 합병대가산정의 규제

2007년 상법개정안이 시행되는 경우에는 2단계의 합병단계에서 소수주주가 자신의 의사에 반하여 퇴출될 수 있게 된다. 이 경우 퇴출되는 소수주주의 보호를 위하여 합병대가의 산정방식을 규제하는 방안을 검토할 수 있을 것이다. 미국의 주회사법상 공정가격지급조항은 2단계 합병시 합병대가는 최소한 1단계의 공개매수가격 이상일 것을 규정하고 있다. 이러한 가격설정이 정당한 가에 대하여는 다툼이 있지만,[227] 일반적인 합병과는 달리 재무전략적 이익만을 목적으로 하는 단기적인 LBO나 Bust-up M&A의 경우에는 의사에 반하여 퇴출되는 소수주주에게 지배주주가 갖는 지배권 프리미엄(control premium)의 가치를 반영하는 것은 합리성이 있다고 본다.

(4) 공공적 기간산업 등에 대한 자치적 방어권 확대

국가가 개입하여 경영권을 보호해 주어야 할 합목적성이 있는 기간산업의 경우에는

---

227) 이에 대하여는 제5장 제2절 III 참조.

다양한 자치적 방어수단을 제공할 필요가 있다.[228] 이를 위하여 현행 자본시장통합법상의 공공적 법인 개념을 에너지산업, 운수산업, 통신산업 등 국민경제상 중요한 국가기간산업을 영위하는 법인으로 확대 조정하는 것이 바람직하다.[229]

이들 공공적 기간산업에 속하는 법인에 대하여는 상장유무를 불문하고 경영권 보호 또는 경영권 방어에 대비하여 차등의결권주식, 포이슨 필 등을 포함하여 다양한 방어적 주식제도를 활용할 수 있게 하고, 해당 기업이 정관자치에 의하여 방어적 주식을 자율적으로 채택할 수 있게 하여야 할 것이다.[230] 특히 이 같은 방안은 외국의 PEF 또는 헤지 펀드 등과 같은 사모펀드의 공공적 기간산업에 대한 Bust-up M&A를 합리적으로 규율하는 데에도 기여할 수 있을 것이다.

4. 세법 분야에서의 규제방안

Bust-up M&A는 인수자금을 차입하여 단기투자수익을 추구하는 것을 특성으로 하지만, 이를 직접적으로 금지하거나 규제하는 것은 바람직하지 않다. 그러나 차입에 의한 인수라도 장기적인 투자로 유인하거나 차입매수의 남용을 억제하기 위한 조세정책적, 금융감독적 고려도 필요하다고 본다.

인수자금의 차입은 대부분 정크 본드의 발행에 의한 경우가 많으므로 특수목적회사와 피인수기업이 그 자금의 차입을 위하여 발행하는 사채, 기타 증권에 대한 지급이자의 공제(deductibility of interest) 한도를 축소하거나, 이 제도를 폐지하는 방안을 검토할 수 있을 것이다.[231] Bust-up M&A는 실질적으로 이를 주도하는 금융기관, 펀드, 기관투자자 등의 단기이익추구에서 비롯되는 경우가 대부분이므로 금융기관 등이 차입매수를 위하여 대출하거나 투자한 금액에 대한 이자소득 또는 투자수익에 대하여 보유기

228) 정윤모, 주요국의 M&A 규제 비교검토 및 한국 제도의 발전방향, 38면

229) 2006년 말에 이상경 의원이 대표발의한 증권거래법 일부개정법률안(이 법안은 2007년 초에 국가안보에 반하는 외국인투자규제법으로 변경하였음)에서는 기간산업에 대한 외국인 M&A를 규제하기 위하여 공기업의 경영구조 개선 및 민영화에 관한 법률 제2조에 따른 공기업, 전기통신사업법 제5조 제1항에 따른 기간통신사업자, 한국전력공사법에 따른 한국전력공사, 그밖에 대통령령이 정하는 법인의 어느 하나에 해당하는 상장법인, 코스닥 상장법인 또는 등록법인을 공공적 법인으로 열거하고 있다. 이 법안에 의하면 공공적 법인으로는 증권거래법상 공공적 법인으로 지정된 한국전력공사 이외에도, 공기업구조개선법상 한국가스공사, 인천국제공항공사, 한국공항공사, 전기통신사업법상 KT, 데이콤, 하나로 통신, SKT, KTF, LGT, SK네트웍스 등 34개의 법인으로 확대되고, 그밖에 대통령령이 정하는 법인까지 감안하면 더 확대될 수 있다.

230) 송종준, 방어적 주식제도의 국제적 입법동향과 도입과제, 120면 ; 신원섭 · 박용진, 세계 차입매수(LBO) 시장의 확대영향과 시사점, 32면

231) 현행 법인세법상으로는 2004년말 기준초과차입금 지급이자 손금불산입제도가 폐지된 결과, 차입금이 자기자본의 일정비율을 넘는 경우에도 과다차입으로 인해 차입금의 이자가 손금에 산입되지 않는 일은 없다고 한다. 전오영 · 이재호, LBO와 세법, BFL 제24호(서울대 금융법센터, 2007.7), 56면

간별로 누진과세제도(graduated taxation)를 운용하는 것도 검토할 수 있을 것이다.[232)]

5. 금융감독분야에서의 규제방안

LBO에서는 차입자금의 공급원인 금융기관이 인수자금의 대부분을 차지하여 채권회수위험이 지나치게 커지는 것을 막는 것도 필요할 것이다. 이를 위하여 차입매수에 있어서는 은행, 증권, 투자은행, 보험회사 등 금융기관으로 하여금 자본의 일정비율을 초과하여 정크 본드를 보유할 수 없도록 제한하는 방안을 검토할 수 있을 것이다.[233)]

이와 함께 금융기관의 공공성을 중시하여 차입에 의한 기업인수자금의 공여시에 금융기관의 경영진으로 하여금 인수자의 투기성 여부를 엄격하게 심사하도록 감독규정을 강화하고, 신중하지 못한 과다한 자금대여 또는 증권인수에 대하여 경영진에게 무거운 책임을 추궁할 수 있도록 강화된 감독규정을 두는 방안을 검토할 수 있을 것이다.

---

232) Lipton, Corporate Governance in the Age of Finance Corporatism, pp.63~64

233) ibid at 63.

제6장 적대적 M&A와 폐쇄기업화의 규제

제6장 적대적 M&A와 폐쇄기업화의 규제

제1절 총 설

Ⅰ. 폐쇄기업화거래의 의의

적대적 M&A에 의하여 회사의 지배권을 확보한 다음에는 회사 또는 지배주주의 다양한 동기에서 다양한 방법으로 회사구조를 재편하는 경우가 적지 않다. 이러한 회사구조재편에는 사업구조재편, 고용구조재편, 조직구조재편 등 여러 가지가 있지만 주주의 구조를 재편하는 것도 널리 활용되고 있다. 주주구조의 재편은 이른바 폐쇄기업화거래를 통하여 달성되는 것이 보통이다.

폐쇄기업화거래(going private transactions)란 공개회사의 지배권을 보유한 자가 소수파주주의 보유주식을 모두 취득함으로써 소수파주주를 감소 또는 제거하고 지배그룹을 구성하는 주주들만 남게 하는 거래를 말한다.[1)] 이 거래는 미국의 경우 1886년경부터 공개회사와 폐쇄회사 모두에서 널리 이용되었지만, 다우존스 평균주가지수가 1973년초 1,000을 정점으로 하여 1974년 말 600미만으로 붕괴되는 동안에 상장주식이 주가수익배율(price/earnings ratios, PER) 미만으로 매매되자, 증권시장이 더 이상 자본조달을 위한 기능을 발휘하지 못하는 것으로 인식하는 분위기가 확산되면서 증가하게 되었다. 이에 따라 공개회사의 주식공모가 현저히 줄어들고, 또 기존의 공개회사도 탈상장 또는 비공개로 전환하기 시작한 것이다.[2)]

---

1) Arthor M. Borden, Going Private,(Law Journal Seminars Press, 1990), § 1.02 ; F. H. O'Neal & R. Thompson, O'Neal's Oppression of Minority Shareholders, Vol.1(2nd ed)(Callaghan & Co.1989), § 5.27, p.159.

2) Borden, Going Private, § 2.04.

그런데 현대적인 의미에서 폐쇄기업화는 미국의 Bryan v. Brock & Blevins Co., Inc.사건[3]에서 최초로 문제되었다. 이 사건은 폐쇄회사(close corporation)의 다수파주주가 사임한 부사장의 소유지분(15%)을 취득한 다음, 새로운 회사를 설립하여(Power Erectors) 원래회사를 이 신설회사에 흡수합병하면서 원래회사의 소수파주주에게는 현금을 지급하여 주식을 매입하고, 신설된 회사를 합병후의 존속회사의 유일한 주주로 한다는 조건으로 합병을 계획한 것이 문제되었던 것이다.[4] 최근들어 미국의 경우 순수폐쇄기업화거래는 그 수나 규모면에서 현저히 감소하였지만, 경영진에 의한 차입매수(management buy-out, MBO) 등과 같은 기교적인 폐쇄기업화거래의 형태로서 꾸준히 증가하는 현상을 보여왔다.[5]

우리나라에서도 상장기업의 폐쇄화가 실제로 발생한 예가 있다. (주)삼나스포츠와 쌍용제지(주)의 사례가 이에 해당한다. (주)삼나스포츠의 경우에는 발행주식총수의 34.69%를 이미 보유하고 있는 미국법인인 나이키사가 다른 대주주의 보유주식(25.51%)을 취득하여 총발행주식의 60.20%를 보유하는 관계에서, 일반주주의 보유주식(39.80%)을 공개매수에 의하여 대부분 취득한 다음 상장을 폐지하였다(1994.8). 쌍용제지(주)의 경우에는 지배주식을 양수한 미국의 독일자회사인 Procter & Gamble GmbH사(이하 P&G라 함)가 공개매수를 통하여('97.11.7-11.26) 쌍용제지의 주식을 추가적으로 매수하여 발행주식총수의 96.98%를 취득한 이후에 상장을 폐지하였다.

그 후에도 1998년 (주)캡스에 대한 켄달메디칼사의 공개매수, 1999년 동방전자산업(주)에 대한 타이코 파 이스턴 홀딩스사의 공개매수, 2001년 (주)케이디엠에 대한 존슨콘트롤사의 공개매수, 2003년 리어오토머티브서비스사의 공개매수, (주)케미그라스에 대한 에실로코리아의 공개매수와 (주)옥션에 대한 이베이 케이티에사의 공개매수, 2004년 (주)한미은행에 대한 시티뱅크의 공개매수, (주)조흥은행에 대한 신한금융지주의 공개매수와 넥상스코리아와 극동전선에 대한 넥상스의 공개매수 등은 상장회사를 탈상장시킨 대표적인 예이며, 1998년 전진산업에 대한 롱프랑아그로의 공개매수는 100% 지분을 취득한 대표적인 예이다. 상장폐지를 위한 공개매수는 2003년부터 2007년 까지 총 12건이 발생했다.[6] 공개매수에 의한 탈상장은 사실상 소수주주를 퇴출시키는 효과를 가져

3) 343 F. Supp. 1062(N.D.Ga.1972), aff'd 490 F.2d 563(5th Cir.), cert. denied 419 U.S.844(1974).

4) Id., 490 F.2d at 570. 이 사건의 판결에서는 계획된 합병에 사업목적(business purpose)이 없고, 정관에서 달리 정하고 있지 않는 한 소수파주주로 하여금 보유지분을 포기하도록 강요하는 것은 주주권을 침해하는 것으로서 위법한 것이라고 판시하였다.

5) Borden, Going Private, § 2.12.

6) 금융감독원 내부자료 2004. 금융위원회, 2007년도 공개매수 · 위임장권유 현황분석, 1면

오고 있으며 이러한 현상은 모두가 외국법인에 의하여 주도되고 있는 점이 특징이다.[7)]

Ⅱ. 폐쇄기업화거래의 동기

폐쇄기업화거래를 행하는 경제적 동기에는 여러 가지가 있다. 회사의 장기 사업이익보다는 단기의 이윤 극대화를 추구하는 시장압력(market pressure)으로부터의 탈출, 회사의 주주관계 및 주주총회, 회계감사 및 소송의 수행, 명의개서 등과 관련하여 소요되는 비용의 절감, 낮은 주가에 대한 회사채권자의 불안 또는 임직원의 사기저하의 일소, 상대적으로 회사에 불이익한 기업정보의 공시의무 회피, 주주소송에 대한 노출의 종식, 적대적 기업매수의 위험으로부터 경영권보호 등의 목적에서 그 동기를 찾을 수 있다.[8)]

그 밖에도 자회사내 소수파주주의 보유주식을 취득하여 소수파주주를 몰아내는 형태의 폐쇄기업화거래는 결합기업의 경제성(economies of combined operation)을 기하거나, 회사내 다수파주주와 소수파주주간의 이익충돌(conflicts of interest)을 제거하기 위하여 이루어지는 수도 있고, 2단계합병에서와 같이 완전한 지배권을 장악하기 위하여 행하여지는 수도 있다.[9)]

Ⅲ. 폐쇄기업화거래의 폐해

전통적인 기본적 변경행위(corporate fundamental change)의 경우와는 달리, 폐쇄기업화거래에 있어서는 실제로 다수파주주와 소수파주주를 차별적으로 취급하는 것이 보통이다.[10)] 그러므로 모든 주주의 최대이익을 회사행동의 보편적 기준으로 삼고 있는 회사법의 일반원칙은 적어도 여기에서는 통하지 않는다. 이러한 이유 때문에 폐쇄기업화거래는 회사의 지배권을 가지는 다수파주주측이 양심적으로든 비양심적으로든 외부주주인 소수파주주보다 자신들을 보다 유리하게 취급할 위험을 안고 있다. 또한 폐쇄기업화거래는 회사의 장래이익, 장래의 모든 부가적인 참여가능성으로부터 회사의 일부주주

---

7) 이하는 송종준, 폐쇄기업화거래의 공정요건과 소수파주주의 보호, 213면 이하 참조

8) Arthur M. Borden, "Going Private-Old Tort or New Tort?". 49 N.Y.U.L. Rev. 987, 1006~1008(1974).

9) Ibid. at 1018~1019.

10) Robert W. Hamilton, Corporate Finance-Cases & Materials(West Publishing Co., 1984), pp.618~619.

를 배척하는 결과를 가져온다.

그런데 보다 중요한 것은 폐쇄기업화거래는 개별투자자들로 하여금 특정기업은 물론, 증권시장에 대한 신뢰를 상실케 하는 결과를 초래할 수 있다는 점이다. 그것은 사원관계로부터의 퇴출에 대한 대등한 당사자로서의 협상(arm's length bargaining)이 결여되기 때문이고, 또한 거래의 시기와 내용에 대하여 소수파주주가 아무런 영향력도 가질 수 없는 점을 기화로 회사 또는 지배주주의 소수파주주에 대한 사기의 기회로서 이용될 수 있기 때문이다.[11)]

한편 소수파주주가 소유한 주식의 매입에 의한 폐쇄기업화는 외견상으로는 소수파주주의 자발적 행위에 기한 것으로서 법률적인 의미의 강제성(legal compulsion)을 띤다고 볼 수는 없지만[12)] 실제로는 소수파주주에게 선택의 여지는 거의 주어지지 않는 문제가 있고, 또 자발적으로 주식을 매각하지 않는 소수파주주들에게도 현금지급합병 또는 기타의 몰아내기 수단에 의하여 비자발적으로 소유주식을 매각하게 하는 묵시적 또는 명시적 위협(implicit or explicit threat)을 가하는 문제도 있다.[13)]

제2절 폐쇄기업화거래의 유형과 방법

Ⅰ. 폐쇄기업화거래의 유형

1. 순수폐쇄기업화거래

순수폐쇄기업화거래(pure going private transactions)란 공개회사의 기존 다수파주주 또는 지배주주그룹이 회사내의 소수파주주의 보유주식을 취득하여 소수파주주를 제거하는 거래를 말한다. 이러한 거래를 통한 소수파주주의 퇴출(freeze-out)은 회사의 지배주주(또는 내부자)들이 시장에서 주가가 높을 때에 회사를 공개하고, 그 후 단기간 내에 시장의 주가가 현저히 낮아질 때에 공개 전으로 환원하고자 하는 경우에 흔히 시도된

11) O'Neal & Thompson, O'Neal's Oppression of Minority Shareholders, p.161.

12) William L. Cary & Melvin A. Eisenberg, Cases and Matetrials on Corporations(7th ed.)(West Publishing Co., 1995), pp.1210~1211.

13) Address by A .A. Sommer, Jr, Securities and Exchange Commission, CCH, Fed'l SEC. L. Rep.[1974-1975 Transfer Binder] ¶80,010 ; Cary & Eisenberg, Cases and Materials on Corporations, p.1211.

다. 그리고 폐쇄기업상태로의 복귀 이후에는 일반적으로 소수파주주의 퇴출을 주된 목적으로 하여 다수파주주들이 새로이 설립한 회사, 즉 껍데기회사(shell company)에 그 회사를 흡수합병함으로써 그러한 거래를 종결시키는 것이 보통이다.[14)]

2. 2단계매수

전형적인 2단계퇴출행위(typical second-step freeze-out)는 지배주주가 아닌 제3자가 공개매수, 지배주식의 취득 또는 공개시장매수에 의하여 공개회사의 과반수의 주식을 취득한 다음, 2단계로 잔여 소수파주주를 합병에 의하여 제거하는 것을 말한다. 구체적으로 보면 기업매수가 우호적으로 이루어지는 경우에는, 먼저 현금지급합병(cash-out merger)을 하기로 합의한 상태에서, 공개매수를 통하여 주식을 취득한 이후에는 다수파주주는 2단계로 합병의 수단에 의하여 공개매수의 청약에 응모하지 않거나 매수자에게 주식을 매각하지 않은 소수파주주들을 제거하게 된다.[15)] 이외에도 1단계로 공개회사의 주요주주의 소유지분을 취득하고, 2단계로 공개매수를 행하여 과반수의 주식을 취득한 다음, 3단계로 합병에 의하여 소수파주주의 주식을 취득하는 3단계퇴출거래도 있다.[16)] 그런데 2단계퇴출행위는 매수의 1단계가 종료되기 전에는 매수자가 대상회사의 지배권을 가지지 않으므로 여기에는 사기(overreaching)의 가능성이 존재하지 않는다는 점에서 순수폐쇄기업화거래와는 근본적으로 다르다.[17)]

3. 혼합형 또는 관계회사간 퇴출거래

혼합형 또는 관계회사간 퇴출거래(hybrid or affiliated freeze-out transactions)는 대표적으로 모회사가 자회사의 소수파주주를 제거하는 형태의 거래와 같이 2개 이상의 회사의 결합에 의하여 이루어진다. 예컨대 A회사가 B회사의 지배주식을 이미 보유하고 있거나 또는 A회사가 B회사의 지배주주가 보유하는 주식과 교환하여 A회사의 신주를 발행해 주고 B회사의 지분을 획득한 상태에서, B회사를 A회사(또는 자회사)에 흡수합병하면서 B회사의 소수파주주들은 현금 또는 A회사의 상환증권 등을 교부받고 B회사의

---

14) Lipton & Steinberger, Takeovers & Freezeouts, § 9.02[1].

15) 소수파주주의 지분의 감소 또는 제거를 목적으로 하는 공개매수를 퇴출형 공개매수(freeze-out tender offer)라고 한다.

16) Freund & Easton, The Three-Piece Suitor : An Alternative Approach to Negotiated Corporate Acquisitions, 34 Bus.Law. 1679(1979).

17) Lipton & Steinberger, Takeovers & Freezeouts, § 9.02[2] ; Borden, Going Private, § 1.04.

주주관계로부터 퇴출된다. 이러한 유형의 폐쇄기업화거래는 독립된 법인격있는 회사의 소수파주주가 제거된다는 점, 복수의 계속기업이 단일의 계속기업으로의 기업결합(combination)이 이루어진다는 점 등에서 순수폐쇄기업화거래와는 본질적인 차이가 있다.[18)]

Ⅱ. 폐쇄기업화거래의 방법

1. 합병

합병은 폐쇄기업화거래의 가장 일반적인 방법이다. 전형적인 정식합병(long-form merger)의 형식을 이용하는 경우에는 공개회사의 지배주주들은 보유주식 전부를 새로이 설립한 회사에 출자한 다음, 양 회사가 합병절차에 들어가게 된다. 합병계약상 신설된 회사의 주주는 존속회사의 유일한 주주로 남고, 공개회사의 반대소수파주주는 주식매수청구권을 행사하고 현금을 수령하면 퇴출된다. 여기서 공개회사가 존속회사로 되는 경우에는 신설된 회사의 주식을 새로운 공개회사의 주식으로 교환해 주고, 신설된 회사가 보유한 구 공개회사의 주식을 소각(cancelling)하는 방법으로 한다. 여기서 합병절차를 용이하게 하기 위하여 약식합병의 요건을 충족시키기 위한 주식취득이 수반되는 경우가 많다.

2. 주식의 병합

주식의 병합(reverse stock split)은 수개의 주식을 합하여 그 보다 작은 수의 주식으로 발행하는 것인데, 회사가 최대의 소수파주주 지주비율을 초과하도록 주식병합비율을 정한 다음에 주식병합 후 소수파주주들이 보유하게 되는 단주(fractional shares)를 현금으로 매입하여 소각하는 방법이 폐쇄기업화거래에 이용될 수 있다. 예컨대 최대의 소수파주주의 보유주식이 999주인 경우에 병합비율을 1/1,000로 정하면 모든 소수파주주들은 병합 후 1주 미만의 단주를 보유하게 된다.

---

18) Hamilton, Corporate Finance, p.618.

3. 자산매각

자산매각(sale of assets)은 공개회사가 전혀 사업을 수행하지 않는 폐쇄회사를 신설하여 실질적인 전자산(substantially all of assets)을 이 회사에 현금으로 매각하는 방법으로 행하는 것이 보통이다. 여기서 공개회사의 영업은 신설된 회사가 계속 영위하고, 신설된 회사는 공개회사의 경영자를 고용한 다음, 그 자산매각대금의 대부분은 신설된 회사가 그 매각대상인 자산을 담보로 하여 외부로부터 차입하여 조달하고, 이 매각에 반대하는 소수파주주에게는 주식매수청구권을 인정함으로써 사원관계로부터의 퇴출을 유도한다. 그리고 공개회사가 자산의 일부를 매각하고 그 매각대금으로 자기공개매수를 행하여 자기주식을 취득하는 경우, 공개회사를 해산하는 과정에서 소수파주주들의 보유주식을 소각하면서 자산매각으로 수령한 대금을 분배하는 경우도 있다.

4. 차입매수

차입매수(leveraged buyouts, LBO)는 기업매수합병거래에 있어서 취득하고자 하는 대상회사(target company)의 자산을 직접 또는 간접으로 담보로 하여 기업매수자금을 외부로부터 조달하고 그것을 기초로 특정의 공개회사를 매수하는 기법이다. 이 거래에서는 이른바 껍데기회사를 신설하여 이를 통하여 대상회사의 지배권을 취득한 다음, 매수회사를 대상회사에 흡수합병하는 과정에서 합병계획에 반대한 대상회사의 소수파주주들은 주식매수청구권의 행사에 의하든 현금지급에 의하든 대상회사의 사원관계로부터 퇴출되게 된다.[19)]

5. 자기공개매수 및 회사의 해산

공개회사는 자기주식에 대하여 현금을 지급하거나 사채와 교환하는 조건으로 자기공개매수(issuer tender offer)를 실행하여 소수파주주의 주식을 취득함으로써 폐쇄기업화할 수 있다. 그밖에 공개회사의 해산(dissolution)도 폐쇄기업화의 한 방법으로 이용된다.

---

19) 이에 대한 상세한 분석은 송종준, PEF와 M&A : LBO의 구조와 법적 문제, 61면 이하 ; O'Neal · Thompson, O'Neal's Oppression of Minority Shareholders, § 5.27, p.163.

제3절 폐쇄기업화거래의 정당화 근거의 변천

Ⅰ. 배 경

주식회사에 있어서 폐쇄기업화거래에 의한 소수주주의 강제퇴출문제는 미국의 경우 현금지급에 의한 합병의 허용문제와 관련되어 논의되어 왔다.[20] 소수주주 강제퇴출의 법적 용인은 20세기 초 이후 미국의 산업발전을 위한 유연성 관념에서 비롯되었다. 영국의 회사법에서는 공개매수청약의 결과 대상회사의 발행주식총수의 10% 미만에 해당하는 소수주주의 비응모로 공개매수가 좌절되어야 하는 경우에는 잔여비응모주식 전부를 강제매수할 수 있도록 하여 결과적으로 소수주주의 퇴출을 허용하고 있다.

그러나 전통적으로 우리나라와 일본을 포함한 독일법계[21] 하에 있어서 소수주주 강제퇴출을 포함한 주주제명제도는 자본단체로서의 주식회사의 본질에 위배되고 사단법인 주식회사법체계의 이질적 요소일 뿐만 아니라, 주식회사법의 강행적 질서에 적합하지 않다는 이유로 주주제명제도는 허용될 수 없다고 보고 있고, 이러한 관념은 회사법학에서 깨뜨릴 수 없는 신념의 하나로 인식되어 왔다.[22] 유럽연합의 등장과 함께 독일에서는 2001년 11월에 주식법을 개정하여 영미에서와 같은 소수주주의 강제퇴출을 명문으로 허용하는 입법을 단행함으로써 전통적인 개념적 틀을 무너뜨린 바 있다. 그리고 일본에서도 2006년 신회사법을 제정하면서 합병대가를 유연화하여 현금지급합병에 의한 소수주주의 퇴출을 허용하게 되었다.

소수주주 강제퇴출제도의 허부에 관한 정당성 문제는 크게 나누어 주주의 기득권론과 기업결합의 유연성론 등 두 가지의 이론적 배경 하에서 발전되어 왔다고 볼 수 있다.

---

20) 이하는 송종준, 소수주주 강제퇴출법제의 국제적 신조류와 그 입법론적 수용가능성, 6면 이하 참조

21) 독일 유한회사법에서는 사원의 제명제도를 두고 있나(제34조). 이 법상 사원제명은 중대한 사유가 있는 경우에 다른 사원의 다수결에 의하여 사원의 제명을 구하는 회사의 소에 의하여 이루어질 수 있다. 그러나 독일의 학설과 판례는 주식회사에 있어서 주주의 제명에 대하여는 부정적인 입장을 취하고 있다. 일본에서도 유한회사에 있어서 사원제명의 필요성을 역설하는 견해가 많다. 주주제명에 관한 심층적인 연구로는 남기윤, 유형론적 방법론과 회사법의 신이론(학우출판사, 1999), 432~448면 참조.

22) 남기윤, 유형론적 방법론과 회사법의 신이론, 421면.

Ⅱ. 주주의 기득권이론

주주의 기득권(shareholder's vested right) 이론은 19세기에 미국에 있어서 회사의 사업, 정관을 근본적으로 변경하거나, 전자산의 양도, 합병, 해산 등을 수행하기 위해서는 전주주의 동의가 필요한데, 주주가 가지는 주주권은 정관에서 정하는 계약으로부터 발생하는 기득권이며 주주의 다수결 또는 주의 입법에 의해서도 주주의 의사에 반해서는 변경될 수 없다는 관념에서 출발한 것이다. 그러나 20세기 초에 들어와 미국에서는 회사조직법상의 근본적 변경에 주주전원의 동의원칙을 견지하는 것은 상거래를 저해하고 경제적 진전을 방해하는 결과를 초래한다는 인식이 광범위하게 확산되었다. 이에 따라 다수의 주법은 회사경영의 유연성을 증대하고 기업계의 요구에 응하여 이사회의 승인 또는 과반수 또는 특별다수결에 의한 승인만으로도 회사는 다양한 근본적 변경을 실행할 수 있다는 규정을 두게 되었다.[23] 이것은 종래의 전통적인 주주의 기득권이론에 대한 중대한 수정을 의미하는 것이다.

이와 같은 기득권이론의 수정은 독점적 성격이 강하게 지배하고 있던 당시 미국의 산업계에 상당한 은혜를 베푼 결과로 되었다. 그러나 당시 미국의 법원은 주주의 기득권이론의 완화는 다수결에 의하여 회사의 근본적 변경을 용이하게 실행할 수 있도록 부여한 권한에 불과하다는 논거에서 완화된 주주의 기득권이론이 다수파주주로 하여금 소수주주의 퇴출에 이용되는 점에 대하여는 비판적이었다.[24] 20세기 초의 합병법에서 합병당사회사의 주주는 존속회사의 주식을 받게 되므로 소수주주의 퇴출문제는 제기되지 않았으며, 법원도 합병 이외의 근본적 변경에 있어서 다수결원칙이 소수주주의 퇴출수단으로 이용되는 것을 엄격히 금지하였다.[25]

요컨대 주주의 기득권이론은 원래는 합병 등 회사의 근본적 변경을 위한 주주만장일치제의 정당한 법적 근거로서 원용되는 것으로부터 출발하였는데, 이것은 주주전원동의의 원칙이 수정된 다수결원칙 하에서도 다수파에 의한 소수주주 강제퇴출의 정당성 문제를 판단하는 법적 근거로서도 원용되었다. 즉, 합병 등 회사의 근본적 변경을 위하여 허용된 다수결원칙이 소수주주의 퇴출수단으로 이용되는 것을 금지한 것은 주주권을 주

23) Elliot J. Weiss, The Law of Take Out Mergers : A Historical Perspective, New York Univ. L. Rev(Vol. 56, 1981), p.632.

24) ibid at 629.

25) 예컨대 Southern Pacific Co. v. Borgert사건(250 U.S.483, 1919)에서 법원은 지배주주가 해산과 신회사에 의한 전자산의 취득을 행함에 있어 소수주주에게 신회사의 주식을 부여하여야 한다고 판시한 바 있다.

주에게 고유한 재산권(property right vested in a shareholder)으로 파악하여 소수주주의 강제퇴출은 주주로부터 정당한 법의 절차 내지는 재산권을 박탈하는 것으로서 그 법적 정당성을 인정할 수 없다는 법적 인식에 기초한 것이라고 할 수 있다.[26)]

Ⅲ. 기업결합의 유연화이론

1. 유연화이론의 등장

기업결합의 유연화(corporate flexibility)이론은 20세기 초까지 회사의 근본적 변경에 주주전원일치의 동의를 요구하는 정당한 법적 근거로서 인식되어온 주주기득권이론에 대한 반작용으로서 나타났다. 유연화이론은 기본적으로는 기업결합 등 회사의 경제적 행위에 대한 유연성을 법률적으로 방해하지 않는다는 사고에서 출발한 것이지만, 초기에는 합병 등 근본적 변경을 다수결의 원리에 따라 용이하게 수행할 수 있다는 점에서 그 정당성을 인정받았던 것이다. 그러나 20세기 초 이후에 그 유연성이론은 주주만장일치의 원칙에서 다수결원칙으로의 완화를 의미하는 것에 그치지 아니하고, 회사 내의 다수파주주가 소수주주를 강제로 퇴출시키는 문제에 있어서도 그 정당성을 인정하는 논거로까지 확장되었다. 그리하여 이와 같은 유연화의 관념에 따라 네바다주와 플로리다주는 1925년에 처음으로 현금지급합병을 허용하는 입법을 단행한 바 있고, 그 후 이러한 입법현상은 다른 주에까지 영향을 주게 되었다. 이 당시의 입법은 다수파주주에게 소수주주를 퇴출시킬 수 있는 권한을 부여한 것이라고 풀이되었다.[27)]

그러나 20세기 초까지 미국에 있어서는 소수주주의 퇴출은 정식합병에 있어서 현금지급방식에 의하여 소수주주의 퇴출을 시도한 것은 아니고 오히려 삼각합병과 주식교환제도의 이용에 의하여 변칙적으로 이용되었다고 할 수 있다. 1960년대에 들어와서 미국의 모범회사법은 합병대가를 합병회사 또는 기타 회사의 주식이나 증권 또는 그 대가의 전부나 일부를 현금이나 기타 재산으로 교부할 수 있도록 규정한 바 있다.[28)] 오늘

---

26) Borden, Going Private, § 1.07.

27) Weiss, The Law of Take Out Mergers, p. 632. 미국에서 합병대가로서 현금 이외에 사채를 지급하는 것이 처음으로 입법에 의하여 허용된 것은 1896년의 뉴저지주법이라고 한다. 합병대가로서 사채를 이용하는 것이 허용됨으로써 소수주주의 퇴출수단으로 합병을 이용할 여지가 있었지만, 이에 대하여 법원은 사채를 이용할 수 있는 경우를 한정적으로 해석하여 소수주주의 퇴출을 허용하지 않으려는 자세를 견지하였다. 1941년 델라웨어주 회사법, 1943년 뉴욕주 회사법은 합병대가로서 존속회사 또는 신설회사의 주식 이외의 다른 증권을 교부하는 것도 허용하였지만 이러한 법률 하에서도 소수주주의 퇴출이 허용되는 것으로 풀이되지는 않았다고 한다. 中東正文, 企業結合·企業統治·企業金融(信山社, 1999), 14~17면 참조.

28) RMBCA § 10.01.

날에는 기업의 인수와 양도를 위한 유연한 수단은 언제든지 이용할 수 있어야 한다는 견해가 보편화되었다.[29]

이와 같이 미국에서는 현금지급합병을 허용하는 입법의 확산과 함께 다수파주주에 의한 소수주주의 강제퇴출에 대한 법적 정당성을 얻게 되었고,[30] 종래의 주주기득권이론은 서서히 쇠퇴하여 다수파주주에 의한 소수주주의 퇴출 문제는 주주간 이해조정의 법리로서 접근되었다. 이러한 접근방법으로서는 주식매수청구권이론, 공정성평가이론 등으로 다양하게 전개되는 과정을 밟아 왔다.

2. 주식매수청구권이론

미국에 있어서 주식매수청구권제도(appraisal right)는 만장일치제를 다수결로 완화하여 합병, 전자산의 양도, 기본정관의 변경, 사실상의 합병 등과 같은 기업구조재편을 가능하게 하는 대신, 반대소수주주에게는 기득권을 탈취당한 대가적 권리로서 주식을 회사에 매각하고 탈퇴할 수 있는 권리를 인정함으로써 탄생하였다. 미국에 있어서 주식매수청구권을 최초로 규정한 것은 1861년 펜실베이니아주법이고, 그 후 미국의 각 주 회사법에 영향을 미쳤다고 한다.[31] 오늘날 주식매수청구권제도는 합병, 분할, 자산양수도 등 주식회사의 구조재편에 있어서 전세계적으로 보편화된 제도가 되었다.

이와 같은 주식매수청구권제도는 소수주주의 강제퇴출에 있어서도 적용될 수 있다는 것이다. 즉, 회사의 유연성과 경영의 자유로운 재량이 바람직하다는 관념에 의하여 종래의 주주기득권론은 더 이상 합당하지 아니하고, 소수주주는 제정법상 합병 또는 자산매각 등의 경우에 인정되는 주식매수청구권을 적용하여 보호되어야 한다는 것이다.[32] 이러한 원칙에 기초하여 많은 법원은 현저한 불공정 또는 기망이 없는 한, 소수주주는 주식매수청구권을 행사하는 이외에 다른 구제책을 가지지 못한다는 논거에서 사실상 소수주주의 퇴출을 지지해 왔다.[33] 그러나 주식매수청구권에 의한 소수주주의 탈퇴는 소수주주의 자발적인 의사를 전제로 한다는 점에서 주식매수청구권이 적용된다고 하여 다

29) Edward F. Green, Corporate Freeze-out Mergers : A Proposed Analysis, 28 Stan. L. Rev. 487(1976) ; Victor Brudney, A Note on Going Private, 61 Va. L. Rev. 1019(1975) : Borden, op. cit., § 1.07.

30) 소수주주의 퇴출은 회사의 청산을 통하여도 가능한데, 청산을 통한 소수주주 퇴출의 경제적 효과는 합병을 통한 퇴출의 경우와 동일함에도 불구하고, 미국법원은 전자보다는 후자의 방법을 선호하고 있는 것으로 평가되고 있다. Franklin A. Gevurtz, Corporation Law(West group, 2000), p.731.

31) 이성웅, 미국회사법상 주식매수청구권의 기능, 기업법연구 제8집(무허 서규석교수화갑기념)(한국기업법학회, 2001), 719~720면.

32) Borden, Going Private, § 2.02.

33) ibid.

수파주주에 의한 강제퇴출이 용인되는 것은 아니다.

3. 공정성평가이론

공정성 평가이론(fairness valuation)은 폐쇄기업화거래에 있어서 소수주주 퇴출의 정당성을 전통적인 주주의 기득권개념 보다는 완전한 공정성 개념(entire fairness)에서 찾는다는 판례법상의 원칙이다. 이 원칙에서 소수주주퇴출거래에는 적정한 사업목적(proper business purpose)이 존재하여야 하고(사업목적요건), 지급대가가 공정하게 산정되어야 한다(대가의 공정요건).

먼저 사업목적요건은 소수주주를 강제퇴출하기 위한 폐쇄기업화거래가 정당화되기 위해서는 적정한 사업상의 목적이 존재하여야 한다는 것이다. 20세기 초까지의 많은 판례에서는 회사의 급박한 재정위기를 방지하기 위하여 필요하다면 폐쇄기업화거래를 통한 소수주주의 강제퇴출은 정당화될 수 있다는 견해가 제시되기도 했다.[34] 대표적으로 1952년 Matteson v. Ziebarth 사건의 판결[35]에서는 폐쇄기업화거래에 있어서 소수주주의 퇴출에는 선의의 사업상 이유(bona fide business reason)가 존재한다는 이유로 소수주주의 강제퇴출의 적법성을 인정한 바 있다. 아울러 1977년의 Singer v. Magnavox Co. 사건의 판결[36]에서 소수주주의 퇴출을 유일한 목적으로 하는 흡수합병은 회사절차의 남용(abuse of corporate process)으로서 위법하다고 판시함으로써, 소수주주를 퇴출시킬 목적의 합병이 적법하기 위해서는 그 거래에 사업목적이 반드시 존재하여야 한다는 원칙이 재확인되었다. 그러나 Singer판결이 소수주주 퇴출의 적법성을 판단하는 기준으로 사업목적의 존재만을 요구한 것은 아니었고, 여기에 소수주주의 퇴출을 가져오는 폐쇄기업화거래의 모든 측면에서의 공정성도 유지되어야 한다는 점도 요구하였다. 그러나 1979년 Tanzer v. International General Industries, Inc., 사건의 판결[37]에서는 사업목적이 선의이고 속임수에 기인하지 않는 한, 합병이 한 당사회사에게만 유익한 거래이면 사업목적은 언제나 존재한다고 보아 사실상 사업목적요건의 필요성을 부정하였다.

다음으로 20세기 초기의 판례들은 소수주주가 보유한 주식의 매입가격을 다수파주주가 결정하는 것은 소수주주에게 불공정할 소지가 있다거나, 사외이사와 다수파주주의

---

34) Paine v. Saulsbury, 200 Mich. 58, 65, 166 N.W. 1036, 1038(1918) : Theis v. Spokane Falls Gas Light Co., 34 Wash. 23, 29, 74 p.1004, 1006(1904).

35) 40 Wash. 2d 286, 242 p. 2d 1025(1952).

36) 380 A. 2d 969(Del. 1977).

37) 379 A. 2d 11211(Del. 1977), on remand 402 A.2d 382(Del. 1979).

충실의무에 기초하여 주식매입의 조건과 주식의 가치를 조사하여 주식매입 가격의 공정성을 인정할 수도 있다는 입장을 취해왔다.[38] 이와 같이 초기 판례상에 나타난 단순한 공정성 평가이론은 전술한 Tanzer판결에서 구체화되었고, 그 후의 Weinberger v. UOP 사건의 판결[39]에서 재확인되었다. 이들 판결에서는 소수주주의 퇴출을 가져오는 폐쇄기업화거래가 적법하기 위해서는 실체적 공정성(substantive fairness)과 절차적 공정성(procedural fairness)의 양면에서 완전한 공정요건을 모두 갖추어야 한다는 원칙이 제시된 바 있다. 그리하여 실체적 공정은 지급대가의 공정한 산정을 통하여, 절차적 공정은 소수주주퇴출과정에 있어서 소수주주의 동의, 독립이사의 승인 등의 객관적인 절차와 그러한 절차의 공시를 통하여 확보되어야 한다는 것이 주된 내용이다.[40] 이러한 공정요건은 그 후의 판례들은 물론 증권거래위원회(SEC)의 규칙[41]에 의하여 구체화되었다.

Ⅳ. 우리나라에서의 논의와 입법

1. 논의

우리나라의 회사법 원칙상 합병 등 기업구조재편과정에서 다수파주주에 의한 소수주주의 퇴출이 법률상 허용될 것인가의 문제가 논의된 경우는 극히 희소하다고 할 수 있다. 우리나라에서는 소위 교부금합병의 적법성을 둘러싸고 교부금은 주주의 병합이라는 사단법적 계기만을 침해하지 아니하는 한 자유이므로 소멸회사의 주주에게 합병신주를 최소 1주씩만 발행해 주고 나머지를 금전으로 지급하는 것도 가능하다고 하여 사실상 합병신주의 대가전액을 금전으로 지급할 수 있다는 견해가 제시되기도 하였다.[42] 그러나 합병신주를 소수주주에게만 교부하지 않는 것은 주주평등의 원칙에 반하고, 소수주주에게 금전을 지급하는 것은 사실상 자본충실원칙의 하나인 출자환급금지의 원칙에 반한다는 등의 이유로 소위 말하는 현금지급합병은 위법하다고 보는 것이 통설적 입장이었다.[43]

---

38) Borden, Going Private, § 2.02.
39) 457 A.2d 701(Del. 1983).
40) 송종준, 폐쇄기업화거래의 공정요건과 소수주주의 보호, 220면 이하.
41) SEC Rule 13e-3, Schedule 13E-3.
42) 홍진기, 주식회사의 합병에 있어서의 교부금, 법학의 제문제(유민 홍진기선생 화갑기념, 중앙일보사, 1977), 385면.
43) 정동윤, 회사법(제6판), 821~822면.

그런데 최근 들어서는 우리나라에서도 독일의 유한회사법이 규정하고 있는 사원제명의 법리를 기초로 하여 소규모 폐쇄적 주식회사의 경우 주주제명제도의 도입이 우리 주식회사법의 법리와 반드시 모순되지 않는다고 주장하는 견해,[44] 교부금합병을 통한 기업결합의 허용문제는 입법정책의 문제로서 기업경영상의 경제적 동기를 고려할 필요가 있으므로 현금지급합병의 목적 또는 동기에 사업상의 정당성이 있는 경우에는 이를 인정할 정당성이 있다는 견해,[45] 교부금합병의 적법성여부에 대해서는 기업환경변화에 따른 세계적 추세에 맞추어 해석할 필요가 있고 더 나아가서 새로운 기업경영환경의 변화를 과감히 수용하여 교부금합병은 물론 합병대가를 더욱 유연화 할 수 있는 입법적인 검토가 필요하다는 견해[46]가 나타나고 있다.

우리나라는 지난 1997년 IMF 이후, 기업결합의 유연화이론에 따라 미국에서 발전되어온 각종의 다양한 기업결합수단으로서 간이합병과 소규모합병, 주식교환과 이전제도 등 미국식의 법제도가 상법에 도입된 바 있다. 소수주주의 퇴출문제는 이와 같은 유연한 기업결합수단의 허용에 이어 제기될 수 있는 불가피한 쟁점이라고 볼 수 있다.

2. 입법

소수주주 퇴출의 규율문제는 전통적인 개념법학의 테두리 내에서 해석론상으로만 맴도는 것 보다는 급변하는 경영환경의 변화에 대응할 수 있는 실용성있는 가치추구라는 관점에서 입법적인 해결을 통하여 국제간 규범의 정합성을 기하는 것이 바람직하다.[47] 그리하여 2008년 회사법 개정안에서는 이른바 소수주식 전부취득제(상법개정안제360조의24~26)와 현금지급합병제도(상법개정안제523조의2)를 도입하였다. 소수주식 전부취득제는 발행주식총수의 95% 이상을 보유한 지배주주(모자회사의 지분을 포함)에게 잔여 소수주식 전부를 강제로 매수할 수 있도록 한 것이다. 현금지급합병은 합병 당사회사인 존속회사가 소멸회사의 주주에게 대가의 전부 또는 일부를 주식 외에 금전 기타 재산을 지급할 수 있도록 하여 허용한 것이며, 이 경우 존속회사는 소멸회사의 주주에게 모회사 주식을 지급할 수 있도록 하여 이른바 삼각합병(triangular merger)도 가능하게 되었다. 이에 대하여는 후술한다.

---

44) 남기윤, 유형론적 방법론과 회사법의 신이론, 421면.
45) 송종준, 폐쇄기업화거래의 공정요건과 소수주주의 보호, 245면.
46) 김재형, M&A대가의 유연화와 현금지불합병, 비교사법 제10권4호(한국비교사법학회, 2003.12), 357면 이하.
47) 송종준, 소수주주 강제퇴출법제의 국제적 신조류와 그 입법론적 수용가능성, 3~38면 참조

제4절 외국법상 폐쇄기업화거래의 법적 규율

Ⅰ. 미국의 폐쇄기업화거래

1. Singer 판결과 Tanzer 판결의 쟁점

미국의 모범회사법은 현금지급합병을 명문으로 허용하고 있고, 주 회사법 차원에서도 현금지급합병은 일반화되고 있다.[48] 미국에서는 현금지급합병을 포함한 모든 폐쇄기업화거래에 있어서 소수주주의 강제퇴출이 허용되기 위해서는 일정한 공정요건이 충족되어야 한다. 소수파주주의 퇴출을 초래하는 폐쇄기업화거래에 있어서 법률적인 관심은 그 거래의 완전한 공정성(entire fairness)을 확보하는 데에 있다. 이 공정성원칙(fairness principle)은 델라웨어주 법원의 판례들이 기초를 형성한 것이며, 이것은 폐쇄기업화거래에 있어서 퇴출의 대상인 소수파주주에 대하여 객관적으로 모든 측면에서의 공정성이 유지되어야 한다는 원칙을 말한다.[49]

이 원칙의 정립에 있어서는 Singer v. Magnavox Co., 사건[50]과 Tanzer v. International General Industries, Inc., 사건[51]의 판결이 대표적이고 지도적인 판례라 할 수 있다. 이들 판례에서는 소수파주주를 퇴출할 목적의 합병이 적법하기 위한 요건으로서 공정성의 문제와 사업목적(business purpose)이 필요한 지의 여부가 쟁점이 되었다. Singer판결에서는 합병에 있어서 소수파주주의 퇴출에는 사업목적이 존재하여야 한다고 판시한 반면, Tanzer사건의 판결에서는 이를 부정하였다. 그 후 Weinberger v. UOP 사건[52]의 판결에서는 Tanzer사건의 판결을 지지하였다.

Tanzer판결은 폐쇄기업화거래에 있어서 완전한 공정성을 판단할 수 있는 구성요소를 최초로 설시한 것으로 평가되고 있다. Tanzer판결과 그 후속판결에서 공정성 판단의 기준으로서 제시된 구성요소는 크게 실체적 공정요건(substantial fairness)과 절차적 공정요건(procedural fairness) 2가지로 구성되어 있다.

---

48) 김재형, 미국에서의 합병대가의 유연화와 소수주주퇴출에 관한 입법의 변천과 법원의 대응, 기업법연구 제18권 1호(한국기업법학회, 2004.9), 61면 이하 참조.

49) Hamilton, Corporate Finance, p.619.

50) 380 A. 2d 969(Del. 1977).

51) 379 A. 2d 1121(Del. 1977), on remand 402 A. 2d 382(Del. Ch. 1979).

52) 457 A.2d 701(Del. 1983).

2. 소수주주퇴출의 요건

(1) 사업목적(business purpose)

Weinberger 판결을 제외한 대부분의 주판례는 소수파주주의 퇴출거래에 있어서 다수파주주는 선의의 사업목적(a bona fide business purpose)을 가져야 한다는 태도를 취하고 있다. 여기서는 소수파주주를 퇴출하는 거래의 형태가 무엇인지에 따라서 사업목적에 대한 평가도 다르다.

(가) 순수폐쇄기업화거래의 경우

전통적인 순수폐쇄기업화거래에서 소수파주주의 퇴출이 그 거래의 유일한 목적인 경우에는 사업목적의 정당성 또는 선의성이 인정되기는 어렵다는 것이 판례의 일반적인 태도이다. 다수파주주가 소수파주주의 퇴출을 목적으로 하는 합병을 고려할 수는 있다 하더라도 그것이 적법하기 위하여는 선의의 정당한 사업목적이 있어야만 한다는 것이다. 그런데 순수폐쇄기업화거래는 복수회사 간의 결합이 아닌 단일회사 내의 다수파와 소수파주주 간의 대립구조를 특성으로 하는 것이므로, 실제로 다수파주주가 그 정당한 사업목적을 증명하기란 용이하지 않다고 한다.[53)]

(나) 2단계합병 · 모자회사간 합병의 경우

먼저 2단계합병에 의한 소수파주주의 퇴출에 있어서 Singer 사건의 판결은 소수파주주의 퇴출을 유일한 목적으로 하는 흡수합병은 회사절차의 남용(abuse of corporate process)으로서 위법하다고 판시하였다. Singer 판결 이후에도 이 원칙은 많은 판례에서 유지발전되었다. 그런데 Tanzer 사건의 판결에서는 사업목적이 선의이고 속임수에 기인하지 않는 한, 합병이 한 당사회사에게만 유익한 거래이면 사업목적은 존재한다고 보아 사실상 사업목적의 요건을 부정하는 입장을 취하였다.

다음으로 모자회사간의 합병에 있어서는 Weinberger 사건의 판결에서 사업목적의 존재요건을 부정하였다. 즉 모자회사간 합병에서는 자회사의 소수파주주에 대하여 수탁자적 지위에 있는 모회사 또는 자회사의 이사는 자회사의 소수파주주와는 잠재적인 이익충돌의 관계에 있으므로 사업목적이란 개념이 존재할 수 없고, 오로지 그 거래의 공정성만이 문제된다는 것이다. 학설상으로는 소수주주를 퇴출하려는 합병당사자에게 이득이 있으면 사업목적은 언제나 존재하는 것이고 불리한 취급을 받는 소수파주주는 충

---

53) Brodsky & Adamski, Law of Corporate Officers and Directors, Rights, Duties and Liabilities, § 7.06, p.19.

실의무의 원칙으로 보호될 수 있다고 하거나,[54] 전통적인 다수결원칙에 입각하여 2단계의 합병을 추진하는 것은 1단계의 공개매수단계에서 과반수주주가 승인한 것을 이행하는 것에 불과하므로 이 단계에서 따로 사업목적이 필요한 것은 아니라고 하여[55] 사업목적의 요건을 부정하는 견해가 유력하다.

요컨대 2단계합병과 모자회사간의 합병은 소수파주주의 퇴출만의 문제가 있는 순수폐쇄기업화거래와는 달리, 2개의 사업회사의 결합에 해당하므로 선의의 사업목적의 존재를 판단함에 있어서 그 점이 고려되고 있다. 그것은 사업회사간의 합병은 중복기능의 제거, 세금절약, 합병에 대한 시장의 반응 등에 의하여 기업가치의 상승, 즉 시너지효과를 가져올 수 있기 때문이다. 그리하여 모회사의 사업이익을 용이하게 할 수 있는 경우라면 정당한 사업목적의 존재를 인정하기가 더욱 용이하다는 것이다.[56]

(2) 실체적 공정요건

실체적 공정요건은 지급대가의 공정성(fair value)을 유지하기 위한 요건을 말한다. 연방 및 주판례는 다양한 형태의 폐쇄기업화거래에 있어서 지급대가에 대한 공정가치의 산정요소를 제시하여 왔는데, 이것은 주식매수청구권의 행사 및 사기 또는 충실의무위반으로 인한 손해배상액의 산정에 있어서도 유사하게 적용되고 있다. 공정가치의 산정기준에 대하여는 주마다 차이가 있지만 대표적으로 델라웨어주의 경우에 판례에 의하여 가중평균방식이 전통적인 기준으로 이용되어 왔고, 최근에는 이 방식을 수정한 새로운 방식이 채택되기도 하였다. 증권거래위원회(SEC) 규칙에서도 공정가치의 평가요소를 열거하고 있다(SEC Rule 13e-3, Schedule 13E-3).

(가) 델라웨어가중평균방식

델라웨어 가중평균방식(Delaware Bloc Approach, Weighted average method)에서는 주식의 가치를 구성하는 요소가 거래의 공정여부에 대하여 갖는 중요도에 따라 각 요소에 적절한 가중치를 주어서 주식의 가치를 산정한다. 그런데 여기서 평가대상으로서의 요소는 시장가격(market price), 순자산가치(net asset value), 수익가치(earnings value) 등으로 그 범위가 제한되어 있는 것이 특징이다. 판례상 시장가격은 소수파주주퇴출거래가 주식의 시장가격이 하락할 때를 그 실행시점으로 선택할 우려가 있다는 이

54) Easterbrook & Fischel, Corporate Control Transactions, p.723.

55) Brudney & Chirelstein, A Restatement of Corporate Freezeouts, p.1356

56) Brodsky & Adamski, Law of Corporate Officers and Directors, Rights, Duties and Liabilities, § 7.06, pp.22~23.

유로 일반적으로는 가중치가 높지 아니하다. 순자산가치는 청산가치(liquidation value)를 말하며 여기서는 계속기업가치(going concern value)가 고려될 수 있고 여기에는 높은 가중치가 부여되는 것이 보통이다. 수익가치는 투자가치(investment value)라고도 하는데, 여기에서는 거래이전의 일정기간동안의 평균수익과 당해년도의 예상수익가치가 고려된다. 이와 같은 가중평균방식을 적용함에 있어서 대부분의 판례와 주제정법은 거래로 인한 주가상승 또는 하락분과 같은 가격변동요인은 배제하는 것이 일반적이다. 아직도 대부분의 주판례는 이 방식을 적용하고 있다고 한다.[57)]

(나) 새로운 평가방식

1983년의 Weinberger 사건의 판결은 델라웨어가중평균방식이 특정의 3가지 요소로 제한하여 주식의 공정가치를 산정하는 것은 획일적이라는 이유로 자본시장에서 일반적으로 인정되거나 그렇지 않은 경우에도 법원이 허용할 수 있는 것이라면 여하한 기법이나 방식도 공정가치에 관련되는 모든 요소(all relevant factors)를 그 산정에서 고려하여야 한다고 판시하였다.[58)] 그리하여 종래의 가중평균방식에서는 고려될 수 없었던 요소, 예컨대 합병의 성취 또는 합병의 기대로 인하여 나타나는 평가요소와 같은 장래요소(future value)도 고려할 수 있게 되는 것이다.[59)]

(다) SEC규칙상 공정가치의 평가요소

델라웨어가중평균방식의 세 가지 평가요소는 증권거래위원회 시행규칙에도 반영되어 있지만, 동 규칙은 평가요소의 범위를 확대하여 8가지로 열거하고 있다(Schedule 13E-3, Item 8(b)). 현재의 시장가격 및 과거의 시장가격, 순장부가치, 계속기업가치, 청산가치, 과가 2년간 발행기업(지배관계자 포함)에 의한 주식매입가격, 발행기업 등이 거래의 공정성에 관하여 받은 각종의 보고 · 의견 · 평가내용, 합병 등 기업인수를 위하여 과거 18개월 동안에 한 확정계약조건 등이 그것이다.[60)] 이들 요소 중에서 현재 및 과거의 시장가격은 주식의 공정가치의 산정에 있어서 고려하여야 할 가장 중요한 요소이다. 그리고 계속기업가치는 주법상 수익가치 또는 투자가치에 유사한 것으로 보이며,[61)] 수익가

57) 임재연, 증권규제법(박영사, 1995), 411~414면.

58) Weinberger v. UOP, 457 A.2d 701, 712~713(Del. 1983).

59) 퇴출당하는 소수파주주가 집단으로서 보유하는 지분이익(equity interest)을 다수파주주가 획득함으로써 발생하는 손해도 여기의 장래가치에 포함된다는 것이다. 다만 합병의 종결에 관련되는 형식상의 통계(pro forma data)와 투기적인 계획(projections of a speculative variety)에 기초한 장래가치는 평가에서 배제된다고 한다. 뉴욕회사법은 이를 입법화하였다(N.Y.Bus.Corp.L, Sec. 623(h)(4)).

60) Lipton & Steinberger, Takeovers & Freezeouts, § 9.06, 9-70~9-87 참조.

61) Ibid at 9-78.

치의 평가에서는 과거 일정기간 동안의 평균수익이 고려되고 여기에서는 동종경쟁업체의 과거영업실적에 대비하여 결정되는 승수(multiplier)가 적용되고 예상수익과 장래의 전망도 고려된다. 청산가치(liquidation value)는 퇴출거래에 있어서 다수파주주가 고려해야 할 중요한 평가요소이나 일반적으로 시장가치와 수익가치에 비하여는 가중치가 현저히 낮다. 순자산가치는 유형자산의 가치만을 의미하기 때문이다.

(3) 절차적 공정요건

(가) 지급대가의 공정성 관련 정보의 공시

증권거래위원회가 제정한 규칙은 소수주주의 강제퇴출을 가져오는 폐쇄기업화거래의 공정성을 확보하기 위하여 공정성에 관련된 정보의 공시의무를 규정하고 있다.[62] 여기서 공시하여야 할 정보는 거래의 목적 · 이유 · 시기 · 손익에 관한 사항, 거래의 선택시 고려한 다른 대안, 거래의 효과, 거래와 중요한 관련이 있는 각종의 보고 · 의견 · 평가 등에 관한 사항, 그 밖에 거래의 공정여부를 결정하는데 고려한 사항 등이 있다.[63] 그리고 주식의 공정가치를 평가함에 있어서 고려하여야 할 요소로서 회사와 거래관계자에 관한 세부적인 사항에 대하여 공정하고 명확한 요약정보[64]도 공시하여야 한다.

이와 함께 폐쇄기업화거래에 관여하는 발행회사 또는 지배관계자는 증권거래위원회에 거래설명서를 제출하여 그 거래를 신고하여야 한다.[65] 신고할 내용은 Schedule 13E-3이 정하는 바에 따라야 한다. 그리고 그 신고는 거래유형에 따라 다르나 일반적으로 그 거래와 관련하여 요구되는 권유사항, 정보설명서, 증권의 등록을 위하여 제출된 등록설명서의 최초 신고와 동시에 하여야 하며, 공개매수가 포함되는 때에는 주주에게 공개매수가 최초로 공표되는 날에 행하여야 한다.[66] 그리고 공시할 정보는 주주에게도 통지하여야 하는데, 공개매수[67] 이외에 소수주주의 퇴출을 가져오는 폐쇄기업화거래가 종결되는 날보다 최소한 20일 전에는 그 정보를 당해 주주에게 송부하여야 한다.[68]

---

62) SEC Rule 13e-3. 이 규칙은 주주수가 300인 미만으로 되거나, 상장요건에 미달하게 됨으로써 1934년 증권거래법상의 보고의무를 면하게 되는 거래에 적용된다(Rule 13e-3(a)(3)).

63) Schedule 13E-3, Item 8.

64) Schedule 13E-3, Item 1-14.

65) SEC Rule 13e-3(d).

66) SEC Rule 13E-3(d)(2)(3). General Instruction A to The Rule 13e-3 Transaction Statement on Schedule 13E-3, para. 1 through 3.

67) 자기공개매수에 의한 소수주주의 퇴출이 계획되는 거래에 대하여는 일반공개매수에서 요구되는 정보의 공시를 의무화하고 있다. SEC Rule 13e-3, Schedule 13E-3.

(나) 절차의 공정성 관련정보의 공시

① 소수파주주대표의 참여사실의 공시

증권거래법은 폐쇄기업화를 실행하고자 하는 회사는 독립이사(independent director)의 과반수가 소수파주주를 위하여 협상할 소수파주주의 대표(unaffiliated representative)를 선임하기로 했는지의 여부를 공시하여야 한다(SEC Schedule 13E-3, Item 8(d)). 실무상으로 증권거래위원회는 그 대표에게 전문적 조언의 확보, 거래의 대가 및 구조의 협상, 상대적인 의미에서의 공정성의 판단 및 보고서의 준비 등을 포함하여 포괄적인 권한이 부여되어 있는 경우에는 그 독립성을 인정하는 경향에 있다.[69]

② 독립이사의 승인사실의 공시

폐쇄기업화거래를 시도하는 회사는 독립이사의 과반수에 의하여 그 거래가 승인된 사실도 공시하여야 한다(Schedule 13E-3, Item 8(c)). 또 독립이사위원회가 투자은행 및 변호사의 자문에 따라 행동한 경우에는 거래절차의 공정성을 인정할 수 있는 유력한 증거로 보는 것이 연방 및 주판례의 입장이다.[70]

③ 소수파주주의 다수결에 의한 승인사실의 공시

폐쇄기업화거래가 소수파주주의 다수결에 의한 승인에 의하여 성립될 수 있도록 한 경우에는 이를 공시할 의무가 있다(Schedule 13E-3, Item 8(c)). 이것이 폐쇄기업화거래의 절차적 공정성의 필수요건은 아니더라도 최소한 전반적인 공정성을 평가함에 있어서는 중요한 요소라 할 수 있다. 그리하여 폐쇄기업화거래의 불공정성을 이유로 그 효력을 다투는 경우에 소수파주주가 회사로부터 통지를 받고 다수결에 의하여 폐쇄기업화거래를 승인하였다면, 그 거래의 불공정에 대한 증명책임은 불공정을 주장하는 소수파주주에게 있다고 한 판례[71]가 있다.

④ 독립전문가의 의견조회 사실의 공시

폐쇄기업화거래의 공정성여부에 대한 독립전문가의 의견표시는 증권거래위원회 규칙상 단순한 공시사항일 뿐이지만, 판례상으로는 폐쇄기업화거래의 절차적 공정성을 인정

---

68) SEC Rule 13e-3(e)(2).

69) Lang & Cooper, Fairness II, 12 Rev. Sec. Reg. 831, 834(1979).

70) 이들 판례에 대하여는 Lipton & Steinberger, Takeovers & Freezeouts, § 9-89 참조.

71) Rolan Intenational Corp. v. Najjar, 407 A. 2d 1032(Del. 1979) ; Wyne v. Utilities & Industries Corp., Civ. Act. No. 5733, 5 Del. J. Corp. L. 174(1980)(Del.Ch. July 19, 1979) ; Bromberg v. Stern, N.Y.L.J., Feb. 23, 1979, at p.4(N.Y.Sup.N.Y.Co. Feb.16, 1979).

하는 증거로서 취급한 예[72]가 있다.

(4) 2단계합병 · 순수폐쇄기업화거래에 있어서 공정요건의 적용문제

(가) 2단계합병의 경우

2단계합병은 1단계에서 정해진 공개매수가격과는 다른 가격으로 2단계의 합병에 의하여 소수파주주의 주식을 현금으로 매입하거나 다른 증권으로 교환하여 소수파주주를 퇴출하게 된다. 여기서의 공정성문제는 2단계의 합병대가가 1단계의 공개매수가액과 최소한 동액 이상이어야 하는지, 아니면 아무런 제한을 받지 아니한지의 문제이다. 이에 대하여는 학설과 판례의 다툼이 있기는 하지만, 2단계합병의 대가결정에 있어서도 일반합병거래에서 요구되는 공정가치산정기준이 적용된다는 것이 지배적인 해석이다. 이러한 견해에서는 2단계합병에서 소수파주주를 보호하기 위하여는 2단계합병계획을 1단계에서 사전공시하도록 하는 것이 합리적이라고 지적한다.

(나) 순수폐쇄기업화거래의 경우

Tanzer판결 이후의 델라웨어주 판례에서는 폐쇄기업화거래의 공정요건을 구성하는 요소는 지배주주가 아닌 외부의 제3자에 의한 기업인수(third-party takeover)의 경우에 비하여 순수폐쇄기업화거래의 경우에 더 엄격한 공정기준이 적용될 수 있다는 점이 시사되고 있다. 대표적으로 Roland International Corp. v. Najjar 사건의 판결[73]에서 델라웨어주 대법원은 일반소수파주주에 대한 억압(squeeze-out)에 의하여 폐쇄기업화를 행함에 있어서, 당시의 시장상황과 주식매수청구가격을 따져 보아 다수파주주에게만 유리한 시점을 선택하여 합병을 실행하는 경우에 그러한 합병은 상대적으로 숫자가 적은 일반주주를 제거하기 위한 단순한 수단에 불과한 것으로서, 이러한 형태의 합병에는 충실의무가 가장 엄격하게 적용된다고 설시한 바 있다.[74] 이것은 순수폐쇄화거래에 있어서 소수주주퇴출의 남용을 제한하고자 하는 의미로 풀이할 수 있다.

3. 소수주주 퇴출의 공정성 규제

(1) 연방증권거래법에 의한 규제

72) Bromberg v. Stern, N.Y.L.J., Feb. 23, 1979, at p.4(N.Y.Sup..N.Y.Co. Feb.16, 1979).
73) 407 A. 2d 1032(Del. 1979).
74) Ibid, 407 A. 2d at 1037.

(가) 일반사기금지규정(Rule 10b-5)에 의한 규제

폐쇄기업화거래에는 증권거래위원회 규칙(Rule 10b-5)에 의하여도 규제될 수 있다. 그런데 폐쇄기업화거래에 의한 소수파주주의 퇴출행위에 Rule 10b-5가 적용되기 위한 요건에 대하여는 판례의 변화가 있다. Santa Fe Industries, Inc. v. Green 사건[75]에서 델라웨어주 대법원은 약식합병에 의한 소수파주주의 퇴출에 있어서 그 퇴출에 관한 사전통지의 불이행은 중요정보의 부실표시 또는 불표시가 아니어서 Rule 10b-5를 위반한 것은 아니라고 판시한 반면, Goldberg v. Meridor 판결[76]에서는 폐쇄기업화거래에서의 부실표시나 불표시는 규칙 10b-5에 위반될 수 있음을 시사하였다. Goldberg 사건은 모회사가 특정자산과 부채를 자회사의 발행신주와 교환으로 자회사에 양도한 것이 문제되었다. 이 사건에서 법원은 뉴욕주법상 그 거래에 주주총회의 승인이 요구되지는 않더라도 소수파주주는 주식매수청구권을 행사하는 이외에도 그 거래에 관한 표시는 정보의 중요성(materiality) 원칙에 반하는 부실표시로서 소수파주주는 그 거래를 금지시킬 수 있다는 점을 지적하였다.

(나) 자기공개매수규정(Rule 13e-4)에 의한 규제

자기공개매수에 의하여 소수파주주의 퇴출을 시도하는 거래는 Rule 13e-4 및 Schedule 13E-4에 따라야 한다.[77] 그리고 이와 함께 공개매수에 있어서 사기금지규정인 1934년 증권거래법 제14(e)도 적용될 수 있다.[78]

(2) 주제정법에 의한 규제

(가) Wisconsin주법상의 규제

위스콘신주는 비지배주주(non-affiliate)와의 대등한 협상관계에서 이루어지지 않는 주식매입과 관련된 모든 거래는 실체적으로 공정하여야 한다는 폐쇄기업화규칙(going private rule)[79]을 채택한 바 있다. 이 규칙은 폐쇄기업화거래로 인하여 증권이 증권거래소로부터 탈상장되거나, 장외시장(Nasdaq)의 등록요건에 미달되거나, 또는 1934년 증권거래법이나 위스콘신주 증권법상 등록이 종료되거나 보고의무가 유보되는 결과를 가

75) 430 U.S. 462, 97 S.Ct. 1292, 51 L. Ed. 2D. 480 (1977).
76) 567 F.2d 209(2d Cir.1977), cert. denied 434 U.S.1069(1978).
77) Rule 13e-4는 자기공개매수에 대한 규제인데, 여기서는 자기공개매수의 매수기간, 철회권, 안분비례배분원칙, 가격조건 등의 실체적 규제내용이 주된 것이며, 아울러 동 규칙의 Schedule 13E-3에서는 일반 공개매수에서 요구되는 정보의 공시를 규제하고 있다.
78) 이에 대한 설명은 Lipton & Steinberger, Takeovers & Freezeouts, § 2-81~2-82 참조.
79) Wisconsin Administrative Code, Rules of Commissioner of Securities, § 6.05.

져오는 경우에 적용된다.

이 규칙상 다음과 같은 경우에는 폐쇄기업화거래의 공정성이 추정(presumption)된다. 즉, 주식에 대한 지급대가가 두 개의 독립한 평가인(independent appraiser)이 권고한 대가에 미달하지 아니하고, 또 이사회에 의하여 그 대가가 주주에게 공정하고 또 성실하게 결정되었다고 표시될 것, 가장 최근의 공모가 그 거래보다 10여년 전에 이루어졌거나, 또는 그 거래의 지급대가가 공모가격 이상일 것, 비지배주주가 보유한 주식의 과반수가 그 거래에 대하여 승인하였을 것 등이다. 위와 같은 요건 중에 어느 하나라도 결여되면 거래조건의 공정성에 관한 추정력은 인정되지 않는다.

그리고 이 규칙상 폐쇄기업화거래에 관한 정보는 모든 주주에게 제공되어야 한다. 여기의 정보는 관련 당사자, 자금출처, 거래의 목적, 거래 전후의 증권시장여건, 지급대가 산정의 기초, 모든 재무자문 또는 평가개요 등을 말한다. 또한 주식의 매입 또는 그러한 매입을 허용하는 주주의 투표일에 앞서 적어도 20일 전에 증권감독위원회(commissioner of securities)에 신고하여야 한다. 그리고 동 위원회에는 그 신고 후 15일간 그 거래의 허용여부를 결정할 수 있는 권한이 부여되어 있다.

(나) California주법상의 규제

캘리포니아주 회사법은 정식합병의 경우, 즉 자회사 주식의 90% 미만을 소유하는 경우에 그 지급대가는 반드시 매수회사 또는 모회사의 보통주일 것을 규정하고 있고,[80] 현금지급에 의한 소수파주주의 퇴출이 이루어지는 경우에는 총주주의 동의가 필요하다.[81] 그리고 약식합병의 경우, 주식총수의 90% 이상을 보유하는 주주는 이러한 제한을 받지 아니한다. 다만 어느 경우에나 소수파주주의 과반수가 그 퇴출에 동의하고 아울러 회사감독기관이 거래조건의 공정성을 승인하는 경우에 한하여 제한적으로 그 예외를 인정하고 있다.[82] 여기의 승인에는 청문절차도 필요하다. 그리고 공개매수, 구조재편 또는 자산매각 등의 경우에는 그러한 계획이 지배주주 등 이해당사자(interested party)에 의하여 이루어지는 때에는 공정성에 관한 전문가의 의견표시를 강제하고 있다.[83]

(3) 미국변호사협회의 가이드라인

1981년 미국변호사협회(ABA)의 회사법위원회는 그 동안의 판례와 학설 그리고 증권

80) Cal. Corp. Code § § 1001-1101.
81) Cal. Corp. Code§ 1101.
82) Cal. Corp. Code § 1101.1.
83) Cal. Corp. Code § 1203.

거래위원회의 제규정을 종합적으로 검토하여 폐쇄기업화거래의 공정성을 확보하기 위한 가이드라인을 설정하였다.[84] 이 가이드라인은 소수파주주의 퇴출 또는 억압, 현금지급 퇴출의 특성을 가지는 합병이나 자산의 매각 또는 주식병합 등과 같은 회사행위에 의하여 주주수가 강제적으로 감소되는 경우에만 적용된다.

그리고 이 가이드라인에서는 실체적 공정요건으로서는 사업목적의 존재를 요구하고 있고, 절차적 공정요건으로서는 폐쇄기업화거래에 대한 국외주주의 과반수에 의한 동의, 지급대가의 공정성평가에 대한 전문가의 의견, 그리고 지배주주와 이해관계 없는 사외이사의 조언과 동의 등이 필요함을 권고하고 있다. 그리고 폐쇄기업화거래에 관련된 특별한 정보는 증권거래위원회의 규칙에 따라 공시할 것도 정하고 있다.

4. 소수주주의 구제

(1) 주식매수청구권과 다른 구제수단과의 관계

미국법상 주식매수청구권(appraisal right)은 폐쇄기업화거래의 불공정성을 전제로 하여 허용되는 것이 아니라 그 거래에 반대하는 입장을 가지는 주주에게 일반적으로 인정되고 있는 제도이다. 그러므로 불공정한 폐쇄기업화거래에 있어서 퇴출당하는 소수파주주의 구제책에 관한 문제의 핵심은 주식매수청구권 이외에 형평법상의 다른 구제수단도 허용되는 지의 여부에 있다. 이것이 곧 주식매수청구권의 배타성(exclusivity of appraisal right)에 관한 문제이다

이 문제에 관하여 델라웨어주의 경우 전통적으로 소수파주주의 퇴출에 대하여 소수파주주가 다수파주주측의 사기 또는 명백한 권한남용이 있음을 증명하지 못하는 한, 반대소수파주주에게는 주식매수청구권으로 그 구제책이 제한되고, 소수파주주는 불공정한 합병에 대하여 그 효력을 다투거나 다른 구제책을 주장할 수 없다고 보는 것이 일반적이었다. 그런데 이러한 태도는 1977년의 Singer v. Magnavox Co. 사건의 판결에서 배척되었다가, 1983년의 Weinberger v. UOP, Inc. 사건의 판결에서 소수파주주의 퇴출합병에 있어서도 사기, 허위표시, 자기거래, 고의적인 회사자산의 훼손, 중대하고도 명백한 권한남용이 존재하는 경우에는 주식매수청구권만이 적절한 구제수단이라고 볼 수는 없다는 입장으로 변경되었다.[85]

---

84) Committee on Corporate Laws, Guidelines on Going Private, 37 Bus. Law. 313(1981) ; Hamilton, Corporate Finance, pp.619~625.

85) Weinberger v. UOP, 457 A. 2d 714(Del. 1983).

그 밖의 주에서는 이 문제에 관하여 상당한 차이를 보이고 있다. 코네티컷 대법원은 약식합병의 유효성을 다투는 소송에서 주식매수청구권의 배타성을 확인한 반면,[86] 캘리포니아주에서는 반대주주는 합병의 효력을 다투는 대신 금전적 지급요구를 단념할 수 있거나, 금전적 요구를 하는 대신에 합병의 효력을 다툴 수 있는 권리를 단념할 수 있도록 하여 구제책의 선택권을 인정하고 있다.[87] 펜실베니아주의 판례에서는 합병 이후의 사후적 구제책으로서는 주식매수청구권을 인정하지만, 주주는 합병이 종결되기 이전에는 합병의 불공정 또는 사기를 금지할 수 있는 소를 제기할 수 있다고 판시한 바 있다.[88] 뉴욕 주에서는 회사법상 합병이 원고인 주주에게 사기적이거나 위법한 것임을 증명하면 주식매수청구권의 배타성에 대한 예외를 인정하고 있다.[89] 즉, 판례에서는 주주가 주식매수청구권을 행사하더라도 금전적 회복의 중복문제를 들어 금전배상 이외에도 형평법상의 구제를 구하는 소송은 제기할 수 있다고 한 예[90]도 있고, 주식매수청구권만이 유일한 구제책이므로 다른 일체의 손해배상책임은 주장할 수 없다고 한 예[91]도 있다. 개정모범회사법은 주식매수청구권을 발생시키는 행위가 위법하거나 사기적인 (unlawful or fraudulent) 경우가 아니면 그 행위 자체의 효력에 대하여 다툴 수 없다고 규정하고 있다.[92]

(2) 유지명령청구권

보통법상으로는 불공정한 합병의 사후적 구제수단의 하나로서 합병의 무효 또는 취소(rescission)는 비정상적인 특수한 상황에서만 행사할 수 있으므로,[93] 실제상으로는 불공정한 합병의 취소에 의한 사후적 구제는 실효성이 적고, 오히려 유지명령(injunction)에 의한 사전적 금지가 유용한 구제수단이라고 할 수 있다.

형평법상 법원이 유지명령을 내리기 위하여는 합병거래가 회복불능의 손해(irreparable

---

86) Yanow v. Teal Infdustries, Inc., 178 Conn 263, 422 A 2d 311, 319(1979).

87) Deutsch v. Blue Chip Stamps, 116 Cal. App. 3d 97(Cal.Super.1981) : Cal. Corp. Code § 1312(b). 캘리포니아회사법상 모회사가 자회사의 사외유통주식의 50% 이상 90% 미만의 지분을 가질 경우에, 주주의 만장일치 또는 주감독위원회의 승인이 없으면 현금지급합병은 금지된다(§ § 1001(d), 1101, 1101.1).

88) In re Jones & Laughlin Steel Corp., 488 Pa. 524, 412 A 2d 1099, 1104(1980).

89) N.Y. Bus. Corp. Law § 623(k).

90) Breed v. Barton, 54 NY. 2d 87(1981).

91) Walter J. Schloss Associates v. Arkwin Industries, Inc., 61 NY 2d 700, 472 NYS. 2D 605, 460 NE 2d 1090(1984).

92) RMBCA § 13.02(b).

93) Marc I. Steinberg, Securities Regulation : Liabilities and Remedies, Law(Journal Seminars Press, 1990), § 15.05[2]. 그러나 오늘날에는 의결권있는 주식의 과반수의 동의를 요건으로 합병의 취소에 대한 특별한 제한을 가하고 있다(Del. Code Ann.. § § 251, 253).

injury)를 야기할 우려가 있어야 하고, 또 그 거래에 현실적인 사기(actual fraud) 또는 의제사기(constructive fraud)가 존재함을 증명하여야 한다.[94] 그 밖에 유지명령청구권은 주식의 공정가치가 제시금액보다 현저히 높거나 또는 소수파주주가 명백한 권리를 박탈 당하거나 충실의무를 지는 자들에 의하여 이용당하는 경우에도 인정된다.[95]

한편 폐쇄기업화거래에 있어서 유지명령을 청구할 수 있는 소의 원인은 연방법과 주제정법을 위반한 경우에도 인정된다. 연방증권거래법 중 일반적 사기금지규정인 증권거래위원회 규칙 10b-5상의 정보공시의무를 위반하여 사기적 행위가 되거나 시세조종적 행위가 되는 경우, 또한 규칙 13e-3상 발행인 또는 발행인의 지배관계자 등 회사의 내부자들이 정보공시의무를 이행하지 않은 경우에도 합병의 유지를 청구할 수 있다. 그런데 소수파주주의 퇴출에 대한 구제는 연방법에 의하는 것보다 주법에 의하는 것이 더욱 효과적이라고 할 수 있다. 대부분의 주제정법은 소수파주주퇴출거래에 대한 적법요건으로서 본질적 공정성(intrinsic fairness)과 정당한 사업목적(proper business purpose)을 요구하고 있다. 따라서 이러한 요건을 위반하는 경우에 당해 거래의 유지를 청구할 수 있다. 충실의무의 위반이 있는 경우에도 마찬가지이다.

(3) 손해배상청구권

폐쇄기업화거래에 있어서 형평법상의 손해배상청구는 그 거래가 연방 또는 주제정법이나 정관규정에 반하여 위법한 경우, 사기에 해당하는 경우, 거래가 현저히 불공정하거나 불공정한 자기거래로서 이사나 지배주주의 충실의무위반으로 되어 사기가 의제되는 경우 등에 일반적으로 인정된다. 소수파주주의 퇴출합병에 대한 손해배상청구와 관련하여는 Lynch v. Vickers Energy Corp. 사건의 판결[96]에서 손해배상은 합병의 효력발생일을 기준으로 하는 주식가치가 아니라, 재매각(resale)의 시점을 기준으로 하여 당해 주식과 동등한 가치(equivalent value)를 회복하여 준다는 원칙이 확립되었다. 결과적으로 피고가 배상할 손해액은 문제가 되는 소수파주주의 주식을 취득하고 보유함으로써 피고가 향유한 가치의 증가분과 동일한 금액을 뜻한다.

그러나 Weinberger 판결은 현금지급에 의한 퇴출합병에서 Lynch판결이 제시한 이와

---

94) In Cole v. Nartional Gas Credit Corp., 156 A.2d 183(Del. Ch.1931). 그런데 여기서 주식의 저평가와 관련하여 의제사기는 그 평가에 반대소수파주주에게 명백하게 해를 주는 재량권의 남용(conscious abuse of discretion), 신뢰위반(breach of trust), 또는 임무해태(maladministration)가 존재할 때에만 인정되고 단순한 가격의 부적정성(inadequacy of price)만으로는 가격의 저평가에 달리 악의(bad faith) 또는 소수파주주의 권리에 대한 고의적인 무시(reckless indifference)가 있지 않는 한 사기와 동일한 것으로 의제할 수 없다고 한다. Ibid at 187~188.

95) David J. Green and Co. v. Schenley Industries, Inc., 281 A.2d 30, 33(Del. Ch. 1971).

96) 429 A.2d 497(Del. 1981).

같은 획일적인 금전적 손해배상액의 산정기준(a single remedial formula for monetary damages, a mandatory damages formula)을 버리고, 주식의 공정한 가치를 결정함에 있어서는 합병일 당시를 기준으로 증명이 가능한 한 모든 요소(all relevant factors)를 고려하여야 한다는 새로운 주식평가방법이 제시되었다. 이에 따라 증명이 용이하고 적정한 것이라면 거래를 취소 또는 해제하였을 경우에 소수파주주에게 인정될 수 있는 손해, 즉 해제적 손해배상액(rescissory damages)도 장래가치(future value)의 한 요소로서 고려될 수 있다는 것이다.97)

그리하여 법원은 손해배상액을 지급대가와 실제가치의 차액으로 정할 수도 있고 이 배상액에 해제적 손해배상액을 포함시킬 수도 있는 재량권을 얻게 된 셈이다. 결과적으로 Weinberger 판결은 Lynch 판결의 산정기준을 적용할 경우 원고인 소수파주주에게는 직접적으로 이익을 주지만 모든 주주를 동등하게 보호할 수는 없었던 문제점을 해소하는 실질적인 효과를 거두게 된 셈이다. 따라서 Weiberger 판결원칙에 따르면 합병을 실행하는데 이용된 절차가 사기(fraud)와 유사하지는 않지만 의심스러울 경우에도 해제적 손해배상을 청구할 수 있으므로 소수파주주를 효과적으로 구제할 수 있다는 것이다.98)

Ⅱ. 독일의 폐쇄기업화거래

1. 입법배경

독일은 2001년 11월 15일 제정된 유가증권취득 및 기업인수법에 따라 주식법에 소수주주 강제퇴출 규정(제327a-f)을 신설하였다.99) 독일에는 매우 적은 규모의 군소주주가 존재하는 콘체른회사가 적지 않다. 이러한 경우에는 거의 100%에 육박하는 대주주가 있고 그 밖에 일정수의 주주가 소수로서 참가하고 있는 소규모회사가 있다.

이러한 상황에서는 외부의 군소주주 때문에 콘체른 운영에 큰 부담이 되는 경우가 많다. 이 경우 다수파주주가 군소의 외부주주가 존재하는 회사를 전부 인수하는 권리를

---

97) Weinberger v. UOP, 457 A. 2d 714(Del. 1983).

98) Steinberg, Securities Regulation : Liabilities and Remedies, Law, § 15.05[1].

99) 종래 독일에서는 주식법 제320조에 의한 콘체른법상의 기업편입(Eingliederung)의 방법에 의하여 소수주주를 콘체른모회사의 주주로 편입하는 것만이 가능하였고, 이 경우에도 소수주주는 모회사의 주주로 지위에 변동이 생길뿐 현금의 지급에 의하여 사원관계로부터 퇴출되는 것은 허용되지 않았다(독일 주식법제320a조, 제320b조).

갖게 하는 것이 회사경영의 경제원칙상 바람직한 측면도 있다. 그리하여 독일은 비용과 편익의 원칙에 입각하여 콘체른 운영상 군소주주로 인한 콘체른 회사의 비용부담문제를 해소하고, 소수주주의 강제퇴출을 허용함으로써 기업구조조정을 원활히 할 수 있도록 소수주주의 강제퇴출제도를 주식법에 명문화하였다. 그리고 소수주주의 강제퇴출은 소수주주의 재산권에 대해 충분한 보호장치가 마련되면 기업경영상 현저한 비용부담, 절차상의 어려움 및 기업의 합리적 조치의 지연 등에 대하여 대주주가 갖는 이익이 퇴출되는 소수주주의 이익보다 우선한다는 논거에서 위헌이 아니라는 결정이 내려진 바 있고, 이것은 소수주주 강제퇴출의 입법에 결정적인 동인이 되었다고 한다.[100] 그 밖에 독일 주식법상 소수주주 강제퇴출제도는 영미와 규범 정합성을 기하고자 했던 것도 또 다른 입법배경이라고 할 수 있다.[101]

2. 소수주주 강제퇴출의 적용범위

독일 주식법상 소수주주 강제퇴출은 주식회사와 주식합자회사의 경우에만 허용된다. 그리고 소수주주 강제퇴출은 상장회사뿐만 아니라 폐쇄회사에 대하여도 모두 적용된다. 상장회사에 대하여만 이것을 허용할 것인지의 문제에 대하여는 다툼이 있었지만, 소수주주의 강제퇴출은 자본시장적 고려에 의하여 인정되는 예외적인 현상이고, 또한 과거 상장회사이었던 회사에서도 주주를 찾기가 어려운 경우에 주주구조를 개선할 필요성이 높기 때문에 비상장회사에 대하여도 허용되어야 한다는 논리가 작용하였다.

3. 소수주주 강제퇴출의 요건[102]

(1) 실체적 공정요건

소수주주를 강제퇴출하기 위하여 사전에 공개매수에 의한 주식매수청약이 있을 필요는 없다. 이 제도의 허용범위를 상장회사로 제한하고자 하는 입장에서는 공개매수가 상장회사에 대하여만 허용되기 때문에 사전의 공개매수청약이 필요하다고 보았다. 그러나 그렇게 하면 소수주주 강제퇴출을 허용하는 입법취지가 몰각된다는 문제점 때문에 95%

---

100) 최병규, 2002년 개정 독일 주식법상 Squeeze-Out규정에 대한 연구, 제78회 정기세미나 발표지료(한국증권법학회, 2002.4.27), 8면.

101) 입법의 경위에 관한 상세한 설명은 柴田和史·野田 博, 會社法の現代的課題(法政大學 現代法研究所, 2004.3), 203~208면 참조.

102) 이하의 내용은 최병규, 2002년 개정 독일 주식법상 Squeeze-Out규정에 대한 연구, 9면 이하 및 柴田和史 · 野田 博, 會社法の現代的課題, 21면 이하의 해설을 재구성하여 정리하였음.

의 지분취득의 방법을 공개매수로만 제한해야 할 이유는 없다는 것이다. 아울러 소수주주의 강제퇴출을 위해서는 별도로 정당한 사유, 즉 정당한 사업목적이 있어야 하는 것이 아니다. 이에 대하여도 다툼이 있지만 소수주주의 강제퇴출은 주식법상 청산의 경우와 유사하게 강제퇴출 자체에 이미 정당성이 내포되어 있으므로 거기에 실질적인 내용통제 수단으로서 정당화요건이 필요한 것은 아니라고 한다.

그리하여 독일 주식법상 소수주주 강제퇴출은 특별한 정당화사유가 존재하지 않더라도 상장회사와 비상장회사를 불문하고 자본참여요건으로서 다수파주주가 기본자본의 95% 이상을 소유하기만 하면 된다(제327a조제1항). 입법과정에서 이 95%의 기준은 다수파주주와 소수주주간 정당한 이해조정을 위해 가장 적정한 수준이라고 여긴 것이다.

다만 95% 이상의 주식을 소유한 다수파주주는 퇴출시키려는 소수주주에게 적정한 대가를 보상하여야 한다(제327b조제1항). 여기서의 보상기준은 기업지배계약, 기업편입 및 기업구조조정조치에서의 그것과 동일하다. 그리하여 보상할 대가는 상장회사인 경우에는 거래소 시세를 최저보상가격으로 하여야 하고, 거래소 시세는 소수주주의 강제퇴출을 위한 주주총회의 결의일을 기준으로 하여 직전 3개월간의 평균주가에 의하여 산정된다. 원칙적으로는 거래소시세가 항상 적정한 주식가치를 반영하는 것은 아니므로 기업의 가치평가를 통하여 적정한 가격이 보상되어야 한다. 그러나 다수파주주가 사전에 취득한 주식취득가격은 고려대상이 아니라고 한다.

(2) 절차적 공정요건

다수파주주가 소수주주를 강제퇴출시키기 위해서는 이사회에 의하여 소집된 주주총회의 결의가 있어야 한다. 주주총회의 의안에는 다수파주주에 대한 상황과 확정된 금전보상액이 명시되어야 한다(제327c조제1항). 그리고 주주총회에서 다수파주주는 소수주주를 퇴출시키기 위한 요건으로서 95%지분요건, 현금보상의 적정성에 대하여 보고하여야 한다(제327c조제2항). 여기서 현금보상액의 적정성에 대한 평가는 전문검사인의 검사에 의하여 이루어지고, 이 검사인은 다수파주주의 신청에 의하여 법원이 선임한다(제327c조제2항). 그리고 소수주주의 퇴출이 주주총회에서 결정되면 이를 상업등기부에 등기하여야 한다.

(3) 보상의무의 이행보증

이상의 실체적 요건과 절차적 요건이 구비되면 소수주주의 보유주식은 등기시점부터 다수파주주에게 이전되고, 다수파주주는 소수주주에게 그에 대한 반대급부로서 적정한 현금을 지급하여야 할 의무를 부담한다. 그 대가의 계산은 다수파주주가 하게 되며, 다수파주주는 현금지급을 위해 주주총회의 결의 이전에 금융기관이 다수파주주의 보상의무의 이행을 보증하는 보증서를 이사회에 제출하여야 한다(제327b조제3항).

4. 소수주주의 구제

(1) 지급대가에 대한 이의제기권

주식법상 퇴출되는 소수주주에게는 지배주주에 대하여 현금보상의 지급에 대한 이의절차가 보장된다. 소수주주에게 지급되는 현금대가는 적정하여야 하는데, 그 적정성 여부에 대하여는 전문 검사인의 검사를 받아야 한다. 소수주주는 지급받은 현금대가가 부적정하다고 믿는 경우에는 소수주주는 누구든지 이의를 제기할 수 있다(제320b조제2항, 제3항). 그러나 보상가격에 대한 분쟁이 발생하더라도 그것이 소수주주 강제퇴출을 위한 주주총회의 결의의 취소사유로는 되지 않는다.

(2) 주주총회결의의 취소

소수주주 퇴출을 위한 주주총회결의에 절차상의 형식적 흠결이 있는 경우에 소수주주는 소에 의하여 그 결의의 취소를 구할 수 있다. 그리하여 현금보상의 제의가 없이 결의가 이루어진 경우에는 결의취소의 소를 제기할 수 있고(제327f조제1항), 그 밖에 현금보상제의에 대한 정보가 충분하지 않은 경우에도 결의의 취소가 허용된다고 보는 것이 지배적이다. 그러나 현금보상의 대가가 적정하지 못하다는 사유로는 결의의 취소를 구할 수 없다고 한다. 주주총회의 결의가 취소된 경우에는 등기를 말소하여야 한다(제327e조제2항).

Ⅲ. 영국의 폐쇄기업화거래

1. 입법배경

주식회사의 대주주가 대규모의 신규자본을 투자하고자 하지만 소수주주의 비례적 투자를 기대할 수 없거나, 발행주식의 전부를 취득하여 자회사로 만든 다음 회사 또는 그룹 단위의 이익향상을 도모하고자 하는 경우에 소수파 주주가 보유주식을 매도하지 않으면 이와 같은 경영목적은 달성될 수 없다.[103] 이러한 경우 결과적으로는 다수파주주에 대한 소수주주의 억압(oppression of the majority by a minority)효과가 나타난다고 할 수 있다.[104)]

영국에서는 이러한 결과를 방지하기 위하여 판례법상으로 특정회사의 주식전부에 대하여 공개매수를 신청한 경우에 응모하지 않은 소수주주는 공정한 가격으로 소유주식을 공개매수자에게 매도하지 않으면 아니된다는 원칙하에서 공개매수자에게 소수주주의 보유주식에 대한 강제매수권(power of compulsory purchase)을 인정해 왔다.[105)] 그런데 영국회사법은 1929년에 처음으로 판례법에 의하여 인정돼 왔던 강제매수권을 모든 형태의 지배권취득수단의 범위로 확장하여 허용하는 포괄적인 입법을 단행한 바 있었다. 그러나 1987년 영국회사법에서는 이 강제매수권을 공개매수의 청약이 있는 경우에만 허용하는 것을 내용으로 하는 개정[106)]이 있은 후 오늘에 이르고 있다. 영국회사법상 강제매수권은 공개회사에 대하여 적용되는데, 이것은 소수주주 즉 공개매수의 청약에 응모를 거부한 비응모소수주주의 강제퇴출 또는 억압을 의미한다.

2. 소수주주 강제퇴출의 요건

강제매수권은 대상회사의 주식을 취득하고자 하는 자가 공개매수의 청약을 행하여야 하고, 또한 그 청약이 다음과 같은 일정한 요건을 충족하는 경우에 성립한다.

(1) 대상회사의 발행주식의 전부에 대한 매수청약

공개매수의 청약은 대상회사의 기발행주식 또는 특정 종류의 주식 전부를 취득하려는 것이어야 한다(Sec. 428(1)). 여기서 기발행주식 전부의 범위에는 공개매수자 또는 그 특수관계자가 공개매수의 청약 당시에 이미 소유하고 있는 주식이나 이미 취득하기로 계약한 주식은 포함되지 아니한다(Sec. 428(5)).

(2) 총발행주식의 90% 이상에 달하는 응모

공개매수자에게 강제매수권이 허용되기 위해서는 매수예정주식총수의 90% 이상에

---

103) J. H. Farrar, N. Furey & B. Hannigan, Farrar's Company Law(2nd ed)(Butterworths, 1988), p.535 ; Robert R. Pennington, Company Law(5th ed)(Butterworths, 1985), p.1022.

104) L. H. Leigh, V. H. Joffe & D. Goldberg, Leigh's Introduction to Company Law(4th ed)(Butterworths, 1987), p.425.

105) 영국의 강제매수제도는 전주식에 대한 공개매수를 전제로 하고 부분공개매수를 허용하지 않는 것이므로 실제상으로는 소수주주를 퇴출시킬 수 있는 인수자의 능력을 제한하고 있다는 비판을 받기도 한다. Gilson & Black, The Law and Finance of Corporate Acquisitions, p.1315.

106) The Companies Act 1987 Section 429(1)(2)(영국 회사법은 2006년에 전면 개정되었으나, 강제매수제도는 유지되고 있으므로 이하에서는 1987년 개정 회사법을 중심으로 설명한다).

해당하는 주식이 응모되어야 하지만(Sec.429), 100%의 주식이 응모되지 않아서 원칙적으로 공개매수가 실패로 종료되어야만 하는 경우이어야 한다. 여기서 90% 기준은 공개매수가 하나 이상의 종류의 주식에 대하여 행하여지는 경우, 각 종류의 주식에 개별적으로 적용된다. 따라서 개별종류의 주식에 대하여 독립적인 매수청약이 있어야 하고,[107] 이 90% 기준은 개별종류의 주식에 대하여 독립적으로 산정되어야 한다. 또한 대상회사가 전환사채를 발행한 경우에는 공개매수 청약의 효력이 종료하기 전까지 전환권을 행사하는 전환사채권자도 현존하는 주주로 간주되므로,[108] 전환할 대상주식이 공개매수의 대상이면 그 주식의 수는 90% 범위에 산입된다.[109] 또한 90% 기준을 산정함에 있어서는 공개매수의 청약 이전에 공개매수자 또는 그 특수관계자가 취득한 주식도 산입할 수 있으며, 여기서 그 매수가격이 공개매수가격 보다 높거나 낮은 것은 불문한다.[110]

(3) 강제매수의 조건과 절차

(가) 매수청약조건의 균일성

강제매수의 조건은 동종주식에 대하여 균일하여야 하고 기응모주주에 대하여 제시한 청약조건과 동일하여야 한다.[111] 그러므로 교환공개매수가 행하여지는 경우라 할지라도 잔존주주가 교환주식 대신에 현금을 선택하면 공개매수자는 기응모주주에 대하여 교환할 주식의 가격과 동일한 현금을 지급하여야 한다.

(나) 강제매수의사의 통지

공개매수의 청약일로부터 4개월 이내에 매수예정주식총수의 90% 이상을 취득한 자는 그 청약에 응모하지 아니한 잔존주주에게 소유주식의 매수의사를 통지하여야 한다. 이 통지(notice)는 90%에 해당하는 주식의 취득시로부터 2개월 이내에 발송되어야 한다(Sec.429(1)(3)). 그리고 그 통지의 수령자는 통지의 발송 후 6주간 이내에 법원에 대하여 매수의사에 대한 낙부를 신청할 수 있으며, 매수청약과 다른 매수조건의 확정을 신청할 수 있다(Sec.430(1)). 또한 매수청약이 현금 또는 주식의 선택적 지급조건을 정하고 있는 경우에 공개매수자는 비응모주주에게 6주간의 기간을 정하여 선택권을 정할

---

107) Farrar, Furey & Hannigan, Farrar's Company Law, p.536 note 12.
108) Pennington, Company Law, p.1023.
109) Re Simo Securities Trust Ltd[1971] All ER 999, [1971] WLR 1455.
110) 1987년 회사법 Sec.428(3)(4). G. Morse, Charlsworth's Company Law(13th ed)(Stevens & sons, 1987), p.825.
111) Re Carlton Holdings Ltd[1971] 2 All ER 1082, [1971] 1 WLR 918.

수 있도록 하여야 한다. 따라서 그 통지에는 그 선택권과 선택기간을 명시하여야 하며, 그러한 선택이 없는 경우에 어떤 대가를 지급할 것인지도 명시하여야 한다(Sec.430(3)). 현금 이외의 대가지급이 불가능할 경우에는 등가의 현금이 지급되어야 한다. 이 경우 6주간 이내에 반대주주가 법원에 이의신청이 없으면 공개매수자는 그 통지의 사본을 대상회사에 발송하고 현금대가 또는 교환대가를 지급하여야 한다(Sec.430(5)).

(4) 강제매수의 이행처리

이상의 제반 요건이 충족되고 통지를 수령한 주주가 법원에 이의신청을 제기하지 않으면 공개매수자는 청약조건에 따라 기응모주식은 물론 잔여비응모주주의 주식을 취득할 권리와 의무가 발생한다(Sec.430(1)(2)). 그리고 강제매수에 대한 이의가 없는 경우에는 그 통지에 따라 대상회사는 공개매수자에게 양도증명서(instrument of transfer)를 교부하여야 하며, 공개매수자가 그 증서를 수령하는 시점에 대상회사는 공개매수자를 그 주식의 소유자로 명의개서하여야 한다(Sec.430(6)). 대상회사가 매수대상인 주식에 대하여 수령한 현금 또는 기타의 대가는 전소유자인 주주를 위하여 신탁된 것으로 본다(Sec.430(9)). 그러나 합리적인 조사를 했음에도 불구하고 12년 내에 전소유자인 주주를 찾을 수 없는 경우에 그 대가는 법원으로 귀속된다(Sec.430(10)).

3. 소주주주의 구제

(1) 강제매수금지명령의 신청

공개매수자의 강제매수에 반대하는 소수주주는 법원에 강제매수금지명령을 신청할 수 있다. 이것을 반대주주의 강제매수금지신청권(right to apply to the court to prevent the compulsory acquisition)이라고 한다. 이 명령은 강제매수의사의 통지를 수령한 후 6주간 이내에 법원에 신청하여야 한다(Sec.430(1)). 이 신청은 법원의 결정이 내려지기까지 강제매수절차를 동결하는 기능을 발휘한다.[112] 그리고 신청에 따르는 비용의 부담은 그 신청이 부적정하거나 남용되는 경우, 신청자가 불합리하게 매수절차를 지연하는 경우가 아닌 한 신청자에게 명령할 수 없다(Sec.430C(4)).

강제매수의 금지를 신청하기 위해서는 강제매수가 불공정하여야 하며, 그 불공정의 판단은 전체로서의 주주를 기준으로 하여야 한다. 일반적으로 당해 주식이 증권거래소에 상장되어 시세가 형성되어 있는 경우에 매수청약상의 매수가격이 그 시장가격을 상

---

112) Morse, Charlsworth's Company Law, p.827.

회하면 매수가격은 공정한 것으로 추정된다. 그리고 강제매수의 불공정성은 신청자인 주주가 증명해야 한다. 그것은 강제매수청약이 대상회사 주주의 90% 이상에 의하여 승낙된 것이므로 그것은 일응(prima facie) 공정한 것으로 보아야 하기 때문이다.[113)]

(2) 주식매수청구권

공개매수에 응모하지 않은 소수주주는 공개매수의 청약기간이 종료하기 이전에 대상회사의 총주식수의 90%[114)] 이상이 응모되어야 한다. 그 때까지도 응모하지 않은 주주는 공개매수자에 대하여 소유주식의 매수를 청구할 수 있다. 이것을 반대소수주주의 주식매수청구권(appraisal right) 또는 주식매도권(sell-out right of shareholders)이라고 단다. 이것은 공개매수자의 강제매수권에 대응하는 개념이다.[115)] 이 청구권은 일반적으로 회사법상 합병에 반대하는 소수주주를 보호하기 위하여 인정된 권리이나 공개매수가 대상회사의 발행주식총수를 대상으로 하여 행하여지는 경우에도 응용되고 있는 것이다.

한편 공개매수자는 응모주식의 비율이 90%에 달하면 비응모주주에 대하여 소유주식을 매도할 수 있는 권리가 있다는 사실을 90%의 취득시점으로부터 1개월 이내에 통지하여야 한다. 다만 공개매수자가 이미 강제매수의사를 통지하였다면 이 통지는 필요하지 아니하다(Sec.430A(3)(5)). 그리고 공개매수자는 통지와 아울러 청약기간이 종료되는 시점으로부터 최소한 3개월의 기간을 정하여 반대주주에게 주식매수를 청구할 수 있는 기간을 허여하여야 한다(Sec.430A(4)).

이상의 요건이 충족되고 반대주주가 주식매도의사를 서면통지하면 공개매수자는 당해 주식을 매수할 의무가 생긴다. 여기서 공개매수자는 매수청약상의 조건과 동일한 조건으로 당해 주식을 매수하여야 한다(Sec.430B(1)(2)). 그러나 매수조건에 관하여 공개매수자와 반대주주간에 다툼이 있는 경우에는 매수청구권을 행사한 반대주주는 법원에 매수조건의 확정을 신청할 수 있다(Sec.430C(3)).

---

113) Re Grieson, Oldnam & Adams Ltd[1968] Ch 17,[1967] 1 All ER 192.

114) 여기서 90%는 청약의 대상이 되는 주식 중에서 차지하는 비율이 아니고 대상회사가 발행한 총주식수에서 차지하는 비율이다. 이 점이 공개매수자의 강제매수가 성립하기 위한 요건으로서 90% 개념과는 다른 것이다. Morse, Charlsworth's Company Law, p.828.

115) Farrar, Furey & Hannigan, Farrar's Company Law, p.539.

제5절 상법상 폐쇄기업화거래의 법적규율

2007년 상법개정안은 지배주주가 소수파주주가 보유하고 있는 주식을 그들의 의사에 반하여 취득하고 그들을 회사의 사원관계로부터 강제로 퇴출시킬 수 있는 수단을 처음으로 도입하였다. 소수주식 전부취득제도와 현금지급합병제도가 그것이다. 이하에서는 이들 제도의 도입배경과 소수주주퇴출요건, 소수주주의 구제에 대하여 살펴보고 입법론적인 보완사항을 고찰한다.

Ⅰ. 소수주식 전부취득제

1. 도입배경

지금까지 상법에서는 소수주주의 의사에 반하여 그 보유주식을 강제로 매수하거나 매도할 수 있는 제도가 없었다. 2007년 상법개정안에서는 발행주식총수의 95% 이상을 보유한 지배주주(모자회사 지분 포함)에게 잔여 소수주식을 강제로 매수할 수 있도록 하고 소수주주에게도 보유주식의 매수청구권을 허용하는 소수주식 전부취득제도(상법개정안제360조의24~26)를 신설하였다. 소수주식 전부취득제는 주식회사의 지배권을 보유한 다수파주주가 소수파주주의 보유주식을 그들의 의사에 반하여 전부 취득함으로써 소수파주주를 제거하고 단독의 지배주주 또는 지배그룹을 구성하는 주주들만 남게 하는 행위를 말한다.

상법 개정안상 소수주식 전부취득제는 주식의 대부분을 보유하는 경우에 주주총회운영 등과 관련하여 소요되는 소수주주관리비용을 절감하고 소수주주에게도 출자액을 용이하게 회수할 수 있는 길을 터 줄 필요가 있다는 관점에서 도입한 제도이다.[116] 이 제도의 설계에 있어서는 미국, 독일 및 영국의 폐쇄기업화거래에서 요구되는 성립요건과 공정요건을 우리나라 회사의 실정을 감안하여 조화롭게 절충한 것이다. 일본의 2006년 신회사법에서는 이 제도를 도입하지 않았다.

116) 김건식, 회사법개정시안 주제발표(2), 상법(회사법)개정 공청회(법무부, 2006.7.4), 54면.

2. 적용범위

(1) 적용대상회사

소수주식 전부취득제도는 상장회사는 물론이고 비상장회사에도 적용된다(상법개정안 제360조의24제1항). 이 제도가 적용되는 대상회사의 범위에 대하여 미국과 독일은 상장회사와 비상장회사를 불문하지만, 독일의 경우에는 주식합자회사에서도 인정된다. 영국법은 소수주주의 강제퇴출을 공개회사에 대하여만 허용하고 있다.

소수주주 강제퇴출이 허용되는 회사의 범위설정은 입법정책의 문제일 것이다. 원래 기업결합은 다양한 방법으로 달성할 수 있는데, 기업결합의 수단을 특정한 대상으로 한정하는 것이 아니라, 경영의 효율성을 가져올 수 있는 것이라면 그 대상을 불문하고 광범위하게 소수주주 강제퇴출을 허용하는 것이 이와 같은 목적을 실현하는 데에 유익할 것이다. 이런 관점에서 보면 소수주주 강제퇴출은 그 적용대상회사가 공개회사인지 폐쇄회사인지를 불문하고 허용하는 것이 그 제도의 본래 취지에 부합할 것이다.[117] 2007년 상법 개정안의 태도는 이러한 점에서 합리적이라고 본다.

(2) 적용대상거래

상법 개정안은 독일 주식법과 같이 대상회사의 절대적인 지분(95%)을 소유하는 경우에는 지배주주의 소수주식 전부취득을 허용하고 있다(상법개정안제360조의24제1항). 따라서 소주주식 전부취득제도는 회사의 절대적 지배관계를 형성한 거래의 방법이 무엇인가와는 관계없이 적용된다. 그리고 합병, 주식교환 · 주식이전, 회사분할 등의 기업재편행위는 물론이고, 공개매수에 의한 주식취득이든 공개매수 이외의 방법에 의한 주식취득이든 대상회사의 지분을 취득하여 절대적인 지배권을 확보한 경우에는 소수주주의 퇴출을 허용하여 기업경영의 유연화 취지를 살릴 수 있게 되었다. 이것은 영국회사법이 공개매수에 의하여 대상회사의 주식 전부를 취득할 목적으로 하는 경우에 한하여만 소수주주의 강제퇴출을 허용하고 있는 것과는 다르다.

3. 소수주주퇴출의 요건

(1) 실체적 공정요건

---

117) 폐쇄회사에 대해서는 그 성격상 지배주주에 의한 소수주주의 퇴출을 허용해서는 아니될 것이라는 견해로는 김재형, 미국에서의 합병대가의 유연화와 소수주주퇴출에 관한 입법의 변천과 법원의 대응, 70면이 있다. 그런데 폐쇄회사의 경우에도 주주구조의 개선을 통한 경영의 유연화 필요성은 상장회사의 경우와 다르지 않고, 오히려 상장회사의 경우 보다 소수주주에게 투하자금을 회수할 수 있는 방도를 제공하는 효과가 있다고 본다.

(가) 자본참여기준

상법 개정안은 발행주식총수의 95% 이상을 보유한 지배주주에게 소수주주에 대한 보유주식의 매도청구권을 부여하고 있다(상법개정안제360조의24제1항). 여기서 95% 기준에는 모회사와 자회사가 보유한 주식을 합산하고, 회사가 아닌 주주가 발행주식총수의 50%를 초과하여 보유하는 주식도 그 주주가 보유하는 주식과 합산하며, 그 보유명의는 누구로 하든지 자기의 계산으로 보유하면 된다(상법개정안제360조의24제2항).

비교법적으로 볼 때에 지배주주에 의한 소수주식 전부취득을 허용하기 위한 자본참여기준에 대하여는 미국, 독일, 영국법 간에 다소 차이가 있다. 독일 주식법은 전체주식의 95% 이상을, 영국 회사법은 90% 이상을 요구하고 있어서 큰 틀 상으로는 양국의 법제에 있어서 대차가 없지만, 영국 회사법은 전주식에 대한 공개매수청약을 전제로 하고 있는 점이 독일 주식법과는 다른 점이다. 반면에 미국법에서는 일반적으로는 90% 이상의 지분을 보유하고 있는 모자회사간 약식합병의 경우에 현금지급에 의한 소수주주의 강제퇴출이 보편적으로 허용되지만, 통상합병에 있어서와 같이 다수파주주가 90% 이하로서 절대적인 주식을 보유하는 경우에도 소수주주의 강제퇴출이 이루어지고 있다.[118] 이것은 독일과 영국법이 90% 이상이라는 일정한 다수파주주의 주식보유비율을 정하고 있는 것과는 큰 차이점이다. 이러한 점에서 미국법이 다른 입법례에 비하여 소수주주의 강제퇴출을 허용하는 범위가 훨씬 넓어서 소수주주에게 매우 위협적이라고 평가할 수 있다.

상법 개정안에서 설정한 자본참여기준으로서 95% 기준은 독일법의 영향을 받은 것이다. 일반론적으로 보면 대상회사가 공개회사이든 폐쇄회사이든 다수파주주가 실질적으로 절대적인 주식지분을 보유한 경우는 소수주주의 퇴출을 허용하는 것이 합리적일 것이지만, 지나치게 낮은 기준으로 정하는 경우에는 소수주주의 퇴출이 남용될 우려가 있다. 개정법안의 시행결과를 지켜볼 필요는 있겠지만, 다수파주주의 주식보유기준을 개정안의 95% 기준 보다 약식합병이 허용되는 기준인 발행주식총수의 90% 정도로 완화하는 것이 합리적이라고 본다.[119]

---

118) 그러나 캘리포니아주 회사법은 10% 이상을 보유한 소수주주를 퇴출시키는 현금합병을 금지하고 있다. 즉 약식합병에 필요한 90% 이상의 주식을 소유하거나 주회사 담당관(State corporation's commissioner)의 승인이 있는 경우에 한하여 현금지급합병을 허용하고 있다(Cal. Corp. Code§ § 1101, 1101.1). 그밖에 미국 주법상 통상합병에 있어서 교부금합병 인정례에 관해서는 김재형, 미국에서의 합병대가의 유연화와 소수주주퇴출에 관한 입법의 변천과 법원의 대응, 63면 참조.

119) 일본에서는 소수주주권행사를 위한 요건으로서 일반적으로 적용되고 있는 3%를 상정하여 발행주식총수의 97%의 소유를 퇴출의 기준치로서 고려할 수 있다는 견해도 있다. 柴田和史 · 野田 博, 會社法の現代的課題, 263면

(나) 사업목적

상법 개정안에서 소수주식 전부를 강제매수하기 위해서는 지배주주가 발행주식총수의 95% 이상을 보유하고 있더라도 회사의 경영상 목적을 달성할 필요성이 있어야 한다(상법개정안제360조의24제1항). 여기서 경영상 목적의 달성 필요성은 외국의 경우에 일반적으로 말하는 사업목적(business purpose)을 의미한다. 회사의 장기 사업이익보다는 단기의 이윤 극대화를 추구하는 시장압력(market pressure)으로부터의 탈출, 회사의 주주관계 및 주주총회, 회계감사 및 소송의 수행, 명의개서 등과 관련하여 소요되는 비용의 절감, 낮은 주가에 대한 회사채권자의 불안 또는 임직원의 사기저하의 일소, 상대적으로 회사에 불이익한 기업정보의 공시의무 회피, 주주소송에 대한 노출의 종식, 적대적 기업매수의 위험으로부터 경영권보호 등의 목적 등이 이에 해당한다.

비교법적으로 볼 때에 적정한 사업목적의 존재요건과 관련하여 미국의 델라웨어주를 제외하고 뉴욕주 등 기타의 주에서는 대부분이 소수주주의 강제퇴출을 위하여 선의의 사업목적이 존재할 것을 요구하고 있다. 그러나 독일 주식법이나 영국 회사법에서는 이 목적이 일체 요구되고 있지 않다. 특히 독일 주식법은 소수주식 전부취득을 청산결의와 동일하게 취급하여 소수주주 퇴출결의 자체에 이미 정당성이 내포되어 있다는 점을 입법의 논거로 하고 있다.[120)]

입법론적으로 볼 때에 소수주주 강제퇴출을 무제한적으로 허용할 것인지, 아니면 적정한 사업목적이 있는 경우에만 허용할 것인지는 간단한 문제가 아니다. 소수주주 강제퇴출은 기업경영의 유연화 목적을 위하여 고안된 제도이고, 이것은 원칙적으로 전통적인 회사법원칙을 중대하게 수정하는 것이므로 제한적으로 인정되어야 할 것이다. 여기서 고려하여야 할 가장 중요한 요소는 소수주주 강제퇴출에 따르는 기업경영의 유연화 추구는 경영목적의 정당성 또는 적정성에서 찾는 것이 합당할 것이고, 그 정도는 소수주주 퇴출을 가져오는 거래의 성질에 따라 합리적인 차별이 요구되어야 할 것이다. 미국의 델라웨어주 판례에서 나타난 바와 같이 다수파주주의 행위들이 경영상의 합목적성을 가지지 않는다고 보기는 어렵다는 관점에서 보면 소수주주의 강제퇴출을 위한 의도에 적정한 사업목적이 있을 것을 엄격하게 통제해야 할 필요는 없을 것이다. 그러나 단일회사 내에서 다수파주주와 소수파주주간의 대립구조 속에서 소수주주의 퇴출을 아무런 제한 없이 허용하는 경우에는 사실상 지배주주의 권리남용을 방관하는 결과를 초래할 것이고, 소수주주의 강제퇴출이 남용되는 것을 방지할 수 없을 것이다. 따라서 이러

120) 최병규, 2002년 개정 독일주식법상 Squeeze-Out규정에 대한 연구, 11면.

한 경우에는 소수주주 강제퇴출은 선의이어야 하고, 사기적이지 않아야 함은 물론, 적정한 사업목적은 반드시 전제되어야 한다고 볼 것이다. 여기서 사업목적의 적정성여부는 소수주주 퇴출을 시도하는 지배주주에게 모든 정보와 자료가 있을 것이므로 지배주주에게 그에 대한 설명 또는 증명책임을 부과하는 것이 합당하다.

반면에 합병 등 복수회사간 기업결합에 있어서 소수주주 퇴출의 경우에는 합병 그 자체에 기업결합의 시너지 효과가 존재한다고 보아야 할 것이므로 엄격한 의미에서 사업목적을 요구할 필요는 없을 것이고, 다만 소수주주 퇴출이 선의이고 사기적이지 않으면 충분할 것이다.121)

(다) 지급대가의 산정

지배주주가 소수주주에게 지급하여야 할 대가는 1단계로 매도청구를 받은 소수주주와 매도를 청구한 지배주주간의 협의로 결정하여야 하고(상법개정안제360조의24제6항), 2단계로 매도청구를 받은 날로부터 30일 이내에 매도가격에 대한 협의가 이루어지지 아니하는 경우에는 법원에 매수가격의 결정을 신청할 수 있다(동제7항). 이것은 주식매수청구권제도에 있어서 주식의 매매가격의 산정방법과 같다. 따라서 1단계에서 협의가 이루어지지 않아 2단계에서 법원이 매매가격을 결정하는 경우에는 회사의 재산상태 그 밖의 사정을 참작하여 공정한 가액으로 산정하여야 한다(상법제374조의2제5항). 그리고 매매가액의 산정근거와 적정성에 관하여는 공인된 감정인의 평가가 수반되어야 하므로(상법제374조의2제3항), 1단계의 매매가격의 협의에서는 이것이 중요한 기준이 될 것이다.

비교법적으로 볼 때에 지급대가의 공정성과 관련하여 미국법은 공정한 가치의 산정을 위한 합리적인 기준으로서 델라웨어가중평균방식이 이용되고 있고, 상장회사의 경우에 있어서는 증권거래위원회 규칙에 의하여 보다 강화된 기준요소를 적용하고 있다. 독일법은 지급대가는 상장회사의 경우에는 3개월간의 거래소 평균주가를 기준으로 산정하도록 하고, 그 적정성의 평가에 대하여는 전문검사인의 검사에 위임하고 있다. 양법은

---

121) 사업목적은 다수파주주의 금융적 이익(financial interest)이 아니라 회사이익(corporation's interest)을 증대하는 것이어야 한다고 풀이되고 있다(Alpert v. 28 Williams St. Corp., 63 N.Y.2d 557, 483 N.Y.S.2d 667, 473 N.E. 2d 19(1984). 그러나 사업목적요건이 요구된다고 하여 이것이 소수주주를 강력하게 보호해 주는 것도 아니고, 또 거래의 공정요건에 대한 법원의 면밀한 심사로부터 다수파주주를 보호해 주는 효과가 있는 것도 아니라고 평가하고, 사업목적요건은 법원으로 하여금 당해 거래에 관련된 전반적인 조건, 대상 및 동기를 폭넓게 검토하도록 유인하는 효과가 있다는 데에서 그 유용성을 찾고 있다. James D. Cox & Thomas L. Hazen & F. Hodge O'neal, Corporations(Aspen, 1997), p.611 ; William J. Carney, Mergers and Acquisitions - Cases and Materials(Foundation Press, 2000), pp.423~424

공정가치의 산정을 위한 구체적인 기준에 차이가 있을 뿐, 실질적으로 공정가치의 평가 결과에는 큰 차이가 있는 것은 아닐 것이다. 미국법이 보다 구체적이고 엄격하다고 평가할 수 있다. 영국의 경우에 있어서는 소수주주퇴출의 전제가 공개매수청약이므로 비응모주주가 달리 매수가격의 불공정을 증명하지 않는 한 지급대가도 응모주주에게 제시한 매수청약가격과 최소한 동일하여야 한다.

입법론적인 관점에서 지급대가의 산정과 관련하여 상법 개정안은 그 산정기준을 추상적으로 정하고 있어서 문제이다. 독일 주식법과 같이 대가의 확정방법, 그 확정방법이 적정하다는 근거, 복수의 대가산정방법을 채용한 경우 다른 방법에 의한 평가의 비교 및 비중 등에 관한 정보의 공시를 확보할 필요가 있고, 그 산정기준에는 주식의 시장가치, 순자산가치, 수익가치, 장래가치 등이 그 중요도에 따라 차별적 가중치를 두어 고려되도록 하여야 할 것이다. 아울러 구증권거래법상 상장회사의 경우에 적용되는 합병비율의 산정기준(구증권거래법제190조의2, 동법시행령제84조의7, 동법시행규칙제36조의12)이 고려되고, 주식취득의 경우에는 원칙적으로 독일법과 같이 상장회사의 경우에는 주주총회에서의 강제퇴출을 위한 결의일을 기준으로 직전 일정기간의 평균주가도 함께 고려되도록 하는 것이 바람직할 것이다.

(2) 절차적 공정요건

상법 개정안에서 소수주식 전부의 매도청구를 위해서는 주주총회의 결의에 의한 승인을 얻어야 한다(상법개정안제360조의24제3항). 그리고 주주총회의 소집을 통지할 때에는 지배주주의 회사 주식의 보유현황, 매도청구의 목적, 매수가액의 산정근거와 적정성에 관한 공인된 감정인의 평가 및 매매가액의 지급보증에 관한 사항을 기재하여야 하고, 매도를 청구하는 주주는 주주총회에서 그 내용을 설명하여야 한다(동제4항).

지배주주의 주식취득에 주주총회의 승인을 얻도록 한 것은 독일법과 같이 소수주주퇴출의 절차적 공정성을 확보하기 위한 것이다. 일반적으로 합병 등 기업재편적 행위를 수행함에 있어서 상법은 이에 반대하는 소수주주에게 주식매수청구권을 허여하고 있는데, 이 권리의 행사에 의한 소수주주의 자발적 탈퇴도 주주총회의 결의에 반대하는 것을 요건으로 한다. 소수주주의 의사에 반하여 행해지는 강제퇴출 역시 그것을 인정하기 위해서는 주주총회의 결의를 전제요건으로 하는 것이 합당하다. 지배주주에 의한 소수주식 전부취득은 지배주주의 사적이익이 아니라 회사의 이익을 위하여 허용한 것이기 때문이다.

그리고 주주총회에서 지배주주에게 소수주식 매도청구의 목적과 가액의 산정근거를 설명할 의무를 부과한 것은 소수주식의 강제취득을 위한 정당성과 합리성을 소수주주에게 인식시키고 그 취득의 남용을 억제하기 위한 것이다. 특히 가액산정의 근거와 적정성에 대한 공인된 감정인의 평가가 수반되어야 하므로 굳이 독일법과 같이 법원이 선임한 전문검사인에 의한 검사를 받게 할 필요는 없을 것이다. 상법개정안의 태도는 이러한 점에서 합리적이라고 본다.

(3) 주식의 이전 등

매도청구를 받은 소수주주는 주주총회의 승인이 있은 날로부터 2개월 이내에 지배주주에게 그 주식을 매도하여야 한다(상법개정안제360조의24제5항). 이 매도청구는 형성권이다. 그리하여 지배주주가 매도청구를 하거나 소수주주가 매수청구를 한 경우에 지배주주가 매매가액을 소수주주에게 지급한 때 주식은 소수주주로부터 지배주주에게 이전된 것으로 본다(상법개정안제360조의26제1항). 그러나 지배주주가 매매가액을 지급할 소수주주를 알 수 없거나 소수주주가 그 수령을 거부할 경우에는 지배주주는 그 가액을 공탁할 수 있다. 이 경우 주식은 공탁한 날에 지배주주에게 이전된 것으로 본다(상법개정안제360조의26제2항). 아울러 지배주주는 매도청구의 날 1월 전에 소수주주는 매매가액의 수령과 동시에 주권을 지배주주에게 교부하여야 한다는 뜻, 교부하지 않을 경우 매매가액을 수령하거나 지배주주가 매매가액을 공탁한 날에 주권은 무효가 된다는 뜻을 공고하고, 주주명부에 기재된 주주와 질권자에 대하여 따로 통지하여야 한다(상법개정안제360조의26제3항).

4. 소수주주의 구제

상법 개정안상 지배주주의 소수주식 강제매수에 상응하여 소수주주도 지배주주에 대하여 언제든지 보유주식의 매수를 청구할 수 있다(상법개정안제360조의25제1항). 소수주주의 주식매수청구권은 영국의 강제매수권제도에서 인정되는 것이다. 소수주주의 매수청구는 합병 등에 대하여 반대하는 소수주주에게 인정하는 주식매수청구권의 경우와 같이 지배주주는 이를 거절할 수 없고, 지배주주는 오로지 소수주주와 매수가격을 협의할 의무를 진다. 이 매수청구권은 지배주주의 매도청구권과 같이 형성권이다. 그리고 매수청구를 받은 지배주주는 매수를 청구한 날을 기준으로 2개월 내에 매수를 청구한 주주로부터 그 주식을 매수하여야 한다(동제2항). 소수주주의 매수청구는 개별적으로 허용되는 것이다. 그러나 소수주주의 전부가 매수청구를 하는 것이 금지되는 것은 아니다. 이것은 지배주주가 소수주주에 대하여 주식의 매도청구를 하는 경우에는 소수주식의 전부에 대하여 매도청구의 효력이 미치는 것과는 다른 점이다.

소수주주의 매수청구에 따른 매매가격은 소수주주와 지배주주간의 협의로 이를 결정하고, 매수청구를 받은 날로부터 30일 내에 매수가격에 대한 협의가 이루어지지 아니하는 경우에는 법원에 매수가격의 결정을 청구하여야 한다(상법개정안제360조의25제3항). 이것은 지배주주에 의한 매도청구에 있어서 소수주주와 협의가격이 결정되지 아니하는 경우와 동일하다.

Ⅱ. 현금지급합병

1. 현금지급합병의 적법성 논의

현금합병 또는 교부금합병에 관하여 일본의 전통적인 통설은 합병교부금은 합병비율의 단수조정에 필요한 최소한도의 범위 내에서만 그것도 소멸회사의 최종영업년도의 이익배당금내에서만 지급이 허용된다는 입장을 취하고 있다. 따라서 이 견해에서는 교부금합병 내지는 현금지급합병은 불가능하다. 여기서 제시하는 논거는 합병은 소멸회사를 수용하는 것인데, 소멸회사의 주주 중 합병신주를 소수파주주에게만 교부하지 않는 것은 주주평등의 원칙에 반한다는 점, 소수파주주에게 금전을 지급하는 것은 사실상 자본충실원칙의 하나인 출자금환급금지의 원칙에 반한다는 점 등이 주된 것이다.[122] 우리나라에서도 이 견해를 따르는 분[123]도 있다.

그러나 이 견해와는 달리 최근에는 교부금합병도 일본 상법의 해석론상 가능하다는 견해[124]가 등장하였다. 이 견해가 제시하는 이유로서는 상법의 해석상 합병대가가 주식으로 당연히 한정된다고 할 수 없고, 그 대가를 주식으로 한정시켜야 할 실익도 없으며, 합병대가의 문제는 정책판단의 문제라는 점을 들거나,[125] 교부금합병은 비공개의 지배회사의 경우에 장점이 크고, 교부금합병을 금지하여도 종속회사의 영업양도 후의

---

122) 竹田省, 會社の合併について, 民商法雜誌 16券 6號, 599面 이하 ; 田中誠二, 會社法詳論(上)(再全訂)(勁草書房, 1982), 1103面.

123) 정동윤, 회사법(제6판), 821~822면.

124) 紫田和史, 合併法理の再構成(6,完), 民商法雜誌 107券 1號 58面 이하 ; 江頭憲治郎, 結合企業の立法と解釋(有斐閣,1995), 295面 이하.

125) 紫田和史, 合併法理の再構成(6,完), 39면 이하.

해산을 일률적으로 금지할 수 없는 것이므로 소수파주주 축출의 완전한 저지란 불가능하다는 점 등을 들고 있다.[126] 그리하여 이 견해에서는 잔존소수파주주에게 주식의 공정한 가치를 보상하는 것으로 충분하다고 하면서, 다만 합병에 관한 정보공시의 중요성을 강조한다. 또한 일부에서는 해산회사의 주주에 대하여 전혀 존속회사의 주식을 배정하지 아니하면서 합병교부금만을 지급하는 것은 불가능하지만 존속회사 주식의 배정비율을 낮추고 그 대신 합병교부금을 증가시키는 것은 가능하다거나,[127] 교부금은 주주의 병합이라는 사단법적 계기만을 침해하지 아니하는 한 자유이므로 소멸회사의 주주에게 합병신주를 최소 1주씩만 발행해 주고 나머지를 금전으로 지급하는 것도 가능하다고 하여,[128] 사실상 합병신주의 대가전액을 금전으로 지급할 수 있음을 시사하고 있다.

생각건대 상법은 존속회사가 합병으로 인하여 소멸회사의 주주에게 지급할 금액을 합병계약서에 기재하도록 규정하고 있을 뿐, 달리 합병교부금이란 용어를 쓰고 있지 아니하므로, 이와 같은 해석론상의 문제가 제기된다고 본다. 이에 대하여는 상법의 규정대로 합병으로 인하여 소멸회사의 주주에게 지급하는 모든 금액은 합병계약서에 기재하여야 한다는 의미로 이해하면 될 것이지, 배정비율의 조정을 위하여 지급하는 금전만이 합병교부금이고, 배정비율의 조정과 무관하게 지급하는 금전은 합병교부금이 아니라고 하여 전자만을 합병계약서에 기재하면 된다는 의미는 아닐 것이라고 본다. 문제는 후자와 같은 의미의 교부금이 상법상 허용될 것인가에 있는데, 이에 대하여도 상법이 달리 규정하고 있지 아니하여 다툼의 대상이 되는 것이다. 그런데 합병의 실제를 보면 합병비율의 조정을 위한 목적으로 금전을 잔존소수파주주에게 지급하기도 하지만, 이익배당이나 유상소각에 의한 감자환급에 의하여 일정한 금전을 지급하는 경우도 적지 아니하다. 그런데 여기서의 이익배당이나 감자환급이 상법상 배정비율의 조정과 전혀 무관한 것이라고 할 수는 없고, 또 이를 위하여는 주주총회의 결의를 거쳐야 하고 각 주주는 지주수에 비례하여 금액을 수령하므로 주주평등의 원칙에 반하지도 아니하여, 이익배당이나 자본감소가 실질적으로는 소수파주주의 축출을 의도하였더라도 위법하다고 할 수는 없을 것이다. 또한 합병절차를 통한 이익배당이나 자본감소에 따른 소각대금으로 교부금이 지급되는 한,[129] 일본의 전통적인 통설이 전액현금에 의한 교부금합병을 부인하

---

126) 江頭憲治郎, 結合企業の立法と解釋, 263면.

127) 神崎克郎, 會社法詳說(中央經濟社, 1984), 396面.

128) 홍진기, 주식회사의 합병에 있어서의 교부금, 법학의 제문제, 385면.

129) 이 경우에는 사실상 미국에서 인정되는 교부금합병을 인정하는 결과가 되고, 해산회사 주주들의 지주율이 합병 후의 존속 또는 신설회사에 있어서 부당히 감소되어 그만큼 장래의 이익배당 기타 회사지배에서 제외되며, 감자환급을 위한 합병교부금의 산정시 장래의 수익을 충분히 감안하지 아니하는 때에는 해산회사 주주에게 불리

는 중요한 이론적 근거로서 제시되는 출자환급금지원칙은 형식적인 개념법학의 논리에 그칠 수 있다고 본다.

한편 교부금합병의 적법성이 인정되더라도 아무런 제한없이 교부금의 지급에 의한 소수파주주의 축출이 허용되는 것일까. 이 문제는 전통적인 회사법원리의 견지에서 보면 주주는 회사의 지배 및 재산적 이익에 대한 비례적 이익을 가지고 주주권은 주주의 동의없이는 박탈할 수 없는 고유권이자 기득권이므로 원칙적으로 사원관계로부터의 강제퇴출은 위법하다. 앞서 언급한 바와 같이 미국 회사법의 초기시대에는 우리와 같은 전통적 이론이 지배하여 기업의 폐쇄화에 의한 소수파주주의 축출이 금지되었다. 그러나 오늘날에는 회사경영의 유연성과 자유로운 재량성이 회사법제의 근간을 이루는 경향에 있어 전통적인 개념법학적 이론은 이제 그 의미가 점감하고 있다고 본다.

최근에는 우리나라에서도 독일의 인적주식회사에 있어서의 주주제명법리를 기초로 하여 우리나라의 소규모폐쇄회사나 가족회사도 인적주식회사에 해당한다는 점에서 주주의 제명이 우리 주식회사법의 법리와 반드시 모순되는 것은 아니라고 해석하는 견해[130]가 제기된 바 있다. 비공개의 폐쇄회사는 공개회사와는 달리, 회사정책의 수행 및 의사결정과정에서의 이질적인 구성원을 배제하고자 하는 지배주주들의 경제적 동기가 고려되고, 또 폐쇄회사에서 소수파주주와 다수파 주주간의 대립적인 지배구조 하에서 소수파주주의 권리남용으로 인한 회사경영효율의 저해가능성이 있다는 점에서 이 견해는 경청할 만한 가치가 있다.[131] 다만 폐쇄기업화에 의한 소수주주퇴출의 남용은 소수주주의 재산권을 침해하는 것이므로 적절히 제한될 필요는 있다고 본다.

2. 상법 개정안상 현금지급합병

상법 개정안은 현금지급합병의 적법성에 관한 해석론상의 다툼이 있음에도 불구하고 소위 합병대가의 유연화사상을 받아들여 입법으로 이 문제를 해결하였다. 개정안은 흡수합병의 합병계약서에 존속회사가 합병으로 인하여 소멸회사의 주주에게 그 대가의 전

하다는 문제점이 있다고 지적하는 견해도 있다. 권기범, 기업구조조정법, 138면.

130) 남기윤, 유형론적 방법론과 회사법의 신이론, 420면 이하.

131) 상법 제520조는 그 요건이 너무 엄격하여 폐쇄회사의 특수한 필요를 충족시키는 데에 부족하므로 주주간에 내분이 있고 사업이 주주일반의 이익이 되도록 수행될 수 없는 경우에는 각 주주는 누구든지 지주율에 불구하고 법원에 해산판결을 청구할 수 있도록 현행의 해산판결제도를 확대해야 한다고 주장하는 견해도 있다정동윤, 폐쇄회사의 법리(법문사, 1982), 200면. 그러나 폐쇄회사의 특수성이라는 이유에서 해산판결제도를 용이하게 하는 것보다는 기업의 유지존속이 전제되는 소수주주의 퇴출을 인정하는 방안이 보다 상법정신에 부합할 것이다.

부 또는 일부로서 금전 기타 재산을 지급하는 경우에는 그 내용과 배정에 관한 사항을 기재하도록 하여 현금지급합병을 허용하였다(상법개정안제523조제4호). 이것은 합병대가를 존속회사의 주식으로만 제한했던 종전의 태도를 버리고 주식 이외에 현금, 사채 기타의 재산으로도 지급할 수 있게 하여 합병에 의한 기업결합의 유연성을 확보하고자 한 것이다.

그리고 합병대가를 현금 등으로 다양화하는 경우, 예컨대 자회사가 다른 회사를 흡수합병하는 경우에 존속회사인 자회사가 소멸회사인 다른 회사의 주주에게 현금을 지급하거나 모회사의 주식을 지급할 수도 있다. 그런데 모회사의 주식을 합병대가로서 지급하는 경우에는 영미에서 허용되는 이른바 삼각합병(triangular merger)도 가능하게 되지만, 상법상으로는 자회사가 모회사의 주식을 취득하는 것이 금지(상법제342조의2)되어 있으므로 이에 대한 예외적 취급이 없이는 삼각합병은 불가능하다. 따라서 개정안에서는 이러한 경우에 대비하여 자회사에 의한 모회사 주식의 취득금지(상법제342조의2)에 대한 예외규정을 두어 존속회사는 모회사주식을 취득할 수 있도록 하였다(상법개정안제523조의2).

그러나 개정안은 현금지급합병을 허용하는 경우에 소멸회사의 주주를 퇴출시키는 데에 정당한 사업목적을 요구하고 있지 않고 있고, 특히 소수주주의 퇴출을 위한 특별한 공정요건을 명시하고 있지 않다. 따라서 흡수합병의 경우에는 법상의 합병비율의 산정기준을 충족하기만 하면 현금지급에 의한 소수주주의 퇴출이 가능하게 되어 있다. 그러나 이러한 태도가 퇴출되는 소수주주의 보호를 위하여 충분한 것인지는 의문이다.

3. 소수주주퇴출의 요건

(1) 지급대가의 공정요건

(가) 합병의 경우

상법은 일반합병에 있어서 합병비율의 산정기준에 대하여는 명시적인 규정을 두고 있지 않으나, 일반적으로는 당사회사의 현재의 순재산액과 수익력을 고려한 기업가치를 적정하게 평가하여 합병비율을 산정하여야 공정성이 인정된다고 해석한다.[132] 반면에 구증권거래법은 합병비율의 산정을 위한 합병가액의 산정기준을 명시적으로 정하고 있다(구증권거래법제190조의2, 동시행령제84조의7, 동시행규칙제36조의12). 즉 상장회사와

132) 정동윤, 회사법(제6판), 820면.

상장회사간의 합병에 있어서는 합병신고서 제출일로부터 과거 1월간 평균종가, 1주일간의 평균종가, 최근일 종가를 산술평균한 가격과 최근일 종가 중 낮은 가액을 기준으로 하여 합병비율을 산정하여야 하고, 상장회사와 비상장회사간의 합병에 있어서는 상장회사는 위의 가격을, 비상장회사는 자산가치, 수익가치 및 상대가치의 산술평균가격을 고려하여 합병비율을 정하도록 규정하고 있다. 특히 비상장회사와 합병하는 경우에는 이외에도 증권회사, 신용평가기관 등의 외부평가기관에 의하여 합병비율의 적정성에 대한 평가를 받아야 하고, 소멸하는 비상장회사가 상장회사보다 자산총계, 자본금, 매출액 중 2가지 이상이 클 경우에는 납입자본이익률, 부채비율, 자산가치, 수익가치에 관하여 금융위원회가 정하는 요건과 그리고 감사의견, 소송계류 기타 합병의 공정성을 위하여 금융위원회가 정하는 요건을 충족하여야 한다.

그런데 현금지급합병 또는 소수파주주 퇴출을 위한 합병과 같이 특수한 경우에도 위와 같은 기준이 합병비율의 산정에 적용되어야 한다. 그러나 상장회사의 경우에는 시장가치의 산술평균가치만을 고려하고, 비상장회사의 경우에는 자산가치, 수익가치, 상대가치에 차별적 가중치가 적용되지 아니한 채 단순한 산술평균가치만을 고려하는 것은 문제가 있다고 본다. 산정방식이 축출합병에 있어서 합병비율의 공정성을 확보하고 축출위험에 놓여 있는 소수파주주의 보호를 위하여 충실한 것인지는 의문이다.

따라서 지급대가의 산정에 있어서 주식의 시장가치만을 고려하는 것은 그 가격의 공정성을 확보하기 어려우므로, 미국의 델라웨어가중평균방식과 같이 주식의 순자산가치, 수익가치, 시장가치 등의 순으로 가중치를 두어 이들 세 가지 요소를 종합적으로 고려하여 산정하여야 한다. 그리고 지급대가의 공정성을 확보하기 위해서는 외부의 공인된 감정인 등 평가기관에 의하여 지급대가의 객관적 공정성 또는 적정성에 대한 검증을 받게 할 필요가 있을 것이다.

(나) 상장폐지의 경우

상장회사에 있어서 폐쇄기업화거래는 다수파주주가 소수파주주의 축출을 위하여 의도적으로 분산된 주식을 매집하여 상장요건에 미달되도록 한 다음, 당해 기업을 탈상장 또는 상장폐지하는 방법으로 시작되는 것이 보통이다. 그런데 이와 같은 상장폐지를 전제로 한 주식취득은 상장폐지 이후의 잔여소수파주주에게는 보유주식을 자유로이 처분할 수 있는 기회가 봉쇄되어 투하자본의 회수가 어렵게 되고, 또 다수파주주가 잔여주식을 취득하는 과정에서의 매수가격의 결정에 있어서도 불공정의 문제가 있다. 이와 관련하여 상장폐지 또는 폐쇄기업화를 목적으로 하는 공개매수에 있어서 다수파주주에 의한 공개매수가격의 산정에 있어서 합병에 있어서 반대소수파주주의 주식매수청구권 행사에 적용되는 매수가격산정기준(증권거래법제191조)을 여기에 그대로 준용하는 것이 실무상의 관행인데 이것이 합당한 것인지도 의문이다.133)

따라서 입법론적으로는 탈상장으로부터 소수파주주를 보호하기 위하여는 다수파주주에 의한 상장폐지의 시도가 법률상 금지될 수는 없다하여도 그것이 남용되어서는 아니되도록 합리적인 법적 제한이 가해져야 할 요청이 있다. 이를 위하여는 상장폐지 목적의 공개매수에 대하여 적용될 수 있는 공정한 매수가격의 산정기준이 별도로 마련되어야 하여야 한다. 그리고 상장폐지 후의 잔여주식취득은 사실상 합병의 경우와 경제적 효과가 실질적으로 동일하므로 합병대가의 산정에 필요한 일반기준이 여기에 적용되도록 하여 지급대가의 공정성이 확보되도록 하여야 할 것이다.

(2) 절차상의 공정요건

(가) 합병의 경우

상법은 일반합병을 위한 절차로서 주주총회에서의 특별결의를 거치도록 하는 것과 반대소수파주주에게 주식매수청구권을 인정하는 것 이외에는 달리 주주보호를 위한 특별한 절차를 요구하고 있지 아니하다. 다만 구증권거래법상으로는 상장회사가 비상장회사를 흡수합병하는 경우에 한하여 증권회사, 신용평가전문기관, 공인회계사 등의 외부평가기관으로부터 합병비율의 적정성에 대한 평가를 받을 것을 정하고 있을 뿐이다(구증권거래법시행령제84조의7제2항). 이러한 입법태도가 소수주주의 퇴출을 목적으로 하는 합병의 절차적 공정성을 확보하는 데에 만족스러운 것인지는 의문이다.

한편 합병은 소수파주주의 이해에 직접적인 영향을 주므로 거래의 공정성여부를 결정하는데 필요한 정보를 공시하는 것이 중요하다. 일반적으로 합병의 경우에 현행 상법은 합병승인 주주총회일 이전의 사전공시로서 합병계약서, 소멸회사의 주주에 대한 신주배정비율과 그 이유, 합병당사회사의 최종대차대조표와 손익계산서를 공시하도록 규정하고 있고(상법제522의2제1항제2항), 합병을 한 날 이후의 사후공시로서 채권자보호

---

133) 삼나스포츠의 경우에는 공개매수가격을 구 증권거래법 제191조가 정하는 주식매수청구가격의 산정기준에 따라 이사회결의일 직전 60일간 거래량의 가중평균가격인 1주당 56,349원으로 정하였고, 쌍용제지의 경우에서도 위와 같은 기준에 따라 매매거래정지 중 장내매수가격을 장내매수계획의 공시일전 60일간의 평균가격으로 산정하여 1주당 21,300원으로 정하였다. 그리고 양자 모두의 경우에 잔여소수파주주의 주식은 각각 위의 결정가격으로 매수할 계획을 가지고 있었으며, 상장폐지의 결정 이후에는 거래소시장에서 매매가 정지되는데 잔여소수파주주의 주식에 대한 정리매매에 대하여는 상장심사위원회가 이를 허용하지 않는 것이 보통이다(증권거래소 상장공시부 내부자료).

절차의 경과, 합병을 한 날, 소멸회사로부터 승계한 재산의 가액과 채무액 기타 합병에 관한 서면을 공시하도록 하고 있다(상법제527조의6).[134] 구증권거래법은 상장회사에 대하여 합병신고서를 금융위원회에 제출토록 하여 부당하거나 불공정한 합병비율의 적용으로부터 소수파주주를 보호하고자 하고 있다(구증권거래법제190조2제2항). 그러나 현금지급합병에 관한 정보로서 그 목적, 이유, 시기, 손익에 관한 사항, 교부금합병의 불가피성, 기타 거래의 공정여부에 대한 판단에 필요한 중요한 사항을 공시하도록 규제하여야 할 것이다.

그 밖에 소수주주퇴출을 위한 합병의 절차적인 공정을 기하기 위해서는 일반합병에서 요구되는 주주총회의 특별결의에 필요한 결의요건을 기업 스스로 정관에 의하여 가중할 수 있도록 상법이 이를 허용하는 규정을 명시하는 것이 요청된다.

(나) 상장폐지의 경우

상장폐지의 특수한 사정에서 소수파주주들의 주식매도결정에 필요한 정보의 공시규제가 없는 것도 투자자보호의 정신에 부합하지 않는 문제가 있다고 본다. 따라서 상장폐지 등을 위한 주식취득에 있어서는 이사회의 승인과 주주총회의 특별결의를 거치고, 그 계획은 주주총회의 결의 이전에 사전에 공시되도록 규제하여야 할 것이다. 그리고 주주총회의 결의에 있어서 상장폐지에 반대하는 소수파주주에게는 합병의 경우와 같이 주식매수청구권을 허여하여 투하자본의 회수를 위한 방도를 제공하여야 할 것이다.

4. 소수주주의 구제

(1) 주식매수청구권의 배타성문제

상법과 증권거래법은 합병에 반대하는 소수파주주에게는 주식매수청구권을 허여하여 소수파주주의 보호를 꾀하고자 하고 있다(상법제374조의2, 구증권거래법제191조). 주식매수청구권의 배타성과 관련하여 소수파주주는 주식매수청구권을 행사한 경우에도 회사의 이사 또는 사실상의 지배주주에 대하여 현금지급합병에 의하여 발생한 손해의 배상을 청구하거나, 합병의 무효를 주장할 수 있는지의 문제가 있다.

이에 대하여는 원칙적으로 법률이 달리 제한하고 있지 않으므로 그 배타성을 부정하여야 할 것이지만,[135] 현금합병의 효력을 다툼에 있어서는 법률관계의 안정을 기하여야

---

134) 이들에 대한 구체적인 설명은 권기범, 기업구조조정법, 166면 이하 참조.
135) 권기범, 기업구조조정법, 296면 이하.

하므로 그 거래의 위법성이 현저하거나 사기적인 경우로 제한된다고 볼 것이다. 그리하여 현금합병에 의한 소수주주의 퇴출이 일반불법행위의 요건에 해당하거나 이사의 의무를 해태한 것으로 인정되는 경우에는 손해배상청구권을 행사할 수 있다할 것이다. 그리고 현금지급에 의한 소수파주주의 퇴출결의에 불법 · 사기 · 현저한 불공정 등의 사유가 있는 경우에는 현금지급합병의 성립에 필요한 주주총회의결의 또는 그 거래 자체의 무효도 다툴 수 있다고 볼 것이다.

(2) 유지청구권

상법개정안에서는 현금지급합병에 의한 소수주주의 퇴출을 위해서는 정당한 사업목적이 요구되지 아니한다. 그렇다면 해석상으로 현금지급합병이 정당한 사업상의 목적이 없이 소수파주주의 퇴출만을 유일한 목적으로 하는 경우에 소수파주주가 이를 사전에 금지할 수 있을 것인지가 문제이다.

상법상으로는 이사가 법령 또는 정관에 위반한 행위를 함으로써 회사에 회복할 수 없는 손해가 생길 염려가 있을 경우에는 소수파주주는 이사의 위법행위를 사전에 금지할 것을 청구할 수 있다(상법제402조). 이 경우에 정당한 사업상의 목적이 없는 현금합병 또는 소수파주주의 축출이 다수파주주의 이익에만 기여하고 소수파주주의 이익을 해치는 경우에는 전체로서의 회사의 이익을 현저히 훼손할 수 있고 이로 인하여 회사에 회복할 수 없는 손해가 예상될 수도 있으므로 소수파주주는 위법행위로서 그 유지청구를 인정할 수 있다고 보는 견해[136]도 있다.

그러나 상법개정안이 현금지급합병을 위한 요건으로서 정당한 사업목적을 요구하지 않은 것은 현금지급합병이 소수주주의 퇴출이라는 결과를 가져오더라도 합병 그 자체에 이미 정당한 사업목적이 내재되어 있다는 점을 인정하였기 때문이다. 따라서 소수주주의 퇴출만을 목적으로 하는 현금지급합병에 대한 유지청구권을 인정하기는 어렵다고 볼 것이고, 이 문제는 이사와 지배주주의 소수주주에 대한 충실의무위반의 문제로서 취급하는 것이 타당하다고 본다.

이러한 문제와 관련하여 현금지급합병이 남용되는 경우에는 소수파주주에게는 불이익을 안겨줄 수 있다. 상법은 이사에게 충실의무를 명문으로 규정하고 있으나(상법제382조의3), 이 의무는 회사에 대한 관계에서 이사에게 책임을 추궁할 수 있는 근거로서

---

136) 정동윤, 회사내의 소수파주주의 보호-freezeout을 중심으로 하여, 법학논집 제26집(고려대 법학연구소, 1991.9), 107면 이하. 불공정한 합병에 대한 유지청구의 현실적인 중대성을 고려하여 입법으로 합병유지청구권을 도입할 필요가 있다고 주장하는 견해로는 권기범, 기업구조조정법, 282~283면.

기능할 뿐이다. 그러므로 소수파주주의 이익을 해치는 현금지급합병이 이루어지는 경우에 이사는 원칙적으로 주주와는 아무런 법률관계가 없으므로 이사가 거래의 상대방으로서 제3자인 주주에게 직무수행상 손해를 끼친 경우 이외에는, 소수파주주가 현금지급합병의 불공정 또는 남용을 이유로 하는 충실의무위반책임을 이사에게 추궁하기는 어렵다. 이것은 소수파주주의 보호를 위하여 바람직하지 않다. 아울러 이사가 아니면서 회사의 업무에 영향력을 행사하는 사실상의 이사, 즉 배후이사 또는 표현이사의 소수파주주에 대한 책임도 마찬가지의 문제가 있다.

따라서 상법이 이사에게 영미법상의 충실의무를 지우고, 또 업무집행지시자와 같은 사실상의 이사개념도 도입하여 이사와 동일한 책임을 지게 하고는 있지만, 이사와 소수파주주 또는 지배주주와 소수파주주간의 이해충돌이 있는 행위로부터 소수파주주를 실질적으로 보호하기 위한 입법이 요청된다고 본다. 이를 위해서는 이사와 지배주주도 소수파주주에 대하여 충실의무를 지도록 명시하는 입법조치가 필요하다. 이사 또는 지배주주의 충실의무는 현금지급합병의 남용 또는 불공정을 억지하는 효과가 있을 뿐만 아니라 소수파주주에 의한 사후의 책임추궁의 근거로서도 작용하는 근거가 되는 것이다.

(3) 현금지급합병의 무효

일반합병의 경우에 합병비율의 산정 또는 기타의 절차상의 요건에 현저한 불공정이 있으면 그 합병의 무효를 다툴 수 있다고 보는 것이 통설이다. 소수주주를 퇴출시키는 합병이라고 하여도 다를 이유는 없을 것이다. 상법상으로는 정당한 사업상의 목적이 없이 소수파주주의 축출만을 유일한 목적으로 하는 합병은 소수파주주의 고유권을 침해하는 결의에 기초한 것으로서 그 결의의 내용이 위법하므로 합병승인주주총회결의의 무효사유가 된다고 볼 여지도 있다. 그러나 상법은 현금지급합병에 정당한 사업목적을 요구하고 있지 않으므로 이 문제는 부정적으로 해석하는 것이 현금지급 합병의 도입취지에 부합한다고 본다. 미국의 판례는 합병의 공정요건으로서 정당한 사업목적을 요구하지 아니한다 함은 전술한 바 있다.

그러나 합병 이외에 정당한 사업목적이 없이 소수파주주의 축출만을 목적으로 하는 해산결의, 자산의 양도, 주식의 병합 등은 단일회사 내에서 이루어지는 것으로서 합병과 같은 기업결합과는 성질이 다르므로 위법한 거래로서 무효라고 보아야 할 것이다.[137] 상법 개정안상 지배주주가 소수주식의 전부를 취득하기 위해서는 정당한 사업목

---

137) 정동윤, 회사내의 소수파주주의 보호, 110면 이하.

적은 반드시 존재하여야 하므로(상법개정안제360조의24제1항), 그러한 목적이 없는 소수주식의 매도청구는 소수주주에 대하여 효력이 없다고 풀이할 것이다. 이것은 합병과는 달리 단일회사 내에서 이루어지는 것이기 때문이다. 미국의 판례는 단일회사 내에서 이루어지는 소수주주퇴출에 정당한 사업목적이 없으면 불공정한 거래로서 무효가 된다. 그러나 독일 주식법상 소수주주의 퇴출에는 이러한 정당한 사업목적을 요구하는 명시적인 규정이 없다.

(4) 손해배상청구권

현금지급합병에서 소수파주주가 불공정한 대가를 지급받는 경우에 공정가치와 지급가액과의 차액을 손해로서 배상청구할 수 있다고 볼 것이다. 특히 상법은 이사에게 충실의무를 명문으로 인정하고 있으므로 현금지급합병이 사기, 부실표시, 회사자산의 훼손 등과 관련되는 경우에 충실의무의 위반을 이유로 한 손해배상청구권을 행사할 수 있을 것이다. 이 경우에 그러한 위법한 행위를 지휘 조종한 다수파주주에게도 사실상의 이사로서의 연대책임을 추궁할 수 있을 것이다(상법제401조의2제3항).

Ⅲ. 입법론

1. 강제매수권제도의 도입

강제매수권제도를 도입함에 있어서 중요한 쟁점은 그 적용대상과 적용기준의 문제이다. 자본시장통합법상 공개매수의 대상은 상장회사로 제한되고 있으므로 이 제도의 적용도 상장회사를 그 대상으로 하여야 한다. 그러나 공개매수는 상장되지 않은 공개회사에 대하여도 확대 적용할 여지가 있다는 점에서 본질적으로 공개회사도 그 적용대상으로 하는 것이 바람직하다.

다음으로 이 제도의 적용기준에 관한 문제이다. 강제매수권이 인정되는 기준을 발행주식총수의 90%로 정할 것인가, 95%로 정할 것인가의 문제는 입법정책의 문제일 것이다. 현행 상법상 약식합병이 인정되는 기준인 발행주식총수의 90% 정도가 입법론적으로는 현실적이고 합당한 선이라고 본다. 구체적인 절차는 영국 회사법과 독일 주식법이 참고가 될 수 있을 것이다. 그리고 2006년 3월의 일본 금융상품거래법에서는 공개매수 후에 주권등의 소유비율이 정령에서 정하는 비율을 하회하지 않은 경우에는 공개매수자

에 대하여 응모주권등의 전부를 매수하도록 의무화하는 내용이 포함되어 있다.[138)]

우리나라의 경우 2007년 상법 개정안에서는 지배주주에 의한 소수주식의 전부취득제를 도입하고, 현금지급합병제를 도입하기로 함에 따라 이 제도를 도입할 수 있는 입법환경의 정당성은 충분하다고 본다.

2. 상장폐지와 주식매수청구권의 부여

기업인수자가 공개매수 또는 기타의 방법에 의하여 대상회사의 지배권을 취득한 후에 대상회사를 상장 폐지하고자 하는 경우에 소수주주를 보호할 요청이 있다. 소수주주는 상장폐지로 인하여 투하자금을 회수할 수 있는 방도를 상실하기 때문이다. 상장폐지로 인하여 소수주주에게 나타나는 억압현상을 해소하기 위한 입법적 보완수단으로써 소수주주에게 주식매수청구권을 허여하는 것이 바람직할 것이다. 이 경우에는 기업인수자의 주식소유비율이 증권선물거래소의 상장폐지기준[139)] 중 주식분포기준에 해당할 경우에는 소수주주는 언제든지 회사에 대하여 주식매수청구권을 행사할 수 있게 하여야 한다.

상장폐지기준으로서 주식분포기준에 해당하여 상장이 폐지되는 회사의 지배주주에게도 소수주주의 주식매수청구권에 상응하여 잔여소수주식을 강제로 매수할 수 있는 제도를 도입하는 것이 합리적이다. 이 문제는 지배주주가 대상회사의 95% 이상의 주식을 보유하고 있는 경우에는 상법개정안에서 도입한 소수주식 전부취득제에 의하여 잔여소수주주가 보유한 주식의 매수를 청구함으로써 해소될 수 있을 것이다. 그러나 증권선물

---

138) 이것은 지금까지는 응모주권의 합계가 매수예정주수를 초과하는 경우에는 안분비례의 원칙에 의하여 매수할 수 있으므로 공개매수자는 그 초과분의 전부 또는 일부를 매수하지 않는 것이 인정되었는데, 그렇다 보니 공개매수자가 공개매수 후 대상회사를 상장폐지하고자 하는 경우에는 공개매수자가 매수하지 않은 응모주권을 가진 주주에게 불리한 경우가 야기될 수 있어 그로부터 잔여주주를 보호하기 위한 것이다. 이러한 전부매수의무는 공개매수에 의하여 상장폐지에 이를 정도의 주식소유비율을 초과하는 경우에는 일률적으로 응모주권의 전부를 매수케 하고자 한 것이다. 예컨대 공개매수 후에 공개매수자의 주권소유비율이 발행주식총수의 2/3를 초과하는 경우에는 회사법상 특별결의에 대하여 공개매수자 이외의 주주가 거부권을 행사하는 것이 의미가 없는 상태이기 때문에 공개매수자에게 전부매수의무를 부과하는 것이 적당하다는 견지에서 도입하기로 한 것이다. 일본 금융상품거래법 제27조의13제4항. 金融審議會金融分課 第1部會, 公開買付制度等ワーキング·グループ報告-公開買付制度等のあり方についでー, 2005.12.21,9面.

139) 증권선물거래소가 제정한 주권의 상장폐지기준은 유가증권시장과 코스닥시장으로 구분하여 적용하고 있다. 상장폐지기준은 공시서류관련사항, 감사의견, 영업정지, 최종부도 은행거래정지, 자본잠식, 주식분포, 거래량, 회생절차 개시신청, 사외이사수 미달등, 해신, 공시의무위반, 주식양도제한, 주가, 시가총액, 지주회사의 완전자회사, 경상손실, 비공개법인 합병, 기타 등으로 나누어 구체화되어 있다. 이 중 상장이 폐지되는 주식분표기준은 유가증권시장에 상장한 주권의 발행회사가 2년 사업연도 연속 소액주주가 200인 미만이거나 소액주주지분이 유동주식수의 10% 미만인 경우, 코스닥시장에 상장한 주권의 발행회사의 경우에는 2년 사업연도 연속 소액주주가 200인 미만이거나 소액주주지분이 유동주식수의 20% 미만인 경우에 해당하여야 한다(2006.6.23 현재). 이미현, 상장폐지에 관한 분쟁의 현황과 과제, BFL 제19호(서울대학교 금융법센터, 2006.9), 102~103면 참조.

거래소의 상장폐지기준에 해당하지만 주권분포비율이 90% 이상 95% 미만인 경우에는 소수주식 전부취득제에 의한 지배주주의 주식매도청구가 허용되지 않으므로 이러한 경우를 예상할 경우에 이 강제매수제도는 유용한 제도이다.

3. 강제퇴출주주에 대한 보호책의 강화

(1) 소수파주주퇴출의 사전공시

소수파주주를 퇴출시키고자 하는 경우에는 소수파주주의 자율적인 의사결정의 기회를 보장하기 위한 절차의 공정성을 확보할 필요가 있다. 이 문제에 대하여는 지배주식을 취득하는 단계에서 2단계에 있을 합병 등 회사의 근본적 변경에 관한 장래의 계획에 대하여 중요한 정보를 공시하도록 규제를 강화하고, 소수파주주의 퇴출을 위한 사전계획도 공시하도록 강제하는 방안을 검토할 수 있을 것이다. 그리고 특히 2단계의 합병에 있어서 우려되는 소수파주주의 퇴출을 제한하기 위해서는 일반합병에 있어서의 특별결의요건을 가중한 형태의 초다수결요건(super majority requirement)을 설정하는 것을 명시적으로 허용하여 기업 스스로 이러한 우려가 있는 적대적 M&A를 저지할 수 있도록 하는 방안도 검토할 수 있을 것이다.[140)]

(2) 퇴출되는 소수파주주에 대한 적정 보상

상법 개정안은 단일회사 내에서는 물론이고, 합병과정에 있어서도 소수파주주를 퇴출시킬 수 있게 함으로써, 자칫 소주파주주의 강제퇴출이 남용될 여지가 있다고 본다. 이에 따라 소수파주주의 법적 지위가 위협을 받을 수 있게 된 셈이다. 소수파주주의 퇴출을 허용함에 따라 기업경영의 유연화에 이바지할 수 있게 되었지만, 이 제도는 퇴출되는 주주에 대하여 지급되는 대가가 공정한 가액임을 전제로 하여 인정되는 것이다. 소수파주주의 퇴출은 일반적으로 적대적 M&A에 의하여 기업을 인수한 후에 벌어지는 것이 보통이고 특히 기업인수후 기업을 해체하여 단기간내에 수익을 추구하는 파탄적 M&A(bust-up M&A)의 경우에 이러한 현상이 자주 발생한다.

이 개정안은 퇴출되는 소수파주주에게 지급하는 대가산정기준에 주식매수청구권이 행사된 경우에 적용되는 매매가격산정기준을 적용하도록 규정하고 있다. 그러나 주식매

---

140) 참고로 2005년 6월 제정한 일본 회사법에서는 적대적인 2단계합병에 대비할 수 있도록 합병 등 조직재편행위를 위한 주주총회의 특별결의요건을 정관으로 가중할 있음을 명시하였다(제309조제2항). 다만 해석론상으로 특별결의요건의 가중을 무제한적으로 인정할 것인가의 문제는 남아 있기 때문에 이를 입법으로 명시할 필요가 있다. 이에 대한 분석은 송종준, 경영권방어수단 도입의 전제조건, 기업법연구 제19권 4호(한국기업법학회, 2005.12), 219~221면 참조.

수청구권을 행사한 경우에 지급되는 대가는 반대주주의 의사에 의하여 이루어지는 자발적 탈퇴에 대한 보상인 반면에, 소수주식 전부취득제와 현금합병에서 지급되는 대가는 소수파주주의 의사에 반하는 강제제명이라는 점에서 양자를 동일하게 취급하는 것이 공평의 관념에 부합한 것인지는 의문이다. 이러한 관점에서 강제퇴출되는 소수파주주에 대하여 지급되는 대가는 공정하게 산정되어야 할 뿐만 아니라 충분하게 보상이 되어야 한다는 점을 간과해서는 아니될 것이다.

일반적으로 기업을 인수하기 위해서는 경영권 프리미엄을 가산한 매수가격이 형성되는 것이 보통이고,[141] 이와 같은 프리미엄부 매수로 지배권을 취득한 자는 2단계에서 단일회사 내의 소수파주주를 퇴출시키거나, 인수회사와의 합병단계에서 소수파주주를 퇴출시키는 것이 보통이다. 1차적으로 지배권을 확보하는 단계에서 주식을 매도한 주주들은 그 프리미엄을 배분받는 셈이다. 1단계의 지배권취득은 사적 교섭매수 또는 공개매수에 의하는 것이 보통인데 어느 경우에나 지배권프리엄은 분배되는 것이다. 그러나 1단계에서 매도하지 않은 주주들은 2단계에서 퇴출되고, 이 과정에서의 대가산정은 주식매수청구권을 행사한 경우와 동일하게 적용되며 여기에서는 경영권 프리미엄의 분배는 전혀 고려되지 않는다.

따라서 퇴출되는 소수파주주를 실질적으로 보호하기 위해서는 지급대가의 산정에 지배권 프리미엄의 요소가 고려될 필요가 있다.[142] 유럽형 매수법제에서는 전부의무공개매수제도를 시행함으로써 이러한 문제가 존재하지 않지만, 부분매수를 원칙으로 하는 우리의 매수법제에서는 당면하는 문제라고 할 수 있다.

이러한 문제를 해소할 수 있는 방안으로서는 1단계에서 지배주식을 취득할 당시의 매수가격 중 지배권 프리미엄에 해당하는 가액을 2단계의 퇴출주주에게 분배하는 방안을 검토할 수 있을 것이다. 구체적으로는 시장매수 또는 협상매수에 의한 경우에는 그 매수가격 또는 일정한 기간 내의 평균매수가격, 공개매수에 의한 경우에는 공개매수가격 중에서 프리미엄에 상당하는 금액의 비율을 주식매수청구권 행사에 따라 산정된 매매가격에 포함시켜 강제퇴출되는 주주에게 보상하는 것이다.

다만 이러한 보상원칙이 소수파주주가 퇴출되는 모든 경우에 획일적으로 적용되는 것은 제도를 도입하여 경영의 유연화를 도모하기 위한 법정책의 본래 취지와는 부합하

141) 경영권 프리미엄은 시장가격대비 30% 이상인 것으로 나타났다고 한다. 김진규 외, 포이즌 필-경영권 방어수단, 28면.

142) 송종준, 상법상 M&A법제의 변화와 과제, 기업법연구 제21권 제1호(한국기업법학회, 2007.3), 97~98면

지 않으므로, 그 적용대상을 합리적으로 제한할 필요가 있을 것이다. 소수파주주의 퇴출의 정당성은 정상적인 회사경영을 전제로 하는 것이다. 그러나 1단계에서 지배권의 취득 후에 2단계에서 소수파주주의 퇴출만을 목적으로 하거나 투기적인 목적으로 단기간 내(예컨대 2-3년)에 소수파주주를 퇴출시키는 행위는 정상적인 회사경영이라고 보기는 어려운 면이 있다. 따라서 지배권의 취득 후 단기간 내에 행하여지는 소수파주주의 퇴출행위는 법정책적으로 투기적 M&A로 추정할 필요가 있고, 아울러 이 경우에는 주식매수청구권의 행사에 따른 매매가격에 지배권 프리미엄비율을 가산하여 지급하도록 규제하는 방안을 검토할 필요가 있다.

제7장

외국인 M&A의 규제

제7장 외국인 M&A의 규제

제1절 외국인 M&A의 개념

외국인 M&A는 외국인 직접투자에 속하는 거래행위이다. 외국인 직접투자(foreign direct investment, FDI)라 함은 국내기업에 대한 지속적인 이해관계를 수립할 목적으로 외국인이 당해 기업의 경영에 실질적인 영향력을 행사할 가능성이 있는 투자를 말한다.[1] OECD 자본이동자유화규약상 외국인에 의한 직접투자의 방법은 세 가지로 규정되어 있다. 완전소유회사, 자회사, 또는 지점의 설립 및 확장 또는 기존기업의 소유권의 완전인수와, 신설기업 또는 기존기업에의 자본참여 그리고 5년 이상의 대부 등이 그것이다.[2] 동 규약상 외국인 직접투자는 외국인이 국내기업이 발행한 신주 또는 구주를 취득하는 방식에 의한 직접투자를 뜻하며, 외국인투자자 1인이 의결권에 영향을 미치는 주식 또는 지분의 10% 이상을 취득하는 것을 말한다. 그러나 10% 이상과 같은 최소지분기준은 포트폴리오투자[3]와 구별하기 위한 표시로서 통계작성의 지침일 뿐이므로 이 기준에 미달하더라도 실질적으로 경영권행사의 가능성이 있는 투자는 외국인 직접투자에 포함된다. 이러한 직접투자를 M&A형 직접투자 또는 국경간 M&A(cross-border M&A)라고 부르기도 한다.[4]

우리나라의 외국인 투자촉진법(이하 '외촉법' 이라 함)도 외국인 직접투자에 관한 OECD

---

1) OECD Code of Liberalization of Capital Movements(이하에서는 OECD CODE라 함), Annex A(2001.5).

2) OECD CODE, Annex I .A, B, C.

3) 포트폴리오투자는 기업의 경영에 실질적인 영향력을 행사할 가능성이 없이 순전히 금융차익의 취득을 목적으로 하는 증권투자를 말한다. 통상적으로 의결권있는 주식총수나 출자총액의 10% 미만을 취득하거나, 일반차입, 채권취득, 해외DR 등에 투자하는 것이 이에 해당한다.

4) 왕윤종, OECD규범과 한국의 외국인직접투자제도(연구보고서)(대외경제정책연구원, 1995) 및 국경간 M&A의 동향과 정책방향, 개방시대 M&A제도와 법적 과제(대한상의/한국법학원 주최 심포지움, 1997.9.8) 참조.

규약의 정의기준을 반영하고 있다. 이 법상 외국인 직접투자란 외국인이 내국기업과 경제관계를 수립할 목적으로 당해 기업의 주식을 소유하는 것(최소금액 5천만원)으로서, 의결권있는 주식총수 또는 출자총액의 10% 이상을 소유하거나, 10% 미만을 소유하면서 임원의 파견 또는 선임, 1년 이상의 장기상품 및 부품공급계약을 체결하거나, 기술도입 및 공동연구개발의 계약을 체결하거나, 해외 모기업 등이 당해 외국인 투자기업(자회사)에 5년 이상 차관을 대부하는 것 등이라고 규정하고 있다(외촉법제2조제1항4호, 동법시행령제2조제2항).

제2절 외국인 M&A의 기능과 차별규제의 금지

Ⅰ. 외국인 M&A의 기능

외국인이 국내기업의 지배권을 취득하거나 외부의 주요주주로 있는 경우에 당해 기업의 성과 또는 기업의 가치와 어떠한 상관관계를 갖는가 하는 문제는 흥미로운 연구대상이라 할 수 있다. 일반적으로 외부의 대주주가 기업의 성과에 어떠한 기능을 수행하는 가에 대하여는 크게 두 가지의 가설에 의하여 실증 분석되고 있다.[5] 효율적 감시가설과 이해상충가설이 대표적이다.

1. 순기능

(1) 효율적 감시가설과 이해상충가설

효율적 감시가설은 기업의 정보획득이 용이한 외부 대주주는 무임승차의 문제를 완화하고 경영진의 의사결정에 대한 효과적인 감시자 역할을 수행하므로 외부 대주주의 지분이 증가할수록 기업의 성과는 향상된다는 이론이다. 이해상충가설은 외부 대주주들은 경영진에 협력을 하는 경향이 있어서 경영진을 감시하는 역할을 수행하지 못하며 그 결과 외부 대주주의 지분율과 기업가치는 부의 관계에 있다는 이론이다. 국내외의 실증적인 연구결과에 따르면 효율적 감시가설이 이해상충가설 보다는 더 많은 지지를

5) 조성빈, 해외자본과 기업지배구조 및 기업가치에 대한 실증분석-비금융 상장기업을 중심으로-, 기업경영권에 관한 연구-실증분석과 제도정비방안을 중심으로(한국개발연구원, 2005.12), 159~161면, 175~179면 참조.

받는 것으로 보인다.

(2) 외부 대주주가 외국인인 경우

외부 대주주가 외국인인 경우에도 많은 연구에서 효율적 감시가설의 효과가 증명되고 있는 것으로 나타나고 있다. 일본의 상장기업을 대상으로 한 연구결과에 따르면 외국인 지분과 기업가치 간에는 역 U자형 비선형 관계가 존재한다는 사실이 확인되었고, 외국인 기관투자가들이 효과적인 감시자 역할을 수행하고 있으며, 이들은 단기투자 보다는 장기적인 기업성장에 관심을 가진 것으로 나타났다고 한다. 또한 인도의 기업을 대상으로 한 연구에서도 외국인 기관투자자의 지분율과 기업가치 간에 정의 상관관계가 존재하고, 특히 외국인이 기업통제권을 행사하는 기업일수록 수익성이 더 높다는 사실도 실증되었다고 한다. 국내기업에 대한 연구에서도 외국인 주요주주는 전문성과 독립성을 갖추고 경영진을 감시할 유인을 가지고 있다거나, 외국인 투자자들이 효율적인 감시자 역할을 수행하여 대리인 비용을 줄이고 기업가치를 제고하는 데에 기여함을 보이고 있고, 내 · 외부 통제장치가 효과적으로 작동하지 않는 경우 외국인투자자들이 효율적인 감시자 역할을 수행할 수 있다는 것을 확인하고 있다. 특히 1999년 이후 외국인 직접증권투자가 급증한 이후에도 외국자본과 기업성과는 정의 상관관계에 있는 것으로 나타났다고 한다.

(3) 외국인이 경영권을 취득한 경우

이러한 연구들은 주로 외국인기관투자자의 국내기업 지분보유를 기준으로 실증한 것이지 외국인이 국내기업의 경영권을 취득하였거나 적대적인 관계에서 경영권을 취득하였는가를 기준으로 한 것만을 대상으로 한 것은 아니다. 적대적이든 우호적이든 기업의 경영권 또는 통제권이 외국인에게 이전된 경우에는 단순히 기관투자자로서 국내기업의 지분을 보유한 경우 보다는 불투명한 지배구조의 개선, 주주중시의 경영, 재무건전성과 수익성을 중시하는 경영을 수행하는 데에 더욱 적극적일 것이기 때문에 기업가치의 향상을 배가하는 기능을 발휘할 것으로 보인다. 이것은 1997년 금융위기 이후 외국인이 국내기업의 경영권을 인수한 많은 사례에서도 증명되고 있다.[6]

2. 역기능

외국인 M&A가 기업성과와 긍정적인 상관관계를 가지고 있음에도 불구하고, 국내기

6) 이규수, 자본시장의 국제화에 따른 법적 과제에 관한 연구(연세대 법학박사 학위논문, 2005.12), 124~126면 참조.

업과 국민경제에 대한 관계에서는 부정적인 기능도 있다는 점이 지적되기도 한다. 일반적으로 부각되는 가장 큰 부정적인 기능은 외국자본의 속성상 단기적이고 투기적인 투자행태를 보인다는 점이다. 이것은 경영권을 인수한 후 단기적인 투자수익을 얻기 위하여 장기적인 재투자 보다는 고액배당, 유상감자, 자산매각, 시세차익, 무상증자 등과 같은 단기적인 수익실현에 치중하는 성향에서 비롯되는 것으로 보인다. 또한 상장기업을 인수한 후 상장폐지를 통하여 이익을 독점하려 하거나 소수파주주를 퇴출시키는 것도 부정적인 기능으로 인식되고 있다. 그러나 이러한 부정적 기능을 외국자본의 본질로서 일반화하기는 어려울 것이다.

Ⅱ. 외국인 M&A에 대한 차별규제의 금지

OECD자본이동자유화규약은 외국인의 직접투자에 대하여 원칙적으로 내국자본과 차별대우를 금지하고 있다. 외국인의 직접투자의 부정적인 기능이라고 일컫는 대부분의 문제들은 이 규약에 의하면 내국인과 차별적인 규제의 대상이 되지 못한다. 따라서 외국자본의 투자사례에서 부분적으로 나타나는 고액배당, 유상감자 등의 부정적인 기능에 대하여 내외국인간에 차별적인 규제를 가하는 것은 바람직하지 않다. 국내기업 또는 국내자본이라 하여도 그러한 단기적인 수익회수는 얼마든지 발생할 수 있다는 점을 고려해야 한다. 중요한 것은 단기적인 수익회수 이후 그 수익의 재투자의 문제이다. 단기적인 고수익 창출행위를 사전적으로 규제하는 것은 바람직하지 않고 오히려 그 수익을 재투자할 수 있는 경제적 환경을 조성해 주는 것이 필요할 것이다. 외국자본에 의한 상장폐지로 소수파주주를 퇴출하는 문제도 외국자본이라 하여 특별히 예외적으로 규제하는 것은 합당하지 못하다. 내외국인 M&A를 불문하고 소수파주주를 보호하기 위한 합리적인 규율을 모색하는 것이 중요하다. 그리고 외국인 M&A가 경제적으로는 기업성과에 부정적인 기능 보다는 긍정적인 기능을 더 많이 발휘할 수 있기 때문에 법정책적으로 외국인 투자를 적극적으로 촉진하는 것이 바람직할 것이다.

그런데 외국자본이 국내기업의 경영권을 인수한 후 해당 기업의 장기적인 성장과 가치상승에 기여할 수 없다는 상당한 이유가 있는 경우도 있다. 단기적인 투기적 이익에만 관심을 두고 장기적인 회사경영에는 관심이 없는 경우가 그런 경우이다. 이러한 부정적 현상은 기업에게 정당한 경영권 방어의 권한을 부여하는 방식으로 해소해야 할 요청이 있다. 그러나 이러한 요청은 기업인수의 주체가 내국인이든 외국인이든 불문하고 적용되어야 하므로, 특별한 규제가 필요한 경우를 제외하고는 외국자본을 차별적으로 규제하는 것은 바람직하지 않고, 또한 그것은 국제적인 일반흐름과도 조화되지 못하는 것이다.

통상 외국인투자는 국가간 협약에서 정하는 상호주의에 따라 국가마다 내외국인간의 차별적 취급을 인정하기도 하고, OECD 회원국가의 경우에는 자본이동자유화규약에서도 외국인에 대한 예외적 차별을 명시적으로 허용하고 있다. 이 규약에서 외국인 M&A에 대한 차별적 규제는 OECD 규약에 의하면 공공질서의 유지, 국민의 건강, 도덕 및 안전의 보호, 본질적인 안보이익의 보호, 그리고 국제평화와 안보에 관한 의무이행 등의 사유가 있을 경우에만 허용된다. 외국인 M&A는 외국인 또는 외국자본이라는 이유만으로 일정한 법적 규제가 허용되는 것이다.

요컨대 외국인 M&A에 대한 차별적인 규제는 OECD 규약상 허용되는 국제적인 일반규율과 조화시키는 관점에서 검토되는 것이 가장 중요한 본질적인 문제라고 할 수 있다. 따라서 OECD 규약의 기준에 따라 현행 외국인투자촉진법상 외국인 M&A에 대한 규제와 규제완화의 결정기준을 명확히 하고, 그에 따라 개별법령의 체계적인 보완이 필요할 것이다.[7]

제3절 안보관련 외국인 M&A의 규제동향

외국인 M&A는 우호적이든 적대적이든 대부분의 국가에서 원칙적으로 자유이지만, 직접적인 규제를 받는 영역이기도 하다. OECD 회원국가의 경우에 그 규제는 OECD 규약이 정하고 있는 사유를 따라야 하는 등 일정한 제한을 받는다. 최근들어 각국에서는 안보관련산업에 있어서 외국인 M&A의 규제문제가 민감한 쟁점으로 부상하고 있다.

Ⅰ. OECD 자본이동자유화규약

7) 송종준, 외국인 M&A에 대한 규제완화와 그 법적 한계, 비교사법 제10권 3호(한국비교사법학회, 2003.9), 417면 이하 참조

1. OECD 규약의 일반적 태도

OECD는 회원국을 중심으로 해외직접투자의 자유화를 도모하기 위하여 1961년에 제정된 자본이동자유화규약(Code of Liberalization of Capital Movements)을 시행하면서 몇 차례의 개정을 거쳐 오늘에 이르고 있다. 이 규약 상 자본이동자유화의 대상이 되는 직접투자는 지속적인 경제적 이해관계의 수립을 목적으로 하는 투자이고, 경영권에 대한 실질적인 영향력을 행사할 수 있는 투자를 말한다. 따라서 기업의 인수합병을 통한 직접투자도 이 규약상의 자유화대상이 되고 있다. 이 규약에서는 비거주 외국인의 직접투자에 대한 자유화를 유도하고, 비거주자에 대한 내국민대우(national treatment)를 중요한 원칙으로 삼고 있다. 특히 회원국간 상호 주식취득에 의한 기업인수와 관련하여 자본시장에서의 증권거래로서 자유화하여야 할 범위에 국내증권의 해외자본시장에서의 발행허용, 외국증권의 국내자본시장에서의 발행허용, 비거주자에 의한 증권의 매입 및 매도등을 규정하고 있다.[8)]

2. 외국인 M&A에 대한 예외적 규제사유

OECD 규약은 회원국에게 외국인 M&A를 원칙적으로 자유화할 것을 규정하고 있지만, 일정한 경우에는 회원국의 자본이동에 관한 제한조치를 취할 수 있도록 허용하고 있다. 여기서 예외적 제한조치라 함은 원칙적으로 OECD 회원국은 외국인 M&A에 대한 규제에 있어서 내외국인차별화를 금지하지만, 일정한 예외적 사유가 있는 때에는 내외국인의 차별을 허용한다는 것을 뜻한다. 그리하여 공공질서(public order)의 유지, 국민의 건강, 도덕 및 안전의 보호, 본질적인 안보이익(essential security interests)의 보호, 그리고 국제평화와 안보(international peace and security)에 관한 의무의 이행 등의 사유가 있을 경우에는 회원국은 외국인 M&A에 대하여 내국민대우의 예외조치를 취할 수 있다.[9)] 이들 예외사유 중 본질적인 안보이익의 개념과 범위를 둘러싸고 다툼이 적지 않으나, "안보이익"의 개념을 포괄적으로 해석하여 군사적 안보는 물론이고, 자원안보와 전략사업의 이익, 공공이익 등을 포함하는 것으로 인식하는 추세가 확산되고 있다.

---

8) OECD CODE List A.IV.

9) OECD CODE, Art. 3.

Ⅱ. 포괄적 안보관련규제의 배경과 사례

1. 규제의 배경

2000년대에 들어 국가마다 국가안보에 영향을 줄 수 있는 외국인 M&A가 증가함에 따라 외국인 투자정책의 결정에 있어서 안보뿐만 아니라 전략적 이익과 관련된 문제가 새로운 쟁점으로 부상하고 있다. 그리하여 최근에는 많은 나라에서 안보위협형 외국인 M&A를 정부가 심사(review)하는 조치를 취하고 있다.[10)]

이러한 현상이 나타나게 된 가장 중요한 이유는 2001년 미국의 911 사건 이후 국가마다 국가안보의 개념이 국내외 투자정책의 수립에 있어서 선순위로 재조정되어 왔다는 점일 것이다. 그리고 원료 또는 소재(raw materials)의 현실적인 또는 잠재적인 부족 때문에 국가마다 전략적 중요성이 있는 부문에 대한 인식을 재고하게 된 점, 외국인투자자로서 OECD 비회원국들의 역할이 증가한 점도 그 이유 중의 하나가 될 것이다. 아울러 많은 OECD 회원국가의 여론과 언론이 장기적인 고용기회의 상실(long term job losses)을 우려하여 외국기업의 기업인수에 대해 적정한 조치를 취할 것을 요구하고 있는 점도 그 이유에 해당할 것이다.

이러한 현상은 일반적인 추세라고 까지 말할 수는 없더라고 최근 들어 더욱 심화되고 있고, 그것은 장기 불황으로 저성장과 고실업으로 고전하는 국가들에서만 나타나는 현상도 아니다. EU의 경우 규모의 경제를 위하여 회원국 산업간 합병은 단일시장체제의 당연한 귀결임에도, 다른 회원국에 소재하는 회사들의 자국 기업인수에 대하여 적대감을 보여주고 있다. 정부 당국자들도 기업소유자의 국적을 사회적 이익(social interests)으로 인식하고 국가안보와 전략적 이유에서 또는 국가별 간판기업(national champions)의 보호 필요성을 이유로 자신들의 입장을 정당화하는 경향에 있다. 북미에서도 핵심 기간산업(essential infrastructure)에서부터 천연자원의 지배, 정부가 통제하거나 지원하는 기업에 의한 외국인 M&A에 이르기 까지 안보이익 또는 전략적 이익에 관한 논쟁이 벌어지고 있다.

2. 최근의 안보관련 M&A사례

(1) 국가안보와 관련한 사례

10) 이하의 내용은 Hans Christiansen & Ayse Bertrand, Trends and Recent Developments in Foreign Direct Investment(OECD, 2006), pp.33~35에 근거하고 있음.

(가) Dubai Ports World 사례

국가안보를 이유로 문제가 된 대표적인 외국인 M&A 사례로서 Dubai Ports World 사례를 들 수 있다. 이 사례는 2006년 2월 아랍 에미레이트 정부가 운영하는 Dubai Ports World가 미국의 6개 주요 항만의 운영권을 가지고 있는 영국의 Peninsular Steam Navigation을 인수한 것이었다. 이 사례는 미국 내에서 911사건 이후 항만안보(port security)에 관한 큰 관심을 유발하였다. 이 기업인수는 외국인투자위원회(CFIUS)의 1차 심사절차를 마치고 대통령이 승인하였음에도 불구하고, 미 의회는 이 기업인수에 대하여 외국인투자위원회가 2단계 조사권(right of investigation)을 발동하지 않았다는 이유로 거부되었고, Dubai Ports World가 합병 당사회사의 미국 항만운영권을 미국회사에 처분하는 데 합의함으로써 이 논란은 종결되었다.

(나) Hutchison Port Holdings 사례

2003년 홍콩 Hutchison Port Holdings사가 미국의 거대 전자통신업체인 Global Crossing을 인수하고자 한 사례는 결국 실패로 끝났다. 이 사례에서 Hutchison이 Global Crossing을 인수하게 되면 Global Crossing의 광섬유망의 소유권을 가지게 되어 미국 정부가 해외에서의 도청을 하는 것이 곤란해지고, Hutchison이 중국정부와 연결되어 군사용으로 사용될 가능성이 있다는 우려가 팽배하였다. 이 기업인수에 대하여 미국의 외국인투자위원회(CFIUS)가 심사개시결정을 하자 Hutchison이 이 거래의 추진을 백지화한 것이다.

(다) Huwai Technologies 사례

2005년 중국회사인 Huwai Technologies가 인도의 실리콘 밸리인 Bangalore에 소프트웨어 개발 및 운영을 위한 추가자본투자를 시도한 사례에서, 당국은 중국의 군부와 연계되어 있을 것이라는 우려로 Huwai Technologies의 계획을 허용하지 않았다.

(2) 자원안보와 관련된 사례

(가) CNOOC 사례

2005년 중국 국영 석유회사인 CNOOC사가 미국의 석유회사인 Unocal을 인수하고자 한 시도는 종국적으로 성사되지는 못하였다. 이 사례는 강력한 정치적 저항을 받았는데, 미국 정부가 이 인수거래를 거절한 이유는 이 인수거래가 성공하면 Unocal의 아시아권 석유공급을 집중시킬 수 있었음에도 불구하고 미국의 장기적인 에너지 안보

(energy security)에 관한 우려와, CNOOC사가 중국국영기업이고 따라서 중국국영은행으로부터 금융지원을 받게 될 것이라는 사실에 근거를 두고 있다. CNOOC사는 이 거래의 불확실성 때문에 인수거래를 자진 철회하였다.

(나) ExxonMobil · Total · Gazprom 사례 등

러시아는 천연자원에 대한 투자정책이 중요한 국가정책의 하나인데, 탄화수소(hydrocarbons) 사업분야에 대한 외국인 투자정책에 자원민족주의(resource nationalism)로 비쳐질 수 있는 정치적 선회가 일고 있다.

대표적인 예로 1993년에 미국의 ExxonMobil사가 석유탐사권(Sakhalin-3)을 따냈지만, 러시아 정부는 뒤늦게 석유와 광물 탐사권에 대한 외국인 투자지분을 49%로 제한하기로 결정한 바 있다. 또한 2004년 프랑스의 Total사가 러시아 가스생산회사인 Novatek사의 25% 지분을 인수하고자 하였다. 이 거래는 독점금지법 위반여부의 조사로 중단되었고, Novatek는 그 후 국영회사인 Gazprom사와 사업제휴관계에 들어갔다. 그밖에도 탄화수소에 대한 국가의 통제 바람은 남미 국가들에서도 일고 있다. 자국에 투자한 외국 석유회사와 체결된 종전의 계약을 취소하거나 새로운 부가조건을 붙이거나, 외국인소유 자산을 국유화한 예도 있다.

그리고 러시아의 국영 Gazprom사가 영국의 에너지 그룹인 Centrica를 인수하고자 시도한 사례도 정치적인 쟁점이 된 바 있다. 이 사례에서 영국은 Gazprom사의 기업인수를 저지하기 위해 기업인수합병에 관한 과거의 법령을 개정하기로 하는 계획을 발표하고, Gazprom사의 기업인수 시도를 금지시킨 바 있다.

(3) 전략적 이익과 관련된 사례

(가) 유럽의 사례

전기, 수도 등 공익사업(public utilities)에 대한 외국인 M&A도 전략적 이유(strategic issue)에서 점차 그에 대한 통제가 증가하고 있다. 2004년 이후 일부 유럽 국가들은 외국인 M&A를 직접적으로 저지하지는 않지만 다른 대안을 찾는 데에 적극적인 태도를 보이고 있다. 2006년 독일 회사인 E.ON사가 스페인 전력회사 그룹인 Endesa에 대한 인수 신청 사례에서 스페인 정부는 전략적 국가이익(strategic national interests)의 견지에서 국제기업간 합병에 대응할 수 있다고 발표하고, E.ON사의 기업인수신청이 있은 후 곧바로 에너지 규제담당기관(CNE)의 권한을 크게 강화한 바 있다. 또한 2006년 이탈리아의 전력회사 그룹인 ENEL이 프랑스 에너지 회사인 Suez에 대한 인수를 준비한다고 발표한 사례에서 이 거래가 성공하면 이탈리아 회사가 프랑스 전력시장에 진입하게 되므로 이를 저지해야 한다는 정치적 비판이 일었다.

한편 유럽에서는 은행부문에서의 외국인 M&A에 대하여도 전략적 요소가 고려되고 있다. 2005년 독일 은행인 ABM Amro가 이탈리아 대부은행인 Antonveneta를 인수하고자 하였는데, 이탈리아 은행감독기관이 이 거래를 저지하고 Antonveneta와 국내 다른 경쟁회사와의 업무제휴를 적극적으로 추진하려다가 기소된 바 있다. 이 사례도 정부 당국자에 의한 자국은행의 전략적 보호라는 의도가 깔려 있다.

그리고 독일은행인 HVB 그룹에 대한 이탈리아 UniCredito의 인수와 관련하여 폴란드 정부는 HVB의 폴란드내에서의 사업경영에 대한 통제에 대하여 강한 우려를 표시한 바 있다. 또한 룩셈부르그에 소재하는 철강제조회사인 Arcelor를 경쟁업체인 네덜란드에 소재한 Mittal Steel사가 인수한 사례는 대표적인 적대적 기업인수에 해당하지만, 인수 후에도 Mittal의 핵심소유자가 인도 국적이라는 이유를 들어 이에 대한 우려가 계속된 바 있다. 이 사례는 외국인 M&A에 대한 규제와 감독의 질적인 면과는 동떨어진 것이지만, 전략산업에 대한 소유권이 외국인에게 귀속된다는 점에 대하여 공공이익(public interests)의 견지에서 자국민의 저항의식이 있음을 시사하는 하나의 예라고 볼 수 있다.

(나) 중국의 사례

독일 회사인 Siemens사가 중국내 대형 수력발전소 건설사업에 공급을 용이하게 할 목적으로 중국의 최대 국영 전력장비제조회사 중의 한 회사를 인수하는 것을 고려한 바 있다. 이 거래는 인수 대상회사가 중국의 전략적 자산이라는 이유로 중국 국무원의 결정에 의하여 금지되었다.

Ⅲ. 각국의 안보관련규제의 입법동향

1. 미국

미국은 국방관련산업에 있어서 미국회사에 대한 외국인 M&A를 금지할 수 있도록 하기 위하여 1988년부터 엑슨 플로리오법을 제정하여 시행하고 있다.

(1) 제정배경

미국은 1988년에 네브라스카주의 상원의원인 Exon과 뉴저지주 하원의원인 Florio의 발의로 1950년 방위산업법(Defense Production Act of 1950)을 개정했는데, 이 개정법을 이른바 엑슨 플로리오법이라고 부른다.

엑슨 플로리오법은 국가안보의 방위를 위해 업종이나 산업을 구분하지 않고 광범위하게 외국인 M&A를 규제하기 위하여 제정된 것이다. 이 법은 전산업 포괄규제(regulation in trans-sectors)의 기능을 갖고 있다. 연혁적으로 볼 때에 미국기업에 대한 M&A를 시도하기 위한 외국인의 출현은 1970년대 이후부터 시작되어, 1980년대에 들어서는 일본기업들이 미국기업을 인수하는 시도가 현저히 증가하였다. 특히 1987년 일본의 후지쯔사는 미국의 반도체 제조회사인 페어차일드(Fairchild Semiconductor)사의 프랑스 모회사인 슘버거(Schumberger)사에 대한 인수를 시도한 바 있었다.

당시 미국의 법률시스템으로는 외국회사가 미국의 안보관련산업을 인수하는 것을 방지하여 국가안보를 보호하기에는 적합하지 않다는 여론이 고조된 바 있다. 그리하여 비록 성사되지는 않았지만 후지쯔사에 의한 기업인수시도를 계기로 미국 의회에서는 특히 일본계 회사들의 인수시도를 주목하면서 외국자본에 의한 직접투자에 의하여 미국의 안보관련산업이 인수되는 것을 방지하기 위하여 1950년 방위산업법의 개정안인 엑슨 플로리오 개정안을 통과시킨 것이다.[11)]

(2) 주요 내용

엑슨 플로리오법은 대통령 또는 그가 지명하는 자에게 외국인이 지배함으로써 국가안보를 해칠 현저한 우려가 있는 기업인수합병을 조사할 권한을 부여하고, 경우에 따라서는 당해 기업인수합병을 정지 또는 금지하는데 적당한 행동을 취할 권한을 부여하고 있다.[12)] 이 법상 외국인의 지배(control)라는 개념에는 인수와 합병만을 의미하는 것이 아니라 위임장 권유 등 기업의 지배권을 장악할 수 있는 수단이 모두 포함된다. 이 법상 외국인은 계획된 기업인수 및 합병에 대하여 대미외국인투자위원회(Committee on Foreign Investment in the United States, CFIUS)에 자발적으로 통지할 수 있고, 동 위원회는 직권으로 심사할 수 있다. 실제로는 미국기업의 경영권을 취득하고자 하는 외국인이 자신의 거래에 동법이 적용될 것인지에 대하여 사전에 CFIUS에 조회하는 방식으

---

11) 최승재, 한국판 '엑슨-플로리오법' 제정에 대한 연구, 증권법연구 제7권 2호(한국증권법학회, 2006.12), 317면 ; 송종준, 국가안보위협형 외국인 M&A의 국제적 규제동향과 입법과제, 상사법연구 제26권 4호(한국상사법학회, 2008.2), 58면 이하 ; 성희활, 미국의 기간산업보호와 엑슨-플로리오(Exon-Florio), 부산대학교 법과대학 · 법학연구소 국제학술대회 자료집, 2007.6.1, 110면 이하 참조.

12) Defense Production Act of 1950, Section 721(Authority to Review Certain Mergers, Acquisitions and Takeovers).

로 M&A가 추진된다고 한다.[13)]

외국인의 직접투자에 대한 CFIUS의 심사 및 조사 절차는 두 가지 단계로 이루어진다. 먼저 인수계획이 서면으로 신고되면 30일 내에 심사절차가 종결되어야 하는데, 이 단계에서 그 계획된 투자가 국가안보상의 문제가 있는지, 또는 국가안보관련 사항이 있어서 추가로 조사하여야 하는 지의 여부가 결정된다. 기업인수가 외국정부의 지배를 받는 단체 또는 외국정부에 의한 것인 경우에는 그 인수가 국가안보에 영향을 미칠 수 있다고 결정되면 의무적으로 조사를 받아야 한다. 조사단계에서는 45일 이내에 최종적인 행정적 결정이 내려진다. 문제의 외국인투자에 대하여 대통령이 조치를 취해야 한다는 결정이 내려지면, 대통령은 15일 이내에 그 인수에 대하여 조치를 취해야 한다. 대통령은 각 사안별로 대통령의 의도, 조사내용과 제반 고려요소에 관한 서면 보고서를 의회에 제출하여야 한다. 미국의 안보이익을 침해할 소지가 있는 외국인 M&A에 대한 대통령의 결정은 사법심사의 대상이 되지 않는다.[14)]

심사 및 조사를 담당하는 CFIUS의 위원은 재무장관을 위원장으로 하여, 국무장관, 국방장관, 국토방위청장, 상무장관, 법무장관, 예산위원회 위원장, 무역대표부 대표 및 경제자문위원회 위원장, 과학기술정책위원회 의장, 대통령 국가안보보좌관, 대통령 경제정책 보좌관으로 구성되어 있다. 이 위원회는 포드(Ford)대통령이 미국내에서의 외국인투자의 수준과 영향을 분석, 보고하도록 하기 위하여 처음으로 창설한 것이며, 레이건(Reagan) 대통령이 이 위원회를 개정법의 집행책임을 맡는 정부기구로 지정한 것이고,[15)] 그 후 창설 당시 8명의 위원에서 현재는 12인으로 확대되었다.

이 법의 적용에 있어서 고려되는 요소는 ① 예정된 국가안보상의 수요에 필요한 국내생산, ② 인적 자원, 생산, 과학기술, 재료 기타 공급품과 서비스를 포함하여, 국가안보상의 수요를 충족시킬 수 있는 국내산업의 가능성과 수용능력, ③ 국가안보상의 수요를 충족시키기 위한 미국의 가능성과 수용능력에 영향을 주는 외국인에 의한 국내산업과 영업의 지배, ④ 테러를 지원하거나, 미사일 기술, 생화학무기의 확산을 도모하려고 하는 국가에 대한 군수품, 설비, 기술 등의 잠재적인 거래 가능성, ⑤ 거래가 당해 부분에서의 미국의 국가안보를 저해하여 미국의 기술적 우위에 영향을 미칠 가능성 등이다.[16)]

---

13) Lorne & Bryan, Acquisitions and Mergers : Negotiated and Contested Transactions, § 7.04.
14) O'Leary & Jenkins, "Exon-Florio": An Impediment to Foreign Investment in the United States?, p.680
15) ibid.
16) Defense Production Act of 1950, Section 721(e).

한편 이 법은 방위산업(defense industry) 등과 같이 특정산업으로만 한정되지 아니하고 미국의 국가안보에 관련된 산업에 대한 외국인 M&A에 대하여 광범위하고 포괄적으로 해석 · 적용되고 있다.[17] 이 법의 제정당시에는 국가안보의 개념은 원거리통신, 반도체, 로봇공학, 생명공학, 제약, 전략적 금속 등과 같은 기술집중산업에 적용될 것으로 인식되었고,[18] 일반적으로는 전쟁 또는 첨단기술과 관련된 회사에 대한 외국인 M&A는 한 국가의 국가안보를 위협할 수 있다고 보았다고 한다.[19] 그러나 최근에는 에너지, 통신 등의 분야에서 대정부 공급계약을 맺는 모든 기간산업(infrastructure industries)에 대하여 국가안보의 개념이 확장되어 적용되고 있다.[20] 나아가 냉전 이후 군사적 위협의 급격한 감소추세에 따라 오늘날에는 국가의 경제적 복지와 국제경쟁력의 보호도 국가안보의 본질적 요소로서 그 개념을 확장하여 적용하여야 한다는 주장도 유력하고,[21] 실제로 그러한 목적으로 이 법이 적용되기도 한다.

반면에 엑슨 플로리오법에 대한 비판도 적지 않다. 이 법상 국가안보에 대한 정의규정의 부재는 외국인투자자에게 미국내 외국인투자에 대한 잠재적인 면허제도라는 인식을 심어주고 있다고 비난하는 견해,[22] 이 법상 적용범위의 불확실성 때문에 미국에 유익한 외국인투자의 감소를 가져오고, 외국의 미국투자에 대한 장애가 설치될 것이라고 비판하는 견해,[23] 이 법의 적용은 국가안보를 보호하기 보다는 정치적인 목적으로 이용된다거나 국가안보에 대한 침해우려를 판단하는 CFIUS의 위원이 국가안보기관이 아니라 주로 경제관련기관으로 구성되어 있는 것은 모순이라는 비판[24] 등이 제기된 바 있다.

(3) 적용실례

엑슨 플로리오법이 적용된 사례는 1988년부터 2004년 사이에 CFIUS가 총 외국인 M&A건수 7,371건 중 1,524건의 외국인 M&A가 신고되어 그 중 2차 심사에 들어간 건

17) Oesterle, Mergers and Acquisitions in a nutshell, p.282.
18) Alvarez, Jose E. Alvarez, Political Protectionism and United States International Investment Obligations in Conflict : The Hazards of Exon-Florio, Virginia Journal of International Law, 1, 103(Fall, 1989).
19) Harold Hongju Koh & John Choon Yoo, Dollar Diplomacy/Dollar Defense : The Fabric of Economics and National Security Law, 26 International Law. 715(1992).
20) Menard, The Flexibility of Exon-Florio Amendment and the Expension of Telecommunications into the Global Economy, pp.313~314.
21) Nance & Wasserman, Regulation of Imports and Foreign Investment in the United States on National Security Grounds, pp.985~986.
22) Oesterle, Mergers and Acquisitions in a nutshell, p.282.
23) O'Leary & Jenkins, "Exon-Florio": An Impediment to Foreign Investment in the United States?, p.683.
24) Lorne & Bryan, Acquisitions and Mergers : Negotiated and Contested Transactions, § 7.04, 7-13, 7-14.

수는 23건이고, 자발적으로 투자를 철회한 것은 11건, 대통령이 M&A를 불허한 건수는 1건이라고 한다.[25] 그리고 이 법에 의하여 미국기업에 대한 외국인 M&A를 저지한 대표적인 사례로는 1988년 전자기자재회사인 미국 Monsato사 자회사에 대한 독일 Heuls AG의 인수계획사례, 1989년 일본의 알루미늄제조회사인 토쿠야마 소다의 뉴저지주 General Ceramics사에 대한 인수시도사례, 그리고 1990년 중국항공기술 수출입공사의 미국 MAMCO사에 대한 인수시도사례 등이 있다.[26]

외국인이 미국의 전략산업, 또는 기간산업에 대하여 M&A를 시도하고자 하는 경우 이 법의 존재 자체가 하나의 장벽으로 작용하고 있음은 분명하다고 할 수 있다. 특히 CFIUS의 심사는 재량이고 비공개로 이루어지며, 그 심사기준에 일관된 원칙이 지배하고 있는 지를 파악하기도 어렵다고 할 수 있다. 사례에 따라서는 군사적 안보위협이 인정되는 경우도 있지만, 인수대상 기업의 이익을 위해 인수가격을 상승시키는 효과를 가져와 경영권 방어수단으로서 이 법이 이용된 경우도 있고, 경제적 안보 또는 산업정책적 차원에서 미국기업의 경쟁력을 제고하기 위한 경우도 있다고 한다.[27]

(4) 최근의 입법시도

최근에 미국 의회에서는 일정한 외국인 투자가 국가안보에 미치는 영향을 심사하기 위한 절차를 규정하는 다수의 엑슨 플로리오 개정안이 발의되었다. 그 중에서 대표적인 개정안으로는 상원의원이며 은행 · 주택 · 도시문제위원회의 위원장인 Richard Shelby가 발의한 2006년 "외국인 투자 및 국가안보법(안)" (Foreign Investment and National Security Act of 2006)과 하원의원인 Whip Roy Blunt가 발의한 "외국인직접투자의 국가안보심사 개정법(안)" (Reform of National Security Reviews of Foreign Direct Investment Act)이 있다. 이 두 가지 법안은 외국정부가 소유하거나 지배하고 있는 단체와 관련된 거래에 대한 강제조사권(mandatory investigation), CFIUS의 의회에 대한 보고 또는 통지의무, 그리고 CFIUS의 운용에 있어서 국가안보를 담당하는 정부부처에 대한 보다 강화된 역할의 부여 등이 중요한 개정사항이다.[28]

---

25) 최승재, 한국판 '엑슨-플로리오법' 제정에 대한 연구, 323면 ; 성희활, 미국의 기간산업보호와 엑슨-플로리오법, 122면.

26) Lorne & Bryan, Acquisitions and Mergers : Negotiated and Contested Transactions, § 7.04, 7-11-7.13 ; Menard, The Flexibility of Exon-Florio Amendment and the Expension of Telecommunications into the Global Economy, pp.319 et seq.

27) 관련 사례에 대한 소개는 최승재, 한국판 '엑슨-플로리오법' 제정에 대한 연구, 323면 이하 참조.

28) Christiansen & Bertrand, Trends and Recent Developments in Foreign Direct Investment, p.45.

2. 유럽

유럽의 경우에는 국가안보에 위협이 되거나 영향을 미칠 수 있는 외국인 M&A를 포괄적으로 규제하기 위한 법령을 갖고 있지 아니하다. 그러나 최근에는 미국의 엑슨-플로리오법과 같은 목적을 달성하려는 입법적 시도가 일고 있다.

(1) 독일

독일의 경우 전쟁무기통제법(War Weapons Control Act)에 따라서 외국정부 또는 외국회사가 전쟁무기를 제조하는 독일 회사의 지분을 25% 이상 취득하고자 하는 경우에는 연방경제기술부에 신고하여야 하고, 동 부는 신고 후 1개월 이내에 독일의 본질적 안보이익(essential security interests)을 보호하기 위해 그 인수행위를 금지시킬 수 있다.[29] 이 법은 주로 국방상 민감한 품목의 수출입과 대금결제와 관련되어 있다.

그런데 2004년과 2005년에는 방위관련사업체의 외국인 소유규제를 강화하였다. 외국인이 잠수함 제조업체(Howaldtserk-DeutscheWerft)를 인수한 사건을 계기로 사회적 여론이 빗발치자, 독일 의회는 2004년 대외 무역법과 대금결제규칙을 개정하였고, 2005년에는 외국인에 의한 기업인수가 제한되는 대상 방위사업체의 범위를 확대하였다.[30] 이러한 입법시도는 궁극적으로 국가안보개념의 범위를 확대하는 것이고, 전략적 산업부문에서도 국가안보의 개념을 적용하여 이러한 분야에 대한 외국인 M&A를 규제하기 위한 것이라고 평가할 수 있다.

2004년 대외무역법과 대금결제법의 개정에서는 종전과 같이 국방상 민감한 품목과 대금결제에 국한하여 당해 사업체에 대한 외국인 소유를 규제했던 태도에서 벗어나, 외국인이 무기, 탄약, 암호 또는 관련 프로그램을 생산하는 독일 회사의 의결권있는 지분의 25%를 초과하여 취득하기 위해서는 연방경제노동부에 보고하도록 명시하였다. 2005년에는 향후에 있을 기업인수에 대한 새로운 논란이 제기되어 이 규정이 적용되는 행위의 목록을 확대하여 탱크와 이와 유사한 장갑차량을 위한 엔진과 기어 시스템을 생산 · 개발하는 회사도 포함되도록 하였다.[31]

그 밖에 독일에서는 자동차제조회사인 폭스바겐사에 대한 국가적 보호가 문제되어왔다. 이 회사는 1960년에 제정된 속칭 "폭스바겐법"이라고 불리우는 특별법을 통하여

---

29) The Trade and Payments Ordinance § 52(2004.6).

30) OECD, National Treatment of Foreign Controlled Enterprises-Lists of Measures Reported for Transparency(2007.2.28), p.42

31) The Foreign Trade and Payment Regulation, para.52.

적대적 기업인수로부터 당해 회사의 경영권을 보호하고 있다. 이 폭스바겐법은 개별 주주가 그 회사의 의결권있는 주식의 20%를 초과하여 소유할 수 없도록 금지하고 있고, 폭스바겐사의 장래에 관한 중대한 결정을 위해서는 최소한 80% 이상의 주주의 승인을 얻도록 규정하고 있다.[32)]

(2) 프랑스

프랑스는 지난 2000년 3월 Church of Scientology 사건에서 유로법원(European Court of Justice, ECJ)의 판결을 계기로 외국인 투자규제를 재검토해 왔다. 이 사건에서 유로법원은 자본의 자유로운 이동에 대한 제한은 공공질서(public order) 또는 공공안전(public safety)을 위해서도 허용되고, 다만 그 제한은 공공이익의 목적에 맞게 좁게 해석되어야 한다고 판시한 바 있다.

이에 따라 프랑스 의회는 2004년 12월 외국인투자법(통화재정법)을 개정하는 법률을 통과시켰다. 개정법에서는 외국인 투자에 대하여 부칠 수 있는 조건의 유형을 설정하고, 외국인투자법의 적용범위를 수정하였다. 개정법에 의하면 외국인이 무기제조업 뿐만 아니라, 국가안보의 이익(interest of national defence)을 위하여 운영되는 모든 회사에 투자하기 위하여는 사전에 정부의 승인을 받아야 한다. 상세한 분야별 목록은 다음과 같다.[33)] 무기제조업에 속하는 분야로는 핵에너지, 통신의 방해 및 탐색에 관련된 행위, 암호의 해독, 군사방어비밀정보에 접근하는 행위, 전쟁물자, 군사목적의 무기, 탄약, 화약 및 폭발물의 제조 및 판매, 국방부와의 설계 또는 장비공급계약을 체결하는 행위 등이 있다. 국가안보이익과 관련된 분야에는 도박, 민간보안서비스, 도청 및 병원균 또는 독극물질의 불법사용을 저지하기 위한 수단을 연구하고 개발하는 행위, 정보기술시스템과 그 생산물의 보안과 관련된 회계 및 감정 서비스, 상업과 군사목적으로 중복사용(dual use)하는 아이템과 기술 등이 있다.

(3) 영국

영국은 외국인 지배기업의 투자가 공공질서 및 본질적 안보이익에 영향을 줄 수 있는 경우에 다양한 형태의 조치를 내릴 수 있도록 규정하고 있다. 1975년 산업법(Industry Act, 1975)에서는 영국의 주요한 제조산업의 지배권 이전이 영국의 국익(national interests)에 반한다고 볼 경우에는 비거주자에 대한 지배권 이전을 금지시킬

---

32) OECD, National Treatment of Foreign Controlled Enterprises, p.42

33) The Code Monétaire et Financier, Articles L151-3 and R153-2 ; Decree No. 2005-1739 of 30 Dec. 2005.

수 있는 권한을 무역산업부장관(Secretary of State for Trade and Industry)에게 부여하고 있다. 국익을 달리 적절하게 보호할 수 없는 경우에는 지배권인수를 제안하거나 또는 지배권이 이전된 재산을 일정한 대가를 지급하고 강제로 취득할 수 있다. 그러나 이러한 권한이 행사된 예는 없다고 한다.[34] 지배권 이전의 금지명령 또는 재산의 귀속명령은 의회의 승인을 받아야 한다.

한편 영국은 2002년 기업법을 제정하여 1975년 산업법을 대체하여 시행하고 있다. 기업법은 공익에 관련된 외국인 M&A에 대하여 무역산업부장관이 개입하여 사전심사할 수 있음을 규정하고 있고, 이 법상 공익을 이유로 한 사전심사는 국가안보, 미디어 분야로 그 대상이 한정된다고 한다.[35] 이 법 이전에 적용되었던 산업법은 국익에 중요한 제조업체에 대한 외국인 M&A로부터 국익을 보호하기 위한 매우 포괄적인 규제법이었다. 새로 제정된 기업법은 그 보호대상을 "국익"에서 "공익"으로 바꾸고, 공익의 주된 개념이 국가안보라는 것을 명시하고 있어서 종래의 산업법 보다 그 적용범위가 좁고 제한적인 것처럼 보이지만, 국가안보이익의 개념이 포괄적으로 해석되는 한, 기업법 또한 여전히 포괄규제법임을 부정하기는 어렵다고 본다.

아울러 국방, 항공산업에 대한 외국인의 투자에 대하여는 해당 기업의 정관에서도 일정한 제한을 둘 수 있도록 한 것이 특징이다. 예컨대 이사와 최고경영자는 영국시민이어야 한다거나,[36] 핵사업부문의 처분, 회사의 임의청산, 전략자산의 처분 등의 경우에는 특별주주(special shareholder)의 동의[37]를 거치도록 하는 규정을 두고 있다.

3. 중국

(1) 외국인 투자자 국내기업 M&A관련 규정

(가) 제정배경

중국의 "외국인 투자자 국내기업 M&A관련 규정"은 2003.3.7일 제정되었고, 2006년 8월 8일 개정되었다. 2003년 규정의 제정으로 외국자본의 M&A에 관한 규제틀이 형성

---

34) OECD, National Treatment of Foreign Controlled Enterprises, p.78.

35) 영국은 1975년 산업법(Industrial Act)을 제정하여 국익에 중요한 제조업체에 대한 외국인의 인수를 규제할 수 있는 규정을 둔 바 있다. 2002년 제정된 기업법이 발효된(2003.6) 이후 총 6건에 대한 사전심사가 이루어져졌고, 6건 모두 방위산업체이었다고 한다. 산업자원부, 외국인투자규제법안 민관합동 T/F 회의자료, 2007.7.13.

36) 항공회사인 BAE Systems plc와 방위산업체인 Rolls-Royce plc의 정관.

37) 특별주(이른바 황금주)는 Rosyth Royal Dockyard Limited, Devonport Royal Dockyard Limited, Baes(Marine) Limited, Atomic Weapons Establishment plc와 QinetiQ Establishment사 등 방위산업체에게 허용되고 있다.

되었지만, 2006년 8월의 개정에서는 그동안 미비했던 필요한 사항을 추가하는 외에도 외국인 M&A를 규제할 수 있는 근거를 명시하였다. 중국에서 외국인투자총액에서 M&A 방식의 투자가 차지하는 비중이 점차 상승하는 추세에 있고, 다국적 M&A의 열기가 계속 상승하고 있다.

2006년 6월 중국 상무부가 발표한 중국산업외자통계보고서에서는 중국산업이 외국자본에 의하여 지배되는 경향이 있다는 견해가 집중되고 있으며, 상무부는 외국자본 M&A에 의한 중국산업의 지배로부터 중국의 경제안전에 대한 우려가 예상된다고 보고한 바 있다.[38)]

2006년 8월의 법개정은 이러한 배경 하에서 이루어진 것이라고 볼 수 있다. 동 규정상 외국인 M&A에 대한 새로운 정책기조는 외국인 투자의 우선적 대우는 양보다는 질에 따라 주어진다는 점, 외자투자기업에 의한 독점 현상은 중국의 경제안보(economic security)에 잠재적인 위협이 되고 있다는 점, 그리고 외자기업이 중국기업의 독자적인 혁신역량에 해를 끼치고 있다는 점에 바탕을 두고 있다. 이 규정은 중점 산업분야에서 외국자본에 의한 중국 대표기업의 인수를 우려하여, "중점 산업과 기업"을 중국정부의 통제 하에 두기 위하여 민감한 분야에 있어서 기업인수에 대한 감독을 강화하고자 한 것이다.[39)]

(나) 주요 내용

2003년 3월의 "외국인 투자자 국내기업 M&A관련 규정"은 외국투자자의 중국 국내기업의 합병시 외국투자자는 국내법률을 준수하고 공정합리와 등가유상, 신의성실의 원칙에 따를 것, 과도한 집중, 배척 또는 경쟁제한을 조성하지 않을 것, 사회경제질서를 혼란시키고 사회공동이익에 손해를 주지 않을 것, 법령상의 투자자 자격과 산업정책의 요구에 부합할 것 등을 명시하고 있다(제3조, 제4조). 그리고 외국인투자 산업지도목록에서 외국인 투자자의 독자경영을 불허하는 산업에서는 외국투자자가 기업의 지분 전부를 소유해서는 아니되고, 중국측이 지분을 통제하거나 상대적으로 통제해야 하는 산업은 합병 후 중국측이 기업의 지분통제를 해야 하며, 외국투자자의 경영을 금지하는 산업은 외국투자자가 당해 기업을 합병할 수 없다고 규정하고 있다. 그리고 동 규정은 외국투자자에 의한 M&A로 인하여 일정한 기준의 년간 매출액, M&A건수, 시장점유율을 초과하는 경우에 정부에 보고할 의무를 명시하고 있고, 그 기준에 미달하더라도 그

38) http://www.chinalawinfo.com(2007.4.21 방문).
39) http://www.ndrc.gov.cn.(2007.4.21 방문)

M&A가 시장점유율의 과도한 집중을 초래했거나 시장경쟁 또는 국가이익, 국민의 생계와 국가경제안전 등에 현저한 영향을 미쳤다고 인정하는 경우에도 외국투자자에게 보고를 요구할 수 있다고 규정하고 있다(제19조).

한편 2006년 8월의 개정규정에서는 외국인 투자자에게 국내기업 M&A로 국유재산의 유실을 초래해서는 아니된다는 새로운 규정을 추가하고(제3조), 산업정책에 부합하여야 할 부분을 산업, 토지, 환경보호 등으로 다소 구체화하고 있다(제4조). 그밖에도 외국인투자자의 M&A를 규제하는 새로운 조항이 많이 추가되었다.

특히 이 개정규정에서는 종전의 규정을 개정하여 외국인투자자가 국내기업의 M&A를 통해 실제 지배권을 취득함에 있어서 중점업종과 관계되거나, 국가의 경제안전에 영향이 있거나 미칠 가능성이 있는 요소가 존재하거나, 유명브랜드 또는 중국의 전통 브랜드(老字號)를 소유한 국내기업의 실제 지배권의 이전을 초래하게 되는 경우에는 이를 상무부에 보고할 것을 규정하고 있다(제12조). 그리고 이 조항에서는 보고를 하지 않은 당사자는 그 M&A로 인하여 국가의 경제안전에 중대한 영향을 조성했거나 조성 가능성이 있는 경우 상무부는 당사자에게 거래를 중지하거나 관련 지분, 자산을 양도하거나 또는 기타 효율적인 조치를 취하도록 요구하여 M&A가 국가의 경제안전에 미치는 영향을 해소한다는 점을 명시하고 있다.

(2) 상장회사 인수합병관리법

2006년 7월 31일 중국의 증권감독관리위원회가 제정한 "상장회사 인수합병관리법"은 상장회사를 인수하는 투자자의 자격을 규정하고, 인수하는 방법, 인수과정에서의 중소주주의 권리보호 등에 관하여 규정하고 있다. 그 밖에 이 규정은 상장회사 M&A에 대한 관리방법을 증권감독관리위원회의 직접적, 전면적 감독으로부터 재무고문에 의한 부분적 감독방식으로, 그리고 사전감독으로부터 사전 · 사후감독을 결합하는 방법으로 전환된 것이 특징이다.

특히 이 규정은 상장회사의 인수 및 관련 주식권익의 변경 활동이 국가이익 및 사회공공이익을 해쳐서는 아니 되고, 상장회사의 인수 등이 국가산업정책, 업종진출 허가, 국유주식의 양도 등의 사항과 관련되고 국가관련 부문의 비준을 받아야 하는 경우 비준을 받고 진행하여야 함을 명시하고 있다(제4조). 외국투자자의 상장회사 인수 등의 변경활동은 국가관련 부문의 비준을 받고 중국법률을 준수하며 중국의 사법, 중재관할에 따르도록 하고 있다.

제4절 우리법상 외국인 M&A의 규제

Ⅰ. M&A법과 외국인의 지위

일반 주식회사에 있어서 주주, 이사의 자격 등을 내국인으로 제한할 수 있는지에 대하여 상법에는 아무런 정함이 없다. 정관의 규정 또는 주주총회의 결의와 같은 자치적인 방법으로 내외국인을 차별하는 것의 정당성 문제는 상법과 외국인의 지위에 대한 국제간 규범의 취지와 정신을 종합적으로 고려하여 판단하여야 한다. 상법만의 관점에서 보면 주주나 이사의 자격을 내국인으로 제한하는 것이 정관자치의 정신에 반한다고 볼 수는 없을 것이다. 그런데 OECD 자본이동자유화규약상으로는 외국자본의 국내기업에 대한 직접투자는 경영권에 대한 실질적인 영향력을 행사할 수 있는 투자를 의미하고 그 투자의 한 수단이 M&A이다. 따라서 M&A법에 있어서 외국인의 지위는 동 규약과 국내법에 의하여 달리 내외국인의 차별이 허용되지 않는 한 상법은 국제간 규범에 의하여 사실상 영향을 받는 관계에 있다고 보아야 할 것이다. 이러한 관점에서는 일반적인 모든 주식회사의 경우에 주주나 이사의 자격을 내국인으로 제한하는 것은 위법의 여지가 있다고 본다.

그러나 OECD 규약에 의하여 내외국인의 차별이 허용되는 예외적인 경우에 한해서는 법령 또는 기업의 정관 규정에 의한 차별은 적법하다고 볼 수 있을 것이다. 안보관련산업, 공공산업 등에 속하는 기업이 이에 속한다. 예컨대 은행의 경우에 은행법상 이사의 자격을 내국인으로 제한하는 문제가 다투어진 바 있지만,[40] 이것은 은행산업을 OECD 규약상 예외적인 경우로 볼 수 있느냐의 문제에 속한다고 할 수 있다. 일반적으로 금융업은 공공성이 매우 강한 산업에 속하므로 동 규약의 취지상으로 볼 때 내외국인의 차별을 허용하는 것이 위법한 것은 아니라고 보아야 할 것이다. 다만 은행법에 이사의 자격을 내국인으로 제한하는 것이 바람직한가는 정책적인 문제에 속한다고 본다.

40) 김용기, 금융의 세계화와 금융정책의 자율성- 은행이사의 국적 제한 논란을 중심으로-, 개방경제하 외국자본의 역할과 우리의 대책(국회금융정책연구회, 2005.4.25), 4면 이하 참조. 이 논문에서는 은행이사의 국적제한이 WTO 협상 위반이 아니고, 은행의 이사회구성은 은행의 주주만의 몫이 아니라는 점 등을 들어 이사를 내국인으로 제한하는 것이 가능하다고 한다.

Ⅱ. 외국인 M&A에 대한 법규제의 체계

우리법상 외국인 M&A는 전산업에 대하여는 외국인투자촉진법, 상장법인과 공공적 법인에 대하여는 자본시장통합법, 그리고 특정의 개별산업에 대하여는 개별산업특별법의 세 가지에 의하여 규제되고 있다.

1. 전산업분야의 외국인 M&A규제 : 외국인투자촉진법

전산업분야에 있어서 외국인에 의한 국내기업 M&A는 외국인투자촉진법에 의하여 규제된다. 이 법은 주로 외국인의 투자를 촉진하기 위하여 1998년에 제정되었지만, 외국인투자절차에 대한 일정한 규제를 가함으로써 외국인 M&A도 제한을 받는 셈이다. 외국인투자촉진법은 외국인에게 이 법과 다른 법령상의 제한이 있는 경우를 제외하고는 원칙적으로 외국인 M&A를 자유화하고 있다.

(1) 외국인투자제한사유

외국인투자촉진법은 상장법인 등을 포함한 모든 국내기업에 대한 외국인 M&A를 제한할 수 있는 사유를 명시하고 있다. 즉, 외국인 M&A를 포함하여 여하한 형태의 외국인투자라도 규제할 수 있는 경우로는 국가의 안전과 공공질서의 유지에 지장을 초래하는 경우, 국민의 보건위생 또는 환경보전에 해가 되거나 미풍양속에 현저히 반하는 경우, 그리고 국내법령을 위반하는 경우 등이다(외촉법제4조제2항). 그리고 이러한 사유에 해당하여 외국인투자가 제한되는 구체적인 투자제한업종과 제한내용은 대통령령으로 정하도록 규정하고 있다(외촉법제4조제3항).

(2) 외국인투자제한업종 등

외국인투자가 제한되는 업종과 제한의 내용은 지식경제부장관이 OECD에 관한 협약 등 다자간 투자에 관한 협약의 부속서에서 규정하는 유보내용의 범위를 고려하여, 투자금지 또는 제한업종, 업종별 투자허용비율, 투자당사자자격, 투자허용시기 등을 고시하도록 하고 있다(외촉법시행령제5조제1항).[41] 그리고 2008년 2월 정부는 외국인투자촉진법 시행령을 개정하여 국가안보에 위협이 될 수 있는 외국인 M&A를 심사할 수 있는

41) 다만 외국인은 당해 기업의 총매출액중 투자제한업종의 매출액의 비율이 1% 이하인 기업에 대하여는 위와 같은 제한을 받지 아니하고 투자를 할 수 있도록 하고 있다(외촉법시행령제5조제2항). 그러나 이 경우에 그 1%를 초과하는 경우에는 초과분을 내국인(법인 포함)에게 양도하도록 규제하고 있다(외촉법시행령제5조제3항).

규정을 추가하였다(외촉법시행령제5조제1항2호). 즉, 외국인이 이미 설립된 국내기업의 주식등의 취득을 통하여 해당 기업의 경영상 지배권을 실질적으로 취득하려는 경우로써, 방위사업법 제3조 제7호에 따른 방위산업물자의 생산에 지장을 초래할 우려가 있는 경우, 대외무역법 제19조 및 기술개발촉진법 제13조에 따른 수출 허가 또는 승인 대상물품 등이나 기술로서 군사목적으로 전용될 가능성이 높은 경우, 국가정보원법 제13조 제4항에 따라 국가기밀로 취급되는 계약 등의 내용이 공개될 우려가 있는 경우, 국제평화 및 안전유지를 위한 국제연합 등의 국제적 노력에 심각하고 중대한 지장을 초래할 우려가 있는 경우 중의 어느 하나에 해당하는 경우에는 심사를 받아야 한다.

외국인투자에 대하여 관계부처장관은 「국가의 안전에 관한 법」상 국가안보위해 여부를 검토하여 줄 것을 지식경제부장관에게 요청할 수 있고(외촉법시행령제5조제1항2호), 지식경제부장관은 그 검토요청이 있은 날로부터 90일 이내에 외국인투자위원회의 심의를 거쳐 국가안보위해여부를 결정하여야 한다(외촉법시행령제5조제7항).

(3) 외국인투자제한의 방식

(가) 신고제

외국인투자촉진법상 외국인투자대상기업이 방위산업체가 아닌 일반기업인 경우에는 신고제를 적용하고 있다. 외국인이 신주 등의 취득, 기존주식의 취득, 그리고 합병 등에 의하여 주식등을 취득하고자 하는 경우에는 지식경제부장관에게 신고하여야 한다.

① 신주등의 취득

신주등의 취득에 의한 경우에는 외국인은 대한민국법인(설립중인 법인을 포함한다) 또는 대한민국국민이 영위하는 기업이 새로이 발행하는 주식등의 취득에 의하여 외국인투자를 하고자 하는 경우에는 지식경제부령이 정하는 바에 따라 미리 지식경제부장관에게 신고하여야 한다. 신고한 내용 중 외국인투자금액 · 외국인투자비율(외국인투자기업의 주식등에 대한 외국투자가 소유의 주식등의 비율을 말한다)등 대통령령이 정하는 사항을 변경하고자 할 때에도 마찬가지이다(외촉법제5조제1항).

② 기존주식등의 취득

기존주식등의 취득에 의한 경우에는 외국인(대통령령이 정하는 특수관계인을 포함)은 대한민국국민 또는 대한민국법인이 영위하는 기업이 이미 발행한 주식 또는 지분의 취득에 의하여 외국인투자를 하고자 하는 경우에는 지식경제부령이 정하는 바에 따라 미리 지식경제부장관에게 신고하여야 한다. 신고한 내용 중 외국인투자금액 · 외국인투자비율등 대통령령이 정하는 사항을 변경하고자 할 때에도 또한 마찬가지이다(외촉법제6조제1항).

③ 합병등 기타에 의한 주식의 취득

외국인이 외국인투자기업의 준비금 · 재평가적립금 기타 다른 법령의 규정에 의한 적립금이 자본으로 전입됨으로써 발행되는 주식등을 취득한 경우, 외국투자가가 당해 외국인투자기업이 다른 기업과 합병, 주식의 포괄적 교환 · 이전 및 회사분할을 하는 때에 소유하고 있던 주식등에 의하여 합병, 주식의 포괄적 교환 · 이전 및 회사분할 후 존속 또는 신설되는 법인의 주식등을 취득한 경우, 등록(외촉법제21조)된 외국인투자기업의 주식등을 외국투자가로부터 매입 · 상속 · 유증 또는 증여에 의하여 취득한 경우, 외국투자가가 법에 의하여 취득한 주식등으로부터 생긴 과실의 출자로 인하여 주식등을 취득한 경우, 외국인이 전환사채 · 교환사채 · 주식예탁증서 기타 이와 유사한 것으로서 주식등으로 전환 · 인수 또는 교환할 수 있는 사채나 증서를 주식등으로 전환 · 인수 또는 교환한 경우 등에는 지식경제부장관에게 신고하여야 한다(외촉법제7조제1항).

(나) 허가제

① 지식경제부장관의 허가

대상기업이 방위산업체인 경우에는 외국인은 대통령령이 정하는 방위산업체를 영위하는 기업의 기존주식등의 취득에 의한 외국인투자를 하고자 하는 경우에는 지식경제부령이 정하는 바에 따라 미리 지식경제부장관의 허가를 받아야 한다. 허가받은 내용 중 외국인투자금액 · 외국인투자비율등 대통령령이 정하는 사항을 변경하고자 할 때에도 또한 마찬가지이다(외촉법제7조제3항). 이 경우 지식경제부장관은 허가여부를 결정하기 전에 미리 주무부장관과 협의하여야 하고(동제5항), 그 허가를 함에 있어서 필요하다고 인정되는 때에는 조건을 붙일 수 있다(동제6항).

② 위반조치

지식경제부장관의 허가를 거치지 않거나 조건에 위반하여 기존주식등을 취득한 자는 당해 기존주식등에 따른 의결권을 행사할 수 없으며, 지식경제부장관은 허가를 얻지 않거나 조건에 위반하여 기존주식등을 취득한 자에 대하여는 대통령령이 정하는 바에 따라 당해 기존주식등의 양도를 명할 수 있다(외촉법제7조제7항).

(4) 주식등의 양도제한

외국투자가가 신주, 기존주식, 합병 등에 의한 주식취득의 방법으로 투자한 경우 외국인이 취득한 주식등을 타인에게 양도하고자 하거나 자본감소에 의하여 자기가 소유하는 주식등을 감소시키고자 하는 때에는 대통령령이 정하는 바에 따라 지식경제부장관에게 신고하여야 한다(외촉법제23조제1항).

외국투자가는 출자목적물의 납입을 완료한 경우 등 일정한 사유(외촉법제21조제2항 각호)에 의하여 허가가 취소되거나 등록이 말소된 경우에는 자기가 소유하는 주식등을 허가가 취소된 날이나 등록이 말소된 날부터 6월 이내에 대한민국국민 또는 대한민국법인에게 양도하여야 한다(외촉법제23조제2항). 다만, 부득이한 사유가 있는 경우에는 지식경제부장관의 승인을 얻어 6월의 범위 내에서 양도기간을 연장할 수 있다(외촉법제23조제3항).

그리고 외국인투자자 등록의무 규정에 의하여 등록을 하지 아니한 외국투자가가 시정명령을 받고도 이를 이행하지 아니한 경우에는 자기가 소유하고 있는 주식등을 그 시정명령을 이행하여야 하는 기간이 만료된 날부터 6월 이내에 대한민국국민 또는 대한민국법인에게 양도하여야 한다. 다만, 부득이한 사유가 있는 경우에는 지식경제부장관의 승인을 얻어 6월의 범위 내에서 양도기간을 연장할 수 있다(외촉법제23조제3항).

(5) 외국인투자심의위원회

외국인투자촉진법은 외국인투자에 관한 기본정책과 제도에 관한 사항 등을 심의하기 위하여 지식경제부에 외국인투자위원회를 두고 있다(외촉법제27조제1항). 이 위원회가 심의할 수 있는 사항은 외국인투자에 관한 기본정책과 제도에 관한 중요사항, 외국인투자환경의 개선에 관한 소관 부처별 대책의 종합 및 조정, 외국인투자기업에 대한 조세감면의 기준에 관한 사항, 외국인투자와 관련하여 중앙행정기관과 특별시·광역시 또는 도와의 협조 및 의견조정에 관한 사항, 지방자치단체에 대한 지원에 관한 사항, 외국인투자지역의 지정 및 지원에 관한 사항, 현금지원에 관한 사항, 외국인투자유치에 대한 포상금지급에 관한 사항, 기타 외국인투자유치에 관한 중요사항 등이다(외촉법제27조제1항).

그리고 이 심의위원회의 위원장은 지식경제부장관이 되고, 위원은 기획재정부장관·외교통상부장관·행정안전부장관·교육과학기술부장관·문화체육관광부장관·농림수산식품부장관·환경부장관·노동부장관·국토해양부장관, 그리고 위원회에 상정되는 안건과 관련된 중앙행정기관의 장 또는 시 · 도지사로 구성된다(외촉법제27조제2항).

2. 상장법인 및 공공적 법인에 대한 외국인 M&A규제 : 자본시장통합법

외국인과 외국법인 등(이하 '외국인'이라 함)에 의한 증권 또는 장내파생상품의 매매. 그 밖의 거래에 관하여는 대통령령으로 정하는 기준 및 방법에 따라 그 취득한도를 제한할 수 있다(자통법제168조제1항). 대통령령에서는 종목별 외국인의 1인 취득한도는 해당 공공적 법인의 정관에서 정한 한도, 종목별 외국인의 전체 취득한도는 해당 종목의 지분증권 총수의 100분의 40 이내로 제한된다(자통법시행령안제187조제1항). 아울러 금융위원회는 증권시장 및 파생상품시장의 안정과 투자자 보호를 위하여 필요하다고 인정하는 경우에는 이상의 한도 외에 증권 또는 장내파생상품에 대한 업종별, 종류별 또는 종목별 · 품목별 취득한도를 정하여 고시할 수 있다(자통법시행령안제187조제2항). 또한 외국예탁결제기관은 해외에서 증권예탁증권을 발행할 목적으로 국내법인이 발행한 지분증권을 취득하고자 하는 경우에는 그 지분증권을 발행한 국내법인의 사전 동의를 얻어야 한다(자통법시행령안제187조제3항).

한편 외국인 등에 의한 공공적 법인의 주식취득에 관하여는 상기의 일반적 제한에 추가하여 그 공공적 법인의 정관이 정하는 바에 따라 따로 이를 제한할 수 있다(자통법제168조제2항). 이는 공공적 법인의 주주들이 자치적으로 외국인의 주식취득을 제한할 수 있도록 하기 위한 것이다. 공공적 법인은 자체 정관에 의하여 외국인 1인당 주식취득한도를 발행주식총수의 3% 이내로 제한하고 있는 것이 일반적이다.

3. 특정산업에 대한 외국인 M&A규제 : 개별산업법

외국인 M&A를 제한하는 개별산업법은 당해 산업의 특수성을 고려하여 외국인 M&A를 규제하기 위한 것이므로 외국인이라는 이유를 제외하고는 다른 구체적인 제한사유가 명시되어 있지 않다.

(1) 방위사업법상의 규제

방위사업법은 내외국인을 구별하지 아니하고 방산업체에 대한 투자를 제한하고 있다. 그 제한방법은 방산업체의 지정제와 승인제이다. 이 법은 누구든지 지정된 방산업체에 대한 지배권취득을 제한하여 군사적 안보를 방위하고자 함에 주된 목적이 있다.

(가) 방산업체의 지정

방위사업법상 방산물자를 생산하고자 하는 자는 대통령령이 정하는 시설기준과 보안요건 등을 갖추어 지식경제부장관으로부터 방산업체의 지정을 받아야 한다. 이 경우 지식경제부장관은 방산업체를 지정함에 있어서 미리 방위사업청장과 협의하여야 한다(제35조제1항).

(나) 지식경제부장관의 승인

방산업체의 매매·경매 또는 인수·합병, 그 밖의 사유로 경영 지배권의 실질적인 변화가 예상되는 경우로서 대통령령이 정하는 기준에 해당되는 때에는 당해 방산업체와 경영상 지배권을 실질적으로 취득하고자 하는 자는 대통령령이 정하는 바에 따라 관계서류를 제출하여 미리 산업자원부장관의 승인을 얻어야 한다. 다만, 외국인투자촉진법의 규정(제6조제3~제6항)에 의하여 지식경제부장관의 허가를 받은 경우에는 그러하지 아니하다. 지식경제부장관은 그 승인을 하고자 하는 때에는 미리 방위사업청장과 협의하여야 한다(동제3항).

(다) 위반 조치

지식경제부장관은 방산업체가 위의 승인을 얻지 못한 때에는 방위사업청장과 협의하여 그 지정을 취소할 수 있고(제48조제1항), 그 승인을 얻지 아니하고 경영상 지배권을 실질적으로 취득한 자에게는 1년 이하의 징역 또는 500만원 이하의 벌금에 처한다(제62조제2항).

(2) 공공산업관련법상의 규제

(가) 통신분야

① 전기통신사업법

(a) 허가제한

전기통신사업법상 국가 또는 지방자치단체, 외국정부 또는 외국법인, 외국정부 또는 외국인이 주식소유의 제한(제6조제1항)을 초과하여 주식을 소유하고 있는 법인은 기간통신사업의 허가를 받을 수 없다(제5조).

(b) 외국정부 또는 외국인의 주식소유 제한

기간통신사업자의 주식(의결권 있는 주식에 한하며 주식예탁증서 등 의결권을 가진 주식의 등가물 및 출자지분을 포함한다)은 외국정부 또는 외국인 모두가 합하여 그 발행주식 총수의 100분의 49를 초과하여 소유하지 못하고(제6조제1항), 외국정부 또는 외국인이 최대주주인 법인으로서 발행주식 총수의 100분의 15 이상을 그 외국정부 또는 외국인이 소유하고 있는 법인은 외국인으로 본다(동조제2항).[42] 그리고 기간통신사업자의 발행주식 총수의 100분의 1 미만을 소유한 법인은 제2항의 요건을 갖춘 경우에도 외국인으로 보지 아니한다(동조제3항).

(c) 초과소유 주주에 대한 제한 등

외국정부 또는 외국인이 전기통신사업법 제6조 제1항의 규정을 위반하여 주식을 취득한 경우에는 그 초과 소유한 주식에 대하여 의결권을 행사할 수 없고(제7조제1항). 방송통신위원회는 제6조 제1항의 규정을 위반하여 주식을 취득한 주주, 그 주주가 있는 기간통신사업자 또는 외국인의제법인의 주주에 대하여 6월 이내의 범위에서 기간을 정하여 해당사항을 시정할 것을 명할 수 있다(동조제2항). 그 시정명령을 받은 자는 그 기간 이내에 해당 사항을 시정하여야 하며(동조제3항), 기간통신사업자는 제6조 제1항의 규정을 위반한 주주에 대하여는 그 초과분에 대하여 주주명부 또는 사원명부의 개서를 거부할 수 있다(동조제4항).

(d) 기간통신사업자의 주식취득 등에 관한 공익성 심사

기간통신사업자의 주식을 취득하는 자는 다음과 같은 일정한 사유가 있는 경우 국가안전보장, 공공의 안녕·질서의 유지 등 대통령령이 정하는 공공의 이익을 저해하는지 여부를 심사하기 위하여 방송통신위원회에 공익성심사위원회를 둔다(제6조의3제1항). 이 심사는 내외국인에게 모두 적용된다. 본인이 특수관계인과 합하여 기간통신사업자의 발행주식 총수의 100분의 15 이상을 소유하게 되는 경우, 기간통신사업자의 최대주주가 변경되는 경우, 기간통신사업자 또는 기간통신사업자의 주주가 외국정부 또는 외국인과 당해 기간통신사업자의 임원의 임면, 영업의 양도·양수 등 대통령령이 정하는 중요 경영사항에 대한 계약을 체결하는 경우, 그 밖에 기간통신사업자의 경영권을 사실상 가지고 있는 주주의 변경이 있는 경우로서 대통령령이 정하는 경우 등이 그것이다.

아울러 공익성심사를 위하여 기간통신사업자 또는 기간통신사업자의 주주는 제6조의3 제1항 각호의 1에 해당하게 된 경우에는 그 사실이 발생한 때부터 7일 이내에 그 사실을 방송통신위원회에 신고하여야 하고(동조제2항), 기간통신사업자 또는 기간통신사업자의 주주는 제1항 각호의 1에 해당하게 될 경우에는 그 전에 방송통신위원회에 제1항

---

42) 2009년 2월 4일부터 시행.

의 규정에 의한 심사를 요청할 수 있다. 그리고 신고를 받거나 심사요청을 받은 경우에 방송통신위원회는 위원회에 이를 회부하여야 한다(동조제4항). 심사한 결과에 따라 방송통신위원회는 공공의 이익을 저해할 위험이 있다고 판단되는 경우에는 계약내용의 변경 및 그 실행의 중지, 의결권 행사의 정지 또는 당해 주식의 매각을 명할 수 있다(동조제5항). 신고 또는 심사하여야 할 기간통신사업자의 범위와 신고 및 심사의 절차 그 밖에 필요한 사항은 대통령으로 정한다(동조제6항).

한편 공익성심사위원회는 위원장 1인을 포함한 5인 이상 10인 이내의 위원으로 구성하며(제6조의4제1항), 위원장은 방송통신위원회 부위원장이 되고, 위원은 대통령령이 정하는 관계 중앙행정기관의 3급공무원 또는 고위공무원단에 속하는 일반직공무원과 위원장이 위촉하는 자가 된다(동조제2항).

(e) 이행강제금

방송통신위원회는 시정명령(제6조의3제5항 또는 제7조제2항의 규정에 의한 명령)을 받은 후 그 정한 기간 이내에 이를 이행하지 아니하는 자에 대하여 이행강제금을 부과할 수 있다. 이 경우 매 1일당 부과할 수 있는 이행강제금은 그 소유한 주식의 매입가액의 1천분의 3 이내로 하되, 주식소유와 관련되지 아니한 사항인 경우에는 1억원 이내의 금액으로 한다(제7조의2제1항). 이 이행강제금의 부과대상 기간은 시정명령에서 정한 기간의 종료일 다음 날부터 시정명령을 이행하는 날까지로 한다. 이 경우 이행강제금의 부과는 특별한 사유가 있는 경우를 제외하고는 시정명령에서 정한 기간의 종료일 다음 날부터 30일 이내에 이를 하여야 한다(동조제2항).

② 전파법

전파법상 외국인은 원칙적으로 무선국을 개설하는 것이 금지된다(제20조제1항). 다만 과학 또는 기술발전을 위한 실험에 전용하는 무선국, 선박안전법의 규정에 의한 선박의 무선국, 항공법의 규정에 의한 허가를 받아 국내항공에 사용되는 항공기의 무선국, 대한민국안에서 당해 국가의 외교 및 영사업무를 행하는 대사관 등의 공관에서 특정 지점간의 통신을 위하여 공관안에 개설하는 무선국, 아마추어국, 육상이동업무를 행하는 무선국으로서 대한민국의 정부·대표자 또는 국민에게 자국안에서 무선국의 개설을 허용하는 국가의 정부·대표자 또는 국민에게 그 국가가 허용하는 무선국과 동일한 종류의 무선국, 국내에서 열리는 국제적 또는 국가적인 행사를 위하여 필요한 경우 그 기간 중 방송통신위원회가 허용하는 무선국, 아마추어국으로서 일정한 요건을 갖춘 자

가 개설하는 무선국(동조제2항)은 예외이다(제20조제2항)

(나) 금융분야

은행법상 외국인은 의결권있는 발행주식총수의 100분의 10 이내에서 주식을 보유할 수 있도록 제한하고 있고(제15조제2항본문), 외국인은 금융위원회에 보유내용을 신고하여야 할 의무가 있다(제15조제2항단서). 그러나 내국인은 의결권있는 발행주식총수의 100분의 4 이내의 주식을 보유하도록 제한하고 있는 점에 비하면 외국인에 대한 특혜적 효과를 부여하고 있는 셈이다. 특히 외국인은 100분의 10을 초과하여서도 국내은행의 발행주식을 취득할 수 있도록 하고 있다. 즉, 외국인은 금융기관의 의결권있는 발행주식총수의 100분의 10, 100분의 25 및 100분의 33을 각각 초과하여 금융기관의 주식을 보유하고자 하는 경우에는 각각의 한도를 초과하여 보유하고자 할 때마다 각각의 단계에서 금융위원회의 승인을 얻어야 한다(제15조제3항3제호).

(다) 운송분야

항공법상 외국인이 소유 또는 임차하는 항공기는 등록이 금지되며(제6조제1항), 이상의 외국인이 주식이나 지분의 2분의 1 이상을 소유하거나 그 사업을 사실상 지배하고 있는 법인, 외국인이 대표자이거나 외국인이 임원수의 2분의 1 이상인 법인도 항공기를 등록할 수 없다(제6조1항각호). 그 밖에 정기항공운송사업의 양도 또는 양수를 하거나(제124조), 다른 사업자와 합병하기 위하여는 국토해양부장관의 인가를 받아야 한다(제125조).

그리고 해운법상 외국인해상화물운송사업자는 그 사업에 부수되는 업무를 수행하기 위하여 국내에 지사를 설치하고자 할 때에는 국토해양부장관에게 신고하여야 하고, 신고한 사항을 변경하고자 할 때에도 마찬가지이다(제26조의2제1항).

(3) 기초 · 자원산업관련법상의 규제

(가) 수산업분야

수산업법상 외국인에 대하여 어업의 면허 또는 허가를 하고자 할 때에는 미리 농림수산식품부장관과 협의하여야 한다(제5조제1항). 그리고 국내법인 또는 국내자연인에 대한 외국인의 투자비율이 과반수 이상이거나 의결권이 과반수 이상일 때에도 마찬가지이다(동조제2항). 그리고 자국내의 수산업에 관한 권리의 취득을 금지하거나 제한하는 국가의 개인 또는 법인이나 단체에 대하여는 대한민국안의 수산업에 관한 권리의 취득에 관하여 동일하거나 유사한 내용의 금지 또는 제한을 할 수 있다(동조제3항).

(나) 광업분야

광업법상 국영광업은 지식경제부장관이 주관하고(제62조), 법률에 의하여 설립된 법인으로 하여금 경영하게 할 수 있으며(제63조), 국영광업에 대하여 정부는 자본금의 과반액을 출자하여야 한다(제64조단서). 그리고 석유에 관한 광업권은 정부만이 가질 수 있다(제9조제1항).

(4) 문화산업관련법상의 규제

방송법상 외국인은 중계유선방송사업 및 음악유선방송사업을 영위하는 것이 금지된다(제13조제2항). 뿐만 아니라 외국인(외국의 정부나 단체 또는 외국인이 일정비율을 초과하여 주식 또는 지분을 소유하고 있는 법인 포함)은 교육, 체육 기타 국제적 친선을 목적으로 하는 외국의 단체로부터 재산상의 출연을 받는 경우 이외에는 지상파방송사업과 방송채널사용사업 및 중계유선방송사업에 재산상의 출자 또는 출연이 금지된다(제14조제1항). 다만 이상의 외국인은 전송망사업을 영위하는 법인의 주식 또는 지분총수의 100분의 49를 초과하여 하는 재산상의 출자 또는 출연이 금지되고 있다(제14조제3항).

그리고 「신문등의 자유와 기능보장에 관한법률」[43]상 외국인은 정기간행물의 발행인이나 편집인이 될 수 없으므로 외국인은 이 사업에 대한 진입 자체가 금지된다(제13조제1항,제4항).

Ⅲ. 외국인 M&A규제의 보완과제

1. 국가안보이익의 방위를 위한 규제

(1) 포괄규제방식으로의 전환

2007년 국회에는 포괄규제적 성격의 외국인투자촉진법 개정안[44]과 이른바 한국판

---

43) 이 법률의 제정으로 종전의 「정기간행물의 등록등에 관한 법률」은 폐지되었다.

44) 외국인투자촉진법 개정안은 김종률 의원(2005.2.3)과 심상정 의원(2006.4.10)이 대표발의하였다. 김 종률 의원이 대표 발의한 개정안은 외국인 투자자가 국내기업의 지배주주가 되고자 하는 경우 외국인 투자자의 국적 · 성격 및 내용에 따라 국가의 안전과 공공질서의 유지에 지장을 초래하거나, 국민의 보건위생 또는 환경보전에 해를 끼치거나, 미풍양속에 현저히 반하는 경우에 해당될 것으로 판단될 경우 사전에 산업자원부장관의 승인을 얻도록 하고 있다. 심상정 의원이 대표 발의한 개정안에서는 먼저 법률의 명칭을 외국인투자관리법으로 바꾸고, 산업

엑슨 플로리오법안[45])이 상정된 바 있지만 통과되지 못하였다. 그 대신에 2008년 2월 지식경제부는 신흥경제국들의 해외투자 및 국부펀드의 증가 등 투자환경 변화에 따라 각국이 국가안보 관련 외국인투자에 대한 규제를 재점검하고 있는 움직임을 반영하여 국가안보 관련 외국인투자의 제한기준과 절차를 구체화하는 내용으로 외국인투자촉진법 시행령을 개정 공포하였다.

탈냉전 시대의 국가안보개념을 반영하기 위해서는 외국인투자촉진법상 외국인 M&A에 대한 규제사유에 현행과 같은 '국가안전에 지장을 초래하는 경우' 외에도 '국민경제에 중대한 부정적 영향을 미칠 수 있는 경우'를 추가하는 것이 필요할 것이다. 그리고 외국인투자촉진법상 국가안보를 해칠 수 있는 외국인 M&A를 사전 또는 사후에 심사할 수 있도록 포괄주의방식으로 전환하는 것이 바람직하다고 본다.

(2) 외국인투자촉진법의 보완과제

국가안보관련 외국인투자제한에 관한 새로운 규제는 외국인투자촉진법시행령 보다는 외국인투자촉진법을 개정하여 입법의 안정성을 확보하는 것이 바람직할 것이다. 이하에서는 외국인투자촉진법의 보완사항에 대하여 검토하고자 한다.

(가) 외국인투자의 범위

현행 외국인투자촉진법은 그 법의 내용으로 볼 때에 규제법이라기보다는 정책적 지원법이라고 할 수 있고, 여기에 외국인 M&A를 규제하기 위한 규제적 요소를 새로이

자원부 장관에게 외국인 투자가 일정한 사유(국제수지 및 국제금융상 심각한 어려움에 처하거나 처할 우려가 있는 경우, 대한민국의 구내와 국외간의 자본이동으로 인하여 통화정책, 환율정책 그밖의 거시정책을 수행하는 데 심각한 지장을 초래하거나 초래할 우려가 있는 경우)에 해당하는 경우에는 당해 투자의 시정 또는 중지명령을 내릴 수 있는 권한을 부여하고, 시정 또는 중지명령에 앞서 관계 중앙행정기관의 장과 협의하도록 하며, 시정 또는 중지명령대상 외국인투자의 유형 또는 기준은 대통령령이 정하도록 하고 있다(안제4조의2). 그밖에 시정 또는 중지명령을 이행하지 않은 경우에 그 허가의 취소 또는 등록의 말소를 할 수 있도록 하고 있고(안제21조), 벌칙규정(제35조)도 적용되도록 하고 있다.

45) 한국판 엑슨 플로리오법안은 2007년 2월 이상경 의원과 이병석 의원이 대표발의하였다. 이상경 의원이 제안한 법률안의 명칭은 국가안보에 반하는 외국인투자규제법(안)이고, 이병석 의원이 제안한 법률안의 명칭은 구가경제에 중대한 영향을 미치는 외국인투자 등의 규제에 관한 법률(안)이다. 양 법률안은 보호대상기업의 범위, 규제범위, 조치내용, 조치시 고려사항 등의 면에서 차이가 있다. 먼저 ① 보호대상기업의 범위면에서 이상경 의원안은 원자력, 정유, 철강, 에너지, 원자재, 기타 기업 및 비교우위를 점하는 첨단기술 보유기업 등으로 명시적으로 제한하는 반면, 이병석 의원안은 국가경제에 중대한 영향을 초래할 우려가 있는 외국인의 인수합병으로 포괄적으로 규정하고 있고, ② 규제범위의 면에서 이상경 의원안은 포괄적인 의미의 외국인 투자로 하여 그 규제범위가 포괄적인 반면, 이병석 의원안은 기업의 경영지배권 취득으로 국한하고 있으며, ③ 조치내용의 면에서 이상경 의원안은 투자철회명령을, 이병석 의원안에서는 의결권제한, 주식처분, 투자철회, 기타 필요한 조치로 다양화하고 있고, ④ 조치시 고려사항의 면에서 이상경 의원안은 국가안전보장으로 포괄적 사유로 정하는 반면, 이병석 의원안은 국가기반산업을 비롯한 국가경제전반에 미치는 영향, 국내 고도산업기술의 국외 부정유출 가능성, 기타 대통령령이 정하는 사항 등으로 명시하고 있다. 한국경제, 2007.4. 20자

가미하게 되면 그 규율내용과 현행법의 명칭이 부합하지 않는 면이 있다. 외국인투자촉진법의 명칭은 "외국인투자법" 이라고 변경하는 방안을 검토할 수 있을 것이다.

규제대상으로서 외국인투자의 범위는 국내기업의 경영권을 지배할 목적이 있는 주식 또는 지분의 인수, 합병, 공개매수, 경영권인수계약의 체결 및 의결권대리행사의 권유 등 모든 형태의 M&A로 그 범위를 확대하고 이를 명시하는 것이 합리적일 것이다. 미국의 엑슨 플로리오법은 이를 명시하고 있다.

(나) 사전심의 대상법인

개정 외국인투자촉진법시행령은 국가안보위해여부를 심사할 수 있는 외국인투자의 범위를 방위산업법 제3조 제7호에 따른 방위산업물자의 생산에 차질이 초래될 우려가 있는 경우, 대외무역법 제19조 및 기술개발촉진법 제2조 제4호에 따른 수출허가대상 물품이나 기술로서 군사목적으로 전용될 가능성이 높은 경우, 국가정보원법 제13조 제4항에 따라 국가기밀로 취급되는 계약 등의 내용이 노출될 우려가 있는 경우, 그리고 국제평화 및 안전유지를 위한 국제연합 등의 국제적 노력에 심각하고 중대한 지장을 초래할 우려가 있는 경우 등으로 명시하고 있다(외촉법시행령제5조제1항2,나,각호). 이러한 개정으로 국가안보와 관련한 외국인투자규제의 범위가 과거보다는 확대된 셈이지만, 외국의 포괄적인 입법추세에 비추어 보면 여전히 그 범위는 제한적이라고 본다.

외국인투자심의위원회가 국가안보의 방위를 이유로 사전에 심의할 수 있는 대상법인은 공공적 기간산업으로 정하고, 그 개념과 범위도 규정할 필요가 있다. 안보관련 공공적 기간산업은 안보와 관련된 공익적 성격을 갖는 핵심기간산업(critical infrastructure)을 의미한다고 본다. 핵심기간산업은 국가안보의 방위에 필요한 산업자원과 서비스를 공급하는 핵심적 산업으로서 좁게는 방위산업(critical industry)과 넓게는 중요사업(essential commerce)을 말한다. 방위산업은 전통적인 의미에서의 국방이익에 직접적으로 영향을 미칠 수 있는 방위사업관련 산업과 기술을 보유한 산업을 의미하고, 중요산업은 국가안보에는 직접적인 영향을 미치지 않지만 국민경제에서의 핵심적 역할 또는 지위를 고려할 때에 경제안보 내지 총체적인 국가안보에 영향을 미칠 수 있는 산업을 가리킨다.[46]

이러한 개념정의를 감안할 때에 국가안보를 이유로 한 외국인투자규제의 대상은 ① 방위사업체와 그 모회사, 자회사, 관계회사, ② 방위사업체와 직접 또는 간접으로 밀접

---

46) Presidential Decision Directive No. 63(PDD-63), 1998.5

한 관련을 갖는 사업체(물품, 서비스, 노하우, 기술 등의 공급관계에 있거나, 중요정보를 공유하는 관련회사), ③ 방위사업과 관련이 없는 경우에는 핵심적인 기간산업으로서 국가안보에 본질적인 영향을 미칠 수 있는 산업 등으로 유형화할 수 있을 것이다.

(다) 위법한 외국인투자의 시정 · 중지명령 등

현행 외국인투자촉진법은 외국인이 방위산업체를 영위하는 기업의 기존주식등의 취득에 의한 투자를 하고자 하는 경우에 지식경제부장관의 허가를 받도록 하고 있고(외촉법제6조제3항), 이에 위반하여 기존주식등을 취득한 경우에는 당해 주식에 대하여 의결권을 행사할 수 없으며, 취득한 기존주식등의 양도를 명령할 수 있도록 규정하고 있다(외촉법제6조제7항).

개정 외국인투자촉진법시행령은 지식경제부장관은 국가안보위해에 해당하는 외국인투자에 대하여 필요하다고 인정하는 때에는 위원회의 심의에 따라 특정사업 부분의 분리매각이나 보안유지 준수 등의 조건을 붙여 외국인투자를 허용하는 결정을 할 수 있도록 하였다(외촉법시행령제5조제7항). 또한 이미 기업의 주식을 취득한 외국인은 그 결정이 있은 날(조건을 위반한 사실을 안 날 포함)부터 6개월 이내에 해당 주식 등을 대한민국국민 또는 대한민국법인에게 양도하여야 하며, 조건부 투자 허용 결정을 한 경우에는 지식경제부장관이 해당 조건의 위반 사실을 안 날부터 6개월 이내에 해당 주식 등을 대한민국 국민 등에게 양도하여야 한다. 다만, 부득이한 사유가 있는 경우에는 지식경제부장관의 승인을 받아 1년의 범위에서 그 양도기간을 연장할 수 있도록 하였다(외촉법시행령제5조제9항).

그리고 지식경제부장관은 제5조 제7항에 따른 결정을 한 경우에 지체 없이 해당 외국인의 주식 등의 취득을 불허 또는 허용하는 통보를 하여야 하고, 국가기밀을 제외하고 국가안보위해 해당 여부, 결정 사유, 조건의 내용(제7항 후단에 따라 조건이 붙은 경우만을 말한다)을 공표하도록 하였다(외촉법시행령제5조제8항).

그러나 방위산업 이외에도 국가안보와 관련된 기업의 주식등을 사전심사를 거치지 아니하고 취득한 외국인에게는 의결권행사를 허용하지 아니하고, 또한 투자의 시정 또는 중지명령을 내릴 수 있도록 사후적인 조치를 내릴 수 있는 포괄 규정을 두어 보완할 필요가 있다.

2. 공공질서의 유지 · 확보를 위한 규제

공공질서의 유지 즉 공익성의 추구목적에서 외국인 M&A를 규제하는 것은 OECD규범도 허용하고 있고, 미국법 등 모든 국가의 법령에서도 공통적인 현상이다. 그런데 공공질서유지의 목적은 국가안보의 방위목적과는 달리 포괄적으로 달성하기에는 지나치게 광범위하고 불투명하므로 이를 이유로 한 외국인 M&A규제의 투명성을 확보하기 위하여서는 공익보호의 요청이 큰 분야에 대한 독립적이고 개별적인 법령을 통하여 규제하는 것이 합당하다고 본다. 공공질서의 유지요청이 큰 분야는 공공적 법인, 전기통신업, 금융업, 항공운송업, 해상운송업, 식품 및 건강관련업, 그리고 환경을 현저히 침해할 소지가 큰 산업 등이라고 할 수 있다.

공공적 법인에 대하여는 자본시장통합법, 전기통신업분야에 있어서는 전기통신사업법과 전파법, 금융업에 있어서는 은행법, 항공운송업에 있어서는 항공법이 외국인 M&A를 규제하는 역할을 수행하므로 나름대로 해당 법령에 의하여 이들 업종에 대한 외국인 M&A로부터 공익성은 적정하게 보호될 수 있을 것이다.

그러나 해운법상 해상운송업에 있어서는 선박의 등록 금지를 명시하고 있지만, 외국인에 의한 해상운송사업의 양수도, 합병 등에 대한 법적 제한의 근거가 없으므로 이에 대한 규정을 설치할 것이 요망된다고 본다. 그리고 현행법상으로는 외국인 M&A로부터 식품 및 국민의 건강보호를 기하거나, 환경보호를 위하여 당해 기업인수합병을 심사하는 등 적법하게 이들을 규제할 수 있는 법적 근거는 존재하지 않는다. 따라서 국민의 건강과 환경의 보호를 위해서 이들 분야에 대한 입법적 보완을 검토하여야 할 것이다.

3. 문화의 보전을 위한 규제

문화는 국민의 정신적 재산에 해당하므로 문화산업에 대한 외국인 M&A는 그 규제정도가 엄격해야 할 요청이 있다. 문화의 보전 필요성이 큰 산업은 방송업, 출판업, 그밖에 영화 등의 문화산업 등이라고 할 수 있다. 현행 방송법상으로는 중계유선방송, 음악유선방송, 지상파방송 그리고 방송채널사용사업에는 원칙적으로 외국인의 출자가 금지되므로 이 분야에 대한 외국인 M&A는 허용되지 않는 엄격한 금지규제를 가하고 있고, 전송망사업을 영위하는 법인에는 49%까지 외국인의 출자가 허용된다. 이와 같은 현행의 규제태도는 앞으로도 견지되어야 할 것이다. 출판업에 있어서도 「신문등의 자유와 기능보장에 관한 법률」에 의하여 외국인은 정기간행물을 발행할 수 없다. 요컨대 현행법은 방송업과 정기간행물발행업에 대한 외국인 M&A의 규제를 통하여 문화적 가치자산의 보호를 꾀하고 있다고 할 수 있다.

그러나 영화산업, 음반 · 비디오 · 게임산업, 방송영상물산업, 문화재산업 등과 같은 문화산업에 대한 외국인 M&A를 규제할 수 있는 법적 근거가 현행 문화산업진흥기본법에는 존재하지 않는다. 문화산업진흥기본법상 문화산업은 문화상품의 개발 · 제작 · 생산 · 유통 · 소비 등과 이에 관련된 서비스를 행하는 산업으로서 영화, 음반 · 비디오물 · 게임물, 출판 · 인쇄물 · 정기간행물, 방송영상물, 문화재, 만화 · 캐릭터 · 애니메이션 · 에듀테인먼트 · 모바일문화콘텐츠 · 디자인(산업디자인은 제외한다) · 광고 · 공연 · 미술품 · 공예품 등에 관련된 산업, 디지털문화콘텐츠 및 멀티미디어 문화콘텐츠의 수집 · 가공 · 개발 · 제작 · 생산 · 저장 · 검색 · 유통 등과 이에 관련된 서비스를 행하는 산업, 그 밖에 전통의상 · 식품 등 전통문화자원을 활용하는 산업으로서 대통령령으로 정하는 산업을 말한다(문화산업진흥기본법제2조제1호).

이들 문화산업은 방송업, 출판업과 함께 중요한 문화적 가치를 가진 재산이므로 이 분야에 대한 외국인 M&A로부터 그 문화적 가치를 방위하기 위해서는 문화진흥기본법을 개정하여 당해 산업의 경영권이 외국인에게 이전되는 것은 적극 제한할 수 있는 근거를 설치하여야 할 것이다.

4. 기초자원의 보전을 위한 규제

농업, 어업, 광업, 토지, 석유 기타 에너지 등 기초자원에 해당하는 산업 또는 자산은 문화산업과 같이 국가를 형성하는 근본적이고 기초적인 자산에 해당하므로 이 분야에 대한 외국인의 소유권 또는 경영권의 취득은 엄격하게 제한해야 할 요청이 있다. 다만 기초자원에 속하는 자산이라 하더라도 외국인에게 일정한 정도의 투자를 허용하는 것은 정책적인 판단문제이긴 하지만, 외국인에게 제한 없는 소유권취득이나 M&A에 의한 경영권이전은 금지하는 방향으로 규제하는 것이 바람직하다고 본다.

현행 수산업법에서는 외국인의 어업면허의 취득이나 국내기업의 자본액 또는 의결권의 과반수를 투자하고자 하는 경우에 이것을 정부와의 협의사항으로 정하고 있고, 또 외국정부와의 관계에서는 상호주의를 취하여 상대적인 규제방식을 채용하고 있다. 광업법에서는 국영광업에 대하여는 정부에게 과반액출자의무를 부과하고 석유광업권은 정부에 귀속시키고 있다. 그러나 농업의 경우 농지취득이나 농업의 영위를 목적으로 하는 법인사업에 대하여 외국인이 소유권을 취득하거나 경영권을 확보하는 것은 금지되어야 한다. 광업법상으로는 국영광업의 경우에만 사실상 정부에 지배권이 귀속되도록 하고 있지만, 외국인에게 각종의 천연자원의 탐광 및 채굴과 이에 부속되는 선광 · 제련 기타의 사업을 영위하는 민간기업의 경영권을 이전하는 거래도 금지 또는 제한하여야 할 것이다.

참 고 문 헌

국/내/문/헌

《 단행본 》

김건식, 증권거래법(제3판), 두성사, 2004
김건식 · 송옥렬, 미국의 증권규제, 홍문사 2004
김규진 · 장해일 · 김락중 · 전명호, 포이즌 필-경영권방어수단, 첨단금융출판사, 2007
김화진, M&A와 경영권(개정증보판), 박영사, 1999
－－－, M&A와 경영권(초판), 박영사, 1997
－－－, 소유와 경영, 박영사, 2003
김정수, 현대증권법원론, 박영사, 2002
선우석호, M&A-기업합병 · 매수와 구조재편, 법문사, 1997
손주찬, 상법(상), 박영사, 2004
성형표, 기업의 인수합병거래, 한국경제신문사, 1989
송종준, 기업매수합병의 법적 규제, 대한상의, 1992
송종준 · 김재범 · 이준섭 · 남장우, 증권거래법상 경영자민사책임론, 충북대 출판부, 1999
신영무, 증권거래법, 서울대 출판부, 1988
안문택, 증권거래법체계, 육법사, 1985
윤승한, 증권거래법강의, 삼일세무정보, 2000
이기수 · 유진희 · 이동승, 회사법, 박영사, 2002
이완석, 신상법(상), 박영사, 1985
이준섭, EU은행 · 증권법, 박영사, 1996
이철송, 회사법강의(제14판), 박영사, 2007
임재연, 증권거래법(전정판), 박영사, 2007
－－－, 증권규제법, 박영사, 1995
임홍근, 회사법, 법문사, 2001

정동윤, 폐쇄회사의 법리, 법문사, 1982
---, 회사법, 법문사, 2001
정동윤 · 손주찬, 주석 상법(IV), 한국사법행정학회, 2003
정찬형, 회사법강의, 홍문사, 1997
---, 상법강의(상), 박영사, 2006
정찬형 · 도제문, 은행법(제2판), 박영사, 2005
증권감독원, 증권거래법 개정내용 해설, 1997. 5
채이식, 상법강의(상), 박영사, 1996
최기원, 신회사법론, 박영사, 2001
---, 상법학신론, 박영사, 2004
홍복기, EU회사법, 박영사, 1999
황동욱, 증권관련집단소송, 동현출판사, 2004
권종호, 일본의 기업법제 개정에 관한 연구(연구보고서), 코스닥등록법인협의회, 2004.2
왕윤종, OECD규범과 한국의 외국인직접투자제도(연구보고서), 대외경제정책연구원, 1995
정동윤 · 송종준 · 이문성, 적대적 M&A와 법적 대응(연구보고서), 전국경제인연합회, 1996.8

《 논 문 》

강희갑, 기업의 매수 · 합병(M&A)과 지배주식의 양도, 상사법연구 제9집, 한국상사법학회, 1991
권기범, 의무적 지분추가매수에 관한 연구, 기업구조의 재편과 상사법(II)(박길준 교수 화갑기념논문집), 도서출판 정문, 1998
권재열, 적대적 M&A에 대한 이사의 방어행위기준, 상사판례연구 제18집 제2권, 한국상사판례학회, 2005.6
국중권, 적대적 M&A 방어법제에 관한 연구, 성균관대 법학박사학위논문, 2006.12
김건식, 개정 증권거래법상의 공개매수제도, 인권과 정의 제248호, 대한변호사협회, 1997.4
김교창, M&A의 방어수단으로 발행된 전환사채의 효력, 인권과 정의 통권 259호, 대한변호사협회, 1998.3

김용진, 주주의 의결권대리행사의 권유에 관한 소고, 현대 상사법의 제문제(설성이윤영 선생정년기념논문집), 일조각, 1988

김재범, 주주의결권의 간접행사제도, 기업과 법(도암 김교창변호사 화갑기념 논문), 한국사법행정학회, 1997

김재형, M&A대가의 유연화와 현금지불합병, 비교사법 제10권4호, 한국비교사법학회, 2003.12

---, 미국에서의 합병대가의 유연화와 소수주주퇴출에 관한 입법의 변천과 법원의 대응, 기업법연구 제18권 1호, 한국기업법학회, 2004.9

김택주, 공개매수의 방어에 관한 연구, 부산대 법학박사학위논문, 1994

---, 지배권 쟁탈전하에서의 전환사채발행의 적법성, 동아법학 제25호, 동아대학교 법학연구소, 1999

김홍식, 적대적 M&A에 있어서 대상회사의 방어수단에 관한 법적 연구, 고려대 법학박사학위논문, 2006.12

노일석, 적대적 기업매수와 회사지배이론, 상사법연구 제17권 제1호, 한국상사법학회, 1998.6

맹수석, 적대적 M&A와 이사의 역할, 법학연구 제15권 제1호, 충남대 법학연구소, 2004.12

박정훈, 사모전문투자회사(Private Equity Fund) 도입배경 및 경과, BFL 제10호, 서울대 금융법센터, 2005. 3

박준 · 허영만, 적대적 M&A의 방어와 관련한 법적 규제, 인권과 정의 제252호, 대한변호사협회, 1997.8

박태현, 차입매수(Leveraged Buyout)에 있어서의 이사의 신인의무, 인권과 정의 제369호, 대한변호사협회, 2007.5

성희활, 미국의 기간산업보호와 엑슨-플리오(Exon-Florio)법, 부산대학교 법과대학 · 법학연구소 국제학술대회자료집, 2007.6.1

손영화, LBO/MBO에 관한 법적 문제-이사의 책임과 소수자주주보호의 관점에서, 증권법연구 제8권 제2호, 한국증권법학회, 2007.12

손진화, 회사지배권매매에 관한 연구-미국법상 지배권프리미엄의 규제를 중심으로, 고려대 법학석사학위논문, 1984.12

송종준, 유가증권공개매수에 관한 연구-그 법적 규제를 중심으로, 고려대 법학박사학위

논문, 1990
---, Williams법과 공개매수정의론, 판례월보 제218호, 판례월보사, 1988.11
---, 미국법상 기업매수의 방어와 이사의 책임, 상사법의 기본과제(이범찬교수화갑기념논문집), 삼영사, 1993
---, 이단계합병과 소수주주의 보호-미국 회사법상의 논의를 중심으로, 법학연구 제2호, 충북대 법학연구소, 1995
---, M&A에 대한 주요 방어대책, 상사법연구 제14집 제1호, 한국상사법학회, 1995.8
---, 회사지배권쟁탈과 자본구조변경에 의한 방어책의 효력, 법조 487호, 법조협회, 1997.4
---, 강제공개매수제도의 법리와 향후의 법적 과제, 한국법학원보 제76호, 한국법학원, 1997.11.5
---, 개정 공개매수제도의 내용과 쟁점, 기업과 법(도암 김교창 변호사 화갑기념 논문), 한국사법행정학회, 1997.6
---, 예측정보의 부실공시와 민사책임구조, 증권법연구 제1권 제1호, 한국증권법학회, 2000.12
---, 외국인 M&A에 대한 규제완화와 그 법적 한계, 비교사법 제10권 3호. 한국비교사법학회, 2003.9
---, 적대적 M&A 방어를 위한 법적 과제, 기업법연구 제18권 제2호, 한국기업법학회, 2004.12
---, 의무공개매수의 법정책적 함의와 그 도입 가능성, BFL 제12호, 서울대 금융법센터, 2005.7
---, PEF와 M&A : LBO의 구조와 법적 문제, 금융법연구 제2권 1호, 한국금융법학회, 2005
---, 경영권방어수단 도입의 전제조건, 기업법연구 제19권 4호, 한국기업법학회, 2005.12
---, 미국의 헤지펀드규제와 법적 시사점, 증권법연구 제7권 제1호, 한국증권법학회, 2006.6
---, 폐쇄기업화거래의 공정요건과 소수파주주의 보호, 상사법연구 제19권 1호, 한국상사법학회, 2000.6

---, 자기주식의 처분절차규제에 관한 소고, 법률신문 제3504호, 법률신문사, 2006.11.9

---, 경영판단원칙과 그 수용상의 과제, 인권과 정의 제364호, 대한변호사협회, 2006.12

---, 상법상 M&A법제의 변화와 과제-2006년 회사법개정안을 중심으로-, 기업법연구 제21권 1호, 한국기업법학회, 2007.3.31

---, 국가안보위협형 외국인 M&A의 국제적 규제동향과 입법과제, 상사법연구 제26권 제4호, 한국상사법학회, 2008.2

신우진, 경영권 방어를 위한 자기주식의 제3자에 대한 처분의 법적 문제점, 기업법연구 제21권 제1호, 한국기업법학회, 2007.3

신원섭 · 박용진, 세계 차입매수(LBO) 시장의 확대영향과 시사점-사모펀드에 의한 LBO를 중심으로, 한국은행, 2007.8

신희강 · 류경진, LBO거래의 실행과 법적문제, BFL 제24호, 서울대 금융법센터, 2007.7

안수현, 일본의 금융상품거래법 제정배경과 주요 내용, BFL 제17호, 서울대학교 금융법센터, 2006.5

양만식, 적대적 M&A에 있어서의 이사의 역할(이사의 행동기준), 기업법연구 제14집, 한국기업법학회, 2003.9

양병찬, 외국자본 M&A의 법적 규제에 관한 연구, 전북대 법학박사학위논문, 2006.8

원용수, 유럽연합의 공개매수제도에 관한 연구, 상사법연구 제23권 제3호, 한국상사법학회, 2004

왕윤종, 국경간 M&A의 동향과 정책방향, 개방시대 M&A제도와 법적 과제(대한상의/한국법학원 주최 심포지움, 1997.9.8)

---, 외환위기 이후 외국자본의 국내진출 및 해외펀드 활동실태, 한국증권연구원 세미나자료, 2006.11

유영일, 주식공개매수에 관한 연구, 서울대 법학박사학위논문, 1994

---, 미국 주회사법상의 공개매수규제에 관한 연구, 현대상법의 과제와 전망(양승규교수 화갑기념), 삼지원, 1994

---, Tin Parachute에 관한 연구, 상사법논총(상)(강위두교수화갑기념논문집), 형설출판사, 1996

---, M&A에 대한 방어행위로서의 전환사채발행의 적법성, 상사판례연구 제8집, 상

사판례연구회, 1997
---, 개정증권거래법상의 주식매입선택권, 인권과 정의 제248호, 대한변호사협회, 1997.4
---, 의무공개매수에 관한 연구, 사회과학논집 제8권 제1호, 울산대학교, 1998.6
유진희, 유럽연합의 기업인수규제-공개매수지침을 중심으로, 기업법연구 제19권 제3호, 한국기업법학회, 2005.9
육태우, 주주억압법리에 관한 연구-미국의 폐쇄회사를 중심으로, 고려대 법학박사학위논문, 2006.6
윤성승, Private Equity Fund의 본질과 법적 문제점, 금융법연구 제2권 제1호, 한국금융법학회, 2005
이규수, 자본시장의 국제화에 따른 법적 과제에 관한 연구, 연세대 법학박사 학위논문, 2005. 12
이동신, 유가증권공시서류의 부실기재에 관한 책임, 증권거래에 관한 제문제(상), 재판자료 제90집, 법원도서관, 2001
이문성, 개정 증권거래법 아래서의 의무공개매수제도와 소액주주의 보호, 상장협 춘계호, 한국상장회사협의회, 1997.5
이미현, 상장폐지에 관한 분쟁의 현황과 과제, BFL 제19호, 서울대학교 금융법센터, 2006.9
이상돈, 차입매수와 배임죄, 한국증권법학회 세미나 자료, 2006.12.23
이상훈, LBO와 배임죄(상)(하), 법조 통권 제619호 · 제620호, 법조협회, 2008.4, 2008.5
이성웅, 미국회사법상 주식매수청구권의 기능, 기업법연구 제8집(무허 서규석교수화갑기념), 한국기업법학회, 2001
이성환, 공개매수제도의 실무상 쟁점과 운영방향, M&A연구회, 한국증권연구원, 2007.3.21
이욱래, 적대적 M&A에 대응한 이사의 방어행위에 대한 법적 평가, BFL 제12호, 서울대 금융법센터, 2005.7
이준섭, 공개매수법에 관한 고찰-개정 M&A법의 성찰, 상사법연구 제18권 제2호, 한국상사법학회, 1999.11
---, 공시책임에 관한 최근 판례의 분석과 비판, 상장협 추계호, 한국상장회사협의회, 2000.9
이창원 · 이상현 · 박진석, LBO의 기본구조 및 사례분석, BFL 제24호, 서울대 금융법센터,

2007.7

이철송, 신주 및 특수사채의 제3자배정의 법리, 법률신문 2587호, 법률신문사, 1997.4.3

– – –, 증권거래관련 손해배상청구제도의 구조, 인권과 정의(통권 제277호), 대한변호사협회, 1999.9

– – –, 불공정한 자기주식거래의 효력, 증권법연구 제7권 제2호(상솔 안문택박사고희기념논문집), 한국증권법학회, 2006.12

이형규, 상법개정안상 거부권부주식의 도입에 관한 검토, 상사법연구 제25권 제4호, 한국상사법학회, 2007. 2

전삼현, 경영권 방어목적을 위한 사모 전환사채 발행의 유효성, 고시계 제554호, 2003.4

– – –, 삼성전자 CB사건에 대한 대법원판결 검토, 기업법연구 제18권 제1호, 한국기업법학회, 2004.9

전오영·이재호, LBO와 세법, BFL제24호, 서울대 금융법센터, 2007.7

전현정, 전환사채발행의 효력-대법원 2004.6.25, 선고 2000다37326판결, BFL 제9호, 서울대 금융법센터, 2005.1

– – –, LBO와 배임죄-손해를 중심으로-, BFL 제24호, 서울대 금융법센터, 2007.7

정 대, 적대적 M&A에 대한 대상회사의 방어행위의 적법성 판단기준에 관한 고찰, 기업법연구 제20권 제2호, 한국기업법학회, 2006.6

정동윤, 회사내의 소수파주주의 보호-freezeout을 중심으로 하여, 법학논집 제26집, 고려대 법학연구소, 1991.9

– – –, M&A에 관한 판례의 동향, 한국법학원보 제76호, 한국법학원, 1997.11.5

– – –, 경영권을 지키기 위한 신주 및 잠재적 주식의 발행, 기업구조의 재편과 상사법(Ⅰ)(박길준 교수 화갑기념논문집), 도서출판 정문, 1998

– – –, 적대적 M&A에 대한 방어책과 그 적법성, 법조 통권 508호, 법조협회, 1999.1

정순섭, 적대적 M&A와 기업방어전략-포이슨 필의 현행법상 가능성과 타당성을 중심으로, 기업경영권에 관한 연구-실증분석과 제도정비를 중심으로(연태훈편, 2005-07 연구보고서), 한국개발연구원, 2005.12

정윤모, 주요국의 M&A 규제 비교검토 및 한국 제도의 발전방향, 한국증권연구원 · 한국재무학회 세미나 자료, 2006. 6.13

정쾌영, 공개매수제도에 관한 고찰-적대적 M&A에 대한 방어를 중심으로, 상사법연구

제24권 제3호, 한국상사법학회, 2005. 11

조성빈, 해외자본과 기업지배구조 및 기업가치에 대한 실증분석-비금융 상장기업을 중심으로-, 기업경영권에 관한 연구-실증분석과 제도정비방안을 중심으로(연태훈 편 연구보고서)(한국개발연구원, 2005.12)

최문희, 신주(예약권)의 제3자배정에 의한 경영권 방어의 적법성-일본방송 사건에 비추어 본 일본 판례의 분석을 중심으로-, BFL 제12호, 서울대 금융법센터, 2005.7

최병규, 2002년 개정 독일 주식법상 Squeeze-Out규정에 대한 연구, 한독법학 제14집, 한독법률학회, 2003

최승재, 한국판 '엑슨-플로리오법' 제정에 대한 연구, 증권법연구 제7권 2호, 한국증권법학회, 2006.12

홍복기, 공개매수에 관한 현행 증권거래법령에 있어서 몇 가지 문제점, 비교사법 제8권 제2호, 한국비교사법학회, 2001.12

---, 신주인수권의 제한과 그 양도, 고시계 제554호, 2003.4

홍석범, 경영판단의 원칙의 수용과 그 한계, 인권과 정의 제364호, 대한변호사협회, 2006.12

홍진기, 주식회사의 합병에 있어서의 교부금, 법학의 제문제(유민 홍진기선생 화갑기념), 중앙일보사, 1977

외/국/문/헌

《 단행본 》

A. Fleischer. Jr. and A. Sussman, Takeover Defense(5th Ed), ASPEN, 1995

Alan Dignam & John Lowry, Company Law, Oxford, 2006

American Law Institute, Principles of Corporate Governance: Analysis and Recommendations, 1994

Andrew Hicks & S.H.Goo, Company Law(5th ed), Oxford, 2004

Denis Keenan, Smith and Keenan's Company Law(13th ed), Pearson Longman, 2005

Edward R. Aranow, Herbert A. Einhorn & George Bernstein, Developments in Tender Offers for Corporate Control, Columbia Univ. Press, 1977

Dale A. Oesterle, The Law of Mergers, Acquisitions, and Reorganizations, West Pub. 1991

Edward Brodsky & M. Patricia Adamski, Law of Corporate Officers and Directors, Rights, Duties and Liabilities, CBC, 1995

Franklin A. Gevurtz, Corporation Law, West Group, 2000

Guido Ferrarini, Klaus J. Hopt Jaap Winter & Eddy Wymeersch, Reforming Company and Takeover Law in Europe, Oxford, 2004

Harold S. Bloomenthal, Securities Law Handbook, West Group, 1999

James D. Cox & Thomas L. Hazen & F. Hodge O'neal, Corporations, Aspen, 1997

J. H. Farrar, N. Furey & B. Hannigan, Farrar's Company Law(2nd ed), Butterworths, 1988

Klaus Hopt & Eddy Wymeersch, European Company and Financial Law, Oxford, 2004

M. A. Weinberg & M. V. Blank, Take-overs and Mergers, Sweet & Maxwell, 1992

M. A. Weinberg, M. V. Blank & A. L. Greystoke, Takeovers & Mergers, Sweet & Maxwel, 1979

Marc I. Steinberg, Securities Regulation : Liabilities and Remedies, Law Journal Seminars Press, 1990

Marc I. Steinberg, Understanding Securities Law, Mathew Bander, 1989

Milton L. Rock, The Mergers and Acquisitions Handbook, McGraw-Hill Book Co, 1987

L. H. Leigh, V. H. Joffe & D. Goldberg, Leigh's Introduction to Company Law(4th ed), Butterworths, 1987

Martin Lipton & Erica H. Steinberger, Takeovers & Freezeouts, Vol. I , Law Journal Seminars-Press, 1990

Paul L. Davies, Gower and Davies' Principles of Modern Company Law, Sweet & Maxwell, 2003

Pierre Bézard, Les offres publique d'achat, Masson, 1982

Ralph C. Ferrara, Meredith M. Brown & Joho H. Hall, Takeovers-Attack and Survival-A Strategist's Manual, Butterworth, 1987

Report of The High Level Group of Company Law Experts on Issues related to Takeover Bids, Brussels, 2002.1.10

Richard W. Jennings, Harold Marsh, Jr., John C. Coffee & Joel Seligman, Securities Regulation -Cases and Materials, Foundation Press, 1998

Robert C. Clark, Corporate Law, Little, Brown and Company, 1986

Robert R. Pennington, Company Law(5th ed), Butterworths, 1985

Robert W. Hamilton, Corporate Finance-Cases & Materials, West Publishing Co., 1984

Robert W. Hamilton, Corporation Mergers and Acquisitions, The Guide to American Law Yearbook, 1990

Robert Wtterwulghe, L'offre publique d'acquisition au service d'un marché des sociétés- une Analyse Droit-Economie, La Renaissance du Livre, 1973

Ronald J. Gilson & Bernard S. Black, The Law and Finance of Corporate Acquisitions, Foundation Press. 1995

Simon Lorne & Joy Bryan, Acquisition and Merger: Negotiated and Contacted Transaction, CBC, 1995

Stephen M. Bainbridge, Mergers and Acquisitions, University Textbook Series, 2003

Lewis D. Solomon & Alan R. Palmiter, Corporations(2nd ed), Little, Brown and Company, 1994

William J. Carney, Mergers and Acquisitions - Cases and Materials, Foundation Press, 2000

\- - - - , Corporate Finance- Principles and Practice, Foundation Press, 2005

William L. Cary & Melvin A. Eisenberg, Cases and Materials on Corporations(7th ed), West Publishing Co., 1995

Young Moo Shin, Securities Regulation in Korea-Problems and Recommendations for Feasible Reforms, University of Washington Press & Seoul National University Press, 1983

長谷川 俊明, 買收防衛とM&A判例集, Lexis, 2007
池田唯一 外, 新しい公開買付制度と大量保有報告制度, 商事法務, 2007
松本眞輔, 敵對的 買收と防衛策, 世務經理協會, 2005
太田 洋 外, 敵對的 M&A 對應の最先端, 商事法務, 2005
吉山正明, 企業買收と法制度, 中央經濟社, 2005
落合誠一, わが國M&Aの課題と展望, 商事法務, 2006
武井一浩 外, 企業買收防衛戰略II, 商事法務, 2006
新谷 勝, 敵對的 企業買收, 世務經理協會, 2004
證券去來法研究會, 證券·會社法制の潮流, 日本證券經濟研究所, 2007
渡邊 顯 外, 敵對的 買收と企業防衛, 日本經濟新聞社, 2005
大崎貞和, 解說 金融商品去來法, 弘文堂, 2006
德本 穰, 敵對的企業買收の法理論, 九州大學出版會, 2000
柴田和史・野田 博, 會社法の現代的課題
西村總合法律事務所, M&A法 大全, 商事法務研究會, 2001
商事法務研究會, 企業買收の實務と法理, 有斐閣, 1985
神崎克朗, 證券取引法, 有斐閣, 1987
森田 章, 投資者保護の法理, 日本評論社, 1990
中東正文, 企業結合・企業統治・企業金融, 信山社, 1999
柴田和史・野田 博, 會社法の現代的課題, 法政大學現代法研究所, 2004.3
江頭憲治郎, 結合企業の立法と解釋, 有斐閣,1995
神崎克郎, 會社法詳說, 中央經濟社,1984
江頭憲治郎, 株式會社法, 有斐閣, 2006
經濟産業省 ・ 法務省, 企業價值·株主共同の利益の確保又に向上のための買收防禦策に關する指針, 2005.5.27
企業價值研究會, 企業價值報告書 - 公正な企業社會のルール形成に向けた提言, 2005. 5. 27

《논 문》

A. A. Berle, Control in Corporation Law, 58 Colum. L. Rev. 1212(1958)

Alvarez, Jose E. Alvarez, Political Protectionism and United States International Investment Obligations in Conflict : The Hazards of Exon-Florio, Virginia Journal of International Law, 1, 103(Fall, 1989)

Andrei Shleifer & Lawrence Summers, "Breach of Trust in Hostile Takeovers" in Corporate Takeovers : Cause and Consequences, A.J.Auerbach, Ed.(Univ. of Chicago Press, 1988)

Andrei Shleifer & Robert Vishny, The Takeover Wave of the 1980's, 249 Sci. 745, 746-747(1990)

Aranow & Einhorn, Essential Ingredients of the Cash Tender Invitation, 27 Bus. Law. 415(1979)

Arthur M. Borden, "Going Private-Old Tort or No Tort?". 49 N.Y.U.L. Rev. 987(1974)

Balotti & Pospisil, Developments in State Takeover Statutes in the Hostile Battles for Corporate Control, 439(1986)

Bill Shaw, Resolving the Conflict of Interest in Management Buyouts, 19 Hofstra L. Rev. 143(1990)

Brudney & Chirelstein, Fair Shares in Corporate Mergers & Takeovers, 88 Harv. L. Rev. 297(1974)

Brudney, Equal Treatment of Shareholders in Corporate Distributions and Reorganization, 71 Calif. L. Rev. 1072(1983)

Bryant Edwards & Lathan Watkins, Developments in Financing Leveraged Acquisitions in Europe, PLI Corporate Law and Practice Course Handbook Series, PLI Order No. 3166(Dec. 6-7, 2004)

Christopher F. Corr, A Survey of United States Controls on Foreign Investment and Operations : How Much Is Enough?, American University Journal of International Law and Policy, 417(Winter, 1994)

Committee on Corporate Laws, Guidelines on Going Private, 37 Bus. Law. 313(1981)

Committee on Corporate Laws, Other Constituencies Statutes: Potential for Confusion, 45 Bus. Law. 2253(1990))

Current Topics, PLI Corporate Law and Practice Course Handbook Series, PLI Order

No. B0-01FF(October-December, 2002)

Dann, Common Stock Repurchases : An Analysis of Returns to Bondholders and Stockholders, 9 Journal of Financial Economics, 113(1981)

David A. Menard, The Flexibility of Exon-Florio Amendment and the Expension of Telecommunications into the Global Economy, Public Contract Journal, 313(Winter, 2002)

David Scot Nance & Jessica Wasserman, Regulation of Imports and Foreign Investment in the United States on National Security Grounds, Michigan Journal of International Law, 926(Spring, 1990)

David W. Heleniak & Thomas G. Farrel, Developments in the Law of Mergers and Acquisitions : Cross-Border Transactions, PLI Corporate Law and Practice Course Handbook Series(PLI Order No. B4-6846), 145(1988.11.3)

DeAngelo & Rice, Anti-takeover Charter Amendments and Stockholder Wealth, 11 Journal of Financial Economics, 329(1983)

Donal C. Langevoort, Disclosure that "Bespeak Caution", 49 Bus. Law. 481(1994)

Easterbrook & Fischel, The Proper Role of a Target's Management in Responding to a Tender Offer, 94 Harv. L.Rev. 1161(1981)

Easterbrook & Fischel, Corporate Control Transactions, 91 Yale L.J.703(1982)

Edward F. Green, Corporate Freeze-out Mergers : A Proposed Analysis, 28 Stan.L.Rev. 487(1976)

Elliot J. Weiss, The Law of Take Out Mergers : A Historical Perspective, New York Univ. L. Rev(Vol. 56)(1981)

Elliot J. Weiss, Tender Offer and Management Responsibility, 23 N. Y. Law School Law Rev. 445(1978)

Emilly L. Sherwin, Creditor's Rights against Participants in A Leveraged Buyout, Minnesota L. Rev.449(1988)

Frank H. Easterbrook & Daniel R. Fishel, The Proper Role of a Target's Management in Responding to a Tender Offer, 94 Harv. L. Rev. 1161(1982)

Frank H. Easterbrook·Daniel R. Fischel, Corporate Control Transactions, 91 Yale L. J. 698(1982)

Freund & Easton, The Three-Piece Suitor : An Alternative Approach to Negotiated Corporate Acquisitions, 34 Bus.Law. 1679(1979)

Gary M. Holihan, Note, Pennsylvania's Anti-takeover Statute : An Impermissible Regulation of the Interstate Market for Corporate Control, 66 Chi.-Kent L. Rev. 863(1990)

Gelfond & Sebastian, Reevaluating the Duties of Target Management in a Hostile Tender Offer, 60 Boston Univ. L. Rev. 408(1980)

G. Henn, Handbuch des Aktienrechts(C. F. Muller : 2. Auf'1. 1984)

Grundfest, Just Vote No : A Minimalist Strategy for Dealing with Barbarians Inside the Gates, 45 Stan. L. Rev. 857(1993)

Hans Christiansen & Ayse Bertrand, Trends and Recent Developments in Foreign Direct Investment(OECD, 2006)

Harold Hongju Koh & John Choon Yoo, Dollar Diplomacy/Dollar Defense : The Fabric of Economics and National Security Law, 26 International Law. 715(1992)

Harvey Leibenstein, Allocative Efficiency vs. X-Efficiency, 56 Am. Econ. Rev. 392(1966)

Howard E.O'Leary & Judy Parker Jenkins, "Exon-Florio": An Impediment to Foreign Investment in the United States?, Michigan Bar Journal, 680(July, 1990)

Janette Meredith Wester, Achieving a Proper Economic Balance : Non-shareholder Constituency Statutes, 19 Stetson L. Rev. 581(Spring. 1990)

Janette Meredith Wester, Achieving a Proper Economic Balance : Non-shareholder Constituecy Statutes, 19 Stetson L. Rev. 581(spring 1991)

Jarrell, The Wealth Effects of Litigation by Targets : Do Interests Diverge in a Merge?, Journal of Law and Economics, 151(1985)

Jarrell & Ryngaert, Office of the Chief Economist, Securities and Exchange Commission, The Effects of Poison Pills on the Wealth of Target Shareholders(1986)

Jefferry A. Johnson, Anti-Takeover Legislation: Not Necessary, Not Wise, 35 Clev. St. L. Rev., 303(1986/1987)

Jill E. Fisch, Imprudent Power : Reconsidering U.S. Regulation of Foreign Tender Offers, Northwestern Univ. L. Rev. 523(Winter, 1993)

John C. Coffee, Regulating the Market for Corporate Control : A Critical Assessment of the Tender Offer's Role in Corporate Governance, 84 Colum. L. Rev. 1145(1984)

John C. Coffee, Jr., Shareholders versus Managers : The Strain in the Corporate Web, 85 Mich. L. Rev.1, 2(Oct., 1986)

John C. Coffee. Jr., The Uncertain Case for Takeover Reform : An Essay on Stockholders, Stakeholders and Bust-ups, 1988 Wis. L. Rev. 435(1988)

Jonathan A. Knee & Evercore Partners, 'Financing the Transaction', PLI Corporate Law and Practice Course Handbook Series, PLI Order No. 5830(Jan. 10-11, 2005)

Joseph J. Norton & Christopher D. Olive, A By-Product of the Globalization Process : The Rise of Cross-Border Bank Mergers and Acquisitions- The U.S. Regulatory Framework, Business Lawyer, 591(February, 2001)

J. Terrence Greve, Management Buy-outs and LBOs, 「The Mergers and Acquisitions Handbook」 (Edited by Milton L. Rock), McGraw-Hill Book Co), 1987

Krishan Palepu, Consequences of Leveraged Buyouts, Journal of Financial Economics, 27. No-1, 247(1990)

Linn & McConelle, An Empirical Investigation of the Impact of "Anti-takeover" Amendments on Common Stock Prices, 11 Journal of Financial Economics, 361(1983)

L. P Scriggins & David Clarke, Jr., Takeovers And The 1983 Maryland Fair Price Legislation, 43 Maryland L. rev. 266(1984)

Lucian A. Bebchuk, The Case for Facilitating Competing Tender Offers, 95 Harv. L, Rev. 1028(1982)

Lutter & Lammers, Hostile Takeovers : Possibilities and Limitations according to German Law, Defensive Measures against Hostile Takeovers in the Common Market(1990)

Martin Lipton, Takeover Bids in the Target's Boardroom, 35 Bus. Law. 101(1979)

Martin Lipton & Andrew R. Brownstein, Takeover Responses and Director's Responsibilities-An Up date, 40 Bus. Law. 1403(Aug. 1985)

Martin Lipton, Corporate Governance in the Age of Finance Corporation, 136 U. Pa. L. Rev. 1, 12(1987)

Melvin Rishe, Foreign Ownership, Control, or Influence : The Implications for United States Companies Performing Defense Contracts, 20 Public Contracts Law Journal, 143, 144-145(1991)

Meredith M. Brown, The Scope of the Williams Act and Its 1970 Amendments, Bus. Law. 1645(July, 1971)

Michael Gruson, Reporting Requirements for Foreign Investments in The United States, PLI Commercial Law and Practice Course Handbook Series(PLI Order No. A4-4463), 703(Oct. 1994).

Michael Jensen & Richard Ruback, The Market for Corporate Control : The Scientific Evidence, 11 J. Fin. Econ. 5(1983)

Note, Cash Tender Offers, 83 Harv. L. Rev. 378(1969)

Note, The Developing Meaning of Tender Offer under the Securities Act of 1934, 86 Harv. L. Rev. 1256(1973.5)

Note, Lock-up Options : Toward a State Law Standard, 96 Harv. L. Rev. 1068(1983)

Note, Approval of Take-out Mergers by Minority Shareholders : From Substantive to Procedural Fairness, 93 Yale. L. J. 1113(1984)

OECD, National Treatment of Foreign Controlled Enterprises-Lists of Measures Reported for Transparency(2007.2.28)

Office of Chief Economist of the Securities and Exchange Commission, The Impect of Targeted Share Repurchases(Greenmail) on Stock Prices, [1984-1985 Transfer Binder] Fed. Sec. Rep. (CCH) ¶83,713 (Sept. 11, 1984)

Peter Brennan, SEC Rule 14d-8 and Two-Tier Offers, Tender Offers-Developments and Commentaries(Ed. by Marc I. Steinberg, 1985)

Richard D. Katcher & James H.Fogelson, Developments in Takeover Defense and Proxy Contests, AlI-ABA Continuing Legal Education Course of Study, June 17, 1991

Roberta Romano, The future of hostile takeovers: Legislation and public opinion, Symposium: Regulating Corporate Takeovers, 57 U. Cin. Rev. 457(1988)

Ronald J. Gilson, The Case against Defensive Tactics in Tender Offers, 33 Stan. L. Rev. 819(1981)

Ronald J. Gilson, Evaluating Dual Class Common Stock : The Relevance of Substitutes, 73 Va. L. Rev. 807(1987)

Samuel N. Levin, Raiding the Establishment : New Perspectives on Takeover Law, 26 U. Rich. L. Rev. 507(Spring, 1992)

Scott Mitnick, Cross-Border Mergers and Acquisitions in Europe : Reforming Barriers to Takeovers, 01 Colum. Bus. L. Rev. 683(2001)

Scott V. Simpson 외, The Future of Takeover Regulation in Europe, Corporate Law and Practice Course Handbook Series, PLI(Dec. 2006)

SEC Advisory Committee on Tender Offers : Report of Recommendations(July 15, 1983)

Shleifer & Vishny, " The Takeover Wave of The 1980s", 249 Science 745(Aug. 17, 1990)

Toms, III Compensating Shareholders Frozen out in two-step Mergers, 78 Colum. L. Rev. 548(1978)

Vermaelen, Common Stock Repurchases and Market Signalling, 9 Journal of Financial Economics, 139(1981)

Victor Brudney, A Note on Going Private, 61 Va. L. Rev.1019(1975)

Victor Brudney & Marvin A. Chirelstein, A Restatement of Corporate Freeze-outs, 87 Yale L. J. 1354(1978)

W. D. Andrews, The Stockholder's Right to Equal Opportunity in the Sale of Shares, 78 Harv. L. Rev. 513(1965)

William J. Carney, Shareholder Coordination Costs, Shark Repellents and Takeout Mergers : The Case against Fiduciary Duties, Am. B. Found. Res. J., 341(1983)

----, Controlling Management Opportunism in the Market for Corporate Control : An Agency Cost Model, Wisconsin L. Rev.385(No. 3, 1988)

William R. Newlin and Jay A. Gilmer, The Pennsylvania Shareholder Protection Act : A New State Approach to Deflecting Corporate Takeover bids, 40 Bus. Law, 111(1984)

사 항 색 인

〈국문색인〉

(ㅊ)

〈영문색인〉

[저자약력]

고려대학교 법과대학 졸업

고려대학교 대학원 졸업(법학석사 · 법학박사)

Emory University Law School Visiting Scholar

충북대학교 법과대학장 및 법무대학원장

법무부 회사법개정 특별분과위원회 위원

한국증권선물거래소 증권분쟁조정위원회 위원장

현) 한국증권법학회 · 한국기업법학회 · 한국경영법률학회 부회장

현) 한국증권선물거래소 규율위원회 위원장

현) 법무부 경영권 방어법제 개선위원회 위원장

현) 충북대학교 법학전문대학원 교수(회사법 · M&A법 · 증권법)

적대적 M&A의 법리

저 자 : 송 종 준

발행처 : 도서출판 개신 (충북대학교 출판부)

발행인 : 임 동 철

주 소 : (361-763) 충북 청주시 흥덕구 성봉로 410

전 화 : (043) 261-2952, 3014

팩 스 : (043) 274-1256

이메일 : presscbu@chungbuk.ac.kr

등 록 : 제1983-2001-7호

초판1쇄 : 2008. 7. 1.

초판2쇄 : 2009. 3. 30.

인쇄처 : (주)윤일문화 02)498-6161

* 이 저서는 2006학년도 충북대학교
학술연구지원사업에 의하여 발행되었음.

ISBN 978-89-7295-137-7 93360

정가 33,000원